W0231011

Einen «bezaubernden Künstler-Roman» nannte Thomas Mann diese einfühlsame und so überaus erfolgreiche Biographie des großen Komponisten, und die Londoner «Times» bezeichnete sie als das «vollständigste, verläßlichste und in jedem Fall lesbarste aller Haydn-Bücher». Keineswegs nur für Fachleute geschrieben, spürt sie dem Wahrheitsgehalt der zahlreichen Anekdoten über «Papa Haydn» ebenso nach, wie sie die nachvollziehbare Analyse seiner Werke mit einer anschaulichen Schilderung ihres geistes- und zeitgeschichtlichen Hintergrunds verbindet. Lebendig erzählt Heinrich Eduard Jacob auch das persönliche Schicksal eines demütigen und nicht immer glücklichen, von Bewunderung und Feindschaft heimgesuchten Menschen, von dem Beethoven sich nicht sicher war, was mehr an ihm zu bewundern sei – sein Leben oder sein kolossales und vielseitiges Werk. Nach langer Zeit mutwilligen Vergessens hat heute wieder eine große Haydn-Begeisterung eingesetzt.

Heinrich Eduard Jacob, am 7. Oktober 1889 in Berlin geboren, studierte Geschichte, Literatur und Musikwissenschaft. 1912 debütierte er mit einem Novellenband, der eine vielseitige literarische Tätigkeit einleitete. Erzählung, Roman und kulturgeschichtliche Monographie waren ihm gleich geläufig, und viele seiner Bücher wurden in mehr als ein Dutzend Sprachen übersetzt, so «Sage und Siegeszug des Kaffees», mit dem er bereits 1934 die Gattung des Sachbuchs begründete, und «Sechstausend Jahre Brot». Er war Vorstandsmitglied der Deutschen Kleist-Stiftung, dramaturgischer Berater Max Reinhardts am Deutschen Theater und leitete später das mitteleuropäische Büro des «Berliner Tageblatts» in Wien. Nach einjähriger Haft in den Konzentrationslagern Dachau und Buchenwald verließ er 1939 Deutschland und wurde Bürger der USA. Heinrich Eduard Jacob starb am 25. Oktober 1967 in Salzburg.

Heinrich Eduard Jacob

Joseph Haydn

**Seine Kunst
Seine Zeit
Sein Ruhm**

Rowohlt

*Nach dem amerikanischen Original
vom Verfasser eingerichtete deutsche Ausgabe
Umschlagentwurf Werner Rebhuhn
(Archiv für Kunst und Geschichte)*

*Veröffentlicht im Rowohlt Taschenbuch Verlag GmbH,
Reinbek bei Hamburg, Dezember 1977
© 1952 Christian Wegner Verlag, Hamburg
Gesamtherstellung Clausen & Bosse, Leck/Schleswig
Printed in Germany
780-ISBN 3 499 14142 6*

GELEITWORT
VON
THOMAS MANN

Alle die Manuskripte, Korrekturbogen, Bücher, die auf meinem Schreibtisch lagen, haben warten müssen um dieses »Haydn« willen, den ich gleich vornahm, weil ich wußte, daß das etwas für mich sein würde ... Der Held dieses bezaubernden Künstler-Romans — denn nichts Geringeres ist diese Biographie — steht heute vor aller Augen als der ehrwürdige Vater der ganzen modernen harmonischen Musik. Einzig darum mag er manchmal noch »Papa Haydn« genannt werden; nicht aber weil man ihn etwa leicht und gemütlich nimmt, wie es von Zeitgenossen wohl geschah. Sein »Jenseits von Scherz und Ernst« ist längst als das Jenseits der Kunst selbst erfühlt und erkannt worden.

In diesem Punkt war nichts zu entdecken. Und dennoch ist Haydn hier neu entdeckt worden, ganz für sich und auf eigene Hand. Hier liegt ein Buch vor, wie es — soweit ich weiß — mit solcher Darstellungskunst, so gut, lebensvoll, anziehend, unterhaltend noch nicht über ihn geschrieben worden ist. Ich habe es mit wahrem Genuß gelesen, und dieses große, gutwillige, immerfort das Gute hervorbringende Leben darin, ja, die ganze Epoche, so recht mit dem Autor erlebt und eine Menge dabei gelernt. Die Bibliographie zeigt, was der Autor alles gelesen hat, um seine Bewunderung zu nähren, sich des Gegenstandes ganz zu bemächtigen und all das Wissen dann einzuschmelzen in eine Lebensbeschreibung von seltener Frische und Wärme, dramatisch oft und oft von epischer Behaglichkeit.

Die Geschichte von »Napoleon und der Schöpfung« ist glänzend erzählt. Doch was hat mir am besten gefallen? Jene kurze Episode, wie Haydn den pythagoräischen Sternseher Herschel und sein Teleskop besuchte. Eine ergreifende Anekdote! Und eine Konjektur, an die man gerne glaubt: daß aus dieser Begegnung mit dem musikalischen Astronomen die »Schöpfung« entsprang.

»Haydn« — bedeutete einmal Sir Donald Tovey seinen Studenten — *»means a century in itself.* Mit seinem Leben und seiner Kunst füllte er ein Jahrhundert aus, die Lücke zwischen den Bachs und Schubert . . .«

Ehrfurchtgebietende Tatsache, daß jemand mit seinem linken Arm das Reich Johann Sebastian Bachs und mit seinem rechten fast den Beginn der Romantik berühren konnte! So wäre denn Haydns Hauptverdienst seine Langlebigkeit gewesen? Wer so etwas sagt, der scherzt nicht einmal. Nur sein langes Weilen auf dieser Erde erklärt die langsam reifende Vollendung von Haydns Kunst und ihren Aufstieg zu den Gipfeln ungewöhnlichen Ruhms.

Sogar Beethoven war nicht ganz sicher, was an Haydn mehr zu bewundern sei: seine Werke oder sein Leben. Noch auf dem Totenbett weilte sein Auge auf einem Bild, das Hummel ihm reichte: Haydns Geburtshaus. »Wie ist das möglich? Wie konnte ein so großer Mann in diesem Stall geboren werden?«

Haydn, Mozart, Beethoven. Ja, natürlich weiß heute jeder, daß diese drei die unsterbliche Trias der klassischen Musik bilden. Aber neunzig von hundert Personen denken sie irrtümlich nur in zeitlicher Aufeinanderfolge. Ist erst dieser Irrtum begangen, kommt es notwendig zu anderen. Wie konnte Haydn, im besonderen, hauptsächlich Mozarts Vorgänger sein? Er überlebte ihn doch um fast zwanzig Jahre. Und was Beethoven betrifft: als Haydn starb, 1809, hatte jener schon fast zwei Drittel seines eigenen Lebens vollendet. Man wird bei weitem genauer handeln, wenn man die drei als Zeitgenossen sieht — und sobald man sich einmal dieser Betrachtungsart anbequemt hat, wird man finden, daß »der alte Mann, dem die beiden anderen mehr oder weniger verpflichtet waren«, nirgendwo sonst existiert hat als in verschobener Einbildung.

Tovey, der Wiederentdecker Haydns in unserem Jahrhundert, hat im Spaß einmal die Todesstrafe für jeden verlangt, der noch den Spitznamen »Papa Haydn« gebraucht. Er würde das nicht getan haben, wäre ihm bekannt gewesen, daß Haydn diesen »professionellen Titel« schon mit fünfunddreißig Jahren aus der Theaterwelt übernahm (wo »Papa« wirklich ein Titel war und Prinzipal bedeutete). Dieser Name wollte nichts anderes besagen, als daß Haydn über der Kapelle, die ihm anvertraut war, »wie ein Vater« wachte. Aber es ist merkwürdig, daß tatsächlich hundert Jahre lang der kraftvollste, wandlungsfähigste und männlichste aller Komponisten als hilfloser Greis dargestellt wurde.

Als geborener Greis (wie Wagner schrieb), dessen Instrumentalmusik »kindlich vor sich hingespielt habe«. Denn im Zusammenhang mit dem Mißverständnis um Haydns Persönlichkeit stand, daß seine Musik während dieser langen Periode eigentlich ein unbekannter Kontinent blieb.

Es ist jetzt fast zwanzig Jahre her, daß der Autor dieses Buches damit begann, den Kontinent Haydn zu erforschen; er will nicht sagen, daß er oder andere schon zu seiner Mitte vordrangen. Er konnte manchem Pfade folgen, den andere vor ihm eingeschlagen; doch, in aller Bescheidenheit sei es gesagt, er mußte sich selber oft genug einen eigenen Weg bahnen. Er ist zum Beispiel überzeugt, daß Leben und Charakter Haydns — ein scheinbar so geordnetes Leben und so nüchterner Charakter! — in einer geheimnisvollen Weise noch erstaunlicher sind als Haydns Musik, eben weil sie sie hervorgebracht haben. Der Autor ist sogar überzeugt, daß Haydns Leben, aufbewahrt in einer Unzahl rührender (und nicht immer ganz wahrer) Anekdoten, dieses Leben, das sich obendrein in einer amüsanten Sammlung von Briefen und Tagebüchern voll falscher Orthographie kundtut, von Haydns Musik unzertrennlich ist. Sie erklären und interpretieren einander. Wer immer von Haydns Musik spricht, sollte — nicht getrennt, sondern gleichzeitig, in kontrapunktischer Manier — auch von seinem Leben sprechen. In einer Gesamtdarstellung Haydns hat Musik die Stimmführung zu haben; ebenso oft aber auch das »Leben«.

Der Untertitel dieses Buches spricht von Kunst, von Zeit und Ruhm. Von Kunst — nun, das ist selbstverständlich. Warum aber insbesondere von »Zeit«? War Haydn ein Exponent seiner Zeit? Sämtliche Haydnbiographen stimmen doch darin überein, daß der Meister ein tief demütiger Mann war. Ein Bescheidener gleich ihm hätte eigentlich, sollte man meinen, auch in jeder andern Zeit leben können. Aber es wird sich zeigen, daß Haydn keineswegs immer nur »bescheiden« war. Seine Naivität war zwar echt, doch war es ihm gegeben, mit dieser echten Naivität wie mit einer Begabung zu arbeiten. Er benutzte sie instinktiv, um andere zu rühren und seinen Lebensstandard zu heben. Das hätte er nicht tun können, hätte er nicht umhergelauscht und ausgezeichnet Bescheid gewußt, in welcher Welt und Zeit er lebte. Obwohl er fast nie ein Buch öffnete — aber Geist lebt noch anderswo als in Büchern —, so war er doch aufs tiefste beeinflußt vom politischen, ökonomischen, ja philosophischen Gehalt der Epoche. Und rückwirkend wurde sein Jahrhundert wieder durch ihn selbst beeinflußt, und zwar in erstaunlichem Grade.

Drittens wird in diesem Buch die Geschichte von Haydns Ruhm erzählt, einem Ruhm, der oft in die Irre ging, und den Mißverständnisse sogar noch vermehrten: wohl die seltsamsten Mißverständnisse philosophischer und politischer Art.

Doch dieser Ruhm dauerte kaum länger als Haydns achtzigjähriges Leben. Nachträglich bezahlte Haydn teuer, daß ihn seine Zeitgenossen hoch über die Häupter seiner Gefährten Mozart und Beethoven erhoben hatten.

Im Berliner Tiergarten steht — oder stand? — ein Monument, das die Wahrheit zeigt. Die Standbilder der drei Unsterblichen sehen nach verschiedenen Richtungen aus und stehen dennoch auf derselben Ebene. Keins erhebt sich über die andern.

H. E. J.

ERSTES BUCH

—

DER MORGEN EINES MENSCHEN

In der Geschichte der Musik ist kein Kapitel wichtiger als jenes, das Joseph Haydn mit seinem Lebenswerk anfüllte.

Sir Donald Tovey

Es WAR ein warmer Sommertag im Jahr 1735, als ein armer österreichischer Landmann seinen Stall aufschloß, um die Kuh einzulassen. Seine einzige Kuh. Doch er zuckte zurück, denn er hörte drinnen ein deutliches Muhen und vernahm, wie sich etwas im Stroh wälzte. Er glaubte, daß der Teufel selbst seine Kuh verdoppelt habe, bekreuzigte sich und floh voller Angst.

Als später ein Priester den Stall untersuchte, fand er keine Zauberei, sondern ein dreijähriges Kind, das Kuh spielte. Es war Joseph Haydn. Möglicherweise hielt der Kleine sich für ein Tier, weil in seinem Dorf, zwischen Niederösterreich und Ungarn, Tiere in der Mehrzahl waren. Haydns früheste Tage, unter den Burgenländer Kühen, die mit schlabbernder Zunge tranken, waren von animalischer Zärtlichkeit erfüllt. Um den schläfrig quiekenden ungarischen Ziehbrunnen drängten sich die Gänse zuhauf, die nach summenden Bienen schnappten; und die strohgedeckten Dächer des einsamen Dörfchens raschelten, wenn im Frühjahr sich der Flug rückkehrender Störche niederließ.

Begierig schlürfte das Ohr des Knaben die unerschöpfliche Tonsprache der Natur und hielt sie fest. Ein Leben lang bewahrte er sie. Bisher war keiner der großen Tonmeister je Jäger oder Bauer gewesen; keiner der großen Komponisten hätte unterscheiden können zwischen dem saugenden Laut, mit dem sich ein Entenfuß aufsetzt, und einer sich nähernden Hundepfote. Haydn aber konnte es. Geräusch-Nachahmung, in der er schon als Knabe ein Meister gewesen war, erfüllt seine »Schöpfung«, die er im Alter von fünfundsechzig Jahren schrieb. Und wenn zu den berühmten Worten »Den Boden drückt der Tiere Last« sich Fagott und Kontrafagott einmischen, mögen wir wie das Kind Haydn denken, daß sich der Mensch auf dieser Erde in der Minderheit befinde ...

Es war eine schläfrige Landschaft, in die Joseph Haydn hineingeboren wurde. Eine Landschaft nicht ohne Energie, aber ohne Temperament. Ihr Charakter ist nicht das, was man »österreichisch« nennt. Da ist nichts, was die spezifische Schönheit der Bergwelt westlich von Wien ausmacht. Nichts von der Gestaltenfülle, der Kühnheit des Salzkammerguts; nichts von der Schneeriesenwelt Tirols, vom Waldreichtum der Steiermark und den Mittagsgipfeln über Kärnten; nichts von der juwelenblitzenden Kette der Seen, die gegen Bayern hin streichen, und den Bergwässern, die durch Innsbruck toben. Haydn war ein Flachländer; keine Bemerkung in seinem Leben läßt darauf schließen,

daß er die wahren Schönheiten Österreichs auch nur kannte. Eine Wall-
fahrt, die er mit neunzehn Jahren nach Mariazell machte, blieb ohne
Spuren in seinem Werk; keine Erinnerung daran kehrt in seiner Musik
wieder. Allein die Ebene des Burgenlandes, in der er so viele Jahrzehnte lebte, gibt das Profil für seine Kunst ab.

Das Burgenland ist fruchtbarer als das übrige Österreich. Es ist
bäuerliche Nutzlandschaft. Nur ein paar spärliche Hügelreihen sind in
sein Antlitz hineingeschrieben: das Rosaliengebirge und Leithagebirge,
aus dessen Muschelkalk in Wien manche Paläste aufgeführt sind. Aus
dieser Landschaft traten Haydn zum erstenmal Sonne, Wind und Sterne
entgegen. Sie war seine Mutter, und er zog sie jeder anderen Landschaft vor.

Einen seltsamen Gast beherbergt das Land: den Neusiedler See. Der
ist wirklich ein Fremder! Ein asiatischer Steppenbewohner, der sich
hier weit nach Westen vorwagt. Sehr flach — so flach, daß all sein
Wasser auf lange Zeit verschwinden kann, ehe es wieder aus dem
Schlamm quillt —, aber von enormem Umfang. Seine jenseitigen Ufer
sind mit bloßem Auge nicht zu erkennen. Ein Gürtel von Rohr um-
wächst ihn, darin ganze Völker von seltenen Vögeln hausen; auch der
Name von Haydns Geburtsort »Rohrau« bedeutet »Aue von Rohr«.
In solcher Rohrlandschaft mochte Haydn als Knabe der scharfen Stimme
der Reiher gelauscht und sich Pansflöten geschnitten haben. Hier pflegte
er als Mann zu jagen und zu fischen. Der Sonnenglast und die weite
Mittagsfläche des Sees kehren wieder in seinen Symphonien.

Das, was die Menschen des Burgenlands aber am stärksten an die
Heimat bindet, ist der Wein. Der Wein von Rust ist süßer als die andern österreichischen Weine; er hat ein ungarisches Bukett, er ähnelt
dem Tokayer. Er erlöst die Ost-Österreicher von der Schwerfälligkeit
ihres Wesens; zur Zeit der Lese verwandeln sie sich. In seinem unsterblichen Alterswerk »Die Jahreszeiten« hat Joseph Haydn diese Verwandlung gestaltet.

Zahllose Züge in Haydns Musik sind bäuerlich. Die »große Ruhe«
in seinen Werken ist die eines Bauern. Haydns Liebe zur Natur ist
nicht die eines »romantischen Dichters«, der Erregungen verlangt, sondern eher die Liebe zum »Gesetz«. Im Wechsel der Jahreszeiten ist
ihm die Landschaft das Wohlgegründet-Feste, das Objekt menschlicher,
bäuerlicher Tätigkeit und Tüchtigkeit. Der Mensch ist die Mitte der
Landschaft, der Herr. Die Menschen, die Haydn in seinen Werken
schildert und mit denen er lebte, leben im Bündnis mit der Natur.

Deshalb lehnt er die Unruhe ab, er weicht ihr aus, und er haßt den Zufall.

Erst in seinem sechzigsten Jahr hat Haydn Ost-Österreich verlassen! Bis dahin kannte er nichts von der Welt als das Burgenland und Wien, aber er war nicht unzufrieden. Wir haben uns seine Kunst zu denken als die eines langsamen Wanderers, der sich ruhevoll niederläßt und dann die Landschaft zu malen beginnt... Es anders zu treiben, schien ihm bedenklich: Er, der so selten polemisiert hat, sprach gelegentlich scharf gegen zu frühes »Abbrechen« bei der Komposition und gegen zu raschen »Anflug von neuen Themen«. Man solle, verlangte er, die »alten eher ausbauen und soutenieren«. Das ist die klassische Kunstauffassung, und hier scheidet sich Haydn streng von den späteren Komponisten.

Aber in einem anderen Sinn hat er trotzdem alle Späteren beeinflußt. *Ein* Element der Unruhe gibt es, das selbst ein Mann wie Haydn nicht aus seiner Musiklandschaft bannen konnte. Im Gegenteil: er hat es geschaffen. Acker und Haus bewegen sich nicht, Wasser und Feuer sind gezähmt, unzähmbar aber bleibt die Luft. Haydns Werke sind voll von großen atmosphärischen Veränderungen. Gewitter und Stürme gab es gewiß schon bei den großen Barockmeistern. Doch er ist der früheste Moderne, der nicht nur die »Temperamente des Wetters«, sondern, was zwischen ihnen liegt: schon den leisesten barometrischen Wechsel, in seine Musik einfangen kann. Man schmeckt die Luftsorten bei Haydn wie bei keinem anderen Meister... Als Vierzigjähriger komponierte er einen berühmten Sturmchor für sein biblisches Oratorium *»Il ritorno di Tobia«*. Und noch als Sechzigjähriger schuf er in London, 1792, eine Kantate »The Storm« zu den Worten:

> Hark! the wild uproar of the winds, and hark
> Hell's Genius roams the regions of the dark;
> And thund'ring swells the horrors of the main:
> From cloud to cloud the Moon affrighted flies,
> Now darken'd, and now flashing through her skies —
> Alas! bless'd calm, return, return again.

> (Horch, wie der wilde Wind die Wolken türmt,
> Der Höllenfürst die Finsternis durchstürmt!
> Von Wolk' zu Wolk' flieht der erschrockne Mond
> — Jetzt schwarz, jetzt silberleuchtend — durch den Himmel.
> Der Donner schwellt das furchtbare Getümmel.
> Ach, Stille! Kehre wieder, hold-gewohnt!)

Die Londoner rühmten Haydns Palette: Keiner habe den Zorn der Lüfte so realistisch dargestellt wie er. Aber Haydn ist ein Mann der Ruhe, und so ließ er die g-moll-Raserei in ein stilles Andante, G-dur, eingehen...

Bei all diesen Schöpfungen spielen seine frühesten Kindheitserinnerungen mit: an das gegen Osten offene Burgenland, über das die Stürme hinbrausen wie tatarische Reiterscharen, ehe sie am Vorland der österreichischen Alpen zerschellen. Haydns Wettermusiken haben in ihrer Plötzlichkeit und Wucht durch Beethovens »Pastoral-Symphonie«, durch Rossinis »Tell-Ouvertüre«, durch ihren Einfluß auf Weber und Wagner über ihr eigenes Jahrhundert hinaus gewirkt.

EIN GESCHLECHT VON WAGENBAUERN

Obwohl Haydns Musik immer in »Bauernstrümpfen daherkam«, war er selbst keines Landmanns Sohn — diese Tatsache erscheint mir als die zweitwichtigste seines Lebens.

Er war das Kind eines Handwerkers; und dasselbe war sein Vater, der 1699 geboren war. Sein Großvater war nichts anderes gewesen, und sein Urgroßvater ein Tagelöhner, der hart mit den Händen geschafft hatte. Wenn man sich der Werkstätte Vater Matthias Haydns näherte, hörte man fröhlichen Hammerklang. Schmiede-Takt ist schon oft die Wiege guter Musik gewesen. Wir wissen das nicht nur aus einem schönen Lied von Johannes Brahms, sondern vor allem aus Meister Händels unsterblichem »Harmonischen Grobschmied«. D'Alembert, der führende französische Ästhetiker, ging sogar so weit, zu behaupten, daß die Schmiede überhaupt die Erfinder des Rhythmus gewesen seien!

Sehr merkwürdig exemplifizierte dies Schiller: »Ein gleichförmiger Ton kann die Menschen zum höchsten Grad von Anspannung treiben; darum können sehr reizbare Gemüter nicht die gleichförmige Bewegung eines Handwerkers oder Mechanikers hören; und wie ungleich mehr muß es auf sie wirken, wenn diese gleichförmige Bewegung in der Fülle von Harmonien vernommen wird.« Schiller meinte also, daß nackter Handwerker-Takt, das heißt der eigentliche Rhythmus, zunächst einmal Unlustgefühle errege. Um Lustgefühle daraus zu gewinnen, müsse man ihn mit Fleisch und Blut, das heißt mit Harmonien bekleiden... Eben das hat Haydn getan!

Aber Haydns Vorfahren waren noch einiges mehr als Schmiede und fühlten sich auch als etwas Besseres. Seit langer Zeit bauten sie auch Wagen. Um es mit allem Gewicht zu sagen: sie übten sich in einem Handwerk, auf dem ein guter Teil der menschlichen Zivilisation beruht.

Wußte der Wagenbauer Haydn, wenn er aus seiner Werkstatt schaute, welch ungeheuren Fortschritt sein Handwerk seit einem Jahrhundert gemacht hatte? Auf seiner Gesellenwanderung war Matthias weit herumgekommen. Wie es heißt, sogar nach Frankfurt am Main. Jawohl, seit Ludwig XIV. in einer »Kutsche, die an Gurten hing«, in Paris eingefahren war, hatte man viel für die Bequemlichkeit der Vornehmen und der Bürger getan. Nicht nur die höfischen Festwagen seines Nachfolgers waren Wunder, mit Gold und Stickereien bedeckt, von Seidenvorhängen umweht, zwischen denen der Kutschkasten wie eine Sänfte schaukelte — auch der gewöhnliche Reisende in den westlichen Ländern fuhr bereits in Wagen, die federten und jeden Stein abfingen. Davon mochte Matthias Haydn möglicherweise wenig wissen, und die Kunde, daß vor nicht langer Zeit eine österreichische Erzherzogin in einem gläsernen Brautwagen durch halb Europa ihrem Erwählten zugereist war, mochte er gar für ein Märchen halten.

Wenn er aber vor sein Haus trat und auf die Landstraße hinaussah, dann war er doch Fachmann genug, um zu wissen, was sich aus dem Staube auf ihn zubewegte: ob es eine polnische »Droccke« sei, ein »Pirutsch« oder ein böhmischer Eilwagen; und dann mochte er Sehnsucht bekommen, selbst großartige Wagen zu bauen, wohl gar eine von diesen neuen französischen »Diligences«, die so schnell waren, daß sie in zwei Tagen von Paris nach Lyon jagen konnten.

Aber auch so hatte der Meister Matthias Haydn nicht wenig zu tun. Der Flecken Rohrau, in dem er lebte, gehörte der gräflichen Familie Harrach, die oft genug lustige Freunde auf ihrem Schloß beherbergte. Da wurden Jagdwagen gebraucht — man nannte sie »Würste« —, sehr lange, schmale, offene Wagen, wo auf einer gepolsterten Stange die Jäger hintereinander saßen, in der rechten Hand die Flinte, mit der linken das Jagdhorn am Mund haltend. Dann wieder brausten die Leute des Grafen nach Wien oder Preßburg, und immer wieder gab es eine Bestellung beim Wagenbauer Haydn zu machen.

Im Grunde war Joseph Haydns Vater nicht für das »Neumodische«. Ihm hatten es die guten alten Familienwagen des 17. Jahrhunderts angetan. Die blieben im Dienst und im Besitz von Großeltern und Enkelkindern und wurden höchstens von Zeit zu Zeit neu beledert und

überzogen. Von einem solchen Manne, der sich seinen Wagen sowohl
als Hochzeitskutsche wie als Leichenwagen eingerichtet hatte, ging in
den angelsächsischen Ländern ein lustiges Gesellenlied, das mit Hämmern taktiert wurde:

> Er baut' sein' Wagen gut und fest,
> Zu führen seine Braut ins Nest.
> Und siebzig Jahr später — pinke-pank! —
> Fuhr der Wagen die Kirchhofsmauer entlang.
> Hei — daun — derry!
> Pinke-pank!

Sooft der Knabe Joseph Haydn konnte, spielte er in der Remise mit
den neuen und alten Wagen herum. Nie hatte er Gelegenheit, in
einem solchen Wagen zu fahren, aber das war gleichgültig. Einen wirklichen Handwerker interessiert nicht das Abenteuer der Reise, sondern
der Bau des Vehikels selbst mit seiner weisen Platzverteilung. Da gab
es kein Zuviel und kein Zuwenig — und was es damit auf sich hatte,
begriff der Sohn des Wagners sehr bald. Auch, daß ein guter Handwerker ein halber Arzt sein muß, begriff er. Wenn der Kutscher sich
auf den Kutschbock setzte, so stand zu seinen Füßen immer eine tuch-
bedeckte Lade, die Hammer, Nägel, Zange, Seile und andere Medizin
enthielt für Radbrüche oder eine in den Angeln lose gewordene Tür —
Unfälle, die damals alltäglich waren. Denn das Pflaster war schlecht
und die Beleuchtung noch schlechter; Weg-Reparaturen wurden bei
einer jämmerlichen Kerze gemacht, die in trüber Laterne stak — dem
einzigen Warnungssignal für andere eilige Wagenfahrer.

Die Sicherheit von Generationen war einem solchen Gefährt anvertraut, das daher so fest wie möglich und dabei doch leicht zu hand-
haben sein mußte. Daß jeder Wagen trotzdem einmal zugrunde gehen
mußte, mochte Vater Matthias Haydn ebenso sonderbar berühren wie
den amerikanischen Humoristen Oliver Wendell Holmes:

> »Ein Anzug wird schäbig und trägt sich ab,
> doch ein Wagen, der findet im Fahren sein Grab.«

Nun, auch ein Wagen war nur ein dienendes Ding und selbstverständlich zu ersetzen. Und doch: welche Würde in einem Rad, diesem Über-
winder der Ferne! Und welch ein Erlebnis für das Kind Haydn, wenn
ein Rad, ausprobiert und gutgeheißen, zum erstenmal auf der Stange

stak und sich schnell und immer schneller zu drehen begann! Dieses
Erlebnis war es, das Haydn, der Mann, in seiner Ersten Symphonie
verherrlichte, indem er gleich in den Anfangstakten über getrommel-
ten Orgelpunktbässen das Orchester drehend anschwellen ließ.

Nie vergaß Haydn die Jugendeindrücke aus der Werkstatt seines
Vaters. Er schöpfte weitgehend aus dem Handwerker-Erlebnis. Er
war, was die Engländer »craftsman« nennen: »Kunsthandwerker«, ein
Mensch, der Gebrauchsgegenstände künstlerisch herstellt.

Goethe, der — in Gemeinschaft mit Zelter — Haydn einen Essay
widmete, der eher ein Hymnus zu nennen ist, war sich der großen
Merkwürdigkeit von Haydns niederer Herkunft bewußt. Wenn er von
Haydn »als dem auf Erden arm geborenen, neuen ,Wunderkind'«
sprach, das »auf der Grenze zweier Nationen in der Krippe (!) einer
Stellmacher-Werkstatt unangemeldet erschienen sei, um unsre Kunst
von dem Gängelbande und fremden Formen zu erlösen (!)«, so gebrauchte er damit fast ein Gleichnis aus der christlichen Heilsgeschichte.
Ein Wunderkind war Haydn allerdings nicht. Immerhin, das Goethe-
sche Staunen, daß Haydn »in der Nachbarschaft eines Rademachers
zur Welt kam«, war sehr berechtigt. Wir wissen heute aus den Forschungen Ernst Fritz Schmids, daß tatsächlich keiner von Haydns Ahnen
irgendeinen Beruf ausübte, der etwas mit Geist zu tun hatte.

Haydn hätte das, was zwei Jahrzehnte nach seinem Tod Goethe
über ihn sprach und schrieb, sehr gebilligt. Und geschmunzelt hätte er
auch. Denn er nahm sich selbst nicht so ernst, wie er von Goethe genommen wurde. Als er bereits dreiundsechzig Jahre und eine Welt-
berühmtheit war, wurde er auf der Reise nach London an der österreichischen Grenze von bayerischen Zollbeamten gefragt, welchen Beruf er ausübe.

»Ich bin Tonsetzer«, sagte er.

»Töpfer?« notierte der Beamte.

»Jawohl, mein Herr, ich bin ein Töpfer!« sagte Haydn scheinbar
ernsthaft. »Und dieser hier ist mein Gehilfe.« Er wies auf seinen Bedienten Elßler. Es fiel ihm nicht bei, gekränkt zu sein. Waren nicht
seine Vorfahren viel länger Handwerksmeister gewesen als er selber
Komponist? Töpferton war nichts Schlechteres als musikalischer Ton,
nicht wahr? Und wer Töpfe und Krüge formen oder einen Ofen
setzen konnte, der trug zum Wohlsein der Menschen bei.

Nun stelle man sich Beethoven in einer ähnlichen Situation vor!
Hätte er nicht gestürmt und gewütet über die Beleidigung? Und wie

hätte der Riese Händel die Allongeperücke geschüttelt über soviel
Verkennung und Unwissenheit!

WAREN ES DEUTSCHE ODER KROATEN?

Haydns Vater hatte das Recht, ein Schild vor seine Werkstatt zu hän-
gen, mit goldener Kugel im roten Feld und drei silbernen Reiher-
federn darauf. Das war das Wappen der Grafen von Harrach, Ober-
jägermeister am Wiener Hof.

Zweihundert Jahre vor Josephs Geburt hatte die Familie Harrach,
alter böhmischer Uradel, das Schloß und die Ortschaft Rohrau erworben. Wenn Haydns Vater sich bis zur Erde vor seinem Grafen verneigte, begriff das Kind den Unterschied zwischen Hoch und Niedrig.
Seine Mutter war vor ihrer Heirat Köchin im Grafenschloß gewesen.
Sie hatte ihrem bescheidenen Sohn eine lebenslange Sehnsucht nach
gutem Essen ins Herz gepflanzt. Allerdings blieb diese Passion unbe-
friedigt, bis der Meister zu reiferen Jahren und zu Ruhm kam. In der
wichtigsten Entwicklungszeit hungerte Haydn oft.

Von Haydns Mutter wissen wir wenig. Sie war, wie ihr Sepperl, in
Rohrau geboren, am 10. November 1707, und zwar unter Kanonendonner: eine aufständische Armee, die Kuruczen, plünderte den Flek-
ken gerade. (Stilgemäß starb ihr großer Sohn, um ein volles Jahrhundert später, ebenfalls unter Kanonendonner, als Napoleon Wien ein-
nahm.) Ihr späterer Gatte, Matthias Haydn, war in der Nähe, in Hainburg, geboren, kam 1727 nach Rohrau, trat sogleich in Harrachsche
Dienste und heiratete sie ein Jahr später. Maria war etwas wohl-
habender als ihr Mann und brachte hundertzwanzig Gulden in die
Ehe mit. Dieser Schatz hat allerdings nicht lange vorgehalten; wenn
man, wie sie, zwölf Kinder gebar, konnte man gewiß nichts ersparen.

Sechs ihrer Kinder starben früh — es war die übliche Todesrate in
den damaligen Zeiten, da Hygiene unbekannt war. Joseph Haydn,
am 31. März 1732 geboren (oder vielleicht auch am 1. April — was
er aber in Abrede stellte, weil er zwar andere, doch nicht sich selbst
in den April geschickt wissen wollte), war das älteste überlebende
Kind. In der Taufe hatte er den vollen Namen Franz Joseph erhalten.

Wir haben uns die Eltern Haydns zwar nicht als »Ortsarme« zu
denken, nur daß sie gewiß nicht reicher waren als die übrigen Rohr-
auer. Milch, Brot und Wein brauchte man nicht zu kaufen, wenn man

eine Kuh im Stall, einen Streifen Getreideland und ein kleines Wein-
gärtchen hatte. Doch zum Kauf von Anzugstoff reichte es nicht. Den
webte man daheim selbst, das war billig. (Und all das inmitten einer
Welt, in der die Harrachschen Untertanen jährlich der Herrschaft
achttausend Eier, dreihundert Hühner und zweihundert Kapaune abzuliefern hatten.) Von Matthias Haydn ist überliefert, daß er höher
besteuert war als die übrigen Dorfbewohner. Denn neben Schmiede
und Wagenbau hatte er noch andere Geschäfte. So war er gräflicher
Wege-Aufseher und »Marktrichter«, der im Dorf für Tugend und
Ordnung zu sorgen hatte — ein vielseitiger Mann also.

Der Mädchenname der Mutter war Koller. Das würde im Deutschen
»lederner Brustschutz eines Soldaten« bedeuten. Mehr Sinn ergäbe das
Wort, wenn man es vom slawischen »kolar« ableitete. »Kolar« heißt
Schmied: vielleicht hat Matthias sich die Frau aus einer Familie gewählt, in der, wie in seiner eigenen, eine Zeitlang das Schmieden erb-
lich war.

Daß Matthias Haydn (der »Mann von der Heide«) deutschspra-
chiger Abkunft war, ist nach den Kirchenbüchern sicher; nicht ganz so
bei der Mutter, deren Name möglicherweise germanisiert war. Der
Ort Rohrau wurde zu Haydns Zeit auch Trstnik genannt, es lebten
dort außerordentlich viele Kroaten. Vor einem Vierteljahrhundert
noch brachte die Volkszählung im Burgenland neben 227 435 Deutschen und 15 554 Ungarn 42 013 Kroaten ans Licht; jeder sechste Mensch
also bekannte sich zum kroatischen Volkstum. Zu Haydns Zeit mag
dieses Zahlenverhältnis für die Kroaten eher noch günstiger gewesen sein.

Wie konnte nun dieser südslawische Stamm in der Ebene zwischen
Wien und Preßburg eine so bemerkenswerte Sprach- und Kulturinsel
bilden? Die historische Antwort auf diese Frage geben die furchtbaren
Türkenkriege. Beim Osmanen-Einfall des Jahres 1525 wurden große
Teile des kroatischen Volkskörpers abgesprengt und wie Spreu vor
dem Sturm nach Nordwesten getrieben. Vor den Toren Böhmens erst
machten diese Kroaten halt: siedelnd um den Neusiedler See blieben
sie ein paar Tagereisen östlich von Wien stecken. Sie waren arm und
gerieten bald in eine drückende Abhängigkeit von deutschen und
magyarischen Nachbarn. Wie alle unterdrückten Völker scheinen sie
eines gehabt zu haben, was ihnen Frohsinn und Freiheit ersetzte: Musik. Wahrscheinlich waren die Kinderlieder, die Haydns Mutter ihrem
Sohn vorsang, zum großen Teil slawische Melodien. Es wird genau so
gewesen sein wie im amerikanischen Süden, wo die Farbigen die Trä-

ger der musikalischen Tradition sind. Im Ungarischen nannte man damals jeden leibeigenen Diener »Chrowot«. Zu den Pflichtleistungen der Kroaten ihren Herren gegenüber gehörte wahrscheinlich auch die Musik.

Auch Haydns Vater war musikalisch. Er spielte leichte Stücke auf der »Harpfe«, und das Kind Joseph sang schon mit fünf Jahren diese Stücke ordentlich nach. Unzweifelhaft waren das deutsche Weisen. Aber wenn der kleine Joseph auf dem Schoße des Vaters im Wirtshaus saß, hörte er auch kroatische Lieder, wehmütig-lustige Rundgesänge, wie das Volk sie zu singen liebte. Auch die armen Garbenbinder und die wandernden Scherenschleifer sangen slawische Weisen und Texte. Das Ohr des kleinen Haydn hat sie begierig aufgenommen. Mozarts bekannter Ausspruch, er habe niemals einen Ton vergessen, den er im Leben gehört habe, gilt auch von Haydn: sein Gedächtnis »glich einer Kneifzange«. Daß viele slawische Liedfragmente aus seinen Kindheitserinnerungen in sein Werk weitergewandert sind, wußten wir längst — und dennoch war es keine geringe Überraschung, als sechzig Jahre nach Haydns Tod ein südslawischer Musikforscher, Kuhač, zum ersten Male nachwies, wie zahlreich diese Einflüsse waren.

Vor allem waren es Tanzmotive, die Haydn für seine Symphonien und die Schlußsätze seiner Quartette ausschrieb. Das Finale im C-dur-Streichquartett (Opus 33, Nr. 3), im G-dur-Streichquartett (Opus 77, Nr. 1), im F-dur-Quartett (Opus 74, Nr. 2) und im B-dur-Quartett (Opus 76, Nr. 5) seien Ton für Ton dem Kolo entnommen, dem Reihentanz, wie ihn das Volk in Bosnien und Dalmatien tanzt. Auch in Haydns »Bären-Symphonie« sei das charakteristische Motiv des Tieres, das zur Sackpfeife tanzt:

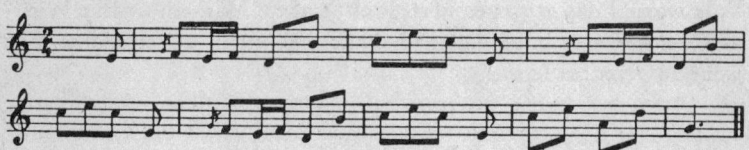

eine südslawische Volksweise. Hochzeitsmärsche und Morgengesänge, Hymnen und Lieder beim Viehweiden: endlos ist Kuhačs Beweisliste, wie stark sich Haydn in seiner geistlichen und weltlichen Musik slawischen Erbes bedient habe.

Nur waren die Folgerungen falsch, die der Forscher daran knüpfte und die dann nach ihm Sir William H. Hadow der englisch sprechenden Welt mitteilte. Wenn Kuhač Haydns Äußeres beschrieb: »Das magere, eigentlich unschöne, aber freundliche Gesicht mit den vorspringenden Backenknochen, der langen Nase und der breit ausladenden Unterlippe; die scharfen Augen, die ein Zwinkern von Humor gleichwohl sanfter machte; die dünnen, aber drahtigen Finger und die starken, nervösen Hände — all das, und was dazu gehört, mag man noch heut in jedem Dorf finden, wo slawisches Blut sich rein erhielt«, so war das Unsinn: denn genau so sehen heut in ganz Südost-Europa die Bauern und die Handwerker aus, gleichviel welchem Volk sie angehören. Die Dalmatiner und Bosnier haben eine braunere Haut als die übrigen; und es fällt auf, daß Haydns Hautfarbe sehr braun war. Doch das konnte auch die Dauer-Einwirkung eines Lebens in freier Luft sein. (Und erst recht ist es unsinnig, Haydn etwa Zigeunerblut zuschreiben zu wollen, wie ein slawischer Philolog, S. Dedaelus, dies kürzlich getan hat.)

Haydn sprach keine slawische Sprache. Rhythmus und Strophenbau seiner Musik verweisen ihn in den deutschen Kulturkreis. Nichts kann uns veranlassen, Kuhačs Verdacht zu unterschreiben, daß Haydn »aus Karrieregründen und um nicht durch das Hindernis einer Minderheitssprache gehemmt zu sein«, Mimikry getrieben und seine Zugehörigkeit zur deutschen Kultur nur *gespielt* habe. Manche Slawen handelten zwar so. Der Kroate Draganič zum Beispiel nannte sich lieber Dragonetti; und der von Mozart so hoch geschätzte Tscheche Mysliveček nahm, um seiner Musik zu nützen, den Namen Venatorini an.

Mit Haydn war es ganz anders. In seiner zeitweiligen Vorliebe für kroatische Melodien vollzog sich kein »nationaler Durchbruch«; eher kündigte sich darin ein soziales Faktum an. Kam doch der kleine Wagnersohn weniger mit den reichen deutschen und magyarischen Grundbesitzern zusammen als mit der kroatischen Unterschicht. Dies Volk war es, das er singen hörte, auf Straßen, Märkten und im Wirtshaus, und das er unbewußt nachahmte, ehe er als reifer Mann seine Töne zu veredeln lernte.

VETTER SCHULMEISTER

Das Kind Haydn sollte zur Schule kommen. Ob im Dorfe Rohrau ein Lehrer war, ist ungewiß — die meisten Leute dort konnten weder lesen noch schreiben. Jedenfalls aber erinnerte sich die Familie Haydn zu rechter Zeit, daß es in dem Städtchen Hainburg an der Donau, zu dem alte Familienbande hinleiteten, einen »Vetter Schulmeister« gab, den

Stolz der Seinen, einen Johann Matthias Frankh. Das war einer jener »Magister«, wie der Dichter Jean Paul sie geschildert hat: quecksilbrig hin und her laufend, bakelschwingend, gutmütig polternd, hundert Dinge erledigend, die dem Unterricht so fern standen wie etwa »Holz spalten und Wassertragen« — ein nie ruhender Hausvater. Später hat Haydn die Erinnerung an diesen »Magister« in ein paar Takten festgehalten — kleinstädtisch, humoristisch, pedantisch — in der 55. Symphonie, die seither »Der Schulmeister« heißt.

So saß denn das Kind zum erstenmal im Wagen, um aus dem Elternhaus fort die Fahrt in die Fremde anzutreten. Es war ein herrlicher Sommermorgen, die Lerchen stiegen in den Himmel, ein starkes Summen erfüllte die Luft wie ein Tympanum, und es gab genug zu schauen. Zunächst fuhr man an dem uralten Orte Petronell vorbei, dessen römischer Name wunderlich aus der Ebene aufstieg. Als man näher kam, wurde der Name zu Stein: Vor dem blaßblauen Himmel erschien ein römischer Triumphbogen, herrlich noch in der Zerbrochenheit, Zeuge vergangener Ordnungen. Hier in der Umgebung hatte das Carnuntum der Römer gestanden und hatte, selbst ein kleines Rom, Tempel, Paläste und Theater in der Donau gespiegelt. Hier hatte der große Kaiser Marc Aurel im Feldlager gelebt, ein weiser Mann, und sein berühmtes Buch, die „Selbstbekenntnisse" geschrieben. Er war kein Christ gewesen, doch seine tiefernste Philosophie, der Stoizismus, begabt mit Zügen von Männlichkeit und Leidenskraft, machte seinen Namen auch den Christen teuer... Man fuhr durch das mittelalterliche Städtchen Deutsch-Altenburg, wo von einem Hügel die gotische Kirche herabgrüßte... Es war eine alte Völkerstraße: hier war, vom Rhein her, die Witwe des ermordeten Sagenkönigs Siegfried nach Osten gezogen, um die Gattin des Hunnenfürsten Attila zu werden. Eine Burg der Hunnen mit Ringmauern und Turm, asiatisch wie ein Vieh-Kraal, hatte dort auf dem Berg über der Donau gestanden. Sie hatte die Reisen und Kämpfe des »Nibelungenliedes« gesehen. So karrte das Kind Haydn einen ganzen Tag lang dahin, bis im Abendlicht das Städtchen Hainburg sichtbar wurde. Durch das »Wiener Tor«, in dem noch aus der nahen Türkenzeit die Kugeln und Bolzen der Heiden staken, ging es in die Ungargasse, wo der Vetter Schulmeister lebte. Die Würste und Käse, die zunächst einmal das Schulgeld bilden sollten, wurden ausgepackt und der kleine Joseph in sein neues Heim geführt.

Es gab dort nicht wenig zu arbeiten. Wir wissen nicht, weshalb seine Stieftante, Juliane Frankh, geborene Seefranz, den siebenjährigen Sepperl zu soviel Hausdiensten mißbrauchte. Immerhin, die Mitteilung

Schmids, daß Matthias Haydn noch zwanzig Jahre später dem Schulmeister, der doch Geld nötig hatte, dreißig Gulden schuldete, ließ auf
allerlei Gründe schließen... Freilich gab es auch Freuden in Hainburg,
das zu jenen Städtchen gehörte, die sich, wie Ignaz Castelli erzählte,
»ganz wie ein kleines Wien vorkamen«. Wo es etwas zu feiern gab,
da waren die Hainburger dabei. Da war die bittere Erinnerung an den
großen Türkensturm von 1683, bei dem Haydns Urgroßvater Caspar
und seine Frau umgekommen waren. Fünfundfünfzig Jahre später
feierte man irgendeinen Sieg, den ein österreichischer Marschall über
den Halbmond errungen hatte. Die Luft in Hainburg war voll von
Glocken, Trompeten, Trommeln. Zum erstenmal empfand der kleine
Haydn die Musik, die er bisher nur aus Familie und Wirtsstube kannte,
als eine »öffentliche Macht«. (Den Ausdruck »öffentliche Macht« gebrauchte er ein halbes Jahrhundert später, als er in London zum erstem-
mal Händelsche Musik erlebte.) Ein anderes staunenswürdiges Fest
war die große Fronleichnamsprozession, bei der die Handwerkergilden
einherschritten, unter ihnen zu Sepperls Stolz auch die Wagenbauer
und Schmiede in festlichen Gewändern. Auch der Vater seiner Stieftante, Matthias Seefranz, war darunter.

Musik! Die Hauptlockung, um derentwillen die Familie das Kind
nach Hainburg gab, hatte vielleicht darin bestanden, daß Vetter Frankh
auch Musiker war. Er besorgte neben dem Schuldienst noch die Kirchenmusik des kleinen Städtchens. Hier stand er, der selbst die Orgel spielte,
einem Sängerchor vor und dem kleinen Orchester, das Streicher, Bläser
und Schlagzeug umfaßte. Ferner hatte der Schuldirektor, wie ein altes
Dokument mitteilt, »die Knaben zum Ministrantendienst abzurichten
und durch zwei besoldete Hilfslehrer im Singen und in der Musik überhaupt, ferner im Lesen, Schreiben und Rechnen gut zu unterweisen und
die Schulkinder namentlich in christlicher Zucht und Ehrbarkeit und
im Beten zu belehren«. Das erste und das dritte hat Johann Matthias
Frankh redlich besorgt: Haydn lernte bei ihm die Anfangsgründe der
Musik, das Notenlesen und das Singen, und empfing außerdem genug
christliche Ermahnungen, züchtig und ehrbar zu erscheinen. Aber das
zweite, die Erziehung in den Anfangsgründen weltlicher Bildung, ver-
fehlten Frankh und seine Hilfslehrer. Vielleicht beherrschten sie es
selbst nicht allzu gut; jedenfalls lernte Haydn niemals einen deutschen
Brief ohne Fehler zu schreiben. Trifft man unter seinen späteren Briefen — die eine Unsumme von Lebensverstand und große Menschenkenntnis enthalten! — einen orthographisch geschriebenen an, so hat
er ihn anderen diktiert. Haydn war bestimmt nicht stolz auf ein so

lächerliches Manko; lebte er doch in einem Jahrhundert, in dem Lernen und Bildung alles galten; in dem zum Beispiel der Knabe Goethe mit Leichtigkeit vier Sprachen beherrschte. Haydn war kein Barbar, kein Kraftprotz, der mit »Blut und Boden« prahlte und von der Höhe falscher Romantik auf »geschriebenes Bildungswesen« herabsah. Im Gegenteil, durch sein ganzes Leben zollte er einem Typus Verehrung, der gebildeter war als er, Männern wie Joseph von Sonnenfels, Lavater oder Gottfried van Swieten. Er selbst aber konnte sich als Knabe die Anfangsgründe weltlichen Wissens unter keinen Umständen aneignen; und später verlangte das Leben bekanntlich andere schwere Dinge von ihm.

Es mag Frankh entschuldigen, daß die Volksschulbildung der österreichischen Deutschen damals überhaupt auf niedrigster Stufe stand. Nicht nur die einfachen Stände betraf das; sogar die höchsten Kreise, die fließend italienisch und französisch parlierten, hatten Schwierigkeiten, sich korrekt deutsch auszudrücken. Als 1749 der sächsische Dichter Gottsched die Kaiserin Maria Theresia besuchte, sprach sie ihn errötend an: »Ich sollte mich scheuen, mit dem Meister der deutschen Sprache deutsch zu reden, wir Österreicher haben eine sehr schlechte Sprache«, worauf der Besucher der Monarchin das wohlverdiente Kompliment machte, daß für sie, Maria Theresia, dieser Vorwurf nicht zutreffe... Für die große Mehrzahl der Österreicher galt er aber; sie konnten sich weder für einen einheitlichen Dialekt noch für ein genormtes Hochdeutsch entscheiden.

In der Musik jedenfalls empfing Joseph Haydn zu Hainburg mehr Unterricht als andere Altersgenossen sonst. Zum Singen und Notenschreiben traten bald noch Klavier und Geige. Schon das sechsjährige Kind ministrierte bei den Messen und hängte sich schaukelnd in die Seile, um die Kirchenglocken zu läuten. Noch im Alter hat Haydn seinen Biographen erzählt: »Gott der Allmächtige, welchem ich alleinig so unermeßliche Gnade zu danken habe, gab mir besonders in der Musik so viele Leichtigkeit, indem ich schon in meinem sechsten Jahre ganz dreist einige Messen auf dem Kirchenchor herabsang und auch etwas auf dem Klavier und Violin spielte.« Und über seinen Vetter Frankh urteilte er siebzig Jahre später: »Ich verdanke es diesem Manne noch im Grabe, daß er mich zu so vielerlei angehalten hat, wenn ich gleich dabei mehr Prügel als zu essen bekam...« Den Nachkommen Frankhs hat Haydn aus Erkenntlichkeit in seinem Testament Geld vermacht.

Mit Schmerzen mußte er allerdings damals wahrnehmen (auch das

hat er später erzählt), daß es in des Schulrektors Haus recht schmutzig
herging. Er war vom Vater an strenge Reinlichkeit gewöhnt. In Hainburg aber »spielete die Unreinlichkeit den Meister; und ob ich mir
gleich auf meine kleine Person viel einbildete, so konnte ich doch nicht
verhindern, daß auf meinem Kleide nicht dann und wann Spuren der
Unsauberkeit sichtbar wurden, die mich auf das empfindlichste be-
schämten... Ich war ein kleiner Igel...« Haydn, der noch als Hoch-
betagter so gekleidet war, »als ob er jeden Augenblick Besuch erwarte«,
hat Nachlässigkeit oder Schmutz nie ertragen.

Im übrigen war Haydn zu jener Zeit eher ein wildes Kind. Er verwechselte Musik mit Lärm, rang körperlich mit den Instrumenten, zerriß seinen Violinbogen und spannte die Lunge bis zum Platzen, wenn
er in die Trompete blies. Jedes gesunde Kind liebt das Fortissimo, die
lyrische Freude am Pianissimo kommt später... Als kurz vor dem
Feste des Heiligen Florian im Juni der Paukenschläger plötzlich starb,
ernannte Frankh den Knaben Haydn rasch zum Ersatzmann. Übermütig wie er war, übte Joseph auf einem sonst zum Brotbacken be-
nützten Mehlkorb, über den er als Paukenfell ein Tuch spannte. Ein-
gehüllt in Mehlstaubwolken, rannte er durch die Stadt und mußte erst
wieder eingefangen werden, ehe man ihn gesäubert in die Prozession
einreihen konnte, wo er dann in der festlichen Menge brav einher-
schritt und, den Schlegel kunstreich handhabend, auf die wirkliche Pauke
losschlug, die ein noch kleinerer Bub vor ihm hertrug... Ein echt österreichisches Histörchen, wie es sich auch bei anderen Kindern und im
Leben anderer Musiker, bei Bruckner und Schubert, zugetragen haben
könnte.

Da trat in die Einsamkeit der Landstadt plötzlich das Schicksal in
Gestalt eines mächtig dreinblickenden Mannes. Perücke, Zopf und
Seitenlocken, Jabot und hoher Kragen ließen ihn wie einen Offizier
erscheinen. Es war der Hof- und Domkapellmeister Johann Georg
Reutter aus Wien. Er war wirklich auf einer »Werbereise«: er suchte
»Rekruten des Gesanges«, Sängerknaben für seine Kapelle im Stefans-
dom. Von einem Gastfreund, dem Stadtpfarrer Palm, begleitet, wohnte
Reutter damals einer Aufführung in der Stadtkirche bei und hörte
»von ungefähr die schwache, doch angenehme Stimme des siebenjähri-
gen Knaben«. Er ließ ihn sogleich in das Pfarrhaus kommen. In Be-
gleitung des Vetters und Schuldirektors Frankh erschien Joseph und sang
Reutter vor. Der Domkapellmeister sagte lächelnd einige Worte des
Lobes, vermischt mit Dingen, die das Kind nicht verstand. Dicht beim
Ellbogen des Gastes aber stand ein Teller mit schwarz roten Kirschen.

Die Augen des ewig hungrigen Knaben wurden groß, er lugte nach den Früchten und vergaß alles andere. Reutter ließ ein halbdutzend Kirschen aus seiner Faust herausquellen und hielt sie ihm vors Gesicht. »Kannst du auch einen Triller schlagen?« fragte er neckend. Der Sinn der Geste bedeutete, daß man bei einem »Ja« die Früchte als Belohnung erhalten könne.

»Einen Triller? Nein!« sagte der ehrliche Knabe. »Das kann ja nicht einmal mein Herr Vetter.«

Um solch einen Zierat singen zu können, mußte man Italiener sein oder sonst aufs feinste studiert haben. Aber Reutter schüttelte seinen Kopf. »Sieh einmal, das macht man so!« sagte er und erhob sich vom Tisch. Er trillerte, so gut er konnte. Haydn schloß die Augen und bemühte sich, ihn nachzuahmen. Zuerst wollte es nicht glücken, aber dann ging es prächtig. Der Stadtpfarrer und der Schulmeister hielten den Atem an, als könne das Joseph beim Trillern stärken.

Als Haydn zu Ende getrillert hatte, schlug er seine Augen auf. Er hielt in seiner rechten Hand nicht nur ein Dutzend schwarz-roter Kirschen, sondern in der Linken noch dazu ein Geldstück: sein Handgeld als »Rekrut des Gesanges«.

»Bravo! Du bleibst bei mir!« rief Reutter. »Sind deine Eltern einverstanden, kommst du im nächsten Jahr nach Wien als Sängerknabe ins Kapellhaus!«

DIE WELT DES STEFANSDOMS

Waren die Eltern einverstanden?

Matthias Haydn sicher sofort. Der Wagnermeister hatte ein Haus voller Kinder. Die Berufung des Ältesten nach Wien konnte nichts anderes bedeuten, als daß jetzt der kleine Joseph durch sein Singen sich »jahrelang selbst ernähren werde« ... ein wichtiges ökonomisches Faktum!

Doch die Mutter mochte anders fühlen, als sie, schwer mit sich selbst ringend, in der Dorfkirche zu Rohrau kniete oder ihren Zweifel zum Pfarrer, dem Kroaten Selescović, trug. Arbeit, Arbeit war ihr Los. In Haus und Küche, auf dem Feld, im Viehstall und im kleinen Weinberg schaffte sie sechs Tage lang. Am Sonntag aber zog sie sich das schwarze Sammetleibchen über die hausgewirkte Hemdbluse, band die schwarze Schürze vor und das blau-weiß-rote Tuch unters Kinn, um mit dem Seelsorger zu sprechen.

Was bereitete sich vor? Ahnte Mutter Haydn, daß sie ihren Liebling für immer dahingab? Daß es von Wien aus keine Heimkehr, sondern nur einen Durchgang und Aufstieg in die große Welt geben werde?

Atemlos war an jenem frühen Herbsttag 1740 das achtjährige Kind in Wien eingefahren. Das war eine andere Wagenreise als die nach Hainburg! Schon vor einem Vierteljahrtausend pflegte eine Ankunft in Wien Ortsfremden den Atem zu verschlagen. Inzwischen war mancherlei geschehen. Gärten, Kirchen, Wohnhäuser, Paläste waren im Schatten der habsburgischen Monarchen entstanden. Eine steinerne Schönheit ohnegleichen, überall von grünen Linden und blitzenden Teichen unterbrochen: es war die Tat großer Baumeister, die in Italien gelernt hatten, wie man das barocke Wien, die Kaiserstadt, zu errichten hatte. Nun überflügelten sie den Süden: Burnacini und Hildenbrandt, vor allem der große Fischer von Erlach...

Als der kleine Joseph von Osten her einfuhr, sah er am Rennweg gleich drei Schlösser: die beiden Belvedere-Paläste, die für den Prinzen Eugen gebaut waren, und das Schwarzenberg-Palais... Mußte er sich nicht eigentlich denken, daß hier bereits der Kaiser wohne? Aber man wird ihm gesagt haben, daß all diese fürstliche Herrlichkeit noch tief unter der des Kaisers stehe. Und daß, wenn man die Namen Trautson, Auersperg, Schoenburg, Lichnowsky und all ihren Glanz aufeinandertürme, noch nicht der Schuh des Kaisers erreicht sei... Was war das nun wohl für eine Stadt, in der selbst die Bürgerhäuser aussahen wie die Juwelenkästen aus Stein? Überall gab es nackte Riesen, Nymphen, die auf ihren Köpfen Portale, Balkone, Fenster trugen, Füllhörner, Putten, Fruchtkörbe, Helme, aus denen Blumen und Perlen schäumten. Welch eine Kulisse, an der vorbei lebende Menschen fuhren und gingen! Kein Theater der Welt konnte stolzer sein — und doch war dies alles das wirkliche Leben! Sprach man hier deutsch? Es wimmelte von italienischen Zurufen. Große Herren kamen mit ihren Wagen aus Böhmen; polnischer Adel, der am befreundeten Wiener Hof Geschäfte zu besorgen hatte, kam mit Dienern und Vorreitern. Kaufleute erschienen aus Bayern und Schwaben, Tuchhändler, Weinhändler, Spediteure; auch Mohren im Turban und seltsame Asiaten. Teppiche aus der Türkei wurden von den Reichen gekauft und sogleich aus den Fenstern gehängt. Die ungarische Nobelgarde mit Silberhelmen, Tigerfellen und mit pelzbesetzten Dolmans ritt langsam durch die enge Stadt. Anders als langsam konnte man gar nicht ins Innere vordringen: ein so fröhlicher Tumult und eine solche Geschäftigkeit herrschte. Und was mußten diese Menschen essen! Sie hatten das Geld, es zu bezahlen. »Was an Lebensmitteln tagtäglich in die Stadt hineingebracht wird, das möchte man nicht für möglich halten!« hatte im 15. Jahrhundert ein Papst und großer Schriftsteller, Aeneas Piccolomini, über das Wien seiner Zeit geschrieben. »Wagen voll von Eiern und Krebsen kommen an, Brot, Fleisch, Fische, Geflügel werden in ungeheurer Menge vom flachen Lande herbeigeschafft. Und davon kann man am Abend schon nichts mehr zu kaufen kriegen ...«

Armer Haydn! Es war wirklich nur eine Kulisse, an der er da vorbeigeführt wurde. Schon entschwand sie vor seinen Blicken. Es war ja eigentlich nicht Wien, in das man ihn geladen hatte. Es war das Kapellhaus von St. Stefan. Es war die Umwelt des Stefansdoms, der als feine Nadel aus Stein bereits viele Stunden lang über den Horizont gegrüßt hatte, ehe die Stadt sichtbar geworden ... Nun hörte die Stadt auf, der Dom begann. Der Dienst begann. Ein Dienst von neun Jahren.

Domkapellmeister Georg Reutter, damals erst zweiunddreißig Jahre alt, wohnte mit seinem Knaben-Pensionat in der Kantorei, die an ein vierstöckiges Wohnhaus gegenüber dem Stefansdom angebaut war. Die Sängerknaben von St. Stefan — die Kosten für ihre Verpflegung und Erziehung bestritt die Stadt Wien — erhielten im Kapellhaus Unterricht in Lesen, Schreiben, Rechnen, Religion und Latein, und außerdem empfingen sie Gesangsstunden, Violin- und Klavierunterricht. Der Hauptteil ihres Tages aber bestand in schwerem Kirchendienst: sie hatten bei Hochämtern, Vigilien, Vespern und Gedächtnismessen, bei Kindstaufen und bei Totenfeiern innerhalb des Doms mitzuwirken. Sie wurden zweifellos überanstrengt, ohne daß sie im Alumnat genügend ernährt und gepflegt wurden. Zwar war Reutter nicht Junggeselle. Er hatte die Tochter des Heinrich Holzhauser, des früheren Hofmusikdirektors, geheiratet, die eine Sängerin von Rang war (»sie konnte ohne Vorbereitung gleich jede Note vom Blatt singen«, rühmt ein Bericht aus damaliger Zeit), doch für die Schüler ihres Mannes trug diese Therese wenig Sorge. Schon in Hainburg hatte Haydn es in dieser Hinsicht schlecht getroffen. So kam es, daß er die wichtigsten Jahre seiner Jugend, die Entwicklungsjahre, eigentlich mutterlos verbrachte, obwohl er (ein ähnlicher Fall wie bei Bruckner) an seiner Mutter besonders hing. Gewisse Inseln von Trockenheit und Einsamkeit in seiner Musik verkünden uns heute noch dieses Schicksal.

Haydns wahrer Herrscher in jenen Jahren war der Dom. Eine fremde Welt! Überkommen aus einer unfaßbaren Vorzeit ... Als das Riesentor des Stefansdomes um 1250 gebildet wurde, empfand man es bereits als »alt«. Der Fries an seinen beiden Seiten, der mit erhobenem Predigt-

finger die Gefahren abschilderte, die die Weltlichen und die Priester be-
drohen, war, wie uns Hans Tietze erzählt, schon damals »dunkel und kaum
verständlich«. Da ging nun der Sängerknabe Haydn, ein zehn-, zwölf-,
vierzehnjähriges Kind, in der steinernen Fauna und Flora dieser uralten Welt umher, ohne sie sonderlich zu begreifen. Er spazierte scheu
durch das riesige Langhaus, in dem es niemals hell wurde. Es war eine
Nacht, in der Kerzen brannten, als dürfe man Gott nur bei Nacht verehren. Mit dem Zeigefinger rührte er das Grab Rudolfs des Stifters an,
der mit spitzen Beinschienen neben seiner Gemahlin lag, einer mittel-
alterlichen Hausfrau mit Schaube, Borten und breitem Gürtel. Zu ihren
Füßen lagen Hunde, die wie Schafe und manchmal wie Löwen aussahen und mit denen Haydn wahrscheinlich gern gespielt hätte. Doch
sie waren nicht zu erwecken... Lichter aber ward es im Gemüt, wenn
man in die Nähe der Orgel kam, eines Triumphs der Renaissance-
kunst: hier hatten Heinrich Isaak aus Flandern, Paul Hofhaimer, der
alte Domkapellmeister Fux und der Vater des jungen Reutter gesessen.

Es war eine düstere gotische Welt, die die Arbeitsstätte des Knaben
wurde. Jenseitig, auf Schritt und Tritt von Gedanken an den Tod erfüllt. Immer roch es hier nach feuchten Kränzen; neben dem Dom war
gleich das Amt, in dem sich trauernde Familien Bahren und Träger
ausleihen konnten...

Nun stammte zwar Haydn aus einer Umgebung, in der man den
Tod nicht groß achtete: gerade die bäuerliche Kultur ist im Gegensatz
zur städtischen das stete Werden und Vergehen gewohnt. Aber diese
Überbetonung des Todes im Schoße kirchlichen Dienstes war etwas,
was einen Jungen beeinflussen mußte. Traurig, ängstlich und nervös
habe er werden müssen, meint man; doch gerade das Gegenteil geschah: Haydn blieb ein wildes Kind, er ließ die Welt des Stefansdoms, obwohl er neun Jahre in ihr lebte, nicht näher an sich herankommen, als es »beruflich« unbedingt nötig war.

Diese Tatsache, die für seinen Instinkt bürgt, ist so erstaunlich, daß
wir bei ihr verweilen müssen. Haydn war fromm, ein sehr frommer
Mann, der noch im Alter von sich bekannte: »Wenn's mit dem Komponieren nicht geht, bete ich ein paar Rosenkränze: da fällt mir dann
alles Weitere ein!« Und doch war Joseph Haydn ein Sohn jenes 18. Jahrhunderts, in dem sich hoch und niedrig gemeinsam in einer natürlichen Kampfstellung gegen das Mittelalter befanden. Man hatte es
eben weiter gebracht, man wollte nicht in die Dunkelheit und die Fleder-
mausflüge der Mystik zurück. Gottesverehrung: das war für Haydn
ein sonnengetränkter Glücksbegriff wie Lerchenjubel und Erntedank.

Wäre Haydn Romantiker gewesen, wäre seine Jünglingsreife nicht um
1750, sondern 1850 erfolgt, hätte es anders um ihn gestanden. Dann
hätte ihn die romantische Mode des 19. Jahrhunderts ergriffen; er hätte,
ähnlich wie Victor Hugo in seinem »Glöckner von Notre Dame«, das
Schaurige des Mittelalters in seinen Tönen aufgefangen, die Angst vor
Jenseits und Höllenstrafen. Aber nichts von dieser Welt des Mittelalters erscheint in Haydns Musik, nichts von den steinernen Dach-
rinnen, den Spitzbogen, den Strebepfeilern, den Wasserspeiern, den
Tiergestalten, die in den Dom hineindräuen. Haydn bedurfte nicht der
Angst, um sich seinem Gotte zu nähern. Er fand ihn im Diesseits und
in der Helle.

Gerade das war der Auftrag der Zeit an ihn. Wir können nicht
daran zweifeln, daß um 1740 der Stefansdom, wie er einmal dastand,
vielen Frommen eine Verlegenheit war. Das Barock, das bereits Rokoko
wurde, dachte sich seine Kirchen anders. Es füllte seine Gotteshäuser
mit einer weltläufigen Frömmigkeit, dem Salon, ja, der Koketterie be-
nachbart. Der Typus des italienischen und französischen Abbés dringt
überall im Katholizismus vor und verdrängt den groben deutschen Priester. So geschieht es auch in Wien; zu den großen Kirchenfesten benutzt man nach und nach mit Vorliebe hauptsächlich jene Teile des
Domes, die man durch elegante Aufbauten zeitgenössisch verkleiden
kann. Auch das Theater dringt heran, mit Vorhang, Bühne und Kulisse
verlangt es in den Dom hinein. Jawohl, zugleich mit der Seele des
Menschen hat sich die Architektur verändert: durch Renaissance und
Barock hindurchgegangen, glaubt längst auch Joseph Haydns Zeit mit
dem berühmten Italiener, dem Baumeister Leon Battista Alberti, an
den Rundbogen statt an den Spitzbogen: »Den Erdball, die Gestirne,
die Bäume, die Tiere, deren Nester, und ... was soll ich sonst noch
aufzählen? — das alles wollte sie *rund,* die Natur!«

So verlieren sich auch die Kirchenkompositionen, die Haydn später
schreiben wird, nicht in dämmernder Höhe, sie sind nicht spitz und
nicht voller mystischer Schatten, sondern breit, fröhlich, voller Hellblau,
Sonnenpurpur und Ährengelb. Nur die Grammatik des Messeschrei-
bens, die jahrhundertealte richtige Syntax des musikalischen Gottes-
dienstes lernte Haydn während der Jahre, die er im Kapellhaus verbrachte — doch Fleisch und Geist der Musik wurden anders. Runde
Engelswolken stehen über seiner „Mariazeller Messe", er pinselt die
heitersten Koloraturen über die ernstesten Texte hin:

und sogar noch sein »Stabat Mater« ist von einer Traubensüße, einer Correggio-Wärme, die fast zu hold für den bitteren Stoff ist. Von wirklich tiefem Trauerschwarz ist nur eine seiner Kompositionen: »Die Sieben Worte Jesu am Kreuz«. Aber auch hier ist nichts Gotisches. Nicht das Jenseitige schauert uns an, sondern die Tragödie: Wir leiden um den Menschensohn und dürsten mit ihm, wenn er dürstet. Das Schwarz in diesem Stück ist spanisch. Ein spanischer Grande hat es bestellt, und Haydn hat ihm fromm willfahrt.

Für den vierzehnjährigen Haydn war es ein besonderes Glück, daß Georg Reutter auch Komponist war und daß er nicht nur Domkapellmeister, sondern auch Hofkapellmeister war. Bald schrieb er eine Pantomime, bald ein Operchen, das ein adliger Dilettant am Kaiserhof dargestellt wissen wollte. Dadurch drang der Hof in den Dom, und die weltlichen Kunsteinflüsse verschlangen sich mit den geistlichen. Sie durchdrangen sich sogar sehr. Ohne starken Gebrauch von Trompeten und Pauken komponierte Reutter keine Messe. Der englische Schriftsteller Burney, der damals den Kontinent bereiste, wunderte sich über Reutters Messen, »wieviel Geräusch sie eigentlich machten« (mehr allerdings als viel Geräusch wollte er ihnen nicht zugestehen). Und die Kaiserin Maria Theresia bemerkte einmal nach einer Messe, die ihr für ein sakrales Werk gar zu vergnüglich geklungen hatte: »Aber das war ja, mein lieber Reutter, als hätte ich Pferdegetrappel gehört!«, worauf der witzige Komponist ehrfurchtsvoll erwiderte: »Ich habe bei diesem Viervierteltakt an die Hofequipage gedacht, die ich gerne benutzen möchte!« Die Kaiserin erwies sich ihm gnädig und gestattete die Benutzung. Seitdem nannte man seine Komposition die »Schimmelmesse«. Der Komponist schrieb als gebildeter Lateiner oben über das Blatt die Worte »Quadrupedante putrem sonitu quatit ungula campum« (Im Viervierteltakt schlägt der Huf den mürben Boden des Feldes).

Ein nicht unwichtiger Nebenverdienst war es anscheinend für Reutter, daß er seine fünfzehn Knaben an halbgeistlichen Festen mitwirken ließ, wie am Johannes- und Nepomuktag, die mit großer Illumination längs der Donau gefeiert wurden. Er verlieh sie ferner an Adelshäuser, wo sie mit ihren quellklaren Stimmen Matineen und Soireen verschönten. Der Taktstock, mit dem er dirigierte, mußte oft genug unter sie fahren; sie warfen in ihrer Raserei Baßgeigen und Flötenpulte um. Bei diesen Festen waren die Kinder nur von einer Frage bewegt: Was war eßbar? Wo war die Küche? Denn seit Jahren waren sie ja so hungrig, daß sie sich drängten, bei diesen profanen Festen des Adels mitsingen zu dürfen. Nach Schluß der Konzerte fielen sie dann wie Ratten in die Speisekammer ein. Das Gesicht unkenntlich verschmiert von Schmalz oder Schokoladenspeisen, wurden sie dann oft von den Bedienten hinausgeprügelt.

Der kleine Haydn war wilder als alle. Ein kräftiges und lärmfrohes Kind. Während Schönbrunn, das Sommerschloß der Kaiserin, gebaut wurde, kletterte er das Gerüst empor, laut schreiend oder nach seiner Art Vogelstimmen nachahmend. Da ließ ihn die Kaiserin selbst herunterholen und verprügeln, wobei sie annahm, er habe sich vielleicht Hals und Beine brechen können.

Gerade in diesen Jahren — zwischen 1740 und 1760 — arbeitete Rousseau an seinem Erziehungsroman »Emile«. Was schrieb er? »Sorge, daß das Kind allein von den Dingen abhängig ist! Seine Wünsche sollen allein an natürlichen Hindernissen gebrochen werden, das heißt: an der Strafe, die seiner eigenen Aktion folgt: ein Erlebnis, das es erinnern wird, sobald dieselben Umstände sich ein zweites Mal ereignen. Man soll das Kind daran hindern, Schlechtes zu tun, und dennoch vermeiden, es ihm ausdrücklich zu verbieten. Erfahrung oder natürliche Ohnmacht werden den Platz des Verbots einnehmen.« War das auch die Ansicht der Kaiserin? Sie wäre sich als Verbrecher erschienen, wäre das ihre Ansicht gewesen. »Ich bin Mutter. Ich habe zuvorzukommen . . .«

Ihr eigener Sohn, der Kronprinz Josef, wurde natürlich nie gezüchtigt. Eines Tages, sehr verärgert, befahl sie es einer Kammerfrau. Die schrak zurück: »Einen Habsburger schlagen? Das hat es noch niemals gegeben!«

»Finden Sie«, fragte die Kaiserin mit leichtem Spott, »die Resultate so großartig?«

DIE KAISERIN

Die Kaiserin war nicht bloß eine Frau. Sie war ein kleines Weltwunder.

Es begann damit, daß sie einen Mann hatte, der nicht Kaiser war — den Herzog Franz Stephan von Lothringen —, und daß sie selber Kaiser sein mußte. Daraus ergaben sich eigentlich die meisten Verwicklungen in ihrem Leben, aber auch ihre wirkliche Größe.

Im Oktober 1740, im selben Herbst, da Joseph Haydn im Kapellhaus aufgenommen wurde, war der Vater Maria Theresias gestorben, der deutsche Kaiser Karl VI. Es begann eine neue Ordnung der Dinge.

Ein Riesenreich lag vor einer unerfahrenen jungen Frau ausgebreitet. Ein Reich, das wie eine Handarbeit vergangener Jahrhunderte war, kostbar, silbern und goldgestickt, doch voll verwirrter, brüchiger Fäden, die ausgebessert werden mußten. Es war das riesige Deutsche Reich, bestehend aus dreihundert Teilen, weltlichen und geistlichen, aus Fürsten, Ständen, freien Städten, die einander zuweilen hart bekämpften. Dazu gehörten auch noch Belgien, Oberitalien und Mittelitalien, Böhmen, Ungarn, ein Teil des Balkans. Die Diener der Maria Theresia sprachen so viele Sprachen, daß sie einander nicht verstehen konnten. Und dennoch hatte sie jeden von ihnen an der Stelle zu belassen oder ihn dorthin zu bringen, wo er dem Reich am nützlichsten war.

Daß sie als Frau das nicht können werde, war ihren Feinden im vornherein klar. Friedrich II. von Preußen, der Große, überfiel sie und nahm ihr Schlesien. Das »böse, männliche Prinzip« empörte sich gegen sie, die »Mutter«. (Denn das ist es noch heut, was mit mythischer Kraft aus den fadenscheinigen Löchern des historischen Geschehens heraussieht.) Ein paar Jahre später verlor sie den gleichen Krieg ein zweites Mal. Und schließlich noch ein drittes Mal (er hatte sieben Jahre gedauert). Der »Endsieg«, den der Mann erfocht (Schlesien blieb ihm), machte ihn alt, machte ihn menschenfeindlich und traurig. Noch nie aber hat eine Niederlage einen Menschen schöner gemacht, als Maria Theresia es durch Schlesiens Verlust wurde.

Denn inmitten allen politischen Unglücks wußte sie sich die Verehrung ihrer Völker zu erwerben, und die der übrigen Welt dazu. Der militärische Mißerfolg wurde moralisch ihr größter Erfolg. »Sie war eine unvergleichlich gute und naiv-großartige Frau«, urteilt Hugo von Hofmannsthal im 20. Jahrhundert. Auch Semiramis, meint Hofmannsthal, die englische Elisabeth und die russische Katharina waren große Herrscherinnen, aber sie zahlten mit Unfruchtbarkeit, während Maria Theresia ihrem Mann sechzehn Kinder gebar. Das Geheimnis ihrer Regierungskunst war, daß dieses mütterliche Verhältnis im Verkehr mit den Ländern wiederkehrte.

Sechzehn Mal im Wochenbett! Und auf jedem Wochenbett — kaum abgewehrt durch den Leibarzt van Swieten — drängten und schoben

sich die Akten, die Denkschriften, die Depeschen vom Kriegsschau-
platz. Waffenschall und Kammermusik, Welt- und Staatsverbesserung,
Opernfanfaren, Theater und rastlose Aktivität wogten um diese Wo-
chenstuben. Doch die hohe Patientin blieb schön bis ins Alter. Ihre
Lebenskraft nahm nicht ab. Ihre blauen Augen strahlten, ihre Zähne
schimmerten, die Wange lachte, nur die Stirn wurde majestätisch und
hoch, als thronten Minervas Gedanken darauf.

»Das bißchen Ruhm, das ich mir in der Welt erworben habe, verdanke ich nur der guten Auswahl meiner Vertrauten«, sagte sie mit
bemerkenswerter Bescheidenheit. Bei dieser Auswahl leitete sie ein
wunderbarer, sehr weiblicher Zartsinn. Es dauerte, bis sie die Richtigen fand. Die sechs alten Männer, die ihr Vater, Karl VI., ihr ver-
erbt hatte, begrub sie: sie setzte sie nicht ab. »Gott sei Dank, daß alle
meine Räte starben. Ich wäre niemals imstande gewesen, Abhilfe zu
treffen. Denn ich litt lieber selber, als daß ich äußerste Entschlüsse gewagt hätte, die der Reputation eines anderen nachteilig gewesen wären!« Sie hat Generäle nicht abgesetzt, weil sie Schlachten verloren
hatten: sie hat auf das Menschliche gesehen, nicht auf den Erfolg, und
sie hat meistens recht behalten. Als ihre Schwester in Brüssel krank
war, beorderte sie einen fremden Arzt, den sie nie gesehen hatte, zu
ihr, den jungen Gerardus van Swieten, einen holländischen Doktor
aus Leyden. Die Schwester starb binnen vier Tagen. Doch anstatt in
Ungnade zu fallen, erhielt van Swieten ein Handbillett von der Kaiserin Maria Theresia, worin sie den Trostlosen tröstete und ihn als
Leibarzt nach Wien berief. Sie hatte sich ganz intuitiv für ihn entschieden — nun handelte sie.

Intuition, höchste Rechtlichkeit, Großmut, Tapferkeit und Humor
liegen über ihrem Charakter und strahlen mit mütterlicher Kraft auf
das ganze Zeitalter aus, das nach ihr das Theresianische heißt. Vor
allem war es ein Zeitalter hoher Musikalität. Die Kaiserin, italienisch
erzogen, war in ihren jungen Jahren eine meisterliche Sängerin, die
bei Hofkonzerten auftrat. Ein Jahrhundert vor ihrer Thronbesteigung
schon waren ihre Vorfahren selber Komponisten gewesen. Kaiser Ferdinand III. (1637-1657), Leopold I. (1658-1705), Josef I. (1705-1711)
und Karl VI. (1711-1740) hatten eigenhändig den Gänsekiel übers
Notenpapier geführt. Nun wurde die Erbin dieser Kaiser zwar nicht
selber Komponistin, doch eine Schirmherrin der Musik. »Wo das Zeitalter stolz war«, schrieb Hofmannsthal. »da war es stolz ohne Steifheit und Härte. Haydn, Gluck und Mozart sind sein Geist gewordener
Gehalt.«

Das sind sie. Und doch berührt es wehmütig — so unvollkommen nämlich sind alle menschlichen Verhältnisse —, daß alle drei bei der Kaiserin kein ungetrübtes Glück hatten. Nach stolzen und fruchtbaren Opernjahren ging der große Gluck schließlich doch nach Paris, wo seine »heroischen Ideale« auf der Bühne wohl besser verstanden wurden als bei den unheroischen Wienern. Und Mozarts trauriges Los wollte, daß, als er beim Erzherzog Ferdinand, dem dritten Sohn der Kaiserin, um eine Anstellung nachsuchte, die sparsam vorsichtige Landesmutter ihrem Sohne leicht davon abriet. »Du fragst mich«, ließ sie sich vernehmen, »ob du den jungen Salzburgischen Musikus in Dienst nehmen solltest.« Sie wisse nicht recht, wozu und warum; an Komponisten und ähnlich nutzlosem Volk sei doch bereits am Hof kein Mangel. Wenn es Ferdinand Spaß mache, wolle sie ihn zwar nicht hindern. Immerhin... Nutzloses Volk! Ganz bestimmt hatte Maria Theresia nichts gegen Mozart. Er hatte als Kind auf dem Schoß der Landesmutter gesessen und bei Hofe Klavier gespielt. Graue Sparsamkeit war es allein, die die Kaiserin ihrem Sohn von Mozarts Anstellung abraten ließ (»er hat auch eine zahlreiche Familie«) — es war wohl überhaupt nicht mehr als die unmütterliche Laune der Mutter, die im Kinderzimmer entschieden hat, »mit welcher Puppe gespielt werden soll« — und die eine war zu kostspielig, um überhaupt angeschafft zu werden. Doch die Folgen der Ablehnung waren tragisch: wie hätte sich Mozarts Leben entwickelt, hätte er diesen Posten erhalten!

Es gibt seltsame Mißverständnisse, von den klarsichtigsten Menschen begangen, wenn sie sich um zu vieles kümmern; und Ungerechtigkeiten laufen mit dem höchsten Willen zur Ordnung mit. Haydn, noch mehr als die beiden andern ein Geschöpf der Theresianischen Zeit, traf es seltsamerweise am schlimmsten. Ein dummer, doch lebensentscheidender Zufall, der leider von der Kaiserin ausging, brachte ihn um seine Existenz als Sängerknabe — ohne ihm eine andere Aussicht zu eröffnen. Die Monarchin kannte ihn sehr genau, weil er neben der Kirchenmusik auch bei der Tafelmusik in Schönbrunn unter dem Knabenchor mitgewirkt hatte. Er war jetzt achtzehn Jahre alt, bereits zu alt für einen Sopran, und seine Stimme begann zu mutieren: »Diese schöne Stimme«, wie Dies erzählt, »mit welcher der Knabe sich bisher so manchen gesättigten Magen errungen, ward ihm plötzlich untreu; sie brach und wankte zwischen Doppeltönen.« Die Kaiserin hatte ein feines Ohr. Sie machte im Scherz oder auch im Ernst zu Kapellmeister Reutter die Bemerkung: »Der Sängerknabe Joseph Haydn singt nicht, er kräht wie ein Fasan!« Das war das Signal für Reutter. Er hatte bereits einen anderen Haydn in der Kapelle, Josephs jüngeren Bruder Michael, den der Vater erst kürzlich aus Rohrau ins Wiener Kapellhaus gebracht hatte. Sein war ein glockenklarer Sopran: die Kaiserin selbst hatte Michael für ein Solo im Stift Klosterneuburg beim Feste des Heiligen Leopold mit vierundzwanzig Dukaten beschenkt. Da war Joseph eigentlich gar nicht mehr nötig! Anstandshalber wartete Reutter noch auf einen Anlaß. Der fand sich, als Haydn einem Mitschüler mit einer Schere den Zopf abschnitt. Der Domkapellmeister ließ dem Jüngling für diese »Untat des Übermutes« ein paar Stockschläge auf die Hand geben und ihn aus dem Kapellhause stoßen, in dem er neun Jahre gewohnt hatte.

WIENER BOHEME

»Hilflos, ohne Geld, mit drei schlechten Hemden und einem abgenutzten Rock ausgestattet, trat der Neunzehnjährige in die Welt, die er nicht kannte«, schreibt der Chronist, dem Joseph Haydn im Alter seine Geschichte erzählt hat. Wohin sollte er sich wenden? Keine Seele kümmerte sich um ihn. Doch die Statur seines Charakters war fest. Es zeigte sich, wie gut es war, daß er den unteren Ständen entstammte. Das Wohlleben im Stefanschor — und es war nie ein Wohlleben! — war immer nur eine schwache Brücke über Armut und Hunger gewesen. Er hatte der kirchlich ergriffenen Menge, dem Hof und dem Adel vorsingen dürfen. Nun brach die Brücke. Er sank tief ein. Sehr böse Jahre begannen für ihn. »Ich mußte mich acht Jahre lang kummerhaft herumschleppen«, hat er später selbst berichtet, und: »Es gehen durch dieses schlechte Brot viele Genies vorzeitig zugrunde.«

Daß er trotzdem Musiker blieb, macht seiner Willenskraft höchste Ehre. Er hätte nach Hause wandern und beim Vater um Aufnahme in die Wagnerwerkstatt bitten können. Das verbot ihm wahrscheinlich sein Stolz. Die Mutter, die sein Los schwer beklagte, riet ihm in einem Briefe ernstlich, sich dem geistlichen Stand zu widmen. Es schien ihr die richtige Fortsetzung: nach einem Leben als Sängerknabe konnte man schließlich auch Mönch werden. Haydn dachte darüber nach, ob es nicht wirklich besser sei, in einen Orden einzutreten, um sich sattessen zu können. Später verwarf er den Vorsatz wieder. Er konnte doch schließlich auch unterrichten! Er verstand manches von Komposition — er hatte sich doch schon seit Jahren selbst im Messeschreiben

versucht und zu Georg Reutters Erstaunen ein ganzes »Salve regina«
für zwölf Stimmen aufgeschrieben. Auch war er geschickt auf Klavier
und Geige. Hätte die Garderoben-Frage ihn nur nicht immer wieder
beschämt! In so schäbigen Kleidern, wie er sie trug, konnte man kaum
unter Leute treten.

In der ersten Zeit seines Bohème-Lebens hatte Haydn nicht selten
im Freien geschlafen. Dann aber hatte er das Glück, einmal bei der
Wohnungssuche auf einen alten Bekannten zu treffen, den Tenorsänger
Johann Michael Spangler. Der Sänger war selbst in schlechter Lage.
Obwohl er Weib und Kind hatte, lud er Haydn ein, mitzukommen und
sein Obdach einstweilen mit ihm zu teilen. Es war tiefster Winter geworden.

Als Haydn den schönen Weihnachtsschnee sah — wir wollen nicht
zweifeln, daß ihm dabei etwas sehr Weißes in C-dur einfiel, eine Erinnerung an daheim —, erwachte die Reiselust in ihm. Aber nicht ins
Burgenland, sondern in die Steiermark, nach dem Wallfahrtsort Mariazell trieb es ihn. Weniger aus Frömmigkeit — er hatte besondere Ideen
dabei. Mit den Wallfahrern, und von ihnen gespeist, zog er viele Tage
lang, bis er vor dem Gotteshaus von Mariazell anlangte. Er trat vor
den Chormeister der Kirche, einen Pater Florian Wrastil, und bot ihm
seine Dienste an. »Ich bin ein früherer Chorknabe von St. Stefan«,
sagte er. »Abgelehnt!« meinte der Pater barsch. »Es kommt soviel des
Lumpengesindels von Wien her, das sich für Chorknaben ausgibt —
wenn es aber dann drauf ankommt, können sie keine Note treffen!«

Als am nächsten Tag die Messe begann, stieg Haydn heimlich zum
Chor hinauf. Die letzten Pfennige, die er hatte, drückte er mit bitten-
dem Blick dem Solisten in die Hand und nahm ihm mit raschem Griff
das Blatt fort. Bevor der Erstaunte sich wehren konnte, sang Haydn
prima vista das Solo mit schöner Tenorstimme herunter — er war jetzt
zwanzig Jahre alt und hatte den Stimmbruch überwunden. Dieses Ge-
schehnis blieb nicht verborgen, die Geistlichen horchten staunend auf
und äußerten Worte der Anerkennung. Der Prior selbst lud Haydn
zur Tafel, beherbergte ihn acht Tage im Kloster und beschenkte ihn
mit Essen und Geld.

Als Haydn nach Wien zurückwanderte, hatte Spangler Familien-
zuwachs erhalten. Es war nicht möglich, den Jüngling länger in der
kleinen Wohnung zu haben. Er mußte sich umsehen und schnell verdienen. Da kam ihm die Jahreszeit zu Hilfe. Der Schnee schmolz, die
Musik erwachte. Auf den kahlen Sträuchern saßen schon Vögel, die
Straßen- und die Parkmusikanten stimmten bereits ihre Instrumente.

Die Stadt, die so viele Singvögel ernährte, würde auch Haydn zu leben geben. Ein Mensch, der ein Instrument spielen konnte, war in Wien nie ganz verloren. Im Wien des 18. Jahrhunderts spielte die Musik eine Rolle wie in keiner Weltstadt sonst. Sie war ständige Begleiterin des Daseins — des Lebens aller Stände, vom Adel bis zum Proletariat.

Es ist viel darüber geschrieben worden, woher die Wiener eigentlich diesen Musikhunger hatten. Im 17. Jahrhundert hatte eine Seuche sie heimgesucht, der schwarze Tod. Ein großer Teil starb. Die übrigen fiedelten und sangen und tranken den guten, leichten Wein, weil ein bißchen Trunkenheit als Vorbeugungsmittel gegen die Pest galt. Der Heros der damaligen Zeit war ein Mann namens Augustin. Von ihm stammt das zynische Lied: »Ach, du lieber Augustin, alles ist hin!« Eines Nachts fiel er betrunken in ein Grab mit Pestleichen, schlief seinen Rausch aus und klomm heraus, als ob nichts gewesen wäre... Daraus wurde ein Wiener Volkssymbol: Über jede Art von Tod triumphierten Wein und Gesang.

Das geschah 1679. In Wirklichkeit war die Wiener Freude an Gesang und Musik viel älter. Als 1540 ein Schwabe, Wolfgang Schmelzl, nach Wien wanderte, bemerkte er etwas, was ihn erstaunte und was er in die Worte faßte:

Ich lob' diesen Ort vor allem Land!
Hier sind viel Sänger, Saitenspiel,
Allerlei G'sellschaft und Freuden viel.
Mehr Musikos und Instrument
Findt man gewißlich an keinem End!

Wien ist der Punkt, da Norden und Süden, aber zugleich auch Westen und Osten Europas aufeinander treffen. Eine Art von Wirbel ist die Folge (es gibt schließlich Volkswirbel, wie es Wetterwirbel gibt), und die Folge der Folge heißt *Musik*. Und zwar jede Art von Musik. Da Haydn Geige spielen konnte, werden wir annehmen müssen, daß er in rauchigen Wirtschaften geigte unter Fuhrleuten und kleinen Händlern, die zu ihrem Essen und Trinken Musikbegleitung wünschten. Am nächsten Tage wieder wurde er von einem wohlhabenden Bürger bezahlt, der seine Freunde unterhielt oder der einer hübschen Frau eine Serenade brachte. Von Serenaden und Nachtstücken erklang Wien acht Monate im Jahr, denn man kann dort von März bis Oktober die Abende im Freien verbringen. Nach dem Oktober, beim neuen Wein, erklang die Musik im geschlossenen Raum.

Die Musik, die man auf der Straße oder in öffentlichen Gärten spielte, hatte als Al-fresco-Musik ihre eigenen Gesetze. Sie wurde von Flöten, Oboen, Geigen, Klarinetten und Lauten ausgeführt. Freilichtmusik verhält sich zu Zimmermusik ungefähr so wie ein Mauer-Fresco zu einem Bild im Rahmen. Gröber und fester muß hier der Ton sein, damit die Luft ihn nicht wegwischen kann; andererseits hat Freiluftmusik nicht die Vorteile der Zimmermusik, bei der die Hauswände als Resonanzboden wirken.

Die Wiener Serenadenmusik, deren größter Kunstmeister in späteren Jahren Mozart wurde, kannte eine Unzahl von Formen: das Ständchen, das Divertissement, die Cassation, die Platzmusik, vor allem auch die Tischunterhaltung. (Noch Georg Reutters Symphonien waren „Servizio di tavola"; und sie mußten besonders laut sein, um das Tellergeklapper zu übertönen.) Besetzungen, Mittel, Gelegenheit und festlicher Anlaß mochten schwanken. Unter allen Umständen war es aber Gebrauchsmusik, mochte sie noch so veredelt sein. Schrieb zum Beispiel Mozart eine Serenade für vier Orchester, die, an vier verschiedenen Stellen eines Parkes aufgestellt, einander zuspielten, so stand ein architektonischer Gedanke dahinter, die Vorstellung, daß sich zwischen diesen vier Orchestern Menschenmengen bewegten. Da er eines der schönsten Werke, die er je geschrieben hat, »Eine kleine Nachtmusik« nannte, empfand er sicherlich genau die Tonbrechungen der Dunkelheit: wenn die schweren Laubmassen von Bäumen und die tiefhängenden Sterne solch ein Notturno einrahmen, klingt es anders als am Tage.

Daß Nachtmusiken von großen Orchestern aufgeführt wurden, war selten: es war zu teuer. Um eine Frau zu feiern, genügten schließlich drei Instrumente — zwei Streicher und ein Blasinstrument (also ein intimes Trio) — und allenfalls noch ein viertes und fünftes. Etwas aber war gewiß: da unter allen Umständen Serenadenmusik »portabel« sein mußte, blieb die schwere Baßgeige zu Haus. Dadurch änderte sich der Kompositionsstil. Das Generalbaßproblem fiel fort; die Musik wurde leichter, sie verlor ihre akademische Schwere. Die älteren Ästhetiker hatten geglaubt, eine Musik ohne Fundamentalbaß könne eigentlich nicht existieren: sie müsse so zusammenbrechen oder doch rutschen wie ein Haus, das auf lockerem Sand erbaut sei. Aber die neue Art von Musik erwies sich, obwohl graziös, doch fest. Sie schien zu schweben; sie war nicht, wie die des 17. Jahrhunderts, an die Gesetze der Schwerkraft gebunden.

Wir können nicht zweifeln, daß Haydn selbst viele solcher Notturni schrieb, auf Bestellung, zu Namenstagen von Bürgern, für Verliebte oder auch, weil es ihm selber Freude machte, unterm Sternenhimmel zu musizieren. Der Ausdruck »Cassation« (*Cassazione*) ist ein Wort, das heute noch Franzosen und Engländern Kopfschmerzen macht. Denn da es »Auszahlung« zu heißen scheint, müßte es in diesem Fall »musikalische Gegenleistung für eine empfangene Summe« heißen. Indessen ist *»cassazione«* nichts anderes als romanisiertes Studentendeutsch, das mit »Gasse« zusammenhängt. »Gassatim gehen« oder »gassaden« hieß: auf der Straße Musik machen.

Diese Notturni und Cassationen wurden größtenteils nicht gedruckt; und so sind sie verlorengegangen, soweit Haydn nicht ihr Material in seine Quartette übernahm. So ging es auch mit den Divertimenti. Doch durch das Beispiel anderer Meister wissen wir ungefähr, wie sie aussahen. Der Ausdruck »Divertissement« (italienisch: *Divertimento*) bedeutet eigentlich »Ablenkung«. Wie Rousseau, der ja auch Musiker war, in seinem »Musikalischen Konversationslexikon« erklärte, war das ein Tonstück in einer Oper: »eine hineingenommene Zerstreuung, mittels welcher der Autor einen interessanten Moment weiter hinausschiebt. Zuschauer und Schauspieler — die ersteren sitzend, die zweiten stehend — sind so gütig, Geduld zu üben und der Einlage zuzuhören...« Sie war also recht unkünstlerisch, diese Art von »Einlagen«, die zum dramatischen Thema der Handlung in gar keiner Beziehung standen. Bei der Straßenmusik war das anders. Da war ja das Ganze ein »Divertimento«. Eine Ablenkung: sobald die werbende Musik aus der Gasse erklang (und mochte es drei Uhr morgens sein), eilten Bürger und Bürgerinnen ans Fenster und auf die kleinen Eisenbalkone. Niemand war böse, alles lauschte. Dreißig Jahre später wurde auch Mozart einmal von sechs armen Teufeln anmusiziert — und gar mit seiner eignen Musik, zu einem seiner Namenstage, am 31. Oktober 1781. Um elf Uhr in der Nacht, als er sich grade ausziehen wollte, geschah es, wie er selber berichtet hat, daß zwei Klarinetten, zwei Hörner und zwei Fagotte in den Hof, da er wohnte, Einlaß verlangten und ihn »solcherweise erfreuten«...

Solch eine Serenade bestand in ihren Ecksätzen aus zwei Märschen, die das Herankommen und den Abmarsch der Musiker darzustellen hatten. Dazwischen lagen Tanzformen (gewöhnlich waren es Menuette), und in der Mitte, als fester Kern, war das eigentliche Ständchen: die Werbung. Diese konzentrische Form entsprach dem Geist des Rokoko. »Sie kann mit der zentralen Anlage eines französischen Parks verglichen werden«, sagt der Musikhistoriker Mersmann, »oder mit der gleichfalls fünfsätzigen Struktur eines Schlosses, um dessen Kern die leichteren Kavaliershäuser liegen, wie die Menuette um das Ständchen, und zu dem breite, von Marmorbildern eingefaßte Alleen führen, wie Einleitungssatz und Finale...«

An einem bedeutungsvollen Abend strich Haydn vor einem Haus die Geige. Es war in der Nähe des Kärntner Tors, wo sich ein Theater befand. Es geschah in Haydns zweitem Bohèmejahr, im Herbst 1751, nach zuviel Hunger und zu wenig Schlaf, daß Haydn hier die Fiedel strich. Das Haus gehörte dem Perlensticker Anton Dirks. Doch nicht seiner Frau galt die nächtliche Serenade, sondern einer anderen Dame. Sie galt der Frau Franziska Kurz, der Gattin eines berühmten Mannes, des Theaterdirektors, Clowns und Abgotts der Wiener: des *Bernardon*.

»Wer hat das schöne Stückchen erdacht? Wem haben wir ein gratias zu sagen?« rief das Ehepaar vom Balkon. Und als Haydn sich meldete: »Kommen Sie gleich herauf, lieber Freund!«

DER KAISER DER HANSWURSTE

Haydn erblickte einen Mann mit hoher Stirn und klugen, fröhlich blitzenden Augen, von deren Winkeln Falten des Humors zu den Schläfen hinüberspielten. »Wollen S' a Oper für mich komponieren? Gerad' bin ich mit dem Textbüchl fertig!« sagte er. Haydn war verwirrt. Was das für eine Oper sei? Er hatte noch nie eine gehört und war selten im Theater gewesen.

»Na, eine rechte Bernardoniade!« meinte Kurz. So nannte er Stücke, in denen er selbst die Hauptrolle spielte: die Lieblingsfigur des Bernardon, eines pfiffigen Bedienten. »Setzen S' Ihnen ans Klavier und machen S' einen Sturm auf dem Meer. Dös kann doch net so schwer sein, mein' i: Bernardon is ins Wasser g'fallen und versucht sich durch Schwimmen zu retten...«

Haydn wurde immer verwirrter. Wie sollte man etwas ausdrücken, was man nie gesehen hatte? Noch volle vierzig Jahre später, am Neujahrstag 1791, als er auf der Überfahrt nach England zum erstenmal das Meer sah, das »ungeheure Tier« mit den »ungestümen hohen Wellen«, erinnerte er sich an den Schrecken, den der Theaterdirektor Kurz damals in ihm erregt hatte.

Der war ungeduldig geworden. Er ließ durch einen Bedienten zwei Stühle herbeibringen, warf sich selbst in ganzer Länge darüber und begann Schwimmbewegungen zu machen: »Aber sehn S' denn net, wie

i schwimm'?« Endlich fing Haydn den Rhythmus auf, einen unregel-
mäßigen Vorstoß, dargestellt durch eine punktierte Note, der ein paar
Achtel nachfolgten... Die Arme bewegten sich anders dabei als die
Beine — es klang parodistisch, jämmerlich, spaßhaft: Bernardon war
wirklich ins Wasser gefallen.

»Sehr gut!« rief der Theaterdirektor und trocknete sich den Schweiß
von der Stirn. »Sie machen mir die *opera buffa!* Da, nehmen S' das
Textbuch mit nach Haus!« Er versprach Haydn fünfundzwanzig Dukaten, ermahnte ihn zur Schnelligkeit und drängte ihn ungestüm hinaus.

Eine opera buffa wollte er haben? Das war nun die reinste Hoch-
stapelei. Haydn mit seinen neunzehn Jahren wußte kaum, was das
war — und ebenso hatte Kurz-Bernardon in seinem Kärntnertor-
Theater schwerlich Kräfte, die eine Arie wirklich hätten singen können.
Es würde also hauptsächlich begleitende Instrumentalmusik werden, zu
einer Reihe von Situationen, die mehr oder weniger possenhaft waren.
Schon auf der Treppe begann Haydn den Text zu lesen und verstand
ihn erst einmal nicht recht... Dann allerdings ging er nach Haus und
setzte sich ans Klavier.

Wer war nun dieser Direktor Kurz, den die Wiener vergötterten
und dessen Angebot für Haydn so etwas wie ein Befehl war? In seiner
Art ein Mann von Genie. Wir können wählen, worüber wir nachträglich mehr erstaunen wollen: über seine profunde Bildung, seine intime
Vertrautheit mit Molière, Shakespeare, Goldoni, mit den besten, mo-
dernsten Franzosen, Engländern und Italienern, oder über den Zynis-
mus, mit dem er sie alle verriet. Denn niemand konnte niedriger vom
Publikum denken als er. Sein eigener Begriff vom Theater war nicht
nur reine Schaustellung. Aber dem Publikum zuliebe verspottete er
die große Kunst und alles das, wofür sie stand. Was nicht reine Schau
war, wurde von ihm parodiert.

Kurz, 1718 in Wien geboren, war wie sein Vorgänger Prehauser
Theaterdichter, Prinzipal und Schauspieler in einer Person. Er gab für
mehr als hundert Jahre den Ton des Wiener Volksstücks an. Seine
zahllosen Bühnenwerke waren entweder Zauberpossen oder Tierstücke.
Die Zauberposse beruhte auf dem uralten Wunsch des Menschen, eine
Macht auszuüben, die er von Natur nicht besaß. Macht, Geld und Erfolg herbeizuzaubern, seine Feinde zu ruinieren, ihnen tierische Glied-
maßen anzuhexen, sie in einen Sack zu stecken, zu ertränken und zu
verbrennen. Dieses primitive Theater gab es schon im Altertum, solche
Wunschträume von Zauberei kamen natürlich auch bei Shakespeare
und den modernen Dichtern vor. Doch sublimiert: wenn Prospero im

»Sturm« zaubert, tut er es als Vertreter der sittlichen Weltordnung. Bei der Wiener Volksdramatik blieb all dies rohester Vorgang und bloße Freude am Zaubern selbst.

Zur zweiten Gattung Stücke, die oft mit der ersten zusammenfiel, gehörten Tierstücke. Hier wurden die Rollen entweder von Tieren selbst gespielt oder von Künstlern in Tiermasken. Es gab unglaublich viele solcher Stücke. Gerade Shakespeares »Sommernachtstraum«, seit mehr als hundert Jahren bekannt, übte unabsehbaren Einfluß aus, freilich ohne Philosophie, Iambenkleid und Seelenadel. Sinnlos und als reinen Schau-Akt schrieb man die Esels-Szenen nach. Offenbar war man der Ansicht, das Publikum wolle nichts weiter als Tiere sehen und ihr Gebrülle und Gegacker hören. In einem Stück von Josef Kurz flogen aus einer Pastete plötzlich Vögel in den Zuschauerraum. In einem andern, »Harlekins Geburt«, lag ein Riesen-Ei auf der Szene: es öffnete sich, und Kurz' eigene Kinder ritten auf Hähnen daraus hervor. Kurz' größter Schüler, Schikaneder, schrieb eine Art von Parodie auf Homers Odyssee, »Der Königssohn aus Ithaka«, worin eine ganze Szene von zwei Papageien gespielt wurde, die aus Vogelhäusern heraus einander mit Menschenstimmen beschimpften. In einem andern Stück Schikaneders wurden böse Ritter in Krebse verwandelt, die auf offener Bühne gekocht wurden. Es ist bekannt, daß Mozart von Schikaneder gezwungen wurde, in die »Zauberflöte« eine Szene aufzunehmen, in der Prinz Tamino Tiere beschwört. Diese Szene hat zwar einen tieferen Sinn (Musik bezwingt die Leidenschaften), doch sie wirkt durch die Verkleidung so komisch, daß fast immer dabei gelacht wird.

Maria Theresia war zunächst den Produktionen des Kurz wohlgesonnen. Sie lud ihn sogar nach Mannersdorf ein, wo er im Theater des Schlößchens mit seiner Truppe spielen sollte. Auch in Wien besuchte sie manchmal seine Bühne am Kärntner Tor. Sie hatte Freude am Komisch-Derben, bekam aber mit der Zeit doch Bedenken. Da nämlich Kurz seine Stücke nie ganz aufschrieb, sondern Improvisationen im Comedia-del-arte-Stil machte, geschah es immer häufiger, daß er unflätige Witze machte oder Personen beleidigte, die der Monarchin nahestanden. So erhob sie sich bei einer Vorstellung plötzlich und schwur, das Theater nicht mehr zu betreten — ein Schwur, den sie gehalten hat.

Hinzu kam noch etwas anderes: Die Kunstpolitik des Wiener Hofes förderte auf dem Gebiet der Oper die großen Italiener und Gluck, ferner versuchte man ein deutsches ernsthaftes Schauspiel zu begründen. Beides stieß jedoch bei dem breiten Wiener Publikum, das am Volks-

theater festhielt, auf Widerstand. Es kam zu schweren Auseinander-
setzungen zwischen »Volkspartei« und »Adelsgeschmack«. Im Mittelpunkt stand stets Josef Kurz, dessen Improvisationstalent das Publikum eben mehr anlockte als die Mythologie der Oper oder das moralische Schauspiel, wie es im 18. Jahrhundert durch Lessing repräsen-
tiert wurde.

Es war eine Anti-Philosophie in all diesen possenhaften Stücken.
Das, wofür sich Hof, Bürgertum und die Gelehrten interessierten, war
hier nicht nur nicht vorhanden: es wurde vielmehr abgeleugnet. Statt
Politik, edelmütiger Taten, Weisheit, Kunst und Religion herrschte
nur der Paarungstrieb und vielleicht noch die Freßbegier. Da stand
etwa ein Mann auf der Szene, bäurisch, mit einem grünen Hut, und
erging sich in folgendem Couplet:

> Ein jedes Vieh auf dieser Welt
> Sucht das, was sich zu ihm gesellt;
> Der Ochs ruft die geliebte Kuh
> Und singt Muh Muh! Muh Muh!
> Der Löwe brüllt, der Pudel murrt.
> Der Sperling pfeift, der Tauber gurrt.
> Der Frosch folgt seiner Domina
> Und schreit Qua, qua! Qua, qua!
>
> Das schöne Tier, der Ziegenbock,
> Springt über Stauden, Stein und Stock,
> Laufft nach der Geiß durch Staub und Dreck
> Und ruft meck meck! meck meck!
> Der Bär, der brummt nach seinem Schatz,
> Der Ratz begehret seinen Fratz,
> Der Kater schreyt nach seiner Frau
> Allstätts: Miau! Miau!
>
> Der Saubär will nicht seyn allein.
> Er rennt nach seinem Weib, dem Schwein.
> Er rührt die Schnauz und zerrt die Koy
> Und spricht oy, oy! oy, oy!
> Sogar der Esel spitzt das Ohr,
> Schaut traurig aus dem Stall hervor,
> Wenn seine Eslin nicht ist da,
> Er weint y-a! y-a!

Drum, da mein Schatz nicht bey mir ist,
Was Wunder, daß es mich verdrießt
Und daß ich armer Schöps für Weh
Auch schrey: ble ble! ble ble!
Mein Schatz, mein Fratz, mein Weibelein!
Hörst du denn nicht dein Mändel schreyn!
Antworte doch und ruff mir zu!
»Hans Wurst: Gu gu! Gu gu!«

Das war, um ein Wort Thomas Manns zu gebrauchen, der »gutmütige
Dunst der Tiere«. Und das gefiel dem Publikum. Es gefiel auch Haydn.
Es zog ihn an, es erinnerte ihn geheimnisvoll an seine Jugend auf dem
Lande, an den warmen Dunst der Ställe, an das animalische Dasein,
auf dem schließlich auch der Mensch beruht. Sein Vater hatte bei der
Werkstatt einen Hof, in dem Tiere lebten. Noch bei der jüngsten Volks-
zählung des Burgenlandes kamen auf einen Menschen anderthalb Rin-
der. Das eigentlich Polemische, das aus Josef Kurz' Versen sprach, die
Ablehnung aller »höheren Interessen« (um im Bilde von Mozarts
»Zauberflöte« zu sprechen: der Sieg der Papageno-Welt über die Welt
des Prinzen Tamino) — davon merkte Haydn wahrscheinlich gar nichts.
Ohne sich viel dabei zu denken, fühlte er sich nur eben zu Hause...

DER HINKENDE TEUFEL

Der Text, den ihm Kurz gegeben hatte, war mehr ein Verwandlungs-
als ein Tierstück. Die Posse hieß »Der krumme Teufel«, »Le diable
boiteux«; neben Motiven aus jedem Roman gab's noch eine Menge von
Situationen, wie man sie aus der Komödie kannte. Da war der Doktor
der Medizin Arnoldus, ein geiziger alter Herr, der sein junges Mündel
heiraten will (wie bei Rossini im »Barbier« und bei Donizetti im »Don
Pasquale«). Das Mündel, Fiametta, weist ihn ab. Eher läßt sie sich
»vom Teufel helfen«, als daß sie den alten Kerl ehelicht. »Das wird
der Teufel tun!« ergänzt der im Hintergrund erschienene Asmodi.

In der nächsten Szene raten sogar seine eigenen Verwandten dem
verliebten alten Arnoldus ab, eine so junge Frau zu nehmen. Vergebens; er umarmt sie vor allen. Zwei Notare in Perücken erscheinen,
die den Ehevertrag mitgebracht haben. Fiametta stößt den Alten zurück, nennt ihn ein »altes Heringsfaß«, fingiert, sie sei wahnsinnig ge-

worden, und verläßt singend und tanzend die Bühne. Doktor Arnoldus gerät in Streit mit seinem Bedienten Bernardon, dem er vorwirft, er habe ihm das Herz der Fiametta geraubt. Er wirft ihn hinaus (wahrscheinlich mit Recht) — und jetzt mischt sich der Teufel wirklich ein. Hinter der Szene ertönt ein Geschrei: »Fiametta hat sich erstochen!« Man kann nicht zu ihrer Leiche dringen, weil wilde Untiere sie bewachen. Nun kommt ein anderer Bedienter, Leopold, mit der Schreckenskunde: »Bernardon hat sich erschossen!« Auch ihn umwogen Tiere und Geister. Donner und Blitz: alles fährt durcheinander, Asmodi erscheint in Flammen, die Statuen im Garten verwandeln sich auf seinen Wink in Pferde, auf ihnen reiten Fiametta und Bernardon im Sturm davon. Asmodi packt den Doktor Arnoldus und versinkt mit ihm in die Erde.

Zweiter Akt: Irgendwo in Italien geht Asmodi mit Doktor Arnoldus spazieren. Der verliebte Arzt sieht finster drein; er begreift nicht, was der Teufel vorhat. Der tröstet ihn: man möge nicht glauben, daß der Teufel stets des Menschen Feind sei. Nein, er meine es gut mit Doktor Arnoldus. Wenn der erst erfahren werde, wie es dem armen Bernardon gehe, werde er sich glücklich schätzen, Fiametta nicht genommen zu haben. Schon zwei Jahre nämlich sei Fiametta des Bernardon Frau — aber ach, der Arme...

Auf des Teufels Wink erscheinen jetzt Bernardon und Leopold. Bernardon klagt: »Meine Frau ist verschwunden!« Leopold zeigt ihm das Haus, wo er sie entdecken werde. Sie klopfen an. Fiametta tritt zuerst als bolognesischer Arzt, danach als Polichinell und schließlich als Pantalone und Harlekin heraus. In jeder ihrer Verkleidungen singt sie eine Arie in je einer andern italienischen Mundart. Erst als Leopold ihr die Maske vom Gesicht reißt, erkennt Bernardon seine eigene Frau. Er will sie erstechen, doch sie entflieht. Der betrogene Gatte klagt sein Leid und warnt vor der Treulosigkeit der Weiber. »Nun?« fragt der Teufel den Arnoldus, »was denkst du von Bernardons Schicksal?« Der vor Mitleid schwitzende Doktor versichert, er sei bereits geheilt. Er werde niemals heiraten — weder Fiametta noch ein anderes dieser Schandweiber. Auf dieses Stichwort sind auch seine sämtlichen Verwandten erschienen und freuen sich: ihre Erbschaft wird größer. Arnoldus' Edelmut geht noch weiter: er vermacht auf offener Szene dem Bernardon 12 000 Gulden, da er doch ein so böses Weib hat. Bernardon dankt dem Doktor gerührt. Nun werde er glücklich leben können. Auch Fiametta fällt aus der Rolle und küßt dem Alten dankbar die Hände: nur gerade das Geld habe ihnen gefehlt. Arnoldus wird mißtrauisch: Wie denn? Was? Ist er also gefoppt worden? Der Teufel erwidert: »Möglicherweise!« Er solle sich aber trotzdem freuen. Denn nur gleich und gleich gehöre zusammen. Dem stimmt der ganze Chorus bei, und jubelnd gehen alle ab.

Finis Comediae! Schön und gut — warum aber mußte Haydn dazu einen Meersturm komponieren und die Schwimmbewegungen Bernardons? Da war doch niemand ins Wasser gefallen? — Doch! Diese zweiaktige »Buffo-Oper« enthielt noch ein Zwischenspiel, das in einer Art Amerika spielte. Der Bediente Bernardon hat vor einer wüsten Insel Schiffbruch erlitten, schwimmt ans Land und trifft Insulaner, von denen ihn einige verspeisen, andere zu ihrem Gott erheben wollen. (Daß sich derlei nicht ausschließen muß, wissen wir aus dem Indianer-Folklore.) Bernardon und seine Gefährten würden es ganz gut getroffen haben, wenn nicht die Koketterie einer Frau sie wieder in höchste Gefahr brächte. Jetzt sollen *alle* verspeist werden! In diesem kritischen Augenblick, da die Wilden bereits den Kochkessel heizen, erscheint unter Trompetengeschmetter eine holländische Kriegsflotte. Es kommt zum Kampf, die Indianer fliehen, die Gestrandeten sind gerettet. Unter Jubelgeschrei und einem Schlußmarsch fahren alle auf Schiffen davon.

Dieses Zwischenspiel, eine Pantomime, die von Musik untermalt werden sollte, hatte anscheinend ebenfalls die Aufgabe, die Treulosigkeit der Frauen zu zeigen. Was es sonst in der »Opera buffa« zu tun hat, ist nicht mehr völlig zu begreifen. Vielleicht mußte sich das Publikum nach dem ersten Akt erholen, ehe es den zweiten erlebte? Vielleicht war es entzückt, daß in dieser Pantomime vor allem auch Kinder mitwirkten — und zwar des Josef Kurz eigene Kinder. (Er hatte eine ganze Menge, er war sehr glücklich verheiratet.)

Und Haydn? Wir müssen doch annehmen, daß er das Textbuch sofort wegwarf, nachdem er es gelesen hatte? Im Gegenteil! Gleich für den ersten Akt schrieb er ein Duett nebst elf Arien und schloß mit einem größeren Finale. Für die Pantomime schrieb er die Sturmmusik und einen Kriegsmarsch. Was er für den zweiten Akt anfertigte, wissen wir nicht mehr genau. Denn diese erste Theatermusik, die der Neunzehnjährige schuf, ist verloren, obwohl man sie viel gesucht hat. Vielleicht hat sie zweihundert Jahre lang auf einem Wiener Dachboden geschlafen. Bei der Erstürmung Wiens durch die Russen, 1945, sind sehr viele Dachböden ausgebrannt — man wird die Musik wohl schwerlich mehr finden. Schade; der Kunstgeschichte entgeht damit wahrscheinlich ein Stoff zum Lachen. Denn Haydn hatte keine Ahnung — und konnte keine Ahnung haben! —, wie man eine Arie schrieb.

Als er in Eile fertig war, brachte er seine Noten zu Kurz, um die fünfundzwanzig Dukaten zu bekommen. Das Stubenmädchen wollte ihn zunächst nicht einlassen. Der Chef »arbeite«. Wie sehr erstaunte aber Haydn, als er durch die Glastür blickte und Bernardon vor einem Spiegel Grimassen schneiden und dazu mit Händen und Füßen agieren sah! »Das waren die Studien des Herrn Bernardon!« erzählt der Biograph Griesinger. In diesem Moment erblickte Kurz den draußen verblüfft wartenden Haydn, durchflog die Partitur, war entzückt, gab ihm vierundzwanzig Dukaten (wo der eine fehlende blieb, weiß man nicht) und machte sich mit seiner Frau, die die Rolle der Fiametta spielte, fieberhaft an die Einstudierung. Den Bernardon spielte er selbst, den Teufel Asmodi sein Schwager. Frau Franziska Kurz jedenfalls mußte ganz hübsch singen können. Im Gegensatz zu Haydn sprach sie fließend Italienisch: das befähigte sie, die Verwirrungen des zweiten Aktes zungengerecht wiederzugeben, zur Freude eines Publikums, das zwar kein Wort verstand, aber lachte.

Kurz nach den Ostertagen des Jahres 1751 erschienen die Ankündigungen: »*Der Krumme Teufel.* Eine Opera comique von zwey Aufzügen; nebst einer Kinder-Pantomime als Zwischenspiel: Harlekin in Amerika. Alles gedichtet von *Josef Kurz.* Die musique sowohl von der Opera Comique als auch von der Pantomime ist komponiert von Herrn *Joseph Haydn*«. Es wurde ein herrlicher Erfolg! Alle Künstler wurden hervorgerufen und die Kinder mit Konfekt beworfen. Auch Haydn schwamm in Jubel und Glück. Eine künftige Laufbahn als Dirigent und Komponist am Kärntnertor-Theater schien sicher. Da schritt nach der zweiten Aufführung die Polizei ein und verbot das Stück. Wegen »schwerer Verächtlichmachung lebender Personen«. Kurz wurde mit einer Geldstrafe belegt und sogar mit Gefängnis bedroht, wenn er sich nicht bessere.

Was war geschehen? Die Welt war lange nur auf Vermutungen angewiesen. Inzwischen hat der Kammerherr Bertuch, Goethes Freund, der um 1800 diese seltsame Geschichte beschrieb, überzeugend dargetan, daß »die beleidigte Person ein Italiener gewesen sei«, ein Mitglied der am Hof allmächtig herrschenden Kunstpartei. Zu dieser Partei gehörte auch der Conte Durazzo, der 1752 als Intendant Oper und Schauspiel übernahm.

Die geschilderten Ereignisse spielen nun ein Jahr vorher. Wir wissen nicht, ob es Durazzo war, der in den Stegreifreden der Posse und in dem vierfachen Kauderwelsch der Fiametta beleidigt wurde. Sicher war nur, daß Durazzo hinkte. Die Satire konnte ebensogut einem anderen Italiener gelten, der irgendwie mit dem Ensemble der Kaiserlichen Oper

verknüpft war. Kurz-Bernardon und die Seinen rieben sich fortgesetzt
an der »Welschen Oper« — und in diesem Punkte war Maria Theresia
sehr empfindlich. Die Oper aufrechtzuerhalten, kostete sie ziemlich
viel Geld. Und abgesehen davon waren ihr Ehrgeiz und ihre künstlerische Überzeugung auf seiten der italienischen Künstler.

DIE HERRSCHAFT DER ITALIENISCHEN OPER

Über nichts hörte der junge Haydn damals so viel schimpfen und lachen
wie über die »Opera Seria«. Was war sie denn, diese ernste Oper?

Die klassische italienische Oper war das künstlerische Geschöpf eines
der größten Genies aller Zeiten, des Monteverdi aus Cremona. Dieser
Claudio Monteverdi (1567—1643) hatte alle Entwicklungen seiner Zeit
zusammengerafft, die gesanglichen, instrumentalen, die geistlichen und
weltlichen Formen, und sie mit einem gewaltigen Griff zur »opera
seria« zusammengebunden. Seine Nachfolger, Schüler, Fortsetzer, die
Cavalli, Carissimi, Cesti machten aus der »opera seria« eine Zwing-
burg, deren Mauern bald auf dem ganzen Erdkreis standen. Es brach
eine Opern-Weltherrschaft der Italiener an, die Jahrhunderte dauerte.
Überall, in Paris, Wien, Dresden, in Amsterdam, Petersburg, Stockholm, regierte der italienische Komponist und Kapellmeister. Seit dem
antiken Imperium Romanum war diese Einheit des Geschmacks, diese
künstlerische Uniformierung weder erstrebt noch erreicht worden. Charakteristischerweise wehrte sich nur England — und mit Glück. Das
protestantische England, das in der italienischen Oper — sei es mit
Recht, sei es mit Unrecht — katholische Pläne witterte, stellte schon
früh den Italienern eine nationale Oper entgegen, deren genialer Urheber der Komponist Henry Purcell (1657—1695) war.

Daß ein als Kunstform so fragliches Ding wie die Oper überhaupt
eine Weltherrschaft antreten konnte, ist etwas Unerklärliches. Denn
schon im Augenblick ihrer Geburt hatte die Oper nichts als Feinde. Die
einen fanden, daß der Text zu sehr der Sklave der Musik sei, daß
die Bedürfnisse der Musik das Drama unlogisch belasteten, es dehnten
und die Sänger zu sinnlosen Wiederholungen zwängen. Der musikalische Ausdruck sei nun einmal viel umständlicher als der Gedanke, der
Ton langsamer als das Wort: darum könne man die beiden denn auch
nicht zusammenschirren — und daraus erkläre sich im wesentlichen
die »erbliche Unnatur der Oper«! ... Die andern fanden das Gegen-

teil: die Musik werde unerträglich belastet durch intellektuelle Konflikte, durch Staatsaktionen, Symbolhandlungen und mythologische Vorgänge, die gar nicht nach Musik verlangten!

In den 350 Jahren, seit die Oper als Kunstform existiert, hat es nicht eine Sekunde gegeben, in der die Waage geruht hätte. Jede neue Opernreform, ob sie von Metastasio, Gluck, Calzabigi, Mozart, Weber, Wagner oder Verdi ausging, verschob das Zünglein nach rechts oder links zur reinen Musik oder zum Drama, ohne mit der »Gattung als solcher« einen Dauerfrieden schließen zu können... Und doch! Am Abend der Aufführung hat seit 350 Jahren jede Kunstkritik aufgehört. Hörerglück und Entzücken regierten. Schwelgerisch vergaß der eine sein Steckenpferd, »daß das Orchester zu laut sei und die Stimmen zudecke«, der andre, daß der »Gesang an sich die vollkommene Unnatur sei und die Wahrheit der Orchestration störe«. Am Abend großer Aufführungen ist der »Troubadour« nicht mehr unpsychologisch, Wagners »Ring« nicht mehr zu episch, Strauß' »Frau ohne Schatten« nicht mehr zu verworren. Obwohl in keiner Oper Musik und Drama voll übereinstimmen, rechtfertigt doch jedes Werk sich selbst: ein Phänomen, wie es kein zweites in der Kunstgeschichte gibt! Vielleicht ist die Oper gar keine Kunstform. Sie ist ein unbeschreiblicher Glücksfall, wie das Genie an sich es ist!

Gluck hieß das große Experiment, das die Wiener Hofbühne versuchte. »Gluck«, schrieb Josef von Sonnenfels, der offizielle Ästhetiker der theresianischen Epoche, »ist der Sophokles der Musik. Daher sind ihm die Schranken aller Nationalmusiken zu enge. Er hat aus der italienischen, aus der französischen und der deutschen, aus den Musiken aller Völker eine Musik gemacht, die sein Eigen ist... Wenn Töne sichtbar gemacht werden könnten, so würden die Gluckschen Tonsätze die wohlgestaltetsten Körper sein...«

Diese Worte wurden nicht vor 1768 geschrieben. Doch schon, wer um 1750 den Anfängen Glucks entgegentrat, trat der Entwicklung der Kunst selbst entgegen. Das tat nun der Wiener Volksgeschmack. Die »Volkspartei« wollte von der *»opera seria«*, der Oper der Aristokraten, nichts wissen. Die vielen tausend Theatergeher um Josef Kurz verlachten das alles. Was aber war die Wurzel des Lachens? War es wirklich nur das »Pathos«, das bis heute der Oper innewohnt und zur Parodie herausfordert? Da war noch etwas ganz anderes, was die italienische Oper dem Gelächter der Straße auslieferte.

Die »Opera Seria« der Italiener hatte keine Baßstimmen (die »Opera Buffa« hatte sie) — denn das Baß-Singen galt als häßlich. Man bedenke: das Väterlich-Biedere, das aus zahllosen Erinnerungen für uns mit der Baß-Stimme verknüpft ist, der schallende Rundgesang männlicher Freude ebensowohl wie die Weisheit und Würde, die in dem Sarastro-Bezirk einer tiefen Menschenstimme wohnen: all das verbot sich die »Ernste Oper«. Statt dessen transponierte sie sich zu den luftigsten Höhen empor. Sie machte sich zur Welt der Tenöre, der Alt- und der Sopranstimmen. Das hätte noch nichts ausgemacht. Aber die italienische Oper — auch die Wiener Oper zur Zeit von Gluck — ließ auf der Bühne Kastraten singen.

Immer wieder fragt man erstaunt, warum das eigentlich nötig war. Wenn der italienische Schönheitsbegriff eines »wolkenlosen Tons« tiefe Stimmen damals nicht zuließ, warum sangen nicht überhaupt nur Frauen? Warum wurden gerade die Partien der Liebhaber und Helden stets von Kastraten dargestellt? Weil alle zeitgenössischen Hörer übereinstimmend versicherten, daß Frauen gar nicht so singen konnten. »Die Kastratenstimme«, schreibt Max Arend, »unterscheidet sich von der weiblichen: sie ist schärfer, ihr Atemumfang ist, wegen der größeren Brustweite, größer, sie hat männliche Farbe. Der Kastrat ist ein künstlerisch stilisierter Mann. Etwas, was es heute nicht mehr gibt und auch nicht mehr geben kann — und doch ist es künstlerisch nicht verwerflich: es war in jenen Zeiten ein eigenartig ästhetischer Reiz, der von den Meistern, auch von Gluck, künstlerisch hochgeschätzt wurde.« Aus künstlerischen Gründen wurde Glucks »Orpheus« einem Kastraten anvertraut — dieser »höchste Ausdruck der Gattenliebe«!

Hier setzte der Spott der Wiener ein. Sie gingen gar nicht in die Oper, aber der Vetter Saaldiener oder der Schwager Garderobier erzählte ihnen: da sängen Männer, die gar keine Männer seien! Wie sehr sich die Wiener — und nicht nur der Pöbel — mit der Tatsache beschäftigten, daß es in Italien solche »künstlichen Stimmenfabriken« gäbe, beweist, was man sich über Haydn erzählte. Mehrere seiner Biographen und Freunde, Pleyel, Framery, Le Bréton, behaupten, daß zur Zeit seines Stimmbruchs — als er fürchten mußte, die Stelle im St.-Stefans-Chor zu verlieren — Reutter ihm bedeutet habe, daß es ja ein Mittel gäbe, »seine Stimme nicht nur wiederherzustellen, sondern ihren Wert an Umfang, Biegsamkeit, Wohllaut zu erhöhen«. Reutter brauchte nur auf die Hofkapelle zu verweisen, wo ein Dutzend Kastraten beschäftigt waren. Weiter erzählte man sich in Wien: Vater Matthias Haydn sei durch Reutter rechtzeitig verständigt worden und um seine Einwilligung befragt, oder es kam ihm von anderer Seite die Sache als schon geschehen zu Gehör — kurz, er reiste in größter Eile

von Rohrau nach Wien, fand den Sohn zufällig im Bett liegend und
polterte mit der Frage heraus: »Sepperl, tut dir etwas weh? Kannst
'leicht net mehr gehn?« Hocherfreut — berichten die Quellen —, noch
zu rechter Zeit das Messer von seinem Sohn abgewendet zu haben,
protestierte Matthias Haydn gegen jedes weitere Ansinnen dieser Art,
»worin ihm auch ein zufällig anwesender Kastrat vollkommen bei-
stimmte...« Diese Geschichte ist natürlich frei erfunden. Die betreff-
fende Operation war in Österreich selbst unmöglich, mehr noch, sie
wurde streng bestraft (genau wie in Frankreich oder England). Um die
Laufbahn eines Kastraten einschlagen zu können, mußte man geborener Italiener sein.

Unter all den »echten Wienern«, die sich gegen den »welschen Tand«
der italienischen Oper wandten, war sicher auch der junge Haydn. Er
würde es bestimmt weit von sich gewiesen haben, wenn ihm damals
jemand geweissagt hätte, er werde in ein paar Jahrzehnten sich selbst
wie ein Italiener gebärden und als erzogener »cortegiano« italienische
Opern schreiben.

Josef Kurz hatte wahrscheinlich nach dem Verbot des »Krummen
Teufels« beim Zensor Abbitte geleistet. Die Zensoren (nicht lange darauf war der berühmte Sonnenfels Zensor) pflegten sich in ihren Berichten heftig gegen die »läppischen Einfälle, ekelhaften, schmutzigen
Zoten und sittenlosen Zweydeutigkeiten« des Volkstheaters auszusprechen. Seit einiger Zeit war das Extemporieren auf der Bühne ausdrücklich verboten. Jedes Stück mußte entweder geschrieben oder gedruckt
der Zensur vorliegen, es durften keine Einschübe ad libitum gemacht
werden. (Einmal berichtete Sonnenfels von einem »Geheul in Noten,
das einen schändlichen Text begleitet habe« — hoffentlich war nicht
Haydn gemeint!) Direktor Kurz, der jetzt jedes Stück in einer Kopie
einreichen mußte, rächte sich, indem er nur noch klassische Stücke aufführte. Aber wie führte er sie auf! In Lessings »Miß Sara Sampson«
übertrieben und grimassierten er und seine Schauspieler aus lauter
Bosheit derartig, daß es an den ernstesten Stellen dieses pathetischen
Rührstückes zu Gelächter und schließlich zu einem Riesenskandal kam.
Nicht anders geschah es mit »Graf Essex«, bei dem die Staats- und
Herzens-Aktionen der Elisabeth von England aus dem Publikum mit
Geschrei und Zurufen begrüßt wurden. Jetzt endlich schlug die Be-
hörde zu und entzog ihm die Lizenz. Es war 1753, daß Josef Kurz Wien
verlassen mußte; zum großen Mißvergnügen der Wiener. Mit ihm gin-
gen seine Frau, seine Schwester Monika, sein Schwager und die zahl-

reichen Kinder, die er in seinen Stücken beschäftigt hatte — wie es hieß, »auf weite Gastspielreisen«.

Mit dem Scheiden Kurz-Bernardons verschwand einerseits ein Gönner für Haydn und andererseits keine geringe Gefahr. Seiner innersten Natur nach war Haydn ja wirklich »Parodist«, ein »Taschenspieler mit Geräuschen«. (All das wurde später von ihm gesagt.) Wir werden sehen, wie er noch in seinen ernstesten Symphonien sich mit seinen Themen herumneckt. Keiner hat soviel »falsche Reprisen«, Modulationsspäße, Überraschungseffekte wie er: noch das Ernsteste ist bei ihm in Schwankbeleuchtung getaucht. Als Theaterkapellmeister und Komponist für Kurz-Bernardon, als Illustrator von Tier- und Verwandlungsstücken hätte er kein Gegengewicht gegen diesen Trieb gehabt und sich vielleicht selbst ruiniert. Die einzige Erinnerung an diese »Jugendsünde«, die ihm verblieb, war die Dauerliebe fürs Puppentheater, das er damals kennenlernte. (Kurz spielte zuweilen mit seinen Kindern öffentlich Marionettentheater.) Später hat Haydn für seinen Fürsten, Nikolaus von Esterhazy, dann selbst Marionettenstücke geschaffen, humoristisch-melancholisch, in einem feinen Rokokostil, der viel gelobt und bewundert wurde.

DAS ALTE MICHAELERHAUS

Es gibt Häuser, die Schicksal sind. Solch ein Schicksalshaus wurde für Haydn das »Alte Michaelerhaus«, in dem er seit einiger Zeit lebte.

Es lag neben der Michaelerkirche am Kohlmarkt, ein schönes, mehrstöckiges Mietshaus, in dessen oberstem Stock der Jüngling eine schräge, elende Mansarde bezog. Von der angrenzenden Traufe trommelte der Regen hinein, im Winter drang Schnee durch die Fugen des Daches, und, wie die Quellen hinzufügen, »Haydn erwachte durchnäßt und beschneyt«. Nur seine eiserne Gesundheit bewahrte ihn davor, krank zu werden. Was ihn aber die knarrenden Dielen als Paradies betrachten ließ, war das Vorhandensein eines Klaviers, eines alten, wurmzerfressenen Kastens, den eine Wohnpartei des Hauses auf den Dachboden ausgeschieden hatte ... Hier studierte Haydn Musik. Seine Nachbarn waren dabei abwechselnd ein Buchdruckergesell, ein Kammerheizer, ein Notenkopist, ein Lakai und ein Koch — kleine Leute wie er, unterhalb der »Gesellschaft«, aber gewohnt, ihr zu dienen.

Wie kam Haydn in dieses Haus? Er hatte wunderlicherweise nicht nur diese »Wohnung«, sondern auch »Geld«. Etwas Seltsames war geschehen. In unserer gnadenlosen Welt hatte sich ein Mensch gefunden, der ihm Geld geliehen hatte, die Summe von hundertfünfzig Gulden, ohne Zinsen, auf unbestimmte Zeit. Es war der Marktrichter Anton Buchholtz, wohnhaft im Haus zum »Goldenen Krebsen«. Diesem Mann, der die öden Streitigkeiten gleichgültiger Menschen zu schlichten hatte — den Preis von Äpfeln, das Wiegen von Gänsen —, war der große, linkische Jüngling mit dem ernsten Gesicht liebgeworden. Etwas Ewiges stand in diesem Gesicht, so schien es Buchholtz. Wenn man nur einmal am Tage aß, konnte ein sparsamer Mensch von hundertfünfzig Gulden ziemlich lange leben. (Haydn hat sie zurückgezahlt und hat noch ein halbes Jahrhundert später eine Enkelin des Buchholtz in seinem Testament bedacht.) Das Essen war aber nicht so wichtig. Noten waren wichtiger. Nicht die teuersten, neuesten Werke — Noten aus dem Althandel, Musik von gestern tat es auch. Wenn man Komponist werden wollte — und nichts anderes wollte er! —, mußte man wissen, wo die Musik stand. Man mußte den Kurs kennen, den ihr Schiff gestern abend genommen hatte, man mußte ihr »Logbuch lesen können«. Das erfuhr man von Notenköpfen — besser wäre es gewesen, man hörte es von lebenden Menschen, die mehr verstanden als man selbst.

Da griff das Haus selbst handelnd ein und führte dem Haydn eines Tages, als er gerade die Treppe hinaufstieg, einen anderen Mann entgegen, der die Treppe herunterstieg und geradenwegs vor ihm stehenblieb. Dieser Mann war der Hofpoet Pietro Metastasio.

Nun hatte Haydn zuweilen nachdenklich aus dem Dachfenster gesehen und dabei nicht nur den drunten von Karossen wimmelnden Platz erblickt, sondern das Burgtheater gegenüber, wo der große Christoph Gluck seine ersten Triumphe gefeiert hatte. Drei Jahre zuvor, am 14. Mai 1749, hatte Glucks Opernglück begonnen, als er zum Namenstag der Regentin seine »Semiramis« aufführte, worin er und sein Textdichter Metastasio der Maria Theresia gehuldigt hatten. Haydn hatte den Namen des Dichters selbstverständlich oft gehört; aber er hatte nie gewußt, daß er im selben Hause lebte.

Im antiken Drama gilt das Gesetz von den drei Einheiten: des Ortes, der Handlung, der Zeit. Im »Michaelerhaus« wurde es wieder einmal wirksam. Man denke sich einen Querschnitt des Hauses: In der Dachkammer wohnte Haydn, in der Mitte der große Metastasio und im Erdgeschoß die Prinzessin Esterhazy, die Mutter von Haydns späterem Herrn.

Da standen sie sich nun gegenüber — und der große Mann im bordierten Rock, in Schnallenschuhen und fahler Weste fragte herablassend den kleinen, wer er sei und wohin er wolle. Haydn erwiderte »Musikus«, und daß er hier im Hause wohne. So kamen sie ins Gespräch. Der große Metastasio wird seinen Ekel über den elenden Bernardon, dieses »Unglück des Wiener Geschmacks«, den »Verächter alles Ernsten und Schönen« kaum verborgen haben. Wahrscheinlich äußerte er auch sein Erstaunen darüber, wie man mit diesem Plebejer und Clown gemeinsame Sache machen könne. Man könne sein Geld doch wohl auch anders verdienen.

Haydn hörte respektvoll zu. Das war nun ein Sendbote jener Welt, in der man unter gar keinen Umständen »Westwind« sagte, sondern »Zephyr«, nicht etwa »Nordwind«, sondern »Boreas« und statt Weisheit »Minerva«. Der Name »Metastasio« selbst war wahrscheinlich ein Pseudonym und bedeutete »Herr der Verwandlungen«. Und tatsächlich verwandelte sich alles, wohin solch ein italienischer Dichter — sie nannten ihn den »Größten der Zeit« — den Zauberstab seines Wortes streckte. Sogar die Stadt Wien verwandelte sich. Um Pietro Metastasio herum wurde Wien eine italienische Stadt. Die Etikette, die er vorschrieb, galt beim Hof, bei der Kaiserin. Wenn er geruhte, deutsch zu reden, wie jetzt zu Haydn, so war es nur Laune.

Wäre Haydn gebildeter gewesen, hätte ihn das alles nicht verwundert. In den letzten zweitausend Jahren treten, meist zweimal in jedem Jahrhundert, Menschen auf, die die Ansicht vertreten, »daß wir ein falsches Leben lebten, wenn wir es nicht genau den Gesetzen der Römer und Griechen anpaßten«. Nur diese wüßten, was wirklich »schön« sei. Mehr: es sei ein vollkommener Unsinn, so etwas wie einen »Fortschritt in den Künsten« anzustreben. Das waren und sind die »Klassizisten«. Ihnen stehen (was Haydn ebenfalls nicht wußte) die »Realisten« gegenüber, die, wie er selbst, denken, daß das falsch ist. Und die zweimal in jedem Jahrhundert eine Revolution herbeiführen gegen den »klassizistischen Kanon«. Die Geschichte der Künste, gewiß, besteht noch aus ganz anderen Dingen als aus dieser Art Ebbe und Flut. Aber daß andererseits hier doch dauernd Anziehung und Abstoßung durch das antike Ideal regieren: das ist schon etwas sehr Merkwürdiges. Es würde Haydn mit Nachdenkens-Stoff versehen haben, hätte er es überhaupt verstanden.

Nun, von der wirklichen Bedeutung Pietro Metastasios konnte er keine Ahnung haben. Er wußte nicht, daß die Bühnenwerke, die dieser für alle hervorragenden Musiker der Epoche schrieb, schon durch ihre Themenwahl ganz Europa in Bann schlugen. Metastasio ließ die antike Geschichte mit ihrer Symbolik, ihren Tyrannen, Königen, liebenden Frauen und Opfertaten über die Bühne marschieren. Dadurch diktierte er der Musik, den Sängern, der Arie, dem Orchester. So wurde die Opera Seria zum Kothurn der klassischen Gefühle; und die Gesellschaft des Jahrhunderts schauerte vor Selbstrespekt, wenn sie sich auf der Opernbühne in starken Farben abkonterfeit sah, in rollenden Schwert- und Rachearien, gekrönt mit Diademen von Großmut. Dabei konnte es auch Irrtümer geben. Irgendein kleiner Potentat hielt sich für den Kaiser Titus; oder Gluck und Metastasio hatten soeben Maria Theresia als »Semiramis« gefeiert (die gar nichts von einer Semiramis hatte, sondern viel sympathischer, humoristischer, menschlicher war als die alt-orientalische Tyrannin).

Da Haydn Metastasios wahre Bedeutung nicht erkannte, brauchte er auch nicht seine Fehler zu erkennen. In Wahrheit stand wohl keine Klassik niedriger als die Metastasios. Da er in der galanten Zeit lebte, glaubte er sich verpflichtet, in jeden antiken Stoff die Galanterie einzuschmuggeln. Die Liebe spielte eine lächerliche, devastierende Rolle in seinen Opern. Cäsar, das Schicksal der Welt in Händen, verliert sein Herz an eine Frau, und Alexander hört auf zu erobern, um irgendeinem Barbarenkönig den Besitz eines Herzens streitig zu machen! Tugend, Weisheit, Tapferkeit — alles, was noch eben ganz groß war und am meisten unter den Menschen geachtet — wird auf einmal umgeworfen von dem kleinen Schuh einer Frau! ... Haydn, der ländliche Handwerkersohn, erfuhr zwar niemals von der Polemik, die später, in den siebziger Jahren, der Ästhetiker Algarotti Metastasios »Klassik« widmen sollte — doch er wußte: es ging auf der Welt anders zu.

Aber das alles ging ihn nichts an. Etwas anderes, sehr Folgenschweres eröffnete ihm fast augenblicklich die Begegnung mit Metastasio. Mit einer Art von Bauernschläue griff er zu — wie er zugegriffen hatte, für Kurz eine Harlekinsoper zu schreiben. Metastasio forderte Haydn auf, ihm auf dem Klavier vorzuspielen, und schien davon befriedigt zu sein. Er nannte den Namen Pórpora, den eines berühmten Komponisten, der irgendeinem jungen Mädchen hier im Haus Gesangsstunde gab: ob Haydn den alten Herrn dabei am Klavier begleiten wolle? Er könne dem Mädchen nebenbei auch Klavierunterricht erteillen ... Seine Belohnung? *Freier Tisch!*

Haydn erfuhr, daß das junge Mädchen die neunjährige Spanierin Marianne de Martinez war, die Tochter des Zeremonienmeisters bei der Päpstlichen Nuntiatur in Wien. Der Junggeselle Metastasio wohnte schon lange bei ihren Eltern. Wie einflußreich mußte der Vater sein!

Vielleicht war das auch das Geheimnis, warum der Komponist Pórpora, ein Mann von europäischem Ruhm, der kleinen Marianne das Singen beibrachte. Haydn jedenfalls griff zu. Volle drei Jahre unterwies er Marianne im Klavierspiel — seine ersten sorglosen Lebensjahre, er wurde ein anderer Mensch dabei. Das Wesentliche aber wurde die Beziehung zu Niccolo Pórpora.

Dieser Mann, neben Pergolesi einer der wesentlichen Meister des napoletanischen Opernstils, war 1686 geboren. Unter ihm vollzog sich die Vollendung der weltlichen Arie. Die Kraft und Süße dieser Musik mußte Haydn tief ergreifen — einen jungen Menschen, der (wie so oft) etwas beschimpft hatte, was er nicht kannte. Er konnte die Italiener nicht kennen, weil er gar nicht das Geld gehabt hatte, sich ein Opernbillett zu kaufen. Bei den Hoffesten der Maria Theresia traten natürlich gelegentlich auch Opernsängerinnen hervor — aber der geistliche Sängerknabe war damals viel zu jung gewesen, um solche Darbietungen zu schätzen. Jetzt hörte er als Erwachsener zum erstenmal richtiges Arien-Singen. Das war jene Musik, von der später Madame de Staël bewundernd schrieb: »Qui n'a pas entendu le chant italien ne peut avoir l'idée de la musique. Les voix, en Italie, ont cette mollesse et cette douceur qui rappelle et le parfum des fleurs et la pureté du ciel.« Aber sie fügte auch hinzu: »La nature a destiné cette musique pour ce climat: l'une est comme un reflet de l'autre.« Was die Staël als Französin begriff, bemerkte Haydn als Deutscher erst recht: jene Ungunst des Seelenklimas für italienische Musik außerhalb Italiens... Hätte er das nicht bemerkt, wäre er später kaum der Meister eines deutschen Realismus geworden.

Es ist aber gleichgültig, wie Haydn in seinem tiefsten Innern zur Kunst Maestro Pórporas stand. Er wollte hinauf, nur das war wichtig. Er mußte die Hilfsmittel beherrschen, über die die Italiener geboten. So wurde der kleine, aufbrausende Greis sein Lehrer. Wahrscheinlich war es so, daß Pórpora laut lachte, räsonierte und Haydn seine Verachtung kundtat, wenn der ihm Kompositionen zeigte, in denen er grobe Fehler fand. Vielleicht hat ein geregelter Unterricht (der Schüler konnte ihn ja nicht bezahlen) gar nur ein halbes Jahr stattgefunden — gleichviel! Haydn hat im Alter diktiert: »Ich schrieb fleißig, doch nicht ganz gegründet, bis ich endlich die Gnade hatte, von dem berühmten Herrn Pórpora die echten Fundamente der Satzkunst zu erlernen.« Wir wissen auch, daß Haydn gleichzeitig Bedientenarbeit verrichten mußte, daß er Pórporas Garderobe, die aus zahlreichen Stücken bestand, in Ordnung hielt, ihm die Schuhe putzte und die Tabatière mit Schnupftabak füllte. Der alte Herr war ein Wüterich: »Da fehlte es nicht an ,asino', ,coglione', ,birbante' und Rippenstößen; aber ich ließ mir alles gefallen, denn ich profitierte bei Pórpora im Gesange, in der Komposition und in der italienischen Sprache sehr viel.« Vor allem war es dies letztere: Haydn lernte Italienisch — es war die Weltsprache der Musik! — und schon dies gab ihm jenen Ruck nach oben. Guckte er gar noch Pórpora die Möglichkeit ab, wie man Opern schrieb, italienische Opern im Zeitstil (ob er sie liebte oder nicht), so konnte er eines Tages vielleicht in jene Gesellschaft eintreten, in der Musik, und zwar gute Musik, eine Selbstverständlichkeit war.

DIE NORDDEUTSCHEN

Wo stand aber eigentlich die Musik? Man konnte das nirgends besser erproben als in Wien. Wien lag in der Mitte zwischen dem Norden und dem Süden. Es war von hier aus genau so weit nach Leipzig, wie es nach Venedig war, nach Berlin nicht weiter als nach Florenz, und nach Hamburg so weit wie nach Rom und Neapel.

Man hatte die Wahl, wo man hinreisen wollte, wenn man in fleißigen Nachtstunden am Schreibtisch oder am Klavier saß. Es ehrt Haydn, daß er sich für die norddeutschen Meister entschied; es beweist seinen Willen zum Gleichgewicht. Nachdem er den ganzen Tag Italienisch sprechen oder singen hörte, ging die Magnetnadel nachts nach Norden. Er begann die großen Werke der Familie Bach zu studieren. Weniger Johann Sebastian als Carl Philipp Emanuel, des großen Vaters großen Sohn...

Als vor vier Jahren, 1750, Johann Sebastian gestorben war, war eine Tür ins Schloß gefallen, und man hörte den Hall noch lange. Ein ganzes Zeitalter trat ab, ein Zeitalter, über dem Bach als ein Riese gewaltet hatte. Nicht als hätte man ihn geliebt oder sein Wollen auch nur verstanden. Sein größtes wissenschaftliches Werk, das er hinterließ, »Die Kunst der Fuge«, fand bis 1756 nachweislich nur dreißig Käufer. Bestimmt war Haydn nicht unter ihnen — doch wahrscheinlich nur, weil es zu teuer war. Andererseits besaß er bereits eine Menge norddeutscher Werke, aus denen er die Schreibart Bachs, den Kontrapunkt und die Fuge, studierte. Neben dem österreichischen Werk »Gradus ad Parnassum« von Fux begegnen wir unter seinen Büchern: dem »Vollkommenen Kapellmeister«, geschrieben von Johann Mattheson,

Hamburg 1739. Ebenfalls von Mattheson die »Große Generalbaß-Schule«, Hamburg 1731, sowie dessen »Grundlehren der Komposition« von 1737. Das »Handbuch des Generalbasses« und die »Kunst das Klavier zu spielen« von Friedrich Wilhelm Marpurg, Berlin 1751. Ferner der »Treuliche Unterricht im Generalbaß« von David Kellner, Hamburg 1732. Deutsche Bücher, überaus schwere Kompendien technischer und geistiger Art — ihnen stand nur ein einziges italienisches Buch gegenüber: Carissimis »Regeln des Gesanges«. All diese Bücher sind erhalten — im Nachlaß Haydns, welcher durch den Fürsten Esterhazy aufbewahrt wird —, und es ist rührend zu sehen, wie zerlesen und verbraucht die Bücher sind. Sie sind mit häufigen Eintragungen einer ungelenken Hand bedeckt; die Seufzer eines Lernenden, der nicht leicht lernte, tönen hier wider. Manchmal haben die Innenseiten auch als Wäschezettel gedient. In einem Buch von Mattheson finden wir die Eintragung: Hemder 8 (gemeint sind Hemden), Bindel 6 (gemeint sind Halsbinden), Diechl 9 (wohl Taschentücher). Der arme Haydn hat ja niemals richtig deutsch schreiben gelernt. Dafür konnte er Italienisch, was im Augenblick wichtiger war, sowie Kirchen- und Musiklatein. Vor allem aber verfügte er über einen ehernen Fleiß: Was andere bei teuren Lehrern nicht lernen, lernte er bei sich allein.

Das Singen von Fugen hatte der Knabe bereits im Stefansdom praktiziert. Doch was eine Fuge wirklich sei, erfuhr er gründlich zum erstenmal aus F. W. Marpurgs »Kunst der Fuge«. Nun, sie war wohl das seltsamste Gebilde, was das Ohr und die Mathematik miteinander erzeugt hatten. Da war nun also zur Renaissance-Zeit, vor mehreren Jahrhunderten, von vornehmen Herren und Tonmeistern ein Gesellschaftsspiel ersonnen worden. Ein »Ludus cacciae«, ein Jagdspiel. Man hatte da gewissermaßen einen Fuchs in die Höhe geworfen und einen Hund hinterdrein gesetzt: in wilder Flucht und in toller Verfolgung waren die beiden dahingestoben, sich gegenseitig neckend und narrend, und das Ganze nannte man »fuga«: Flucht. Das mochte Haydn, der Österreicher, in lustiger Respektlosigkeit wohl zuerst vom Fugenschreiben glauben. Dann aber berührte es ihn doch, daß die Menschen nicht abgelassen hatten von diesem Spiel. Von Jahrzehnt zu Jahrzehnt hatten sie seine Regeln erschwert — wie sonderbar waren doch die Menschen, was sie trieben und was sie erquickte!

Und dieser Johann Sebastian Bach! Was für ein Ohr hatte er gehabt, was für eine Tiefe des Hörens, und welch einen Kunstverstand! Seine zahllosen Fugen begannen damit, daß das Thema (der »Dux«) von der anfänglichen Stimme zunächst allein vorgetragen wurde. Gleich

darauf gab eine zweite die Antwort: der »Comes«, der Gefährte, lief
ein paar Takte hinter dem Führer her. Nun wendet sich der Führer
um. Als ob er nicht eingeholt werden wolle, führt er einen »Gegensatz« aus, das sogenannte Kontra-Subjekt, einen rhythmisch prägnan-
ten Kontrapunkt. Nun tritt eine dritte Stimme hinzu, sie ist als Ver-
stärkung der ersten gedacht, die vierte Stimme verstärkt die zweite. Sie
rennen miteinander dahin. Das einmalige Durchlaufen des Themas
durch alle Stimmen — erfuhr Haydn — wurde die »erste Durchführung der Fuge« genannt. Bei den weiteren Durchführungen vertausch-
ten die Stimmen ihre Stellung, paradierten in Umkehrungen und
modulierten zu fremden Tonarten hin... Verwirrend! Wozu dieses
Fragen, Antworten, dieses Spielen von Wild und Verfolger, die sich
doch niemals einholen konnten, weil der Verfolger zur Dominante modulierte, wenn das Wild in der Haupttonart verblieb; wenn der Verfolger, umgekehrt, aber rückwärts modulierte, hatte vorn das fliehende
Wild die Dominant-Tonart erreicht... Atemlose Aufregung, wenn
sie sich scheinbar doch eingeholt hatten, in der »Engführung«, wo sie
so schnell nebeneinander hinrasten, daß sie sich beinahe deckten, bevor
sie erneut voneinander wichen...

Lieber Gott, wozu gab es das? Es gab einfache, Doppel- und Tripel-
Fugen, Fugen über melodische und rhythmische Umbildungen des Themas, Fugen in doppeltem Kontrapunkt, der Oktave, Dezime, Duo-
dezime; Fugen, die wahre Türme waren, Stockwerke bis zu den Wolken gebaut, und Fugen mit dem Kopf nach unten... Es wurde einem
schwindlig dabei. Und die rasende Schnelligkeit, mit der diese orgel-
geborenen Wesen sich bewegten! Haydn biß seine Zähne zusammen.
»Es verstehen und verehren — aber niemals selbst schreiben!« mag
er gedacht und gemurmelt haben. Denn die Spannung des Hörens war
hier nicht mehr seelisch, sie war wissenschaftlich, sie grenzte an Neugier. Einen Teil des Fugenschreibens bezeichnete man als »ricercar«:
Suchen. Wonach suchte man? Nach der Lösung einer Rechenaufgabe,
nach dem mathematischen Wunder auf dem Gebiet des Klanges? Warum? Sollte Musik nicht eher ein Lied sein, wie es »das Volk am Abend
sang«?

Das Wundersame an Bach war nur, daß, was alle andern zur Trok-
kenheit führte (und was kein Schüler nachahmen konnte), ihn selber
niemals austrocknete. Trotz ungeheuerlicher Regeln duftete alles, was
er schrieb, blieb fließend und frisch. Seine Erfindungskraft war größer
als das starrste seiner Prinzipien!

Weiter aber ging es nicht. Was sollte die Musik jetzt beginnen? Da gab Bachs eigener Sohn die Antwort, sein Zweiter, Carl Philipp Emanuel Bach! Mit einer Leichtigkeit, die wir noch heute, nach zweihundert Jahren, an ihm bestaunen, machte er — recht eigentlich vom Todestage des Vaters an — eine neue Musik. Eine andere Musik. Als sei die alte gar nicht gewesen.

Dieser Philipp Emanuel Bach war achtzehn Jahre älter als Haydn. Er war also gleichsam sein älterer Bruder. Er war derjenige Komponist, von dem Haydn am meisten gelernt hat, und nichts hat den Jüngeren stolzer gemacht, als von diesem Hamburger Meister ein Wort des Lobes zu empfangen: wie es zum Beispiel geschah, als Haydns erste Klaviersonaten erschienen.

Was für eine Persönlichkeit muß dieser Meister gewesen sein, daß er nicht vom Gigantenschatten seines Vaters erdrückt wurde! Und selbstverständlich hat er niemals respektwidrig gegen ihn polemisiert, wie ihm Charles Burney das unterschob. In »The Present State of Music« (1773) hat Burney den jüngeren Bach sagen lassen, die Lieblingsformen seines Vaters, Fuge und Kanon, seien nichts weiter als »dry and despicable pieces of pedantry« gewesen (verächtliche, trokkene Pedantenstücke), »wretched studies« (erbärmliche Studien), nur zu erklären »by a total want of genius« (durch den völligen Mangel an Genie). In seiner »Selbstbiographie« hat, im Gegenteil, Philipp Emanuel von seiner unbegrenzten Verehrung für seinen großen Vater berichtet.

Nur daß er selbst nicht so musizierte! Mit ruhiger Selbstverständlichkeit, als könne es gar nicht anders sein, bekannte sich der jüngere Bach zur Herrschaft der Melodie. »Mich deucht, die Musik müsse vornehmlich das Herz rühren...« schreibt er. Seine Klavierkonzerte streben, wie er selbst bekannt hat, nach Sangbarkeit. Welche Revolution! Das »Gefängnis der Vielstimmigkeit«, er baut es ab, er reißt es ein und schreibt einen drei- und zweistimmigen Satz, mit dem er intimste Wirkungen und zarteste Seelenschattierung erreicht.

Er hatte das Glück, an seiner Seite eine Institution zu haben, die es, außer im Ursprungsland Frankreich, damals nur in Norddeutschland gab: eine produktive Kunstkritik. Fast alles, was Philipp Emanuel schrieb, wurde sofort durch »Musikliteraten« erklärt, kommentiert, journalistisch gestützt. (Seinem Vater war das kaum je begegnet.) Es war ungeheuer wichtig, wenn zum Beispiel gleichzeitig mit einem Stück des jüngeren Bach das Hamburger Publikum lesen konnte: »Die wahre Kunst in der Musik besteht allein in der Nachahmung der Natur. Je genauer wir dieselbe erreichen, desto regelmäßiger und künstlerischer werden wir sein. Je weiter wir uns von ihr entfernen, desto verworrener und unnatürlicher werden wir auch unsere Stücke machen...« So sprach der Musikästhetiker Scheibe, ein besonderer Feind der »Gelehrsamkeit«. Für Scheibe und den jüngeren Bach war Musik »Nachahmung der Natur« und damit — im Sinne Rousseaus — auch schon »Sprache der Empfindung«; das war damals etwas absolut Neues.

Wahrscheinlich war es zunächst einmal ein Klaviersonatenband Meister Philipp Emanuels, den Haydn in die Hand bekam. Später hat er dem Maler Dies erzählt, er sei von der Kraft und Natürlichkeit dieser Sonaten bezaubert gewesen und sei vom Klavier nicht aufgestanden, bevor er sie alle gemeistert habe. Unzählige Male habe er sie gespielt, besonders dann, wenn er bedrückt und entmutigt gewesen sei. Besonders die Innigkeit der Adagios habe es ihm angetan; immer habe er nach dem Spiel das Instrument fröhlicher verlassen... Aber Bach war auch Schriftsteller. Nicht weniger hungrig als seine Sonaten verschlang Haydn sein bedeutendes Buch, den »Versuch über die wahre Art, das Klavier zu spielen« (1753), in dem wunderbare Sätze stehen über Seele und Sinn der Musik und über das Recht zum Improvisieren, ohne das jede Kunst starr bleiben würde.

Daß es just dieser Meister war, bei dem der ganz unerfahrene Haydn das Sonaten-Schreiben lernte, wurde von größter Bedeutung für ihn. »Was an Bachs Kompositionstechnik zunächst auffällt, ist das Fehlen jeglicher Schematik... Bei ihm ist alles, erste Erfindung wie fortlaufende Entwicklung, einzig auf die Gnade einer... improvisierenden Phantasie gestellt...« hat Heinrich Schenker später geschrieben. Und doch dürfte Haydn bemerkt haben, daß es ganz gewiß eine Logik war, die die Sonatenform Bachs regierte — eine andere Logik, gewiß, als die Fugenform seines Vaters; aber »Willkür« gab es auch hier nicht. Die Technik dieser Klaviersonaten war nichts anderes als was dann später Haydns eigne symphonische Technik wurde: die »thematische Verarbeitung wandlungsfähiger Motive«. Daß sich Bachs Technik, trotz innerer Strenge, äußerlich dabei den Schein einer »freischaltenden Laune« gab, war das Große und Besondere an ihr.

Zugleich mit der Kenntnis des jüngeren Bach erwarb Haydn noch andere Bekanntschaften, und immer waren es Norddeutsche, die ihn um jene Zeit belehrten. Gewiß waren die Gebrüder Graun, die bedeutenden Berliner, darunter der große Hamburger Telemann und vor allem Johann Joachim Quantz, der Flötenlehrer Friedrichs des Großen, mit seinen berühmten Flötensonaten. Das kühle, unirdisch klingende, etwas traurige Instrument, das leidenschaftsfeindlich-vernünf-

tige, das nach dem »Jahrhundert der Aufklärung« tönte: Haydn hat
es sehr geliebt.

Es war so viel, was der junge Haydn von der norddeutschen Schule
lernen konnte. Er, der doch in Wien den ganzen Tag mit Italienern
beisammen war, kolorierte bereits ganz anders als diese! Was er bei
den Südländern nicht fand, waren die nachdenklichen Zwischenfarben,
das Dämmernde in Seele und Landschaft. Dinge, die für Pórpora und
Metastasio nicht existierten, wenn sie von »Phöbus' Sonnenwagen«
dichteten oder musizierten. In deren Musik gab es eigentlich nur Morgen, Mittag, Abend und Nacht, und die grelle Sonne Italiens diktierte
den Farben wie den Tönen. Bei den norddeutschen Meistern aber waren Wasser, Luft und Erde nicht so reinlich voneinander geschieden;
da sah man zarte, diffuse Farben; Wälder und Heiden dünsteten in
die Atmosphäre hinauf. All das erschien dem jungen Mann klimatisch
lebenswahrer und keuscher als die Kunst der Italiener. Das Herbe und
das Zarte kam wie ein seltsamer Gruß aus der Heimat. Diese norddeutschen Komponisten hatten Rohrau nie gesehen — doch in den
Nächten, da Haydn sie spielte oder in ihren Noten las, gaben sie ihm
einträchtig die Hand.

Nie aber wurde der Freundschaftsbund zwischen Haydn und Norddeutschland inniger bekräftigt als lange nach dem Tode des Meisters
durch die Brahmsschen Haydn-Variationen von 1874. Diese frühe symphonische Arbeit des Jüngeren verwandte tatsächlich das Thema eines
ungedruckten Haydnschen Divertimentos für Bläser — den neblig-
herben Antonius-Choral:

Eine Herrlichkeit ohnegleichen. Angefüllt von der Brahmsschen Scham, etwas ausdrücken zu müssen, was man liebt; herüberdunkelnd aus Zeiten, die noch älter scheinen als Haydns Jahrhundert.

BAD MANNERSDORF

Der Gesandte der Republik Venedig am österreichischen Kaiserhof verließ das sommerlich schmachtende Wien, um sich ins Grüne zu begeben. Pietro Correr fuhr nicht allein. In einem anderen Wagen saß, Leibkutscher und Lakai vor sich, in Seidenkleidern seine Geliebte mit ihrer Wiener Gesellschafterin. Dahinter kam der Gepäckwagen, getürmt mit Koffern und Hutschachteln. Und hinter ihm erst der geistige Hofstaat: Wilhelminens Gesanglehrer, der siebzigjährige Pórpora, der »Patriarch der Melodie«, der berühmte Komponist der »Hesperischen Gärten« und der »Von Äneas verlassenen Dido«. Neben ihm saß sein Faktotum Haydn.

Doch diesmal nicht als Pórporas Diener, sondern als Korrepetitor für Wilhelmine angestellt. Mit sechs Dukaten Monatsgehalt und mit der Erlaubnis, einen Freiplatz an der Tafel Seiner Exzellenz einnehmen zu dürfen — welch ein Fortschritt!

Die Reise ging nach Bad Mannersdorf. Bald sah man im Abendlicht Baumgärten zwischen Rebenhügeln auftauchen, Promenaden und Brunnenhäuschen. Die Badediener liefen herzu und öffneten den Schlag. Man stieg aus.

Mannersdorf war populär geworden, seit Kaiserin Maria Theresia hier ein Sommerschlößchen hatte. Schon in ihrer Mädchenzeit war sie zuweilen hier gewesen, unter der Beaufsichtigung ihrer geliebten Erzieherin, der Obersthofmeisterin Gräfin Fuchs. Jetzt kam sie häufig mit ihren Kindern. Auf Parkwegen spielte Erzherzog Josef Reifen mit seinen älteren Schwestern. Man schlug Federbälle zum Sommerhimmel, und manchmal gerieten Schmetterlinge ins Spiel und mußten daran glauben.

Viele Adlige besuchten das Bad. Tagsüber war es hier manchmal sehr heiß, an diesem äußersten Ostrand Österreichs glühte schon ungarische Sonne. Dann lag man in der Hängematte, tat nichts und pflegte der Gartenruhe. Sonst traf die Gesellschaft sich bei den Bädern und trank das Heilwasser aus Bechern mit empfindsamen Aufschriften. Eine der Hauptbeschäftigungen in Mannersdorf war es, auf die Post zu warten. Einmal am Tag kam der Kurier im gelben Wams und weißen Ärmeln, stieß ins Horn, knallte mit der Peitsche und brachte Nachrichten aus der Hauptstadt.

Abends besuchte man sich in den Villen, die halb versteckt zwischen Hügeln lagen. Unter dem Mond erklang Musik, die Geißblattlaube duftete, eine Violinsonate, akkompagniert von Klavier und Flöte, zog plastisch in den Garten hinaus, und sobald die Musik einmal schwieg, hörte man jenseits der Gehölze einen Wasserfall von Nachtigallen. Es war, als ob sämtliche Vogelkehlen zwischen Wien und der ungarischen Ebene sich ein Stelldichein gegeben hätten... Schließlich ging man selbst in den Garten, trank Wein, aß Gefrorenes, saß an Tischen, auf denen leicht flackernde Windlichter standen. Man musizierte im Freien weiter. Die Etikette war gelockert, und dem staunenden Haydn konnte es geschehen, daß er am selben Tische saß wie der Prinz von Hildburghausen, der ein großer Gönner der Musik war. Die Unterhaltung der großen Welt war Italienisch — eine Sprache, die Haydn bereits sehr gut beherrschte. Doch im Kreise so hoher Herren und Damen dürfen wir ihn eher stumm denken. Nur wenn es um seine Kunst, die Musik, ging, sprach er viel und ohne Scheu. In diesen Mannersdorfer Tagen lernte er den Komponisten und Geiger Dittersdorf kennen und vor allem Gluck, der in einer Karosse aus Wien für ein paar Tage herüberkam. Der große Gluck soll Haydn damals geraten haben, unbedingt nach Italien zu gehen und sich dort weiterzubilden. Haydn hörte ihn staunend an.

Sein Staunen galt keineswegs Glucks Rat, sondern eher seiner Person. Dieser hochberühmte Mann, dessen musikalische Taten im Munde der ganzen Welt waren, der in Paris und in Venedig so zu Hause war wie in Wien, war der Sohn eines bayerischen Gastwirts. Und doch verkehrte er mit Grafen und Fürsten wie mit seinesgleichen. Ob Haydn wohl auch dahin kommen würde? Jedenfalls sah er, daß die Musik bis zu einem erstaunlichen Grad den Standesunterschied verwischte. Während man ein Trio spielte, bei dem ein Fürst die erste Geige, ein Bürgerlicher die Bratsche strich und ein Handwerkersohn am Klavier saß, war eine Harmonie erzeugt — wenngleich sie nicht dauern mochte. Zum erstenmal erlebte Haydn, daß gutes musikalisches Können eine vollwertige Münze war, mit der man sich in der großen Gesellschaft Anerkennung kaufen konnte. Wenn die berühmte Sängerin Signora Tramontani-Tesi von ihm am Klavier begleitet wurde und späterhin der Freiherr von Fürnberg technische Fragen mit beiden besprach, dann war er bereits etwas anderes als der Sohn des Wagnermeisters Haydn.

Dessen Sohn war er freilich auch.

Sah er an solchem Sommertag, wie das Leitha-Flüßchen sich bewegte, mochte er denken, wie später Schubert in den »Müllerliedern«: Wohin? Denn Wasser bewegt sich nun einmal abwärts. Ein paar Stunden nur, und die Leitha würde das Städtchen Bruck erreichen: von da war's nicht mehr weit bis nach Rohrau.

So wanderte er eines Tages. Nicht allein; der »kleine Bruder« war bei ihm. Michael war nun auch schon siebzehn und den Kapellknaben fast entwachsen. Ein Komponist war er ebenfalls, vor allem ein guter Orgelspieler und ein noch besserer Lateiner, von dem man bald den Eindruck bekam, es werde ihm im Leben nicht fehlen.

Die Brüder wanderten einen Tag lang. Alles klang heimisch. Die trinkenden Kühe drehten sich nach ihnen um und sahen aus großen Glasaugen mit einer Urwelt-Ruhe drein, die anderswo die Kühe nicht hatten. »Hast dich gewundert«, fragte der Kleine, »wo damals die Dukaten geblieben san, die ich beim Klosterneuburger Fest fürs Vorsingen bekommen hab'? Hab' sie aber nach Haus geschickt ... Dem Vater war damals ein Vieh gefallen ...« Joseph errötete. Welch ein gutes Kind dieser Michael war! Besser als er selbst: er war doch gar zu sehr mit der Musik beschäftigt. Allerdings war sein Leben auch schwerer, kein Kapellhaus sorgte für ihn. Stunden geben war unsicheres Brot, die Schüler wechselten zu oft. Mit Sorge mußte er daran denken, ob seine Theorie-Schüler Abundus Mykisch und Kimmerling, zwei angehende Geistliche, ihm überhaupt noch treu blieben, während er Sommerferien nahm ... Gleich darauf mußte er herzlich lachen. Welche Frechheit war es doch, Theorie zu unterrichten — eine Sache, die ihm selbst ein solches Kopfzerbrechen machte! Doch vielleicht hatten die Lateiner recht, wenn sie sagten: »Docendo discimus« ... Durch das Lehren lernen wir selbst.

Das strohgedeckte Elternhaus schien kleiner geworden. Nur natürlich, da die beiden selbst größer geworden waren. Aber das gleiche Abendrot spiegelte sich in der gleichen Hofpfütze, wohlbekannte Schwalben schossen aus der Bodenluke hervor, und ein Storch klapperte vom Kirchturm.

Unverändert, liebevoll gravitätisch, stand der Wagnermeister vor ihnen. Es war Abend, die Werkstattgeräusche schwiegen. Um die beiden Musiker zu ehren, holte der Vater seine Harfe und begann wie in alter Zeit einen Bauernsang zu singen und ein dünnes Menuettlein zu zupfen. Dabei lugte er sehr genau, ob sich in den Augen der Söhne auch genügend Respekt zeige. Schließlich wagte Michael, der Jüngere, irgendeinen Einwand: ein Ton mochte falsch gewesen sein. Der Vater wiederholte den Ton. Joseph Haydn wollte schlichten: es liege wohl an dem Saitenspiel, daß der Ton nicht gut sei. »Meine Harfe ist ausgezeichnet!« rief Vater Matthias entrüstet und warf das Instrument auf den Tisch. »Wenn euch mein Spielen nicht gefällt, dann seid ihr alle beide Esel!« Währenddessen war ein ganz kleiner Bruder, namens Johann Evangelist, flachsköpfig, zur Tür hereingekommen — Joseph und Michael machten seine Bekanntschaft erst jetzt — und erklärte, er wolle auch Musiker werden. Mutter Haydn nahte mit Schwarzbrot, Eiern, Speck und Landwein, um die Kämpfenden zu beruhigen. Sie sah alt und abgelebt aus und war doch erst fünfundvierzig Jahre. Ihr Gesicht überm schwarzen Sonntagskleid, das sie zu Ehren ihrer Söhne angelegt hatte, war ernster als sonst. Sie merkten es nicht.

Doch im nächsten Februar kam die Nachricht nach Wien, die Mutter sei tot. Und wieder ein Jahr später die Nachricht, daß der Vater neu geheiratet habe. Niemand konnte es ihm verargen. Das Haus war voller Kinder. Die Werkstatt brauchte eine Meisterin, die Arbeit im Hof eine Schaffnerin. Das Leben auf dem Lande ist hart und hat nicht Zeit für große Gefühle.

Wir wissen nicht, wie viele Tränen Joseph Haydn seiner Mutter weihte. Er aber wird gewußt haben, was für ein Kummer es ihr gewesen war, ihn noch nicht versorgt zu wissen. Wohl hatte das Mutterauge erkannt: Seine Kleider waren besser als früher, sein Gehaben selbstbewußter, er mußte mit feinen Herren verkehren. Aber war das schon Gewähr für die Zukunft? Sie erkannte sein Genie und war im geheimen stolz darauf; aber ging man nicht sicherer im Leben, wenn man einen Bauernhof hatte oder eine Wagnerwerkstatt oder — wenn man schon in der Stadt lebte — einen Spezereiwarenladen?

Versorgt! Nun, Haydn war sich darüber klar, daß, wenn man es nur richtig anfing, die Musik ihren Ausüber ernährte wie jedes Handwerk seinen Mann. Musik, auch das hatte er erfahren, war der Weg zum Herzen der Aristokraten. Viele österreichische Adelshäuser besaßen eigene Hauskapellen mit besoldeten Kapellmeistern. Die Musiker bestanden teils aus gräflichen Bediensteten, teils aus Wiener Handwerksmeistern, die freiwillig darin mitspielten, teils aus den adligen Herren selbst. Der Kapellmeister, der sie zusammenhielt und die Werke einstudierte, konnte von seinem Gehalt leben, und bald mußte Haydn auch dazu kommen, solch einen Posten ausfindig zu machen. Schon verbreitete sich sein Ruf: eine Gräfin Thun in Wien lobte seine Klaviersonaten, eine Musikalienhandlung begann seine Erstlings-Arbeiten zu stechen. (Es spricht für Haydns Naivität, daß er sich nicht um Geld kümmerte, sondern lieber seinem Werk Fensterpromenaden machte, wenn er es in den Auslagen sah.) Da fand er einen besonderen Gönner in jenem Herrn von Fürnberg, den er in Mannersdorf kennengelernt hatte.

Die Fürnbergs waren Neu-Adlige. In Haydns Geburtsjahr war ein Arzt, Dr. Weber, von Kaiser Karl VI. in den Freiherrnstand erhoben worden. Dieser Weber, Edler von Fürnberg, war einer jener Mediziner, die, ähnlich wie die Familie van Swieten, zu Förderern der Musik wurden. Sein Sohn Karl Joseph war Haydns Gönner.

Er lud den jungen Komponisten auf seine Besitzung Weinzierl ein, ein Schlößchen in der Nähe von Melk, westlich von Wien. Der Wasserduft der Donau vermengt sich hier das ganze Jahr mit den Dünsten des Weins, den man überall anbaut. Hier verbrachte Haydn mehrere Sommer, und das vierflügelige Haus mit seinen Türmen und Spitzdächern erklang den ganzen Tag von Musik.

Sie wurde von vier Menschen ausgeführt: dem Ortspfarrer, dem Verwalter des Hausherrn, dem Cellisten Albrechtsberger und dem jungen Haydn selbst. So spielten sie natürlich Quartett. Man zögert ein wenig, anzunehmen, daß gerade dieser Zufall es war, der eine neue Gattung schuf. Es war aber wirklich zunächst dieser Zufall: wären da drei oder fünf gleichwertige Spieler gewesen, hätte man wahrscheinlich Trios oder Quintette gespielt. Nun wurden es Quartette.

Ehrgeiz, Berufung, Handwerkerlust: all das tat sich in Haydn zusammen. Eines Tages überraschte er Fürnberg mit einem eigenen vierstimmigen Streichersatz. Sein erstes Quartett! B-dur im Sechsachteltakt. Presto beginnt es:

Überschäumend von Lebenslust, Munterkeit, Frohsinn, jagt es dahin. Ganz einfach: nach dem ersten Thema folgt ohne weitere Modulation der zweite Gedanke in der Tonart der Oberdominante. Ein Schlußtakt, und der erste Teil ist fertig. Im zweiten Teil eine Mittelsatzgruppe, mit Motiven aus dem ersten Teil, vorsichtig und kurz behandelt. Der dritte Satz ist ein Menuett, der vierte ein singendes Adagio, in dem die Erste Geige führt (»Musik muß singen!« hatte Haydn bei Philipp Emanuel Bach gelernt), und fünftens kam wieder ein Menuett.

Freiherr von Fürnberg war entzückt. Am meisten verwunderte es ihn, wie genau Haydn die Eigenheiten der Spieler kannte und in seinem Satz Rücksicht darauf genommen hatte. Gewöhnlich gab es solche Rücksichten nur beim Schreiben für menschliche Stimmen. Daß es bei der Instrumentalmusik ebenso zugehen sollte, war neu. Für Haydn war es selbstverständlich. Er empfand schon früh, daß Quartettspielen »eine ganz persönliche Sache sei« und daß man für die »Eigenschaften bestimmter Menschen schreiben müsse«. Sein Ohr besaß »Materialkenntnis«, wie sein Vater, der Handwerker, sie zeitlebens in den Fingern hatte. Auch Musik war ein Gegenstand für den persönlichen Gebrauch.

War Haydn stolz auf sein Kunstwerk? Wir wissen, daß er aufs äußerste verwirrt war. Ein Zeuge jenes denkwürdigen Abends im Schloß von Weinzierl berichtet darüber: Es war ein preußischer Kriegsgefangener, der zufällig anwesend war, ein Major Weirach. (In jener menschenfreundlichen Zeit konnten also Gefangene, die in der Nähe lagen, von einem österreichischen Edelmann zu einem Konzert eingeladen werden!) Dieser Weirach hat später erzählt: »Der bis zur Ängstlichkeit bescheidene Mann war, obwohl alle Anwesenden von seiner Komposition entzückt waren, nicht davon zu überzeugen, daß seine Arbeit überhaupt wert sei, in der Musikwelt bekannt zu werden!« Diese Verzagtheit Haydns ging aber schon in den nächsten Tagen vorüber. Wie nach einem Gewitterregen begann er vor Fruchtbarkeit zu dampfen. Aus der Erde seines Talents schossen die Quartette hervor. Jetzt waren es sechs, dann waren es zwölf und auf einmal achtzehn — die berühmten ersten achtzehn Quartette, die nach ihrer Drucklegung überall mit Jubel empfangen wurden. Nein, nicht überall mit Jubel. Zum erstenmal in Haydns Leben meldeten sich jene seltsamen Stimmen (die bis zu seinem Tode nicht verstummten), »daß er die Musik zu komischen Tändeleien herabwürdige, daß er das Ernste travestiere«. Man prophezeite ihm, wie Pohl erzählt, nicht nur »Verflachung«, man sprach ihm sogar »jedes ernstere Streben ab«.

Woher kam das? Was hörten diese Leute? Sie hatten kein so schlechtes Ohr, sie hörten bereits in den Frühwerken etwas Neues und Bedrohliches. Sie hörten den »Gassenhauer«, den Haydn, verkleidet in Rokoko-Seidenweste und gepudertem Nackenzopf, in die Schlösser des Adels schmuggelte. Das Bürgertum, ja, der vierte Stand meldete sich in Haydns Musik, in der Motivik seiner Themen. Man hat später Johann Strauß senior beschuldigt, daß er die Musik herabwürdige, weil er Themen von Beethoven und Weber für die Tanzmusik borge und »verwalzere«. (Ähnlich wie es heute die Jazzmusik tut.) In der Musik gibt es keine dauernde Scheidung zwischen dem Hohen und Niedrigen. Von Zeit zu Zeit findet immer wieder ein demokratischer Ausgleich statt.

Bei Haydn nun war es umgekehrt. Er nahm die witzigen Schelmenlieder und die groben Wirtshausgesänge, die er aus seiner Bohèmezeit kannte, kurz, er nahm die »Musik von unten«, adelte und bearbeitete sie. Das war seine geistesgeschichtliche Sendung. Weshalb aber erging sie gerade an ihn?

Sie hätte an keinen andern ergehen können.

DAS VOLKSLIED WIRD GESELLSCHAFTSFÄHIG

Mit fünfundzwanzig Jahren schreibt Haydn die ersten Streichquartette, als Achtundzwanzigjähriger schreibt er die erste Symphonie.

Genau um diese Zeit aber, zwischen 1755 und 1760, bricht in der englischen, französischen und deutschen Literatur ein merkwürdiger Befreiungskampf los. Im deutschen Geistesraum vielleicht am stärksten; es ist nicht allein der Kampf gegen die Reste des 17., des barocken Jahrhunderts, für das die Kunst eine »Dienerin der Gelehrsamkeit« war. Es ist zugleich auch schon der Kampf gegen das eigene, das »galante« Jahrhundert, das in der Kunst nur den »spielerischen Annex« zum Gesellschaftsleben des Rokoko sah. Was war insbesondere die Musik? Vielleicht eine hübsche Lebensverzierung, ähnlich einer Puderbüchse, einem Toilettenspiegel, einem Tischchen aus Achat.

Den neuen Gefühlsdurchbruch in der Musik nahm zwar nicht am frühesten, aber am entscheidensten die Kunst Haydns vor. Auf der einen Seite war sie die Widersacherin der gelehrten Polyphonie; auf der anderen Seite mußte sie, durch Haydns kleinbürgerliche Herkunft, zur Überwinderin der reinen französischen Salonmusik werden. Es war auf der Ebene der Musik genau derselbe Kampf, wie ihn *Herder* auf der Ebene der Literatur führte.

Der Ostdeutsche Johann Gottfried Herder war zwölf Jahre jünger als Haydn. Auch er trat mit achtundzwanzig Jahren in einer schicksalhaften Schrift zum erstenmal vor sein Zeitalter. Es war die Schrift über die literarische Bedeutung der »Volkslieder«. Man müsse die Lyrik retten, schrieb Herder, die heute in ganz Europa in ein Korsett »von Schwachheit, Falschheit und Künstelei« gepreßt sei und zu ersticken drohe. Hilfe könne nur von der einfachen und großartigen Volkskunst

der Vorfahren kommen. »Unter Scythen und Slawen, Wenden und
Böhmen, Russen, Schweden und Polen gibt es noch Spuren von deren
Fußstapfen«, schrieb er. »Würde man so sorgsam sein, sich nach alten
Nationalliedern zu erkundigen, so würde man nicht bloß tief in die
poetische Denkart der Vorfahren eindringen, die den so oft vortrefflichen Balladen der Briten, den Romanzen der Spanier, der Sanges-
poesie der einzelnen Norweger gleichkämen — es möchten unter diesen Nationalgesängen auch litauische Dainos oder kosakische Dummi,
peruanische oder amerikanische Lieder sein!«

Herder, obwohl er persönlich durchaus als nationaler Deutscher empfand, wertete also — und das war merkwürdig! — die natürliche
Kunstbegabung aller Nationen und Völker gleich. Nur müsse es, wie
er betonte, die anonyme, alte Kunst sein, die nicht an der »Einzel-
persönlichkeit« hafte; eine Kunst, die frei sein müsse von den »Eitel-
keiten der Autorschaft«... Man solle die gegenwärtige Lyrik wieder
»einfältig machen«, indem man sie an einfachere Gegenstände gewöhne,
kurz, sie des »drückenden Schmuckes entlasten, der uns schon fast zum
Gesetze geworden«.

Ins Musikalische übersetzt, war der Fall Herder auch der Fall Haydn.
Ohne daß wir annehmen müssen, daß Haydn das Wirken des Jüngeren, besonders seine spätere Schrift »Von deutscher Art und Kunst«
kennenlernte (ein Bücherleser war er ja nicht) — solch gemeinsames
Streben lag in der Luft! Andererseits — wie charakteristisch! — kannte
der sehr musikalische Herder Haydns Arbeiten genau; die »Sieben
Worte des Erlösers am Kreuz« erschienen ihm als die tiefste Äußerung
der Musik seiner Zeit. Er empfand Haydns Sache als seine eigene.
Nachdem die kontrapunktische Schreibart und der polyphone Stil des
großen Johann Sebastian Bach erledigt waren, mußte jetzt also die
Musik zum Volke zurück. Das Volk hatte unser Lehrmeister zu sein:
die singende Magd, wenn sie Wäsche aufhängte, der Ausrufer auf der
Gasse, der Händler, der sein Gemüse melodisch darbot.

Das war also der Grund, weshalb der junge Haydn dem Volk zu-
hörte. Waren zufällig Kroaten die Nächsten, ihm diesen Dienst der
Anregung zu leisten, so ließ er es sich gerne gefallen. Spanier, Eski-
mos, Feuerländer hätten denselben Dienst getan, hätte er unter ihnen
gelebt. Als er 1759 nach Lukaveč und Pilsen kam, wilderte er durch die
Gegend, um böhmische Volkslieder zu hören. In Eisenstadt horchte er
bei den Zigeunern. In London, noch mit sechzig Jahren, stürzte er sich
sofort auf das Studium und die Bearbeitung schottischer Lieder. Ein
Slawe ist Haydn schon darum nicht gewesen, weil er der typische Dur-

Komponist ist. Es ist, trotz Verwendung slawischer Themen, eine harte Helle in seinem Werk, die der schwermütigen Moll-Einstellung slawischer Musik sehr fern steht — gar nicht zu reden von seinem Nichtwissen um den jähen »Tempowechsel« der Slawen. Haydn ist der »deutsche Charakter« und die »deutsche Stetigkeit« in Person. Wenn man sehen will, wer Haydn *nicht* ist, sehe man, wie Antonin Dvořak das allbekannte deutsche Volkslied »Ach, wie ist's möglich dann?« nimmt und es durch wenige Akkorde und eine Synkopierung in die leidenschaftlich-tschechische Weise seiner »Slawischen Tänze« verwandelt. Es klingt wie eine Variation; doch mit der Struktur ist der Gemütswert der Melodie völlig verändert.

Was Haydns »Entlehnungen« betrifft: sein durch alle Provinzen der Tonkunst sich erstreckendes Riesenwerk konnte gar nicht überall auf eigener »Erfindung« basieren. Er erfand wahrlich noch genug; doch die Bearbeitung seiner Themen, das »Behauen des Steines«, stand diesem Genie des Handwerks höher als das Erfinden. Weil er zum Volke reden wollte, darum ließ er auch das Volk mitarbeiten. Auch das *deutsche* Volkslied hat Haydn beeinflußt. Nächst der »österreichischen Kaiserhymne« ist wohl kein Thema Haydns bekannter als das Andante aus der Symphonie mit dem Paukenschlag:

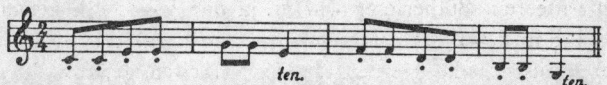

Erstaunlicherweise hat dieses Thema dasselbe Notenbild wie das sudetendeutsche Volkslied:

Was kann es Originaleres geben, denkt man, als jene Stelle der »Schöpfung«, da Gott sein Werk mit dem Menschen krönt? »Mit Würd' und Hoheit angetan...« beginnt die Arie des Uriel:

Aber 1910 fand ein Spaziergänger im Burgenland folgendes Liedchen und schrieb es auf:

1. Es steht ein Baum, im tie-fen Tal, war o-ben breit und un-ten schmal,
dar-un-ter stand im Mon-den-schein ein Bursch und ein Mä-del ganz al-lein.

Die ersten fünf Takte sind Haydns Arie (recht ohne Würde und ohne Hoheit) — wobei man noch nachträglich fragen mag, wer hier eigentlich wen »plagiiert« hat. Denn es ist nicht unwahrscheinlich, daß, wie sich Haydn am Volkslied erfrischte, auch umgekehrt das Volkslied manches von Meister Haydn getrunken hat.

Übrigens überschätzte Haydn das Volkslied nicht. Er blieb, wie Goethe, der maßvolle Sohn seines eigenen Jahrhunderts. Unvorsichtigkeiten Herders wie etwa: »Poesie und Unkultur sind nicht ohne weiteres Gegensätze. Ein wildes Volk ist mir ein freiwirkendes, in seinen Gefühlen noch ungebrochenes...« hätte Haydn nie unterschrieben.

Wohin solche Überschätzung völkischen Wesens führen mußte, haben wir leider in unsrem eigenen, im 20. Jahrhundert gesehen.

BEIM GRAFEN MORZIN

Das Beste, was der Freiherr von Fürnberg für seinen Schützling tun konnte, war, daß er ihn weiterempfahl. Ein großer böhmischer Aristokrat, Graf Maximilian Morzin, stellte ihn jetzt als Kapellmeister an. Mit zweihundert Gulden Gehalt, freier Wohnung, Wein und Kost an der Beamtentafel. Sein Dienst — Komponieren und Dirigieren — wurde im Winter in Wien ausgeübt, im Sommer auf den Gütern der gräflichen Familie in Pilsen.

Es war die höchste Zeit, daß Haydn in gesicherte Lebensumstände gelangte. Manchmal hatte sein Tag achtzehn Stunden. Bei Sonnenaufgang schon spielte er Geige in einer kirchlichen Frühmesse, hatte vormittags Orgelprobe in einer gräflichen Kapelle, mittags gab er Klavierstunden, nachmittags sang er einen Tenorpart in einer frommen Veranstaltung, den Abend verbrachte er komponierend. Diese Überbeanspruchung konnte nicht immer so weitergehen.

So war denn Haydns Bohèmezeit zu Ende? Nein, das Schicksal erlaubte sich eine Neckerei mit ihm. Etwas, was man in der Musik einen »Auftakt« nennt. Das Thema seiner Mannesjahre wurde ihm jedenfalls noch nicht von der Familie Morzin gestellt...

Während der kurzen Zeit dieser Beziehung dürfte es Haydn hauptsächlich mit dem Sohn des Grafen zu tun gehabt haben. Die Kapelle, die dieser beaufsichtigte, umfaßte fünfzehn Mitglieder. Das war nicht wenig. Mit ihnen führte der Komponist die verlangte Tafelmusik aus, außerdem abends Konzertmusik, Streich-Trios, Quartette, Divertimenti für die geladenen Gäste. Etwas Besseres zu liefern als »andere gräfliche und fürstliche Häuser«, das war der Sinn solcher Anstellung. Man prunkte damals mit Musik wie mit Kleidern, Schmuck und kostspieligen Reisen — sogar, wenn man's eigentlich nicht konnte. Es war viel Snobismus dabei, aber auch viel echte Kunstliebe.

Das Wichtige für Haydn war, ein Orchester zur Verfügung zu haben, mit dem er »experimentieren« konnte. Damals entstand jenes F-dur-Oktett für je zwei Hörner, Englisch Hörner, Violinen und Fagotte, das in koloristischer Weise Möglichkeiten des Gegensatzes zwischen Streichern und Holzbläsern aufzeigt, wie Haydn sie früher noch nicht kannte.

Auf den Winter in Wien folgten für Haydn vertragsgemäß seine Sommerpflichten in Böhmen. Noch stand man zwar mitten im Krieg mit Preußen. Aber der große Sieg bei Kolin, 1757, (Pórpora hatte übrigens eine Kantate auf ihn geschrieben) hatte Böhmen wieder vom Feind freigefegt. Die Armeen Friedrichs des Großen waren vorläufig wieder einmal auf preußisches Gebiet getrieben. Die Kanonen aus Schlesien hörte man nicht, wenn der junge Kapellmeister im Schlosse von Lukaveč Musik machte.

Dieses Herrschaftshaus in der Nähe von Pilsen stand in einem Rokokopark, den ein Prager Gartenarchitekt, Ferdinand Schor, errichtet hatte. Das grüne Sommerleben dort mag so schläfrig ausgesehen haben, wie es später Joseph von Eichendorff in seinem »Deutschen Adelsleben am Schlusse des 18. Jahrhunderts« schildert: mit gegenseitigen Besuchen auf Nachbargütern, kleinen Gelagen, Sommerbällen im Gartendunkel und obligatem Feuerwerk. An den langen heißen Nachmittagen »saßen die ungezogenen kleinen Schloßjunker im Kirschbaum und feuerten mit den Kernen nach ihren gelangweilten Schwestern, die über den Gartenzaun ins Land schauten, ob nicht der Federbusch eines Reiteroffiziers aus dem fernen Grün emportauchte. Und dazwischen tönte vom Hofe her immerfort der Lärm der Sperlinge, der Truthähne Kollern und der einförmige Takt der Drescher...«

Wichtiger wurden für Haydn die Wälder der Umgebung, durch die
er streifte. Trotz all seines Fleißes war er ja doch das Gegenteil eines
Stubenhockers. Hier mag er an manchem nebligen Septembermorgen
hinter dem gräflichen Paar geritten sein. Hier schlürfte sein Ohr den
Klang der Hörner; und vielleicht war es hier, daß die ersten Ideen zu
seiner Jagd-Symphonie ihm keimten, »La Chasse«, zwanzig Jahre später vollendet. In jenem Presto-Finale steht alles, was ihn damals bewegt haben mag. Der Sechs-Achtel-Takt der Pferdebeine, die messing-

helle Sonne und das Hineintauchen ins Gebüsch, wo die Zweige die
Wange der Jäger ritzen. Dann das langsame Verhallen und neblige
Entschwinden der Jagd, das Verklingen der Meute, das *perdendosi*,
das ein halbes Jahrhundert später bei den Romantikern wiederkehrt.
Es sind Schumanns jagdliche Quinten, Webers Hörner und Mendels-
sohns Sehnsucht, die man bei Haydn vorahnend hört.

Nur eines hat er nicht eingetragen in seine spätere Jagdsymphonie:
daß er damals, 1759, tatsächlich vom Pferde stürzte. Dieser Unfall verleidete ihm das Reiten. Vielleicht war dieser Sport doch mehr eine Sache
der großen Herren? Er hat nie wieder ein Pferd bestiegen.

Von einem anderen Unfall aber hat er selbst später schalkhaft berichtet. Er geschah ihm am Klavier, als er mit der Hausherrin musizierte. Er begleitete die Gräfin beim Singen. Um die Noten besser zu
sehen, beugte sie sich über ihn, und ihr Busentuch fiel auseinander. »Es
war das erste Mal, daß mir solch ein Anblick ward; er verwirrte mich,
mein Spiel stockte, und die Finger blieben auf den Tasten ruhn. ‚Was
ist das, Haydn!‘ rief die Gräfin. ‚Was treibt er da?‘ — ‚Aber, gräfliche
Gnaden!‘ versetzte ich. ‚Wer sollte auch hier nicht aus der Fassung
kommen?!‘«

Achtundzwanzig Jahre alt — und noch keine Frau berührt?

Das ist seltsam. Es ist so seltsam, daß wir dabei verweilen müssen.

Haydn, bis in sein höchstes Alter, war ein urgesunder Mensch. Alle, die mit ihm zusammen waren, schildern seinen Körper als kräftig. Wir wissen von keiner Krankheit, die er in seiner Kindheit gehabt hätte. Kein Zug von jener Jugendmelancholie, die man von anderen Künstlern berichtet, ist von ihm aufgezeichnet worden. Im Gegenteil: nur Schalkstreiche. Selbst wenn sein Magen hungerte, barst sein Geist noch vor Übermut.

Da ist zum Beispiel jene Geschichte, wie der Neunzehnjährige einer Kastanienbraterin ihren eisernen Ofen wegnimmt, ihn hinten an einen Wagen bindet und mit zwei Pferden das donnernde Etwas durch die nächtlichen Gassen von Wien schleift. Vielleicht ist diese Geschichte nicht wahr, denn sie wird siebzig Jahre später in fast genau denselben Ausdrücken von Johann Strauß Vater und Lanner erzählt. Jene andere aber ist wahr, wo Haydn im »Tiefen Graben« (die Straßenstelle wird in Wien noch heute gezeigt) ein paar Musiker aufstellte und gegenüber auf der Brücke eine andere Musikbande, die gegeneinander musizierten, aber völlig verschiedene Stücke; so zu Haydns höchstem Vergnügen eine »Serenade« travestierend. Als, gelockt von dem furchtbaren Lärm, die Polizei auf dem Schauplatz erschien, glückte es Haydn, davonzurennen. Die anderen Musiker wurden gefaßt und hatten eine Geldstrafe zu zahlen.

So machte ihn alles übermütig, manchmal sogar sein junger Ruhm. Als er einmal mit Dittersdorf durch die Straßen der nächtlichen Stadt spazierte und aus einer Schenke heraus ihm ein eigenes Menuett zuklang, trat er ein und fragte, was man spiele. »Es ist von Haydn«, sagte der Fiedler, ohne sich weiter stören zu lassen. »Nun«, meinte Haydn achselzuckend, »das ist aber ein rechtes Scheiß-Menuett!« Der in seinem Musikerstolz beleidigte Mann hob seinen Bogen und wollte ihn ihm über den Schädel schlagen. Dittersdorf mußte ihn fortreißen, um eine Prügelei zu verhindern.

Nur den Frauen gegenüber blieb Haydn scheu. Brauchte er sie nicht? Selbstverständlich brauchte er sie wie jeder andere gesunde Mensch. So hatte er vielleicht keine Zeit, seine Aufgabe als Musiker und das Wachsen seiner inneren Welt mit der Wahl eines Liebesobjekts zu synchronisieren? Es ist seltsam, wie viele Musiker im Alter sich damit entschuldigen, »sie hätten keine Zeit gehabt«. Da ist Brahms mit seinem eisgrauen Bart, der eines Tages vor sich hinmurmelt, nachdem ihm eine Verehrerin zu seinem C-dur-Klavier-Trio gratuliert hat: »Und ich bin doch nur ein armer Junggeselle.« Doch nur zu Fremden sagte Brahms, er habe keine Zeit gehabt. Einem Freunde wie I. V. Widmann enthüllte er die erschütternde Wahrheit. Es ist eine sonderbare Mischung von künstlerischem und menschlichem Kleinmut: »Ich habe zu lange gewartet!« Zu einer Zeit, da er es wirklich wollte, hätte er nicht gewagt, eine Frau um ihr Jawort zu bitten, schreibt er ... Denn damals, gerade damals, wären seine Werke entweder im Konzertsaal ausgezischt worden oder doch mit Eiseskälte empfangen. Ja, er selbst konnte das ertragen — denn er habe sehr wohl gewußt, was diese Werke wert waren und wie bald das alles sich wenden würde. Kam er dann zurück in sein Schlafzimmer, das einsame, und zog sich aus, so war er keineswegs entmutigt! Aber wäre er in solchen Momenten nach Haus zu einer Frau gekommen und hätte in ihre fragenden und angstvollen Augen blicken müssen, um schließlich zu sagen: »Kein Erfolg! Wieder einmal kein Erfolg!« — das hätte er nicht ertragen können! Denn, wie sehr auch eine Frau den Künstler im Gatten lieben mag: diese Gewißheit endgültigen Sieges, die in seiner eignen Brust lebt, könne eine Frau nicht haben. »Und sich vorzustellen, daß sie mich gar noch hätte trösten wollen...« Ein Mann nach einem Mißerfolg von seiner Frau bemitleidet: was für eine Hölle würde das für ihn gewesen sein! — Und dieses tragische Einsambleiben verhängte das Schicksal einem Manne, der in seiner Jünglingszeit blondhaarig, schlank und blauäugig, ja, von engelhafter Schönheit gewesen!

Und Bruckner? Sein bäuerlich-linkisches Wesen, sein Mangel an Bildung, sein absolutes Musikertum verknüpfen ihn scheinbar manchmal mit Haydn. Auch bei ihm die fragwürdige Entschuldigung wie bei Brahms: »Lieber Freund, ich hab' ja keine Zeit, ich muß jetzt meine IV. Symphonie komponieren.« An zehn Stellen von Bruckners Wohnung lag Notenpapier, um nachts oder tags den Einfall sofort fassen zu können, sobald er durchs Fenster hereinflatterte. Vielleicht war es wirklich, wie Decsey sagt, »Energieverlust und Zersplitterungsgefahr«, was Bruckner die Ehe meiden ließ. Seltsam genug: es war hauptsächlich die große erotische Musik des Wagnerschen »Tannhäuser« und des »Tristan«, die Bruckner beim Schaffen anregte, doch ließ er dies seelisch-sinnliche Feuer in die großen katholischen Formen strömen. Er selbst kannte nur noch *eine* Erotik, die »Gottesminne«. Zeitlebens hatte seine Enthaltsamkeit »religiöse Gründe«. Im Kloster von St. Florian empfing Bruckner entscheidende Eindrücke, und die Lehren von Keuschheit und

Sünde haben ihn nie wieder verlassen. Hier zeigt sich der Unterschied zu Haydn, der keine Stunde seines Lebens die Frau für etwas »Verbotenes« hielt. Seine Schüchternheit als junger Mann hatte andere Ursachen.

Während Bruckners Leben tatsächlich Freuds Theorie recht zu geben scheint, daß Liebesbindung an die Mutter (die irdische oder die himmlische Mutter) Bindung zu anderen Frauen erschwert, sehen wir bei dem jungen Haydn einen Fall, der eher nach der Deutung Alfred Adlers verlangt. Haydn, der nichts von Frühreife hatte und nichts vom Glanz eines Wunderkinds (hier unterscheidet er sich von Mozart), der nicht vor dem 30. Jahre einen Funken echten Genies aufwies, hat »Erwachsenen« gegenüber den Minderwertigkeitskomplex. Und er hält jede Frau für erwachsen. Er wird Frauen gegenüber weder frömmelnde Torheiten begehen noch plumpe Zutraulichkeiten wie Bruckner, der einmal einer Erwählten als Werbung ein Gebetbuch schicken konnte, andererseits Damen der Gesellschaft aus seiner Dose Schnupftabak anbot; immer hält sich Haydn in den Grenzen eines sicheren Geschmacks. Doch wagt er nichts gegenüber Frauen, er glaubt sich selbst nicht werbefähig, er ist häßlich, das ist es; oder er hält sich dafür. Von seinem Bilde sprach er noch später als von einem »brutto ritratto«, seine Gestalt war stämmig, aber derb. Wenn auch sein Auge von Lebhaftigkeit und Wärme glänzte, sein Gesicht war von Pockennarben entstellt, auch zu schwarzbraun für den Geschmack der Salons. Unterlippe und Unterkiefer waren zu stark vorgewölbt und die Nase infolge eines von der Mutter geerbten Polypen im unteren Teile aufgedunsen. Es war ein sehr irdisches Gesicht — eigentlich nicht das eines Künstlers — und machte, alles in allem, auch auf seine adligen Protektorinnen keinen sonderlich guten Eindruck. Als die Gräfin Thun ihn kennenlernte (sie verehrte seine Kompositionen), fragte sie: »Sind Sie wirklich Haydn?«

Später wandelte sich das alles. Mit den Jahren und Erfolgen stieg Haydns Selbstgefühl beträchtlich, sein Gesicht veränderte sich, Stirn und Auge wurden bedeutend, seine echte Bonhomie gewann ihm die Herzen und Liebe der Frauen. Während Bruckners Kunst nicht auf Frauen wirkte und auf sie auch nicht angewiesen war, war es bei Haydn umgekehrt: er schrieb seine Kunst nicht für die Kirche, sondern fürs Haus — und im Haus herrscht die Frau. Wenn Haydn sagte: »Man mag mir's ansehn, daß ich's mit jedermann gut meine«, so galt das bestimmt auch für die Frauen. Gehaßt hat er nur eine einzige: und das war seine eigene Frau! Aber das war nicht seine Schuld. Oder doch nur bedingt seine Schuld. Er hätte sie nicht heiraten sollen ...

Wir sahen, daß Haydns Mannbarkeit ungewöhnlich spät erwachte —
er sang noch mit achtzehn Jahren Sopran! — und dann später, wie er
die nächsten zehn Jahre inmitten der lockersten Wiener Bohème ohne
eine Freundin verbrachte. Als ihn, mit achtundzwanzig Jahren, dann
wirklich die Liebe überfiel, überfiel sie ihn gründlicher als andere. Es
geschah im Hause eines Frisörs, dessen Töchter er auf dem Klavier
unterwies. Daß er um jene Zeit Unterricht gab, darf uns eher wunder-
nehmen; denn im Herbst 1760 war er Morzinscher Kapellmeister. Aber
wahrscheinlich spürte er schon die Veränderungen im Haushalt des
Grafen und gedachte Ersparnisse zu machen.

Jener Frisör, Johann Peter Keller, hatte Haydn in seiner Elendszeit
manche Gefälligkeit erwiesen. Den Zuschnitt, in dem der Frisör lebte,
dürfen wir uns nicht zu schmal vorstellen. Als Perückenmacher betrieb
er ein geachtetes Geschäft. Auf die Pflege der Frisur verwandte das
Rokoko eine Sorgfalt wie bestimmt kein anderes Zeitalter. »Die Perücke
ist der Mensch«, hieß es damals in allen Kreisen, nicht nur bei den
Aristokraten. Und wenn wir heute denken, daß jede gepuderte Perücke
genau so aussah wie die andere, so ist der Irrtum auf unserer Seite.
Solch ein Pariser, Londoner oder Wiener Perückenmacher sah sich die
Menschen prüfend an, bevor er sein Handwerk einsetzte.

Seit König Ludwig XIV. 1673 die Allongeperücke eingeführt hatte,
galt diese majestätische Mode als eine Pflicht für die große Welt. Diese
Perücke glich einer Treppe, die rechts und links vom Gesicht herab-
stieg und durch ihren sonoren Fall die Bedeutung des Gesichts hob.
Später fanden Offiziere, daß diese Frisur den Felddienst behindere;
man ersetzte sie 1710 durch den gepuderten Haarbeutel.

Um 1750 dann gab es einen seltsamen Rückschlag: eine Art Befreiung
von der Perücke, die keine volle Befreiung war, aber in der Haarmode
etwas Ähnliches ausdrückte wie das, was Männer wie Rousseau und
Herder in der Kunst ausdrücken wollten: »Zurück zur Natur und den
Vorfahren!« Die Menschen hörten nämlich auf, sich mit fremdem Haar
zu schmücken; man griff auf das eigene Haupthaar zurück, das man
sehr lang wachsen ließ und das man nach eigenem Geschmack entweder als Haarbeutel stilisierte oder als Zopf enden ließ. Jeder Beruf
hatte damals seine leicht abweichende Spezialität: Ratsherren, Gelehrte,
Geistliche waren anders frisiert als etwa Offiziere, Beamte und Kaufleute. Meere von Puder wurden auf Perücken und Eigenfrisuren ge-
gossen.

Jedes Handwerk interessierte Haydn. Auch dieses feine Kunsthandwerk, das der Frisör J. P. Keller betrieb. Es glich von ferne der Schneiderkunst: man hatte hier nicht nur mit der Schere, sondern auch mit dem Metermaß umzugehen, die Gestalt des Kopfes in Betracht zu ziehen, die Stirn und den Eigenwillen des Haares. Hochstirnige wurden anders behandelt als Breitschädlige oder Fettnackige, und waren es Kahlköpfe, hatte man die Perücke so künstlerisch zu gestalten, daß die Betrachtenden immer noch an natürlichen Haarwuchs glauben konnten.

Manche freie Stunde verbrachte Haydn in der Keller-Werkstatt, die von warmem Wiener Geschwätz und flinker Handarbeit belebt war. Der Meister hatte natürlich Gesellen, und auch seine hübschen Töchter halfen. In die Jüngere verliebte sich Haydn. Möglicherweise hieß sie Therese; doch ganz genau wissen wir das nicht. (Haydn hat nie davon gesprochen.) Liebte sie ihn? Nach einigen Wochen anscheinend erwiderten Gefühls erklärte sie zu seinem Unglück, daß sie ihn nicht heiraten könne. Sie fühle sich als Christi Braut, sie wolle als Nonne ins Kloster gehen. Vielleicht hat bei diesem Entschlusse ihr eigener Bruder mitgewirkt, der als Pater Eduard später zu Graz einem Orden beitrat. Genug, der Vater war bestürzt und Haydn trostlos. Zum erstenmal verliebt — und schon zurückgewiesen!

Daß sich die Spuren dieser Liebe nicht gleich in seiner Kunst zeigten — wie später mit schmerzlicher Deutlichkeit etwa bei Schubert und Beethoven —, das darf uns nicht irreführen. Abgesehen von dem Zeitgeschmack, der Liebe mit Galanterie verwechselt und der vorläufig noch alles verpönt, was zu heftig oder zu tief ist, kam Haydn ja doch überhaupt aus einer kälteren Region. Die Handwerker, denen er entstammte, hätten für ein Übermaß des Gefühls nichts übrig gehabt. Es sollte noch mehr als zehn Jahre dauern, ehe Haydns Kunst zur Empfindsamkeit vorstieß. Ehe er, mit Goethes »Werther« und mit den Romanen Jean Pauls, einer der großen Gefühlssucher im Bereiche der Musik wurde.

Vor allem hatte Haydn diesmal nicht Zeit, seinen Schmerz produktiv auszutragen. Er beging jenen folgenschweren Fehler, den nach ihm Mozart begangen hat: er heiratete die andere Tochter. Eigentlich ohne sie zu lieben. Aus einer Art von Konservatismus, weil sie die Schwester der Nonne war; weil er die Atmosphäre liebte, gleichsam den Geruch des Hauses, in dem noch seine gesprochenen Worte und die Antworten der anderen lebten. Auch der Vater hatte die Hand im Spiel, der den Morzinschen Kapellmeister, einen Mann in Amt und Brot, ungern hätte ziehen lassen. Vater Keller fällt hier die Rolle zu, die bei Mozart die

Schwiegermutter spielte, als sie ihm Konstanze aufredete anstatt der geliebten jüngeren Schwester, die einen anderen geheiratet hatte.

Mozart war leichtsinnig gegen sich selbst, mit Frauen aber nicht unerfahren. Haydn war gänzlich unerfahren, dafür aber schwersinnig. Daß Haydn die Falsche heiratete, wundert uns mehr als der Fall Mozart. Diesmal verließ ihn die Bauernklugheit, die gesunde Bedächtigkeit und auffallende Langsamkeit, die sonst sein Handeln regierte. Ohne überlegt zu haben, was er tat, fiel er ins Netz und machte zwei Menschen unglücklich.

Während Konstanze Mozart immer Menschen fand, die sie reizend fanden (und wahrscheinlich auch immer finden wird), gibt es über Maria Anna Aloysia Haydn nur eine Stimme des Abscheus. »Nach den glaubwürdigsten Zeugnissen«, sagte sein Freund, der Maler Dies, noch im Jahr 1810, »war Anna Aloysia eine gebieterische und eifersüchtige Frau, keiner Überlegung fähig«, und des Meisters genauester Biograph, Pohl, nennt sie »ein unerträgliches, zanksüchtiges und herzloses Weib, dabei verschwenderisch und bigott, eine keifende Xanthippe«. Nicht immer duldete Haydn schweigend. Er konnte kräftig gegen sie vorgehen und mit der größten Verachtung zu anderen über sie sprechen. Immerhin war der Meister einundvierzig Jahre mit ihr verbunden, ohne sich von ihr zu trennen (außer in den Jahren, in denen er nach London verpflichtet war — es waren die glücklichsten seines Lebens). Das Schlimmste war bei all dem für Haydn, daß die Ehe kinderlos blieb; denn wie Brahms betete er Kinder an. Ein Haus ohne Nachkommenschaft war ihm leer.

Und wie stand Anna Aloysia zur Musik ihres großen Gatten? Wir wollen lieber nicht danach fragen. Auch in Konstanze Mozarts Familie galt die Musik nicht allzuviel. Als Mozart ein paar Wochen vor seinem Tod mit seiner Schwiegermutter eine Aufführung der »Zauberflöte« besuchte, äußerte er resigniert, sie werde die Oper »vielleicht sehen, aber jedenfalls nicht hören«. Ebensowenig war Haydn verwöhnt, was das Musikverständnis seiner häuslichen Umgebung betraf.

Und zu bedenken, daß all die Zeit, während Haydn mit der falschen Frau verheiratet war, die rechte noch lebte (unter dem Klosternamen Josepha, bei den Nikolaierinnen, sie starb erst nach Anna Aloysia)! Aber damals war Haydn ein sehr alter Mann. Noch mit fünfundsiebzig Jahren konnte er den Fehler nicht verschmerzen, den er als Jüngling begangen hatte. Damals führte er Baillot, einen berühmten französischen Geiger, durch die Bildergalerie seines Hauses. Auf dem Korridor

blieb er stehen, ergriff den Gast am Arm und sagte, heftig auf ein
Porträt deutend (Haydn sprach meistens italienisch, wenn ihn illustre
Gäste besuchten): *»E la mia moglie; m'ha ben fatto arrabbiare!«* (»Das
dahier ist meine Frau; sie hat mich oft in Wut gebracht!«)

Aber so weit sind wir noch nicht. Vorläufig erleben wir den 26. November des Jahres 1760, und wir sind im Stefansdom. Draußen spinnen
die Wiener Nebel, man kann kaum ein paar Meter weit sehen. Man
sieht nicht die Schultern der Kathedrale, nicht ihren Hals, nicht den
gotischen Turm, den das Kind Haydn als erstes erblickte, als es staunend aus Hainburg hereinfuhr. Kerzen brennen, der Geistliche murmelt. Haydn, neben der Braut stehend, gewahrt hier drinnen die steinerne Landschaft seiner Knaben- und Sängerjahre. Wenn er jetzt heiratet, ist es nicht ein gottgewollter, vernünftiger Abschluß? Anwesend
bei diesem Akt sind außer Perückenmacher Keller noch ein paar
Freundinnen der Braut, die Blumen in den Händen tragen (es ist mißlich, daß Hochzeitsblumen im November genau so aussehen wie die
Blumen, mit denen man Gräber bekränzt), dann der Steinmetzmeister
Karl Schunko und der Marktrichter Anton Buchholtz, jener edle Philanthrop, der dem jungen Haydn Geld geliehen. Während der Zeremonie hat Haydn eine brennende Sorge: Was wird die Familie Morzin
sagen? Wie jedem anderen dort bediensteten Musiker ist ihm verboten,
zu heiraten — zumindest bedarf es einer schriftlichen Erlaubnis!

Aber die nächsten Wochen zeigen, daß Joseph Haydn recht getan
hat, sich nicht allzusehr darum zu kümmern. Das Morzinsche Vermögen,
schon lange brüchig, erleidet einen Zusammenbruch. Die Herrschaft
muß sich einschränken, mehrere ihrer Güter verkaufen, die Musikkapelle auflösen. Haydn stünde auf der Straße, wie schon manchmal
in seinem Leben, wenn nicht ein ungeheurer Glücksfall ihn sofort nach
oben risse. Ein Haus, viel reicher und mächtiger als das der Morzin,
will ihn engagieren. Es ist die Familie Esterhazy, eine der mächtigsten
in Europa. Er nimmt das Angebot des regierenden Fürsten Paul Anton
sofort an. Zusammen mit der Frau übersiedelt er nun in die Hauptstadt des Burgenlandes, nach Eisenstadt, ins »Reich Esterhazy«. (Hier
aber beginnt es nur, es erstreckt sich bis tief nach Ungarn hinein.) Nur
wenige Stunden von Eisenstadt entfernt liegt Rohrau. Hier kann man
den Vater besuchen. Ins Land der Kindheit kehrt er zurück.

Als er Wien verläßt, weiß er nicht, daß es auf dreißig Jahre sein
soll. Dreißig Jahre, in denen er nur als Gelegenheitsgast wiederkehrt,
jedes Jahr für ein paar Wochen — aber nie als sein eigener Herr! Ein

Menschenleben fern von Wien? Hätte er wohl eingewilligt, wenn er es gewußt hätte?

Die Antwort hat er selbst gegeben. »Von da aus«, hat er später erzählt, »wurde ich als Kapellmeister bei Seiner Durchlaucht dem Fürsten Esterhazy an- und aufgenommen, *allwo ich zu leben und zu sterben wünsche ...*«

ZWEITES BUCH

—

ARBEITSAMER VORMITTAG

*Haydns symphonische Reform
ist eines der größten Kulturwunder
aller Zeiten.*

Guido Adler

NICHTS HAT Haydn im Urteil der Nachwelt mehr geschadet als Wagners Verdammung: »Haydn war und blieb ein fürstlicher Bedienter, der für die Unterhaltung seines glanzliebenden Herrn als Musiker zu sorgen hatte. Submiß und devot, blieb ihm der Friede eines wohlwollenden Gemütes bis ins hohe Alter ungetrübt.«

Diese Worte sind deshalb so schlimm, weil sie, vom soziologischen Standpunkt, nicht völlig die Unwahrheit bekunden. Um der Armut zu entgehen, brachte Haydn wirklich das Opfer der Freiheit. Und Wagner hat ebenfalls nicht unrecht, wenn er in solchem Freiheitsverzicht die Gefährdung der Initiative sah, die ein Künstler unbedingt haben müsse. Da Haydn nicht für den »offenen Markt« schuf, meint Wagner, mußte er sich auch dem fürstlichen Geschmack anbequemen: dem Geschmack eines Einzelnen und seiner Umgebung — mochte dieser Geschmack immerhin auch hohes Niveau haben.

Dennoch sind wir versucht zu fragen: Hätte Haydn hundertvier Symphonien komponieren können, wenn er nicht in den wichtigsten Jahren vor Hunger und Hausnot geschützt worden wäre? Was Wagner jedenfalls nicht erkannte (und was bis heute zu selten erkannt wird), ist Haydns Charakter, der anders war, als die österreichische Tradition ihn von Jahrzehnt zu Jahrzehnt weitergibt. Haydn, der Mensch, war keineswegs bloß unterwürfig und demütig. Es war, im Gegenteil, in Haydn ein starker dialektischer Zug, der es ihm ermöglichte, seine innere Freiheit zu wahren auch gegenüber äußerem Druck. Haydns berühmte »Einfachheit« war in Wirklichkeit das Produkt höchst gegensätzlicher Instinkte. Trotz seiner so beschränkten Erziehung — doch was hat der Charakter des Menschen mit seiner Schulbildung zu tun? — zeigt die natürliche Anlage Haydns eine sehr merkwürdige Mischung von stoischen und epikuräischen Zügen. Ihr entstammte ein gutes Teil seiner Energie. Unter milder Oberfläche war Haydn in der Tat zuweilen der erstaunlichsten Empfindungen fähig. Was hätte Richard Wagner gesagt, hätte er gewußt, daß Haydn, der »demütige, kleine Mann«, in seinem »bodenlosen Respekt vor der herrschenden Aristokratie« sich keineswegs gescheut hatte, Lessings giftigen Sinnspruch zu komponieren:

Auf einen adeligen Dummkopf

Das nenn' ich einen Edelmann!
Sein Ur-Ur-Ur-Ur-Älter-Ahn
war älter Einen Tag
als unser aller Ahn.

Dieser Kammerdiener war weniger »abhängig« als nach ihm so mancher Sohn des 19. Jahrhunderts.

Wagner, der die äußere Freiheit vor allem hochschätzte, übersah die relativ große Abhängigkeit, in der Verleger und Publikum den modernen Tonsetzer halten. Oder war etwa Verdi frei, wenn er immer wieder die gleiche Oper — weil gerade der Typus Erfolg hatte! — dem tyrannischen Mailänder Publikum vor die Füße legen mußte? Hatte Haydn nicht eher Glück, dem Typus des »großen Herrn« zu begegnen, wie es ihn zugegebenermaßen seit der französischen Revolution nicht mehr gibt oder geben kann? Goethe, der Esterhazy persönlich kannte, hat ihn als lebendig beschrieben, »frei von Stolz und verletzender Kälte«. Die wohldosierte Herablassung solch eines Herrn — in dessen Livree es sich für einen Genius wie Haydn unschwer leben und arbeiten ließ — wurde von Wagner nicht verstanden, der zugleich mit dem Mäzenatentum auch die höchst launenhafte Freundschaft Ludwigs des Zweiten von Bayern ertrug. Zweifellos war die Beziehung Haydns zum fürstlichen Hause Esterhazy durchaus keine »Freundschaft«, sondern Dienst. Er war ein Hofbeamter, der auf der Stufenleiter der Rangordnung vielleicht nicht höher figurierte als der Oberaufseher der Ställe oder der Beschließer der Silberkammer. Doch es war keine Tyrannei, mit der er sich hätte abfinden müssen.

Der Text seines Vertrages allerdings war ein Unikum. Einen solchen Wortlaut hätte wahrscheinlich weder vor noch nach Haydn ein Genie unterzeichnen können. Was also wurde von ihm verlangt?

1. Dieweilen zu Eisenstadt ein Kapellmeister namens Gregorius Werner schon lange Jahre hindurch dem Hochfürstl. Hause treue, emsige Dienste geleistet, nunmehr aber, seines hohen Alters und daraus öfters entstehender Unpäßlichkeit halber, seiner Dienstschuldigkeit nachzukommen nicht allerdings imstande ist, so wird er, Gregorius Werner, dennoch in Ansehung seiner langjährigen Dienste ferner als Oberkapellmeister verbleiben, er Joseph Heyden hingegen als Vizekapellmeister zu Eisenstadt in der Chor-Musique ihm Gregorio Werner, qua Oberkapellmeistern, subordiniert sein und von ihm dependieren. In allen anderen Begebenheiten aber, wo eine Musique immer gemacht werden solle, wird alles, was zur Musique gehörig ist, in Genere und Specie an ihn Vizekapellmeister angewiesen.

2. wird er Joseph Heyden als ein Haus-Offizier angesehen und gehalten werden. Darum hegen Sr. Hochfürstl. Durchlaucht zu ihm das gnädige Vertrauen, daß er sich also, wie es einem ehrliebenden Haus-Offizier bei einem fürstlichen Hofstaat wohl anstehet, nüchtern, und

mit den nachgesetzten Musicis nicht brutal, sondern mit Glimpf und
Art bescheiden, ruhig, ehrlich, aufzuführen wissen wird, hauptsächlich,
wenn vor der Hohen Herrschaft eine Musique gemacht wird, solle er
Vizekapellmeister samt den Subordinierten allezeit in Uniform und
nicht nur er Joseph Heyden selbst sauber erscheinen, sondern auch alle
anderen von ihm Dependierenden dahin anhalten, daß sie der ihnen
hinausgegebenen Instruktion zufolge in weißen Strümpfen, weißer
Wäsche, eingepudert, und entweder in Zopf oder Haarbeutel, jedoch
durchaus gleich, sich sehen lassen. Derohalben

3. sind an ihn Vizekapellmeister die anderen Musici angewiesen worden, folglich wird er sich um so viel exemplarischer conduitizieren,
damit die Subordinierten von seinen guten Eigenschaften sich ein Beispiel nehmen können. Mithin wird er Joseph Heyden alle besondere
Familiarität, Gemeinschaft in Essen und Trinken und anderen Umgang vermeiden, um den ihm gebührenden Respekt nicht zu vergeben,
sondern aufrecht zu erhalten, auch die Subordinierten zu schuldiger
Parition desto leichter zu vermögen, je unangenehmer die daraus entstehen könnenden Folgerungen, Mißverständnisse und Uneinigkeiten
der Herrschaft sein dürften.

4. Auf allmaligen Befehl Sr. Hochfürstl. Durchlaucht solle er Vizekapellmeister verbunden sein, solche Musikalien zu komponieren, was
vor eine Hochdieselbe verlangen werden, sothanne Kompositionen mit
niemanden zu kommunizieren, viel weniger abschreiben zu lassen, sondern für Ihro Durchlaucht einzig und allein vorzubehalten, vorzüglich
ohne Vorwissen und gnädiger Erlaubnis für niemand andern nicht zu
komponieren.

5. wird er Joseph Heyden alltäglich (es sei demnach dahier zu Wien
oder auf den Herrschaften) Vor- und Nachmittag in der Antichambre
erscheinen und sich melden lassen, allda die Hochfürstl. Ordre, ob eine
Musique sein solle, abwarten, alsdann aber nach erhaltenem Befehl
solchen den anderen Musicis zu wissen machen, und nicht nur selbst zu
bestimmter Zeit sich accurate einfinden, sondern auch die anderen dahin
ernstlich anhalten, die aber zur Musique entweder spätkommen oder
gar ausbleiben specifice annotieren. Wenn demnach

6. zwischen den Musicis wider alles bessere Verhoffen Uneinigkeiten, Disput oder einige Beschwerden wider den andern sich äußerten,
wird er Vizekapellmeister trachten, nach Gestalt der Umstände die-
selbigen auszumachen, damit der hohen Herrschaft mit jeder Kleinigkeit und Bagatelle-Sache keine Ungelegenheit verursacht werde; sollte
aber etwas Wichtigeres vorfallen, welches er Joseph Heyden von sich

selber ausgleichen oder vermitteln nicht könnte, sothannes muß Ihro Hochfürstl. Durchlaucht gehorsamst einberichtet werden.

7. solle er Vizekapellmeister auf alle Musikalien und musikalischen Instrumente allen möglichen Fleiß und genaue Absicht tragen, damit diese aus Unachtsamkeit oder Nachlässigkeit nicht verdorben und unbrauchbar werden, auch solche repondieren.

8. wird er Joseph Heyden gehalten sein, die Sängerinnen zu instruieren, damit sie dasjenige, was sie in Wien mit vieler Mühe und Spesen von vornehmen Meistern erlernet haben, auf dem Land nicht abermal vergessen. Und weil er Vizekapellmeister in unterschiedlichen Instrumenten erfahren ist, so wird er auch in allen jenen, denen er kundig ist, sich brauchen lassen.

9. wird ihm Vizekapellmeister hiemit eine Abschrift von der Konvention und Verhaltungs-Norma der ihm subordinierten Musiquanten hinausgegeben, daß er dieselben nach dieser Vorschrift zu ihrer Dienstleistung anzuhalten wissen möge. Übrigens

10. wie man alle seine schuldigen Dienste zu Papier zu setzen um so weniger nötig erachtet, als die Durchlauchtigste Herrschaft ohnedem gnädigst hoffet, daß er Joseph Heyden in allen Vorfallenheiten aus eigenem Trieb nicht nur oberwähnte Dienste, sondern auch alle anderen Befehle, die er von Hoher Herrschaft nach Bewandtnis der Sachen künftig bekommen sollte, auf das Genaueste beobachten, auch die Musique auf solchen Fuß setzen und in so guter Ordnung erhalten wird, daß er sich eine Ehre und dadurch der ferneren fürstlichen Gnaden würdig mache, also läßt man auch jene seiner Geschicklichkeit und Eifer über. In solcher Zuversicht

11. werden ihm Vizekapellmeister alle Jahre 400 Gulden rhein. von der Hohen Herrschaft hiemit akkordiert und beim Obereinnehmeramt angewiesen, quartalweise zu empfangen. Überdies

12. auf den Herrschaften solle er Joseph Heyden den Offizier-Tisch oder einen halben Gulden des Tags Kostgeld haben. Endlich

13. ist diese Konvention mit ihm Vizekapellmeister vom 1. Mai 1761 an wenigstens auf drei Jahre lang beschlossen worden, solchergestalten, daß wenn er Joseph Heyden nach vollstreckter Frist von dreien Jahren sein Glück weiters machen wollte, seine diesfällige Intention ein halbes Jahr voraus, das ist anfangs des dritten halben Jahrs, der Herrschaft kundzumachen schuldig sei. Ingleichen

14. verspricht die Herrschaft, ihn Joseph Heyden nicht nur so lang in Diensten zu behalten, sondern, wenn er eine vollkommene Satisfaktion leisten wird, soll er auch die Expektanz auf die Oberkapell-

meisters-Stelle haben, widrigenfalls aber ist Hochderselben allezeit frei, ihn auch unter dieser Zeit des Dienstes zu entlassen.

Urkund dessen sind zwei gleichlautende Exemplaria gefertigt und ausgewechselt worden.

Gegeben: Wien, den 1. Mai 1761.

Auf den Befehl des Erhabensten Prinzen
Johann Stifftell
Secretair.

Was konnte Haydn dazu bewegen, solch einen Vertrag zu unterzeichnen? Nur die beißende Furcht vor der Armut und das Wissen, daß diese Armut zugleich mit seinem eigenen Leben auch seine Kunst erwürgen werde. Er nahm also einen Posten an, der einem andern volle Kontrolle über sein ganzes Selbst einräumte — und dies vierundzwanzig Stunden am Tage. Und er schreckte nicht vor der Bestimmung zurück, nur »solche Musik zu komponieren«, die dem erhabenen Prinzen genehm war. Vielleicht, weil er der Hoffnung war, daß *er* den Geschmack kommandieren werde? Doch durfte er dessen so sicher sein? Viel bedenklicher war der Schluß jenes Paragraphen 4. Wegen dieser Festlegung, daß seine neuen Kompositionen einzig und allein für Seine Durchlaucht vorbehalten bleiben mußten und nicht abkopiert werden durften, hätte Haydn eigentlich, gerade seiner Berufung willen, den Dienstvertrag ablehnen müssen. War seine Musik doch dann ausgeschaltet aus dem übrigen Europa, ja, selbst aus Österreich und Deutschland.

Wenn Haydn trotzdem nach Eisenstadt ging, so bewies er damit seine Menschenkenntnis. Auch die Kenntnis der Verhältnisse. Er war sich bestimmt darüber klar, daß die Familie Esterhazy, wenn sie für einen Kapellmeister das nicht gewöhnliche Jahresgehalt von vierhundert Gulden ausgab, diesen Kapellmeister sehr bald in ganz Europa bekannt machen würde. Wenn vornehme auswärtige Gäste von Haydns Musik entzückt waren, könnte man ihnen dann wirklich Kopien dieser Musik verweigern? Von fremden großen Herren war dann der Weg zu fremden Verlegern nicht weit. Wenn auf den Haydnschen Kompositionen das Signum »Fürstlich Esterhazyscher Kapellmeister« stand, war dem Stolz des Fürsten Genüge getan. Wir dürfen glauben, daß der Meister das alles im voraus ahnte; er hatte einen Bauerninstinkt für alles, was seine Kunst betraf.

Trotzdem: kein »moderner Mensch« — kein nachbeethovenscher Musiker also — würde solch einen Vertrag unterzeichnen. Oder wenn er es doch tun müßte, so würde er bestrebt sein, den Vertrag von innen her zu sprengen. Zwar würde auch er die gewünschte Musik für den prinzlichen Haushalt komponieren, aber er würde eines Tages die äußere Abhängigkeit aufheben und dem Ganzen mehr den Anschein einer größeren Freiwilligkeit geben. Der moderne Mensch würde also vor allem danach trachten, sich die »soziale Gleichstellung mit seinem Brotgeber zu erkämpfen«. Denn gerade dies »schulde er der Musik«.

Haydn war ganz anderer Ansicht. Gerade um seines Schaffens willen, um das es ihm ja einzig ging, ließ er sich nicht in den aussichtslosen Kampf um soziale Gleichstellung ein (eine Gleichstellung, die dem Künstler erst nach der französischen Revolution zuteil wurde). Es hat etwas Stolzes, wenn er im Alter zu Griesinger die ablehnenden Worte spricht: »Ich bin mit Kaisern, Königen und vielen großen Herren umgegangen und habe manches Schmeichelhafte von ihnen gehört: aber auf einem vertraulichen Fuße will ich mit solchen Personen nicht leben, und ich halte mich lieber zu Leuten von meinem Stande...« Wer hier nur Demut herauslesen will, mißversteht diese Worte gründlich. Aus ihnen tönt wirklicher Standesstolz, es ist der gleiche Handwerkerstolz, wie ihn der klassische Musikus Miller in Schillers »Kabale und Liebe« äußert.

Der Künstler des 19. und 20. Jahrhunderts wählte die absolute Freiheit. Er wählte nicht, was Haydn wählte und wonach Mozart sich fruchtlos sehnte: den Unterschlupf bei einem großen und — gewiß, dies war Glückssache! — trotzdem großmütigen Auftraggeber.

Nein, seit Beethoven wählt der Künstler den gnadenlosen Wettbewerb, den nerven- und seelenzerreibenden Kampf um Brot und Geltung. Eine mythische Fruchtbarkeit wie die Haydns ist damit ausgeschlossen. Welcher Typus ist nun glücklicher? Große Herren, die große Künstler mit Haut und Haaren engagieren, gibt es nicht mehr. Ein ungarischer Schriftsteller, Gabriel Tolnai, fragte 1939 vergebens die Nachkommen Esterhazys, den ungarischen Großgrundbesitz, »was er eigentlich für die Kunst tue«. Und der amerikanische Tonsetzer Aaron Copland — nicht ohne Erfolg, aber einsam produzierend — rief ein Jahr später in einem Buch die Radio-Stationen der Neuen Welt auf, »jene Rolle zu übernehmen, die im 18. Jahrhundert der aufgeklärte Adel spielte, der eifersüchtig wetteiferte, sich die besten Kompositionen zu sichern, aus keinem andern Grund, als um seinen eigenen Ruhm zu erhöhen und seine Gäste zu unterhalten... Ist es denn wirklich Tagträumerei, zu fordern, daß unsre drei größten Stationen je zehn Kom-

ponisten anstellen — in derselben Art und Weise, wie Fürst Esterhazy
Haydn anstellte?«

DAS KÖNIGREICH ESTERHAZY UND
NIKOLAUS DER PRÄCHTIGE

Vergebens wird man auf der Karte zwischen Österreich und Ungarn
ein »Königreich Esterhazy« suchen. In Wirklichkeit aber bestand dieses
Reich./Denn die Esterhazys waren die reichsten Großgrundbesitzer Ungarns, und der Einfluß, den sie hatten, war politisch und wirtschaftlich
unüberbietbar.

Je schwächer die Stellung der Habsburger im Deutschen Reiche selbst
wurde, desto wichtiger wurde ihr Rückhalt an den ungarischen Magnaten. Keineswegs alle hielten es mit ihnen. Der ungarische Kleinadel
war national und verstand überhaupt nicht, warum der ungarische
König mit dem deutschen Kaiser identisch sein solle, der in Wien saß
und meist kein Wort Ungarisch sprach. Nur der ungarische Hochadel,
der international gesinnt war, war damit auch schon habsburgisch gesinnt. Denn die österreichischen Habsburger waren selber international,
sie regierten nach Bedarf auf spanische, italienische, deutsche oder böhmische Weise — oder vielmehr: da sie ein »Prinzip der Nationalität«
leugneten, regierten sie international.

Zu den besonderen Glücksfällen der vielbekämpften Habsburger gehörte die Treue der Esterhazys. Der Gründer des Familienvermögens
war jener Nikolaus I. (1582—1645), der durch Heirat mit der Familie
Magocsy märchenhafte Reichtümer erwarb. Er war ein sehr wendiger
Herr: teils bekämpfte er die Türken (die in jenen stürmischen Tagen
den größten Teil Ungarns besetzt hielten), teils vertrug er sich mit
ihnen. Ursprünglich war er Protestant; dann trat er zum Katholizismus
über und wurde ein besonders scharfer Vertreter der Gegenreformation.
Dieser Nikolaus war noch Graf. Erst sein Sohn Paul (1635—1713) erhielt von Kaiser Leopold I. das Fürstendiplom; zum Dank dafür setzte
er am nächsten Tage dem deutschen Kaiser die ungarische Königskrone
aufs Haupt. Von daher datiert die dauernde Freundschafts- und In-
teressenverknüpfung der Häuser Habsburg und Esterhazy. Sie wird
nur ein einziges Mal noch gestört, als sich ein Anton Esterhazy im
Jahre 1705 einem ungarischen Rebellenheer unter Franz Rakoczi anschließt und fast unter die Türme von Wien dringt. Geschlagen muß
er ins Ausland flüchten. Er kommt an den Pariser Hof und begründet

die französische Linie seines internationalen Hauses. Als sich zur Zeit Maria Theresias die Bourbonen mit den Habsburgern vertragen, vertragen sich auch die Nachkommen Anton Esterhazys mit ihnen.

Währenddessen huldigt Fürst Paul Esterhazy als erster dem Sammlertrieb der Barockzeit. Auf der Burg Forchtenstein, die sein Vater erbaute, legt er eine Kunstkammer an. Er sammelt Waffen, alte Gemälde und Silberschmiedearbeiten; auch geographische Merkwürdigkeiten wahllosen Geschmacks, wie ausgestopfte wilde Tiere. Außerdem liebt er das Schauspiel, das er als Jesuitenschüler in Nagyszombat und Graz kennenlernte. Er selber glänzte in Frauenrollen als Judith mit Holofernes' Kopf (wie ein Bild in Forchtenstein beweist). Ferner schrieb er Sakralkompositionen, die er zwei Jahre vor seinem Tode herausgab, »dem Christuskind gewidmet«.

Sein Enkel, Fürst Paul Anton, war es, der Haydn mietete. Kein Burgherr mehr, sondern schon ein Städter; er machte das kleine Eisenstadt zu seiner wirklichen Residenz. Ein Grandseigneur des Rokoko, der Violine und Cello spielte. Sein Interesse für Musik bezeugen noch heute die Partituren, die er in Mailand, Rom und Neapel von fremden Meistern sammelte. Zweimal stellte er Maria Theresia ein ganzes Husarenregiment unentgeltlich zur Verfügung. Er war ein vielseitiger Mensch, und so verlangte er auch von seinem Vizekapellmeister Vielseitigkeit. Dirigent, Komponist, Schiedsrichter, Aufseher, Lehrer und Korrepetitor in einem: es war nicht wenig; es war so etwas wie »ein musikalisches Hausministerium«. Einen Mann, dem der Fürst so viel anvertraute, mußte er persönlich hoch schätzen. Es muß auch bedacht werden, wie vornehm der Ton des »Sklavenvertrags« eigentlich klingt. Und es ist ganz ausgeschlossen, daß sich das erste persönliche Zusammentreffen des Fürsten mit Haydn etwa so ereignet hat, wie Franzosen es später geschildert haben. Danach habe der Fürst gebrüllt, nachdem er Haydns Musik gehört hatte: »Quoi! La musique est de ce Maure? Eh bien, Maure, dès ce moment tu es à mon service. Comment t'appelles-tu?« »Joseph Haydn.« Die Franzosen brauchten das, um den ungeheuren Aufstieg aus dem Nichts zu kennzeichnen. In Wirklichkeit trug sich die erste Begegnung mit unserem braunhäutigen Musikus nicht so aufregend und nicht so geschmacklos zu.

1764 hätte Haydn kündigen können. Aber es kam nicht dazu; denn noch bevor der Vertrag erlosch, starb Fürst Paul Anton Esterhazy. Herr des riesigen Besitzes wurde sein Bruder Nikolaus. Als dieser die Regierung antrat, fand er Haydn also schon vor: nicht nur als dienendes Inventarstück, sondern — was menschlich sehr wichtig war — als einen, der sich innerhalb der Kapelle bereits Geltung errungen hatte.

Dem neuen Mann, der am 17. Mai 1762 in Eisenstadt einritt, ging ein vierfacher Ruf voraus: der des Soldaten, Diplomaten, Kunstfreundes und Verschwenders.

Für einen Soldaten mochte man ihn äußerlich zunächst kaum halten. Seine Körperform war zierlich, seine Augen lagen groß, dabei tiefgebettet im kleinen Gesicht. Nikolaus machte eher den Eindruck eines Menschen, der nicht gesund ist, sich aber durch ritterliche Künste seine Frische bestätigen will. Dazu hatte auch der Kriegsdienst gehört. Als Chef des Husarenregiments hatte er fünf Jahre zuvor in der siegreichen Schlacht von Kolin mitgefochten und damit Böhmen vom Feinde befreit. Esterhazys Husaren waren sodann — aber ohne ihren Chef — unter dem berühmten Feldmarschall Hadik nordwärts gefegt und hatten sogar Berlin eingenommen (freilich nur für kurze Zeit) und die Munitionsfabriken der Preußen in Trümmern zurückgelassen.

Wichtiger denn als Soldat war Nikolaus als Diplomat für die Kaiserin Maria Theresia. In einer Zeit, in der alles darauf ankam, Österreich überall Freunde zu werben, vertrat er den kaiserlichen Hof an einigen südeuropäischen Höfen. In Italien lernte Nikolaus das »Ideal der Medici«: Ansammlung von Macht und Reichtum, aber zum Wohl von Kunst und Künstlern. Er begann von sich selbst wie von einem Fürsten des Renaissance-Zeitalters zu sprechen, der im Rokoko eher fehl am Ort sei. Was sein Bruder und seine Schwägerin für Eisenstadt getan hatten, schien ihm zu wenig. Man sah es seinen Blicken an, als er einzog und seine Bürger sich vor ihm bis zur Erde verneigten.

Haydn trat dem neuen Herrn mit drei Tongemälden entgegen, die man schüchtern ebenjetzt »Symphonien« zu nennen begann. »Le Matin«, »Le Midi«, »Le Soir«. Hier leuchtete alles, was er konnte: im einleitenden Adagio ein kleiner Sonnenaufgang von Tönen, ein Taublitzen, ein Morgenduft; im langsamen Mittelsatz jener Humor, der eine Gesangsstunde parodiert, die jemand nimmt: do-re-mi-fa-sol. (Haydn hatte ja bekanntlich dem fürstlichen Vertrage gemäß auch als Gesangslehrer zu fungieren.) In »Le Midi« gab es ein Mittagsschweigen, in satten italienischen Farben (die Italiener selbst verglichen Haydn später mit Tintoretto). Wie bei Corelli, dem Neapolitaner, trat hier ein Ensemble von zwei Violinen und Cello den übrigen Stimmen entgegen. Ein besonders geglücktes Stück war die Sinfonietta »Le Soir«. Zunächst das muntere Hauptthema, das wie ein Mückenschwarm herbeisummt:

und mit seinen Nebenthemen von Instrument zu Instrument schwirrt. Im Andante C-dur schweigen die Bläser, nur das Fagott spricht noch hinein; die Welt wird tief purpurn, der Tag ist vorbei, die Geigen singen ihr Abendlied. Aber kann das ohne Gewitter enden? Plötzlicher Überfall, echt Haydn, ein tolles Presto: *La Tempestà*. Zunächst unterlaufen die Violinen in Sechzehntelfiguren die Schwüle; Viertelnoten, durch Achtelpausen getrennt (Rossini hat später dasselbe in der Tell-Ouvertüre gemacht), deuten die ersten Windstöße an. Jetzt streuen die Flöten ein blauweißes Zickzack von Blitzen über die Landschaft aus, und nun ist das Tutti der Streicher da: in Fortissimo-Zweiunddreißigstelnoten jagen die Luftmassen hintereinander, abnehmend, wieder zunehmend, bis der Sturm sich ausgetobt hat und die Nacht friedevoll herabsinkt.

Würde der neue Herr das verstehen? Er war siebzehn Jahre älter als Haydn. Würde er die Kunstabsichten des Genies zu den seinen machen oder durch dilettantisches Fordern Joseph Haydn die Flügel stutzen? Anscheinend war Nikolaus zufrieden. Gleich nach seiner Ankunft erhöhte er das Jahresgehalt seines Vizekapellmeisters von vierhundert auf sechshundert Gulden.

Sind wir damit schon beim »Verschwender«? Solche Trinkgelder jedenfalls machten Ungarns reichsten Magnaten nicht arm. Besaß er doch einundzwanzig Schlösser, sechzig Marktflecken, zweihundertsieben Meierhöfe und Vorwerke und vierhundertvierzehn Dörfer mit all den Bauern, die darin lebten. Sein Jahres-Einkommen betrug eine Million achthunderttausend Gulden. Die Hofgehälter kosteten ihn nicht mehr als vierzigtausend Gulden.

Obwohl eigentlich Hoftrauer war, kennzeichneten schon in den ersten Wochen große Schau-Gelage und Fest-Tänze den Beginn der neuen Ära. Vielleicht hielt Nikolaus Esterhazy es mit den Versen Hofmannsthals:

Dem Tun der Könige ist Freudigkeit und Jubel beigemischt,
auch wo sie klagen und ein Totenfest begehn.

Vielleicht wollte er überhaupt nicht trauern, weil in seiner Gegenwart dem Tod kein Recht eingeräumt werden durfte. So gab es vor allem Feuerwerke, sehr teure Pyrotechniken, die die Namenszüge des neuen Herrn wochenlang in die Nacht malten. Dazu wurde Musik befohlen.

All das interessierte Haydn, es kitzelte seine Experimentierlust, seine Freude am Elementarischen. Auch der große Händel vor ihm hatte Feuermusiken geschrieben — und nach ihm würde Richard Wagner, 1849, von der Kreuzkirche auf das brennende Dresden herabstarrend, das Motiv zum »Feuerzauber« finden.

Wochenlang kam nun Joseph Haydn nicht aus dem blauen Musikerfrack mit dem reichgestickten Kragen und den silbernen Bordüren. (Der fürstliche Maler Basilius Grundmann hat ihn darin festgehalten.) Es war sein Glück, daß Fürst Nikolaus auch Theaterenthusiast war, wodurch die Musik hin und wieder eine Atempause erhielt. Italienische Komödianten wurden nach Eisenstadt berufen; fieberhaft wurde im Glashause des Schloßparks ein Theater errichtet. Der berühmte Maler Le Bon kam mit Eilpost aus Paris, um das Theater auszumalen. Die Wandgemälde waren noch naß, als Haydn mit seinen Musikern in das Bühnenhaus ziehen mußte, um die italienischen Buffo-Opern »La Marchesa Nepola« und »Sganarello« zu begleiten.

Nikolaus hatte die Kapelle einer gründlichen Umgestaltung und Erweiterung unterzogen. Statt der alten Instrumente bestellte er kostbare Novitäten aus Italien, dazu eine Notenbibliothek, deren Fülle die der Wiener Oper übertreffen sollte. Zum ersten Violinisten ernannte er Luigi Tomasini aus Pesaro, Rossinis Vaterstadt; die jahrzehntelange Zusammenarbeit mit diesem großen Geigenkünstler vertiefte Haydns Kenntnisse von den Möglichkeiten des Instruments in nicht zu überschätzender Weise; denn er selbst blieb ein mäßiger Geiger. Natürlich verlangte Fürst Nikolaus, ganz im theatralisch-musikalischen Geist des frühen 18. Jahrhunderts aufgewachsen, sofort eine eigene Oper von Haydn. Hätte er sie nicht zu leisten vermocht, wir können sicher sein, er hätte die Gnade des Fürsten gründlich verscherzt. Doch weil das Schreiben einer Oper für das echte Talent erlernbar war, und schrieb man sie selbst mit halbem Herzen, so gelang ihm die Fest-Oper »Acide«, ein italienisches Routine-Stück, das die Liebe von Acis und Galathea und die Ermordung des schönen Schäfers durch den Riesen Polyphem erzählt. Eins der vielen Theaterwerke im Stil der »Opera Seria«, ohne die die Musikgeschichte sehr wohl hätte auskommen können — aber sie wurde gebraucht und gefiel.

Im Winter übersiedelte Nikolaus der Prächtige mit seinem musikalischen Hofstaat für ein paar Wochen ins Wiener Palais. Zwar war Haydn kein freier Mann und durfte ohne Urlaub das Haus so wenig verlassen wie andere Diener, doch die gesellschaftliche Achtung, die das gebildete Wien ihm bei den Schloßfestlichkeiten entgegenbrachte, war eine ganz andere als früher: er gehörte zum Haushalt eines Fürsten, und das wirkte auf seine Musik zurück!

Nikolaus war stets viel gereist, und der Aufenthalt in Eisenstadt, dazu die Wochen in Wien konnten seine Lust an der Welt und am Auftreten nicht befriedigen. Da kam nun das für ihn große Jahr 1764. Ein Jahr zuvor hatte die Kaiserin mit ihrem Gegner Friedrich von Preußen den Hubertusburger Frieden geschlossen, wie die unsterbliche Ballade Gottfried August Bürgers es schildert:

> Der König und die Kaiserin,
> des langen Haders müde,
> erweichten ihren harten Sinn
> und machten endlich Friede.
> Und jedes Heer mit Sing und Sang,
> mit Paukenschall und Kling und Klang,
> geschmückt mit grünen Reisern,
> zog heim zu seinen Häusern.

Ein ungeheurer Krieg war geschlagen, die Prinzipien des matriarchalen Staats und des preußischen Vater-Staats hatten einander in den Personen der beiden großen Haupt-Akteure beinahe bis zur Vernichtung bekämpft. Am Schluß hatte eigentlich niemand gesiegt. Zwar hatte Maria Theresia auf Schlesien endgültig verzichten müssen, doch war die wirtschaftliche Lage ihrer Staaten bei weitem besser als die des vom Kriege völlig zerstampften und menschenleer gewordenen Preußen. Friedrich würde lange brauchen, um seinen Staat wieder aufzubauen, während die Kaiserin eigentlich nur einen Prestigeverlust erlitten hatte. Um diesen Verlust wieder wettzumachen, rüstete sie 1764 in der freien Reichsstadt Frankfurt, der Krönungsstadt der deutschen Kaiser, ein großartiges politisches Fest: sie ernannte ihren Sohn Josef, den Vierundzwanzigjährigen, zu ihrem Mitregenten und ließ ihn zum »Deutschen König« krönen.

Zu diesen großen Festlichkeiten reiste auch Nikolaus Esterhazy als glückwünschender Vertreter Ungarns und zugleich als Vertreter der Stände Böhmens, wo er ebenfalls große Güter besaß. Und nun lassen wir Goethe das Wort, der als fünfzehnjähriger Knabe diese Feste atemlos mitmachte. Nachdem er über Nikolaus' Gehaben und Exzentrizität berichtet, schreibt er nachgenießend in »Dichtung und Wahrheit« von »Esterhazys Feenreich«, wie dieser hohe Botschafter, um den jungen Kaiser zu ehren, einen ganzen Stadtteil Frankfurts in taghelle

Illumination tauchte: »die große Linden-Esplanade mit farbig erleuchtetem Portal und im Hintergrunde mit einem noch prächtigeren Prospekte. Zwischen den Bäumen standen Lichtpyramiden und Kugeln auf durchscheinenden Piedestalen, von einem Baum zum andern zogen sich leuchtende Girlanden, an welchen Hängeleuchter schwebten...« Zwischendurch tafelte das Volk auf Kosten Nikolaus Esterhazys: Braten, Würste, Bier und Wein wurden den Frankfurtern ausgeteilt.

Es war nun ein folgenschwerer Schritt, daß Nikolaus auf dieser Fahrt nicht nur Frankfurt berührte, sondern auch Paris. Vielleicht war es das Diplomatenblut, vielleicht auch ein Auftrag der Kaiserin, irgendeine Spezialgesandtschaft an den Hof Ludwigs XV. Seit dem Abschluß des Siebenjährigen Krieges und der halben Aussöhnung mit Preußen war es ja nötig, das Bündnis mit Frankreich besonders innig zu gestalten. Vielleicht auch wollte Nikolaus nur die französischen Esterhazys besuchen, seine einst rebellischen Vettern, die Anno 1706 aus Ungarn hatten fliehen müssen. Heut waren sie Großherren in Frankreich. Genug, was ihn auch nach Paris führte, alles verdampfte in seinen Augen vor dem baulichen Glanz von Versailles.

Er stand und staunte: Welch ein Schloß! Aus einem kleinen Jagdschlößchen hatte Jules Hardouin-Mansart, ein genialer Baumeister, hier für Ludwig XIV. den Triumph des Absolutismus erschaffen. Elegant wie eine ruhende Löwin lag der Mittelteil des Schlosses und blickte in den dunkelgrünen Park, der von den rauschenden Gewändern steinerner Nymphen und Götter bewegt war. Er war eine Schöpfung des berühmten Gartenarchitekten Lenôtre. Wie sich hier Baum und Stein ergänzten, das schuf unaufhörlichen Genuß. Im Innern des Schlosses selbst gab es keinen leeren Augenblick: jeder Wandmeter zeigte ein Gemälde oder Arrangements von Seide, Holz und chinesischen Tapeten, jede Ecke eine Skulptur, eine Urne aus Chalzedon, einen Tisch aus Alabaster. Jedes dieser Gemächer und jeder dieser Säle war intim wie ein eleganter Salon und zugleich eine hallende Aussage majestätischer Repräsentation. Da gab es eine Orangerie und eine Spiegelgalerie, die nicht ihresgleichen hatten; Kaskaden von Treppen, die sich gleichsam von selbst unter den Schuh des Besuchers schmiegten; ein Schloßtheater und eine Kapelle, die zweifeln ließ, ob man hier Gott oder den irdischen Fürsten verehre, der das alles geschaffen hatte.

Als Nikolaus nach Hause fuhr, brachte er aus Frankreich nicht nur eine Wagenschlange von Kunstgütern mit, von Möbeln, Teppichen, Gemälden und juwelenbesetzten Gegenständen. Er trug auf der Netzhaut seines Auges auch das Bild des Versailler Schlosses mit. Er sah es tags und nachts vor sich — bis in solche Einzelheiten wie die des geschmiedeten Eisengitters, das die »place d'armes« gegen draußen abschloß... Architekten begleiteten ihn. Er beschloß, das gleiche ein zweitesmal aufzubauen — in der ungarischen Puszta.

Ein wahnsinniges Unterfangen! Eine menschliche Marotte, die weder finanziell noch praktisch zu rechtfertigen war. Denn Nikolaus der Prächtige hatte sein Schloß in Eisenstadt, von wo aus er in Muße »regieren« konnte. Wozu nun, in die Öde hinein, tageweit entfernt von den Menschen, eine Kopie des Schlosses von Versailles? Friedrich der Große, immerhin, hatte Sanssouci nahe bei Potsdam erbaut und Maria Theresia ihr Schönbrunn leicht erreichbar an den Rand von Wien. Aber Nikolaus baute anders. Am Südende des Neusiedler Sees, in völlig unwirtlicher Gegend, lag in Fieber- und Sumpfluft gebettet ein Jagdschlößchen Süttör. Nur Wildheger oder Vogelfreunde hatten sich dort aufgehalten. Völker von Reihern und Rohrdommeln hatten sich hier jahrzehntelang der Einsamkeit erfreut und genistet, und nur ein paarmal im Jahre hatten die Familie Esterhazy und ihre eingeladenen Freunde durch Jagen die Vogelwelt aufgestört. Dies wurde nun anders, über Nacht. Der Befehl des Fürsten trieb Zehntausende von Arbeitern und leibeigenen Bauern zusammen. Ingenieure und Maschinen trockneten die Erde aus und legten feste Fundamente, auf denen man ein Schloß bauen konnte. Schon achtzehn Monate, nachdem der erste Spatenstich getan war, stand es da, eine Fata Morgana. Reisende aus Inner-Ungarn, die zufällig des Weges kamen, blieben mit offenem Munde stehen und glaubten an eine Luftspiegelung. Hier hatte doch nie ein Schloß gestanden, und warum sollte hier ein Schloß stehen? Es gab hier doch überhaupt keine Menschen. Keine Stadt war in der Nähe, kaum ein paar Dörfer. Nur Fischer und Hirten. Wer sollte dieses Schloß bewohnen, mit wem die Schloßherrschaft verkehren?

Europa empfing sogleich die Antwort. Überallhin gingen die Einladungen. Das Schloß, das der erlauchte Bauherr nach seinem eigenen Familiennamen »Esterhaz« nannte, konnte Hunderte von Gästen fassen, die Dienerschaft nicht mitgerechnet. »Was der Kaiser kann, kann ich auch!« pflegte Nikolaus zu sagen und untertrieb die Tatsachen: denn gerade die Kaiserin und ihr Sohn, Maria Theresia und Josef, lebten eher eingeschränkt. Selten setzte man sich in Wien an eine Gästetafel, an der zweihundert Menschen speisten. In Esterhaz geschah es fast jeden Tag.

Begierig schlürfte der große Herr die Schmeicheleien ganz Europas. Man sprach von zehn Millionen Gulden, die das Ganze gekostet haben sollte! Da Nikolaus der Prächtige die Arbeitskräfte umsonst hatte — es waren ja seine Leibeigenen! —, ging diese riesige Ausgabe hauptsächlich in das Material: in die echten japanischen »panels« aus schwarzem Lack mit den goldenen Landschaften; in die Gemäldegalerie mit den Italienern und Niederländern; in den Uhrensaal, darin es solche Überraschungen gab wie »daß sich ein Vogel aus Gold bewegte und anfing eine Weise zu pfeifen, wenn die Uhr zum Schlage ausholte«. Da gab es Leuchter aus Bergkristall und eine herrliche Bibliothek von achttausend kostbar gebundenen Büchern. Und täglich brachte die Post aus Europa die neuesten Erscheinungen.

Die Hauptattraktion war das Opernhaus, das der Mittelpunkt eines Sterns von Kastanienalleen war und das ein halbes Tausend Sitzplätze umfaßte. Seine Logen hatten Vorräume mit Spiegeln, Uhren und Kaminen. (Hier entstand denn auch der Brand, der später dies alles dahinraffte; heute wissen wir nur noch durch Hörensagen von den Herrlichkeiten jener Schloßwelt.) Hier im Hause gab es täglich eine italienische »opera seria« oder »buffa«. Oft spielte man auch deutsches Schauspiel — und, wenn französischer Besuch kam (dem Fürsten die liebste Art von Besuch), die Pariser literarischen Meister. Nachdem der französische Gesandte, Prinz Rohan de Guéméné, von seinem erhabenen Wirt geleitet, die Spiegelsäle durchmessen, die Deckengemälde und das Marionettentheater bestaunt hatte, dessen Wände mit Muschelschalen und kostbaren Steinen ausgelegt waren, sagte er die historischen Worte: »Dies ist der einzige Ort in Europa, wo ich Versailles wiedergetroffen habe.« Nikolaus war entzückt, der Champagner schäumte, Raketen stiegen in die Luft, die Instrumente jubelten.

Die Instrumente? Nicht ohne Sorge erblicken wir unsern Meister Haydn in dieser seltsamen Kompagnie. In Wien wäre er fast an der Armut, in Esterhaz am Reichtum erstickt. Aber alles kam ganz anders. Dieser Nikolaus Esterhazy, nach außen hin so geltungssüchtig, beherbergte eine Doppelnatur. Er hatte eine Neigung zur Einsamkeit, die sich fünfundzwanzig Jahre später nach dem Tode seiner Frau zur Melancholie auswachsen sollte. Wie so viele große Herren, hatte er eine Vorliebe für die Kammermusik. Sie war ihm ein süßes Gegengift gegen den lauten Gästetrubel. Nicht nur Tage, sondern Wochen hindurch schloß er sich mit Haydn und seinem Lieblingsinstrument ein.

Dies Instrument war das Baryton, ein heute vergessenes Streichinstrument von der Art der Viola da Gamba, das wie ein Cello gehandhabt wurde. Mit einem tiefen, dabei trocknen und silbrigschleierigen Ton: das rechte Rokoko-Instrument, das zarte Trauer und gedämpfte Fröhlichkeit ausdrücken konnte. Seine technische Merkwürdigkeit bestand darin, daß es weit mehr als die heutigen Streichinstrumente zugleich auch ein Zupf-Instrument war. Außer den sechs oder sieben Saiten, die über das Griffbrett liefen, hatte es etwa vierzehn Saiten unterhalb des Griffbrettes, die vom Bogen nicht erreicht werden konnten. Wurden die Spielsaiten angestrichen, so schwangen sie sympathisch mit und veränderten so die Farbe des Klanges; obendrein aber konnten sie mit der linken Hand gezupft werden, ein Zithereffekt, der für den Zeitgeschmack wichtig war und zuweilen die Schreibart des Komponisten beeinflußte.

Das Baryton wurde meist im Trio gespielt, zusammen mit Viola und Cello, nahm also die melodieführende Stelle der Violine ein, wozu es nicht immer geeignet war. Um der leidenschaftlichen Liebe des Fürsten zum Barytonspiel zu genügen, schrieb Haydn im Laufe der Jahre viele Baryton-Trios. Wir würden begreifen, wenn es fünfzig gewesen wären; es waren aber in Wirklichkeit hundertneunundsechzig. Denn unersättlich war das Verlangen Nikolaus' nach diesen Stücken, und als Haydn ihm einmal nicht genug tat, schrieb er ihm einen ungnädigen Brief, worin er ihn zum Fleiße ermahnte — ihn, einen Übermenschen des Fleißes! Das war denn auch der einzige Mißton zwischen Fürst und Komponist.

Ob Haydn wohl gern für das Baryton schrieb? Nicht nur, daß ihm nie etwas zuviel war, er hätte seine Arbeit verdoppelt, wenn man es von ihm verlangt hätte. Er hätte Lea geheiratet, um seine Rahel zu erringen. Das, woran ihm einzig lag, was seine Lebensaufgabe war, was er im Geist erblickt hatte wie kein anderer damals, war: die Symphonie!

DIE ERFINDUNG DER SYMPHONIE

Wäre es nicht historisch erwiesen, würde man es nicht glauben wollen: die Symphonie kommt aus dem Theater. Sie ist eine Tochter der Ouvertüre.

Die ursprüngliche Symphonie war überhaupt nichts anderes als die Ouvertüre selbst. »Sinfonia«, schrieb 1706 der Frankfurter Martin Heinrich Fuhrmann, »wird eine Zusammenstimmung genannt, die instrumentaliter gemacht wird, *ehe* die Stimmen anheben.« Wenn in Neapel, Rom oder München die Menschen in die Oper gingen, wurden sie zehn Minuten lang (oder auch ein wenig länger) durch reine Instrumentalmusik auf Szene und Gesang vorbereitet. Eine Art von Apéritif sollte ihnen das Ohr öffnen für das große musikalische Mahl. An mehr war ursprünglich nicht gedacht. Mehr durfte die »sinfonia« nicht bieten, ohne den Magen zu überlasten.

Auch als diese Art von Musik sich zu verselbständigen begann, blieb sie immer noch dem Theater hörig. Ihre Themen lebten vom Abfall der Bühne. Sie rauschten — meist in drei Sätzen — vorüber, immer brillant und dramatisch erregt, arios, von den Gegensätzen lebend, die von den Charakteren der Szene gesungen oder dargestellt wurden. Jede Verlangsamung und Vertiefung hätte bereits als langweilig gegolten.

Es gab Tausende von Ouvertüren. Aus der Fest-Idee des Barock geboren — »Ins-Theater-Gehn« war ein Fest, also auch wieder etwas Äußerliches —, rauschten sie aus dem 17. in das 18. Jahrhundert herüber. Hier trafen sie auf das »Concerto grosso«, eine Form von Instrumentalmusik, deren Erfinder gemerkt hatten: die Zusammenkunft von Instrumenten könne noch einen andern Zweck haben, als eine Oper einzuleiten. »Concerto grosso« heißt »Großer Wettkampf«. Diese Form — am machtvollsten von Georg Friedrich Händel gehandhabt — war ein Wettkampf der Instrumente, mit dem Hintergedanken der Bravour. Die Spieler und ihre Instrumente wollten sich aneinander messen und so etwas wie den »Sieg« erstreiten. Eigentlich das Gegenteil dessen, was wir als Symphonie empfinden; denn »Symphonie« heißt »Zusammenklang«.

Ouvertüre und Concerto hatten sich noch nicht miteinander vermischt, da trafen sie auf die *Orchestersuite*. Sie war eine Allerweltsfreundin. Im Schloß und an der Hoftafel erfreute sie Fürsten und Adel, als Straßenmusik und Serenade das Bürgertum und die Verliebten. Sie war meist fünfteilig, ihre Sätze hatten nichts miteinander gemein, außer daß der erste und fünfte schnell und lebenslustig waren. der zweite und vierte ein Menuett, nur der dritte Satz war langsam: da konnte der Komponist zeigen, ob er wirklich ein Musiker war.

Diese drei Gebilde: Suite, Concerto grosso und Ouvertüre, ergriff um 1740 ein genialer Mensch in Mannheim und preßte sie so gegeneinander, daß aus der Vereinigung etwas gänzlich Neues entstand: die moderne Symphonie. Dieser Neuerer war der Böhme Johann Stamitz. der am Hof des Pfalzgrafen Karl Theodor lebte Wie kaum ein anderer sah er voraus, daß die neue Form der Symphonie eines Tages der »Königin der Musik«, der Oper, das Publikum abjagen könne. Es müsse möglich sein, dachte er, auch ohne Sänger und ohne Bühne durch reine Instrumentalmusik alles ausdrücken zu können, was eine Oper ausdrücke. »Bei Stamitz singen die Instrumente«, schrieb damals ein Bewunderer, »daß man darüber vergessen könnte, daß es anderswo Kehlköpfe gibt.« Und der Engländer Charles Burney, der mit Händel befreundet gewesen war, wagte es, Stamitz geradezu einen »zweiten Shakespeare« zu nennen: »Wie das Auge des einen die ganze Natur durchschaute, so trieb der andere, ohne von der Natur abzuweichen, die Kunst weiter, als irgend jemand vor ihm getan hatte...«

Die Schreibart Stamitz' führt so nahe an die Haydnsche heran, daß wir bei ihr verweilen müssen. Beide haben von Philipp Emanuel Bach die »Logik der Sonatenform«, die sie instrumental entwickeln. In den Allegro-Sätzen von Stamitz erscheint zunächst ein willensstarkes Kopfthema; das zweite Thema, sagt Mennicke, »ist in sich gekehrt und fein gegliedert und stellt dem männlichen, straffen Charakter des Kopfthemas die zartere Empfindung des Weibes gegenüber«. So bleibt die Thematik dualistisch. In der Durchführung wendet sich Meister Stamitz von der Struktur des Thementeils ab und arbeitet nur mit Bruchstücken, so daß in der Tat oftmals der Eindruck einer Abkehr von den Themen entsteht. Das ist aber nichts anderes als der berühmte »Haydn-Effekt«, der nach scheinbarer Abschweifung den Hörer spannungsvoll auf die Rückkehr der Original-Themen warten läßt. Wie modern Stamitz arbeitete, ersehen wir aber vor allem aus der raffinierten Anwendung dynamischer Schattierungen. Die Beethoven zugeschriebene Wirkung, daß eine ansteigende melodische Phrase mit Erreichung ihres rhythmischen Schwerpunkts nicht ins erwartete Forte tritt, sondern ins Gegenteil, ins Piano: wir finden sie bereits bei Stamitz.

Brillanz nun zeigte sich freilich auch hier. Wenn das symphonische Ereignis das Opern-Ereignis ausstechen sollte, so mußte es über ein Monstre-Orchester verfügen — und ein solches Orchester war das Mannheimer in der Tat. 1756 besaß es zehn Erste Violinen und zehn Zweite Violinen, vier Bratschen, vier Violoncelli, zwei Kontrabässe, zwei Oboen, zwei Flöten, zwei Fagotte, vier Hörner und zwei Kesselpauken. Das hatte die Welt noch nicht gehört. Damit mußten sich Wirkungen erzielen lassen, bravouröser und intimer Art, von denen Europa so sprechen würde wie sonst nur von den Kunsttaten seiner Opern-Kastraten und Sängerinnen. Daß man die Klangwunder des Konzertsaals jetzt rühmte wie die der Opernbühne, das war etwas vollkommen Neues. Das »Mannheimer Crescendo« und das »Mannheimer Diminuendo«, das sich über Dutzende von Takten entweder zu einem Höhepunkt oder zu einem Tiefpunkt schraubte, wurden ästhetische Begriffe. Der schwäbische Dichter Daniel Schubart, der selber ein guter Musiker war, urteilte, daß kein Orchester der Welt es dem Mannheimer zuvorgetan habe: »Sein Forte ist ein Donner, sein Crescendo ein Katarakt, sein Diminuendo ein in die Ferne plätschernder Kristallfluß, sein Piano ein Frühlingshauch. Die blasenden Instrumente sind alle so angebracht, wie sie angebracht sein sollen: sie heben und tragen oder füllen und beseelen den Sturm der Geigen.« Diese letzten Worte gehören freilich nicht mehr zur Kategorie der Bravour. »Heben, tragen, füllen, beseelen« nehmen sich fast schon aus wie Worte aus einem Goetheschen Gedicht; das gehört in die Dimension der Empfindung.

Empfindung! Ja, konnte denn überhaupt »Musik ohne Worte« Empfindung ausdrücken? Eine reichlich törichte Frage — doch im Jahrhundert der Vernunft war die Antwort nicht gar so selbstverständlich. »Que me veux-tu, Sonate?« hatte eben noch der berühmte Fontenelle grollend und mißtrauisch gefragt; worauf ihm Rousseau erwidern konnte: »Musik drückt zwar Dinge nicht direkt aus, erweckt aber die gleichen Gefühle, die wir haben, wenn wir sie erblicken...«

Stamitz hatte soeben begonnen, ein »Symphoniker der Empfindung« zu werden, da starb er, noch nicht vierzigjährig, 1756. Wo war das Genie, an seinem Werk weiterzubauen? In Wien gab es ähnliche Tendenzen. Doch der Adel, der die Musik bezahlte, wollte nicht so ohne weiteres um der »neuen Innerlichkeit« willen auf Glanz und Amüsement verzichten. Und noch weniger wollte es das Volk mit seinem Hang zum Äußerlich-Derben. »Hie Italien!« hieß es in Wien, und andererseits »Hie der Hanswurst!« Und obendrein wirkte da noch ein Drittes, die Messe, der Symphonie entgegen. Gerade weil die Messe nicht streng war, sondern weltlich und glänzend geworden, tat sie dieser neuen Form Abbruch, die recht eigentlich mit dem Anspruch auftrat, ein »Gesamtkunstwerk« zu sein. Die begabten Wiener Meister Matthias Monn und Wagenseil hatten es in dieser Hinsicht nicht leicht.

Aber Haydn? Er hatte es nicht schwer. Weit vom Schuß, völlig unbeengt von den Wünschen eines Publikums wie des Mannheimer oder Wiener, konnte er so experimentieren, als ob es gar kein Publikum gäbe. »Niemand in meiner Nähe konnte mich an mir selbst irre machen und quälen, und so mußte ich original werden«, hat er später selbst erzählt. »Ich konnte als Chef eines Orchesters Versuche machen, beobachten, was den Eindruck hervorbringt und was ihn schwächt, also verbessern, zusetzen, wegschneiden, wagen.« Selbstverständlich hatte auch Haydn sein gutes Amateurpublikum — den Fürsten Nikolaus Esterhazy und seine jeweiligen Gäste. Und er hatte das Glück, daß all diese Leute (sei es aus wirklichem Verständnis, sei es auch nur aus Snobismus) alles gut fanden, was er schrieb. Er schrieb es zwar vertragsgemäß, aber noch nachträglich ist es ein entsetzlicher Gedanke, daß es nicht hätte gefallen können und daß er es nicht hätte fortsetzen dürfen. Daß es nicht so kam, stimmt uns dankbar. Plante er doch etwas ganz anderes als eine »fürstliche Unterhaltung«. Es waren die Symphonie und die Seele.

Als Haydn sich der Symphonie bemächtigte, um sie zu reformieren, verlor sie die letzten Reste, die ihr noch aus dem Theater anhafteten. Jede Erinnerung, daß sie einmal mit dem Drama zu tun gehabt hatte, entwich. Denn Haydn war Epiker. Sämtliche Symphonien Haydns haben epischen Charakter.

In einer Symphonie — entschied er — gibt es keine Handlung, sondern Erzählung. Die Instrumente agieren kein Drama, sie referieren und weben eine Geschichte. Kein Musiker vor Haydn hat die Technik des Geschichten-Erzählens, auch die Technik des »Unterbrechens«, der Einführung eines »neuen Fadens«, der »Episode«, beherrscht wie er. Noch siebzehn Jahre nach Haydns Tod schrieb der Franzose Henri Berton (obwohl er charakteristischerweise nicht einmal selbst Symphoniker war, sondern Opernkomponist): »Avec quel art Haydn sait établir un motif, le présenter sur toutes ses faces, l'abandonner un moment et le faire reparaître en suite avec un nouveau charme!« Schließlich verlangte Berton sogar, daß »Haydns symphonische Prinzipien auf die Oper übertragen würden«! (Was freilich ein Mißgriff gewesen wäre.)

Dramatischer und epischer Stil sind etwas durchaus Verschiedenes. Haydns Symphonik ist homerisch, einherwandelnd mit gebändigter Kraft, wie mit breiten Hexameter-Ketten. Und selbst wo diese Musik sehr schnell ist, wirken ihre Presto-Sätze gar nicht als Presto. Das Gefühl eines epischen Kunstverstands und die Erzählergeste sind bei Haydn so allgegenwärtig, daß man noch seine schnellsten Tempi als etwas »Bedächtiges« empfindet. (»Bedächtig« war sein Lieblingswort.)

Joseph Fröhlich, der 1828 für Ersch und Grubers Encyclopädie den Artikel »Haydn« verfaßte, hat immer wieder aufs neue bewundernd auf Haydns »Redekunst« hingewiesen. Hätte er damit »Rhetorik« gemeint, hätte er sich böse vergriffen; denn gerade ein Rhetoriker war Haydn nie — das überließ er den Virtuosen. Was Fröhlich meinte, ist tatsächlich die große Fabuliergabe Haydns und seine Fähigkeit, eine Erzählung mit Seiten- und Unterthemen auf das behaglichste auszuspinnen. Pastor Triest, der ein großer Musikkenner war, schrieb bereits 1801 über die Haydnsche Kraft des Erzählens: »Die Quintessenz seiner Größe scheint mir in der ausnehmend leichten Handhabung des Rhythmus zu liegen, worin ihm keiner gleichkommt...« Hier ist auf das »Launige« angespielt, auf das scheinbar »Improvisierende«, das in Haydns Erzählungen liegt. »Man könnte ihn mit Jean Paul vergleichen«, fährt der Stettiner Pastor fort, »dessen chaotische Anordnung allerdings abgerechnet; denn die lichtvolle Darstellung — *lucidus ordo* — ist keiner von Haydns geringsten Vorzügen.«

Der Vergleich mit Jean Paul ist ausgezeichnet. Er trifft sogar bis ins Technische zu. Denn wie wir später sehen werden, ist Haydn tatsächlich »der Erzähler, der sich lachend selbst unterbricht«. Zunächst einmal aber ist es doch das »ruhevolle Sichversenken in die lebendig-vorhandene Schöpfung«, das Haydn mit Jean Paul verbindet. Um Worte von Richard Benz zu gebrauchen, wird »Jean Paul genau wie Haydn zum Dichter der erschaffenen Schöpfung, zum Maler der Tages- und Jahreszeiten... Derselbe Realismus, der mit strichelnder Kleinmalerei die Komik des Alltagslebens festhält, oder mit seinem ‚zusammengesetzten Mikroskop‘ den Tropfen Burgunder als Rotes Meer, den Schimmel als blühendes Feld erblickt und den Sand als Juwelenhaufe — dieser selbe Realismus schärfsten Malerauges und sicherster Malhand« — war dem sehr viel trockeneren Haydn genau so beschieden wie Jean Paul.

Was diese Art des Erzählens bedeutet, diese Bedächtigkeit, Kleinmalerei, dieser völlig undramatische und stets epische Kunstverstand, der die Welt annimmt, wie sie ist, begreift man erst, wenn man den Graben betrachtet, der Haydn von den Symphonien Beethovens scheidet. Wenn in Beethovens Instrumentalmusik der Romantiker E. T. A. Hoffmann die »nicht zu stillende Unruhe« sah, »das fortdauernde, immer steigende Drängen und Treiben«, dann war das also die Revolution gegen das »Darüberstehen« und den »ordentlichen Erzählerton« Haydns? Gewiß. Nachdem Beethoven alles gelernt hatte, was von Haydn zu lernen war, nahm er einen Frontwechsel vor und zerschlug die Haydnsche Symphonie, weil sie ihm nicht mehr gemäß war. Das bedeutet allerdings zunächst noch nicht, daß Beethoven die Symphonie wieder zum Werkzeug des Dramas gemacht hätte. Auch er wußte nämlich, daß die Symphonie gar nicht dazu geschaffen ist, die Dialektik eines Schauspiels in sich aufzunehmen und auszudrücken. Die große Neuerung Beethovens gegenüber Haydn bestand zunächst darin, daß seine Mannes-Symphonien *subjektive* Erzählungen waren, an deren Erregungen der Hörer teilnahm (ja, die er eigentlich mitschuf). Später dann, unter dem starken Einfluß der revolutionären Franzosen, warf Beethoven auch diese Technik um. In seinen letzten Symphonien ist jeder Bericht, jede Epik vergessen: es herrscht die dramatische Situation, schwanger von Elektrizität, die sich jeden Augenblick in tollen, neuen Gewittern entlädt.

Anders Haydn! Er bleibt objektiv und räumt sich nie die Erlaubnis ein, den Tonbericht auf weite Strecken erregt zu färben. Wo die Orchesterinstrumente miteinander konversieren, da bleibt es rein epische Konversation; allenfalls erinnert ihr Sprechen noch an ein feines Rokoko-Lustspiel, an Goldoni und andere Venezianer. Stets schwingt er in die Ruhe zurück: der epische Lyriker, der »den Menschen einen Vorgeschmack von dem streitlosen Glück des Paradieses geben will«.

Dieses Ziel hat er erreicht — und nur von dieser Tatsache her ist das Phänomen seiner Fruchtbarkeit zu begreifen. Haydns Fruchtbarkeit, in der Tat, ist eines der größten Kunstwunder. Als hätte jedes Jahr für ihn vier Frühlinge, sechzehn Sommer und zweiunddreißig Herbste besessen: so unfaßbar reich ist die Ernte seiner hundertvier Symphonien.

Unfaßbar gewiß vom heutigen Standpunkt. Aber Renaissance und Barock waren es gewohnt, gigantische Lebensleistungen von ihren Künstlern vollbracht zu sehen. Nur von den Malern, Musikern und Dichtern der älteren Zeit kann es gelten, was Naumann in »Form und Farbe« sagt: »Alle berühmtesten Künstler sind fast ausnahmslos Hersteller starker Mengen von Schöpfungen und leisten quantitativ Unbegreifliches. Die langsame und schonende Herstellung einiger weniger Edelprodukte ist nicht ihre Art... Sie arbeiten verschwenderisch, naturmäßig, vieles gleichzeitig bewegend... Ihre unvergänglichen Werke entstehen deshalb oft nur wie im Zwischenspiel.«

Haydns Ethos der Produktion steht eigentlich genau in der Mitte zwischen den Alten und den Modernen. Von seinen hundertvier Symphonien schrieb er in den sechziger Jahren vierzig, in den siebziger Jahren dreißig, in den achtziger Jahren zwanzig und im Anfang der neunziger Jahre, in London, dann noch zwölf Symphonien.

Die abnehmende Ziffer zeigt, daß er sich die Konzeption und das Schreiben schwerer machte; vielleicht hätte er sonst noch mehr geschrieben. Als Ganzes bleibt es ein Phänomen. Beethoven schrieb neun Symphonien; er wurde nur halb so alt wie Haydn. Das heißt: er hätte achtzehn geschrieben, wenn für ihn die Symphonie das gleiche spezifische Gewicht gehabt hätte wie für seinen Lehrer.

Doch da war eben der Unterschied. Den furchtbaren Seelendruck Beethovens kann man möglicherweise neunmal zu einer Symphonie komprimieren, aber bestimmt nicht hundertundviermal.

Aber weder Beethovens noch eines anderen Symphonie wäre möglich gewesen ohne Haydns symphonische Reform.

DER SYMPHONISCHE KONTINENT

Wer die Symphonik Haydns betritt, der betritt einen Kontinent von Musik. Einen Erdteil, auf dem jede Art von Leben in Variationen, Entwicklungsstadien, Arten und Formen existiert. Leben wie aus Gottes Hand, dabei morgendlich-jungfräulich, unentweiht und fröhlich: Wälder, Gebüsch, Wiesen und Bäche, umspielt von Tier- und Vogelstimmen. Kornfelder des Mittags, in denen leise die ziehende Sichel des Menschen rauscht. Wind, der die Laub- oder Nadelmassen freundlicher Mittelgebirge bewegt, daß sie ihre Farben verändern. Eine ideale Landschaft, in der nur Alpen und Meer fehlen. Nicht aber fehlen die Abendnebel, die Feierlichkeit der gestirnten Nacht und die Gewißheit, daß es wieder Morgen werden wird. All das ist, unverwechselbar, Haydn. Dessen Musik uns heute klingt, als habe Mozart einen älteren, gesünderen, lebenskräftigeren Bruder bekommen.

Der Stoff, aus dem das alles gemacht ist, ist aber nicht nur das Haydnsche Melos, es ist die thematisch-motivische Arbeit. Im Anfang noch zögernd, später bewußt, verfolgt Haydn die künstlerische Absicht, »keine Note mehr niederzuschreiben, die nicht aus der Verarbeitung selbst kommt«. Ein strenges Handwerker-Ideal! Es steht scheinbar der freien Phantasie und der Erfindung entgegen. Doch dieser Gegensatz ist eben nur scheinbar, erst das Zusammentreffen beider macht die Einmaligkeit des Haydn-Stils aus.

Die Frage, wie lange Haydn dazu brauchte, diesen eigenen Stil zu entwickeln, hat oft seine vielen Verehrer beschäftigt. Zu seinen größten Entdeckungen gelangte er erst in einem Alter, das Mozart und Schubert gar nicht erreichten. Meistens werden die Entbehrungen seiner Jugend dafür verantwortlich gemacht — ich glaube aber, die Langsamkeit, mit der er der »wirkliche Haydn« wurde, hat eine ganz andere Ursache: das geheime biologische Wissen, daß er acht Jahrzehnte zu leben habe. Er brauchte sich nicht zu übereilen.

Wenn Haydn bis zu seinem dreißigsten Jahre keine oder nur wenig Züge von Originalgenie zeigt, so heißt das ganz und gar nicht, daß seine Produktion bis dahin diejenige eines »Eklektikers« war. Haydn war eher etwas Drittes: ein unablässiger Experimentator, der auf seinem Arbeitstisch Werkzeuge jeder Art niederlegt und sich fragt: »Was benutze ich heute für diesen ganz bestimmten Zweck?« Das ist nicht die Art eines Nachahmers, sondern die eines Suchenden und unaufhörlich Lernenden. Und hauptsächlich lernte er von sich selbst!

Hermann Kretzschmar hat betont, daß Haydn erst in den mittleren Symphonien das Prinzip der motivischen Arbeit aufgegangen sei, und Adolf Sandberger hat dasselbe für die Quartette des Meisters gefunden; in Wirklichkeit ahnte Haydn viel früher seinen reformatorischen Weg, wenn er ihn auch nicht immer ging. Jedenfalls hat Georg Schünemann mit Recht darauf hingewiesen, daß zwischen dem jungen und dem alten Haydn sehr viel mehr Gemeinsamkeit herrscht, als man anzunehmen pflegt. Wie dem Jugendlich-Sorglosen in seinen späteren Symphonien, so begegnet man strenger Motivarbeit manchmal schon in den Früh-Symphonien. Nec natura nec Haydn faciunt saltus... Weder die Natur noch Haydn machen Sprünge. Beide »entwickeln«.

Wie entwickelt nun aber Haydn? Da hat er zum Beispiel im Finale seiner elften Symphonie das nicht gerade schwierige Thema:

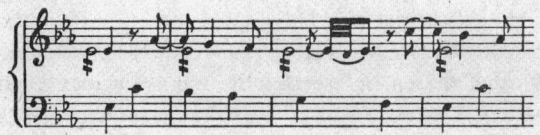

Was macht er mit diesem Thema? Der Sohn des Wagenbauers zerlegt es, nach rechter Handwerkerart, in seine kleinsten Bestandteile und gewinnt aus jedem einzelnen neues Aufbaumaterial. Es lassen sich nicht weniger als neun Stücke zählen, mit denen er motivisch arbeitet:

Hier sieht Schünemann mit Recht »die Epoche der motivischen Klein-kunst in Haydns Symphonik schon angebrochen«, und trotzdem ist diese Symphonie eine seiner frühesten.

Die frühesten Symphonien haben drei, wohl auch manchmal fünf Sätze. Später entscheidet sich Haydn für vier — nicht nur, weil ihm Mannheim und Wien darin vorangegangen waren, sondern aus einem anderen Grund, dessen tiefere Ursache wir bei seinen Quartetten er-kennen werden. Der erste Satz ist beinahe immer ein kräftig gehaltenes Allegro, nach dem Bild einer Klaviersonate, wie Haydn es bei seinem Lehrer Ph. E. Bach vorgebildet fand: Als erstes tritt das Hauptthema ein, ein stark kontrastierendes Motiv tritt ihm in der Dominante ent-gegen; gegen den Schluß hin kommt noch ein drittes. Freie Mittelglie-der verbinden die verschiedenen Motive und schließen diesen ersten Teil in der Tonart der Dominante ab. Der zweite Teil bringt die Ver-arbeitung und die Durchführung der Motive und landet schließlich in einer Coda, die in prägnanter Verkürzung noch einmal die Haupt-themen zusammenfaßt.

Der zweite Symphoniesatz Haydns ist immer langsam. Er besitzt den Mut zum Adagio, zum Adagio espressivo. Langsame Sätze kannte natürlich die Opernsymphonie auch schon. Aber dort war es meist ein Grave, das zu Effektzwecken angebracht war: gewissermaßen wie ein

Portal, aus dessen sich langsam öffnenden Flügeln das Presto, auf das man wartete, mit festlicher Freude rauschen würde. Haydn braucht solche Gegenüberstellung nicht mehr. Seine langsamen Sätze sind absolut. Sie sind Instrumentalgesänge, die als reiner Ausdruck der Seele alle Möglichkeiten des seelischen Erlebnisses enthalten: neben der Zuversicht das Verzagen, neben der Erfüllung die Sehnsucht. Haydns Wissen um die Moll-Tonarten wird immer größer in diesen Adagios.

Den dritten Satz, und dies tat schon Stamitz, arrangiert Haydn meist als Menuett. Er tat das vielleicht aus mehreren Gründen. Das Publikum, für das er schrieb — der hohe Adel und seine Gäste —, schätzte wahrscheinlich das Adagio und seine seelische Versenkung nicht unbedingt. Diese Kreise mußten erfrischt werden durch die Erinnerung an ihren Tanz. Das Menuett war ja der Tanz, der dem Lebens- und Kastengefühl des Hofes entsprach. Das Adagio war bürgerlich, nachdenklich-seelisch; es saß still, die Stirn in der Hand, auf einer Parkbank. Im Menuett aber hatten sich der gepuderte Herr und die Dame im Reifrock wieder zum Reihentanz aufgestellt. Das Menuett — jener dritte Satz, wie ihn Haydn hörte und wollte — machte alles wieder problemlos, das Leben leichter und munterer.

Nun gab es allerdings Zeitgenossen, die damit nicht einverstanden waren. »Menuetten bei einer Symphonie«, schrieb der berühmte Leipziger Kantor und Kritiker Johann Adam Hiller, »kommen uns immer vor wie Schminkpflästerchen auf dem Angesicht einer Mannsperson; sie geben dem Stück ein stutzerhaftes Ansehn und verhindern den männlichen Eindruck, den die unterbrochene Folge drei aufeinander sich beziehender ernsthafter Sätze allemal macht...« Haydn als Narr des galanten Stils! Hätten diese ernsthaften Hörer etwas schärfer hingehört, sie hätten bei Haydns Menuetten etwas Sonderbares entdecken können: wie in diesen dritten Sätzen das Schicksal oder, wenn man will, seine eigene Veranlagung Haydn einen Streich spielte. Wenn man nämlich genau hinhört, merkt man, daß die Menuette des Meisters keine wirklichen Menuette sind. Es ist, als ob in diesen Tönen Leute tanzen, die das Tanzen zu diesen Tönen nicht recht gewohnt sind. Es ist eben der dritte Stand, der tanzt; der Stand, dem Haydn angehört, der seinen ungeschickten Schuh in die zierlichen Figuren des höfischen Menuetts hineinstellt. Allerdings lebte Haydn selber als Hofmann; er empfand dem Menuett gegenüber kaum jene ausgesuchte Bosheit, wie sie sein jüngerer Bruder Mozart — im Jahr der französischen Revolution! — im zweiten Akt des »Don Giovanni« dem Tanz der Aristokraten bekundete. Don Giovanni, die Blüte der Mannheit, Don Ottavio, die Ritterlichkeit, Donna Elvira, die Würde der Frau, und Donna Anna, die Grandezza der großen Dame, fassen sich bei den Fingerspitzen, um das edelste Menuett zu tanzen: da platzen die beiden Tölpel herein, Leporello und Masetto, eine Art von Dorfwalzer stampfend, an dem der Tanz der Aristokraten für ewige Zeiten zerschellen wird. Soviel Bosheit lag Haydn fern; doch Wagner, der im allgemeinen kein übertriebenes Verständnis für Haydns Genie hatte, sah deutlich, daß Haydns dritte Sätze keine Menuette sind, sondern »ausgelassene Ländler«. Am stärksten äußerte sich ihre Wirkung auf Beethoven. Über die heimliche Diskrepanz zwischen Menuettform und Bauernvergnügen bei Haydn konnte er nur lachen; so strich Beethoven in seiner Symphonik für immer das Wort »Menuett« und schrieb statt dessen einfach »Scherzo«.

Den vierten Symphonie-Satz schreibt Haydn meist als Presto in Rondo-Form. Ursache und Inhalt: Lebensfreude. Hielt er sich bisher noch zurück, so scheinen diesem Manne Haydn jetzt sämtliche Pferde durchzugehen. (Scheinen! In Wirklichkeit arbeitet er in diesem Presto-Satz genau so vorsichtig wie in den langsamen.) Aber in diesen vierten Sätzen geschieht es am häufigsten, daß er Weisen von der Straße und aus dem Wirtshaus aufnimmt. Nicht, daß er es tat, sondern was er schließlich aus diesen Gassenhauern gemacht hat, die ohne ihn vergessen wären — das ist das Erstaunliche!

Wie mancher Maler bestimmte Farben, so bevorzugen manche Komponisten ganz bestimmte Tonarten. Bei den Malern ist es klar, weshalb. Oft spielt eine ganze Skala von erkennbaren Gründen dabei mit: von psychophysiologischen Zwängen und philosophischen Überzeugungen bis zur einfachen Trägheit des Pinsel-Auswischens. Bei den Komponisten ist die Vorliebe für eine Tonart und für das Festhalten an ihr eigentlich schwerer zu erklären. Alfred Einstein hat es für Mozart versucht; für Haydn steht die Erklärung noch aus. Folgendes ist aber merkwürdig: mehr als ein Viertel der Symphonien steht in D-dur. Was kann das bedeuten? Ist diese Tonart das »Positive«, in das der Meister nach allen Ausflügen und Modulationen zurücklenkt? Hat sie für ihn den »harten Glanz der Realität«, den man ihr zuschreibt? Erscheint sie bei ihm, wie bei Richard Strauß, als das Ende der Schwüle und des Zweifels, als »einfache, männliche Gewißheit«, wie der Gesang des Färbers Barak in der »Frau ohne Schatten«? Vielleicht. Aber möglicherweise hat solch eine Bevorzugung auch technisch-handwerkliche Gründe. Streichinstrumente klingen gut in D; vor allem aber standen im 18. Jahrhundert auch die Trompeten in D — und das war für Haydn besonders wichtig. Je intimer er in den Streichersatz eindrang, desto stärker baute er gleichzeitig die Position der Bläser aus. Obwohl die symphonische Konzeption bei ihm stark vom »klavieristischen Hören« und mehr noch von den Möglichkeiten des Streichquartetts beeinflußt wurde, war sie trotzdem ganz und gar nicht etwa als »Kammermusik« gedacht, sondern in jedem Augenblick als »orchestrales Gesamtkunstwerk«.

Tatsächlich ist Haydn der Vater der modernen Orchestration. Sein »inneres Hören« war differenzierter als das jedes anderen Meisters vor Mozart. Die Musik des Barock erstrebte ein starres und terrassenförmiges Klangbild — wie es seinem Ideal von »Würde« und sozialer Unterscheidung entsprach. Scharfe, spitze, gewaltsame, dabei schlecht verschmelzende Farben wurden geradezu angestrebt, weil man glaubte, man könne sonst den »architektonischen Aufbau nicht deutlich machen«. Jener »Ruck in der Musik«, von dem Guido Adler gesprochen hat, die Stilwende von 1750, ist vor allem auch eine solche des Hörens. Die Musik ist nicht mehr von der Struktur, sondern vom Affekt bestimmt, und der sinnliche Eigenwert des Instruments wird das Wichtige. An die Stelle des starren und ausdrucksarmen barocken Bläserklanges tritt jetzt der elastische Klang der Streicher. Weshalb man, wo es um intime Gefühle ging, den Streichern mehr vertraute als den Bläsern (später wurde das wieder anders), das konnte Haydn in einem Buch seines Lieblingsautors, des Hamburgers Mattheson, begründet finden: »Wenn mich einer fragen würde, welches das schönste Instrument sei, so sagte ich: die menschliche Stimme. Und würde man sie nicht für ein Instrument passieren lassen, so wollte ich sie weit über alle Instrumente setzen und ein Muster derselben nennen. Das ist gewiß, daß aller Fleiß in Erfindung, Verfertigung und Gebrauch so vieler zum Blasen, zum Schlagen, zum Streichen, zum Greifen und Pfeifen eingerichteter Werkzeuge und Maschinen zum vornehmsten Zweck haben soll und hat, dem ersten, schönsten und natürlichsten Organe, ich meine der Stimme, nachzuäffen und womöglich es gleichzutun.«

Die Ähnlichkeit des Violinklangs mit den Vibrationen des menschlichen Stimmbands hatte es Haydn angetan. Wir verstehen, daß und warum er die Instrumente »singen« ließ. Er sah in ihnen »verzauberte Menschen«, Individuen: das war es. Zu jedem einzelnen Instrument gewann er ein intimes Verhältnis und war immer von neuem bemüht um seine physiologische und psychologische Ausdruckskraft. So lehrt er noch bis in die jüngste Zeit, welchen Gedanken man zum Beispiel welchem Instrument anvertraut.

Trotz der Umwertungen des Klangstils durch die Romantiker und

durch Wagner sind wir noch heute die Nutznießer des Haydnschen
»Sättigungsideals«. Dieses Ideal bestand darin, dem einzelnen Instrument zwar seine harte Klangkontur zu belassen, doch es dabei von
der sozialen Gemeinschaft der andern tragen zu lassen. Nur ein unglaublich feines Ohr vermochte das Nebeneinander und das Übereinander des Barock durch das Miteinander der Klassik zu ersetzen: ein
solches Ohr hatte Haydn. Wo die Barock-Komponisten noch stolz auf
ihre Bläser-Soli waren — das persönliche Vordrängen eines einzigen
Instruments ist der eigentliche Verstoß gegen das Wesen der Symphonie! —, da nivellierte Haydn bewußt durch die mitgehenden Streicher
die Spezialklangfarbe der Bläser. Und doch war er kein Feind der
Bläser. Indem er ihnen Füllstimmen anwies, gab er ihnen neue Aufgaben. Er war es, der recht eigentlich das romantische Waldhorn
»entdeckte«. Das Waldhorn mit seiner Fähigkeit, die Töne weich und
lang auszuhalten, wurde gleichsam zum »Pedal« des Orchesters und
beseelte und sättigte den Gesamtklang. Bisher waren die Bratschen
sklavisch an Baß oder erste Violine gebunden; jetzt gingen sie großenteils ihren eigenen Weg und dienten geschmeidig der Klangverschmel-
zung zwischen Hoch und Tief.

Heute scheint uns das alles selbstverständlich, aber es mußte einer geboren werden, der zum erstenmal so hörte wie wir. Mit diesem Hören
war es seltsam. Wie jeder große Neuerer, wie Händel, Beethoven oder
Wagner, hörte Haydn nicht nur feiner, sondern — wenn es darauf ankam — auch gröber als seine Zeitgenossen. Das heißt: er setzte ihren
»Feinheiten« und schwächlichen Idiosynkrasien ein gesundes, rücksichts-
loses »Das versteh' ich nicht!« entgegen. Ohne dieses »Nichtverstehen«
ist überhaupt kein Kunstfortschritt möglich. Der galante Stil zum Beispiel verbot, daß erste Geige und Violoncell in Oktavpassagen auftraten. Das »beleidigte das Ohr«. Haydn lachte darüber und schrieb
seine Oktavpassagen, sooft es ihn dazu drängte. Zwanzig Jahre später
konnte sich kein Mensch daran erinnern, daß das einmal »verboten«
gewesen war!

Und bei all diesem Kraftbewußtsein die rührende Bescheidenheit
eines demütigen Menschen, der weiß, wie kurz das Leben ist und wie
lang die Kunst. »Jetzt soll ich sterben?« klagt er, fast achtzig Jahre alt,
dem Pianisten Kalkbrenner. »Und ich habe gerade erst angefangen die
Blasinstrumente zu verstehen.« Das erinnert an jenes Parallelwort
des großen englischen Meisters, der in seinem 80. Lebensjahr »mit dem
Malen nun endlich anfangen wollte«.

Es ist zugleich das Wort des »Vaters«, der etwas für die Seinen tun

will — während seines ganzen Lebens war Haydn der Vater der Instrumente. Jedem hat er Nahrung gegeben; keins saß wie ein armer
Schlucker dabei, wenn die Bevorzugten von den Tischen der Symphonie
tafelten. Manchmal denkt man tatsächlich, daß Haydn seine Kapell-
mitglieder, auf deren Auswahl und Engagement er großen Einfluß
hatte, zu sehr liebte, als daß er ihnen musikalische Speise vorenthielt.
Wem das vielleicht zu familiär klingt (obwohl das Familiär-Mensch-
liche bei Haydn eine Rolle spielt wie bei keinem Musiker sonst), der
möge bedenken, daß es für Haydn keine größere artistische Lust gab,
als ein Thema wie einen Ball unter die Instrumente zu werfen. Der
Ball berührt nicht mehr die Erde, die Instrumente haben ihren Spaß —
und Meister Haydn am meisten.

Ja, der Spaß! Noch gibt es keine Monographie über Haydns Art, zu
scherzen. Der Humor bei ihm ist so groß, daß trotz des beseelten Ernstes, der seine Symphonik auszeichnet, die Zeitgenossen nicht nur lächel-
ten, sondern daß sie tatsächlich lachten. Sie lachten, wie jener König
von Spanien über den »Don Quijote« lachte. Wie das 18. Jahrhundert
über Lawrence Sterne lachte und das 19. über Gottfried Keller — wie
man nur über einen großen, ernsten und dabei komischen Autor lacht.
Wie aber erzielte Haydn dieses verständnisvolle Behagen? Nicht nur
durch Instrumentalscherze. Nein, er geheimniste bereits eine Fülle von
Späßen in sein Melos, als verstecke er Ostereier für Kinder. Jeder
Hörer wird bei Haydn zum Kind, findet etwas und schreit: »Ich hab's!«
Ein paar der berühmtesten Scherze Haydns sind die, wo er mitten im
Ernst ein absichtliches »Sich-Verschreiben« oder »Sich-Verhören« pro-
duziert. Der Hörer korrigiert ihn sofort, und der komische Effekt ist
da. Das sind Praktiken der Buffo-Oper. Man erinnert sich aus dem
»Figaro«, daß im Duett mit Almaviva Susanne aus Versehen »Nein!«
sagt, wo sie eigentlich Ja sagen müßte. Dieselbe spaßhafte Wirkung
bringt Haydn dreißig Jahre vor Mozart in seiner Anfangssymphonie,
wenn er in einem G-dur-Andante eine überraschende Stockung mit
dem Septimenakkord über A verursacht:

Eine Reihe anderer »Überraschungswirkungen« hat Karl Geiringer verzeichnet. Haydn ist kein Dramatiker, und seine Durchführungen sind episch. Seine »dramatischen Momente« sind Plötzlichkeiten eines Erzählers. Den »Sprungfortschritt der Kurzgeschichte — the tersest thing in the fine arts —« entdeckt Sir Donald Tovey, der Haydn-Ästhetiker unseres Jahrhunderts, darin. Gerade weil Haydn Erzähler ist, weiß er nämlich um die Gefahren und Langeweile des »epischen Flusses«. Er unterbricht ihn an hundert Stellen durch das Moment der Überraschung. Da ist zum Beispiel die »Scheinreprise«. Der Hörer glaubt, daß die Tonika und der Hauptgedanke aufgesucht werden. Das erweist sich aber als Irrtum. Der Komponist führt den Hörer dicht heran, reißt ihn jedoch im letzten Moment wieder fort. Mit ganz unschuldigen Mitteln erzielt Haydn oft größte Wirkungen. Man weiß, daß er ein Großteil seiner Popularität in England einem »Paukenschlag« verdankte, der dort angebracht wurde, wo er nicht hingehörte: wir sprechen von dem Surprise-Effekt in dem unsterblichen Andante der »Symphonie mit dem Paukenschlag«. Bei der Erstaufführung, heißt es, fuhren die Menschen halb von den Sitzen, denn niemand hatte ihn erwartet. In Wirklichkeit hat Haydn diesen Effekt eines plötzlichen Pauken-Fortes schon viel früher praktiziert: in seiner sechzigsten Symphonie nämlich. Die »Überraschungstechnik« begleitet ihn durch sein ganzes symphonisches Leben.

Überraschende Affektwechsel hatte schon Philipp Emanuel Bach gefordert. Nur das Komische schloß er aus. Das Eindringen komischer Stilelemente in die ernste Symphonie erfüllte ihn mit großer Sorge. Warum sollte bei ernsten Dingen eigentlich Burleskes mitschwingen? »Alles muß närrisch und komisch sein«, schrieb er ungemein verdrießlich 1774 aus Hamburg an seinen Verleger Decker... Nun geschah aber etwas Merkwürdiges. Nur wenige Jahrzehnte später schrieb Reichardt von diesem selben Bach: »Wenn er als Tonsetzer zu irgendeiner bestimmten Klasse gerechnet werden kann, so ist's wohl zu der der Humoristen.« Natürlich war Bach kein Humorist. Was sich hier zugetragen hat, gibt nur der alten Erfahrung recht, daß, wie in der Dichtung und Malerei, auch in der Musik »das Neue an sich schon komisch wirken kann«, auch wenn es gar nicht komisch gemeint ist. Eine abweichende Instrumentation, die die Klangfarbe des Gedankens verändert, kann den Hörer schon lächeln machen. Brownings ernsteste Reime wirken komisch, wenn man statt ihrer die klassischen von Shelley oder Keats erwartet. Gemessen an Ingres und Delacroix sind Manets ernsthafteste Bilder bizarr... Haydn war *wirklich* ein Humorist. Doch nicht alles, was an ihm »lustig« schien, war wirklich lustig. Es war eher neu.

Neu war die Symphonik Haydns unter allen Umständen. Sich immer wandelnd von Lebensalter zu Lebensalter. Der seelische Inhalt der Symphonie ist natürlich beim Dreißiger ein anderer als beim Sechziger. Zwischen 1763 und 1793 gehen ungeheure Dinge in Europa vor. Auch wer ganz abseits und nur in der Kunst lebte, mußte sie fühlen. Das Absterben des Rokoko, dem Haydn wegen seiner Herkunft innerlich kaum nahestand, obwohl er ihm rein äußerlich diente, wird in seiner Symphonik schon früh als bürgerliches Kraftbewußtsein spürbar. In den siebziger Jahren des Jahrhunderts erscheint in seiner Kunst ein Gleichnis zur »Sturm-und-Drang-Periode« der zeitgenössischen Literatur. Seufzer, Synkopen, Klagen, Schwüre, Tränen, nächtliche Unruhe und ungeheure Entschlüsse treten in seine Symphonik ein, eine Woge von »Wertherismus«, die seiner Frühperiode ganz fremd war. Die meisten der Symphonien, die er zwischen 1770 und 1780 schreibt, zeigen Ausbrüche von Schwermut und wieder von flammender Leidenschaft. Die zuversichtlichen Tonarten seiner Jugend trüben sich: er schreibt plötzlich Symphonien in c-moll, e-moll, f-moll, fis-moll. Er schreibt eine »Trauer-Symphonie« und verlangt, daß man ihr E-dur-Adagio bei seiner eigenen Leichenfeier aufführe. Dabei ist er kerngesund. Das innerste Wissen sagt ihm voraus: er hat noch fast vierzig Jahre zu leben.

Aber seine Musik erscheint schwarz-silbern wie ein Katafalk, poetisch-heroisch. Woher kam das? Er hatte nichts erlebt, was eine solche Kunst rechtfertigen konnte. Aber damals kamen Schauspieltruppen nach Esterhaz — und wir kennen ihr Programm. Sie spielten »Julius von Tarent«, das Drama des deutschen Stürmers und Drängers Leisewitz, eine Renaissance-Tragödie. Sie spielten, was viel wichtiger war, Goethes »Götz von Berlichingen«, die Geschichte jenes wackeren Mannes, der sich keinem Unrecht beugt. Eine Geschichte, die Haydn zu Tränen rührt, wie der Prinzipal Wahr bezeugt hat. Vor allem aber spielten sie Shakespeare, »Hamlet«, »Lear« und manches andere. Nun war Haydn kein literarischer Mensch. Man hat nie gehört, daß er außer musiktheoretischen Büchern, der Bibel und ein paar Lateinern (Lateinisch konnte er ziemlich gut) jemals ein Buch geöffnet habe. Zum mindesten kein neueres Buch — und wenn er an Lavater schreibt: »Ich liebe und lese gern Dero Werke«, so ist das nichts anderes als Schmeichelei. Was hätte er auch mit einem Buch wie der »Physiognomik« beginnen sollen? Doch Theater ist nicht Literatur. Die Bühne packte ihn jetzt allgewaltig wie schon einmal im Jünglingsleben. Dieses naive, herrliche Kind, das selbst ein so großer Künstler war, bezog im Theater alles auf sich.

Man hat lange bezweifelt, ob die »Bühnenmusik zu König Lear« wirklich von Meister Haydn stamme. Seit den Forschungen Benyovskis (1926), denen sich Helmut Wirth anschließt (1941), kann man an ihrer Echtheit nicht zweifeln. Die Musik ist nicht in Haydns Handschrift, sondern in der eines Kopisten erhalten. Sie ist auf die Anregung des Schauspieldirektors Carl Wahr entstanden, der mit Haydn befreundet war. Sie besteht aus einer Ouvertüre: einem *Adagio ma non troppo* mit unruhigen Violin-Synkopen und einem rezitativisch erregten *Allegro* über ein verschleiertes Thema. Der oftmals schroffe, zürnende Wechsel zwischen Piano und Forte fällt auf; er verleiht der Ouvertüre eine ungewöhnliche Nervosität.

Dem Vorspiel folgen die Intermezzi. Das erste, das der Meister mit »Der Haß gegen Undankbarkeit« überschrieb (komischerweise verschrieb der Kopist sich und setzte: »Dr. Huß gegen die Undankbarkeit« darüber), ist mit seinem aufsteigenden, durch Vorschläge noch intensivierten Unisono echtester Haydn. Die Teufelei der Learschen Töchter hatte es ihm angetan. Konservative Menschen sind dankbar; und gerade Undankbarkeit war für Haydn eine der unverzeihlichsten Sünden. (Dem Sohn seiner Geliebten Polzelli zum Beispiel will er sich nur widmen, wenn dieser kein »ingrato« ist!) Schmerzlichste Entrüstung atmen — was hat man dem armen Lear getan! — auch das zweite und dritte Intermezzo: »Lears Wahnsinn« mit den Seufzerfiguren des Fagotts, mit dem »Sturm auf der Heide« und dem »Mitleid«, das in vollem, rührendem Streicherklang die Empfindung des Zuschauers wiedergibt. Das vierte Intermezzo, »Die Schlacht«, geschrieben für Trompeten, Hörner, Fagotte, Flöten und Pauken, ging schließlich in einen Es-dur-Marsch freudig-bewegter Prägung über ...

So setzte denn Haydn einen Triumphmarsch an das Ende der pessimistischsten Tragödie der Weltliteratur? Aber es war nicht seine Schuld. Die Bearbeitung, die Wahr spielte, brachte nämlich das »lieto fine«, das das 18. Jahrhundert vorschrieb — wir würden heute sagen, das »happy end«: Cordelia, die Tochter Lears, heiratet Edgar, Glosters Sohn, und so werden wenigstens die Kinder der beiden Märtyrer glücklich. Selbst der große Schroeder spielte diese Art von Bearbeitungen. Wie Gundolf das später richtig erklärt hat: Gemüt und Humanität verlangten damals nicht nur nach dem Sieg des Guten, sondern auch nach einer Milderung der großen Shakespeareschen Katastrophen.

Wie weit Haydn überhaupt Shakespeare verstand, ist für uns nicht halb so wichtig wie die Erkenntnis, daß tragische Stoffe ihn, den machtvoll Ruhigen und dabei vom Leben ganz Unverbrauchten, jetzt bis in den Kern des Seins ergreifen. Er glaubt, daß er alles, was er auf der Bühne sieht, selbst erlebt hat, nimmt es in seine Symphonik herüber und färbt sie damit so subjektiv, daß sie für eine gewisse Strecke Beethoven vorwegzunehmen scheint. Doch Beethoven ist zu dieser Zeit ein kleines Kind; er ist vielleicht noch gar nicht geboren. Was geschieht nun? In den achtziger Jahren geschieht wieder etwas Erstaunliches: so plötzlich, wie der »Sturm und Drang« in Haydn aufgeklungen ist, so rasch ist er wieder abgeklungen. Haydn wird wieder ganz ruhig. Warum? Ist es der jüngere Bruder Mozart, der mit seinem Zauberblick den älteren aus der Wirrnis erlöst? Doch was wissen wir von den Spannungen, die in einem Künstler herrschen, wenn dieser ganz nach innen lebt — und nach außen nur ruhiger Bürger und lächelnder Hofbeamter ist?

Dann stirbt Mozart. Die neunziger Jahre wird Haydn allein betreten mit seinen »Londoner Symphonien«, die man die »Unvergleichlichen« nennt, als berühmtester Komponist der Erde. Aber er war schon vorher berühmt. Schon in den achtziger Jahren bestellte Paris elf Symphonien bei ihm. In den siebziger Jahren war er in Deutschland, in den sechziger Jahren in Österreich zumindest außerordentlich bekannt. Wie kam das? Trotz seiner vorsichtigen Art war er doch ein Neuerer. Und seit wann sind die Massen so musikalisch, daß sie Neuerern zujubeln? Es muß wohl etwas Besonderes in Haydns Musik gelegen haben: ein gewisser bürgerlicher Zug, der ihn Menschen teuer machte, die sich weder von Mozarts Vollkommenheit noch später von Beethovens Leidenschaft wirklich angesprochen fühlten.

Der Anblick der Vollkommenheit ist den Menschen unerträglich. Sie gewinnen keinen Trost aus ihr. Schrieb Beethoven eine Musik für Riesen, so schrieb Mozart eine Musik für Götter; doch es erwies sich in beiden Fällen, daß die Zeitgenossen nur Menschen waren.

Haydns Kunst ängstigte niemanden durch einen übermenschlichen Wuchs wie die Titanenkunst Beethovens. Und auch vollkommen war sie nicht. Sie hatte nicht die Götterklarheit, die olympische Serenität und die Wolkenleichtigkeit Mozarts, die der Menge unheimlich waren. Haydn drückte die Gefühle der meisten Menschen aus. Mochte seine Kunst tief und rein sein, man konnte ihr auf die Schulter klopfen und von ihrem Schöpfer meinen: »Er ist ein Mensch wie wir anderen auch.«

Wie sah der Alltag des Genius aus, in Eisenstadt und Esterhaz, wenn
er nicht im blauen Frack in der Antichambre stand, um seinem Fürsten
aufzuwarten und dann am Abend zu dirigieren?

Als der junge Haydn nach Eisenstadt kam, war es ein schläfriges
kleines Städtchen mit kaum mehr als fünfhundert Häusern. In jedem
Haus wußte man, was im Nachbarhaus vorging. Einfach floß das Leben
der Bürger, der Fleischer, Schuster, Spezereihändler. Morgens und
abends brüllte das Vieh. Denn manche von den Honoratioren hatten
auch ländliche Geschäfte, waren Weingärtner und halbe Bauern. Die
Bürger waren überzeugt, daß es nirgendwo Schöneres gäbe als das viereckige Stadtschloß ihres Fürsten. Weit hinaus glänzten seine Ecktürme,
mit Kupfer und mit Weißblech bedeckt. Ursprünglich war da ein Graben gewesen und eine Zugbrücke, man war für Belagerungen eingerichtet; später wurde das abgeschafft, das 18. Jahrhundert baute einen
sentimentalen Park neben das halb kriegerische Schloß mit bescheidenen Erinnerungen an die antike Mythologie, mit künstlichen Felsen
und griechischen Tempeln. Auf einer künstlichen Anhöhe lag auch die
berühmte »Bergkirche«, in der Haydn Messen dirigierte und in der er
bestattet ist.

Von Eisenstadts fünftausend Einwohnern sprach die Minorität ungarisch. Diese nannte das Städtchen Kiß-Marton, was Klein-Martin
bedeutete. Und dann war da noch eine andere, vielberedete Minorität:
ein uraltes Judenviertel mit patriarchalisch gestuften Familien, darin
das christliche Eisenstadt sich nochmals im kleinen wiederholte. Aus
der Eisenstädter Synagoge sind berühmte Rabbiner hervorgegangen
und eine Menge von Gelehrten, die in ganz Europa zu treffen waren:
Samson Wertheimer, Meir ben Isaak; auch Kunstsammler und Philan-
thropen bis in die jüngste Zeit hinein, wie der Weinhändler Szandor
Wolf.

Als Joseph Haydn und seine Gattin Anna Aloysia 1761 nach Eisenstadt kamen, wohnten sie wie die anderen Glieder der fürstlichen
Kapelle im sogenannten »Musikgebäude«, einem stattlichen Bau nächst
der Bergkirche. Ursprünglich war dort ein Gasthaus gewesen. Hier
hausten sie alle, die mit den Jahren Haydns Freunde werden sollten:
der Paukenschläger Adamus Sturm, der erste Geiger Tomasini, die
Oboisten Braun und Kreibig, die Tenorsänger Diezl und Friberth, der
bedeutende Cellist Josef Weigl und seine Gattin, die Sängerin Scheff-
stoß; später auch Anton und Michael Prinster, die vortrefflichen Horn-

bläser. Michael Prinster hat zu den letzten Veteranen der Haydn-Kapelle gehört. Noch 1868 pflegte er bei Sonnenschein im Hof des »Musikgebäudes« zu sitzen, das Sammetkäppchen auf dem Ohr, die Schnupftabaksdose in der Hand, und von Haydn zu erzählen.

Die Enge und die dünnen Wände machten das Leben in der kleinen Künstlerkolonie nicht leicht. Kinder schrien, Frauen zankten, Küchen- und Haushaltungsgeräusche vermischten sich mit den Etüden der probenden Musiker. Das Fiedeln und Schalmeien nahm vom Morgen bis in die Nacht kein Ende. Täglich hielt der geplagte Haydn kleine Ensembleproben ab. Ein eigener Probensaal stand zur Verfügung, er lag neben seinem Schlafzimmer. Die großen Orchesterproben aber oder gar die Opernproben wurden im Schloß selbst abgehalten.

Hatte Haydn nur Freunde in Eisenstadt? Der erste Kapellmeister des Fürsten, der alte, kränkliche Gregor Werner, der ebenfalls im Musikhaus lebte, war gewiß nicht Haydns Freund. Er sah mit scheelen Augen auf den Vizekapellmeister, dessen Statur ihn künstlerisch weit überragte. In seiner Jugend hatte Werner bei dem Kapellmeister Kaiser Karls VI., dem berühmten Fux, studiert und geschätzte Kirchenmusiken geschrieben; auch eine musikalische Posse »Der Wiener Tandelmarkt« voller Frische, Talent und Witz. Doch im Alter wurde er konservativ. Er sprach geringschätzig über Haydn, den er nur den »Modehansl« und den »Gsanglmacher« nannte. 1766 starb er, schwerhörig und verbittert. Bedeutender als sein Leben blickt uns seine erhaltene Grabschrift an, ein humoristisches Epitaph, das die seltsame Verbindung zwischen Tod, Scherz und Musik zeigt, wie das 18. Jahrhundert sie kannte:

> Hier liegt ein Chor-Regent, der ein groß Fürstenhaus
> sehr viele Jahr bedient, nun ist die Musik aus.
> Er hatte große Plag mit Kreuzl und b-moll,
> Wußt endlich nicht, wie, wo er's resolvieren soll,
> bis er die Kunst erlernt, nur in Geduld zu sein,
> alsdann gab er sich willig und ganz bereit darein.
>> Dich aber, großer Gott,
>> bitt' er in höchster Noth,
>> Du wollst die Dissonanzen,
>> von ihm gesetzt zu frey,
>> verkehrn in Konsonanzen
>> durch seine Buß und Reu.

Weil er die letzt Kadenz sodann ins Grab gemacht,
ist folglich all sein Müh zum guten Schluß gebracht.
O Heiland, nehm ihn auf zu deinem Himmels-Chor,
den nie ein Aug gesehn, noch g'hört ein menschlich Ohr.
    Wenn dann die groß Posaunen
    wird rufen zum Gericht,
    zu aller Welt Erstaunen:
    alsdann verdamm ihn nicht!

Als Gregor Werner gestorben war, bezogen die Haydns nicht seine Wohnung, sondern ein neugekauftes Haus, worin der Komponist mehr Ruhe zu haben hoffte als bisher. Damit irrte er sich leider. Er sollte alle Leiden eines Hausbesitzers kennenlernen. Es war das Haus Nr. 82 in der Klostergasse, das er kaufte. Im Eisenstädter Grundbuch wird es als zweistöckig und bequem beschrieben, mit zwei großen »stockendorten« Gemächern, was wohl »stukkatiert« heißen soll. Zu ebener Erde lagen noch Gastzimmer, Schlafkammer, Küche, Vorraum und ein Schuppen, ferner jenseits des Hofes ein Stall für eine Kuh und ein Kalb. Ferner gehörten grundbuchmäßig zu dem Haus noch ein Küchengärtchen vor der Stadt, ein paar Weingärten, eine Anzahl von Waldparzellen und eine Viehweide: alles das ging am 2. Mai 1766 an Kapellmeister Joseph Haydn über.

Er hatte auf ein Idyll gehofft, doch er hatte sich leider mit diesem Kauf zwischen böse Nachbarinnen gesetzt. Das Haus der Magdalena Frumwald stieß unmittelbar an das Haydnsche an. Auf der anderen Seite grenzte es an das Haus der Theresia Späch. Zusammen mit Anna Aloysia bildeten diese Damen ein Trio, dessen wütendes Gezänk Haydn die Arbeitsruhe vergällte. Eines Morgens, früh um halb fünf, begann Frau Frumwald, um Haydns zu ärgern, durch einen Handwerksmeister plötzlich ihren Kamin abreißen zu lassen. Unter fürchterlichem Getöse regneten die Frumwaldschen Ziegel gegen den Haydnschen Dachboden. Am 29. April 1769 brachte der Kapellmeister Haydn beim Gericht von Eisenstadt eine Klage gegen Frau Frumwald ein. War sie eigentlich berechtigt, den Kamin einreißen zu lassen, und wem gehörte die Brandmauer, die zwischen den Häusern errichtet war? Der Prozeß zog sich vier Jahre hin, zum Entzücken der Advokaten. Wie er ausging, wissen wir nicht. Wohl aber, daß zwei Jahre später Frau Späch gegen Haydn als Klägerin auftrat: weil er ein Dach habe aufführen lassen, das ihrem Hause das Licht wegnehme.

Unter solchen Nachbarn zu leben, war nichts für einen schaffenden

Genius. Haydn war froh, das Haus zu verkaufen. 1778 trat er es für nur zweitausend Gulden dem Buchhalter Liechtscheidl ab. Es hatte ihn selbst weit mehr gekostet, denn zweimal war es bei den großen Stadtbränden, die Eisenstadt verwüstet hatten, abgebrannt. Haydn hatte einen Schaden von fast zwölfhundert Gulden erlitten, den ihm niemand vergütete. Da hundertundvier Häuser abgebrannt waren, das Franziskanerkloster dazu, hatte die Stadt, die selbst nicht reich war, zu viele Wunden zu verbinden: auf Haydn kamen, wie das Stadtarchiv aufweist, als Schadenersatz nicht mehr als sechsundzwanzig und ein halber Gulden. Der schlimmste der Schäden aber war nicht das verbrannte Mobiliar, sondern der unbezifferbare Verlust wertvoller Notenmanuskripte. Es glich fast einer Rache des Schicksals an Eisenstadt und seinen Bewohnern: Das Burgenland war nicht vom Feinde verwüstet, und in anderen Teilen Österreichs, wo der Siebenjährige Krieg gehaust hatte, sah es weit schlimmer aus als hier — doch in zwei schrecklichen Feuersbrünsten bezahlte auch Eisenstadt seinen Zoll.

Es ist das Schicksal eines Genius, an der Umwelt, mit der er lebt, zu leiden. Nichts hätte Haydn angefochten, hätte er in Kammer und Küche eine liebende Frau gehabt. Doch die Ehe mit Anna Aloysia verschlechterte sich von Jahr zu Jahr. Daß Anna zänkisch war, wissen wir. Je verträglicher Haydn sich selbst hielt, desto heftiger wurde sie. Wie Haydns Schüler Neukomm behauptet, war sie auch verschwenderisch. Vor allem war sie eifersüchtig, und das bereits zu einer Zeit, als dazu noch kein Grund vorlag. In dem ersten Jahrzehnt seiner Ehe hat Haydn schwerlich Vergnügungen außerhalb des Hauses gesucht: er hoffte immer noch auf Kinder. Daß die Frau ihm keine gebar, hat seine Ehe schwerer erschüttert als Anna Aloysias Charakter. »Sie war unfähig zum Kindergebären«, sagte er später zu Griesinger, »deshalb war ich auch gegen die Reize anderer Frauenzimmer weniger gleichgültig...«

Die Verschwendungssucht hing unter anderm mit Annas Bigotterie zusammen: sie lud oft Geistliche zu Tisch, ließ unzählige Messen lesen und gab hinter Haydns Rücken Klöstern und Bettelmönchen, was sie nur erraffen konnte. Haydn lag wegen dieser Dinge in einem ständigen Kampf mit ihr und fühlte sich jahrelang genötigt, ihr seine Einkünfte zu verbergen. Wenn sie kein Geld bekommen konnte, rang sie ihm Kirchenkompositionen ab, die sie an geistliche Stifte verschenkte. Andererseits stand Anna der Kunst völlig gleichgültig gegenüber. Es kümmere sie nicht, klagte Haydn, ob ihr Mann Künstler sei oder Schuster. War es Bosheit oder nur Dummheit? Wie der Hornbläser Michael Prinster erzählt, verbrauchte diese liebende Gattin manche Haydn-

sche Partitur für Lockenwickel oder ließ sie als Pasteten-Unterlage ins
Ofenblech wandern... Mag dies nun wahr sein oder nicht: es entsprach
Haydns christlicher Geduld, daß er sich bei der Schilderung seiner
Ehehälfte gegen andere zumeist nur des Ausdrucks »Leichtsinn« bediente. Freilich nicht immer; wir werden sehen, daß er die Tonstärke
seines Zorns auch bis zu »bestia infernale« (höllisches Untier) steigern
konnte.

Leider hatte er niemanden, dem er sein Herzeleid klagen konnte.
Da war der Vater. Doch den verlor er schon im September 1763. Kurz
zuvor war der Wagenbauer noch im Schlosse von Eisenstadt erschienen, hatte froh seinen großen Sohn im blauen Sammetrock bestaunt
und sogar vom Fürsten höchstselbst Lobsprüche über ihn vernommen.
Als er dann nach Rohrau zurückkam und sein Handwerk wiederauf-
nahm, brach ein hochgeschichteter Holzstoß neben ihm in der Werkstatt zusammen und drückte ihm die Rippen ein. Wieviel Kinder hatte
doch dieser Matthias Haydn gehabt! Und der große Komponist hatte
keine? Er nahm bald darauf seinen jüngsten Bruder, den verwaisten
Johann Evangelist, in die fürstliche Kapelle, um ihn ein wenig be-
vatern zu können; sein Lieblingsbruder Michael, der Salzburger Domkapellmeister, war fern, und Haydn fühlte sich einsam.

Ach, Kinder, Kinder... Haydn sah sie im Winter in die Schule
gehen, wenn er aus dem Fenster blickte. Er roch die Bratäpfel, in die
sie ihre kleinen weißen Zähne schlugen. Er hörte ihr helles, dünnes
Geschrei und sah ihre wolligen Pudelmützen, wenn sie übers Eis schlit-
terten... Er war ein Kindernarr wie Brahms, und dieser Eigenschaft
des Meisters verdanken wir jenen herrlichen Spaß, die »Kindersymphonie«.

Auf einem Jahrmarkt hatte Haydn eine Kinderschar getroffen, die
sich nicht damit begnügte, selber den üblichen Lärm zu vollführen,
sondern andere Möglichkeiten suchte. Ein Trödler hielt Lärm-Erreger
feil: einen Kuckuck aus Blech, eine Nachteule, Trompeten, Ratschen,
Becken und Zimbeln. Die Kinder hatten freilich kein Geld und be-
arbeiteten zunächst die geborgten Instrumente nur zaghaft. Der vor-
übergehende Haydn wurde von einer Eingebung und Experimentier-
idee berührt. Wenn Kinder im Theater auftraten — er dachte an
Kurz-Bernardon und seine Truppe von Kinderschauspielern —, warum
nicht auch als Musikbande? Er kaufte ihnen die Instrumente und
hörte zu, was sich jetzt begab. Auch dieser Höllenlärm hatte Gesetze.
Es gab noch andere Tonhöhen als die der üblichen Instrumente... So
kaufte er für sich selbst noch einmal einen Satz dieser Lärm-Erreger,

stellte sie nebeneinander auf und begann dann mit vollem Ernst, daheim eine Symphonie zu schreiben. Er fügte als verbindenden Kitt noch Baß und zwei Violinen hinzu, die er zu einem Kuckucksthema auf die Töne G und E stimmte. Trompete und Trommel erklangen in G und der Wachtelruf in F. Beim letzten Satz ordnete er an, daß er dreimal zu spielen sei: als Moderato, Allegro und Presto. Nachdem er so mit Behagen und Witz das Werkchen instrumentiert hatte, forderte er am nächsten Morgen das Orchester zu einer wichtigen Probe. Wer beschreibt das Erstaunen der Musiker, als ihr Chef ihnen ein Dutzend Instrumente in die Hand drückt, die einem Narrenhaus zu entstammen scheinen! Ist es nicht unter ihrer Würde, so etwas an die Lippen zu setzen? Da macht der Meister es ihnen vor, es klingt gut, sie vergessen den »dummen Ernst«, Musik kann auch etwas sehr Fröhliches sein.

Ob die Musiker bei der ersten Aufführung Kinderkleider trugen, wissen wir nicht; später wurde es üblich. Überall und allgemein wurde das Werk als »Faschingsschwank« für Erwachsene aufgeführt. Am besten aber klingt es noch immer, wenn es von Kindern selbst dargebracht wird. Wer es, akkurat gespielt, von einem Miniatur-Orchester Zwölf- und Dreizehnjähriger hört, freut sich heute noch genau so wie die Zeitgenossen Haydns.

So war es der Humor, der dem Meister über sein trauriges Haus hinweghalf. Haydn durchbrach seine Einsamkeit und lebte mit einer Anzahl von Menschen, die nicht seine Nächsten waren, deren Schicksal ihm aber naheging. Der vierzigjährige Komponist war durchaus kein Sonderling, der sich vor der Umwelt verschloß. Er hatte selber keine Familie, aber die allergrößte Familie hatte er doch an den Eisenstädtern. Hier saß er, wir dürfen daran nicht zweifeln, wie Wagners Hans Sachs im alten Nürnberg, und das bereits zu einer Zeit, als er selbst noch im Vormittag stand und kein Grau auf seinem Kopf wuchs. Hier trank er mit ihnen im »Gasthaus zum Engel«, sah den Fuhrleuten und Bauern zu, die vom Land in die Stadt kamen. Er senkte seinen Kopf sachverständig, wenn er von der Ernte hörte, von dem Fallen und Steigen der Preise, von Viehsterben, Hochzeiten und Geburten. Er war ihnen gefällig, war einer der Ihren, auch ohne daß er Polizist, Marktrichter oder Arzt gewesen wäre. Als ein befreundeter Fleischermeister ihn um eine Musik zur Hochzeitsfeier seiner Tochter anging, da bediente Haydn ihn so, als sei der Besteller der Fürst Esterhazy. Es entstand das »Ochsen-Menuett« — so genannt, weil die Bezahlung in natura geleistet wurde. In einer schönen Mondnacht hörte Haydn ein Muhen vor seinem Fenster, ein stattlicher Ochse, aufgeschmückt, die Hörner mit grünen Girlanden umwunden, einen Bänderhut auf dem Haupt, wurde in seinen Hof geführt: das war der Lohn für sein Menuett.

Kleinstädtischer Humor war es, der sich in Haydns Musik einschlich, wenn er für einen seiner Freunde, den Wiener Hofkapellmeister Gaßmann, Stücke auf der Flöten-Uhr schrieb: den »Kaffee-Klatsch«, den »Wachtel-Schlag« und andere Natur-Imitationen.

Die Sorgen des Volkes in einer Landstadt sind immer mit dem Wetter verknüpft. Und so erscheint in Haydns Musik stets und zuerst der Blick nach dem Wetter. Welches Wetter wird für das Obst gut sein? Da glüht, in symphonischen Taktspalieren, die rote Sonne des August und das kräftige Licht des September. Im Oktober ist Weinlese, im November ruht die Arbeit, und das Leben beginnt in den Spinnstuben. Der alte Haydn wird, wie ein Homer, in den »Jahreszeiten« davon berichten. Vorläufig ist dieser Alte noch jung. Jeden Augenblick, den er nicht im Sammetfrack beim Fürsten verbringt, jede Stunde, während deren er nicht mit dem Gänsekiel ein Heer von Noten aufs Papier strömt, läuft er draußen im Freien umher. Noch sechzig Jahre nach Haydns Tod (Kuhač hat dieses Wort überliefert) pflegten die Kroaten der Gegend von einem rüstigen Manne zu rühmen: »To je lovac i ribar kao Haydn.« (Er ist ein so tüchtiger Jäger und Fischer wie Haydn.) Wir sehen Haydn im Abendnebel in die Heide hinaus verschwinden, wo die Zigeunerwagen stehen. Mit triefendem Mantel nähert er sich und ißt aus ihren armen Kesseln, zerlumpte Kinder umringen ihn; für ein paar Geldstücke spielen ihm die fremden, weitgereisten Gesellen ihre dunkelhäutigen Weisen vor, er schreibt sie auf, er bringt sie nach Haus, er baut ihren Klang in sein eigenes Werk ein — und alles das achtzig Jahre vor Liszt.

Haydn kennt alles: die Fata Morgana der weiten ungarischen Ebene, die zitternde Mittagshitze über den starren Ährenfeldern, die wie getriebenes Metall erscheinen. Die violetten, warmen Wolken, aus denen plötzlich der Regen kommt, das plötzliche Dunkelwerden der Wiesen, die fast religiöse Reinigung und die feierliche Kühle nach dem abgerollten Sommergewitter. Der Meister kennt das neblige Röhricht, aus dem beim ersten Schreck über den Schuß knatternd das Geflügel auffährt. Er kennt den Frost, der hier so stark ist, daß er Bäume und Brücken zerbeißt; die Schneestürme, die über Nacht ganze Dörfer so zuschütten, daß nur noch die Kamine wie ein paar verlorene Wegweiser hervorsehen. Und dann ist die Januarsonne da, die wunderbare Mittagssonne, die die Landschaft in C-dur-Weiß verwandelt... Und all dies Licht hat Gott gemacht, damit ein frommer Musiker es in dankbarer Notenfolge aufschreibt. Diese Noten sind manchmal so unscheinbar wie Ackerschollen oder Lerchen. Plötzlich aber wirft sich das alles tirilierend zum Himmel empor und schmilzt hoch droben in Klang und Glück.

Nein, Haydns Leben war niemals langweilig, auch ohne den Ruf der großen Welt. Die war ja aber gar nicht weit. Über Nacht konnte der Befehl Esterhazys ein teures Fest aus der Erde stampfen. Haydn und seine Musikerschar wurden in Karossen geladen und für zwei Wochen nach Preßburg geführt, zum Fürsten Anton Grassalkovicz, wo im Theater dann Dinge stattfanden, von denen die Münder jahrelang sprachen.

Das großartigste dieser Feste gab Nikolaus der Prächtige für die Landesmutter, für Maria Theresia, als sie am 1. September des Jahres 1773 zum erstenmal nach Esterhaz kam. So manches Jahr stand das Prunkschloß schon, jetzt kam sie mit einem großen Gefolge zu ihrem getreuen Paladin, um »die erzählten Wunderdinge mit ihren eigenen Augen zu sehen«. In ihrer Begleitung befanden sich drei Erzherzoginnen, ihr Schwiegersohn Albert von Sachsen-Teschen und ihr jüngerer Sohn Maximilian: ein politischer Massenbesuch!

Fürst Nikolaus war der Kaiserin bis Ödenburg entgegengefahren. Tausende von Landsleuten in magyarischen Kostümen säumten die Straße, die von hier nach Südwesten an das Ufer des Neusiedler Sees führte. Hier wartete das Schloß, um sich »der Monarchin zu Füßen zu legen«. Maria Theresia bewunderte die großartige Feerie der Gebäude, zeigte sich überrascht von der Schönheit der Sonnen- und Dianentempel, der Gemälde und Kunstschätze. Nach der Tafel wurde im Opernhaus ein zweiaktiges Stückchen von Haydn gegeben, »L'Infedeltà delusa«, worauf der hohe Gast äußerte: »Wenn ich eine gute Oper hören will, gehe ich nach Esterhaz«; eine schmeichelhafte Übertreibung, die Haydn beim Fürsten genützt haben mag. Der Oper folgte ein Maskenball in sämtlichen Prunksälen des Schlosses. Die Monarchin reichte dem Fürsten den Arm; beide sahen von der Spiegelgalerie des chinesischen Lusthauses Schloß und Park im Lichtmeer erstrahlen. Hinter ihnen stand die Schar adliger ungarischer Vettern, die Nikolaus eingeladen hatte.

Auf einer Estrade hatte Haydn mit der fürstlichen Kapelle in Galauniform Platz genommen, zum erstenmal erklang jetzt seine Sympho-

nie Nr. 48, mit einem Meistersinger-Tusch von Oboen, Hörnern und
Pauken:

die »Maria-Theresien-Symphonie«. Noch als die Kaiserin sich in ihre
Gemächer zurückgezogen hatte, wogte der Maskenball über die Treppen und durch die warme Septembernacht. So plötzlich war die Sonne
da, als sei sie ein neuer Licht-Effekt, der die Tanzenden erfreuen
sollte. Ohne abzubrechen, drehte sich das Fest in den Vormittag hinüber. Auch Haydn hatte kaum geschlafen. Es gab öffentliche Mittags-
tafel, bei der die Kapelle sich produzierte. Um vier Uhr begab sich
die Kaiserin ins fürstliche Marionettentheater, wo sie ein Puppenspiel
von Haydn »Philemon und Baucis« erwartete. Ein rührend-melancho-
lisches Stückchen, bei dem die Hörer das Schnupftuch zogen. Man sah
ein gebrechliches Ehepaar aus der griechischen Mythologie, dargestellt
von gebrechlichen Puppen, die sich nur scheu und hüpfend bewegten.
Die Musik ist seither verlorengegangen, nur die Ouvertüre hat überlebt:

Der Kaiserin gefiel es so sehr, daß sie noch vier Jahre später sich die
ganze Puppen-Ausstattung des Stückchens nach Schönbrunn bestellte.

Nach eingenommenem Souper steigerte sich das zweitägige Fest noch,
als das lange erwartete »größte Feuerwerk aller Zeiten« zu Ehren des
Gastes abgebrannt wurde. Ein Pariser Pyrotechniker hatte es zusam-
mengestellt. Er näherte sich und bat kniefällig die Kaiserin Maria
Theresia, das Werk persönlich anzuzünden. So geschah es, und im
nächsten Moment begann eine lange Reihe von Figuren, Raketen und
feurigen Rädern die Nacht mit Tageshelle zu füllen. Lauter aber als
das Knattern und Sprühen des feurigen Elements war der Ruf von
zweitausend Landleuten, die, mit Hirtenstäben und Bändern geschmückt, halb wie ein Nationalballett und halb wie ein antiker Chor,
in den Schloßpark eindrangen. Sie riefen: »Eljen a me kyralynônk!
Eljen Maria Theresia!« (Hoch Maria Theresia! Es lebe unsre Königin!)

Der Fürst hatte seine Leibeigenen zu diesem Feste hinbefohlen, und vielleicht war das seinerseits als politische Demonstration gedacht. Vielleicht wollte er der Monarchin zeigen, daß seine »Subjekte« glücklich waren. In Wirklichkeit waren sie es nicht, weil kein Bauer in Ungarn glücklich war; sicherlich wußte das der Fürst; und mehr noch: er wußte ziemlich genau, daß auch die Kaiserin es wußte. Ein Jahr zuvor hatte Maria Theresia an ihren Kanzler Kaunitz geschrieben, die Aufhebung der Leibeigenschaft sei eins jener Regierungsziele, »um die es sich noch lohne zu leben«. Es war ein Ziel, dem sie, vielfach gebunden, sich nicht selber nähern konnte. Aber Fürst Nikolaus und die anderen ungarischen Großen wußten, daß ihr Sohn und Mitregent, Josef II., es ernstlich verfolgte. Nächtelang saß der junge Kaiser über den Thesen jenes Rousseau, der in seinem »Contrat social« die großen Worte geschrieben hatte: »Bürgerlicher Zusammenschluß kann nur aus freiestem Willen geschehen. Nachdem jedermann frei geboren ist und keinen Herrn hat außer sich selbst, kann niemand und unter keinem Vorwand über einen anderen herrschen, es sei denn mit dessen Zustimmung.« War das nicht das Ende der feudalen Gesellschaftsordnung? Noch sollte es dreizehn Jahre dauern, ehe Josef, Alleinregent geworden, in seinen sämtlichen Staaten die Bauernbefreiung durchführte — aber die Drohung lag in der Luft, und Nikolaus mochte erleichtert aufseufzen, daß Josef, »der grämliche Gelehrte«, der ewige »Nörgler und Kritiker«, die Mutter nicht begleitet hatte und deshalb auch das Fest nicht störte...

Bei diesem Fest soll nun endlich Haydn der Monarchin vorgestellt worden sein. Haydn, der Mann — den Knaben hatte sie ja in Schönbrunn und Wien gekannt und hatte auf jene bekannte Weise in sein Leben eingegriffen. Haydn, dürfen wir annehmen, war an diesem Festabend ein wenig des Tokaiers voll; sonst hätte er vielleicht nicht gewagt, in scherzhafter Form auf seine Schönbrunner Prügel zurückzukommen und auf die spätere Ausstoßung aus dem Wiener Kapellhause. Die Kaiserin war zunächst verblüfft, dann lächelte sie und hob den Finger: Ob ihm das damals geschadet habe? Und sie überreichte ihm eine goldene Tabatière, die mit Diamanten besetzt war, als nachträgliches Schmerzensgeld.

Eine sonderbare Szene, nur möglich im Rokoko: zwei Wesen lernen einander kennen, ein weltenweiter Abstand trennt sie, den Künstler und die Kaiserin — aber ihre Aura hat sich schon lange Zeit aneinander gesättigt: denn Maria Theresia lebte genau so im Zeitalter Haydns wie er in ihrem. Im übrigen war Österreich fast zwanzig Jahre

vor dem Ausbruch der französischen Revolution noch immer ein großes
Kinderzimmer. Der Versuch des matriarchalen Staates, dem einzelnen
durch Sanftmut und Geschenke über die Übel der Gesellschaftsordnung
hinwegzuhelfen, färbte jede Äußerung der Kultur. Dies war die österreichische Spielart des Rokoko, und mit lächelndem Freimut darf der
vierzigjährige Haydn zu der erhabenen Landesmutter von erlittener
Unbill reden.

Dabei fühlt sich dieser Haydn längst schon als Vater seiner eignen
Umgebung. Er bevatert die Künstler der Kapelle, die zahlreichen Instrumentalisten und Sänger. Mit den Jahrzehnten werden schließlich
viele Hunderte zu seinen Füßen sitzen; Tomasini und andere haben
schon Kinder; eine zweite und dritte Generation wird in Haydns Kapelle eintreten. Und doch: »Papa« war er schon viel früher. Diese Bezeichnung, die irrigerweise einen Großvater anzudeuten scheint, benutzte Haydn nachweislich bereits mit fünfunddreißig Jahren. Sie hat
nichts mit silbernen Locken zu tun, sondern war eine Erinnerung an
den Theaterprinzipal und Komiker Kurz-Bernardon, der sich der Truppe
gegenüber als »der Herr Vatter« bezeichnet hatte und von sich in der
dritten Person sprach. Genau dasselbe tat auch Haydn. »Der Papa
meint«, »der Papa wünscht«, die Anrede der Seinen an ihn war »Guter, liebster, bester Papa«. Auch sein Diener und Notenkopist Elßler
verkehrte so mit ihm. Und alle hatten sie ihren Grund. Man könnte
Bände damit füllen, wie Joseph Haydn für sie sorgte, ihre Zwistigkei-
ten schlichtete, Gehaltsverbesserungen anstrebte; wie er, der schriftlich
so Ungewandte, dennoch Suppliken für sie schrieb, wenn sie den Fürsten geärgert hatten und wegen Urlaubsüberschreitung, Unpünktlich-
keit und ähnlicher Dinge Lohnentzug, Hausarrest oder gar Entlassung
zu gewärtigen hatten.

Wie patriarchalisch der große Haydn für seine Musiker sorgte, davon zeugt jene »Abschiedssymphonie«. In dieser Geschichte, die im
Sommer 1772 spielt, ist tatsächlich der ganze Haydn, mit seiner Klug-
heit, Güte, Zartheit und all seiner menschenfreundlichen Kunst.

Es existierte eine Verordnung, die den Musikern der Kapelle auf-
trug, ohne ihre Frauen und Kinder im Schlosse Esterhaz zu erscheinen,
sobald dort die Sommersaison begann. Das heißt: den ganzen Sommer hindurch hatten diese Bedauernswerten ihre Familien zu entbeh-
ren, die ihrerseits in Eisenstadt saßen und sich nach Männern und
Vätern sehnten. Ausgenommen von diesem Verbot waren nur zwei
bestimmte Sänger sowie der Geiger Tomasini und der Kapellmeister
Haydn selbst — was letzterem nicht gerade als Vorzug erscheinen

mochte, denn er hätte seine Frau wahrscheinlich gern in Eisenstadt gelassen.

Als Ursache für diese Maßnahme wurde angegeben, daß für eine so zahlreiche Belegschaft im Schlosse Esterhaz kein Platz sei. Nun, wir wissen, daß das Schloß Hunderte von Gastzimmern hatte. Doch die fürstlichen Angestellten waren eben keine Gäste. Die Musiker empfanden dies als hart. Sie versuchten dem Fürsten vorzustellen, wie unpraktisch die Verordnung sei, weil jeder von ihnen dadurch eigentlich zwei Haushalte zu bestreiten habe. Ohne mit der Wimper zu zucken, zahlte Nikolaus eine Zulage. Die Hauptsache schien ihm, die Frauen und Kinder seiner Leute nicht sehen zu müssen. Allen Vorstellungen, Bitten, Klagen gegenüber blieb er taub. Er erlaubte nicht einmal »Besuche für vierundzwanzig Stunden«.

Der Musiksommer von Esterhaz dauerte lange, er wollte nicht enden. Die Musiker, immer unglücklicher, bestürmten ihren Vater Haydn. Er zuckte die Achseln, was sollte er machen? In Wirklichkeit hatte er schon gehandelt und gleichsam hinter den Kulissen eine Falle vorbereitet. Es war eine neue Symphonie, die am Abend vor dem Fürsten und seinen Gästen erklingen sollte. Sie stand als letzte auf dem Programm.

Zunächst schien nichts Merkwürdiges an ihr zu sein. Außer daß ihre Tonart — fis-moll — weich, verhangen und melancholisch war. Im ersten Satz, Allegro assai, ereignete sich nichts Besonderes; im Adagio spielten die Violinen, durch Sordinen gedämpft, schwermütiger als sonst; das Menuett mit dem Trio in Fis-dur sprach etwas kurz von den Freuden des Lebens. Erst das Finale, das Presto, zeigte wieder die rauschende Fröhlichkeit eines Haydnschen Ecksatzes:

Da, nach nicht mehr als hundert Takten, machten alle Instrumente auf der Dominante von Fis plötzlich halt: völlig unerwartet begannen vier Violinen ein Thema zu spielen, das man bisher nicht gehört hatte, zu schleppen und auseinander zu fallen. Etwas Unerhörtes geschah am Pult des zweiten Hornbläsers: er und der erste Oboist standen

mitten im Spielen auf, packten die Instrumente ein und verließen das
Podium. Elf Takte weiter ergreift der bisher unbeschäftigte Fagottist
sein Instrument, doch nur um kurz, unisono mit der zweiten Geige den
Anfang des ersten Motivs zu blasen; dann löscht er das Licht aus und
geht gleichfalls ab. Nach sieben Takten folgen ihm der erste Hornist
und die zweite Oboe. Jetzt löst sich das Cello, das bisher mit der Baßgeige gemeinsame Wege gegangen ist, von ihr los: bei einer Wendung
— unvermutet setzt Cis als Dominante ein — steht die Baßgeige auf
und geht davon. Immer schmalbrüstiger wird die Musik, immer dün-
ner. Haydn am Klavier dirigiert weiter, als bemerke er nichts. Ein
paar Adagio-Takte in A-dur. Doch während sie erklingen, verschwinden nach und nach der Cellist, der dritte und vierte Violinist und der
Bratschist.

Es ist fast finster im Orchester. Nur an einem Pult brennen noch
zwei Kerzen: hier sitzen Luigi Tomasini und ein zweiter Violinist,
denen das letzte Wort zufiel. Leise, durch Sordinen gedämpft, erklingt
der Wechselgesang ihrer Geigen, in Terzen und Sexten sich verschlin-
gend und dann wie im leisesten Hauch ersterbend. Jetzt sind die letzten Lichter erloschen, die letzten Geiger aufgestanden und wie Schatten
an der Wand verschwunden: ein Atem herbstlicher Einsamkeit weht
in den Zuhörerraum hinüber. Wie Haydn auf Zehenspitzen abgehen
will, tritt der Fürst heran und legt ihm leise die Hand auf die Schulter: »Mein lieber Haydn! Ich habe verstanden. Die Musiker sehnen
sich nach Hause... Gut denn! Morgen packen wir ein...«

Im Vorsaal harrte die Kapelle in banger Erwartung ihres Meisters.
War ihm der liebende Streich gelungen? Aber da war er schon unter
ihnen, mehr als Worte verriet sein Blick ihnen den glücklichen Ausgang der Sache. Mit Umarmungen zogen sie ihn fort.

Diese Szene hat nie aufgehört, die Menschen zu beschäftigen. Es ist
etwas in ihr von der »umstimmenden Gewalt der Musik«, von ihrer
Kraft, »Entschlüsse zu ändern«, wenn auch in der reizenden Verkleidung und der Leichtigkeit des Rokoko. Rossini, der Haydn vergötterte
und der ihn oft genug in Schutz nahm, wenn man Haydns Ernst als zu
fröhlich empfand (»Jawohl — seine Fröhlichkeit war sein Ernst!«),
gedachte 1830 hauptsächlich um diese Szene herum eine kleine opera
buffa zu schreiben, in welcher Haydn der Held sein sollte. Der Charakter der Musiker, die gegen die Bürokratie aufbegehren und die zu
ihren Familien wollen; Haydn, der seine Frau bei sich hat, ein ge-
plagter Ehemann, der nur an das Glück der anderen denkt; der hoch-
fahrende, schließlich bezwungene Fürst: schade, daß es dazu nicht kam.

Wie reizend wäre das geworden! 1838 führte Felix Mendelssohn die
Symphonie in einem Konzert auf, »ein kurios melancholisches Stückchen«; treu nach Haydns Angaben gingen die Musiker einzeln weg.
Robert Schumann, sonst kein Freund unsres Meisters, schrieb damals,
wie sehr es ihn ergriff, als die Musiker die Lichter auslöschten und
dann sachte davongingen: »Und es lachte auch niemand dabei, da es
gar nicht zum Lachen war.« Zuletzt hat Serge Koussevitzky in Boston
diese Szene gespielt. In blausilbernen Kostümen des 18. Jahrhunderts
saßen seine Musiker bei Kerzenlicht, und der Dirigent selbst gab den
Haydn.

DIE STREICHQUARTETTE

Um 1782, als Haydn fünfzig Jahre alt war, war er einer der meist-
gespielten Komponisten in Europa. Durch einen Akt, den wir nicht
kennen, hatte der Fürst darauf verzichtet, jenen Paragraphen 4 des
Anstellungsvertrages anzuwenden, der (wir erinnern uns) Haydn die
Urheberrechte an seinen eigenen Arbeiten absprach. Des Meisters
Werke wurden jetzt in der ganzen Welt gedruckt, in Leipzig, Berlin,
Paris, selbst in London — aber nur sein Werk flog hinaus, mit der
Person seines Kapellmeisters war der Fürst weiterhin sehr geizig.
Wenn Haydn in diesen dreißig Jahren keinen Tag Auslandsurlaub
erhielt, ja, nicht einmal unbeaufsichtigt für einen Tag nach Wien
fahren durfte, so wußte der Fürst recht gut, warum.

Hätte Haydn nur Symphonien geschrieben, er wäre nicht so bekannt
geworden. Aber er schrieb Streichquartette, die man schon früh (nicht
ganz mit Recht) »Kammer-Ausgaben der Symphonie« nannte. Nicht
mehr als vier Spieler waren nötig, um diese Kunst unter die Menschen
zu tragen. »Diese Noten flogen über die Welt wie Frühlingsvögel«,
erzählt Max Graf. »Wo man Instrumente stimmte, lagen Haydns Quartette auf dem Pult. ‚Ihr müßt Haydn spielen!' sagten die Kenner mit
dem Lächeln, mit dem man sonst wohl einen Wein rühmt ...«

Von seinen Jünglingstagen bei Fürnberg bis ins höchste Alter hinein hat Haydn Streichquartette geschrieben. Das kann kein Zufall gewesen sein.

In der Zahl Vier liegt eine merkwürdige Lockung. Sie befriedigt den
menschlichen Sinn. In der Musik ist *eine* Stimme ein Monolog, ist stärker als gar keine Stimme, wirkt mit der Zeit aber doch ermüdend wie

eine »gesungene Einsamkeit«. Die zweite Stimme bedeutet Ergänzung, Harmonie, »Ehe«, wenn alles gut geht; ebenso oft, und wahrscheinlich öfter, bedeutet sie aber bereits »Entzweiung«, »Streit«, »Prozeß«. Deshalb ist die Dreizahl besser. Sie verbindet die Gegensätze, sie gleicht aus, sie ist das religiöse Prinzip. Die Drei ist eine heilige Zahl.

Aber vielleicht ist sie zu heilig? Gerade weil sie über die Drei hinausgeht, befriedigt die Vierzahl den menschlichen Sinn. Sie ist irdisch und verständlich. Die Zahl Vier steht auf der Erde mit vier Beinen, wie die Tiere. Man spricht meistens von »vier Winden«, obwohl es sechsunddreißig gibt, und ebenso von »vier Weltgegenden«. Ein Stein, mit dem man baut, hat vier Flächen, und unsere Häuser haben vier Wände. Auch das Leben Christi ist von vier Evangelisten erzählt worden. Ursprünglich waren es mehr gewesen; aber die übrigen Evangelisten waren nicht kanonisiert oder waren verlorengegangen. Vier Berichte genügen ja auch... Die Vierzahl, dem Menschen eingepflanzt, gewährt Befriedigung wie keine andre. Daß Haydn eine Kammermusik für vier Streichinstrumente erfand und nicht für drei, das beweist aufs neue die quadratische Statur und die Erdhaftigkeit seines Charakters.

Goethe gilt als unmusikalisch. Trotzdem besaß gerade er die Gabe, Dinge über Musik zu sagen, die, bei scheinbarer Banalität, oft tiefste Zusammenhänge aufrissen. »Das Streichquartett«, schrieb er einmal an Zelter, »ist die verständlichste aller Instrumentalgattungen. Man hört vier vernünftige Leute sich miteinander unterhalten, glaubt ihren Diskursen etwas abzugewinnen und die Eigentümlichkeiten der Instrumente kennen zu lernen.« Vier, die sich etwas zu sagen haben? Das ist eine gute Beobachtung. Bei einem vollbesetzten Orchester reden die Instrumente zum Hörer nur, wenn es der Dirigent erlaubt; aber sie sprechen nicht miteinander, ohne diese Erlaubnis zu haben. Die intime Neugier, die gerade Quartettspiel im Hörer erregt, hat ihren Grund darin, daß er vier Stimmen belauscht, die von ihm nichts zu wissen scheinen.

So ist es klar, daß Quartettmusik das Entzücken des deutschen Bürgertums wurde. Schon ihre Voraussetzung war »vernünftig«. Die erste, zweite Violine, die Viola und das Cello wurden von Menschen ins Zimmer getragen und verwandelten sich vor lauschenden Ohren selbst in Menschen. Wenn man will, verwandelten sich vier bestimmte Menschen auch in vier Musikinstrumente. Je nach Laune und Temperament begann ein »Austausch von Ansichten« und blieb dabei immer familiär. Ein Instrument führte ein Thema ein, ein anderes verwahrte sich dagegen, ein drittes stimmte überein, ein viertes fand die Sache spaßhaft. Von Zeit zu Zeit waren sie gute Freunde und diskutierten unisono, bis Mißverständnisse aufkamen und Väter sich mit Söhnen stritten. Doch bald wurde wieder Friede geschlossen. Um Quartette zu hören, bedurfte man weder eines Saals, einer Bühne noch einer Gesellschaft. Ein bürgerliches Zimmer genügte. Die vier Instrumente drückten bürgerliche Empfindungen aus. Der Triumph des Familiären über die offizielle Musik der Fürstenhöfe und der Kirche konnte nicht schöner erstritten werden als durch das Haydnsche Streichquartett. (Höchstens das deutsche Lied war etwas, was dem Quartett an Wirkung gleichkam.)

In seinem »Musikalischen Konversationslexikon« von 1837 merkte Gustav Schilling an, daß das Schreiben von Quartetten starke Beziehungen zur Komik habe, weil, wenn ein bestimmtes Gefühl von einem »falschen Instrument« ausgedrückt werde (zum Beispiel eine Liebeserklärung durch das zu bejahrte Cello), das Gefühl als solches parodiert werde. Eine sehr richtige Bemerkung — obendrein war sich das Zeitalter, für welches Meister Haydn schrieb, in einer ganz unwahrscheinlichen Weise seiner eigenen Komik bewußt. Es klingt unglaublich, ist aber bezeugt, daß sich der tragisch-pathetische Klopstock und Wilhelm von Gerstenberg, der Dramatiker des »Ugolino«, 1767 in Kopenhagen zusammen hinsetzten und Parodien anfertigten, indem sie entweder einer Melodie falsche Texte unterlegten oder dem Text falsche Melodien. Es war, als ob das Rokoko bereits daran war, umzukippen und sich über sich selbst totzulachen.

Doch für einen so offiziellen Spott, der ja immer etwas Grobes hat, hätte Haydn nichts übrig gehabt. Seine Buffo-Natur war privater Art; da sie nun einmal in ihm stak, entlud sie sich im Quartettschreiben. Er sah die lustspielhaften Züge, die Bindungen und Entzweiungen der Menschen seiner nächsten Umgebung in Quartettform (sub specie di quatuor). Ihr Zank und ihre Versöhnungen waren seine »komische Oper«. Das ging bis ins höchste Alter so. An Charakteristik, Frische, Beobachtungsgabe übertraf er als alter Mann seine Jugend: man höre das »Hexen-Menuett« (Opus 76, Nr. 2), das er 1797 für den Grafen Erdödy schrieb, ein sonderbar gebautes Stück, einen Kanon, in dem die beiden Violinen die Melodie in Oktaven spielten, während Viola und Violoncell, ebenfalls in Oktaven laufend, die Imitation ausführten:

In den Quartetten gab es für Haydn keine »Routine«, täglich zeigte er sich als ein Neuer und Anderer. Vielleicht hing das auch damit zusammen, daß das Quartettschreiben mit den Jahrzehnten für ihn eine Art »Tagebuch« wurde: hier trug er ein, was ihn sonst bewegte. Zur Zeit, als er die »Schöpfung« schrieb, nahm er die berühmte Stelle »Es werde Licht!« in eins der Quartette auf, und ebenso war es selbstverständlich, daß er künstlerische Erlebnisse, die ihm die teuersten waren, wie die »Sieben Worte am Kreuz« und die »Österreichische Kaiserhymne«, bald nachher in Quartettform aufschrieb.

Dabei hatte er als junger Mensch zunächst noch keine rechte Ahnung von den Möglichkeiten der Form, die er selbst erfunden hatte! Wie der Handwerker, der von Anfang an beginnt, schuf er sich erst das Handwerkszeug, bevor er es langsam gebrauchen lernte. In den ersten zwölf Quartetten wußte er noch wenig von den »gleichen Rechten« der vier Instrumente. Es ist noch die »erste Geige«, die sprichwörtlich den Ton angibt; die drei anderen Instrumente sind allzu oft reine »Jasager«, die zwar harmonisch mitsingen, sich aber keiner eigenen Ansicht erkühnen. Das ist nichts anderes als die Einwirkung des »galanten Stils« auf Haydn. Die Homophonie war eben entdeckt. Man wollte Melodien hören, möglichst ungestört und leicht — sollte das nun wieder gefährdet werden, indem man den drei unteren Stimmen die gleiche Selbständigkeit verlieh, wie die erste Geige sie hatte? Vorläufig wagte Haydn es nicht; mit der Zeit aber wurden seine Quartette immer dialektischer. Dialektisch, wie das Leben es ist. Denn wenn vier Menschen ins Zimmer kommen und sich zu unterhalten beginnen, müssen sie notwendigerweise vier abgestufte Meinungen haben — oder sie sind langweilig.

Über die ersten zwölf Quartette hat vor einigen Jahrzehnten der Engländer E. Heron-Allen ein sehr hartes Urteil gefällt: »Haydns frühe Quartette scheinen vom modernen Standpunkt doch herzlich schwach. Sie haben nicht genug Fleisch auf den Knochen; Gelenke und Muskeln sind unterentwickelt. Es sind Quartette im Kinderzustand; und so sind sie zwar nicht plumper, aber auch nicht weniger plump

als ein unentwickelter Kinderkörper.« Das Gleichnis ist nicht glücklich
gewählt. Denn gerade beim Kind bestaunen wir, daß es schon alles
das besitzt, was später der Erwachsene hat, und zwar in einer lieb-
licheren, irgendwie morgendlich-göttlichen Art. Brahms, der hundert
Jahre später, als Benefiziant der romantischen Entdeckungen auf dem
Gebiete der Harmonik, andere Kammermusik schrieb als Haydn, hätte
sich sehr dagegen gewehrt, Haydns frühe Quartette »awkward« zu
finden. Das Gegenteil ist der Fall. Anscheinend aus dem Nichts gezeugt,
sind sie biologisch bereits dieselben Wesen wie die späteren Meister-
quartette. Die Kraft und Originalität von Haydns Genie, sagt Sandberger, die ihm schon in den Frühquartetten diese Freiheit und Rich-
tigkeit der Instrumentalbehandlung eingaben, sind unerklärlich und
unerhört. Steht doch in diesen Frühquartetten ein Götter-Satz wie die
»Serenade« (gemeint ist natürlich das Andante von Opus 3, Nr. 5),
von der Joseph Joachim gesagt hat: »Mozart hätte zugeben müssen,
daß er das nicht hätte schreiben können.«

Dabei sind es oft, wie in den Symphonien, völlig heterogene Elemente,
die in diesen Quartetten aufscheinen. Uralte, schwermütige Volkslieder wechseln mit Gewebeteilen musikalischer Straßenmusik. Offenbare
Italianismen, Reste neapolitanischer Arien, die Haydn durch Pórpora
aufgenommen, melden sich; dann wieder taucht ein f-moll-Adagio in
die norddeutsche Ebene hinüber und huldigt Philipp Emanuel Bach;
und schließlich zuckt es überall von Humor-Erinnerungen an die Wiener Theaterzeit. Und aus all diesem Rohstoff macht Haydns Griff ein
ununterscheidbar Neues und Ganzes!

    »Wenn es Streichquartette vor Haydn gab«, sagt der große Kenner
Sir Donald Tovey und meint damit diejenigen von F. X. Richter und
Joseph Starzer, »so kümmern wir uns nicht um sie. Denn erst bei Haydn
gewahren wir die Höhenbewegung zu jenen Räumen, wo die koper-
nikanische Umwälzung in der Musik stattfinden wird. Schon in Haydns
Jünglingsquartetten empört sich etwas wie Klassenbewußtsein gegen
die unerschütterliche aristokratische Symmetrie der alten Musik. Die
‚Unregelmäßigkeiten‘ vor Haydn waren überhaupt nichts anderes als

verkappte Regelmäßigkeiten nach italienischem Rezept. Man ließ eine vier- oder zweitaktige Phrase sich noch einmal ganz oder halb wiederholen und knotete eine Kadenz daran, die etwas fester klang als erwartet. Aber auch das war nur das ‚Klischee einer Unregelmäßigkeit‘: was soll denn ein irregulärer Rhythmus, wenn man nicht gleichzeitig verhindert, daß auch er wieder langweilig und regulär wird und den Hörer aufs neue in Schlaf lullt?« Doch Haydn gab sich nicht zufrieden mit einem »Rezept, originell zu sein«. Er war es täglich auf andere Art...

Im Anfang hatte er nicht gewußt, wie viele Sätze sein Quartett haben sollte. War die alte Fünfsätzigkeit das Rechte — Presto, Menuett, Adagio, Menuett, Allegro molto — oder sollte er eine dreisätzige Anlage wagen, nach Art einer »Opernsymphonie«: Allegro, Andante, Allegro molto? Aber schnell entscheidet er, daß in einem Quatuor überall die Vierzahl herrschen muß: es gibt also nicht nur vier Instrumente, sondern bei jedem Quartett auch vier Sätze.

In den sechs Quartetten des Jahres 1769 ist die viersätzige Anlage bereits selbstverständlich geworden. Wir wissen, daß es Haydn nicht schwerfiel, das zweite Menuett zu opfern: er war kein galanter Komponist, und das Schreiben in Menuettform war für ihn nur eine Verbeugung vor dem höfischen Zeitgeist, nicht Sache des Herzens. Das Menuett, das er aus der Symphonie langsam und sicher hinausdrängte, wollte er erst recht nicht dort haben, wo er sich am intimsten aussprach: im Streichquartett. Darum ist nur der zweite Satz der Quartette in Menuettform gehalten, und auch dann wird es kein Hofmenuett, sondern ein Bauernmenuett, das oft etwas Kühles und Trauriges hat. Die Quartette Haydns werden jetzt immer inniger und immer deutscher. Diese Adagios! Diese schluchzende Leidenschaftlichkeit der Werther-Zeit, die sie ausatmen (und zwar zwei Jahre bevor Goethe den »Werther« schrieb)! Früher noch als der Dichter fühlte der Musiker die explosive Woge der Sentimentalität. Da bricht der Dur-Himmel ein und Moll-Wolken mit Synkopen erscheinen. Fermaten bringen Ausdrucksstauung, daß einem das Herz zerbersten möchte. Welches Espressivo in der Einleitung von Opus 9, Nr. 2:

Trotz all der neuerworbenen leidenschaftlichen Seelenkunst gibt Haydn aber das Alte nicht auf. Er ist der kluge Kunsthandwerker, der einmal Gefundenes nicht verwirft: mitten in seinem neuen Spiel bleibt er der alten »Primadonna«, der ersten Geige, so treu wie er kann. Je mehr er begreift, daß er die Bedeutung der drei anderen Streicher heben muß, desto brillantere Partien ersinnt er für die erste Geige und ihren Meister Tomasini im Esterhazyschen Orchester. Das großartige d-moll-Quartett mit dem beethovenisch stürzenden Finale beweist, was Haydn vierzig Jahre vor dem jüngeren Meister konnte:

Das Jahr 1772 zeigt ihn wieder auf rastlosem Weg zum Formenfortschritt, zur Formvollendung. Der Meister vollendet die »Sonnen-Quartette«, die nicht etwa als »Programmusik« etwas mit der Sonne zu tun haben: sie werden nur gerade so genannt nach dem schönen Symbol der aufgehenden Sonne in einer alten Ausgabe. Und doch ist der Name nicht ohne Tiefsinn: denn bisher waren die Quartette eher ein Morgenrot von dem, was Haydn wirklich plante und konnte. Jetzt erst ist, ruckweise aufsteigend, die Sonne da, der klassische Haydn, der mit höchster ethischer Konsequenz die klassische Tradition aufnimmt.

Er hatte zwanzig Jahre vorher die Fuge als sich fremd empfunden. Damals drängte ihn alles zur Melodie, zur Glücksempfindung des Nebeneinander. Jetzt verstand er zum erstenmal die Weisheit, die in Johann Sebastian Bachs »Fesselungen der Melodie« lag. Da war nichts von Trockenheit, wie er als Jüngling geglaubt hatte. Und ebensowenig wie

bei Bach war es bei Haydn die Freude an mathematischer Pedanterie,
wenn er kontrapunktisch zu schreiben begann. Es ist auch nichts vom
Geist der Historik oder einem Archaisieren darin. Er hat nur das
zwingende Erlebnis, daß »zu Ehren des Gefühls« der Gefühlsausbruch
konzentriert werden muß. Man kann aber nicht besser konzentrieren
als in der kontrapunktischen Form — und so erleben wir, daß Haydn
bei den wesentlichen der »Sonnen-Quartette« als Finale eine Fuge
schreibt. Es sind wirklich die alten Fugen mit Dux, Comes, Themen-
Umkehrung, Engführungen und Ricercar, und mit gelehrter Freude
notiert Haydn handschriftlich an den Rand, was diese Bezeichnungen
bedeuten. Aber nochmals: es handelt sich ihm nicht um den Beweis
der Gelehrsamkeit, sondern um einen neuen Ausdruck künstlerischer
Notwendigkeit. (Diese neue Notwendigkeit war sogar in seiner Symphonik gelegentlich schon früher erschienen: um 1765 hatte er in seine
»Weihnachts-Symphonie« einen Gregorianischen Choral als Cantus
firmus eingebaut.) Der Zwang zur vertikalen Schreibart baut in Haydns
Quartette jetzt architektonische Spannungen ein, die ihm bisher fremd
waren. Die Instrumente werden mit neuen Ausdruckskräften geladen;
die Männerstimme der tiefen Empfindung, die Selbständigkeit der
Cello-Sätze tritt in einer neuen Weise dem Diskant der Violinen entgegen. Zugleich aber ist es das Große in Haydn, daß er bei jeder
neuen Technik doch seinem alten Werkprinzip treu bleibt, »nach jeder Richtung gleichzeitig zu bauen«. So blickt er in diesen »Sonnen-
Quartetten«, die ihn scheinbar nur an »vertikalem Tiefbau« interessiert zeigen, zugleich nach neuer Melodik aus, und der Unersättliche
findet sie im »Nationalen«, mit dem er die vertikalen Schächte seiner
Schreibart überspült: zum Beispiel in Zigeunermusik (Opus 20, Nr. 4):

Und nun, 1772, hört der Meister zunächst mit dem Quartettschreiben auf. Es folgt eine fast zehnjährige Pause. Eine erstaunliche Zäsur.

Glaubte Haydn die Grenze erreicht, meinte er, daß die physische und psychologische Ausdrucksfähigkeit der vier Instrumente erschöpft sei? Oder war es nur der Durst des Genies nach Abwechslung, die hohe Lust, eine Sache »hinzulegen«, weil andere Formen auf ihn warten? Aber vielleicht war es etwas Drittes, was ihm das bedächtige Haus der Kammermusik auf zehn Jahre verbot. Denn es bricht ja zugleich eine Welle höchster Produktivität bei ihm aus. Nicht nur Symphonien sprießen, er schreibt auch ein Oratorium »Tobias« über einen biblischen Stoff, ein höchst farbiges Gebilde, das den besten Neapolitanern seiner Zeit Ehre gemacht hätte. Und vor allem sechs italienische Opern... Das letztere ist, wir fühlen es, eine Reise, die ihn weit von sich wegführt... Daß Haydn so viel Opern schreibt, das ist künstlerisch nicht allein durch seinen Anstellungsvertrag zu erklären. Dahinter muß etwas Menschliches stecken!

> »Dies Etwas kann ich zwar nicht nennen —
> doch fühl' ich's hier im Busen brennen«,

singt Tamino in Mozarts »Zauberflöte«.

> »Soll die Empfindung Liebe sein?«

So ist es denn auch. Meister Haydn liebt. Und er liebt zum erstenmal im Leben.

DRITTES BUCH

—

DER WEG DURCH DEN MITTAG

Haydns Werke sind eine ideale Sprache der Wahrheit, in ihren Teilen notwendig zusammenhängend und lebendig. Sie sind vielleicht zu überbieten, aber nicht zu übertreffen.

Goethe

Das Zöpfchen, das Haydn trug, gehörte zu seiner Haartracht, nicht zu seiner Geistestracht. Für Haydns Größe wären nur Ewigkeit und Unendlichkeit die Maße.

Heinrich Schenker

»Fin des plaisirs, commencement des désagréments«, schrieb der große Franzose Méhul unter eine seiner Opern, als er sie vollendet hatte. Gewiß, denn jetzt begann der Kampf aller Mitwirkenden gegen alle, um die Aufführung, um das Rampenlicht.

Das Wesen der Oper ist Unruhe. Die Stimmung in Paris, die einer Uraufführung Halévys vorausging, schildert Wagner ziemlich plastisch 1841: »Leidenschaft, Eifersucht, Enthusiasmus, Neugierde, Spekulation, Kunst- und Handelssinn, alles erregt sich daran, glimmt, lodert, sprüht, gähnt, lacht, weint, berechnet, hofft und fürchtet...«

Hoffnung und Furcht! Die beiden sollten Todfeinde jedes Kunstwerks sein. Gilt bei der Oper dieses Gesetz nicht? Aber anscheinend werden die Sänger durch Intrige, Bosheit, Neid nicht gehemmt, sondern eher beflügelt. Es ist ihnen behaglich in ihrer Hölle. Und selbst die großen Opernschöpfer haben etwas vom Tierbändiger und Teufelsaustreiber an sich: man denke nur an den Wüterich Händel, den eisernen Gluck, den zähen Verdi und den unwiderstehlichen Wagner.

Auch an Mozart? Mozart war durchaus kein Teufelsaustreiber. Er hatte keine Ellbogen, eine Sache durchzusetzen. Und Haydn? Der steht hier so weit abseits, daß man sein Gesicht kaum erkennt. Haydn, der »Genius der Ruhe« — ein Opernkomponist? Das mußte ja mißglücken!

Daß es nun tatsächlich nicht mißglückt ist, daß von den zwölf Opern des Meisters alle gute Musik enthalten und zwei oder drei noch spielbar sind, das hängt wieder damit zusammen, daß er keine Gelegenheit fand, seine Energie im Kampf zu zersplittern. Schuf er doch nicht für den freien Markt, sondern für die Schloßtheater in Eisenstadt und Esterhaz, also für ein paar tausend Menschen, die, wenn sie auch wechselten, doch immer nur ein paar tausend blieben...

Warum aber schrieb er überhaupt? Es war doch nicht so, daß Nikolaus ganze zwölf Opern bei ihm bestellte. Drei oder vier hätten ihm genügt. Im übrigen hatte der fürstliche Haushalt das beste Repertoire der Zeit: Von Pergolesis »Serva Padrona« bis zu Martinis »Cosa Rara«— ausgezeichnete und berühmte Werke. Warum schrieb Haydn so viele Opern und begab sich damit auf ein Gebiet, das ihm doch nicht Genüge tun konnte? Wollte er sich vor sich selbst »beweisen«? Nun ist es ja wahr, daß ein großer Künstler eigentlich alles können soll. Wir mißtrauen einem Romancier, dem weder ein lyrisches Gedicht noch eine wirkliche Dramenskizze, weder ein politischer Leitartikel noch eine Reportage glückt. Er kann kein guter Romancier sein. Etwas anderes ist es, ob er gern von seinem Hauptgebiete abweicht. Haydn — ist das nicht seltsam? — schrieb außerordentlich gern Opern.

Es ist nicht seltsam. Die Oper ist die erotischste Kunstform, ja, sie ist Kunst gewordene Erotik. Wir können nicht zweifeln, daß Haydn, der so trostlos verheiratet war, sich hier an einem Feuer wärmte. Das Schreiben von Instrumentalmusik entschädigte ihn nicht dafür, daß es in seiner Wohnung kalt war. Opern-Schreiben und -Aufführen aber brachte ihn mit jenem Teil des Globus zusammen, der Frau hieß.

Der eigentliche Typ der Venus im 18. Jahrhundert ist der der »Opernsängerin«. Ja, es ist Venus selbst, die singt, die hohe oder die niedere Venus. Wie Hofmannsthal in dem am meisten venezianischen seiner Stücke die Wirkung der Frauenstimme schildert:

> Hast du mich nicht
> singen gehört? Sie sagen, daß es finstrer
> und lichter wird in einer großen Kirche
> von meinem Singen.
> Sie sagen, meine Stimme ist ein Vogel,
> der sitzt auf einem Zweig der Himmelsglorie.
> Sie sagen, wenn ich singe, mischen sich
> zwei Bäche freudig, der mit goldnem Wasser,
> der des Vergessens, und der silberne
> der seligen Erinnerung.

Das ist das Bild der Venus Cantatrix, wie es durch alle Männerwunschträume des 18. Jahrhunderts flutet.

Es gab allerdings auch andre Ansichten. Manche Ästhetiker hielten lange am asexuellen Ursprung des Gesangs fest, bis Balzac in seiner großen Novelle »Massimilla Doni« für immer damit aufräumte. Er zuckte die Achseln über den Mann, »der nie einer Frau ins Gesicht blickte, weder im Theater noch beim Spazierengehen«. Die geschlechtlose Künstlichkeit, der »Triller, die Koloratur der Eunuchen«, haben für ihn aufgehört, die höchste Ausdrucksform zu sein. »Es gibt eine magischere Macht!« ruft einer seiner Helden aus. »Das ist die vollkommene weibliche Stimme, begleitet von einer Violine. Hier fließt der Fluß der Elemente, der alle Wonnen neu belebt und den Menschen aus sich selbst heraus in die Leuchtsphäre des Weltalls treibt.«

Mochten sie anderswo noch das Ensemble regieren, im Schloßtheaterbetrieb von Eisenstadt und Esterhaz spielten Kastraten kaum eine Rolle. Es waren wirkliche Frauen, die sangen und mit denen Joseph Haydn als Gesanglehrer zu tun bekam. Gleich sein zweiter Opernversuch, »*La Cantarina*« (Die Sängerin), ist diesem Typus der Bühnen-Venus, seinen Launen und seiner Macht gewidmet. Man soll nicht sagen, daß Haydn, dessen Aufgabe es war, eine opera buffa zu komponieren, ebenso gerne auch jeden anderen italienischen Text illustriert hätte. Dieser Stoff kam zweifellos den Erfahrungen entgegen, die ein scharfer Beobachter wie er mit dem weiblichen Personal beim Theater machen mußte: die junge Sängerin Gasparina und Apollonia, ihre Theatermutter, treiben ein Intrigenspiel, bei dem die angehende Diva gleichzeitig zwei Liebhaber hat. Der eine Liebhaber, Don Pelagio, macht alle Anstalten, Gasparina, die finanziell von ihm abhängig ist, durch seine Abkehr zu ruinieren. Da aber wirft die Sängerin ein ganzes Opern-Arsenal von weiblichen Waffen ins Gefecht: Selbstmorddrohungen, Ohnmachtsanfälle, alles in Kavatinen der Verzweiflung, die von den beiden Liebhabern ernst genommen werden, während das Publikum aus der Art der Musik längst die Travestie erkannt hat. Am Schluß erhält die Intrigantin noch reichliche Geschenke von beiden.

Bemerkenswert ist die leichte Hand, mit der Haydn diese Art von Musik schrieb. Es standen Erlebnisse dahinter. Erlebnisse mit Theaterfrauen — mochten sie zunächst auch nicht tief gehen. Gewiß war Haydn überlegt und auch nicht der Typus des Draufgängers (dazu hielt er sich für zu häßlich), aber als Gesanglehrer des Fürsten stellte er eine Macht dar. Es war unnötig, daß er sie mißbrauchte: manche junge Frau sah in ihm etwas anderes als nur ihren Lehrer.

Wir brauchen nicht daran zu zweifeln, daß Haydn ein guter Gesanglehrer war. Er hatte bei Pórpora, dem »Patriarchen der Melodie«, gelernt, was der Vortrag einer Arie bedeutet. In seinen Anstellungsvertrag hatte Fürst Paul Anton aufnehmen lassen, er habe sich darum zu kümmern, daß die engagierten Künstlerinnen »nicht verlernen sollten, was sie anderswo, mit teuren Kosten, erworben hätten«. Pórpora, der alles beherrschte, was man in Neapel und Venedig konnte, gab gründlichen Gesangunterricht und war dabei unwirsch zu seinen Schülern. Denn das Ganze bedeutete Zeitverlust und hatte rein finanzielle Gründe. Haydn, der ja überhaupt für alles und jedes Zeit hatte, dehnte seine Unterrichtsstunden aus. Sie entzogen ihn seiner zänkischen Frau, erfüllten seine Sinne mit dem Duft fremder Weiblichkeit, bereicherten seine Palette um die Farben der Erotik, die ihr bis dahin fremd waren...

So gelingen ihm nach der »Cantarina« noch zwei gute komische Opern: 1768 »Der Apotheker« (*Lo speziale*) und »Die Welt des Mondes« (*Il Mondo della Luna*), die er neun Jahre später schreibt. Beide Texte sind von Carlo Goldoni, dem größten Lustspieldichter der Zeit, dessen welt-

läufige Konversation auf dem Theater bewundert wurde. Berühmt für
die Technik des Konversierens im Instrumentalstil war Haydn selbst.
Jetzt hatte er Gelegenheit, seine symphonische Lustspieltechnik auf die
Oper zu übertragen. Das Merkwürdige ist, daß in diesen beiden eroti-
schen Lustspielen nicht die Frauenpartien das Wichtigste sind, sondern
die betrogenen Männer. Zweimal dreht es sich um Narren von Mo-
lièreschem Format: einmal um den Typus des Apothekers, des Sempronio, der (wie meist in italienischen Opern) sein Mündel Grilletta
heiraten will und der, anstatt sich um die Tiegel, Stößel, Kräuter und
Pülverchen seiner Apotheke zu kümmern, sich an Reisephantasien er-
hitzt und sich geographische Routen ausmalt. Als echter Halbgebildeter
schwelgt er dabei in Altertümern, wie Italien sie ja reichlich bietet:

Haydn hatte nie im Leben die Arena von Verona oder die Türme von
Cremona gesehen; die einzige »Anzianità«, der er bis dahin begegnet
sein dürfte, war jener Rest des Triumphbogens bei dem Markte Petronell, zwischen dem Dorfe Rohrau und Hainburg — aber das machte ja
weiter nichts. Wenn er es von seiner Musik verlangte, gab sie so viel
italienischen Witz her, als ob er dort unten geboren sei.
  Ein ähnlicher Charakter wie der närrische Apotheker Sempronio tritt
in der »Welt des Mondes« auf (1777), wo ein schwindelhafter Astronom
den gutgläubigen Bonafede durch ein präpariertes Fernrohr blicken
läßt, das ihm Dinge vorgaukelt, die es im Weltraum nicht gibt. Die
komischen Wirkungen, die sich daraus ergeben, sind in Haydns Musik
viel stärker als in Goldonis Text. Seine Musik wagt Wirkungen, die dem
Konversationslustspiel fremd sind. So gab es zum Beispiel im »Apotheker« ein Gespräch über Magenverstopfung und die lindernde Wirkung
des Rhabarbers, die Haydn (man kann es nicht anders nennen) durch
eine Art nicht zu verkennender Geräusche illustrierte. Bei solchen Stellen wird einem klar, was der Symphoniker Haydn meinte, wenn er zu
einem Freund sagte: »Man wird manchmal von einem Übermut ergriffen, der sich nicht bändigen läßt!«
  In seiner kleinen Türken-Oper von 1775, »L'incontro improviso« (Die
unerwartete Begegnung), führt uns Haydn abermals ins Reich des Pa-

rodistischen. Wir sollten uns nicht wundern, daß er durch Sitte und Umwelt gehalten war, diesen »comic strip« zu illustrieren, mit eigenartiger Musik von Gongs, Tamburinen und Triangeln und schrillen, orientalischen Rhythmen. Denn hier zeigt sich wieder einmal der Einfluß des Politischen auf die Welt der Musik und besonders der Oper. 1683 hatten die Türken fast Wien überrannt; und seit damals zitterte Deutschland, sie möchten ihren Versuch wiederholen. Diese weit verbreitete Angst vor den Türken war genau das, was später in Haydns Alterszeit die Furcht vor den Jakobinern war. Jeder österreichische Künstler hatte irgend etwas beizusteuern, diese Angst vor dem »östlichen Feind« zu zerstreuen. Gab es ein wirksameres Mittel als die Lächerlichmachung des Feindes? In seinem Operchen machte Haydn sich über den türkischen Charakter und die ottomanischen Sitten lustig, ganz wie es Mozart sechs Jahre später in seiner »Entführung aus dem Serail« tat.

Aber dann kamen andere Zeiten. Die *opera buffa* hörte auf oder war doch nicht mehr ganz so lustig. Denn die *opera seria* begann; und Luigia Polzelli trat in sein Leben.

LUIGIA POLZELLI

Sie hieß eigentlich Luigia Moreschi, und sie stammte aus Neapel, der unvergleichlichen Opernwiege. Schon der Name der Stadt war Gesang.

Als Luigia den Geiger Antonio Polzelli heiratete, war sie sechzehn Jahre alt; als sie nach Eisenstadt kam, war sie neunzehn. Im März 1779 sah Haydn sie zum erstenmal. Er war damals siebenundvierzig Jahre. Wie ein Stein in einen Brunnen, fiel er in die Liebe hinein.

Er hatte beinahe zwanzig Jahre in kalter Einsamkeit neben seiner zänkischen Frau verbracht, ein »verheirateter Junggeselle«, ihr zwar nicht treu, jedoch zugleich, was das Seelische betraf, nicht untreu. Gelegentliche Abenteuer waren Abenteuer des Körpers gewesen. Ein Zeitalter, das vor Liebe girrte und in dem mehr Lauten klangen als in jedem anderen, fand diesen Mann nicht zur Liebe gestimmt. Nun war die große Liebe da. Über Nacht — und wieder auch nicht: was ihm als Mensch verschlossen gewesen war, hatte er doch als Künstler gefühlt. In seinem eigenen Opernschaffen hatte er Fackeln und Holzstöße geschichtet: nun brannten sie für Luigias Einzug.

Wie sah Luigia Polzelli aus? Wie wir uns eine kleine Dame aus

Neapel vorzustellen haben: kaum bedeutend, aber reizvoll, eine zierliche Porzellanfigur, mit Augen, die von tiefer Schwärze und dabei scharf wie Stechginster waren. Mit kastanienfarbenem Haar und Brauen und von schmelzendem Pfirsichteint. Ihre Stimmlage war Mezzo-Sopran. Nichts Besonderes, wie man sagte. Der am Hofe so mächtige Musikdirektor Joseph Haydn neigte sich ihr also zu? Er nahm wärmstes Interesse an ihr? Luigia spürte sofort das Schicksal in dieser bedeutenden Begegnung, den großen Schutz, der ihr hier zuteil ward, und sie ließ ihn sich gefallen.

Ob sie Haydn wirklich liebte, wissen wir nicht. Wir wissen nur, daß sie mit ihrem eigenen Gatten, dem Geiger, nicht zusammenstimmte. Es war eine unglückliche Ehe, Antonio Polzelli war ebenfalls sehr viel älter als Luigia; sie mochte darüber nachdenken, warum in allem Glück es immer für sie das Unglück gab: alternde Männer.

Doch vorläufig hatte sie andere Sorgen. Ihre Leistungen auf der Bühne gefielen dem Fürsten nicht sonderlich, und ebensowenig das Geigenspiel ihres Mannes im Orchester. Sie kosteten die fürstliche Oper gegen tausend Gulden im Jahr; dieses Gehalt gedachte der Fürst anderen Künstlern zuzuwenden, die ihm wahrscheinlich besser behagten. Anderthalb Jahre nach ihrer Aufnahme in die Esterhazyschen Dienste löste Fürst Nikolaus ungnädig den Vertrag mit dem Ehepaar Polzelli (im Dezember 1780). Eine ungemütliche Situation. Nun hätte Luigia Polzelli, jung, anmutig und unverbraucht, auch zurück nach Italien gehen können. Mit ihrem Mann war es schon schwerer. Er war kränklich, und kurze Engagements, die ihn von Stadt zu Stadt führen würden, mochten für ihn vielleicht tödlich enden. Den Ausschlag, weshalb die Polzellis nicht gingen, gab jedoch Haydns maßlose Liebe.

Kaum hörte er von der Entlassung, als er sich bei seinem Herrn, dem Fürsten Nikolaus, melden ließ. Der mochte erstaunt sein, den unberedten Kapellmeister plötzlich beredt zu finden. Vielleicht schwur Haydn hoch und teuer, aus der Sängerin Polzelli noch einen Stern am Musikhimmel zu machen. Vielleicht verstieg er sich zu Andeutungen, wie viele Opern er noch für das Haus Esterhazy zu schreiben gedenke und wie er just diese Sängerin zur Anregung benötige. Genug, der Fürst verstummte bald und machte keine Einwendungen mehr. Er fühlte natürlich die Ofenglut im Herzen seines Kapellmeisters, aber Haydn war ein verdienter Mann, warum ihm nicht entgegenkommen? Und vielleicht kam sogar Haydn dem Fürsten entgegen. Wenn jetzt der Kontrakt mit dem Ehepaar gleich auf zehn Jahre (!) erneuert wurde, so ist es nicht ausgeschlossen, daß Haydn finanzielle Mit-Lasten übernahm.

Es ist auffällig, daß der Name des Geigers sehr bald nach 1780 nicht mehr in der Kapelle aufscheint — wohl aber blieb er Gehaltsempfänger. Hatte Haydn da nicht vielleicht etwas von seinem Einkommen geopfert?

Wir können das um so mehr annehmen, als Luigia scharf auf Geld aus war. Sie hatte den Dukaten-Instinkt einer kleinen Provinz-Italienerin. Haydn war ein guter Verdiener, der mit Regelmäßigkeit über alles Buch führte. Wenn wir von ihm glauben würden, er hätte davon nichts gemerkt, daß Luigia ihn weidlich ausnützte, würden wir ihm sehr unrecht tun. Er drückte wohl nur in diesem Fall eins seiner scharfen Augen zu und genoß Luigias Liebe, ohne von ihrer Gewinnsucht gestört zu werden.

Hinzu kam noch etwas anderes. Nicht ohne Sympathie sah Haydn, daß vieles, was Luigia tat, dem Wohl ihres Sohnes Pietro galt. Sie war eine gute Mutter, und Haydn, dem in der eigenen Ehe das Glück des Kinderhabens versagt war, beneidete sie um ihren Sohn. In Briefen nennt er ihn seinen »Pietruccio«, liebt ihn väterlich, ist stolz auf ihn, tut manches für den Heranwachsenden und ist, ähnlich wie Beethoven um den Charakter seines Neffen, ständig um seine Erziehung bemüht. Als Luigia später einmal eine Saison in Italien verbringt, fordert er sie auf, ihn zu schicken. »Ich werde deinen Sohn gut kleiden und alles für ihn tun; ich will nicht, daß du Auslagen habest, er soll alles Nötige haben. Mein Pietruccio wird immer mit mir sein. Aber ich hoffe, daß er bisher immer ein folgsamer Sohn gewesen gegen seine cara madre — wo nicht, mag ich ihn nicht, und du wirst mir die Wahrheit schreiben! Ich will keinen Undankbaren haben — nein, ich würde fähig sein, ihn auf der Stelle zu verlassen.« Halb im Scherz, halb aber im Ernst schreibt Haydn noch ein strenges Postscript: »Un baccio al tuo figlio, se tu sei contenta di lui, se no, venti cinque sul cullo.« (Deinem Sohn einen Kuß, wenn du mit ihm zufrieden bist, wenn aber nicht — fünfundzwanzig auf den Hintern!) Der junge Pietro Polzelli starb dann schon 1796, nicht älter als neunzehn Jahre, an der Schwindsucht, tief von Haydn betrauert.

Die Briefe Haydns an Luigia sind sämtlich italienisch geschrieben. Sie konnte wohl überhaupt nicht Deutsch oder doch nur ein paar Worte, und was ihn betrifft, so wissen wir, daß die deutsche Schriftsprache ihm unbequem und ungeschickt war. Nur wenn er dialektgefärbt sprechen konnte und so recht wie ihm der Schnabel gewachsen war, war er der eigentliche Haydn. Es ist eine starke Herzlichkeit in diesen italienischen Briefen, etwas frei Hinströmendes, sie sind nicht hölzern und unsicher wie das meiste, das Haydn auf deutsch von sich gab. Freilich darf man auch diese Briefe nicht mit der geistreichen Grazie vergleichen, mit der sich Mozart, drei Sprachen meisternd — einen Satz französisch schreibend, einen Satz italienisch und den dritten im Salzburger Dialekt — über alle Sprachen lustig macht. Haydn hat keinen »Geist«, aber Herz. Und darum waren es schöne Briefe, die der alternde Mann an die Geliebte schrieb, die ein Menschenalter jünger war. Es war lange sein Traum, sie zu heiraten, und auch sie hätte nicht nein gesagt, wenn sie frei gewesen wäre. Als endlich nach manchem Jahr des Wartens der alte Polzelli gestorben war, wartete Haydn anscheinend nur noch auf den Tod seiner eigenen Frau. Mit einer Ehrlichkeit, deren fatalistische Härte erstaunt, schrieb er damals an die Polzelli: »Cara Polzelli, vielleicht wird jene Zeit kommen, die wir so oft uns herbeigewünscht haben, daß vier Augen sich schließen würden. Zwei haben sich geschlossen, die andern — nun, die andern zwei, wie Gott will!«

Jawohl, sie ist viel jünger als er, aber warum soll er sie schließlich nicht heiraten? Als Luigia am 22. April 1783 zum zweitenmal niederkommt, da zweifeln die Eingeweihten kaum an der Vaterschaft unseres Meisters — und Frau Kapellmeister Haydn wohl auch nicht. Aloys Anton Nikolaus wird der Name des Kindes sein, und für ihn wird Haydn wirklich so sorgen, als handle es sich um den eigenen Sohn. Dieses jüngere Kind der Polzelli wird später als Kapellmitglied des »Theaters an der Wien« in Beethovens »Fidelio« mitspielen; später wird es Hofbeamter bei einem ungarischen Magnaten, dem Fürsten Anton Grassalkovicz, werden und noch später sogar geadelt. Ein Brief Haydns, den wir besitzen, ist mit »Mein lieber Sohn!« überschrieben.

Mit manchen Phasen wechselnder Glut dauerte Joseph Haydns Verhältnis zu Luigia Polzelli volle einundzwanzig Jahre. Manchmal war es vom Gefühl des Haydnschen Älterwerdens umdüstert (in der Kunst alterte er nie); dann macht er sich mit dem Gedanken vertraut, daß Luigia, dem Lauf der Natur folgend, einen Jüngeren vorziehen könnte: sie solle ihm dies nur zuvor anzeigen, »damit ich ihn dem Namen nach kenne, der so glücklich sein wird, dich zu besitzen«. Nach dem Tod ihres Mannes wird sie ja frei sein — warum also, denkt er kleinmütig, soll sie, die viel Jüngere, auf ihn warten? Dann wieder verwirft er die Möglichkeit jeder Trennung mit einem Aufschrei: »O cara Polzelli, tu mi stai sempre nel cor, mai, mai mi scorderò di te!« (Du wohnst ewig in meinem Herzen — nie, nie werde ich von dir scheiden!)

Und zum Schluß, obwohl er es nach dem Tod seiner Frau, im Jahre 1801, hätte tun können, hat Haydn sie doch nicht geheiratet! Warum? Das hat verschiedene Gründe — keineswegs nur den einzigen, daß die

Polzelli zu jung für ihn und die Ehe deshalb gefährlich schien. Nein,
die Tür zum innersten Haydn war eine hölzerne Bauerntür, die nur
sehr schwer zu öffnen war... Vielleicht war nach einundzwanzig Jahren diese Heirat gar nicht mehr notwendig, weil die Liebesreize Luigias
schon vorher gründlich genossen waren. Vielleicht — was noch wahrscheinlicher ist — war es das Junggesellenleben, das dem altgewordenen Haydn plötzlich lockender schien als jede Ehe. Daran war wohl die
Londoner Reise schuld, die ihn 1791 eigentlich zum erstenmal auf län-
gere Zeit von Luigia trennte. Diese Trennung verjüngte ihn merkwürdig: sie zeigte ihm, was ein ungebundener und dabei berühmter Mann
sich in der Fremde erlauben konnte... Kleine, galante Abenteuer eines
Sechzigjährigen, die die Seele nicht angriffen. Vor allem aber war es
die entschiedene Abkehr von der Oper, die ihn in seinem wichtigsten
Jahrzehnt von der Polzelli abrücken ließ.

DER VERZICHT AUF DIE OPER

In der höchsten Zeit dieser Liebe aber war Haydn Opernschöpfer. Und
zwar nicht, wie man bei seiner Art der Begabung annehmen könnte,
Komponist von komischen Opern, nein, es war die *opera seria,* die er
mit größtem Ernst umwarb.

In der Oper »*La Vera Constanza*« (Die wahre Beständigkeit), die im
Frühjahr 1779 in Esterhaz gegeben wurde, hatte Luigia noch keinen
Gesangspart. Diese Oper ist sehr merkwürdig. Nicht nur durch ihre
gute Musik, sondern vor allem auch durch ihr Textbuch, das soziale
Züge enthält, die an Beaumarchais und Daponte, das heißt: an »Figaro«,
gemahnen. Das Textbuch handelt von den Intrigen, die eine Gesellschaft von Adligen gegen den Herzensbund unternimmt, den ein Volks-
kind, eine Fischerin, mit einem Grafen geschlossen hat. Die Aristokraten unterliegen, und »Rosina, pescatrice virtuosa e di spirito« (eine
Fischerin von Tugend und Geist) sowie »Masino, capo dei pescatori,
fratello di Rosina« (der Häuptling der Fischer, Rosinas Bruder) gehen
siegreich aus der Affäre hervor. Man glaubt, sechzig Jahre später zu
leben und in Aubers Oper »Die Stumme von Portici« zu sitzen, wo es
sich auch um Fischer handelt und wo der Masino Haydns dann Ma-
saniello heißen wird... Nur mit dem Unterschied, daß Haydns Oper
heute verschollen ist, während die von Auber weltberühmt wurde.
Haydn hatte mit dieser Oper kein besonderes Theaterglück. Die Ur-

aufführung hatte in Wien am Hoftheater stattfinden sollen, aber sie war durch Einflüsse, deren Haydn nicht Herr werden konnte, niederintrigiert worden. Sie zeigte das Erstaunliche, was unser Meister vollbrachte, wenn er wollte: die Sicherheit des Instinkts, den Griff. Wie geschickt hier burleske Züge mit ernster Arienkunst abwechselten! Und den alten Prüfstein »Nur das Finale erweist den Opernkomponisten!« hat Haydn hier durchaus nicht zu scheuen. Ein siebenteiliges Finale, durch eine Reihe von Tonarten laufend, variierend in Tempo und Takt, nachher noch ein neunteiliges Finale von bemerkenswerter Eleganz (die Personen stehen nicht steif umher, sondern kommen und gehen im Singen) erweisen den Bühneninstinkt des Meisters. Die nächste Oper schrieb er bewußt für die Stimme der Luigia Polzelli. Es war die »Isola Disabitata« (Die unbewohnte Insel).

Der Text war von Metastasio. Mit welchen Gefühlen muß Haydn diesen Text komponiert haben! Wie oft mag ihm bei der Komposition die Szene vor Augen gestanden haben, wo er — Tölpel von einem Jüngling! — im alten Michaelerhaus dem mächtigen Manne begegnet war, durch den er zum erstenmal eine Ahnung von der Welt einer höfischen Kunst erhielt. Jetzt also war dieser Dichter sein Partner, dieser »sehr alte und liebenswürdige Mann«, von dem wir nur staunend feststellen, daß er noch lebte; der »Palastvogel der Maria Theresia«, wie er sich mit ironischem Ernst selber zu benennen liebte. Wahrhaftig, er lebte noch immer: 1698 geboren, 1782 als vierundachtzigjähriger Greis sterbend, erlebte er noch die Komposition seiner »Isola Disabitata« durch den »Bauerntölpel« Haydn.

Einsamkeit ist ein Phänomen, das jeden großen Musiker reizt. Menschenleere Traurigkeit klagt aus dem Schlußakt von Wagners »Tristan«, der an der Bretagne-Küste spielt; Dvořaks »Aus der Neuen Welt« fährt wie ein kühler Wind über die endlose Einsamkeit amerikanischer Savannen. Es wäre nur selbstverständlich gewesen, daß der große Symphoniker Haydn mehrere malende Vorspiele zu dieser Oper geschrieben hätte. Aber gerade diesmal glaubte er alles aufs Dramatische und den Gesang setzen zu müssen. Die beiden Heldinnen der Oper, zwei Schwestern (die ältere wurde von der berühmten Primadonna Ripamonti, die jüngere von Luigia Polzelli gesungen), sind von Piraten entführt worden. Die robinsonhafte Verlassenheit der beiden und ihr Wiederauffinden durch den Gatten der älteren Schwester ist der psychologisch fein und innig getönte textliche Vorwurf. Er ist nicht dramatisch, und Haydn handelte falsch, indem er Metastasios Text, eine ursprünglich fortlaufende Handlung, selbsttätig in zwei Akte zerlegte.

Er glaubte Spannung damit zu schaffen, zerstörte sie aber in Wahrheit gründlich; trotz der schönen lyrischen Musik wirkt die Oper fast langweilig. Trotzdem (oder vielleicht gerade deswegen) hat Haydn für keins seiner Bühnenwerke so gekämpft wie für diese Oper. Er schickte sie durch den Verleger Artaria nach Paris, nach Modena und nach Madrid mit dem Bemerken, »daß dergleichen Arbeit in Paris noch nicht gehört worden sei, und vielleicht ebensowenig in Wien« — ein für seine Bescheidenheit sehr merkwürdiges und höchst seltenes Wort!

Was von jener Oper noch lebt, sind der melancholische Adel und die wundervollen Farben, die Gluckschen Farben der Ouvertüre. Gluck! Ob er es wollte oder nicht: als Komponist einer *opera seria* hatte sich Haydn in einen Wettkampf mit Gluck begeben, dem Genius, dem Weltmeister der heroischen Oper. Man kann aber gar nicht von Wettkampf reden. In der »Isola Disabitata« ist es vollkommene Einordnung in die Linienführung Glucks, die Prinzipien, die Musiklandschaft; mehr: es ist völlige Unterordnung, die der Opernschöpfer Haydn zeigt. Glucks charakteristisches Melos, die psychologische Phrasierung, der gemessene, edel-einfache Vortrag, Glucks berühmte »Innerlichkeit«: all das wird Haydn jetzt zur Gefahr. Besitzt er doch selber eine Innerlichkeit, die mit der von Gluck nichts zu tun hat. Gluck ist der einzige Komponist, der Haydns Originalität aufsaugt, schädigt und zerstört, sobald dieser für die Bühne schafft. Philipp Emanuel Bach hat Haydn als Jüngling Techniken gelehrt, und Händel hat Haydns Alter bereichert. Gluck aber bereichert Haydn nicht. Er zwingt ihn zu völliger Mimikry, zum Hineinkriechen in Formprobleme, die nicht Haydns eigene Probleme sind und es auch niemals werden können. Nicht daß Haydn daraufhin schlechte Musik schreibt — im Gegenteil! Aber es ist nicht seine Musik! Das Beispiel Glucks und der Opera Seria zwingen Haydn, noch einmal für sich jenen Weg zurückzulegen, der einst Gluck von der neapolitanischen Oper bis zur Schwelle des »Musikdramas« führte. Wenn zum Beispiel Gluck von sich selbst sagt: »Bevor ich zu arbeiten anfange, trachte ich daran zu vergessen, daß ich Musiker bin«, so paßte das großartig für ihn und sein Ringen um das dramatische Kunstwerk (nahm es doch beinahe Wagner vorweg!) — doch was ging das Haydn an?

Dennoch sehen wir Haydn sich mit dem größten Ernst überreden, daß es auch seine Sache sei, daß die Opera Seria wie die Symphonie oder das Quartett eine Lebensaufgabe für ihn sei. Durch den Mittag seines Lebens karrt er die Last dieses Opernschaffens. Und nicht nur für einen Rokoko-Fürsten oder für eine kleine Geliebte. Es ist sein

tiefster Künstlerglaube, wenn er 1782 sich an einen heroischen Stoff
wagt, den »*Orlando Paladino*«, und 1784 gar an Torquato Tassos
»*Armida*« — glanzvoll-ritterliche Stoffe, wie sie sich für Gluck eig-
neten.

Es war aber typisch für Haydn, daß er innerlich gar kein Verhältnis
zu solchen heroischen Stoffen hatte. Das Ringen Glucks mit seinen Themen, dieses großartige Ringen, das schließlich wie das Sophokles'
oder Shakespeares darauf hinauslief, aus Heroen Menschen zu machen,
war Haydn innerlich nicht nur fremd, es war ihm eigentlich unver-
ständlich. In seiner Brust saß die Menschenliebe des 18. Jahrhunderts,
auch war er ein guter Katholik, der stets an friedliche Lösungen
glaubte. Der Vernünftige wie der Fromme in ihm, der Rationalist also
und der Christ, lehnten zuinnerst das »Tragische« ab. Ohne Liebe zu
tragischen Lösungen ist aber die heroische Oper kaum möglich. Sogar
wo Gluck gezwungen ist, dem lästigen Zeitgeschmack entsprechend, den
wahren Schluß der Tragödie einem »happy end« zu opfern (wie im
letzten Akt des »Orpheus«), merkt man, wie ungern er es tut. Die
Größe Glucks liegt überhaupt nicht in seinen Götter- und Halbgötter-
Stoffen, die er nicht immer behandeln darf, wie er sie behandeln
möchte — sie liegt in der stillen Erhabenheit seines »Glaubens an den
Helden«. In dem Glauben an das Heroische also, den Haydn ganz und
gar nicht teilte. (Selbst in der »Schöpfung« — wir werden es sehen,
und auch, daß dies ihn von Händel trennt — gibt es keine heroischen
Züge. Sein Schöpfer ist fast ein Handwerker.)

Es ist nun wieder charakteristisch für Haydn, daß die beste Musik
im »*Orlando Paladino*« nicht dem eigentlichen Helden und seinen
heroischen Abenteuern geweiht ist, sondern einer Nebenfigur, dem
Prahlhans Pasquale, der mit sich (Ableger einer uralten Gestalt, des
»ruhmredigen Soldaten«) das Heroische ad absurdum führt! Haydn
beabsichtigte das gar nicht, es lief ihm nur gerade so unter: er mußte
sich vergewaltigen, wenn er nicht Parodist sein durfte! Deshalb hatte
er sich auch wohlgefühlt, als er 1775 die Türken- und Verkleidungs-
oper »*L'incontro improviso*« schrieb, diese kleine Vorahnung von Mozarts »Entführung aus dem Serail«.

Vergewaltigen aber tat er sich gründlich mit der Komposition der
»*Armida*«. Selbst die neuere Haydnforschung, die das Opernschaffen
des Meisters wichtiger nimmt als die ältere und die, wie jüngst Geiringer, bezeugt, »daß die ,Armida' Größe des Ausdrucks und starke dramatische Kraft besitzt«, muß zugeben, daß gerade diese Oper »den
Künstler zum Verzicht auf Natürlichkeit, Einfachheit und Humor zwingt,

die unwiderstehlichen Seiten seines Genies«. Haydn macht hier den Eindruck eines Menschen, der seinen Hals künstlich verlängert oder der auf einen Kothurn steigt, um größer zu scheinen, als er ist. Nun ist das nichts Ungewöhnliches heute, es gibt ganze Seiten bei Wagner oder bei seinen Nachfahren, wo man das auch beobachten kann. Doch warum eigentlich bei Haydn, diesem »Genie der Natürlichkeit«?

»Die besondere dramatische Kraft seiner reifen Mannes-Symphonien... war tatsächlich hoffnungslos gelähmt, sobald er für die Bühne schrieb«, urteilt Tovey von Haydns Opern. Tovey, mit seiner Bewunderung der Direktheit, des elektrisierenden Zugriffs in Haydns epischen Schöpfungen, konnte überhaupt nicht verstehen, weshalb Haydn das Operngebiet betrat, das ihn zu umständlicher Langsamkeit zwang und sein Temperament vergewaltigte. In der Zeit, da der Glucksche Admetos seiner Gattin das Geständnis abringt, daß sie sich für ihn geopfert hat — meint Tovey —, hätte Haydn bereits drei Finale explodieren lassen können... Tovey übersieht, daß Haydn einen Punkt erreichen mußte, wo ihm reine Instrumentalmusik so wenig mehr genügen konnte wie Beethoven in seiner Neunten. Auch er suchte »Wege zur menschlichen Stimme«. Sogar wenn das Opernschaffen Haydns ein Irrweg war, meint Paul Henry Lang, »enthalten doch viele seiner Opern bemerkenswerte Partien, die ihm als Vorbereitung für die späteren Chorwerke dienen mochten«.

Doch auch hier war der Nutzen nur ein bedingter. Die Vorbereitung auf die »Schöpfung« und noch mehr auf die »Jahreszeiten« hätte logischer durch eine Beschäftigung mit dem »deutschen Lied« erfolgen können. Doch die starke Ansaugung durch die Oper — und der Verkehr mit der Polzelli, der das Schreiben von Arien nach sich zog — entfremdete Haydn dem deutschen Lied. Für die Entwicklung des deutschen Liedes waren gerade die achtziger Jahre ein besonders wichtiges Jahrzehnt. Aber Haydn läßt das Lied, das »gesangvolle, herzlich-häusliche Lied«, wie Oskar Bie es so schön genannt hat, geringeren Künstlern als er selbst: den Friedrich Reichardt, Zelter und Zumsteg. Oskar Bie unterscheidet »Lied-Menschen« und »Arien-Menschen«. Haydn war — mehr als die meisten Zeitgenossen — reiner Liedmensch. Und gerade er, der unerreichte Entdecker des Volkstons, verkünstelte sich zum Arienmenschen. Als 1781 seine erste Liedsammlung erscheint, der 1784 eine zweite von ebenfalls zwölf Liedern folgt, da zeigt sich immer wieder, daß das volkstümlich-innige Singspiel-Lied von italienischen Einflüssen überspült und untergetaucht wird. Bei ganz einfachen Liedern steht noch immer die Opera Seria Pate, und man muß es als Glück betrachten, daß auch die Opera Buffa dreinspricht, wie bei Lessings komischem »Lob der Faulheit«, einem der besten Gesangstücke Haydns. Die damalige Entfremdung des Meisters vom deutschen Gemütsleben zeigen auch die schwachen Texte, die er kaum je selber wählt, die er aber widerspruchslos hinnimmt, wenn sein literarischer Mentor, der Hofrat Greiner, sie ihm besorgt. Nie ist eine Zeile von Goethe dabei. Und wenn es Gedichte von Gellert sind oder von andern guten Autoren, so sind es meist keine besonders guten.

»Es ist bei der großen Verehrung, die unser Haydn so sehr verdient«, schrieb 1796 Reichardt im Berliner Musikalischen Almanach, »kaum begreiflich, wie dieser große Künstler sich zur Bearbeitung solcher Reimereien herablassen konnte...« Der Text interessierte ihn eben nicht, und deshalb wurde die Komposition flau. Das spielerisch deutsche Rokoko, das aus jenen Versen sprach, war für Haydn großenteils vorüber. Seine erste Liedsammlung von 1781 war ursprünglich einer Favoritin seines Fürsten zugedacht, einer Mademoiselle Clair. Haydn, dem das peinlich war, änderte die Widmung später in eine solche für die Tochter des Wiener Versorgungshaus-Direktors, Franziska Liebe Edle von Kreutzner. Doch dadurch wurden die Lieder nicht besser. Ja, hätte man ihm — wie das Lessing-Gedicht oder wie Bürgers Zweizeiler »Herr von Gänsewitz an seinen Kammerdiener«

> Befehlt doch, draußen still zu bleiben,
> ich muß jetzt meinen Namen schreiben —

Parodien zur Vertonung gegeben, er hätte es mit Laune getan. Hatte doch auch der berühmte Voß ein galantes Gedicht parodiert, in dem er die Liebe, die eben noch ein Schminkpflästerchen getragen hatte, als eine dralle Bauernmagd anspricht, die mit zwei »roten Schinken« prangt und nach dem Mist der Ställe riecht... Das wäre etwas für Haydn gewesen, hätte er solche Texte gefunden. Aber dazu kam es nicht, denn Bücher las er nur, wenn man sie ihm offen auf den Schreibtisch legte.

Doch was schierten ihn überhaupt Gedichte, und gar deutsche! In jener Zeit geht Haydn ganz auf im Italienertum und im heißesten Ringen um die Oper. Und doch: dies Genie der Selbsterkenntnis hätte es nicht spüren sollen, daß sein Ringen vergeblich war? Im tiefsten Innern muß er es wohl gespürt haben, denn er hat schließlich danach gehandelt, mochte er später auch einmal als Greis grollend zu einem Intimus sagen: »Ich hätte anstatt der vielen Quartette und Symphonien

mehr Musik für den Gesang schreiben sollen; dann hätte ich einer der
ersten Opernschreiber werden können...« Ein andermal seufzte er im
Alter: »Welch ein Opernkompositeur — bei meinen Fundamenten in
Gesang und der Instrumentalmusik! — hätte ich doch werden können, wenn ich nur das Glück gehabt hätte, nach Italien zu kommen!«
So viel Worte, so viel Irrtümer. Er trug Italien in sich, auch die Besten
dort konnten ihn nichts lehren. Nichts verleidete ihm das Opernschrei-
ben als die künstlerische Einsicht, daß er kein Dramatiker war: daß
ihm die Oper nicht notwendig war wie der epische Ausdruck der Symphonie, die Quartette oder das Oratorium.

Wir kennen jene Lebenssekunde, da er auf die Oper verzichtete. Er
verzichtete nicht zugunsten von Gluck, der, dreiundsiebzig Jahre alt,
soeben in Wien gestorben war. Er verzichtete zugunsten eines Jüngeren, der größer und lebendiger war als Gluck. Man schrieb damals den
Dezember des Jahres 1787. Kurze Zeit erst war vergangen seit dem
großen Erfolg, den Mozart mit seinem »Don Juan« in Prag errungen
hatte. Mozart rang damals schwer mit dem unsteten Leben und seiner
Stellungslosigkeit. Die Häupter des Prager Musiklebens hatten sich an
Haydn gewandt mit der Anfrage, ob sie von ihm eine Opera Buffa
erhalten könnten. Ein geistiger Liebesaugenblick (der uns sehr viel
wichtiger dünkt als die ganze Liebe zur Polzelli), ein Gepacktsein von
höchster Verantwortung, läßt ihn nun jenen Antwortbrief schreiben,
der, unerreicht als ethisches Denkmal, völlig einsam unter den Zeugnissen schöpferischer Künstler steht.

Die Antwort, italienisch geschrieben, beginnt zunächst mit einigen
Phrasen, als ob er sich sehr geehrt fühle und als ob er sagen wolle:
»Warum nicht? Wenn Sie's so wollen, sehr gern!« Bald aber wird der
Brief nachdenklicher, zögernder: Es gehe wohl nicht, weil er, Haydn,
so sehr an die Verhältnisse von Esterhaz gewöhnt sei, an bestimmte
Sänger und Sängerinnen, an ein bestimmtes Publikum. Er müsse sich
noch genau überlegen, ob er den Auftrag annehmen könne... Plötzlich hat er sich's überlegt, und mit elementarer Gewalt bricht die Wahrheit aus ihm heraus: Warum man denn bei *ihm* eine Oper bestelle,
so lange Mozart lebe! Als ob ein derartig großer Meister jemanden zur
Seite haben dürfe!

»Ach, könnt' ich jedem Musikfreunde, besonders aber den Großen,
die unnachahmlichen Arbeiten Mozarts so tief und mit einem solchen
musikalischen Verstand, mit einer so großen Empfindung in die Seele
prägen, als ich sie begreife und empfinde: wie würden die Nationen
wetteifern, ein solches Kleinod in ihren Ringmauern zu besitzen! Prag

möge den teuren Mann festhalten, aber auch mit Schätzen belohnen! Denn ohne daß sie gelohnt werden, ist das Leben großer Genien traurig und gibt der Nachwelt leider wenig Aufmunterung zu fernerem Streben; deswegen liegen denn auch soviel hoffnungsvolle Geister darnieder... Es erzürnt mich, daß dieser einzige Mozart noch nicht bei einem kaiserlichen oder königlichen Hof engagiert ist! Verzeihen Sie, meine geehrten Herren, wenn ich aus dem Geleise komme: aber ich habe den Mann zu lieb...«

MOZART, DER FREUND

Wer von der Freundschaft Haydns und Mozarts spricht, der ziehe seine Schuhe aus. Denn hier ist wirklich heiliger Boden. Nur noch die Freundschaft Goethes und Schillers kann damit verglichen werden. Was fesselte beide aneinander?

In ihrem äußerlichen Anblick hatten sie nichts Gemeinsames. Wenn man sie so heranwandeln sah — etwa 1786, die Wiener Freimaurerloge »Zur wahren Eintracht« besuchend —, so blickten sie recht verschieden drein. Haydn war nicht groß, aber Mozart war noch um ein Beträchtliches kleiner. Haydn war von eckiger Würde und stets so sorgfältig gekleidet wie es eben ein Reisender ist, der, nur selten in Wien, im Gefolge seines Herrn aus Ungarn kommt und lediglich ein paar Wochen dableibt. Mozart konnte sehr verschieden aussehen, wie der Schauspieler Backhaus bezeugt: manchmal wie ein Schneidergesell; dann wieder fein wie ein Kavalier, der eine fast geckenhafte Freude an Spitzen, Berloques und Uhrketten hat. Wenn er nicht deprimiert und stumm war, war er meistens fahrig-lebendig. Er konnte die Hände nicht still halten, und, wie Friedrich Rochlitz erzählt, »überhaupt kein Fensterpolster sehen, ohne darauf Klavier zu spielen«. Seine Schwägerin Sophie Haibl schildert, wie er noch bei Tisch mit Salz- und Pfefferfäßchen agierte, als ob er damit Takt schlagen wollte. Haydn wäre von seinem Vater sicherlich durchgeprügelt worden, hätte er ähnliche Tischsitten gehabt.

Entgegen der nervlichen Überreizung, die die Arbeit auf ihn ausübte, war der kleine Mozart rund, überall rund wie eine Maus. In seinem grauen Gesicht lebte um die schnuppernde, bedeutende Nase die Nervosität eines Nagetiers; die Augen erschienen merkwürdigerweise stumpf (nicht anders als »blöd« hat der Berliner Tieck sie genannt), wenn nichts da war, was sie leuchten machte. Fiel allerdings der feurige Samen eines künstlerischen Gedankens in sie, dann lohte von den Augen her der ganze Mensch Mozart auf und sprühte Funken, stundenlang, ehe er auslosch und seltsam kalt und nächtlich-stumm wie Asche wurde.

Der Mensch Joseph Haydn dagegen hatte überhaupt nichts von zwei Naturen. Er war sich selbst gleich, hatte die Augen mehr vom Maler als vom Musiker. Das längliche Gesicht war freundlich, stämmig in der Kinnpartie. »Man mag mir's ansehen«, hatte er von einem seiner Bilder gesagt, »daß ich's mit jedermann gut meine.« Und ebenso mochte man es ihm ansehen, daß das Schicksal beschlossen hatte, ihn sehr lang auf dieser Erde zu lassen...

Auch Mozart konnte man es ansehen, daß er voller Herzensgüte war. Aber die Beobachtungsgabe, die er für menschliche Schwächen hatte, materialisierte sich häufig in boshaften Bemerkungen. (Es war eine österreichische Bosheit, jene bekannte Kehrseite österreichischer Liebenswürdigkeit.) Haydns Witz konnte nie verletzen. Seine Freude am Komischen blieb mehr in der Musik stecken. Mozart, der schauspielerisch Begabte, setzte sie in Gebärden um. Wenn Mozart vor Freunden Gesichter schnitt und tremolierend etwa die Diva einer Opera Seria verspottete: »O Dio! Questa pena! O principe — o sorte — io tremo — io manco — io moro — o dolce morte!«, dann konnte Haydn darüber nur staunen. Soviel Glanz in einem Spaß konnte er nicht aufbringen.

Haydn und Mozart: erst die Nachwelt begann die beiden zusammen zu nennen. Der Mitwelt schienen ihre Gaben so verschieden wie ihr Exterieur. Wer hat nun recht — wir oder die Zeitgenossen? Aber Mitwelt und Nachwelt haben recht.

Die biologische Zellengleichheit ihrer musikalischen Einfälle hat oft genug etwas Frappierendes. Zwei Franzosen, Bourguès und Denéréaz, weisen in einem modernen Buch »La Musique et la Vie Intérieure« darauf hin, daß in Haydns I. Klaviersonate wie in Mozarts »kleiner Sonate für Anfänger«:

HAYDN, Sonate I.   Mozart, Sonate C, KV 545

die gleiche Einfalls-Zelle erscheint. Es handelt sich um eine Kleinigkeit, doch sie entwickelt sich charakteristisch: »Haydn, der Konzentriertere, attackiert das F ganz rückhaltlos. Dann, als ob das brüske Vorgehen seine Energie erschöpft hätte, beschließt Haydn die rhythmische

Phrase durch eine herabsteigende Bewegung, noch immer frappant durch ihre pathetische Konzision. Bei Mozart springt diese selbe Phrase statt dessen elastisch zurück, als ob sie nachträglich mit dem Erreichten spiele... Der rhythmische Akzent ist bei Haydn wuchtiger; er ist schwerer als derjenige Mozarts, aber auch weniger beharrlich und hat einen kürzeren Atem... Diese Wucht des rhythmischen Akzents gibt der Haydnschen Phrase wieder einmal das charakteristisch Gutmütige.«

Das alles ist völlig richtig. Nur kann diese Zellenuntersuchung das Verhältnis des Brüderpaares Haydn-Mozart nicht für dauernd festlegen. Die Werkähnlichkeit so naher Menschen bleibt etwas Geheimnisvolles. Der Wille des einen überschneidet oft den des andern. Es ist nicht wahr, daß Haydn stets »wuchtiger« schrieb als Mozart: Er schrieb oft Phrasen von zitternder und »zurückspringender Elastizität«. Umgekehrt schrieb gerade Mozart manchmal haydnischer als Haydn...

Worin aber bestand untrüglich die Verschiedenheit der beiden? Mozart war ein Wunderkind — und damit schon etwas höchst Seltenes. Unter Mittelmeervölkern und Juden ist Wunderkindschaft etwas Gewöhnliches; Wolfgang Mozart aber war der in Salzburg geborene Sohn eines süddeutschen Musikers, aufgezogen in einem Klima, das keinerlei Frühentwicklung bedingte. Wenn sie trotzdem einsetzte, war es Verdienst und Schuld seines Vaters. Diese Wunderkindschaft hat Mozarts ganzes Leben bestimmt, das hektische Leben der Treibhauspflanze. An Haydn dagegen war alles langsam: er war eine Blume mit hartem Kelch, wie sie in den Alpen wächst, mit stark leuchtenden Blütenblättern, die zäh festsitzen bis in den Spätherbst. Welche Farben hatte Mozart? Sie irisierten zu wunderbar, als daß man es sagen könnte.

Als sie einander kennenlernten, war Mozart neunundzwanzig Jahre; und bei Haydn fehlte nicht viel, daß er doppelt so alt war wie jener. Trotz dieses riesigen Unterschieds hatten der Alte und der Junge gleiche künstlerische Erfahrungen und seltsamerweise den gleichen Geschmack. Nein, es ist nicht einmal seltsam: ihr hohes Qualitätsgefühl ließ sie dieselben Dinge lieben, sie verständigten sich durch einen Wink, was in der Kunst gut oder schlecht war. Der Schnell-Blühende und der Langsame wußten auch übereinander Bescheid. Trotz der tiefen Bescheidenheit, die jeden von ihnen auszeichnete, wußten sie, daß es, von Gluck abgesehen, in der zeitgenössischen Tonkunst eigentlich nur auf sie beide ankam. Das vereinte sie innerlich, und gleichzeitig trennten sie doch die Jahre. Mozarts Ruhm war ein Knabenruhm, ein Klaviervirtuosenruhm, der 1786 in bedrohlichem Verbleichen war. (Drei Jahre später mußte der Arme in Wien ein Liebhaberkonzert absagen, weil

sich nur ein einziger als Subskribent gemeldet hatte!) Demgegenüber
war Haydns Ruhm in stetem Wachsen. Sein Name hatte sich widerspruchslos durchgesetzt, und schon darum mußte der ältere Meister in
jenem seltsamen Verhältnis zunächst als der Gebende erscheinen.

Diese Freundschaft hatte damit begonnen, daß Haydn an einem
Februarabend 1785 nach einer Hausmusik bei Freunden (es waren dort
zum ersten Male Quartette Mozarts gespielt worden) aufstand und
mit sehr ernster Stimme zu Vater Leopold Mozart sagte: »Ich sage
Ihnen vor Gott als ein ehrlicher Mann, Ihr Sohn ist der größte Komponist, den ich von Person und dem Namen nach kenne...« Dieses
starke Wort eines Mannes, der im Zenit seines eigenen Ruhms stand,
wurde dem Gepriesenen augenblicklich zugetragen. Als Antwort sandte
Wolfgang Mozart seine nächsten sechs Quartette an Haydn mit einem
Huldigungsbrief in italienischer Sprache, in der Muttersprache der Musik: *»Un padre, avendo risolto di mandare i sui figli nel gran mondo,
stimò doverli affidare alla protezione e condotta d'un uomo celebre...«*
(Ein Vater, der sich entschlossen hat, seine Söhne in die große Welt
zu schicken, wird sie wohl zuerst dem Schutz und der Führung eines
hochberühmten Mannes anvertrauen wollen.) Jawohl, denn es handelt
sich um sechs Söhne, von denen der Vater alles erhofft. Aber es sind
nicht nur Söhne, es sind auch Werke: *»Essi sono, è vero, il frutto d'una
lunga e laboriosa fatica.«* (Sie sind fürwahr die Frucht einer langen
und mühevollen Arbeit.) Wie wird Haydn sie aufnehmen? *Benignamente* (wohlwollend)? »Laß uns hoffen«, redet Mozart ihn an, *»che
non ti sembreranno del tutto indegni del tuo favore«* (daß sie nicht
völlig unwürdig deiner Gunst sind).

»Padre, guida ed amico!« Vater, Führer und Freund also! In diesem
Briefe ist nichts Schmeichelei. Jedes Wort zeugt von redlichstem Erleben. »Das war meine Schuldigkeit!« sagte Mozart, als die Rede auf
diese Widmung kam. »Denn von Haydn habe ich gelernt, wie man
Quartette schreiben muß...« Nie sprach er ohne Bewunderung, ja,
ohne Anbetung von Haydn. »Keiner«, sagte er, »kann alles, schäkern
und erschüttern, Lachen erregen und tiefe Rührung, und alles gleich
gut als Haydn.« Niemetschek hat später erzählt, wenn Mozart von
Haydn gesprochen habe, hätte man nie glauben können, den allgewaltigen Mozart zu hören, »sondern einen begeisterten Schüler«. Mozart duldete keine Kritik an dem älteren Meister und wurde sehr
heftig, wenn einer in seiner Gegenwart sich vermaß, ein Wort gegen
Haydn zu sagen. »Ihnen gefallen Haydns Quartette nicht?« zürnte er
gegen Kozeluch, »und ich sage Ihnen, Herr: wenn man uns beide zu-

sammenschmilzt, wird noch lange kein Haydn daraus!« Und als jener einwandte, mit dem Finger auf einem Notenblatt: »Ich hätte das nicht so gemacht!«, brach Mozart aus: »Ich auch nicht! Und wissen Sie warum? Weil weder Sie noch ich auf diesen Einfall gekommen wären...«

Der Widmung der Mozartschen Quartette war ein langes Studium von Haydns Quartetten vorausgegangen. Ganze neun Jahre hatte Haydn keine Streichquartette geschrieben. Das war jene Pause zwischen den »Sonnenquartetten« von 1772 und den sechs Quartetten von 1781 (Opus 33), die dem Großfürsten Paul gewidmet waren und deshalb »Russische Quartette« heißen. Wie Haydn ernstlich versicherte, waren die »Russischen Quartette« auf eine »vollkommen neue und besondere Art« komponiert. Er verließ hier den kontrapunktischen Stil so überraschend, wie er ihn zehn Jahre vorher aufgesucht hatte. Er entfernte sich von der Gelehrsamkeit, aber schon hatte sich das Lernen in vollstes Leben umgesetzt. Alles scheint leicht — und wird doch so tief. Diese Quartette, schreibt Alfred Einstein, sind in ihrer Kombination von Originalität und Geist ein besonderes Meisterstück menschlicher Erfindungsgabe — ganz zu schweigen von ihrer speziellen musikgeschichtlichen Bedeutung. Die gelehrte Schreibart sei hier ersetzt durch Obligato-Stimmführung und man sei versucht zu sagen, daß ein so idealer Fall von Obligato-Schreiben wie der erste Satz von Beethovens »Eroica« schwerlich möglich gewesen sei ohne jene Haydn-Quartette.

Aus einem Gefühl für Symmetrie oder sogar aus Ritterlichkeit, die in ihm gespensterte, hatte Haydn als Jüngling geglaubt, daß das Gewicht in der Stimmführung möglichst gleich verteilt werden müsse. Zwei Instrumente gegen zwei. Gleich in Opus 1 zum Beispiel bilden die beiden Violinen eine Partei, und die andere wird von Viola und Cello gebildet. Die treten nun gegeneinander an — und das Notenbild sieht so aus:

Was mußte in Haydn und in der Welt vorgehen, ehe er fast ein Menschenalter nach jenen Anfängen bei Fürnberg diese »Russischen Quar-

tette« schrieb und wieder dann siebzehn Jahre später das »Kaiser-
quartett«, wo nach einem schönen Wort von Bela Bartók »die Instrumente oft nach allen vier Weltgegenden auseinanderweichen und
es unbegreiflich bleibt, daß Haydn sie immer wieder zurückfängt«! Da
ist nichts mehr von Symmetrie. Wo wäre sie denn auch im Leben?
Vier ist noch ganz andres als zweimal zwei.

1798, als Joseph Haydn das »Kaiserquartett« schrieb, war Mozart
schon sieben Jahre tot. Doch bereits Haydns »Russische Quartette« von
1782 hatten genügt, ihn fast umzuwerfen. Wäre Mozart damals jünger gewesen, so wäre vielleicht derselbe überstarke Einfluß, man mag
auch sagen: Sklaverei, die Folge gewesen, wie sie Haydn durch Gluck
erlitt und durch den Kampf um die »Opera Seria«. Immerhin, sklavi-
sche Bindungen — und entstünden sie selbst durch Bewunderung! —
waren niemals Mozarts Sache. Der Mozart von 1785 hatte sich selbst
gefunden; es war die Person eines Königs und Meisters, die einen andern verehrend beschenkte. Was Mozarts Quartette überhaupt schärf-
stens von denen des älteren Meisters schied, war, daß sie »Musik aus
Musik« waren; Kunst, durchaus aus Kunst empfangen. Haydn dagegen
hörte nie auf, sein Ohr an die äußere Welt zu lehnen. Als begeisterter
Naturfreund war er Fallensteller für Geräusche. Ein Tierstück wie
Opus 33, Nr. 3, das sogenannte »Vogelquartett«, hätte Mozart nie
schreiben können. Es ist gleichsam am offenen Fenster abgehört und
aufgeschrieben. Doch in den Bezirken der inneren Spannung ist Mozart bereits der Größere. Da stehen ihm chromatische Möglichkeiten
zu Gebote, die über die diatonische Klarheit in Haydns Schreibart hinausgehen.

Die Stunden, in denen sich Mozart als Lernender mit Haydn beschäftigte, lassen sich nicht zählen. Als Schaffender jedoch — und das
beweist wieder seine Instinktsicherheit! — nahm Mozart gerade nur
das von Haydn, was er unbedingt brauchen konnte. Das andere ließ
er wohlweislich beiseite. Die Freude, mit der Haydn zum Beispiel
Bauernfestlichkeiten belauschte, mochte Mozart als Mensch teilen — als
Künstler war sie ihm gleichgültig. Nicht nur »Schöpfung« und »Jahreszeiten«, jede Haydnsche Symphonie und auch die meisten Quartette
sind intimer Naturbeobachtung voll, wie sie nur jemand machen konnte,
der (wie später einmal Walt Whitman) ein geborener Spaziergänger
war. Mozart — und mochten seine Melismen den Haydnschen noch so
ähnlich sein — war ein »Zimmerkomponist«, der andere Wirkungen
erstrebte: Vollkommenheiten anderer Art, die Haydn nur bestaunen
konnte. Die Blitzschläge, die uns jeden Augenblick aus Mozarts Opern

ereilen, seine Jupiterhand, die die Blitze wirft, seine nie erreichte Kenntnis der dramatisch-lyrischen Expression: was hat all das noch mit »Natur« zu tun, mit Hagel, Regen und Sonnenschein und ihren Gleichnissen in der Musik? Wer denkt überhaupt noch an eine Welt außerhalb des menschlichen Herzens, wenn in der ersten Szene des »Don Juan« das Ungeheuerliche geschieht: Der Vater windet sich erstochen, die Tochter schreit Hilfe, der Verführer gewittert Hohn, und Leporello möchte davon, weil ihn alles unheimlich dünkt... Übrigens singen auch hier vier Stimmen, und es ist tatsächlich ein Quartett. Aber keins von den Haydnschen mehr! Hier spricht der größte Theatermensch der Musik und der musikalischste Mann des Theaters, der je gelebt hat: das war Mozart, Fortsetzer Glucks, und Richard Wagner weit hinter sich lassend, Wagner, der so oft wie ein auf die Bühne verirrter Epiker dasteht...

Das Erstaunliche ist, daß Haydn das Theatergenie Mozarts verstand. Der größte Instrumentalkomponist verstand den größten Opernschöpfer. Er verstand alle Dimensionen, die in Mozarts Bühnenmusik liegen, die Großartigkeit der gesungenen Konflikte, die gewaltig-erhabene oder die heitere Schürzung des Knotens (in jeder wahren Komödie kommt es ja fast zur Tragödie). Haydn verstand, daß der scherzende Mozart die Ewigkeit gestaltete. Er empfand den unauslöschlichen Klangstreit der Stimmen und der Charaktere und dabei ihr »stetes Verbleiben im Schönen«, das bei Mozart das Erschütterndste ist und das ihm selber sehr fremd sein mochte. Was den Genuß des Schönen betrifft, den bedingungslosen Willen zur »Schönheit, die bereits an den Tod grenzt«, so glich Mozart in hohem Maße Schiller; während bei Haydn ähnlich wie bei Goethe das Schöne nur Akzidenz scheint und das Charakteristische mehr.

Was dieses produktive Verstehen des älteren Meisters bedeutete — und welche Förderung es war, daß ein solcher Brief wie der von Haydn nach Prag geschriebene überhaupt existierte —, mag am besten daraus ersehen werden, daß selbst die allerhöchste Stelle, in diesem Fall Kaiser Josef II., Mozart zwar Instrumentaltalent zusprach, ihn aber im Grunde für einen mittleren Opernschöpfer hielt.

Hätte Haydn die Bildung besessen, an ästhetischen Kämpfen teilzunehmen, so wäre ihm sein Einsatz für Mozarts Opernschaffen vielleicht schwerer gefallen; aber gerade sein gesunder Instinkt bewahrte ihn vor Fehlurteilen. Bekanntlich war der arme Mozart wilden Angriffen ausgesetzt wegen der »Unsittlichkeit seiner Stoffe«. Der natürlich empfindende Haydn verstand überhaupt nicht, worum es ging. »Ich kann das nicht ausmachen!« sagte er bei einer solchen Gelegenheit. »Das aber weiß ich, daß Mozart heute der größte lebende Komponist ist.« Bei der Generalprobe von »Così fan tutte« ist der aus Esterhaz Gekommene, nur kurze Zeit in Wien Weilende den ganzen Abend bei seinem Mozart und ist von der Musik berauscht. (Was könnte man anderes als berauscht sein?)

Der puritanische Beethoven war empört über Mozarts »Don Juan«, über »Così fan tutte« — und wer weiß, ob er es nicht auch über »Figaro« war? Er erblickte in der Wahl solcher Stoffe eine Erniedrigung der Kunst. Wie anders Haydn, der ebensowenig wie der Schöpfer des »Fidelio« eine Szene oder Zeile des »Don Juan« hätte schreiben können! Ohne Goethe, E. T. A. Hoffmann oder Kierkegaard gelesen zu haben — er hätte sie auch schwerlich verstanden —, mag Haydn sehr wohl gespürt haben, um welche Welt es im »Don Juan« geht: um die ideale Verschmelzung des »Dämonischen« mit dem »Lustigen«. Nach dem »Don Juan« würde es in der Tat keine Trennung von ernster und komischer Oper mehr geben... Noch fast vierzig Jahre nach Mozarts Tod (1829) klagte Goethe darüber, daß Mozart nicht seinen »Faust« komponiert habe: er allein hätte es gekonnt!

Herrlich, wie diese beiden Meister von 1785 bis 1790 — nicht mehr als fünf Jahre irdischer Zeit sind ihnen nebeneinander gegönnt — ihr Wesen bewundern und ergänzen. Sie sind wie zwei Weggefährten, von denen der eine bald vorangeht, bald dem andern die Führung überläßt. Früher als Mozart erkannte Haydn die Gefahren des homophonen Stils und die Einseitigkeit des »Draufloserzählens«. Es war ja das Wunderbare seiner mittleren epischen Arbeiten, daß er, ganz im Gegensatz zu seinen Jugendidealen, in ihnen, wo es nötig war, als ein Kontrapunktist auftauchte — und es doch nur so lange blieb, wie es dem Ohr erträglich war. Der Musiker Ernst Ludwig Gerber schrieb damals in seinem Konversationslexikon: »Jede harmonische Künstelei, sei sie selbst aus dem gothischen Zeitalter der grauen Kontrapunktisten, stehet Haydn zu Gebote. Aber sie nimmt statt ihrem ehemaligen steifen, ein gefälliges Wesen an, sobald Er sie für unser Ohr zubereitet. Er besitzt die große Kunst, in seinen Sätzen öfters bekannt zu scheinen. Dadurch wird er trotz allen kontrapunktischen Künsteleien, die sich darin befinden, populär und jedem Liebhaber angenehm.« Mozart mochte seufzen, wenn er solche Lobeserhebungen las. Nicht aus Neid. Nur weil es ihm viel schwerer fiel als dem trockeneren Haydn, den Weg zu Johann Sebastian Bach zurückzufinden — und dabei noch gar »angenehm, familiär und vertraut« zu erscheinen. Der Italiener in Mozart wahrte sich gegen das deutsche, gotische Dunkel! Und doch mußte auch Mozart die Fuge erleben, sonst wäre er nicht Mozart geworden.

Davon, daß Mozart je etwas schwerfiel, davon wußte Haydn freilich nichts. Die Zeile in jenem Widmungsbrief von 1785, die von »lunga e laboriosa fatica« sprach, überlas er. Er bestaunte zu allen Zeiten Mozarts »göttliche Leichtigkeit«, die Gnade und Eingebung seiner Werke. »Glauben Sie mir, ich bin nichts gegen Mozart!« sagte er nach dem Tod des Freundes zu dem englischen Kritiker Burney.

Gerade um diese Zeit höchster Reife, 1791, beginnt sich etwas Rührend-Erhabenes im Leben Haydns abzuzeichnen. Während zu Lebzeiten Mozarts Haydn als der gebende Teil erscheint, beginnt nach dem Tode des Jüngeren ein unsterblicher Glanz von ihm auszustrahlen. Plötzlich wird der alte Haydn zum Schüler Mozarts. Es ist ähnlich wie die Nachwirkung des frühverstorbenen Schiller auf Goethe, nur noch stärker, noch unterscheidbarer. Nach dem Tode Mozarts sitzt Haydn lauschend zu seinen Füßen, und die Quellen Mozarts brechen in seinen Londoner Symphonien auf.

EIN NEUES BÜRGERTUM

Es waren nicht Mozart und die von diesem erschlossene Freimaurerloge allein, die am Ende der achtziger Jahre Haydns Sehnsucht nach Wien erregten. Nein, seine Welt hatte sich verändert, er fühlte sich verlassen in Esterhaz und begann sich zu fragen, ob dieses Anachoretendasein, das er seit fast dreißig Jahren lebte, für ihn das Richtige gewesen sei.

Einmal hatte es so geschienen. Aber jetzt empfand er es anders. Immer seltener kam es vor, daß er in Nikolaus' Gefolge für ein paar Tage in Wien weilen durfte. Dieses Wien schien schöner denn je, lebendiger und begehrenswerter. Ein neuer bürgerlicher Geist durchwehte es, manch überlebte Form verschwand. Maria Theresia war gestorben, seit 1780 herrschte ihr Sohn, der Bürgerkaiser, allein: Josef II., der Bauernbefreier, verfeindet mit dem landbesitzenden Adel und vor allem mit der landbesitzenden Kirche.

Jetzt kam ein anderes Bürgertum auf, das des Handels und der Industrie. Diese Schicht war verknüpft und verschwägert mit einer Reihe von neuen und individuellen Kulturträgern: Professoren, hohe Beamte,

ganz neue Gönner interessierten sich für Haydn. Da war Josef von
Sonnenfels, von dem er in seinen Jünglingsjahren fast nur Böses ge-
hört hatte, denn Sonnenfels war der Hauptgegner des Direktors Kurz-
Bernardon und des Wiener Volkstheaters gewesen. Jetzt zeigte sich,
daß Sonnenfels ein begeisterungsfähiger Mann war, der den höchsten
Respekt vor Haydns Kunst hatte und der als Persönlichkeit eigenen
Ranges auch von Haydn verehrt wurde. Die Lebensstadien dieses
Mannes waren höchst erstaunlich: getaufter Enkel eines Rabbiners,
Zeitungsherausgeber, führender Ästhetiker und Vorkämpfer Lessings
in Österreich, kaiserlicher Theaterzensor, dann Universitätsprofessor
für Recht und Volkswirtschaft, Philosoph, Reformator der Polizei und
des österreichischen Kriminalrechts. Die Abschaffung der Folter war
sein Werk. Ein Menschenfreund von seltenem Format, wie ihn nur
die kurze Ära des Josefinismus hervorbringen konnte.

Ein anderer von Haydns neuen Gönnern war der Großmeister der
Freimaurerloge, Ignaz von Born, ein Mineraloge. Er war das Vor-
bild für Sarastro, den Oberpriester der »Zauberflöte«. Und in der
Kantate »Maurerfreude« feierte Mozart ihn ebenfalls:

> Sehen, wie dem starren Forscherauge
> die Natur ihr Antlitz nach und nach enthüllet,
> wie sie ihm mit hoher Weisheit
> voll den Sinn und voll das Herz
> mit Tugend erfüllet,
> das ist Maureraugenweide,
> wahre, heiße Maurerfreude.

Da waren ferner die Schriftsteller Michael Denis, Alxinger, Blumauer
und Schikaneder; der Musikliebhaber Joseph von Kees; Hofrat Greiner, der Textauswähler für Haydns Lieder, und vor allem Gottfried
van Swieten, der Sohn des Leibarztes der Kaiserin, der später einmal
Dichter der »Schöpfung« und der »Jahreszeiten« werden sollte. Die
Großkaufleute Puchberg und Tost waren beide als Kunstfreunde bekannt. Der eine lieh Mozart Geld; dem anderen widmete Haydn Quartette, seine reifsten, die Tost-Quartette (Opus 54).

Alle diese Männer waren Freimaurer. Der Berliner Nicolai, selbst
ein begeisterter Freimaurer, nahm 1782 die Zahl der Freimaurer in
der Welt mit der gewiß übertriebenen Ziffer zwischen fünf und zehn
Millionen an. Immerhin war dieser Orden bereits kein »Verein« mehr,
sondern eher schon eine »Kirche«. Daß Mozart ihr beitrat, kann uns

nicht wundern. Eine Gemeinschaft, deren Satzung für die »Gleichheit
aller Menschen« und die »Bruderliebe« eintrat, die den »Kampf gegen
den Aberglauben« predigte, mußte nach seinem Herzen sein. Außerdem zog ihn das freimaurerische Ritual mit seiner sonderbaren Mischung von Rationalismus und Mystik an; er hat es in der »Zauberflöte« unsterblich gemacht. Und schließlich gab es noch einen anderen
Grund: Mozart war ein tief einsamer Mensch. Er glaubte, das Jähe,
Unstete, Zufällige, das sein ganz auf Harmonie gestelltes Leben immer
wieder bedrohte, bekämpfen zu können, indem er der »Bruderkette«
beitrat, die ihn nicht nur mit den einflußreichsten, sondern auch mit
den besten Männern der Zeit verband.

Aber Haydn! Sein Beitritt zum Orden, der möglicherweise unter
dem Drängen des soviel jüngeren Mozart stattfand, ist nicht so leicht
zu erklären. Er war kein literarischer Mensch wie die meisten Freimaurer es waren; und philosophische Ideale waren ihm ursprünglich
völlig fremd. Er kannte zudem zwar wie Mozart die Sehnsucht nach
»Gesellschaft«, denn trotz der vielen geselligen Pflichten in Esterhaz
konnte Haydn oft recht einsam sein, aber diese Sehnsucht entbehrte
des nervösen Untertons. So hat man denn vielfach angenommen, daß
Haydn bei seinen seltenen Besuchen in Wien die Loge »Zur wahren
Eintracht« gewissermaßen als eine Art von »freundschaftlicher Her-
berge« ansah und daß er sich durch die Mitgliedschaft zu ihr nicht tiefer verpflichtet fühlte.

Nun darf man aber nicht so weit gehen, zu behaupten, Haydn habe
seinen Eintritt in die Freimaurerloge allein aus »gesellschaftlichen
Rücksichten« vollzogen. Das lag seinem Charakter völlig fern. Wenn
man in dem Brief liest, den er am 2. Februar 1785 einem hochgestell-
ten Freimaurer schrieb, nämlich dem Kaiserlichen Kämmerer Anton
Graf Apponyi, daß »er es kaum erwarten könne, das unsägliche Glück
zu genießen, in einem Circle so würdiger Männer zu sein«, und daß
er »mit Schmerzen seiner Aufnahme in den Orden entgegensähe«, so
weiß man: er würde das nicht geschrieben haben, hätte er sich nicht
mehr versprochen als gesellschaftliche Vorteile.

Die Festrede bei seiner Aufnahme hielt der Hofkriegsrat Josef von
Holzmeister (1751—1817), der Haydns maurerische Bedeutung in einer
merkwürdigen Weise unterstrich. Haydn, führte Holzmeister aus, sei
so etwas wie der Entdecker einer »Neuordnung im Orchester«. (Wir
würden heute ungescheut sagen: der Entdecker der Demokratie im
Orchester.) Pflichten und Rechte der Instrumente seien durch ihn neu
festgelegt worden. »Wenn nicht jedes Instrument außer seinen eigenen

Rechten auch die Rechte und die Wirkung der Nebeninstrumente in Betracht zieht... und manchmal von seiner eigenen Stärke geflissentlich nachläßt, um den Ausdruck seines Mitlauters nicht zu verdrängen, wird aller schöne Zweck verfehlt sein. Und statt schmelzender, rührender Musik wird nur ein unausstehlicher Wirrwarr von übel verbundenen Tönen entstehen.« Das mußte Haydn sehr gefallen, denn traf das nicht wahrlich auf ihn zu? Wenn er trotzdem nicht wie Mozart eine Anzahl von »maurerischen Musiken« für den Gebrauch der Loge schrieb, so unterließ er es wohl nur deshalb, weil er in seinem ganzen Leben kein »Mann der Initiative« war. Die Loge hätte diese Musik wahrscheinlich bei ihm »bestellen« müssen; daß sie es nicht tat, war ihr Fehler.

Und doch gab es für Haydn eine Bindung, die möglicherweise tiefer ging als die Bindung anderer an die Loge — und das war der »Werkkult« der Freimaurer. Haydn stammte von Menschen ab, die so manches Jahrhundert hindurch »rüstige Werkleute« gewesen waren. Jetzt lebte er in einem prinzlichen Haushalt, der auf jede Art körperlicher Arbeit verachtend herabsah. In der Ideologie der Freimaurer fand er nun zum erstenmal etwas, was seinem väterlich ererbten Klassenbewußtsein entgegenkam: die hohe symbolische Wertschätzung handwerklicher Tätigkeit. Bekanntlich pflegen sich noch heut die Freimaurer der ganzen Welt im Schurzfell des Arbeiters zu versammeln. Seitdem 1723 in London Andersons »Konstitutionsbuch der Freimaurerei« erschienen war, drängten sich in ganz Europa die Angehörigen des dritten Standes — Kaufleute, Industrielle, Handwerker — zu den Logen, die die Losung ausgaben: »Fleiß heiligt mehr als das Gebet.« Die österreichische Freimaurerei ging zwar nie so weit wie der bayerische Orden der Illuminaten, der kurzweg erklärt hatte: »Gebet ist Faulheit und Religion Betrug« — doch das Vorgehen Josefs II. gegen die zu vielen katholischen Feiertage klang an maurerische Ideen an. Sonnenfels stellte in seinen Schriften den »bürgerlichen Handwerker« als wichtigsten Teil des Staates hin. Das behagte Haydns Handwerkerstolz, und wahrscheinlich liegt hier der Hauptgrund seiner Zuneigung zur Freimaurerei.

Auch die krausen Behauptungen über den historischen Ursprung des Ordens mögen ihn angeregt haben. Nach Andersons toller Mythologie war die Freimaurerei eine Gabe, die Gott schon dem ersten Menschen verlieh, der die Kenntnis der Baukunst und Geometrie seinen Söhnen weitergab. Gott selbst war der »erste Werkmeister und Vorarbeiter«. Nach Anderson war Salomo der »Großmeister einer Loge in Jerusalem« und Salomos Freund, der König Hiram, »der Großmeister einer Loge in Tyrus«. Aus Tyrus verschrieb sich Salomo die Werkleute zum Bau seines Tempels, und alle diese Arbeiter waren freimaurerisch erzogen. Seither spielt der »rauhe unbehauene Stein«, der zu jeder »Logenarbeit« der Freimaurer gehört, eine große Rolle im Ritual. Denn — und dies wurde auch Haydn gelehrt! — »das menschliche Herz ist der rauhe Stein, der behauen werden soll, auf daß es in die Form seiner Bestimmung gebracht und in den kunstvollen Raum des Tempels Salomonis eingegliedert werde: des hohen Tempels der Menschenliebe!«

Diese Ethik, in Handwerkssymbolik verkleidet, mag in Haydn, dem Handwerkersohn, ein starkes Echo geweckt haben. Aber gleichviel, ob die Freimaurer, die hier die »Männer des Schurzfells« spielten, in ihrem Alltagsleben sonst Kaufleute, Schriftsteller, Professoren und Regierungsräte waren: es war ein bürgerlicher Kreis, und gerade das machte seine Magie aus. Wenn hier auch viele geadelt waren, so war es doch jüngster Briefadel, für neuere Verdienste gespendet, nicht alter Schwert- und Landadel. Was hatte Haydn bisher von Wien gekannt? Das unangenehme Kleinbürgertum seiner Kinder- und Jünglingsjahre und später den gönnerhaften Hochadel, der ihn an seinen Tischen speisen ließ, doch nie die Distanz aufhob, die einen geborenen Grafen von einem Angestellten trennte. Unter seinesgleichen war Haydn eigentlich jetzt zum erstenmal, wenn er jede freie Minute in Wien dazu benutzte, im Haus des Professors Peter Leopold von Genzinger zu verkehren. Daß dieser Mann Freimaurer war, bildete freilich nicht seinen einzigen Vorzug.

MARIANNA SABINA UND DAS KLAVIER

Das Haus Genzinger haben wir uns — vierzig Jahre vor Franz Schubert — als ein Schuberthaus zu denken. Genzinger, von Maria Theresia wegen seiner Verdienste bei einer Epidemie geadelt, war Frauenarzt und schon dadurch zum Mittelpunkt eines geselligen Kreises geeignet. Sein Haus lag an der Schottenbastei, und das schönste Kleinod des Hauses war seine Gattin, Marianna Sabina, eine Tochter des Hofrats von Kayser. Sie war Mutter von sechs Kindern und damals noch nicht Mitte dreißig. Sie war die Frau, die, eingestanden oder auch uneingestanden, den alternden Meister Haydn nach Wien zog. In Briefen voller altfränkischer Verehrung teilt er ihr seine Zuneigung mit;

doch manchmal vergißt er das con sordino, und für einen Augenblick schlägt unbewachte Leidenschaft rot herauf — dann wieder deckt der erschrockene Meister die Hand darüber. Was will er denn? Er will gar nichts, er ist ein Ehrenmann. Als einmal ein Brief verlorengeht (vielleicht hat ein Enthusiast ihn gestohlen?), beruhigt er die Adressatin: »Euer Gnaden können ganz ruhig sein, denn meine Freundschaft und Hochschätzung, so zärtlich dieselbe ist, wird niemahlen strafbar werden...«

Diese Beziehung begann damit, daß die ihm unbekannte Dame im Juni 1789 einen Brief nach Esterhaz schrieb. Ihrem Briefe beigeschlossen lag der von ihr verfertigte Klavierauszug eines Haydn-Andantes (wir wissen nicht genau, ob es das Andante eines Streichquartetts oder einer Symphonie war). Sie fragte Haydn um seine Meinung — und das Urteil fiel glänzend aus. Aus Kunstbriefen wurden bald Freundschaftsbriefe. Was konnte Haydn anderes tun als diese Frau von Genzinger lieben? Sie war die erste wirkliche »Dame«, der er im Leben nähertrat. Seine Anna Aloysia war Kleinbürgerin und Frömmlerin; seine Luigia Polzelli eine Künstlerin mit den Zügen des Vamps, die mit den Jahren seltsamerweise gewisse Züge Annas annahm: beide Frauen interessierten sich weit mehr für Geld als ihnen zukam. Und nun Marianna, die adlige Frau, die von Haydn nichts wollte als ein künstlerisches Zusammenleben durch das Medium des Klaviers! Was andere Künstler in ihrer Jugend als Selbstverständlichkeit besitzen — eine Frauenfreundschaft im Salon und die Anregung daraus —, erfuhr Haydn zum erstenmal als siebenundfünfzigjähriger Mann. Wie hoch mußte er sie also schätzen!

Zunächst sind es »klavieristische Fragen«, die die beiderseitigen Briefe behandeln. Haydn hätte der verehrten Frau gar zu gern eines der neuen Instrumente des Klavierbauers Schantz geschenkt. Daß es teuer war, hätte ihn nicht geschreckt. (Seine häufigen Klagen, er »habe kein Geld«, entstammten nur bäuerischer Vorsicht.) Doch vom gesellschaftlichen Standpunkt aus war ein solches Geschenk völlig unmöglich. Was tat er? Höchst diplomatisch wußte er es so einzurichten, daß schließlich Fürst Nikolaus Esterhazy der Gattin seines verdienten Leibarztes ein Schantzsches Klavier zum Geschenk machte.

Kein Zweifel, daß Marianna Sabina ihn wie alle Zeitgenossen für einen großen Klavierschöpfer hielt. Etwas Expressiveres als Haydns 20. Klaviersonate in e-moll von 1771 oder die 32. in h-moll von 1776 kannte man damals nicht. Und wie denken wir heute darüber? Gewiß nicht so scharf wie Alfredo Casella, der 1940 schrieb: *»Haydn era un* *mediocre inventore pianistico«* — sondern doch wohl mehr wie Oskar Bie, der 1898 schrieb: »Haydn hat mehr am Klavier gelernt, als er ihm gegeben hat. Er übertrug die zeitgenössischen Klavierformen auf das Orchester und wies dadurch diesem die Wege der Symphonie... In Haydn hat das Klavier das Orchester befruchtet, in Beethoven das Orchester das Klavier, Mozart in der Mitte gibt jedem das Seine.«

Zwischen diesen Urteilen und dem des großen Albert Schweitzer, der 1950 schrieb, daß seine Kindheit mit Haydns Sonaten unzertrennlich verbunden sei, gibt es überhaupt keinen Weg. Und Siloti, der Liszt-Schüler, der Haydn dem Klaviergenie Domenico Scarlatti (1685 bis 1751) zur Seite stellte? »Zwischen den einsätzigen Sonaten Scarlattis und Schumanns herrlich jähen Einfällen schafft Haydn die historische Brücke. Seine Allegri haben die Frische morgendlichen Bachwassers. Die berühmten Worte Scarlattis rufen auch aus Haydns Musik: ,Erwarte nicht, Professor oder Dilettant, in diesen Klavierstücken eine tiefere Empfindung. Es sind Etüden des Mutes und der Fröhlichkeit...'«

Des Mutes und der Fröhlichkeit! Als Haydn Sonaten zu schreiben begann, gab es beinahe noch kein Klavier, sondern nur das Harpsichord, dessen silbrige Müdigkeit überhaupt nur der überwinden konnte, der es mit dem Draufgängertum der großen Italiener versuchte. Haydn umspannte ein ganzes Jahrhundert. Als er sein letztes Klavierstück schrieb, hatten Stein und Andreas Streicher (1761—1833) das moderne Hammerklavier erfunden.

Wir lieben heute das Harpsichord als historisches Instrument. Doch wir sind nicht seine Zeitgenossen. Wir können nicht vergessen, daß inzwischen Beethoven, Schubert, Schumann und Chopin gelebt haben, deren höchst subjektive Kunst erst durch das Hammerklavier möglich wurde. Wenn Haydn subjektiv wurde, überwältigt von inneren Ereignissen wie dem Genzinger-Erlebnis, so war er es fast gegen seinen Willen.

Ob Harpsichord oder Klavier: nach und nach lockt ihn die Beschäftigung mit jeder Form dieser Gattung. Harpsichord oder Klavier — in einem waren sie beide gleich: sie beherbergten zwei Naturen. Die eine: sie waren Instrumente wie alle andern, fähig, im Orchester zu spielen und andere Stimmen zu begleiten, keineswegs edler als die andern. Zwar standen die Trompete und andere Blasinstrumente natürlich tief unter ihnen, doch gemessen an einer Geige, überhaupt an allem, was Gesang war: welche »Heiserkeit«, welcher Blechton, welche Härte des Tasten-Instruments! Oft klang es wie ein »Eindringling«, seine Stimme wollte sich nicht binden, sie kam aus einer anderen Welt, aus einer häßlicheren. James Gibbons Huneker scheute sich nicht, selbst das schönste Konzert für Klavier und Orchester eine »Kakophonie« zu nennen. Von seinen technischen Mängeln allein konnte das nicht herrühren: daß es kein Portamento hatte, oder daß man mit dem Fuß ein Fortissimo erzielte, das der Hand hätte zufallen sollen, oder daß, wo ein Regenbogen der Empfindung walten sollte, das Klavier etwas so Unedles wie ein »arpeggio« produzierte... (Das Harpsichord klang hier edler, weil es ja von Haus aus der Orchesterharfe verwandt war.)

Doch nun die zweite Natur. War man mit einem Klavier allein und hatte keine Erinnerung mehr an die Möglichkeiten anderer Instrumente: welche Klangwunder standen da auf! Eine homophone Figur auf dem Klavier wirkte unerreicht in ihrer Einmaligkeit und Betontheit, ihrer überredenden Gewalt. Und die Harmonik: wo gab es noch solche harmonischen Wirkungen bei einem anderen Instrument? Einer Terz auf dem Klavier, einer Quarte kam keine sonst gleich. Nach einer Viertelstunde Klavierspiel hat sich die Alleinherrschaft des Klaviers so völlig etabliert, daß sein Klang absolut geworden ist und jeder andere daneben abfällt. Die Flöte wirkt hart, nasal und kalt, die Geige quäkt und scheint sentimental. Aber wer würde überhaupt noch andere Stimmen hören wollen? Das Klavier schafft ja die vollkommene Illusion des Orchesters. Dieses Instrument, das zu keinem andern eine Verwandtschaftsbeziehung hat, ist unbegreiflicherweise fähig, alle anderen zu ersetzen. Jawohl, man macht »Klavierauszüge«, und die meisten sind gelungen. Zeichnungen nach Gemälden sind schlecht. Ein Klavierauszug ist nichts anderes als eine Zeichnung nach einem Orchestergemälde — und trotzdem ist er meistens gut, er drängt zusammen, er macht klar. Er fängt die Gedanken der Meister ein, die sonst wie Wolken, nicht immer faßbar, durch den Orchesterhimmel schwimmen, und bannt sie fest, macht sie unvergeßlich.

Diese beiden Eigenschaften des Klaviers hat Haydn gewiß so gekannt wie die großen Meister nach ihm. Er lebte in einer Umwälzungszeit, wo hundert Versuche gemacht wurden, um die Klangmöglichkeit des Klaviers zu verbessern. Man wollte Seele vom Klavier — und zwar eine starke Seele — zu einer Zeit, da es noch schwachmütig war. Bie hat dieses Ringen beschrieben, die hunderterlei Bestrebungen, den Klang ausdrucksfähiger zu machen: »Bald stimmte man die Saiten-Chöre in Oktaven, bald fügte man Pedale für tiefe Töne hinzu, bald verstärkte man die Resonanzböden, bald stellte man die tieferen Saiten aus Kupfer, die höheren aus Stahl dar und gewann eine reiche Erfahrung in der Fabrikation aller einzelnen Teile. Tangenten von Leder kommen auf, um den Anschlag weicher zu machen. Oder man kombiniert die Forte- und Piano-Züge immer künstlicher bis zu zweihundertfünfzig Veränderungen, so daß eine unendliche Menge von Schattierungen möglich wird ... Die Schlußlösung war das Pianoforte, unser heutiges Klavier, bei dem die Saiten nicht mehr gezupft, angerissen wie bei der Harfe, sondern mit Hämmern geschlagen werden.«

Obwohl Haydn diese Umwälzung fühlte, trug dieser Meister des Quartettstils in seinen Klaviersonaten zunächst nicht viel zur »Erlösung des Klaviers« bei. Noch zu selten ist es bei ihm ein »Kammerinstrument der Seele«, das den Streichern gleichwertig ist. Oft sind seine Sonaten fröhlich-leer oder gravitätisch-unverbindlich, und fast nie sind sie ganz er selbst. So herrlich ihre Männlichkeit und ihre technische Brillanz sind, sie erinnern in ihrer klirrenden Kälte an die Sonaten von Muzio Clementi — was wieder ziemlich merkwürdig ist, weil der Römer ein Virtuose war, während Haydns Klavierspiel begrenzt war ... Erstaunlich, wie wenig noch Haydn empfand, daß das Klavier, wie die Violine, den Einsatz des »Privatesten« fordert: subjektivste Persönlichkeit — und dabei hatte er oft genug Mozart fantasieren hören! Bald sollte eine Zeit kommen (wenn Haydn sie auch nicht mehr erlebte), wo das Klavier beginnen wird, sogar das Quartettspiel zu verdrängen. »Altar der Seele« wird es sein und in jedem besseren Bürgerhaus des 19. Jahrhunderts anzutreffen. Solche Wohnungen werden später nicht nur von den Möbeltischlern eingerichtet werden, sondern auch von den Klavierbauern wie Pleyel, Erard, Duysen, Blüthner, Bechstein, Bösendorfer und Steinway.

Eine derartige Entwicklung war im 18. Jahrhundert nicht vorauszusehen. Von niemandem. Auch nicht von Haydn? Wenn er sich auf die Zehen stellte, konnte er hinüberblicken ins Land der romantischen Expression. Wie bemerkenswert ist jener Brief vom 9. Februar 1790 an Marianna Sabina von Genzinger, in dem er von seinem Klavier plötzlich als einem »Subjekt« spricht, das einen eigenen Willen zeige! Er nennt es »unbeständig, ungehorsam«, aufreizend statt beruhigend. Wäre das nicht scherzend gesagt, es könnte ein Beethovenscher Ausdruck sein. Aber es mußte erst ein großes Erlebnis kommen, eine nie ausgesprochene Liebe, ehe Haydn auf dem Klavier Ungewöhnliches gelang. Bei der Es-dur-Sonate Nr. 49, die er Frau von Genzinger widmet, steigt er empor ins Geniale. Hermann Abert hat diese Sonate mit ihrem dunkel gefärbten Adagio:

Haydns Klavier-Höhepunkt genannt. Der themenreiche erste Satz, die souveräne Durchführung mit ihrer Rückleitung zur Reprise, die selbständige und kühne Coda, das Adagio mit der b-moll-Episode, das männlich-starke und hohe Finale hat mit den Routine-Sonaten Haydns gar nichts mehr gemeinsam. Und die spät gewonnene Meisterschaft bleibt ihm hier auch weiter treu. Die Sonaten 50—52 scheinen tatsächlich einen Blick in Schubertsche Zukunft hinüber zu tun oder in Beethovensches Geheimnis. Im E-dur-Adagio der Es-dur-Sonate dämmern Chopinsche Verzierungen auf... Das ist die Zeitlosigkeit der Meister! Wo sie wirklich Meister sind, sind sie eigentlich verbündet und der »Fortschritt« wird illusorisch: denn in jedem ist eine Ahnung alles Späteren vorhanden und wartet nur auf die Entbindung.

Wie die Liebe zur Polzelli ihm die Opern-Arie entschleiert hatte — die er meisterhaft beherrschte, auch wo ihm die Oper als Ganzes versagt blieb —, so machte ihn die Liebe zu Marianna zum Meister auf dem Klavier. Es war eine ehrfurchtsvoll himmlische Liebe — im Gegensatz zur irdischen, die ihn immer noch an die Polzelli band. Eine Liebe war es gleichwohl. Denn, wirklich, er denkt Tag und Nacht an den Gegenstand seiner Verehrung. Er möchte dauernd in Wien bleiben! Daß es nicht sein kann, macht ihn unglücklich — aber fern von jeder Pathetik, taucht er dies Unglücklichsein gleich in Humor. Seine Briefe an Frau von Genzinger hauchen jenes Zauberparfüm aus, jene Mischung von Melancholie und Scherz, die Haydns bestes Wesen ausmacht. Briefe, von einer Hand geschrieben, die des Briefschreibens wenig gewohnt war: wenn Haydn ein Wort dreimal gebraucht, schreibt er es dreimal verschieden und meistens falsch. (Übrigens nicht in dem folgenden Brief, der eine gewisse Bemühung um Rechtschreibung und Interpunktion verrät.) Aber wie nah wird uns seine Welt, seine Junggesellenwelt, in welcher die Sehnsucht nach Liebe auch die Sehnsucht nach gutem Essen ist, nach dem Salon, kurz nach der »Kultur«:

Estoras, 9. Februar 1790

Wohledelgeborene

Sonders hochschätzbarste — allerbeste Frau v. Genzinger!

Nun — da sitz ich in meiner Einöde — verlassen — wie ein armer Wais — fast ohne menschlicher Gesellschaft — traurig — voll Erinnerung vergangener edler Täge — ja, leider vergangen — und wer weiß, wann diese angenehmen Tage wiederkommen werden? diese schönen Gesellschaften? wo ein ganzer Kreis Ein Herz, Eine Seele ist — alle diesen schönen musikalischen Abende — welche sich nur denken und nicht beschreiben lassen —; Wo sind alle diese Begeisterungen? — Weg sind sie — und auf lange sind sie weg. Wundern sich Euer Gnaden nicht, daß ich so lange von meiner Danksagung nichts geschrieben habe? Ich fand zu Haus alles verwirrt, 3 Tage wußte ich nicht, ob ich Kapellmeister oder Kapelldiener war, nichts konnte mich trösten. Mein ganzes Quartier war in Unordnung, mein Fortepiano, das ich sonst liebte, war unbeständig, ungehorsam, es reizte mich mehr zum Ärgern als zur Beruhigung. Ich konnte wenig schlafen, sogar die Träume verfolgten mich; dann, da ich am besten die Opera »Le Nozz di Figaro« zu hören träumte, weckte mich der fatale Nordwind auf und bließ mir fast die Schlafhauben vom Kopf; ich wurde in 3 Tagen um 20 Pfd. magerer, denn die guten Wiener Bisserln verloren sich schon unterwegs. Ja, ja, dacht ich bei mir selbst, als ich in meinem Kosthaus statt dem kostbaren Rindfleisch ein Stück von einer 50-jährigen Kuh, statt dem Ragou mit kleinen Knöderln einen alten Schöpsen mit gelben Murken, statt dem böhmischen Fasan ein ledernes Rostbrätl, statt den so guten und delikaten Pomeranzen einen Dschabl oder sogenannten Groß-Salat, statt der Bäckerei dürre Äpfelspältl und Haselnuß — und so weiter speisen mußte, — ja, ja, dachte ich bei mir selbst, hätte ich jetzo manches Bisserl, was ich in Wien nicht habe verzehren können. — Hier in Estoras fragt mich niemand, schaffen Sie Schokolade — mit oder ohne Milch, befehlen Sie Kaffee, schwarz oder mit Obers, mit was kann ich Sie bedienen, bester Haydn, wollen Sie Gefrorenes mit Vanilla oder mit Ananas? Hätte ich jetzt nur ein Stück guten Parmesankäse, besonders in der Fasten, um die schwarzen Nocken und Nudln leichter hinabzutauchen; ich gab eben heute unserm Portier Kommission, mir ein paar Pfund herabzuschicken.

Verzeihen Sie, allerbeste gnädige Frau, daß ich Ihnen das allererstemal mit so ungereimtem Gezeug und der elenden Schmiererei die Zeit abstehle, verzeihen Sie es einem Mann, welchem die Wiener zu viel Gutes erwiesen haben. Ich fange aber schon an, mich nach und nach an das Ländliche zu gewöhnen, gestern studierte ich zum erstenmal und so ziemlich Haydnisch...

Unzweifelhaft bildete solch ein Brief das Entzücken des Hauses Genzinger — wie er heut noch unser Entzücken bildet. Währenddessen wurden Haydns Sehnsuchtsrufe aus der Wüste immer echter, immer verzweifelter. »Oh könnt ich nur eine Viertelstunde bei Ihro Gnaden seyn, um meine Widerwärtigkeiten auszuschütten und von Euer Gnaden Trost einzuhauchen!« schreibt er. Doch dann tröstet er sich (anders wäre er ja nicht Haydn): »Nun in Gottes Namen: es wird auch diese Zeit vorüber gehn und jene wieder kommen, in welcher ich das unschätzbare Vergnügen haben werde, neben Euer Gnaden am Klavier zu sitzen, Mozarts Meisterstücke spielen zu hören und für so viele schöne Sachen die Hände zu küssen.« — Denn immer wieder spricht er von Mozart — und wird nie aufhören von ihm zu sprechen.

»ICH BIN SALOMON AUS LONDON«

Was ist mit Nikolaus Esterhazy geschehen, daß er keine Gäste mehr einlädt, daß er keine Menschen mehr sieht und Haydn jede Wienreise verweigert? Woher diese »Altersmelancholie«, von der seine Biographen berichten? Zählt er auch sechsundsiebzig Jahre, er brauchte darum noch kein Menschenfeind zu sein. Doch ist er es, und diese Menschenfeindschaft des großen ungarischen Magnaten, die ihn nicht mehr nach Wien kommen läßt, hat ihre politischen Ursachen.

Die alte Kaiserin, die sehr an ihm gehangen hat, ist tot. Er und sein Bruder haben ihr einst auf dem Reichstag von Preßburg (ein halbes Jahrhundert ist das nun her) und später im Siebenjährigen Krieg die größten politischen Dienste erwiesen. In jenen sagenhaften Tagen war Maria Theresia vor den Preußen zu ihren »treuen Ungarn« geflohen; vor all den pelzgeschmückten Magnaten war sie in Tränen ausgebrochen, um die Herzen der Ritterlichen zu rühren. Den kleinen, sechsmonatigen Josef hatte sie aus Wien mitgebracht, ihn auf dem Arm in den Saal getragen... Der Säugling, nach zeitgenössischem Bericht »mehr einem Eichhörnchen ähnlich als einem Menschen«, hatte mit runden Augen umhergesehen — es ist eben jener König und Kaiser, der jetzt die undankbaren Gesetze gegen den ungarischen Landadel erläßt.

Gewiß, noch immer ist Esterhazy Kommandant der Nobelgarde und Ritter des höchsten Habsburger-Ordens, des Goldenen Vlieses. Kalte Titel! In Wahrheit sind seine Dienste vergessen. Die Kälte, mit der ihm Kaiser Josef begegnet — längst schon kein junger Kaiser mehr —, hat nichts mit persönlicher Abneigung oder gar mit Haß zu tun. Nur: der innerpolitische Gegensatz hat sich mit den Jahren verschärft. Hier steht Josef, der »Bauernbefreier«, der sein Reformwerk vollenden will, dort der patriarchalische Chef über hunderttausend Leibeigene, das Mitglied einer zähen Kaste, die um ihre Vorrechte kämpft.

Hinzu kommt die Feindschaft zwischen Österreich und Ungarn, die, schon jahrhundertelang vorhanden, jetzt in offener Flamme auflodert. Der Kaiser ist der Angreifer, der Kaiser will den Einheitsstaat gründen, die ungarische Verfassung stürzen, die veraltet und theatralisch scheint. Er haßt nicht nur den Nationalismus der Ungarn, er haßt auch ihre Sprache, die er durch die deutsche ersetzen will. Er haßt, wie Otto Zarek in seiner »Geschichte Ungarns« erzählt, im ungarischen Wesen die Rückstände des Mittelalters, den Rest der feudalen Ritterzeit.

Die Aufhebung der Leibeigenschaft schmälert den Reichtum der Esterhazy und des Landadels überhaupt. Die freigewordenen Bauern strömen in die Städte und werden Fabrikarbeiter. Wenn sie auf dem Lande bleiben, leisten sie ohne Bezahlung keine Dienste mehr. Welche Umwälzung! Was Wunder, daß Fürst Nikolaus in diesem unbelehrbaren Kaiser nur den Demagogen sieht, den bleichen Denker und Stubenhocker, der das Volk zweifellos nicht kennt, aber ihm gerade deshalb die gefährlichsten Konzessionen macht. Man schreibt 1789. In Frankreich ist der Thron erschüttert, der Basilisk der Revolution äugt nach dem Pariser Königspaar. Die Königin ist des Kaisers Schwester, aber noch immer lernt Wien nichts. Der Kaiser ist versponnen in die Ausarbeitung neuer Gesetze, die geeignet sind, die Verteidigung von Thron und Besitz unmöglich zu machen. Ist das nicht die »Revolution von oben«? Nikolaus Esterhazy gibt es auf, einen Mann beraten zu wollen, der nicht hören will . . . Grollend zieht er sich zurück; er schweigt; er will nicht einmal, daß sein eigener Hofstaat das politische Sündenbabel betritt. So verweigert er Haydn den Wiener Urlaub, allerdings mit diplomatischen Ausflüchten. »Es ist kaum zu glauben«, schreibt der Meister an Marianna Sabina von Genzinger, »und doch geschieht diese Weigerung auf die feinste Art, und zwar auf solche, daß ich außer stand gesetzt werde, die Erlaubnis zu begehren . . .«

Sind das Grillen eines alten Mannes, der in seinem Lehnstuhl sitzt und von der Welt nichts mehr wissen will? Doch da trifft den Alten der schwerste Schlag. Am 25. Februar 1790 stirbt nach dreiundfünfzigjähriger Ehe plötzlich seine Lebensgefährtin, die Fürstin Marie Elisabeth. Ansehen und Geld konnte er verschmerzen, aber nicht den Verlust dieser Frau. Haydn, der eben noch fast impressionistisch Marianna von seinen eigenen Verdrießlichkeiten berichtet hat, ist bestürzt, tief erschüttert. Er spannt, wie er schreibt, »alle Kräfte an, den Fürsten aus der Schwermut zu reißen«. Er hat den wenig glücklichen Gedanken, schon an den ersten drei Abenden nach der Beerdigung der Fürstin Kammerkonzert und Opernaufführung anzusetzen; es kommt dabei, wie es kommen mußte. Nämlich: »der arme Fürst verfiel bey Anhörung der ersten Music über mein Favorit Adagio in eine so tiefe Melancholey, daß ich zu tun hatte, Ihm dieselbe durch andere Stücke wieder zu benehmen.« Armer Nikolaus, armer Haydn!

Fast zur selben Zeit wie die Fürstin Esterhazy ist aber auch der Kaiser gestorben, der Kaiser in Wien, fünfzig Jahre alt. Eine erschütternde Tragödie — die noch ihres Dramatikers harrt — ist damit zum Abschluß gekommen. Denn Josef II. ist ein gerechter, großer und edler Mensch gewesen; nur das Tempo seiner Reformen setzte ihn gegen die Welt ins Unrecht. Wenige Tage vor seinem Tode, von innern und äußeren Feinden bedroht, hat er noch das meiste von dem, was er geschaffen, widerrufen, »um die Monarchie zu retten«. Nun könnte Nikolaus aufatmen; denn mit dem Nachfolger des Kaisers, mit Leopold II., einem gemäßigten »Josefiner«, werden die Ungarn sich einigen können... Doch alles das geht Nikolaus nichts mehr an. Monatelang sitzt er am Kamin und trauert der geliebten Frau nach. Nur bis zum 28. September, um ein halbes Jahr, überlebt er seine Gattin.

Das für unmöglich Gehaltene geschah: nach dreißig Jahren war Haydn frei. Seine Tränen waren ehrlich. Umgeben von Weihrauch und Schaugepränge lag der Fürst auf dem Paradebett, wieder zierlich wie in seiner Jugend. Diesem Mann verdankte Haydn nächst sich selbst das meiste dessen, was er war. Ihm hatte er vor einem Menschenalter jene Kantate gewidmet, in der er begeistert die Schätze des Meeres und des Landes, Perlen und Gold, aufgefordert hatte, diesem herrlichen Fürsten zu dienen... Es waren barocke, nicht sehr erlebte Worte gewesen damals, die er in Musik gesetzt hatte. Inzwischen hatte er sie erlebt.

Nikolaus der Prächtige war tot! Zunächst verstand Haydn es einfach nicht, er ging tagelang umher wie im Traum: Sein Vertrag mit dem Haus Esterhazy erloschen? Da zeigte sich, daß der Nachfolger, Fürst Anton, noch immer ein großer Herr war, wenn auch unmusikalisch. Er ließ zwar keinen Zweifel daran, daß er kein Interesse habe am Fortbestand einer Hofkapelle, eines Opernhauses in Esterhaz und der anderen Kulturtraditionen, die ungebührliches Geld kosteten, aber der weltberühmte Haydn wurde deshalb doch nicht geschmälert. Auch Haydn ging in Pension, jawohl, aber er behielt sein Jahresgehalt in Höhe von vierzehnhundert Gulden, eine enorme Vergünstigung, die ihn zeitlebens vor Not schützte. Sein Gegendienst bestand darin, daß er sich auch fürderhin »Fürstlich Esterhazyscher Kapellmeister« zu nennen hatte...

War er wirklich frei? Ihm wurde schwindlig, so sehr überstürzten sich jetzt die Ereignisse. Er fuhr Hals über Kopf nach Wien — sogar seine Möbel ließ er zurück —, um sich mit Freunden zu beraten. Der Fürst von Oetingen-Wallerstein, ein reicher württembergischer Herr, bewarb sich schon seit dem Sommer um ihn. Und jetzt kam das Angebot des Fürsten Anton Grassalkovicz, eines mächtigen ungarischen Magnaten, der es den großen Esterhazys stets eifersüchtig gleichtun wollte. (Nur hatte er weniger Geschmack. Bei einem Besuch der Kaiserin auf einem von Grassalkovicz' Schlössern hatte der Gastgeber zur Unterhaltung Bären und Eber, als Hausknechte und Stubenmädchen verkleidet, miteinander kämpfen lassen — worauf Maria Theresia empört die Arena verlassen hatte.)

Von allen Seiten umwarb man Haydn. Am wichtigsten war das Angebot des regierenden Herrschers von Neapel, König Ferdinands IV., der sich gerade zur Doppelhochzeit seiner Töchter in Wien befand. Zwei österreichische Erzherzoge, einer der spätere Kaiser Franz, reichten den beiden Mädchen die Hand... Haydn hatte auf des Königs Bestellung schon früher Musik für ihn geschrieben. Ferdinands Lieblingsinstrument war die lira organizzata, die preziöse Radleier, etwas heute so Vergessenes wie Flötenuhr oder Baryton. Aber Haydn, der Alleskönner, der nie einen Auftrag ablehnte, hatte den König natürlich sofort mit fünf Radleier-Konzerten versorgt, außerdem noch mit einer Anzahl Notturni, die Ferdinands Entzücken erregten. Ein Grund mehr, Haydn zu bestürmen, sofort nach Neapel mitzukommen. Haydn war höchst geneigt, zu gehen. Er hatte sich alt und unzufrieden gefühlt in den letzten Jahren, die lockende Sonne Italiens machte ihn schon im Vorgefühl jung. Neapel, die Geburtsstadt des Singens! Schon tauchte er die Feder ein, um den Kontrakt zu unterschreiben, da ließ sich ein Fremder bei ihm melden und trat mit eiligen Schritten ins Zimmer: »Ich bin Salomon aus London und bin gekommen, Sie abzuholen. Morgen werden wir einen Vertrag schließen.«

Wer war Salomon aus London? In den zwanzig Jahren, die ihm noch blieben, hat Haydn die Szene oft und mit herzlichem Behagen erzählt. So kennen wir denn den Schicksalsboten, und wir wissen, wie er aussah:

Der Londoner Salomon war kein andrer als Johann Peter Salomon, zu Bonn am Rhein geboren und kurfürstlich kölnischer Untertan, wahrscheinlich jüdischer Abstammung. Sein Vater war mit Beethovens Vater befreundet, sie wohnten im selben Haus, und das Haus tönte von Musik. Johann Peter wurde Musiker, ein sehr geschätzter Geigenspieler und später dann Konzertmeister bei Heinrich, dem Bruder Friedrichs des Großen, der eine Kapelle in Rheinsberg hatte. Hier trat er schon früh für Haydn ein, was bei den Preußen nicht immer leicht war, weil Haydn ihnen zu wenig »gelehrt« und zu österreichisch-munter schien. Nach London kam J. P. Salomon 1781 zum erstenmal und blieb dann für immer dort: zunächst als gefeierter Virtuose und Gelegenheitskomponist, später auch als Konzertunternehmer. Er ließ die blinde Klavierspielerin Maria Theresia Paradis auftreten, spielte mit dem Wunderkind William Crotch ein Geigenduett und veranstaltete Subskriptionskonzerte. Salomon war 1790 auf dem Kontinent gewesen, um italienische Sänger für die Londoner Saison zu engagieren. Auf der Heimkehr, in Köln, las er in der Zeitung, daß Fürst Esterhazy gestorben sei. Er unterbrach seine Reise und fuhr sofort nach Wien. Er hatte in den vergangenen Jahren manchmal brieflich bei Haydn angefragt, ob er nach London kommen wolle, und nie eine rechte Antwort erhalten. Jetzt hatte das Bild sich vielleicht geändert.

Haydn saß ihm gegenüber und hörte den fremden Geschäftsmann reden. Er hörte ihn das Musikleben Londons rühmen, ein Leben, von dem er selbst keine rechte Vorstellung besaß. Einiges wenige wußte er: daß Mozart als ein Wunderkind drüben Lorbeeren geerntet habe, daß die Virtuosen dort noch geschätzter seien als in Italien, daß in allen Londoner Kreisen ein großes Musikbedürfnis herrsche, daß der Konkurrenzkampf dort schärfer sei als irgendwo sonst, daß aber merkwürdigerweise kein einziger englischer Komponist in London durchgedrungen sei: seit dem Tode Händels spiele man nur noch Italiener und Deutsche. Das alles machte Haydn nachdenklich, er stellte manche Zwischenfragen, die von Salomon begeistert und mit steigender Wärme beantwortet wurden. Ohne jede Schmeichelei berichtete er Einzelheiten, wie bekannt Haydns Name drüben sei. Das stimmte: seit Jahren schon hatte Haydn einen Verleger in London, Forster, der ihm manch schönes Honorar, in englischen Guineen, sandte. Von Zeit zu Zeit erschienen dort Quartette und Symphonien im Druck.

Aber eine Reise nach London? Als Haydn sich Bedenkzeit erbat, wurde Salomon dringender. In einer fast gebieterischen Art, die kaum noch einen Einwurf duldete, entwickelte er seine Pläne und legte gleichzeitig den Vertrag auf den Tisch. Er verpflichtete sich, fünfhundert Pfund Sterling für sechs neue Symphonien zu zahlen, die Verlagsrechte miteingeschlossen; dreihundert Pfund für eine Oper, die der Londoner Direktor Sir John Gallini aufführen werde; zweihundert Pfund für zwanzig neue kleinere Kompositionen, die Haydn in Konzerten dirigieren sollte; und dazu noch zweihundert Pfund Sterling für ein Benefizkonzert. Das waren zusammen eintausendzweihundert Pfund. Als Sicherstellung hatte Salomon im voraus fünftausend Gulden bei einem Wiener Bankier zu erlegen. Das waren glänzende Bedingungen! Haydn nahm an. Als Reisegeld verfügte er über fünfhundert Gulden; vom Fürsten Anton Esterhazy lieh er sich noch vierhundertfünfzig. Eine Schatulle mit Bankpapieren, die er dafür nicht angreifen wollte, übergab er der verehrten Marianna Sabina zur Aufbewahrung; seiner eigenen Frau, daran brauchen wir wohl nicht zu zweifeln, ließ er gerade das Wirtschaftsgeld. Er wußte genau, warum.

Nun begannen Salomons Ängste, ob Haydn nicht im letzten Augenblick noch absagen werde. In den Wiener Wochen, die noch verblieben, begleitete er ihn wie sein Schatten. Er ließ ihn nicht mehr aus den Augen, und — war dies ein Aberglaube? — er meldete nichts von dem großen Ereignis, das der englischen Hauptstadt bevorstand, an die Londoner Zeitungen. Am 29. Dezember endlich, als Haydn tatsächlich schon abgereist war, erschien in London die erste Ankündigung: »*Haydn, whose name is a tower of strength and to whom the amateurs of instrumental music look up as the God of the science ...*« Haydn kommt, Haydn ist auf dem Meer, Haydn wird in England landen!

Wird Haydn nicht noch krank werden? Wir können uns Salomons Sorge vorstellen. Aber niemals war er weniger krank, dieser fast sechzigjährige Mann, den jetzt Ehrgeiz und Schaffenslust in sein größtes Abenteuer trugen.

VIERTES BUCH

—

DER GLORREICHE NACHMITTAG

When wise Copernicus the orbs arranged,
The system of Astronomy was changed ...
Haydn! Great Sovereign of the tuneful art!
Thy works alone supply an ample chart
Of all the mountains, seas, and fertile plains,
Within the compass of its wide domains!

Charles Burney

Verse auf Haydns Ankunft in England, 1791

DER ABSCHIED von Mozart fiel Haydn schwer. Doch es war der jüngere Meister, der weinte.

»Ach, reisen Sie doch nicht, Papa! Sie sind nicht geschickt für die große Welt, und Sie sprechen so wenig Sprachen!«

Haydn sah ihn verwundert an. »Aber die Sprache, die ich spreche, versteht man in der ganzen Welt!«

Mozart schüttelte den Kopf. Er sah Schlimmes, vielleicht das Schlimmste voraus. Sechsundzwanzig Jahre war es her, da war er selbst in London gewesen, ein schwaches, achtjähriges Kind. Aber er hatte sich immerhin in der Hut seines Vaters befunden, seines wunderbaren Vaters. Vor Überarbeitung und Angst war er trotzdem krank geworden, als er bei Hofe vorspielen sollte — dann war der »unüberwindliche Wolfgang« trotzdem wieder gesund geworden und hatte »London erobert«, nun ja. In Wirklichkeit hatte er nichts erobert; und heute, mit vierunddreißig Jahren, war der große Komponist alt und trüber Ahnungen voll.

War Mozart zu jung nach London gekommen, so war Haydn zweifellos viel zu alt. Welch ein Wahnsinn, diese Reise! Den letzten Tag, den sie zusammen verbrachten — es war der 14. Dezember —, murmelte Mozart immer wieder: »Wir sehen uns das letzte Mal!« Dasselbe glaubte auch die Polzelli, die notierte: »Haydn wird sterben!« Und die, als ob es sich dabei um eine italienische Opern-Intrige handelte, später äußerte: »Ein Feind hat den Haydn nach London verfolgt, um ihn dort zu stürzen!«

Währenddessen reiste Haydn in voller Seelenruhe ab, man schrieb den 15. Dezember. Drei Tage später kam er mit Salomon in München an, wo er Cannabich kennenlernte, den ausgezeichneten Dirigenten, und Mozarts Grüße ausrichten konnte. Eine zweite kurze Unterbrechung gab es an dem musikliebenden Oetingen-Wallersteinschen Hof. Der dritte Aufenthalt war Bonn, J. P. Salomons Geburtsstadt. Hier nahm der Kurfürst die Reisenden überaus liebenswürdig auf. Dieser Kurfürst war ein alter Bekannter. Es war niemand anders als der Erzherzog Maximilian Franz, der Bruder des jüngst verstorbenen Kaisers. Man führte zur Überraschung des Meisters in der Hofkapelle ein Werk auf, das Haydn als sein eigenes erkannte.

Wie kam dieser Habsburger an den Rhein? Noch als Mann von reiferen Jahren war Erzherzog Maximilian Franz in den Priesterrock geschlüpft und Erzbischof von Köln geworden. Mozart — er konnte recht boshaft sein! — hatte sich darüber lustig gemacht. Die Verwandlung sei jenem nicht gut bekommen: früher sei er witziger und bei weitem intelligenter gewesen. Dummheit quelle ihm jetzt aus den Augen. Er spreche nur noch im Falsett und habe sich gar einen Kropf zugelegt.

So Mozart. Immerhin, dieser Kurfürst hatte den jungen Beethoven entdeckt und den Achtzehnjährigen zum Vize-Domkapellmeister gemacht. Wer weiß, ob nicht gerade jetzt, da Haydn im Dämmer der Bonner Hofkapelle seiner eigenen Musik lauschte, zwei dunkel brennende Augen sich das Bild des berühmten Gastes einprägten! Beethoven kannte Salomon gut — waren doch ihre Väter befreundet —, aber Haydn vorgestellt zu werden: darum hätte er nicht zu bitten gewagt. Das geschah erst anderthalb Jahre später.

Nach einem Abendessen, das der Erzbischof den Reisenden gab, verließen Haydn und Salomon Bonn. Das ungewohnte Wagenfahren und der unregelmäßige Schlaf ließen den Meister zwar abmagern (wie er Marianna Sabina schrieb), aber sie taten seinem Mut und seiner glänzenden Laune keinen Abbruch. So sah er denn zum erstenmal am Tage vor Neujahr das Meer in Calais. Er starrte erstaunt auf »das ungeheure Tier, das Meer« und die heranschlagenden »ungestimmen hohen Wellen« (»ungestüm« und »unstimmig« schien diesem großen Musiker wohl aus derselben Wurzel zu kommen). Und wenn er schließlich doch lächelte, so war es in Erinnerung an den Clown Kurz-Bernardon und wie er vor genau vierzig Jahren das Meer hatte komponieren sollen! Dann ward die Fahrt rüstig angetreten, bei einem guten Neujahrswetter kamen sie in Dover an und reisten gleich nach London weiter.

»Das erste, was Haydn in London auffiel, war, daß es dort keinen Stefansturm gab«, hat ein paar Jahrzehnte später ein Mitglied der Prinster-Familie erzählt. Der Wiener Stefansturm war wie ein Hirt, der noch zu den entfernten Mitgliedern der um ihn gelagerten Häuserherde eine Beziehung unterhielt. Diese Beziehung fehlte in London: der architektonische Mittelpunkt, der in Wirklichkeit ein geistiger war.

1666 hatte die »Große Feuersbrunst« dreizehntausendzweihundert Häuser und einige neunzig Kirchen zerstört. Aber gewaltiger als je war London wieder auferstanden. Aus den alten Umzäunungen griff es steinern nach Westen aus. Seit dem Anfang des 18. Jahrhunderts war es »caput mundi«, die Hauptstadt der Welt. Von hier aus wurde die Politik aller Erdteile gelenkt. Man besaß Indien und Kanada; und es war vollkommen unwichtig, daß man die dreizehn Siedlerstaaten Amerikas verloren hatte, die sich kürzlich zu den »United States« zusammengetan hatten. Der durchschnittliche Londoner wußte kaum, wo diese lagen; man hätte viel mehr verlieren können und hätte es gar nicht be-

merkt: so reich war man, so viel Waren und Werte brachten die Schiffe
aus aller Welt.

Mächtig stand dieses London da, auf das jetzt unser Betäubter zu-
fuhr. Es war neblig und naß hier, aber nicht kalt. Die Häuser sahen
solide drein, wie sich's für eine Rasse mit starken Armen und Zähnen
gehörte; doch unübersichtlich, ein Nebeneinander unter Wolken, die
tief in die Straßen hingen oder darüber hinschifften. Die Themse ging
als gewundenes Band durch London hindurch. Es gab viele Londons.

Salomon saß neben Haydn. Die Hand auf seinen Arm gelegt, be-
zeichnete er dem verstummten Freund dieses oder jenes Gebäude.
St. Paul, das Werk Sir Christopher Wrens, stand jetzt etwa hundert
Jahre, und die Bank von England sechzig Jahre in der Threadneedle
Street, die so eng war, daß sie ihren Namen verdiente. Was sollten
Haydn diese Witze, was sollten ihm all diese Namen der den Horizont
umlagernden Riesen wie St. James Palace, Kensington Palace, White-
hall und Westminster Abbey, Somerset-House und Marlborough-House?
Es waren Namen, an denen wohl auch Fetzen von Historie hingen.
Vielleicht kamen sie im Shakespeare vor, von dem Haydn in Esterhaz
manches Stück gesehen hatte... Doch er würde sich hier nie heimisch
fühlen.

Eine leichte Seekrankheit hatte Haydn auf dem Schiff befallen. Er
hatte sie, wie er bald darauf an Marianna Sabina berichtete, sehr viel
besser niedergekämpft als die meisten Passagiere, die »wie Geister aussahen«, während er selbst »salva venia, nicht brach«. Aber jetzt, bei
der Ankunft in London, reagierte er mit Kopfschmerzen auf das Abenteuer. Vielleicht war es einfach Seelenangst, die er beim Anblick Londons empfand, beim Anblick dieser entsetzlichen Größe. Denn hier
schien ja ein ganzes Volk zu leben, nicht nur die Bewohner einer Stadt.

Über diese Einfahrt nach London hat Haydn nichts nach Wien berichtet, es ging wohl über seine Kraft. Doch wie ein Londoner London
empfand, zeigt eine merkwürdige Briefstelle, die der große Horace
Walpole genau drei Monate später schrieb: »Es hat etwas Astronomi-
sches, wie unsere Stadt wächst. Ihre Einwohner schwärmen nach allen
Seiten aus. In Piccadilly fuhr ich mich fest; so viel schöne Damen und
Herren waren unterwegs. Als ich um zwei Uhr nachmittags ins Adelphi-
Theater wollte, wurde ich fünfmal aufgehalten, bevor ich zum North-
umberland-House kam; die Welle der Kutschen, Phaetons und kleinen
Wagen nimmt nicht ab. Unsere Stadt ist so groß geworden, daß das
Geschlecht der Sänften ausstirbt; weder Herkules noch Atlas könnten

jemand von einem Ende der Häuserwelt zum andern tragen.« Wenn
schon Walpole so empfand, wie sehr erst der verschüchterte Haydn!

Wenn man Kopfschmerzen hat, schließt man die Augen. So kam es,
daß Haydn seine erste Bekanntschaft mit London hauptsächlich durch
das Ohr machte. Es war ein schreckenerregender Lärm, der wie eine
Brandung tobte. Und der ja auch eine Brandung war: Wettkampf hart
werkender Geldverdiener. Das Toben der Industrie, die Börse und ihre
Gestikulation waren aus den Häusern gestürzt und nahmen die ganze
Straße ein — in rauhem Geschrei, das Haydn entsetzte, gerade weil er
kein Wort verstand.

Hätte er zu der menschlichen Quelle dieser Geräusche vordringen
können, hätte sie ihn nicht erschreckt, sondern weit eher interessiert.
Die Krönung des furchtbaren Lärms waren die Schreie der »food pedd-
lers«, die Nahrungsmittel anboten. Honig, Essiggurken und Austern,
Ingwerkuchen, Äpfel, Birnen und Orangen wurden von Tür zu Tür
geschleppt. Kinder mit Körben auf dem Kopf verkauften Krabben,
andere griffen anlockend in Gemüsekörbe. Alles pries, was die Kehle
hergab, seine Ware im Diskant an. Da waren das Milchmädchen, der
Wasserträger, daneben der Zimmermann, das Volk der Messer- und
Scherenschleifer, der Mann, der weiblichen Putz ausschrie, der Almanach-
verkäufer, der Händler, der Schwefelhölzer und Siegellack anpries; der
Mann, der Stühle reparierte, und der mit den Küchenutensilien, der
Altkleiderverkäufer, die Korbmacherin, die ihre Ware gehäuft auf dem
Kopf trug, der Kesselflicker und der Mann, der vorgab, Porzellan zu
reparieren. Dazwischen wälzten sich die Faustschlachten, zu denen der
Mob die verschiedenen Box-Lieblinge ermutigte; die Kutscher, rasend
vor Lebensfreude, knallten mit ihren Peitschen. Aus den Fenstern gellte
der Streit der Megären; große vagabundierende Hunde bissen aufeinander ein. Dazu schon am hellen Vormittag der lärmende Gesang der
Betrunkenen, die von Kneipe zu Kneipe taumelten. Nein, es war zuviel
für den Fremden. Noch tagelang konnte sich Haydn nicht beruhigen
über den Lärm, der von allen Seiten auf ihn eindrang.

Die erste Nacht verbrachte er bei einem seiner Verleger, John Bland.
Dieser Bland, ein großer Verehrer des Meisters, war einst auf einer
Europareise auch nach Esterhaz gekommen, um Joseph Haydn kennen
zu lernen. Er trat damals gerade ins Zimmer ein, als sich Haydn
rasierte. Das Messer war stumpf. Der Komponist rief ärgerlich aus:
»Und ich würde mein bestes Quartett für ein anständiges Rasiermesser
geben!« Ohne ein weiteres Wort zu äußern, lief Bland aus dem Zimmer, öffnete seinen Koffer und kam zurück, sein eigenes Rasierzeug in

den Händen. Haydn, gewohnt, ein Versprechen zu halten, beschenkte am Tage darauf den Briten mit dem berühmten »Rasiermesser-Quartett«.

Dieser Bland und seine jüdische Frau waren es, die Haydn jetzt aufnahmen. Letztere steuerte zu seinem Wohlsein die erste englische »pea soup« bei, die er als ausgezeichnet empfand. Am nächsten Tage zog er dann in Salomons Haus, 18 Great Pulteney Street, wo ein italienischer Koch ihm Speisen zu bereiten wußte, die ihm einstweilen besser bekamen als das schwere englische Essen, an das er sich erst gewöhnen mußte. Trotzdem war er schon in der ersten Woche (er schrieb es an Marianna Sabina) sechsmal eingeladen. Die Gesandten Österreichs und Neapels erwiderten seine Höflichkeitsbesuche, und London, »das großmächtige, mit seinen Schönheiten, seinen Wundern«, begann ihm bereits etwas zu gefallen.

Daß Haydn seinerseits die Londoner zunächst enttäuschte, ist erklärlich. Ein Mann, der so berühmt war, durfte nicht so »bescheiden« auftreten, so »zaghaft«. Man war von dem verstorbenen Händel ein stolzes, hochfahrendes Wesen gewohnt. Ungerechtigkeit ziemte dem Genius. Warum es sich mit Haydn anders verhielt, mußte den Londonern erst dargetan werden.

In allem Äußerlichen hatte Salomon gut gearbeitet. Die Presse war auf Haydns Erscheinen gut vorbereitet worden. Im übrigen hatte der Manager alle Hände voll zu tun, das Programm der Subskriptionskonzerte und die Künstler zusammenzustimmen. So war es gut, daß noch ein anderer sich des linkischen Haydn annahm. Es war ein Landsmann des Meisters, der junge Adalbert Gyrowetz, ein österreichischer Komponist, der schon seit zwei Jahren in London lebte, ein geschickter und beliebter Mann, der sich unter anderem der Gunst des Prinzen von Wales erfreute, des nachmaligen Georg IV. Es war seine Aufgabe, die »society« davon zu überzeugen, daß gewisse »Seltsamkeiten« ein Teil von Haydns Wesen seien und daß man sie lieben müsse wie ihn selbst. Saß der Meister doch oft stumm an der Tafel und antwortete kaum, selbst wenn man deutsch sprach. Ein andermal, bei einem Fest, das die Sängerin Mara-Schmehling gab, schlug er die Hände vors Gesicht, als man seine Gesundheit ausbrachte; die »three cheers!« und der Lärm waren ihm zuviel; er konnte sich lange Zeit nicht fassen... Haydn, erklärte Gyrowetz, gehöre zu jenen naiven Genies, deren Körper nur scheinbar anwesend sei. Sie seien »entrückt«, lebten anderswo. Damit machte er den Meister für die Gesellschaft interessant. Wenn er nach einem guten Essen ihn gar ans Klavier schmeicheln konnte und Haydn in seiner Harmlosigkeit deutsche Volkslieder zu singen begann, war der Kontakt rasch hergestellt.

Sobald Haydn mit Gyrowetz allein war, fiel freilich alle Schüchternheit von ihm ab. Mit unerschöpflicher Neugier fragte er den jüngeren Kollegen aus — nicht nur nach musikalischen, sondern nach bürgerlichen Dingen, die London und die Engländer betrafen. Sein Interesse war stupend: es reichte vom Prinzen von Wales herab bis zum Kutscher auf der Straße. War es wahr, daß die Londoner Bürgerschaft schon seit 1416 nächtliche Straßenbeleuchtung hatte (während in Wien Herr von Sonnenfels dies erst kürzlich durchgesetzt hatte)? Was hatte der Bau der Paulskirche gekostet, und war es richtig, daß man dafür eine Kohlensteuer erhoben hatte? Und was dachten die Leute hier über die Umwälzung in Frankreich? Hatten sie Angst vor Ansteckung?

Gyrowetz gab ihm Verhaltungsmaßregeln, wie man in London auftreten müsse, wo (er hat das später in seiner Selbstbiographie erläutert) »jedes Ding völlig anders war als im übrigen Europa«. Anders war die Luft in London, anders waren die Architektur, die Regeln, die Sitten... *»Quite different people«* — dies vor allem: die Menschen selbst waren anders. Was einem Mittel- und Osteuropäer in London zunächst auffallen mußte, war die ungemeine Respektlosigkeit der unteren gegen die oberen Stände. Aber es war nicht wie in Frankreich, wo Klassenhaß das Volk zerriß. Es war eher reine Spottsucht, die sich mit einer konservativen Grundhaltung ganz wohl paaren mochte. Noch 1849 durfte Edgar Allan Poe, der doch selbst aus einem Land kam, das nicht viel Respekt kannte, mit vollem Recht die Worte schreiben: »England birst geradezu vor Satire. Ihr Ziel ist die Aristokratie: Noch die bösartigste Beschimpfung der oberen Stände ist gepaart mit der Freude am Komischen und mit dem Gefühl, daß das Treiben der Lords das Volk weiter gar nichts angehe. In Rußland oder Österreich kann es keine Satire geben; denn die Verletzung der Aristokraten würde gefährliche Folgen haben. In England betrachtet man den Adel als eine Spezies komischer Wesen, mit der man sonst nichts gemeinsam hat...«

Das war sehr richtig beobachtet. Die Spottsucht der Londoner machte vor nichts halt. Als Georg III. einmal zu seiner Mutter fahren wollte, die beim Volke nicht gerade beliebt war, und der Wagen schon angeschirrt dastand, rief die Menge ihm grölend zu: »Du willst dich wohl wieder säugen lassen?« Wäre das in Paris geschehen, so wäre ein Aufstand die Folge gewesen. In London bedeutete diese Szene nichts weiter. Sie war vorbei, als der König weggefahren war. Auch daß, als der

König heiratete (eine deutsche Prinzessin aus Mecklenburg-Strelitz), zwei Töchter des britischen Hochadels, Lady Sara Lennox und Lady Russell, die Schleppe plötzlich so fest hielten, daß der Braut das Kleid zerriß und sie mit halbnacktem Rücken dastand, auch das war nichts als vergnügte Bosheit, die die oberen Stände sich selbst erwiesen.

Zur Zeit, da Haydn nach England kam, war ganz London überschwemmt von satirischen Kupferstichen. Es war William Hogarths Griffel, der die Sitten der Zeit am besten ausdrückte. Seine Charakteristiken erregten Schauder und Faszination. Auf seinen Kupferstichen erscheinen Menschen, die sich wie Tiere, und Tiere, die sich wie Menschen benehmen. Keine Wesensart bleibt verschont: die Faulen, die bei Porter und Ale den ganzen langen Tag verliegen; die Straße, die durch Genuß von Gin ein Rinnstein von Armut und Wahnsinn wird; die Wucherer, die Geizhälse, die Huren, die Gaffer beim Hahnenkampf; diese Apotheker und Ärzte, die eigentlich »Zuhälter des Todes« sind. Überall menschliche Gemeinheit, gleichviel ob sie sich in hochfürstlichen Zimmern, Advokatenstuben, Tavernen abspielt, in Garküchen, Maisons-de-Rendezvous, Armenhäusern, Pfandleihen, Barbiersalons oder auf Düngerhaufen.

Hogarths Absicht war zweifellos, die Sitten der Zeitgenossen zu bessern. Er erreichte das Gegenteil. Bei der Anziehung, die das Häßliche auf die Menschen ausübt, wurden die Jahre nach seinem Tod (1764) erst die wirklichen Hogarth-Jahrzehnte. Es geschah, wie Oskar Wilde sagt, daß »das Leben sich nach der Kunst richtete«. Immer häufiger riß jetzt das Kleid der englischen Zivilisation. Aus den Löchern sah nackte Gewalt und fröhliche Brutalität hervor. Denn nicht so sehr um Schön oder Häßlich ging es, sondern um die Freude an der eigenen großen Kraft.

Wie erging es dabei der Musik in England? Ein Volk, dessen stärkster Lebensausdruck die soziale Karikatur war, dürfte nicht allzuviel Beziehung zur leisesten, innerlichsten Kunst, nämlich zur Musik, gehabt haben. Doch man ist im Irrtum, wenn man das glaubt. Nicht Paris und nicht Berlin, nein, London war der wichtigste Platz für die Musik in Nordwest-Europa. Die Gründe dafür sind kompliziert.

Immer hatte es in England Musikfeinde gegeben, die erklärten, daß »das Fiedeln und das Schalmeien ernster Männer ganz unwürdig sei«. Diese Abneigung bezog sich aber niemals auf den Gesang, für den die Bewohner der britischen Inseln große Gaben entwickelten. Der »Wasserumschlag um den Hals der Insel« erweichte die englische Stimme. Die Vokalmusik, die England im Mittelalter und in der Renaissance ge-

trieben hatte (sie rief die Geigen zur Nachahmung auf), war süß und
klang »wie ein Zwitschern von Vögeln«. Die religiöse Revolution der
Puritaner, die dann kam, war zwar im Tiefsten musikfeindlich, aber
sie blieb nicht unwidersprochen. »Der Puritanismus«, klagte John Milton, »wird eine Schar von Aufpassern nötig haben, wenn er alle Lauten, Gitarren und Geigen verstummen machen will.« Daß Protestan-
tismus und Musik sich gut miteinander vertragen können, hatte genau
vor hundert Jahren der große Henry Purcell erwiesen, als er 1691 in
seiner Oper »König Arthur« das nationale Heldenlied angestimmt
hatte:

Aber Purcell war früh gestorben, keinen Erben hinterlassend, und es
sah aus, als ob ein Volk, dessen Schaffenskraft zwar durch religiöse
und politische Kämpfe abgelenkt war, das aber in Wahrheit musik-
hungrig war, sich einer rein ausländischen Musik zuwenden müßte. Da
betrat in entscheidender Stunde — es war im Herbst 1710 — der in
Halle geborene Georg Friedrich Händel die Insel: einer jener Emi-
granten, die nach einem Dutzend von Jahren bereits angelsächsischer
waren als die in England Geborenen. Was Händel immerhin aus deutscher, italienischer und französischer Musik in seinem Werke mitbrachte:
es wurde bis ins Letzte englisch. In dieser großartigen Musik wurde
die englische Nation noch einmal geboren.

Händels Credo war niedergelegt in der Oper und im Oratorium.
Mit einer Diktatur, die Guido Adler mit Recht der Diktatur Wagners
vergleicht, wurde für ein Dreivierteljahrhundert das »Händelische«
die einzige Form, in der sich der musikalische Fortschritt überhaupt zu
äußern wagte. Die vielen Musikgesellschaften, die sich in London bildeten: die St. Cäcilien-Society, die Academy of Ancient Music, die
Anacreontic Society und ihre zahlreichen Ableger, schienen keine andere Aufgabe zu haben, als die Werke Händels, des Alleinherrschers,
aufzuführen.

Aber das war nur die Oberfläche. Das Gesetz des »freien Wettbewerbs«, so teuer der englischen Nation, so tausendfältig widergespiegelt in Ökonomie und Philosophie, herrschte auch im Musikbetrieb. Hierzu kam, daß seit dem Sturze Spaniens das englische Volk das reichste der Welt war. Das Geld aber hatte den Willen, zu kaufen. So kaufte London die Virtuosen des ganzen Kontinents. Damit war die Alleinherrschaft Händels gebrochen. Denn die Sänger und Instrumentalisten brachten nun wieder ihre Kunst und die Stilarten ihrer Heimat mit. So kam es, daß außerhalb Italiens nirgendwo so viel Italienisch gesungen wurde wie damals in London. Die österreichischen, polnischen, tschechischen, ungarischen Geiger und Virtuosen auf dem Piano, welche Haydn in England antraf — die Felix Yaniewicz, Clement, Giornovichj-Jarnowick, Dussek, Hummel und Raimondi —, brachten die Kammerkunst Mitteleuropas in ungeheuren Quantitäten auf den Londoner Konsumentenmarkt. Von diesem Gesichtswinkel hauptsächlich haben wir Haydns Engagement durch J. P. Salomon zu betrachten. Das trifft nicht den Mann, der selbst Enthusiast und ein Geigenmeister von Rang war — es trifft das englische Publikum, das sich Haydn kommen ließ wie einen anderen »Import«: nicht so sehr als schöpferischen Meister, sondern eher wie einen »Virtuosen der Komposition«. Es hätte nicht leicht ein anderer sein können, weil ja dieser Komponist Haydn den größten internationalen Wert auf der Musikbörse darstellte. Unzweifelhaft war für die große Masse die »Einfuhr« Haydns vom Kontinent nichts als ein »Akt des Wettbewerbs«, und es war ebenfalls Wettbewerb, dem er in England begegnen sollte.

Wenn er durch seine Unkenntnis der englischen Sprache zunächst auch nichts ahnte: sehr bald sollte er es doch merken, daß auch dem berühmtesten Manne in London nichts geschenkt wurde. Freund Salomon hatte damit zu tun, ihm die Zweifel zu verbergen, die sein Alter von sechzig Jahren in der »society« erregte. Kam Haydn nicht eigentlich doch zu spät? Ein paar polemische Äußerungen, die sich für Haydn (nicht gegen ihn!) in der Tagespresse fanden, zeigen, daß man in den Salons das Alters-Argument bereits kräftig gegen ihn spielen ließ. Darauf antwortete Salomon, die Musik Haydns werde beweisen, daß er in Wahrheit ein Jüngling sei.

Wettbewerb zwölf Stunden am Tage! Haydn geriet in Gegnerschaften, von denen er nie geträumt hatte. Wie wir wissen, war seine Musik besonders in Italien geschätzt (vor mehr als zehn Jahren hatte ihn schon die Akademie in Modena zu ihrem Ehrenmitglied ernannt), und in seinen besseren Stunden hielt er sich selbst, wiewohl mit Unrecht, für so etwas wie einen »Italiener«. Nun hatte Haydn nach London ein Stück südlichen Stiles mitgebracht, das er ganz besonders liebte: die Solo-Kantate »*Arianna a Naxos*«. Es war die berühmte, oft komponierte Geschichte des Mädchens Ariadne, die von Theseus verlassen wird — ein bedeutendes Nebenwerk des Meisters, in dem sich italienische Schönheit mit der psychologischen Kraft und Wahrhaftigkeit Glucks verband. Noch bevor Salomon startete, wurde dieses Werk aufgeführt: in einem halböffentlichen Konzert einer Damenvereinigung, in der man Haydn ehren wollte. Der Meister saß als Begleiter am Flügel und spielte, diesmal noch besser als sonst. Die chromatische Stelle, da Ariadne herzenswund den Felsen erklimmt, um des Geliebten Verrat zu entdecken, erregte tiefste Bewunderung:

Den Gesangspart sang nicht eine Frau, wie man hätte erwarten sollen, sondern der italienische Tenor Gasparo Pacchierotti. Dieser Sänger war so bedeutend, daß man von ihm die Sage erzählte, ein Orchester in Rom habe das Akkompagnieren vergessen, als er seine Stimme erhob. »Was treibt ihr denn?« fragte der Künstler unwillig, worauf der Kapellmeister sich verneigte: »Verzeihen Sie, Signor, wir weinen!«

Dieser Pacchierotti sang Haydns »Ariadne« so, daß der »Morning Chronicle« schrieb: »Alle sind sich darüber einig, daß diese Haydnsche Kantate das Ereignis des Winters ist ... Diese Kunst des Modulierens ist so tief, so eigenartig und wechselnder Erregungen voll, daß die Hörerschaft in Ekstase geriet. Die Leidenschaft sprang auf jeden über. Nie hat Pacchierotti schöner gesungen ...« Wer aber war trotzdem unzufrieden? Es waren die Italiener in London, die es Haydn übelnahmen, daß er sich damit an einen ihrer eigenen Stoffe gewagt hatte — und »porcheria tedesca!« (eine deutsche Schweinerei!) war das mindeste, was man dazu sagte.

Leider kam dieses »Kompliment« von einem wirklich großen Manne, von Giovanni Paisiello. Der Wettbewerb war hart in London.

AUF OFFENEM MARKT

Acht Wochen nach seiner Ankunft in London ist Haydn alles andere denn ein »betäubter Reisender«. Er hat Fuß gefaßt und weiß sich zu regen.

Zunächst bedeutet es eine große Steigerung seines Selbstgefühls, daß die Feinde Salomons — das Konkurrenzunternehmen der »Professional Concerts« — versuchen, ihn zu sich herüberzuziehen. Man erweist ihm Artigkeiten; später wird man noch weiter gehen und ihm geldliche Angebote für den Fall machen, daß er Salomon verläßt, was er natürlich ablehnen wird. Doch bevor noch Freund Salomon mit seinen Konzerten beginnen kann, führen die Professional Players — Cramer aus Mannheim dirigiert sie — bereits einige Werke Haydns auf: eine Symphonie, ein Quartett. Das geschieht am 7. Februar. Der Meister hat ein Freibillett, sitzt im Saal und klatscht diplomatisch.

Aber schon ein paar Wochen früher hat sich etwas gesellschaftlich ungemein Wichtiges begeben. Das Geburtstagsfest der Königin vereinte am 18. Januar den Hof und die Spitzen der Gesellschaft zu einem Ball in St. James Palace. Anwesend waren unter anderem die Herzöge von York, Clarence und Gloucester, sowie vor allem der Prinz von Wales. Der spätere Georg IV. trug bei dieser Gelegenheit Diamanten im Wert von achtzigtausend Pfund Sterling auf seiner Uniform. Seinen Privatsekretär John Doyle fragte er zu Beginn des Balles, was die Volksmenge vor dem Königspalast zu seinem Aufzug gesagt habe. »Oh«, meinte ausweichend der Adjutant, »ich glaube, daß alles aufrichtig entzückt war.«

»Und was sagte man im besonderen?«

»Ich hörte einen Burschen sagen: ,Was für ausnehmend feine Dinger der Prinz da auf seinen Achseln trägt! Diamantene Epauletten — hat man jemals so was gesehn?' ,Fein genug!' meinte ein anderer. ,Und fein, wie sie sind, werden wir deren Last wohl bald selber auf unsern Schultern tragen!'«

Der Prinz stutzte einen Augenblick, dann sagte er: »Doyle, das hast du erfunden! Immerhin, komm zum Büfett, wir wollen auf deine Gesundheit trinken!«

In diesem Augenblick trat Haydn, der eingeladen war, in den Saal. Er befand sich zwischen Sir John Gallini, dem Pächter der italienischen Oper, die demnächst eröffnet werden sollte, und seinem Freunde Salomon. Haydn ging zwei Schritte vor ihnen. Da geschah das Unglaubliche. Der Prinz von Wales, der Haydn nicht kannte, aber wahrscheinlich von Gyrowetz, der sein besonderes Vertrauen genoß, auf Haydn vorbereitet war, erblickte ihn und verbeugte sich zuerst vor dem Hereinkommenden!

Welch aufregende Begebenheit! Der Prinz von Wales war im Hauptberuf ein Schuldenmacher und *»débaucheur«*, ein Lebemann an der Grenze des Wüstlings — nebenher aber war er auch ein ausgebildeter Cellospieler, der bereits als dreijähriges Kind in ein Cello hatte hineinkriechen wollen, um zu sehen, ob »drinnen eine Flöte sei«... Diese Mischung ist heute ausgestorben, wo der elegante Mann verständnislos vor seinem Radio sitzt, wenn moderne Musik gesendet wird. Damals aber gehörte es zu den Pflichten des Kavaliers, ein Instrument wirklich zu meistern — womöglich sogar zu komponieren, wie es die österreichischen Herrscher und ihr Gegner Friedrich der Große taten. Überall an den europäischen Höfen gab es vornehme Dilettanten.

So war es, genau genommen, eigentlich nicht der Prinz von Wales, der sich vor Haydn verbeugt hatte, sondern der fürstliche Cellospieler. Und doch: das Faktum selbst änderte augenblicklich die Stellung Haydns. Er war nicht mehr der Außenseiter — halb großer Meister, halb Bohémien —, den man nach London berufen hatte wie so viele andere Genies, sondern ein Mitglied der Londoner Gesellschaft, das die Achtung des Hofes genoß.

Bereits für den folgenden Abend lud der Thronerbe den Meister ein, mit ihm Kammermusik zu machen. »Den hübschesten Mann auf Erden« nannte Haydn in einem Briefe an Frau von Genzinger den Prinzen (bat sie aber, von dessen Schulden zu schweigen). Wie verständigte er sich nun eigentlich bei diesen und anderen Gelegenheiten? Wie alle Mitglieder des Hauses Hannover sprach der Prinz vorzüglich deutsch. Haydns Deutsch war niederösterreichisch und nicht immer zu verstehen, doch sein Italienisch war ausgezeichnet. Englisch sprach er noch kein Wort — und das war eher ein Glück für ihn, weil es ihn wohltätig isolierte; die Eindrücke der Außenwelt wären wohl zu stark gewesen, hätte er auch noch Englisch verstanden. Allerdings nahm er sich vor, es zu lernen. Als es wärmer wurde, ging er, wie er halb scheu, halb selbstbewußt an Marianna Sabina berichtete, »mit der grammar ins Grüne hinaus«, um englische Vokabeln zu lernen.

Damit erging es ihm freilich seltsam. Die englische Sprache sieht ja leicht aus, ist aber für Anfänger recht tückisch. Eines Tages beschloß Haydn, einen Geistlichen aufzusuchen, an dessen Protektion ihm lag. Dieser Mann war Christian Lathrobe (1757—1836), der an einer sechsbändigen Ausgabe von Kirchenwerken arbeitete. Unbegleitet schlug sich Haydn durch London zu seinem Hause durch. Er hatte, so berichtet Fanny Burney, für diesen ganz besonderen Zweck ein paar Worte aufgepickt, wußte aber nichts damit zu beginnen, als er Lathrobe nicht daheim fand. Er verbeugte sich fremdartig vor dem Bedienten, der ihm öffnete, und fragte: *»Dis, Mister Latrouves Hausse?«* (Is this Mr. Lathrobe's house?) Als man bejahte und unterdessen die Dame des Hauses gekommen war, warf er einen Blick auf sie: *»Be you his woman?«* — was eigentlich eher einer Beleidigung gleichkam, denn natürlich hätte er sagen müssen: »Are you his wife?« Aber gleich darauf wurde Haydn sehr vergnügt. In das Arbeitszimmer des Hausherrn lugend, hatte er ein Ölbild erkannt. Mit überwältigender Freude streckte er den Finger aus: *»Dis is I. Me Haydn!«* (That's me. I am Haydn.) Sogleich war die Freundschaft hergestellt, und der heimkehrende Geistliche fand Gattin und Gast einträchtig beisammen, mit den Zeigefingern herumdeutend und die Gegenstände des Zimmers benennend.

Doch nicht immer ging es so gut ab mit den zu erlernenden Vokabeln. Wie wenig weit er es damit brachte, zeigt sich einen Sommer später bei seinem Abschiedsessen in England: man mußte Salomon einladen, »teils als den Intimus Mr. Haydns, teils als Übersetzer, weil Dr. Haydn keine genügenden Fortschritte im Englischen gemacht hatte«, wie die Annalen der Musical Graduates Society berichten.

Der arme Salomon: er hatte vorläufig keine geringen Sorgen. Am 15. Januar war in der Presse die erste ausführliche Ankündigung seiner zwölf Subskriptionskonzerte erschienen. Der Preis betrug fünf Guineen, und der Vorverkauf ließ sich sehr gut an. Der Star Haydn hatte für jeden Abend ein neukomponiertes Musikstück zu liefern und die Aufführung desselben vom Klavier aus zu dirigieren. (Die moderne Dirigentenkunst, die den »leader« vor das Orchester aufstellt, war in London natürlich bekannt, aber noch nicht ganz durchgedrungen.) Haydn war selbstverständlich bereit; doch der andre Star, den der Manager Salomon notwendig brauchte, war es nicht: Davide, der große Tenor, auf dessen Mitwirkung die Programme im wesentlichen aufgebaut waren. Er war damals einundvierzig Jahre und auf dem Gipfel seiner Kunst. Davide hatte einen Kontrakt, der sein erstes

Saison-Auftreten für Gallinis italienische Oper im »King's Theatre«
sicherte. Da dieses Auftreten verzögert wurde, mußte auch Salomon —
und zwar zweimal — den Beginn seiner Konzerte verschieben. Den
Nutzen hatte die Konkurrenz der »Professional Concerts«, die aus-
streuen konnte, die Salomonsche Unternehmung werde in dieser Saison nicht mehr starten.

Was verzögerte eigentlich Davides Debut am »King's Theatre«?
Nun, das Fieber des Wettbewerbs hatte damals bereits Kreise ergriffen,
in denen man es nicht hätte suchen sollen. Georg III. und sein Sohn
befehdeten sich in Kunstdingen! Der König unterstützte die Oper, die
sich im »Pantheon« befand, der Prinz von Wales dagegen die andere,
die Sir John Gallini eben erst eröffnen wollte. Der König war sehr
ärgerlich. Er behauptete, zwei Theater, in denen man italienisch singe,
seien für die Stadt London zuviel. Der halbe Hof bemühte sich, ihm
diese Meinung auszureden und das königliche Veto zu brechen. Vergebens! Schließlich gab der Prinz von Wales dem verzweifelten Gallini
den Rat, er solle sich um nichts kümmern und einfach Proben abhal-
ten. Das geschah. Man begann Paisiellos Oper »Il Pirro« einzustudie-
ren, mit der man das Haus eröffnen wollte. Davides Stimme klang
vorzüglich. Die Generalprobe wurde auf den 8. März festgesetzt. Das
Haus war voll von geladenen Gästen; Tausende standen vor der Tür;
selbst die Bühne war so überfüllt von Fremden, daß es dem Tänzer
Vestris kaum möglich war, seine Kunst zu zeigen, ohne sich selbst und
andere zu stoßen — aber immer noch fehlte des Königs Erlaubnis für
die offizielle Eröffnung des Hauses!

Doch Salomon, richtig kalkulierend, daß diese Erlaubnis nie kommen werde, weil eben der König der Stärkere war, hatte bereits vor-
gesorgt, daß Haydn nicht länger geschädigt würde. Er war persönlich
mit Gallini befreundet. Er wußte diesen zu überreden, den Kontrakt
mit dem Sänger Davide so aufzufassen, daß dessen Erscheinen in der
Generalprobe zu »Pirro« bereits als »öffentliches Auftreten« galt. Um
Salomon gefällig zu sein, willigte Gallini ein, und so konnte das erste
Haydnkonzert denn endlich am 11. März stattfinden.

Die Proben waren nicht leicht gewesen. Das Orchester Salomons bestand aus sechzehn Violinen, vier Bratschen, drei Celli, vier Kontra-
bässen; Bläser und Schlagzeug umfaßten noch vierzehn weitere Personen. Die Nervosität bei den Proben schrieb sich aber weniger von
der Ungewißheit her, ob Davide wirklich kommen werde, sondern von
Haydns Unfähigkeit, sich englisch auszudrücken. Seine D-dur-Sym-

phonie Nr. 93, die bei dieser Gelegenheit zum erstenmal gespielt werden sollte, beginnt mit einem kurzen Adagio:

dessen Gesang drei gleichtönende, zwar fortissimo geschriebene, doch
sehr weich anzuspielende Noten einleiten. Die Probe begann; doch
statt »schwermütig« wurden die Noten »heldenmütig« angeschlagen.
Haydn unterbrach, zunächst ruhig. Salomon verdolmetschte die Miß-
billigung des Meisters. Man begann das zweitemal, aber nicht sanfter.
Haydn protestierte aufs neue. Eine peinliche Stille trat ein, in welche
plötzlich ein deutscher Cellist halblaut zu seinem Nachbarn sagte: »Du!
Das kann ja gut werden. Dem sind schon die ersten Töne nicht recht —
wie soll das später werden?« Haydn, Tränen der Erregung in den
Augen, wandte sich um: »Meine Herren! Verzeihen Sie, daß ich nicht
englisch spreche. Ich will Ihnen aber meine Meinung auf dem Instrument selbst vortragen!« Sprach's, ergriff eine Violine und spielte die
drei Töne selbst, worauf die Herzen gewonnen waren und die Probe
befriedigend fortschritt.

Der Abend wurde ein großer Erfolg — sein erster persönlicher Erfolg auf dem »öffentlichen Markt«! War er doch dreißig Jahre lang
fern gewesen, wenn man seine Stücke spielte — das Klatschen, das
er gehört hatte, war das Klatschen der Gäste Esterhazys. Das Adagio
der Symphonie mußte wiederholt werden, ein für London unerhörtes
Faktum; und stolz schrieb Haydn der Polzelli: *»Nel primo concerto
del Signor Salomone io ho fatto un furore con una nuova Sinfonia,
loro hanno fatto replicare l'adagio.«* Schwer begreiflich ist es aber,
daß — gewiß auf Salomons Rat — die Symphonie auf dem Programm
überhaupt nicht als Symphonie, sondern als »Neue Große Ouvertüre«
bezeichnet war. Man sieht daraus, daß London trotz glänzenden Kunst-
betriebs hier um ein halbes Jahrhundert zurück war. Meister Haydn
hatte längst die symphonische Form von der Ouvertüre getrennt, in
London aber galt immer noch die alte französische Einteilung!

Wie vorsichtig Haydn übrigens selbst war, zeigt sich darin, daß er
die D-dur-Symphonie erst zu Beginn des zweiten Teils brachte. Er
fürchtete die Zuspätkommer und den Lärm, den sie erregten, so sehr,
daß er sich dieses Arrangement für die ganze Serie ausbedang. Finanziell und kritisch sicherte bereits der Erfolg des ersten Konzerts den
Bestand der ganzen Salomon-Serie. »Haydns neueste Ouvertüre« (!)

»wurde von allen Kennern als wundervolles Werk erklärt«, schrieb der »Morning Chronicle«. »Wir dürfen hoffen, daß das erste musikalische Genie unserer Zeit sich jetzt veranlaßt sehen dürfte, *seinen Wohnsitz dauernd in England zu nehmen.*«

Das zweite Salomon-Konzert fand am Freitag der nächsten Woche statt. Sein Erfolg war noch glänzender. Der Prinz von Wales, der gerade zurecht kam, um an Haydns Triumph teilzunehmen, gab das Zeichen zur Eröffnung des Beifalls. Begonnen wurde das Konzert auf Freund Haydns besonderen Wunsch mit einer Symphonie von Mozart. Von Haydn selbst gab es ein Streichquartett und abermals die Symphonie D-dur Nr. 93, an der man sich, schien es, nicht satthören konnte. Wieder einen Freitag darauf fand das dritte Salomon-Konzert statt, mit der Uraufführung der Symphonie c-moll Nr. 95:

und einer neuen Haydn-Kantate, die für die Sängerin Storace komponiert war. Der April brachte weitere vier Konzerte, deren zweiter Teil stets programmgemäß mit einer neuen Symphonie eröffnet wurde. Im fünften Konzert gab es ein neues Divertimento für eine Streicher- und Bläserbesetzung, aus dem Manuskript gespielt. Im sechsten Konzert brachte Haydn noch ein neues Streichquartett heraus. Der Mai sah vier ausverkaufte Konzerte, das zwölfte und letzte der Saison fand am 13. Juni statt. Noch vorher, am 16. Mai, hatte Haydn ein außerordentliches Benefizkonzert geben können mit fast nur eigenen Kompositionen. Er hatte eine neue Arie mit Oboe- und Fagottbegleitung für Davide, den Tenor, komponiert, und auf allgemeines Verlangen trug der große Pacchierotti die »Arianna a Naxos« vor. Das Konzert brachte eine Einnahme von dreihundertfünfzig Pfund Sterling, so daß Haydn hochbefriedigt sein konnte.

Welche Genauigkeit der Daten! Ist es nicht sonderbar, daß wir über die anderthalb Jahre des Meisters in London soviel besser Bescheid wissen als über die dreißig Jahre in Eisenstadt und Esterhaz, die teilweise so im Halbdunkel liegen, daß die zeitliche Lokalisierung seiner damals entstandenen Werke noch immer zu wünschen übrigläßt? Nein, es ist nicht sonderbar. London war ein offener Marktplatz, auf dem jeder Mensch beobachtet wurde, der etwas zu verkaufen hatte. Die Zeitungen führten sehr genau Buch über Haydns Tun und Lassen.

Eine zweite, recht ergiebige Quelle sind die Berichte der Zeitgenossen. Die dritte die ausführlichen Briefe des Meisters an Frau von Genzinger. Sie war es ja gewesen, die den wort- und äußerungsscheuen Mann, der unter seiner Unbildung litt, in diesem Punkt völlig geändert hatte. Die vierte und erstaunlichste Quelle aber sind die Tagebücher, die der Meister in London führte.

Auf dem Kontinent wäre ihm so etwas nie eingefallen. Tagebuchschreiben setzt ein Interesse an der eigenen Person voraus, das der Bescheidene nicht hatte. Aber diese Tagebücher sind gleichsam ein Notwehrakt gegen den Strom der Ereignisse: gegen das fremde Land, die fremden Menschen, die Forderungen, die an ihn gestellt wurden. So sind sie mehr Merk- als Tagebücher. Es ist wahrscheinlich, daß Gyrowetz dem Meister riet, sie anzulegen — geistig und formal aber sind sie völlig Haydns Eigentum.

Diese Tagebücher sind erhalten. Drei Hefte (das vierte ging verloren, wurde von einem Dienstmädchen möglicherweise in Wien verbrannt). Die ersten beiden beschäftigen sich mit Haydns erstem Aufenthalt in London; das spätere stammt von der zweiten englischen Reise (1794—1795). Als Johann Evangelist Engl zu Haydns hundertstem Todestag im Jahre 1909 dieses dritte Tagebuch herausgab, das weitaus interessanteste, schrieb er mit Recht in der Vorrede: »Eine Änderung in den Interpunktionszeichen und der Orthographie Haydns mußte ausgeschlossen werden als ein zu vermeidendes Unrecht an dem Autor.« Leider hat Theodor von Karajan, der 1861 zum erstenmal die Haydnschen Briefe an Frau von Genzinger herausgab, nicht so einsichtig gehandelt: er verhochdeutschte die Briefe. Damit fällt nicht nur ihr Reiz fort, sondern man begreift auch nicht mehr die tragikomischen Vorkommnisse, die sich dadurch ereignen mußten, daß Haydn sich, sobald er schrieb, manchmal auch seinen besten Freunden nicht verständlich machen konnte. So bat er einmal Frau von Genzinger um die Zusendung einer Symphonie, die er in London notwendig brauchte — mußte aber ein ganzes Jahr warten, da die Adressatin nicht verstand, um was es sich überhaupt handelte!

Die Londoner Tagebücher enthalten viel Selbsterlebtes über Konzerte und Beurteilung von Sängern. Was Instrumental-Virtuosen betrifft, läßt Haydn ebenfalls nicht mit sich spaßen, und den berühmten Geiger Giardini (einen jener Italiener, die ihm bald nach seiner Ankunft ihre Feindschaft erwiesen hatten mit der vielkolportierten Bemerkung: »Ich will den deutschen Hund nicht kennenlernen!«) bedenkt er nach einem Konzert mit dem Urteil: »Giardini spielte wie ein

Schwein!« Dann gibt es Hogarth-Anekdoten über Festlichkeiten, wie
das trink- und lärmfreudige Bankett, das die Londoner ihrem neuen
Lord-Mayor gaben (5. November 1791). Ferner nacherzählte Bonmots,
mit wahrer Junggesellenfreude an gewagten Situationen. Da lesen wir
zum Beispiel die Verse über Salomon und David, die Haydn mit wis-
sendem Lächeln notierte (und über die er sich besonders freute, weil
doch sein Manager Salomon und sein Hauptsänger Davide hieß):

>   »Salomon und David waren große Sünder,
>   hatten schöne Weiber, machten viele Kinder.
>   Da sie nicht mehr konnten und kamen ins Alter,
>   macht der Eine Lieder, und der ander' Psalter.

Mr. Lord Avington setzte es in Music, aber elendig. Ich machte es ein
wenig besser.«

Ferner interessierte sich Haydn auf seinen beiden englischen Reisen
höchlichst für alles Statistische. Daß er sich den Meilenumfang der
Insel Wight aufschreibt, ist noch begreiflich; aber 1794 schreibt er sich
aufs genaueste die Zahl der Stadttürme von Peking auf und das Alter
des chinesischen Kaisers, lediglich weil der König von England einen
Handelsvertrag mit China erstrebt. Die Weltmacht Englands regt
Haydn auf: wo er kann, besucht er Kriegsschiffe und notiert, daß jedes
Linienschiff »3 Etagen haben muß und mindestens 64 Kanonen, wäh-
rend ein Cutter dagegen höchstens mit 16 Kanonen aufwarten kann«.
Vielleicht hoffte er, damit auf seine Freunde in Wien einigen Ein-
druck zu machen. Ja, auf dem lieben Neusiedler See und im ganzen
»Königreich Esterhazy« gab es keine Kriegsschiffe!

Außerdem notierte er nicht selten lateinische Inschriften, die er zu
übersetzen weiß. Über dem Vorhang im Haymarket-Theater war die
Inschrift angebracht »Spectas et tu spectabere« (Du siehst und du wirst
selbst gesehen), was Haydn ziemlich nachdenklich stimmte. Ferner:
»Curas cithara tollit« (Die Zither vertreibt die Sorgen). Und mit Rührung sehen wir, daß er aus einem lateinischen Autor sich die Worte
notiert: »Mulcet ut Magus« (Er besänftigt wie ein Zauberer). Das
klingt wie eine Vorahnung seiner künftigen Grabschrift, welche ihn
»Mulcendi Pectora Primus« nennen wird, den ersten Besänftiger unserer Brust.

Schließlich enthalten die Tagebücher, besonders jene der zweiten
Reise, korrekt geschriebene englische Verse, die Haydn liebte und die
er sich aufschrieb, um sie später vielleicht zu komponieren. Wo er da-

gegen, was selten geschah, im Gespräch gehörte Worte oder Bezeichnungen englisch notierte, da regiert allein das Gehör, und die wuchernde Orthographie »erregt nur noch unser schieres Entzücken«, wie die Musikhistorikerin Marion Scott mit Recht vermerkt. »Eine Eintragung: ‚6 Schiots, 12 deto‘ konnte selbst ein so gewiegter Musikforscher wie H. E. Krebiehl trotz aller Versuche nicht interpretieren. Darf ich ergebenst vorschlagen, daß Haydn vielleicht 6 Hemden kaufte (shirts) und später noch ‚dito 12‘, was insgesamt 18 machen würde?« — So Marion Scott. Aber was bedeutet der »chan«, den der Meister für eineinhalb Guineen kaufte? Da doch ein Tatarenfürst nicht so billig zu haben war, konnte es eine Uhrkette sein (chain), die er damals in London erstand?

Nun, am stärksten wirkt Haydn auf uns, wo es — trotz hilfloser Orthographie — in diesen englischen Tagebüchern zur Sittenschilderung oder sogar zur dramatischen Anekdote kommt. Da beweist er seinen Augensinn und dieselbe zeichnerische Kraft, die ihn als Musiker auszeichnet. Eine Eintragung wie diese: »Mylord Chatham, Hofkriegspräsident, war drei Tage so besoffen, daß Er seinen Nahmen nicht unterschreiben konnte und derowegen verursachte, daß sein Subalterner Lord Howe sammt der ganzen Flotte von London nicht abgehn konnte«, trägt in ihrer vielsagenden Knappheit eine gute Kurzgeschichte in sich.

DOKTOR VON OXFORD

»The admirable, the matchless Haydn!« (Der wunderbare, der einzige Haydn!) begann in der vierbändigen »General History of Music« der Absatz über den Wiener Meister. Eben, 1789, war der letzte Band erschienen, der die moderne Zeit umfaßte. Der Verfasser war der wichtigste Mann, den Haydn in London kennenlernte.

Die Engländer reisten damals nicht viel. Doch wiederholt war Dr. Charles Burney nach dem Kontinent gereist, um dortige Quellen zu erschließen. 1770 war er in Frankreich und Italien gewesen, 1772 hatte ihn eine andere Reise nach Holland und nach Deutschland geführt. Er war ein scharfer Beobachter, einer jener Angelsachsen, die nichts ungeprüft hinnehmen. Als Freund von Walpole und Samuel Johnson las er alles Erreichbare. Seine Allgemeinbildung ging über den Musiker weit hinaus. Wohl angeregt durch William Herschel, der Musiker und Astronom war, hatte er 1769 einen »Essay über die Kometen« gewagt. Zwischendurch spielte er überall die Orgel, auf der er ein großer Meister war, und sprach schlecht von Johann Sebastian Bach, den er merkwürdigerweise nicht schätzte. Händel war ihm Apollo selbst: ein musikalischer Messias habe mit Händel die Erde betreten.

Auch in Österreich war Dr. Burney gewesen. Daß dieses Land ein mittleres Reich zwischen Deutschland und Italien war, bemerkte er an den Wiener Häusern: sie schienen ihm arm, unten grau und schwarz, als ob es keinen Himmel gäbe, rauchig-deutsch und provinziell — oben aber waren sie Italien, Marmor, milchweiß, von Sonne gebadet, Paläste. Was dem Engländer sonst noch in Wien auffiel, war die »schlechte Qualität der Waren«: solche Möbel und Kleiderstoffe würde man in London nicht dulden. Doch die »fondness of the theatre«, die Theaterbesessenheit, fand er bei den Wienern recht hübsch. Zu den wenigen deutschen Worten, die Burney verstand, gehörte »Gott«: darum fand er in Lessings »Emilia Galotti« die fortgesetzte Erwähnung Gottes, das Schwören und Fluchen »bei Gott!«, »Gott verdamm' ihn!« geschmacklos und verletzend für einen Bekenner der englischen Kirche... Unter anderem war Burney nach Wien gekommen, um Joseph Haydn kennenzulernen, Aber Haydn war in Esterhaz. So weit, eine Reise nach Ungarn zu wagen, in ein möglicherweise wildes Land, ging die Verehrung Burneys nun nicht. Deshalb nahm er mit Gluck vorlieb, was ja kein ganz schlechter Tausch war. »Gluck ist«, notierte Burney erstaunt, »so furchterregend von Benehmen, wie wir unsern Händel gekannt haben: ein Drache, vor dem sich alles ängstigt...«

So kam es, daß Burney Haydn erst jetzt in London kennenlernen konnte, volle neunzehn Jahre später. Der einflußreiche Mann war jetzt Organist an der Kirche zu Chelsea, wo ihn Haydn aufsuchte. Eine Verständigung mit Worten war zwischen ihnen nur dann möglich, wenn beide italienisch sprachen. Doch auf Burneys inständiges Bitten begann Haydn langsam Englisch zu lernen, und da jeder Londoner Salon Burneys Musikgeschichte besaß, konnte er mit Fingern und Lippen schließlich herausbuchstabieren, was der unfehlbare Musikpapst über ihn gesagt hatte. Dieser Anbeter Händels hatte nichts »gegen Haydns kühne Modulationen, Pausen, unerwartete Fluchten, verrückte Grillen, Eigenheiten und verwegen komisches Gebaren« — im Gegenteil, er fand Freude daran. Und was Haydns ernste Musik betraf: »Sein Oratorium ‚Die Rückkehr Tobiae', 1775 geschaffen, wird alljährlich in Wien aufgeführt und ist dort nicht weniger beliebt als Händels ‚Messias' bei uns in England« — ein für Burney ungeheurer Vergleich.

Über die »Sieben Worte am Kreuz« äußerte er: »Diese Taktfolge ist
so tief, so leidenschaftlich, so voll von Gram und erhabenem Kummer,
daß, obwohl die Musik sich langsam bewegt, die Themen und ihre
Tonarten ganz neu und überraschend wirken. Ein wirklicher Musikliebhaber wird nicht nach leichteren Tempi verlangen...« Er lehrte
ferner die Engländer, weniger auf Haydns Allegros als auf seine Adagios zu achten: »Seine Adagios bringen bei mir pathetischere Effekte
hervor als die schönste Opernarie über dem exquisitesten Text. Seit
ich älter geworden bin«, schloß er, »hab' ich aus Haydns Werken mehr
Glück und Aufrichtung erfahren, besonders wenn ich mich müde fühlte,
als aus jeder andern Musik!« Dauernden Einfluß aber gewann Burney
auf Haydns Leben dadurch, daß er ihn zu dem Händel-Fest mitnahm,
das während der letzten Maiwoche in der Westminster-Abtei stattfand. Diese traditionellen Feiern waren recht eigentlich sein Werk.
Die erste von 1784 war in einem Buch beschrieben, dessen Widmung
Burney gemeinsam mit Samuel Johnson abgefaßt hatte. In einer sehr
bezeichnenden Weise war in ihr der englische König als Protektor angesprochen worden:

»Die Entzückungen der Musik scheinen zu den frühesten Eroberun-
gen der Vernunft zu gehören. Wo immer wir auf Menschliches treffen, da gibt es auch modulierte Töne. Ist erst der Geist ein wenig befreit von der Tyrannei der täglichen Notdurft, so benutzt er die erste
Pause, um sich an einer, und sei es wilden und kunstlosen Melodie
zu vergnügen. Selbst in jenen unentwickelten Ländern, die auf Befehl
Eurer Majestät jüngst durch die kühnen Expeditionen des Kapitäns
Cook erschlossen wurden, hat man bereits Musik gefunden. Ja: wo die
Völker nichts anderes hatten, hatten sie wenigstens Musik; eine Kunst,
deren Rudimente den Anfang der Kultur begleiten und deren Gipfel
heut so hoch ragen, wie die Zuflucht vom Bösen selbst ragt: wie unsere
Zivilisation.

Doch damit das Vergnügen der Musik die äußerste Verfeinerung
erreiche, müssen Natur und Wissenschaft einander helfen: ein rasches
Unterscheidungsvermögen für Melodie und Harmonie ist nicht jedem
ursprünglich gegeben. Diejenigen, die von Geburt das Gefühl für die
Modulation der Töne haben, sind oft ungebildet, verstehen nichts von
den Prinzipien und finden sich oft nur durch Zufall erquickt. Wenn
aber Eure Majestät musikalische Ereignisse mit Hochdero Gegenwart
beehren, dann mögen die Künstler sich selbst gratulieren: dann ist ein
Richter anwesend, der alles, was nottut, vereint besitzt. Der wirklich
hört, nicht mit dem Instinkt, noch auch mit der Empfindung allein, son-

dern mit vernünftiger Wertung. Ein Geist, bei dem die Anbetung Händels nichts mit Leichtgläubigkeit zu tun hat, sondern mit tiefstem Kennertum...«

Diese faustdicke Schmeichelei für Georg III. als Schirmherrn war eigentlich nicht unberechtigt. Sie atmete den Geist der Zeit, die sich seit dem Tode Händels schon wieder gewaltig gewandelt hatte. Seit dem Abschluß des Barock war die Musik so etwas wie ein Instrument der Aufklärung geworden. Gleichzeitig mit der Aufklärung schritten Weltmacht und Entdeckungen vorwärts. Sogar in einem Buche über Händel durften die Fidschi-Insulaner und Cooks Entdeckungen nicht fehlen! Das ging Haydn natürlich nichts an. Wichtiger war, daß der Wiener Meister jetzt die Musik Händels kennenlernte.

So wurde diese letzte Maiwoche ihm jetzt zum beispiellosen Erlebnis. Haydn hörte damals »Saul«, »Esther«, »Judas Makkabäus«, »Israel in Ägypten«, »Jephta« und am 1. Juni noch den »Messias«. Wenn er ehrlich war (hoffentlich war er es nicht!), hätte er allen sagen müssen, daß er in seinem ganzen Leben keinen Takt von Händel gehört habe. Händel lag ihm als Wiener zu fern. Zwar hatte sich Haydn jahrelang mit norddeutscher Musik befaßt und nannte sich mit Dankbarkeit einen Schüler Philipp Emanuel Bachs; aber Händel war schon so früh dem norddeutschen Kreis entrückt worden und schon so lange Engländer, daß es zwischen ihm und Haydn nie eine Brücke gegeben hatte. Jetzt stand Haydn atemlos vor Erwartung in dem Riesenraum der Abtei, die, in einen Konzertsaal verwandelt, von goldenen und silbernen Bannern wogte.

»Tausend Instrumentalisten und Sänger«, erzählt William Gardiner, der dabei war, »wurden von Joah Bates an der Orgel ausgezeichnet dirigiert. Der Orchesterraum war so abschüssig gebaut, daß es schwer war, herunterzusteigen. Einige Unfälle passierten, und ein recht komischer dabei. Jemand glitt auf der Treppe aus und fiel in ein Baß-Instrument hinein. Er verschwand im Augenblick, nichts sah man mehr als die strampelnden Beine, die aus dem Instrument wollten.« Eine Hogarth-Szene natürlich, und Gardiner muß fortfahren: »Minutenlang konnte ihm niemand helfen, so wurde gelacht.« Dann aber wird die Szene doch ernster: »Auch Haydn war bei der Aufführung, und ich konnte ihn durch ein Teleskop (!), das sich nahe bei den Bänken befand, in der Nähe der Königsloge stehen sehen. Der Zudrang war ungeheuerlich aus allen Teilen von Europa und die Nachfrage nach Billetts so groß, daß in einigen Fällen ein einziger Sitz für zwanzig Pfund verkauft wurde.«

Jawohl, er stand neben der Königsloge — und, laßt uns glauben, in tiefem Respekt. Hier saß, umgeben von seinen Herzögen, Georg III., der »Herr der Welt«. Seine bürgerliche Kleidung trug keine andere Auszeichnung als die Plakette des Händel-Festes, dessen hoher Schirmherr er war. Die Ehrung des toten Händel war ein Vermächtnis, das auf ihm lag. Denn einst in seiner Kindheit hatte der Gigant sich zu ihm niedergeneigt und ihn suggestiv angesprochen: »Du bist ein liebes Kind, nicht wahr? *Du wirst meine Musik beschützen, wenn ich tot bin!*« Welch ein Wort! Der Mann hielt, was der Knabe versprochen. In jeder Stunde seines Lebens beschirmte der König Händels Musik.

Vier Tage dauerte das Fest. Als am letzten Tage, am 1. Juni, die aus überirdischen Schleusen brausenden Instrumental-Chöre, die alles übersteigende Gewalt der menschlichen Stimmen darüber die Kirche mit dem »Messias« füllten, da stand das gesamte Publikum auf. Der König, in seiner Loge, gab das Zeichen: die Stelle »For the Lord God Omnipotent« durfte man nicht sitzend anhören. Für Meister Haydn war es zuviel. Er senkte sein Antlitz in die Hände und weinte laut. »Er ist der Meister von uns allen!« wiederholte er immer wieder zitternd. Hätte ihn dieser Zwischenfall zwanzig Jahre früher ereilt, hätte ihn Händel so gefährdet, wie es damals die Existenz Glucks tat. Heute war Haydn viel zu gefestigt, er konnte Händel wohl in sein eigenes Werk einbauen, wie es dann bei der »Schöpfung« geschah, aber er konnte nicht Nachahmer werden.

»Erwartet das Äußerste von ihm — und er wird euch weit hinter sich lassen!« hatte Dr. Arbuthnot vor fünfzig Jahren von Händel gesagt. Haydn mochte dasselbe empfinden, dennoch war da ein Fremdfühlen, eine Art von Isolierschicht, die ihn von Händels Musik trennte. Nicht die Sprache trennte ihn, sondern etwas anderes. Er war Katholik — Händel war es nicht. Niemand möge denken, daß im Jahrhundert der Aufklärung das etwa unwichtig gewesen wäre. Die Sakralmusik Händels unterschied sich von der Musik, die Haydn gewohnt war, vor allem durch die Behandlung der Chöre, die durchaus protestantisch war. Während der Katholizismus die Existenz einer *»anima communis«*, einer Massenseele, leugnet — nur der einzelne hat eine Seele! —, folgt die evangelische Kirche dem alttestamentarischen Glauben, daß Gott vor allem zum »Volke« spricht. Das Volk ist die Einheit, nicht der Mensch. Deshalb klingen bei Bach und Händel die Chöre anders als in Rom. Bei den Evangelischen stellt das Volk sich Gott gegenüber, singt, ringt mit ihm, hat aktiven Anteil, führt die Handlung, spaltet sich, tobt in Halbchören gegeneinander, bis es sich

schließlich Gott unterwirft. Deshalb die unbeschreibliche Gewalt in den
Riesenchören Händels, die, wie ein Zeitgenosse schrieb, »das blitzende
Schwert im Munde tragen«. Die frenetisch-atemlosen Synkopen im
»Háll-llelujah!« des »Messias« hätte kein Katholik schreiben können.

Das war erschütternd und fremd zugleich für Haydn. Wie nun aber,
wenn jene singende Masse aus Kindern bestand, die er so unsäglich
liebte? Die trugen freilich das Schwert nicht im Mund, sondern den
Palmzweig. So empfand er es, als in der St. Pauls-Kathedrale beim
»Charity School's Anniversary« viertausend Waisenkinder sangen.
Und wieder war der König dabei. Mit geneigtem Haupt lauschte Georg III., der damals schon von Wahnsinn Bedrohte, der süßen Stimme
der Unschuldigen. »Hundert große Dinge sah ich«, hat William Thak-
keray später geschrieben, »auch die Päpstliche Kapelle mit ihrer Prozession von langröckigen Kardinälen und ihren Sopransängern, fett
im Fleisch — doch ich glaube: in aller Christenheit gibt's nicht noch
einmal einen Anblick wie den von ‚Charity Children's Day'. *Cantabant
non Angli, sed angeli*... Nicht Engländer, sondern Engel sangen...«
Die Wangen frisch wie Blumensträuße, sangen mit kraftvoll heller
Stimme diese Tausende von Kindern die Hymne des Organisten John
Jones, der zu Händels Füßen gesessen hatte:

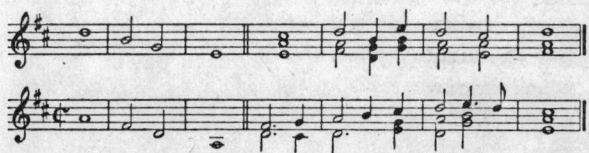

Haydn, der einstige Chorknabe von St. Stefan, schrieb die Noten mit.
»Keine Musik rührte mich zeitlebens so heftig als diese andachtsvolle
und unschuldige«, notierte er in sein Tagebuch.

Bei all dem blieb Burney Haydns Mentor. Seine riesige Gelehrten-
perücke steuerte ihn sicher durch London. Merkwürdig ist es, daß er
ihn nie zu des Königs Privatkonzerten mitnahm, die jeden Abend von
acht bis zehn im Schlosse von Windsor stattfanden. Möglicherweise
fürchtete er Haydns Naturburschenhaftigkeit. Sehr zu Unrecht: Esterhazys Kapellmeister war ein vollendeter Höfling, was man von Burney selbst nicht sagen konnte, der eines Tages hereintrampelte, in einem
seiner ältesten Röcke, und in Gegenwart des Königs schmutzige Bücher
auf den Tisch warf, die er soeben auf einer Auktion erstanden hatte.
»Das gebe ich nicht für fünfzig Pfund her«, triumphierte er. »Auch

nicht für Ihre Sammlungen, Majestät!« Der König schwieg. Georg III.,
an den man auch bei intimen Séancen nicht näher herankommen
durfte als auf zwei Meter, duldete Burneys Unerzogenheit. Und die
Königin hatte gar die Tochter des Gelehrten, Fanny, zu ihrer Hof-
dame gemacht, womit sie sich eine scharfzüngige Kritikerin ins Haus
gesetzt hatte.

Nein, zum König nahm Burney Haydn nicht mit. Doch er hatte für
unseren Meister etwas anderes bereit: die Ernennung zum Ehrendoktor durch die Universität Oxford. Alle paar Jahre pflegte man dort
einem besonders würdigen Mann die Doktorwürde in der Musik
honoris causa zu verleihen. Dieser Brauch blieb nicht unwidersprochen.
Vor sechzig Jahren hatte man sich noch sehr dagegen gewehrt. Eine
Universität habe eine andere Bestimmung, »als von einer Kompanie
notenquetschender, fistelnder Ausländer prostituiert zu werden«. Das
aber war schon lange her; jetzt war man im ernsten Oxford moderner
und musikfreundlicher geworden. Der Brief, den Haydn von Ort und
Stelle an Marianna Sabina von Genzinger schrieb, ist uns leider verlorengegangen. Doch wissen wir von anderer Seite, wie die Festlichkeit verlief.

Die Künstler, die sich als Mitwirkende bei der Feier in Oxford trafen,
entstammten den verschiedensten Lagern. Ja, sogar die Londoner Feinde
saßen zu Oxford am selben Pult: da sah man Orchestermitglieder der
italienischen Oper neben denen der »Professional Concerts«, Mitglieder des Salomon-Orchesters neben den besten Sängern der Königlichen
Kapelle von Windsor. Haydn, den die Efeustille des Städtchens wohltätig umfing und der froh war, London verlassen zu haben, hatte
eigentlich nur eine Sorge: daß er vor Hunderten von Zuhörern englisch sprechen müsse. Das aber wurde ihm erspart. Die Ernennung
zum Ehrendoktor wurde durch den Vizekanzler Growe in lateinischer
Sprache vollzogen — einem Medium, das Haydn recht gut verstand. Er
brauchte sich nur stumm zu verbeugen, als man ihm den Doktormantel,
den schwarzseidenen, über die Schultern legte und ihm das viereckige
Barett mit den Quasten aufs Haupt setzte. Das geschah am Vormittag.
Als er abends in den Konzertsaal trat, um seine »Oxfordsymphonie«,
von Cramer dirigiert, zu hören, hatte er sich schon so weit erholt, daß
er fast übermütig wurde. Über das ganze Gesicht strahlend schritt er
zu dem bekränzten Stuhl.

Als nach ein paar langsamen Anfangstakten das erste Thema her-
annahte (Violinen, getragen von anderen Streichern):

und gegen Ende der Exposition ihm das zweite Thema folgte:

schloß der Meister seine Augen. Dann öffnete er sie wiederum, als trinke er in kleinen Schlucken den zweiten Satz ein, jene langfließende Melodie, die den Violinen vertraut war:

Nach dem Menuett und dem Trio schlüpfte das Finale herein, in einer völlig Haydnschen Art, »anfangs wie ein Kätzchen, aber dann bald Tigermuskeln zeigend«:

Haydn war selbst so amüsiert von diesem Geschlängel, Gehetz und Gepolter, von diesem ganz unoffiziellen Spaß voreinander flüchtender Tonarten, daß er vor sich hinkichern mußte.

»He seemed to be in excellent humour« (Er schien in glänzender Stimmung zu sein), notierte die Zeitung sein Verhalten. »Dankbar für den Applaus, der ihm ward, ergriff er die schwarze Doktorsrobe, die er seit dem Vormittag trug, und hob sie bei den Säumen auf. Nur drei einfache Worte entglitten ihm: ‚I thank you!' Dann schwieg er wieder, sehr ernst; doch die Emphase, mit welcher er seine Empfindungen ausgedrückt hatte, begegnete lautem Zurufen und einmütigem Händeklatschen.« Seit diesem Tage bezeichnete Haydn in England sich nur noch als »Dr. Haydn«. In sein Tagebuch aber notierte er, hausväterlich wie immer, diese Worte: »Ich mußte für das Ausläuten zu Oxford wegen der Doktorswürde 1½ Guineen zahlen und für den Mantel ½ Guinee; die Reise kostete 6 Guineen.«

Diese akademische Ehrung war ein sehr willkommenes Pflaster für die Enttäuschung, die Haydn mit seiner italienischen Oper »L'Anima del Filosofo« widerfuhr, die er nun seit Monaten auftragsgemäß für Gallini schrieb. »Einen Auftrag hat man auszuführen«: das war für Haydn selbstverständlich. Da der König von seiner Meinung nicht abging, »man sänge in London zu viel italienisch«, und deshalb nicht zu bewegen war, seine Erlaubnis zur Eröffnung des neuen Unternehmens zu geben, fiel die ganze Gründung ins Wasser. Gallini bezahlte den Komponisten trotzdem mit dreihundert Pfund — denn es war ja nicht Haydns Schuld, daß seine Arbeit nicht aufgeführt wurde. Von verläßlicher Seite wird berichtet, daß er bereits Proben dirigierte, daß sich aber nach fünfzig Takten die Flügeltüren öffneten und ein königlicher Konstabler mit einer geschriebenen Order eintrat, die jedes Weiterarbeiten verbot. Die Zuwiderhandelnden wurden mit Gefängnis bedroht. In den Räumen des Theaters wurden zwar Konzertbetrieb und Tanzfestlichkeiten gestattet, doch keine Opernaufführungen! So stand es denn in den Sternen geschrieben, daß Haydn auch hier kein Opernglück hatte. Das sei weiter nicht zu bedauern, hat man seither oft lesen können: »L'Anima del Filosofo« — eine Orpheus-Oper — nach Gluck?! Haydn sei nicht der Mann gewesen, Euridike aus dem Hades zu holen. Er war der große Symphoniker und nach Burneys pointierendem Wort: »der große Meister der Kantate und der erzählenden Kammermusik« ...

Es verhält sich aber alles ganz anders. Man hat sich inzwischen die Mühe gemacht, die Partitur von Haydns Oper wirklich zu prüfen. Was hat man gefunden? Daß »L'Anima del Filosofo« eigentlich gluckischer ist als Gluck. Während Gluck gezwungen war, seinen »Orpheus« versöhnlich enden zu lassen, wagte Haydn es tatsächlich — geführt von Badinis gutem Textbuch —, der Oper das bittere Ende zu geben, das der antike Mythos vorschreibt. Die »furchtbaren Schatten«, die bei Gluck schließlich doch besiegt werden, die entsetzliche Orkus-Welt, bleiben bei Haydn unversöhnt: Orpheus kann Euridike nicht erlösen, sie sinkt zurück, der Gatte trinkt den Todestrank, den die Bacchantinnen ihm anbieten. Dann entführen sie ihn auf ein Schiff. Ein schwarzer Sturm fliegt herbei und zerbricht es ... Das Erstaunliche an der Oper ist ihr großer Reichtum an Chören, der ihr etwas Sophokleisches gibt. Ein einziger Akt bringt volle sechs Chöre, gemischte Stimmen von Männern und Frauen, aber keine Arie. Das war etwas völlig Neues für Haydn, gleichviel ob er Händel studiert hatte oder aus künstlerischem Instinkt seine Griechen mit tragischen Chören versah. Anderthalb Jahrhunderte hat der Haydnsche »Orpheus« auf die Uraufführung warten müssen. Bei den Festspielen in Florenz, 1951, hat sie sich schließlich erfolgreich ereignet.

Den August und einen Teil des September 1791 verbrachte Haydn auf dem Landgut des Bankiers Brassy. Alles war getan, um den Landaufenthalt für den Gast, zwischen alten Bäumen und Weihern, zur wirklichen Erholung zu machen. Er fühlte sich, wie er nach Wien schrieb, an das Haus Genzinger erinnert. Und doch war Brassy ein seltsamer Kauz: als ihm Haydn von seiner Jugend erzählte und wie arm sie gewesen sei (gerade das aber habe ihn angestachelt, in der Welt etwas Großes zu leisten!), kam es zu einer Hogarth-Szene. »Gebt mir Pistolen!« brüllte der Geldmann, »ich will mich auf der Stelle erschießen! Ich bin niemals arm gewesen, kenne nichts als Fressen und Saufen, kenne nur den Überfluß — und davor ekelt's mich!« Mit Mühe beruhigte ihn der erschrockene Meister.

Kaum war der schöne Sommer vorbei, da begannen Wolken heraufzuziehen. An nichts hatte Haydn in London weniger gedacht als an den Namen Esterhazy. Jetzt kam ein Brief vom Fürsten Anton, der Haydn aufforderte, zurückzukehren. Der Besuch Kaiser Leopolds II. werde in Eisenstadt erwartet: es sei nötig, daß Haydn umgehend eine Festoper komponiere. Ob der Nachfolger Nikolaus' des Prächtigen legal überhaupt in der Lage war, eine Rückkehr Haydns zu erzwingen, ist zu bezweifeln. Die Kapelle war aufgelöst und Haydn nur noch dem Namen nach Kapellmeister. Doch er bezog ein Ehrengehalt, das ihm vielleicht gesperrt werden würde — und das bereitete ihm ein paar schlaflose Nächte. Wie er kleinlaut an Frau von Genzinger schrieb, »erwarte ich nunmehr meine Entlassung; hoffe aber, daß mir Gott die Gnade erzeigen wird, durch meinen Fleiß diesen Schaden in etwas zu ersetzen«. Seine Befürchtungen gingen fehl. Als er dem Fürsten loyal schrieb, daß er kontraktlich noch für eine Saison an Salomon gebunden sei, verzichtete der Fürst auf die Oper, und Haydns Gehalt wurde nicht gesperrt.

Aber es gab andere Dinge, die ihn sehr bedrücken mußten. Salomons Feinde holten soeben zu einem Schlag für die neue Saison aus: einem Schlag, der eigentlich Haydn galt, indem sie für die »Professional Concerts« sich als kommenden Matador Ignaz Pleyel aus Sträßburg verschrieben. Der elegante Elsässer, französischer Bürger, war Haydn bekannt. War er doch in Eisenstadt eine Zeitlang sein Schüler gewesen. Daß man sich diesen Mann holte, verletzte Haydn tiefer, als wenn es ein wirklicher Feind gewesen wäre. Die Absicht war nur zu klar: man wollte Haydn durch Haydn schlagen, den Schüler gegen den altgewordenen Erzieher selbst ins Treffen führen. Das war eine Respektlosigkeit, die für einen so aus Respekt zusammengesetzten Menschen wie Haydn etwas fast Diabolisches hatte. Dachte er daran, was ihm bevorstand, so begann er im Innersten den Londoner Musikmarkt mit seinem Prinzip des Wettbewerbs zu hassen. Das war der Sinn des Briefes, den er im Herbst an Marianna Sabina schrieb: »Gnädige Frau, ich möchte mich gern ein wenig zanken mit Sie, da Sie glauben, daß ich die Stadt London Wien vorziehe. Ich hasse London nicht, aber alle meine Täge da zuzubringen, wäre ich nicht imstande, wenn ich Millionen zu verdienen wüßte.« Sehnsucht nach Wien hat ihn übermannt; die Worte vom 13. Oktober kommen ihm aus tiefstem Herzen: »Oh, wie oft wünsche ich mir, eine Viertelstunde mit Euer Gnaden am Klavier zu sein und alsdann eine gute deutsche Suppe zu essen. Allein Alles kann man auf dieser Welt nicht haben... Übrigens hoffe ich Euer Gnaden in Zeit von sechs Monaten zu sehen. Ich werde viel zu erzählen haben!«

Einstweilen überschätzte er die Gefahr, die ihm von Pleyel drohte. Haydn ging viel in Gesellschaft, bald zu privaten Tischeinladungen, bald zu öffentlichen Banketten. Überall gab es Leute, die, teils aus Bosheit, teils aus Dummheit, ihm ins Gesicht von Pleyel sprachen und seine Ansicht wissen wollten. Die Zeitungen hatten längst begonnen, aufregende Notizen zu schreiben, als handele es sich um ein kommendes Boxmatch. Das machte Haydn sehr nervös. Hätte er Burneys Buch besser gekannt, er wäre nicht so besorgt gewesen. Dort, Band IV, Seite 591, stand nämlich zu lesen: »Was nun Pleyel betrifft — ich weiß nicht, ob dieser begabte Komponist nicht doch Raubbau an seiner Erfindungskraft treibt. Ob sein Schreiben in Haydns Manier, sein starker Gebrauch von Halbtönen und die etwas kokette Art seiner Rallentandos und Pausen uns nicht doch affektiert erscheinen? Es ist der Kritik bereits aufgefallen, daß die Phantasie dieses Künstlers, die zuerst so fruchtbar schien, anscheinend nicht unerschöpflich ist; daß er häufig sich selbst wiederholt und, auf der Suche, das zu verbergen, auch ziemlich gewöhnliche Passagen mit seinen eleganten Ideen mischt...«

Die Nachwelt hat Burneys Urteil von 1789 bestätigt. Ein Mann jedenfalls, über den der »Unfehlbare« so schrieb, konnte trotz aller Zeitungsreklame Haydn nicht gefährlich werden.

Nein, dazu stand sein Ruhm zu fest, obwohl es ihn stets wieder er-

staunte, wie weit er es in der Welt gebracht hatte. Als er für ein paar
Tage beim Herzog von York eingeladen war, der soeben die siebzehn-
jährige Tochter des Königs von Preußen geheiratet hatte, da wunderte
ihn, daß »der Printz von Wallys« (wie er den Thronerben beständig
nennt) eines seiner Stücke so gut auf dem Violoncell zu spielen vermochte.
Auch ein Maler war bestellt, John Hoppner, der auf Rechnung des Thronerben Haydn malte. Er war geschmeichelt. Er durfte es sein, denn das
Bild war »schöner als er selbst«. (Es ist ein Meisterwerk der Charakteristik und hängt noch heute im Carlton-House. Es zeigt Haydn im
roten Rock, strahlend vor Gutmütigkeit und Leben; die rechte Hand
hält die Notenfeder.) Haydn wunderte sich über alles. Er fragte die
Herzogin von York, warum sie denn, wenn er am Klavier saß, »immer
mitsummt« — worauf sie erwiderte: »Das kenne ich alles aus Berlin!«
Und Haydn hatte immer gedacht, die Berliner könnten ihn nicht leiden. Aber da hatte er sich geirrt.

Und auch in Pleyel irrte er sich. Es wurde ganz anders, als alle
dachten. Einen Abend vor Weihnachten kam er an, mit einem Manu-
skriptkoffer neuer, fertiger Kompositionen — aber schon in den nächsten Stunden eilte er zu Haydn. Mit den Worten »Mein teurer Papa!«
festigt der Vierunddreißigjährige das Band, das ihn an den Lehrer
knüpft. Und beruhigt darf Haydn nach Wien berichten: »Pleyel zeigte
sich bey seiner ankunft gegen mich so bescheiden, daß Er neuerdings
meine liebe gewann. wür sind sehr oft zu sam, und das macht Ihm
Ehre, und Er weis seinen Vatter zu schätzen. wür werden unsern Ruhm
gleich theillen und jeder vergnügt nach Hauß gehn.«

Von jetzt ab sehen sie einander täglich. In der Öffentlichkeit sieht
man sie zusammen; im Theater, oft Arm in Arm; den Londonern eine
Lehre erteilend. Wenn Haydn der Rheumatismus plagt, sitzt Pleyel
bei ihm und rückt die Kissen. Es ist eine ausgemachte Sache, daß jeder
von ihnen die Konzerte des andern besuchen wird. Meister und Schüler
lehnen es ab, »sich aufeinander hetzen zu lassen«, wie der Morning
Chronicle bemerkt.

So kam der Silvesterabend heran. Ein schicksalsreiches Jahr ging
zu Ende. 1792, das schicksalsreichste seit Menschengedenken, klomm
herauf. Es sollte ein Kriegsjahr werden. Noch nahm England am Kriege
nicht teil; doch die konservativen Regierungen von Preußen und Österreich stellten sich gegen Frankreich, um sich der Revolution zu er-
wehren. Die Luft schmeckte nach künftigem Pulverdampf... Pleyel
und Haydn saßen daheim beim Punsch. Sie hatten lärmende Festlichkeiten abgesagt; sie wollten schweigend ins Neue Jahr hinübergehen.

Sie sprachen nicht über Politik, noch weniger von ihrer Laufbahn oder den Konzerten, die sie zu geben hatten. Sie schwiegen und waren traurig: Denn am 5. Dezember war Mozart gestorben.

DIE LONDONER WERKE

Als die Nachricht nach London gelangte, wollte Haydn sie zunächst nicht glauben. Große Männer wurden oft totgesagt — auch ihm selbst war es so gegangen, Anno 1774 (er konnte Näheres darüber bei seinem Verehrer Charles Burney lesen) — nachher aber lebte man vergnügt weiter. Weshalb hätte Mozart sterben sollen, im fünfunddreißigsten Lebensjahr? Wohl, Haydn wußte sehr genau, wie leichtsinnig dieser Freund lebte: eine Kerze, die an zwei Enden brannte. Nächtelanges Arbeiten und maßloser Vergnügungstrieb. Unfähigkeit, mit Geld umzugehen. »Ich habe drei Gulden in der Tasche«, hatte Mozart noch zuletzt seiner Frau gesagt — und das war wirklich sein ganzes Vermögen. Darüber wußte Haydn Bescheid und wußte es auch wieder nicht, weil Männer ihres Ranges nicht über irdische Notdurft sprachen. Mozart, der manchen Freund anborgte, hätte es sich gründlich verdacht, Haydn um Geld zu belästigen.

Ebensowenig ist anzunehmen, daß sie jemals über den Tod sprachen. Haydn kannte und bewunderte Mozart als einen unendlich Lebendigen, dessen Zukunft noch größer sein würde als seine geniale Gegenwart. Er ahnte nicht, daß derselbe Mozart in Briefen (nicht an ihn gerichtet) folgendes zu Papier bringen würde: »Da der Tod (genau zu nehmen) der wahre Endzweck unseres Lebens ist, so habe ich mich seit ein paar Jahren mit diesem wahren, besten Freund des Menschen so bekannt gemacht, daß sein Bild allein nichts Schreckendes mehr für mich hat, sondern recht viel Beruhigendes und Tröstendes... Ich lege mich nie zu Bette, ohne zu bedenken, daß ich vielleicht (so jung ich bin) den andern Tag nicht mehr sein werde, und es wird doch kein Mensch von allen, die mich kennen, sagen können, daß ich im Umgang mürrisch oder traurig wäre...« Nein, gewiß, das war er nicht — und dieser Umstand täuschte Haydn, wie er auch viele andere täuschte.

Wir wissen erst heute, woran Mozart starb. Seit dem Jahr 1905, als eine französische Zeitschrift das Gutachten des Arztes Dr. Barraud abdruckte: »Mozarts Todesursache schrieb sich von übertriebener Arbeit her, von beständiger Übermüdung und tiefem materiellem Elend. Im

Alter von fünfunddreißig Jahren war all seine Lebenskraft erschöpft. Der Zustand, der ihn schließlich hinwegnahm, bestand in rapider Abmagerung, in Erstickungsanfällen, Ohnmachten, Anschwellen der Gebeine. Symptome einer Nierenentzündung! Mozart ist sehr wahrscheinlich an einer Eiweiß-Erkrankung gestorben — aber man behandelte ihn statt dessen an einer Gehirnhautentzündung!« Davon konnte Haydn nichts wissen. Ihm genügte die Tatsache des Todes, die er ein paar Tage lang allerdings bezweifelte. Als ihn dann ein Brief überzeugt, daß Mozart wirklich gestorben ist, bricht er vollständig zusammen.

Er schreibt einen stammelnd verstörten Brief an Marianna Sabina von Genzinger, der in dem Schrei gipfelt: »Die Nachwelt bekommt nicht in hundert Jahren wieder ein solches Talent!« In den ersten Tagen des Januar hat er sich dann so weit gefaßt, daß er an Mozarts Familie denkt. Er schreibt an einen gemeinsamen Freund, an den Wiener Freimaurer Puchberg: »Ich war über Mozarts Tod eine geraume Zeit ganz außer mir, und ich konnte es nicht glauben, daß die Vorsicht« (gemeint ist: die Vorsehung) »so schnell einen unersetzlichen Mann in die andere Welt abberufen sollte. Vor Allem bedaure ich, daß Mozart nicht zuvor die hierin noch dunklen Engländer davon hat überzeugen können, wovon ich denselben täglich predige« (gemeint ist: von Mozarts großem Talent). »Sie werden, bester Freund Puchberg, die Güte haben, mir das Verzeichnis der hier noch nicht bekannten Werke Mozarts zu schicken. Ich werde mir alle ordentliche Mühe geben, solche zum Besten der Witwe zu fördern. Ich hatte der Armen vor drei Wochen selbst geschrieben, mit dem Inhalt, daß, wenn ihr Herzenssohn die gehörigen Jahre haben wird, ich denselben unentgeltlich die Komposition mit allen meinen Kräften lehren will, um die Stelle des Vaters einigermaßen zu ersetzen.«

Die Stelle des Vaters zu ersetzen! Das ziemte nun wahrlich »Vater Haydn«, der sich glücklich schätzen durfte, augenblicklich nicht in Wien zu sein und den Jammer nicht mitmachen zu müssen, in dem sich Mozarts Familie befand. Ihm selbst blieb der edlere Teil dieses Schmerzes. Das Gefühl einer spirituellen Nähe vergrößert sich mit dem leiblichen Verschwinden Mozarts. Es ist seltsam. Als sei Mozart in London anwesend, fühlt sich Haydn verstärkt und verdoppelt. Man merkt das andeutend bereits im Schaffen von 1791; stärker noch im folgenden Jahr, das für Haydn durch die Nachricht von Mozarts Tod eingeleitet wurde.

Es ist nicht einmal nötig, das metaphysisch zu nehmen. Was sich begab, war nicht geheimnisvoller als geistige Prozesse es sonst sind.

Nachdem lange der alte Meister der Gebende gewesen war, kehrt sich jetzt das Verhältnis um — allerdings mit jener Plötzlichkeit, die mozartisch und nicht haydnisch war. Nachdem — wie wir wissen, neun Jahre zuvor — Mozart plötzlich Haydnianer wurde, wird jetzt Haydn zum Mozartianer. Es ist Mozarts posthumer Dank, daß die Meisterschaft des Jüngeren sich gleichsam von selbst der Meisterschaft des Älteren hinzuaddiert.

Man kennt das Wiener Scherzwort aus der Mitte des 19. Jahrhunderts: »Am Montag komponiert der Herr von Mozart wie Haydn und am Dienstag der Herr von Haydn wie Mozart.« Dieses Wort hat nie gestimmt. Es reflektiert nur etwas grob, was die Nachgeborenen zu sehen glaubten. In Wirklichkeit war in Mozart ein Ringen, sich von Haydn freizumachen: er rannte durch dessen Entdeckungen hindurch — mit der Schnelligkeit eines Gottes. Dann blickte er sich lächelnd um nach dem bedächtigeren Freunde.

Wie hatte ihm Haydn als Vorbild geholfen, seit jenem 31. Oktober 1783, da er aus Linz an den Vater geschrieben: »Am 4. November hab' ich hier ein Konzert im Theater zu geben — aber ich habe nicht eine einzige Symphonie mit mir.« So schreibe er denn rasch mit halsbrecherischer Schnelligkeit eine neue, die zur rechten Zeit fertig werden müsse... Das konnte selbst sein Leichtsinn nicht schaffen ohne reichliches Borgen bei Haydn. Ach, Haydns langsame Einleitungen zu symphonischen Allegrosätzen! Auf einem Papier, das noch existiert, hat Mozart sich zu Studienzwecken drei solcher Einleitungen abgeschrieben. Und weil Mozart in Linz schon dabei war, sich als Haydn zu gebärden, schrieb er gleich noch den Sechsachteltakt und die Stimmung des Adagios nach, das er aus der Haydnschen Maria-Theresien-Symphonie von 1772 kannte...

Wenn jetzt Haydn in London mozartisch wird, so ist es weniger ein Sich-Anschließen an »halsbrecherische Schnelligkeit« als das klare Gefühl, »daß die Welt in hundert Jahren solchen Meister nicht mehr haben wird«. Die ersten sechs Londoner Symphonien (man kann eigentlich von sieben sprechen, denn die »Oxford-Symphonie« wurde ja von Haydn bereits fertig nach England mitgebracht) zeigen, wenn auch in wechselnder Stärke, Mozartsche Züge in Haydns Werk. Daß in dem brillanten Finale dieser Oxford-Symphonie das Hauptthema auf seiner Sternschnuppenfahrt fortwährend von seiner Materie verliert und neue Nebenthemen gebiert — so haydnisch die ganze Erfindung ist —, geht das nicht doch auf Mozarts Rechnung? Auch daß die nächsten Symphonien, Nr. 93 bis 95, in ihren Finalen die Rondoform mit der Sonatenform kombinieren, ist ein Mozartsches Vermächtnis. Es widerspricht Haydns sonstiger Sitte, zum Schluß die Hörerschaft durch ein langhinjagendes Presto aus dem Saal zu treiben. Die mozarteske Rondoform hält die Hörer eher auf ihrem Sitz.

Nr. 94 ist Haydns berühmteste Symphonie, wenigstens die bekannteste. Es ist die »Surprise«, die man im Deutschen die »Symphonie mit dem Paukenschlag« nennt. Wir wissen heute, daß ihr Andante ein sudetendeutsches Volkslied ist. Doch welche geheimnisvolle Schönheit hat Haydn in diese eher insignifikanten Noten gebracht! Wie sie dastehen, gelten sie mit Recht als klarster Ausdruck seiner Person: sie sind naiv, doch in ihrer Ruhe atmen sie etwas Erhabenes. Sie sind rührend und groß zugleich. Charakteristischerweise ließ Haydn (der sich überhaupt zuweilen des Einfach-Feierlichen schämt) es nun nicht bei dieser Stimmung bewenden: nach einem Pianissimo bringt er plötzlich den Paukenschlag, begleitet von einem Fortissimo-Tutti. Das hatte bestimmt niemand erwartet — aber Mozart hätte es Freude gemacht. Gyrowetz, der manchmal tut, als sei er in London dabeigewesen, wenn Haydn schrieb, hat später erzählt, der Haydnsche Paukenschlag sei ganz bewußt als ein »thrill für die Weiber gedacht gewesen«, die sonst vielleicht eingeschlafen wären. Man kann das nicht ganz abweisen: Haydn, der sich ja durchaus für einen »Kenner des schönen Geschlechts« hielt, mag wirklich so gedacht haben. Aber jedenfalls enthalten die Variationen des Satzes den Paukenschlag nicht — und das muß ihm hoch angerechnet werden. Wie er ferner in der Coda die Einfachheit der Melodie in Frage stellt, indem er sie an einen Abhang romantischer Harmonien führt (wodurch ihr Gemütswert verändert wird), das hätte Mozarts Bewunderung in höchstem Maße herausgefordert. Denn das konnte außer ihm nur Haydn, der dann diese Kunst drei Jahre später in seiner »Militär-Symphonie« auf den Gipfel führen sollte.

Symphonie Nr. 96, D-dur, erhielt den sonderbaren Namen »The Miracle« (Das Wunder). Wie kam es dazu? Wie ein Berliner Biograph Haydns, August Reißmann, erzählt, hatte bei der ersten Aufführung viel Publikum die Plätze verlassen, um Haydn, der am Klavier saß, aus nächster Nähe anzustarren. In diesem Augenblick krachte plötzlich einer der großen Kronleuchter nieder. Ehe noch eine Panik entstand, ertönten Schreie: »Miracle! Miracle!« Es war nämlich tatsächlich niemand verletzt, obwohl noch vor wenigen Augenblicken die betreffenden Stuhlreihen, auf die der Leuchter herabgestürzt war, voll besetzt waren. Wir wissen nicht, ob die Geschichte wahr ist. Wäre sie's, so wäre hier wieder ein Fall jenes sprichwörtlichen Glücks, das im Kielwasser von

Haydns Musik zog. Das Glück, das Napoleon I. später das Leben
retten sollte; das Glück, auf das Haydn selbst anspielte, wenn er kurz
vor seinem Tode beim Bombardement von Wien den zitternden Hausgenossen zurief, sie möchten sich nicht fürchten: »Wo Haydn ist, da
kann nichts geschehn!«

Die Symphonie selbst ist eine der schwächeren. Wenn sie einen Namen verdient, so könnte man sie vom letzten Satz her das »Perpetuum
mobile« nennen. Siebzig Jahre vor Johann Strauß hat Haydn in diesem Rondo-Finale den Versuch gemacht und durchgeführt, »eine Melodie nicht aufhören zu lassen«.

Die nächste Symphonie, Nr. 97, C-dur, ist eine sehr österreichische.
Eigentlich wissen wir ganz erst seit Schubert, was ein »österreichisches
Werk« ist: »eine mit Weinlaub umwundene Trauer«. Doch nicht die
Melodien sind es, die bei Schubert traurig wären. Im Gegenteil, sie
sind meist fröhlich. Sie werden nur unausbleiblich traurig durch den
plötzlichen Lichtwechsel, die Verdunkelung der Harmonie, oft in einem
einzigen Takt! Das ist das Moderne an Schubert, dessen Möglichkeiten
Haydn nur ahnte. In diesem selbst für seine Art ungewohnt übermütigen Werk führt er plötzlich gegen das Ende eine tragische Passage
ein — wo man sie gar nicht erwartet hätte. Beginnt er nun doch an
den Tod zu denken? Sein alter Bauern- und Handwerkerschädel denkt
gewiß nicht gern daran, daß er einmal wird fort müssen... Aber Mozart! Der arme Mozart! Noch im Jahr 1803 wird Haydn den Namen
nicht hören können, ohne in Tränen auszubrechen. Und seine letzte
Londoner Symphonie von 1792 (Nr. 98 in B-dur) zeigt, warum. Die
Trauer um Mozart ist noch tiefer in den Künstler eingebettet, als der
Mensch es vielleicht weiß. London ist lärmend, lenkt stark ab. Der
Kampf um Geltung, Leistung, Bewährung hat trotz allen Ruhms nicht
nachgelassen. Wenn aber Haydn sich niedersetzt, um Nr. 98 zu schreiben, dann ist er ganz in die Gestalt des geliebten Schattens versunken:
dann schreibt er, wie Donald Tovey sagt, das Adagio Cantabile des
zweiten Satzes als ein »Requiem für Mozart«. Und wir spüren es wie
eine Überredung durch den verstorbenen jüngeren Meister, daß Haydn
in den Schlußsätzen doch noch zur Freude zurückfindet.

Das Werk, das Haydn mit diesen Londoner Symphonien auf sich
nahm, war mengenmäßig ganz ungeheuer. Er äußerte seufzend, daß
er noch nie im Leben soviel gearbeitet habe. Die Blattzahl der Symphonien allein betrug 124, dazu kamen noch 110 Blätter der *Anima
del Filosofo«*, 48 Seiten Quartett, 46 Seiten Klavier, 12 Seiten Menuetts
und 2 Märsche, 10 Seiten Flötenkomposition, dann der vollausgearbei-

tete Sturm-Chor »Hark! The wild uproar of the winds«, der Oxforder
Krebs-Kanon über die Worte »Thy voice, o Harmony, is divine«, eine
Menge von Arien für befreundete italienische Sänger — dazu etliche
Gelegenheitsarbeiten, die der Dankbarkeit entstammten und in denen
doch der ganze Mann spürbar wurde. Als während der zweiten englischen Reise dem Sänger Rauzzini, auf dessen Gut Haydn eingeladen
war, der Hund starb, den er sehr geliebt, setzte Meister Haydn sich
hin und verfaßte einen Kanon — nun, wir wissen, wie er das machte,
»auf eine des Tieres würdige Weise«. Er liebte ja selbst das Hunde-
geschlecht, das manchmal treuer war als die Menschen. »Turk war ein
treues Tier und nicht ein Mensch«:

Vielleicht mag man es auch Dankbarkeit nennen, daß Haydn bald
nach seiner Ankunft sich für schottische und walisische Lieder zu interessieren begann. Er hatte nie an den Unsinn geglaubt, »die Briten
seien nicht musikalisch«. Nach Herder war jedes Volk musikalisch. Es
reizte Haydn, diese Lieder auf moderne Art zu bearbeiten. Zunächst
war der Zweck ein karitativer. Der Musikverleger William Napier
hatte soeben Bankerott gemacht und war nahe daran, ins Schuldgefäng-
nis, in die Fleet Street, wandern zu müssen. Zu seinem Besten schrieb
Haydn die Lieder, und diese fanden so raschen Absatz, daß Napier
sein Glück damit machte. Eine zweite Sammlung brachte Haydn selbst
bereits Geld, als Napier diese zum Subskriptionspreis ankündigte. Wir
würden nun begreifen, daß Haydn dreißig oder fünfzig Lieder auf
diese Weise bearbeitete. Daß es hundert gewesen sein sollten, würden
wir weniger begreifen — er hätte all seine Erholungszeit an einen
Gegenstand wenden müssen, der für ihn (anders als für Schubert) niemals ein Hauptinhalt seiner Kunst sein konnte. Es ist nun aber Tat-

sache, daß Haydn nicht hundert Volkslieder, sondern (wie sein Katalog von 1805 beweist) dreihundertfünfundsechzig schrieb! Das ist wieder einer der Fälle, wo man in einem sterblichen Menschen die Fruchtbarkeit der Natur wirken sieht. Unbegreiflich, wie er's vermochte: auch dann, wenn man weiß, daß er einen Großteil dieser Lieder nicht in England schrieb, sondern noch später in Wien komponierte, aus jener Mischung von Dankbarkeit und Sehnsucht heraus, die ihn stets ergriff, wenn er an »sein England« dachte.

Er schrieb eigentlich für drei Verleger; für William Napier, für William Whyte und für George Thomson in Edinburgh, der aus Liebe zu seiner engeren Heimat sich schon lange mit Volkskunst beschäftigte. Die Arbeit war ursprünglich so gedacht, daß Haydn zu Melodien und Texten, welche ihm geliefert wurden, eine Begleitung von Violine, Cello und Klavier zu schreiben hatte. Doch bald durchbrach er dieses Prinzip, arrangierte die Melodien selbständig und schrieb eigene Vor- und Nachspiele. So wurden diese fremden Lieder schließlich sein geistiges Eigentum. Bald kamen noch irische Lieder hinzu — und eines Tages schrieb er an George Thomson in seinem üblichen Italienisch nach Edinburgh die erstaunlichen Worte: »*Mi vanto di questo lavoro e per ciò mi lusingo di vivere in Scozia molti anni doppo la mia morte.*« (Ich bin stolz auf diese Arbeiten und schmeichle mir, daß ich bei den Schotten noch manches Jahr nach meinem Tod durch diese Lieder fortleben werde.) Nun, darüber haben die Schotten zu richten. Doch es hat tatsächlich Schotten gegeben, die Haydn mit Burns verglichen haben.

Andere Zeitgenossen wieder fanden Haydns Ein- und Ausleitungen zu »gewichtig«. Schließlich seien das alles doch nur »einfache Lieder«, meinten sie. Haydn war anderer Ansicht. Wenn er zum Beispiel der »Schönen Helene von Kirkconell« dieses leidenschaftliche Nachspiel gab:

so hatte das seine guten Gründe. »Ich wünschte«, schrieb er auf italienisch, »daß alle werdenden Komponisten ihre Hand an solcher Art von Musik versuchten.« (Beethoven hat es nach ihm getan.) Volksmusik war ihm nichts »Einfaches«. Wie konnte etwas simpel sein, was aus so tiefem Brunnen aufstieg, Quellen der Völker und der Seele? Er machte es sich auch nicht leicht. Er schrieb auf George Thomsons Wunsch mehrere dieser Gesänge um. Er mag selbst gefühlt haben, daß er nicht immer fähig war, die innerste Gefühlsspannung eines schottischen Liebeslieds gleich beim erstenmal wiederzugeben. Nicht selten schrieb ihm Thomson Briefe (auf italienisch selbstverständlich), in denen der etwas tyrannische Mann auf eine »edle Verständlichkeit« drang. »Dieser dritte Takt ist zu schwer zu spielen!« heißt es da bei dem Lied »Muirland Willy«. Bei einem anderen Lied, »Fy Gar Rub«, schlägt Thomson höflich, zugleich diktatorisch, eine »neue Einleitung in einem sehr melodischen Stil« vor, eine andre als die von Haydn gesandte! Und immer gehorchte Haydn. So sehr, daß Thomson später an Beethoven, den Fortsetzer dieses Liederwerks, schrieb: »Haydn, Ihr großer Vorgänger, hat mich ohne Scheu eingeladen, ihn über alles ins Bild zu setzen, was dem nationalen Geschmack der Schotten zuwiderlaufen möchte, und er war stets bereit, zu ändern, was mir in dieser Hinsicht auffiel.«

Die ungemeine Gutwilligkeit, das Universale in Haydns Charakter, begegnet uns hier abermals. Jede musikalische Form hat ein Anrecht auf sein Interesse, ja, auf seine mitschöpfende Kraft. Hierin gleicht er der Weimarer Klassik, Goethes weltliterarischer Ambition, die sich mit größter Hingabe an serbische Volkslieder verschenkte; auch Schiller, dessen Dramenstoffe nach dem Gut aller Nationen griffen. Doch bei Haydn ist alles viel merkwürdiger. Denn er, der Ungebildete, wird von nichts als von seinem Instinkt geleitet. Solange er in England lebt, hört er unter dem Tageslärm die wahre Stimme des Bodens rauschen — die Sehnsuchts- und die Abschiedslieder, die das Volk einander zusingt. Zu bedenken, daß durch seinen Sinn und die Notenschrift seiner Hände solche Lieder geflutet sind wie »Treu und herzinniglich, Robin Adair«:

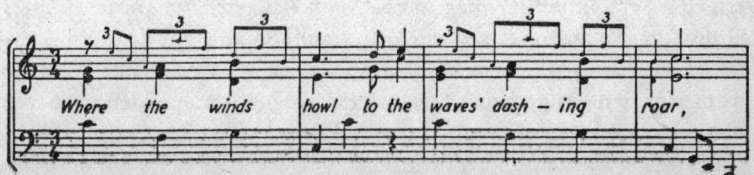

Where the winds howl to the waves' dash — ing roar,

oder die jedem Engländer so teure Weise von »Auld Lang Syne« und »From Thee, Eliza, I must go«!

Was uns heut unbegreiflich dünkt, ist, daß der Wiener Meister es wagte, Lieder in einer Sprache zu schreiben, die er nachweislich nicht selbst sprach, die er gesprochen kaum verstand und die er ohne fremde Hilfe eigentlich nicht lesen konnte. Diese Hilfe hatte er aber in London — und wieder einmal war eine Frau eine der großen Anregerinnen. Diesmal war es Mrs. Anne Hunter, die Gattin eines berühmten Chirurgen. Ob Haydn in diese Dame verliebt war, wissen wir nicht. Es ist schon möglich, weil er in seiner onkelhaften, galant-junggeselligen Art in jede Frau ein wenig verliebt war.

DIE LONDONER DAMEN

Der Gatte der Dame war John Hunter, genau in demselben Alter wie Haydn und, wie gesagt, ein großer Mann. Ein unermüdlicher Entdecker auf dem ausgebreiteten Feld der zoologischen Anatomie — in seinem »Moby Dick« schreibt Melville, daß John Hunter sogar etwas von Walfischen verstanden habe. Er erstaunte alle Besucher durch das riesige Format seiner Knochensammlungen. Zur Zeit von Haydns Ankunft in England war John Hunter Generalarzt der Königlich Britischen Armee, mit einer Sprechstunde am Leicester Square. Dieser Mann, der »die Wundarzneikunst aus einem alten Barbiergewerbe zur Wissenschaft erhoben hatte«, hegte sicher gegen Haydn die liebenswürdigsten Absichten, obwohl seine Handlungsweise brüsk schien.

Es war gewiß nicht seine Schuld, daß ihm Haydn ganz unvorbereitet in eine Art von »ärztlicher Falle« ging. Wie wir wissen, war Haydns Fähigkeit, englische Worte zu verstehen, selbst nach einem Jahre noch mäßig. So hörte er wahrscheinlich nur halb, was ihm der berühmte Chirurg über den Nasenpolypen sagte, »der sein Angesicht entstelle und die Frauen abschrecke«. Was das letztere betraf, hatte Haydn einigen Grund, anderer Ansicht zu sein als Hunter. Eines Tages erhielt er ein Billett, er möge sofort nach Leicester Square in Hunters Ordination kommen; es sei sehr dringend. »So ging ich denn hin«, erzählte Haydn später seinem Biographen. »Nach den ersten Komplimenten traten einige baumstarke Kerle ins Zimmer, packten mich von hinten und wollten mich auf einen Stuhl festbinden. Ich brüllte, schrie, schlug blaue Flecken und trat so lange mit den Füßen, bis ich mich befreien konnte und Herrn Hunter, der hinterm Rücken schon die Instrumente verbarg, begreiflich machte, daß ich mich durchaus nicht wolle operieren lassen. Er wunderte sich über meinen Eigensinn, und mir schien, er bedaure mich, daß ich nicht so glücklich sein wolle, seine Geschicklichkeit zu erproben. Ob ich denn, fragte er leise tadelnd, meinen Feind ins Grab nehmen wolle. Ich erklärte das tun zu wollen und machte mich rasch aus dem Hause heraus...«

Das ist ein Hogarthscher Kupferstich! Die Schlägerei zwischen Musiker und Heilgehilfen um das Schicksal eines Nasenpolypen! Das konnte es nur in London geben... Doch bald darauf war der Schreck vergessen, und wir sehen Haydn wieder mit seiner altfränkischen Galanterie Mrs. Anne Hunter umwerben. Denn während er in England lebte, hielt er es mit jener Französin, die ihrem Sohn als Lebensregel folgendes mitgegeben hatte: »Für deine gesellschaftliche Laufbahn vermache ich dir einen einzigen Rat: Sei in alle Frauen verliebt!« Bei Meister Haydn allerdings war es dann wirkliche Überzeugung, daß jede Londonerin, die ihn einlud, »das schönste Weib auf Erden sei«. Bald war es die junge Mrs. Shaw, bald die Sängerin Billington; nur die »kleine Trillerlerche« Mrs. Bland fand er sehr häßlich. Er war nie in Paris gewesen und kannte, was Frauenschönheit betraf, nur die geringe Aufmachung der österreichisch-deutschen Frauen und der Italienerinnen mit ihrer natürlichen frühreifen Schönheit, die sich aber nicht lange hielt. Was ihm an der Engländerin wahrscheinlich ungemein imponierte, war ihr siegreicher Kampf mit dem Klima. Die Haut war durchsichtig, das Auge blau, das Haar blond — eine Dreiheit, die die Deutschen nicht so zart besaßen. Anscheinend erhielt die Luftfeuchtigkeit die Gesichtshaut länger geschmeidig; und die Palette der Make-up-Künstler half in einer Weise nach, die auf dem Kontinent unbekannt war.

Die Billington war eine berühmte Schönheit. Als Kind armer Eltern in Warschau geboren, hatte sie Liesbeth Weichsel geheißen; schon früh war sie nach London gekommen und als siebenjähriges Kind im Konzert und Vaudeville aufgetreten. Sie hatte viel von sich reden gemacht. Ein Buch war über sie erschienen, das Haydn als skandalös empfand. Doch war er Kavalier genug, für sie ein Kompliment zu drechseln, das zeigt, wie mühelos er sich unter den »Eleganten« bewegte. Stendhal hat diese Geschichte erzählt: Haydn besuchte Sir Josua Reynolds, als er gerade Elizabeth Billington als Heilige Cäcilia malte. Er stellte sich vor dem Gemälde auf: »Es ist sehr gut — aber etwas stimmt nicht!«

»Was stimmt nicht?« fragte Reynolds hastig.

»Sie haben sie gemalt, dem Gesang der Engel lauschend. Sie hätten sie aber malen sollen, wie die Engel *ihrem* Gesang lauschten...«

Diese Geschichte kann nicht ganz wahr sein, weil das Porträt der Billington schon ein volles Jahr fertig war, ehe Haydn nach London kam. Immerhin kann Haydn ihr seine Artigkeiten gesagt haben, als das Porträt sich bereits nicht mehr in Reynolds' Atelier befand.

Die Londonerin war alterslos. Das merkte Haydn zu seinem Staunen, als sich eine Dame in ihn verliebte, die immerhin gegen sechzig war. Diese Dame war die Witwe des deutschen Pianisten Schroeter, eine sehr reiche Londonerin. Ihr Gatte war drei Jahre vorher gestorben. Sehr bald nachdem Haydn in London eintraf, näherte sie sich dem Meister mit der Bitte, ihr Klavierstunden zu geben. Zwar war Haydn kein Klavierlehrer, sondern weit eher Gesangspädagoge; aber da man ihn in Konzerten sehr oft am Harpsichord sitzen sah, verbreitete sich rasch die Meinung, er gebe auch Klavierunterricht. Das war angenehm für seine Kasse und führte in einem Falle, von dem Friedrich Rochlitz berichtet hat, zu einem ganz amüsanten Snobismus: Eine Dame der höchsten Kreise brüstete sich vor ihren Freunden damit, daß sie Haydns Schülerin sei. Der Meister wurde jetzt mehrmals die Woche in einer Kutsche zu ihr geführt und hatte in einem Zimmer zu warten, wo nicht einmal ein Klavier stand. Schließlich erschien die hochmögende Lady, sprach eine Viertelstunde mit ihm und schickte ihn dann wieder weg. Dafür erhielt er so viel Geld, daß er sich eine ganze Weile dies »Stundengeben« gefallen ließ.

Die Frau, die ihn liebte, Rebecca Schroeter, war nun allerdings kein Snob. Sie nahm den Musikunterricht sehr ernst. Ihr Gatte, Johann Samuel Schroeter, der Musiklehrer der Königin, war nicht nur Pianist gewesen, sondern auch ein Komponist, dessen »Sechs Klavierkonzerte« von Mozart hochgeschätzt worden waren. Leider hatte die Familie der Lady es zur Heiratsbedingung gemacht, Schroeter müsse seine künstlerische Laufbahn aufgeben und dürfe nicht mehr öffentlich spielen. Desto mehr tat er es wohl daheim, und mit Vorliebe spielte er Haydn. Jetzt, drei Jahre nach seinem Tode, verliebte die Witwe sich in den Meister.

Haydn hat ihre Briefe selbst kopiert und mit den englischen Tagebüchern nach Wien gebracht; die Originale hat er wahrscheinlich zurückgeben müssen, als er London wieder verließ. Die Briefe sind in englischer Sprache, die zu schreiben der Engländerin natürlich leichter fiel als Deutsch. Die Umgangssprache ihrer Liebe ist aber unzweifel-

haft Deutsch gewesen, das sie durch ihren verstorbenen Mann selbstverständlich genügend beherrschte.

Den Mädchennamen dieser Frau wissen wir nicht. Wir wissen nur,
daß ihre schöne Wohnung nahe dem Buckingham Palace, 6 James
Street, für den alternden Haydn ein Stückchen Heimat wurde; ein
Nest, in dem sich's wohlsein ließ, in dem der Genius gehätschelt wurde.
Später hat er zum Maler Dies geäußert, er würde diese Mrs. Schroeter,
die schön und reich war, geheiratet haben, wenn er frei gewesen wäre.
Vielleicht täuschte ihn die Erinnerung. Solange er in London war,
zeigte sich keine Leidenschaft für diese Frau. Er ließ sich lieben — und
das war vielleicht in seinem Fall angenehmer.

Die Kurve dieser Liebe ist aus den Briefen deutlich zu erkennen.
Zuerst ist es wirklich nur das Klavierspiel, das die beiden zusammen-
führt. Bald aber erwachen in der Frau völlig andere Gefühle. »Keine
Sprache kann die Liebe und die Gefühle ausdrücken, die ich für Sie
empfinde. Täglich werden Sie mir teurer!« Sich auch nur für eine
kurze Zeit von ihm zu trennen, fällt ihr schwer: »Ach wie dringend
möcht' ich Sie sehn! Darf ich hoffen, daß Sie morgen kommen?« Was
das Schönste an diesem Verhältnis ist: die Frau ist besorgt um seine
Gesundheit. Sie sieht, was andere nicht immer sehen: in dieser ganzen
Londoner Reise eine Arbeits- und Repräsentations-Bürde, die für einen
Mann seiner Jahre etwas nicht Ungefährliches ist.

»Mein Teurer«, schreibt sie am 19. April 1792, »ich war bestürzt,
heute früh zu erfahren, daß Sie unpäßlich gewesen sind. Man erzählte
mir, daß Sie gestern fünf Stunden pausenlos arbeiteten. Geliebter
Freund, das wird Ihnen schaden! Warum wollen Sie eigentlich, nachdem Sie doch in der Komposition soviel Wundervolles geleistet haben,
sich noch durch solch rastlosen Eifer ermüden? Ich zittere für Ihre Gesundheit. Geliebtester Haydn, hätte ich doch Macht genug, Sie daran
zu hindern, daß Sie so ununterbrochen arbeiten! Liebling, könnten
Sie nur ermessen, wie teuer Ihr Wohlbefinden mir ist. Ich schmeichle
mir: wenn Sie es wüßten, würden Sie es zu bewahren verstehn, um
meinet- wie um Ihretwillen. Ich flehe Sie an, mich wissen zu lassen,
wie es um Sie steht und ob Sie gut schliefen...« Das war zart. Und
es war nötig in einer großen, fremden Stadt, wo Ruhm allein nicht
wärmen konnte. Diese Mrs. Schroeter war eine bessere Polzelli. Ihrer
gesellschaftlichen Stellung und ihrem Bildungszuschnitt nach — war sie
doch die Schwägerin der berühmten deutschen Schauspielerin Corona
Schroeter, der Freundin Goethes — war sie der Frau von Genzinger
ähnlicher als der Luigia Polzelli.

Tiefe Bangnis umfängt ihr Herz, daß Haydn England bald verlassen wird. Seine Zeit ist abgelaufen, sie weiß es. Sie hat in allen seinen Konzerten in der ersten Reihe gesessen, hat Dutzende von Karten gekauft und an ihre Freunde verteilt. Nach dem letzten Salomon-Konzert, am 6. Juni 1792, schreibt sie ihm noch in der Nacht: »Ich kann meine Augen heute nicht schließen, ohne zehntausendmal ‚Danke!‘ zu sagen. Ein unbeschreibliches Entzücken war’s, Ihre Kompositionen zu hören, und wie unvergleichlich war ihre Ausführung! Geliebter Haydn! Sein Sie versichert, daß unter allen Bewunderern niemand aufmerksamer lauschte als ich. Niemand wird mich je übertreffen in der Verehrung Ihres Genies — obwohl meine Sprache, Teuerster unfähig ist das Glück auszudrücken, das Ihre Musik mir gab und gibt. Nur meinen Dank zu wiederholen bin ich fähig. Darüber hinaus sage ich Ihnen aus tiefster Seele, daß das Glück, Sie kennen gelernt zu haben, eine der größten Segnungen meines Lebens geworden ist. Solch ein Glück mir zu erhalten, es zu pflegen und mehr und mehr zu verdienen, ist der sehnlichste Wunsch meines Herzens...« Echte Worte aus einem Frauenherzen. Und doch mußte die Schreiberin wissen, daß sie bereits ein Epitaph ihrer Liebe waren. Stand Haydn doch gewissermaßen schon mit einem Fuß im Schiff. Bald konnte und würde sie ihm nichts mehr sein als eine liebe Erinnerung. Merkwürdigerweise hat Haydn denn auch beim zweiten Londoner Aufenthalt, 1795, Rebecca Schroeter nicht wiedergesehen; aber er hat ihr später in Wien drei Trios für Klavier, Violine und Violoncell gewidmet und damit den Namen der Londoner Freundin in sein Werk herübergenommen.

DER BLICK IN DEN WELTRAUM

Aber kurz vor der Abreise widerfuhr ihm noch jene Begegnung, die an Bedeutsamkeit alles aufwog, was er in London erlebt hatte. Mit einem Empfehlungsbrief Burneys versehen, besuchte er einen Mann, der »dem Himmel näher war als alle Engländer seiner Zeit«, um ein Wort König Georgs zu gebrauchen. Es war William Herschel, der Astronom. Am Nachmittag des 15. Juni empfing er Haydn zu Slough bei Windsor in seinem Turm, wo das große Teleskop stand, das er selbst gebaut hatte. Haydn kam an diesem Tage von den Pferderennen in Ascot, die ihn sehr interessiert hatten. Nach jahrzehntelangem Leben in Ungarn verstand er genügend von Pferdezucht, um die Engländer für Fachleute zu halten. Noch nachträglich begeisterten ihn »diese leichten, schlankbeinigen Pferde, deren Mähnen zu Zöpfen geflochten waren, mit Hufen sauber wie poliert«. Und gar die Jockeis, »wie Windhunde mager, in rosa, grün, blau, roter Seide — mit immer wachsender Schnelligkeit zwischen vieltausend Zuschauern hinrasend...« Doch das Gespräch über Pferderennen schwand bald dahin vor dem, was dann kam.

Der Deutsche William Herschel war 1738 auf dem Kontinent geboren, also nur sechs Jahre jünger als Haydn. Er war der Sohn eines armen Musikers, trat zunächst als Oboenbläser in ein hannoversches Regiment und kam dann neunzehnjährig nach London, wo er Musikstunden nahm und gab. Später wurde er Organist in Bath.

Er hatte besonderes Interesse für die mathematische Theorie der Musik. Von da kam er zur Astronomie. Wie die Töne bewegten auch die Sterne sich in zu errechnender Bahn. Verließ ein Ding das Gesetz der Zahl, so waren Chaos, Disharmonie und Weltuntergang die Folge. Als Herschel in Fergusons Schriften las, welche Wunder das Fernrohr dem Auge enthüllte, ergriff ihn die Begierde, selbst etwas so Herrliches zu besitzen. Aber die Anschaffung war zu teuer: »So begann ich in meinen Mußestunden für mich selbst Fernrohre zu baun, von 2 Fuß und schließlich von 20 Fuß Länge...« Um den Saturn zu beobachten und das Geheimnis seines Ringes zu enträtseln, erfand er ein System von Spiegeln, das er in sein Fernrohr einbaute. Da ihm keines ganz genügte, schliff er eigenhändig vierhundert Spiegel, manche von gewaltiger Größe. »Meine mechanischen Belustigungen«, pflegte er bescheiden zu sagen, »gingen Hand in Hand mit den optischen, indem ich noch zahlreiche Gestelle für jene Fernrohre erfand...«

Wie heimisch mußte das Haydn berühren, der in seiner armen Jugend sich sein Handwerkszeug hatte erkämpfen müssen! Ganz so wie er in die Musik, war dieser zähe William Herschel ohne jede fremde Hilfe in den Weltraum aufgebrochen, hatte überall Land entdeckt, die Höhe der Mondgebirge berechnet und neue Saturn-Trabanten gefunden. Dazu stellte er als erster fest, daß die großen Fixsterne nicht ruhten, daß zum Beispiel unsere Sonne auf das Sternbild des Herakles zufliegt... Bei alldem lebte er von der Musik, hatte als Orchestermitglied Proben und Abendarbeit zu leisten. »Oft stahl ich mich«, erzählte er seinen Bewunderern und wohl auch Haydn, »vom Theater oder vom Konzertsaal hinweg, um einen Blick in den gestirnten Himmel zu werfen, kehrte aber immer noch zu rechter Zeit zurück, um meinen Platz in der Musik wieder einzunehmen...«

Erst als Herschel am 13. März 1781 den Planeten Uranus auffand, enthob ihn König Georg III. der zermürbenden Tagesarbeit und setzte ihm ein Jahresgehalt aus. Jetzt durfte er nur seinen Forschungen leben. Während der langen Winternächte, die schon um sechs Uhr abends begannen, drang er in die Milchstraße und ihre neblige Natur ein: Indem er sein Riesenteleskop auf jenen Himmelsteil richtete, der neben der Hand des Orion liegt, wurde er »in Staunen versetzt durch die glorreiche Menge von Sternen« und rechnete aus, daß auf einem Streifen, 15 Grad lang und 2 Grad breit, 50 000 Fixsterne und 466 Lichtnebel lebten...!

Als Haydn zum erstenmal in Ziffern von der Größe des Weltraums erfuhr, da mag ihm zumute gewesen sein wie den beiden Wanderern in Schillers Gedicht »Die Größe der Welt«. Sie sind von zwei verschiedenen Punkten aufgebrochen und begegnen sich in der furchtbaren Einsamkeit des Raums. »Steh! Du segelst umsonst! — Vor dir Unendlichkeit!« ruft der eine. »Steh! Du segelst umsonst! — Pilger, auch hinter mir!« warnt der andere. Der Raum hat kein Ende. Und schaudernd schließt Schiller:

> Kühne Seglerin Phantasie,
> Wirf ein mutloses Anker hie.

Und auch Haydn wurde mutlos, als in dem halbdunklen Observatorium der große Mann, der mit den Sternen auf du und du stand, zu ihm sprach. Es wurden Wein und Speisen gebracht. Die Frau, die das ganz still besorgte, war die Schwester des Astronomen, Caroline Herschel, sein Famulus. Wohl erholte sich Haydn ein wenig — doch als ihn nun sein Gastgeber auf die Plattform hinausführte, damit er durch das Teleskop einen Blick in den Sternenhimmel täte, weigerte er sich zunächst ganz entschieden. Später tat er es doch, aber flüchtig. Als er den ersten scheuen Blick durch das vierzigzöllige Monstrum tat, erlitt sein Raumsinn einen Schreck — und der Schreck verwandelte sich in Kälte. Es war zwar eine Juninacht, aber zitternd schlug er den Kragen auf. Mehr als zwanzig Minuten vergingen, bevor er ein Wort herausbringen konnte. Er murmelte nur: »So hoch... so weit...«

Aus der Unendlichkeit des Raums wieder zur Endlichkeit der Kunst zurückzufinden, war nicht leicht. Und doch geschah es. Der Gastgeber überreichte Haydn ein Gedicht, das er selbst geschrieben hatte — wahrscheinlich das einzige seines Lebens. Ein englisch geschriebenes Gedicht. Es war »Gruß an einen Stern« betitelt und vor vier Jahren in der Zei-

tung »The Star and Evening Advertiser« erschienen. Das wundervolle
Gedicht eines Mannes, der, wie Pythagoras, um die Zahlenharmonie
von Musik und Weltall wußte:

Wer bist du, Stern, neu aufgeflammt
in der Millionen altem Kranz?
Du, auf des Himmels dunklem Samt,
du Nova mit dem hellen Glanz!

Bist du Verwirrung, Chaos, Brand,
ein Stück Atomwelt, ziellos, irr,
geschleudert roh, von Zufalls Hand —
wandernd zu mehren das Gewirr?

Oder wird genienleicht und klar
dein Glanz beglücken unsre Luft,
als trage dich in seinem Haar
der Erde grüner Abendduft?

Wirst stetig rollen du und wie Merkur
mit deinem Strahl uns segnen als Planet?
Oder — sich selbst verzehrende Natur! —
Drohung und Feuer regnen, ein Komet?

Wie immer deine Eigenschaft,
hoff' nicht dein Himmelswallen lind.
Weltstürme mögen proben deine Kraft
und Sterne dir begegnen, feindgesinnt.

Ach, stürz' nicht rasch wie Phaethon,
des kurzen Laufs unseliger Held —
nein, strahlend als ein Himmelssohn
daure und leuchte du der Welt!

Wir wissen nicht, ob Haydn, der natürlich deutsch mit Herschel
sprach, auf der Stelle fähig war, die Schönheit der Verse auszuschöp-
fen, oder ob erst Salomon oder irgendein anderer Freund ihm dabei
behilflich sein mußte. Jedenfalls war er tief erschüttert, als ihn Herschel darüber belehrte, daß die Griechen die Gewohnheit hatten, ihren
verstorbenen Heroen einen Platz am Himmel zu geben. So war es

möglich, daß ein Stern die Seele eines Helden darstellte? Und eben erst hatte der griechischste, der harmonischste aller Musiker die Erde verlassen: Mozart! An einen Geist wie Mozart, nicht nur an einen »neuen Stern«, möchte man solche Verse richten ...

In dieser Nacht, glaubt Sir Donald Tovey, wurde in Haydns Seele der Keim zur »Schöpfung« geboren.

EIN SCHÜLER NAMENS BEETHOVEN

Er hätte die Rückreise nach Wien gern über Berlin gelegt und König Friedrich Wilhelm II. besucht, den Vater der Herzogin von York. Der aber hatte jetzt andres zu tun, als Haydnsche Adagios zu spielen; der Bogen des Cellos ruhte.

Haydn mußte, wie auf der Herfahrt, die direkte, schnellere Route wählen, die ihn über den Rhein führte. Fürst Anton Esterhazy wünschte ihn sehr bald in Frankfurt zu sehen, wo sich die höchsten deutschen Fürsten soeben zu einem wichtigen Fest, einer Kaiserkrönung, zusammenfanden. Auf den verstorbenen Kaiser Josef II. war, mit nur kurzer Regierungszeit, dessen jüngerer Bruder gefolgt. Vor wenigen Monaten war nun auch dieser Sohn der Maria Theresia, Leopold II., gestorben. Sein Sohn Franz wurde Deutscher Kaiser.

Als Haydn im Juli am Rhein eintraf, fand er, daß der Bonner Kurfürst, der Habsburger Maximilian Franz, ein Onkel des zu krönenden Kaisers, die Stadt bereits verlassen hatte, um sich nach Frankfurt zu begeben. Ein Grund mehr, sich nicht aufzuhalten. Aber die Kurfürstliche Kapelle ließ es sich nicht nehmen, den Meister zu einem Frühstück einzuladen, das außerhalb der Stadt stattfand: in Godesberg, in lieblicher Landschaft, inmitten von Gärten und Hügeln, von denen man weit auf den Rhein hinausblickte. Hier geschah es am Nachmittag, daß eine musikhistorisch folgenschwere Begegnung stattfand.

Ein zweiundzwanzigjähriger Mann, den Meister Haydn möglicherweise bei seiner ersten Durchreise durch Bonn vor anderthalb Jahren flüchtig gesehen, aber längst wieder vergessen hatte, trat ihm diesmal mit Nachdruck entgegen. Es war Ludwig van Beethoven, ein schwarzhaariger Musiker, mit gelbem, fast spanischem Gesicht und zwei faszinierenden Augen, deren brennender, tiefer Ernst unter den fröhlichen Musikern auffiel. Er war zweiter Kapellmeister und Chormeister am

Bonner Hof. Das sprach nicht wenig für seine Bedeutung: der kunst-
liebende Maximilian Franz würde keinen Unwürdigen mit solchem
Amt betraut haben.

Während die Rheinweingläser klangen, gelang es dem jungen Beethoven, den Meister für ein halbes Stündchen in ein Nebengemach zu
ziehen und ihm und einigen andern Hörern am Klavier ein Stück vor-
zutragen, das sich »Trauerkantate auf den Tod Kaiser Josefs II.«
nannte. Dieser Stoff mochte Meister Haydn etwas merkwürdig berühren. Er war ein bißchen überholt, denn inzwischen war ja bereits Josefs Nachfolger, Leopold II., gestorben. Indem nun der angehende
Künstler gerade dieses Stück zum Vortrag wählte, bewies er den tiefen Ernst seiner Jugend: Er hatte es schon vor zwei Jahren geschrieben, aber er war überzeugt, inzwischen nichts Besseres gemacht zu haben, was er einem solchen Gast vorzuführen wagen durfte.

Ein Requiem also für Kaiser Josef? Da war nun etwas Mißliches,
was Beethoven aber nicht ahnen konnte. Haydn war auf Kaiser Josef
gar nicht gut zu sprechen gewesen. Es war ihm zugetragen worden,
daß der Verstorbene seine Musik ungünstig kritisiert habe. Haydn,
der doch zusammen mit Mozart als der Gipfel des Aufklärungszeit-
alters in der Musik hätte gelten müssen, war von dem »Kaiser der
Aufklärung«, von Josef, als zu leicht befunden und gleichsam mit
einem Achselzucken auf die Seite gestellt worden. Vielleicht handelte
es sich um eine Verleumdung. Der Kaiser hatte zu Dittersdorf fol-
gende Bemerkung gemacht: »Was sagen Sie zu Haydns Opern?« »Ich
habe keine von ihnen gehört.« »Da haben Sie nicht viel verloren! Er
übertäubt, zu deren Ärger, die Sänger mit seinem Akkompagnement.
Und was halten Sie von seiner Kammermusik? *Tändelt er nicht etwas
zu sehr?*«, worauf Dittersdorf geantwortet hatte: »Haydn hat die Gabe,
zu tändeln, ohne die Kunst herabzuwürdigen.« Schließlich hatte der
Kaiser gar noch Haydns Musik mit einer hübschen, ausländischen Tabatière verglichen! Vielleicht hatte Dittersdorf das erfunden oder mit
der geheimen Bosheit, wie Jugendfreunde sie manchmal haben, diese
Bemerkungen entstellt und verstärkt. Sie waren Haydn zu Ohren gekommen, und sie hatten ihn tief verletzt.

Was Haydn nun wieder nicht wissen konnte, war die Eigenart des
Verhältnisses, das Beethoven an Kaiser Josef band. Der junge rhei-
nische Musiker war vor vier Jahren von seinem Kurfürsten auf eine
Kunstreise nach Wien geschickt worden: dort hatte er Mozart kennengelernt, der sich freilich nicht viel um ihn kümmerte. Außerdem hatte
er einen Brief an den Kaiser mitbekommen. Weit entfernt, diesen ab-

zugeben, hatte der junge Mann glühend und scheu den Kaiser nur von
fern angestarrt, als er bei einer Hoffestlichkeit des vergötterten Mannes
ansichtig wurde. In Kaiser Josef II. war für Beethoven tatsächlich alles
verkörpert, was ein reiner und tiefer Mensch von einem wahren Herrscher erwartet. Obwohl der junge Beethoven an einem geistlichen Hof
lebte (einem Hof, der freilich selbst viele Beziehung zur Aufklärung
hatte), war der Kampf Josefs mit dem Papsttum, die Aufhebung der
Leibeigenschaft, die Erlassung des Toleranzpatents, kurz, der ganze
Josefinismus eine Ära, die man den Taten des Herakles vergleichen
mochte. Für den jungen Beethoven hatte niemals ein größerer Mensch
gelebt als der Kaiser, um dessen Tod er jetzt klagte.

Es war ein höchst seltsames Musikstück! Und schon bei den ersten
Takten war Meister Haydn aufs tiefste betroffen. Man stelle sich elf
Takte Largo einer fremdartigen Musik vor, Es-dur, durch leere Räume
schweifend:

Räume, die von einer Katastrophe entvölkert sind, die wir nicht kennen. Da stöhnt es auf, im elften Takt, von Sopran, Alt, Tenor und Baß
getragen. Leise: Tod! Der nächste Takt mezzoforte, nur Orchester.
Dann wieder die vier Stimmen: Tod! Dann, hohl, von einer weinen-
den Klarinette abwärtsgeführt: »Tod! stöhnt es durch die öde Nacht,
die öde Nacht.« Es war etwas vollkommen Neues, etwas höchst Pathe-
tisches — von einem Pathos, wie es in der Dichtkunst vielleicht nur
noch Klopstock und Schiller besaßen. Obwohl Beethoven, am Klavier,

die Orchestration nur andeuten konnte, empfand Haydn doch, wie
kühn sie war. Dieser ganz unbekannte Jüngling mit seiner unbekann-
ten Kantate erregte in ihm dieselbe Empfindung wie achtzig Jahre
später in Brahms: »Es ist alles und durchaus Beethoven — und stünde
kein Name auf dem Titelblatt, man könnte auf keinen anderen raten!«

Als es weiterging mit der Kantate, begann Meister Haydn freilich
zu lächeln. Schließlich fällt kein Meister vom Himmel — und wenn
Beethoven jetzt in die liebliche Allee von Worten und Tönen einbog:

Da drehte sich glücklicher die Erd' um die Sonne,
Und die Sonne wärmte mit Strahlen der Gottheit,

so wußte Haydn aus bester Erfahrung, daß der junge Mann mit Glück
sein eignes Oratorium »Il ritorno di Tobia« studiert hatte. Auch das
Adagio affettuoso:

kein Röschen ohne Wunde brach — durfte Haydn bekannt vorkommen!

Im übrigen konnte er eher erstaunt sein, weniger darüber, wieviel
in dieser Kantate von ihm selber genommen war, als über das absolut Neue, das Unerhörte dieser Schreibart. Auch Beethoven selbst vergaß später nie, welche Bedeutung die Josefs-Kantate für seine Ge-
samtentwicklung besaß: Die Motivik der c-moll-Sätze sowie den Hu-
manitätshymnus »Da stiegen die Menschen, die Menschen ans Licht«
hat er fast ohne Abänderung in den »Fidelio« aufgenommen!

Als Beethoven die letzten Akkorde über das kaiserliche Grab hin-
gewälzt hatte, brach er ab, drehte sich auf dem Klavierstuhl um —
und nun mag es zwischen den beiden Männern zu jenem Gespräch
gekommen sein, in welchem der Jüngere dem Älteren mitteilte, daß

er die Absicht habe, eine zweite Reise nach Wien zu unternehmen. Der Zweck? Nun wohl, kein anderer als der: Stunden bei Joseph Haydn zu nehmen! Das schmeichelte Haydn, und er versprach, mit dem Kurfürsten darüber zu reden.

Das geschah schon in den nächsten Tagen. Wie wir annehmen dürfen, erzählte der Meister dem aufhorchenden Maximilian Franz, wie viel er von Beethoven halte. Der Kurfürst gab seine Einwilligung. Da Beethoven fast mittellos war, mußten noch finanzielle Abmachungen zwischen dem Kurfürsten und Haydn getroffen werden. Beethovens Reise wurde für den Herbst festgesetzt.

In Wirklichkeit überstürzte sie sich: es sollte keine Studienreise, sondern ein völliger Lebenswechsel werden — was damals noch niemand ahnen konnte. Die Frankfurter Fürstenbesprechungen und das Erscheinen Franz' II. auf dem deutschen Kaiserthron hatten ein europäisches Unglück von Riesenausmaßen zur Folge. Eine Koalition deutscher Fürsten intervenierte nun wirklich in Frankreich, um die Revolution zu zertreten. Ein österreichisch-preußisches Heer unter Ferdinand von Braunschweig brach über die Grenze Lothringens. In Paris rief der große Danton zu den Waffen. Zum erstenmal in der Geschichte erklang die Hymne der Marseillaise gegen den auswärtigen Feind.

Das Ganze war immerhin merkwürdig. Die Tochter der Maria Theresia, die Königin Marie Antoinette, befand sich seit Jahren in Lebensgefahr. Sie war praktisch eine »Gefangene des Volkes«. Aber ihre Brüder hatten sich eigentlich nie für sie gerührt: die Kaiser Josef und Leopold sowie Kurfürst Maximilian Franz hatten es nicht gewagt, für ihre Schwester einzutreten. Der Friede mit dem französischen Volk war ihnen wichtiger erschienen. Jetzt, im unmöglichsten Moment, als es eigentlich viel zu spät war, ließ der Neffe, Franz II., ein Heer in Frankreich einmarschieren, um die Königin, seine Tante, zu retten. Die Gegenbewegung war fürchterlich. Nicht nur wurden Marie Antoinette und Ludwig XVI. geköpft. Noch vorher wurden der Herzog von Braunschweig und sein preußisch-österreichisches Heer aus Frankreich hinausgejagt, die Franzosen erschienen rachedrohend am Rhein. Die Brandfackel des Krieges wurde nach Mitteleuropa geworfen, um zwanzig Jahre weiter zu prasseln.

Zu den ersten Betroffenen gehörten der Hof in Köln und in Bonn. Maximilian Franz mußte fliehen, und Hals über Kopf begab sich auch der junge Beethoven nach Wien, um nie mehr nach Hause zurückzukehren.

Als er zu Haydn kam, um die versprochenen Stunden zu nehmen, fand er einen anderen vor als den, an den er seit Godesberg ununterbrochen gedacht hatte. Das war kein Wunder: bei Haydn hatte ein psychischer Verdauungsprozeß eingesetzt. Was er in London erlebt hatte, ging ihm jetzt erst ins Blut. Es wurde ihm nachträglich bewußt, daß er vielleicht unrecht getan hatte, überhaupt aus London wegzufahren — und das machte ihn zerstreut.

Das etwas provinzielle Leben in der österreichischen Hauptstadt gefiel dem Meister plötzlich nicht mehr. (Und wie hatte er sich noch kürzlich in Eisenstadt und Esterhaz danach gesehnt, in Wien zu leben!) Jetzt vermißte er die Spannung — Kampf, Zeitungsreklame, Ehrungen —, die er in London genossen hatte, wo sich ihm völlig fremde Menschen im Konzert genähert, ihn wie ein Wundertier betrachtet hatten und mit einem »You are a great man!« wieder gegangen waren. Er konnte zwar selber nicht Englisch; doch daß jetzt alles deutsch mit ihm sprach, kam ihm irgendwie bedauerlich vor. Er begann sich schon wieder nach England zu sehnen und gab gern in Gesellschaft Auskunft, um wieviel größer und besser dort alles eingerichtet sei. Er hatte nicht nur viel Geld mitgebracht, sondern auch praktische Gegenstände wie Strümpfe, Taschentücher, Hemden, besonders gute englische Ware: die würden sich nun abtragen, ohne daß man in Mitteleuropa daran denken konnte, sie zu ergänzen. Besonders in Österreich waren die Menschen noch wenig industriell. Auch die Städter waren halbe Bauern, und für die Kunst war nicht viel Geld da. Früher war Haydn so etwas überhaupt nicht aufgefallen; nach achtzehn Monaten England aber sah er vieles schärfer als vorher.

Rein äußerlich lebte er angenehm. Er war jetzt Hausbesitzer in Wien. Noch während er in London war, hatte Anna Aloysia, seine Frau, bei ihm angefragt, ob sie sich im Westen von Wien, in der Vorstadt Gumpendorf, ein kleines einstöckiges Häuschen mit einem Garten kaufen dürfe, um es einmal »als Witwensitz zu bewohnen«. Zugleich bat sie ihn um zweitausend Gulden. Er hatte sich sehr darüber geärgert. Warum nahm diese Frau denn an, daß sie ihn überleben werde? Er hatte ihr das Geld nicht geschickt; aber gleich nach seiner Ankunft in Wien hatte er das Haus besichtigt. Es war das Haus Steingasse 19 (die heute Haydngasse heißt). »Mir gefiel seine einsam stille Lage«, erzählte Haydn dem Biographen. »Ich kaufte es und ließ während meiner zweiten Reise nach London ein Stockwerk darauf bauen. Meine Frau starb dann acht Jahre später, und nun bewohne ich es selbst als Witwer.«

Auch die Polzelli sah er wieder! Trotz seiner Londoner Abenteuer hatte er nie aufgehört, aus England an diese Geliebte zu schreiben. Er hatte sogar ihre Schwester besucht, Christina Negri, die in London unglücklich verheiratet war, um mit ihr »über seine Luigia zu reden«. Im übrigen handelte er weise, daß er manchmal darüber klagte, wie er sich um das liebe Brot unter den Engländern anstrengen mußte. Hätte die Polzelli geahnt, daß ihm das Geld in Strömen zufloß, hätte sie ihn sicherlich stärker angezapft als sie es tat. Gerade damals war ja ihr Mann gestorben, und sie war in materieller Beziehung von Haydn abhängiger als je.

Die Verliebtheit, die aus den Londoner Briefen an Luigia Polzelli spricht, ist völlig echt. Doch sie ist nicht tief. Man hat das Gefühl, als ob der alte Meister nur während des Schreibens lichterloh brennt. In der nächsten Stunde, am nächsten Tag hat er sie wieder vergessen. Je älter Haydn wird, desto mehr bekommt sein Verhältnis zu den Frauen — bei aller äußeren Naivität — etwas heimlich Donjuaneskes. Es ist die zahllose Opernmusik, die er gehört und dirigiert hat, es sind vielleicht auch Ruhm und Geld — von denen er weiß und erfahren hat, daß beides das Herz der Frauen öffnet —: kurz, er nimmt die Frauen nicht mehr so ernst wie in seiner schüchternen Jugend. Natürlich nimmt er sie ernst genug, um zu wissen, daß sie »wie Sonnenschein noch immer sein Alter wärmen können«. Manchmal scheint es sogar, als ob gerade jetzt, im Verkehr mit Frauen, die »symphonische Kompositionstechnik« auf sein Leben übergegriffen hätte. Ein paar Takte lang sprach *ein* Instrument. Dann ließ der Meister es wieder schweigen und gab die Melodie einem andern.

Doch mit Beethoven irrte sich der »Vater der Orchestration« gewaltig. Wenn er vielleicht geglaubt hatte, diesen selbstherrlichen Jüngling ein paar unverpflichtende Takte lang mit Aufgaben zu beschäftigen, so konnte Beethoven sprechen wie Hamlet: »Denkt Ihr, ich bin leichter zu spielen als eine Flöte?«

Denn Beethoven wollte Haydn ganz, nicht nur sein gelegentliches Interesse. 1788 waren Gluck und Philipp Emanuel Bach gestorben, 1791 Mozart. Mit ihrem Fortgang war Haydn der Fürst der europäischen Musik, der unvergleichliche Klassiker. Das wußte Beethoven sehr genau. Er wußte es besser als Graf Waldstein, ein österreichischer Aristokrat in Bonn, der ihm zum Abschied in sein Stammbuch geschrieben hatte: »Lieber Beethoven! Sie reisen itzt nach Wien zur Erfüllung Ihrer so lange bestrittenen Wünsche. Mozart's Genius trauert noch und beweint den Tod seines Zöglings. Bey dem unerschöpflichen

Haydn fand er Zuflucht, aber keine Beschäftigung; durch ihn wünscht er noch einmal mit jemandem vereinigt zu werden. Durch ununterbrochenen Fleiß erhalten Sie Mozart's Geist aus Haydns Händen.« Die etwas reservierte Art, mit der der Graf hier von Haydn sprach, war sicherlich gar nicht nach Beethovens Sinn. Im Grunde stand ihm als Komponist Haydns Kunst näher als die Mozarts. Die fröhliche Brutalität in den Werken des älteren Mannes sagte Beethovens Kraftbewußtsein mehr zu als Mozarts blassere Regelschönheit. Sogar in der Sentimentalität hatte der jugendliche Beethoven gewisse Berührungspunkte mit Haydn: er hatte eben erst in Bonn ein richtiges Haydnsches Tierstück geschrieben, die »Elegie auf den Tod eines Pudels«. Mit einer ganz unkritischen Verehrung und von den besten Vorsätzen erfüllt, trat er ihm jetzt in Wien gegenüber.

Trotzdem kam es sofort zu schweren künstlerischen Differenzen. Sie waren äußerlich darin begründet, daß Haydn den Unterricht nicht ernst nahm. Er hatte versprochen, dem jungen Mann den strengen Kontrapunkt beizubringen, aber er ließ die Hefte des Schülers wochenlang unkorrigiert. In den zweihundertfünfundvierzig Übungen, die Beethoven für ihn anlegte, übersah Haydn unglaublicherweise die meisten Verstöße gegen die Regeln! War er wirklich nur zerstreut? Augenscheinlich lag der Gegensatz tiefer. »Was Nietzsche apollinisch und dionysisch nennt, andere klassisch und romantisch«, schrieb sehr richtig Botstiber 1927, »ist selten in solcher Reinkultur verkörpert worden wie durch die beiden. Dem Beethovenschen Individualismus, der sich physisch und sozial von der Umwelt und gegen sie absperrte und ganz neue Kunstwerte schuf, stand Haydns Universalismus gegenüber, der sich klug und geschickt Verhältnissen, Menschen, Kunstformen anpaßte. Und doch war die Begegnung beider ein Gewinn für sie selbst und für die Kunst. Nicht nur Beethovens Frühwerke wirken zuweilen wie Nachahmungen Haydnscher Musik — noch viel später ist Haydn die Grundlage für die Beethovensche Vokalmusik. Ohne das Beispiel von Haydns ‚Schöpfung' hätte es weder die ‚Missa Solemnis' noch den Freuden-Chor der Neunten gegeben.«

Äußerlich hätte es zwischen diesen so verschiedenen Persönlichkeiten eigentlich zu einem Bruch kommen müssen. Doch Haydns erprobte Diplomatie wußte diesen Bruch zu vermeiden. »Der joviale alte Herr tat sein Bestes«, schreibt Emil Ludwig, »den dämonischen jungen Mann zu zähmen.« Ungefähr wie Sokrates es mit Alkibiades tat — obwohl Haydn keineswegs in Liebe zu diesem Schüler entbrannt war, einem schwärzlichen jungen Mann, der ihn in nichts, aber auch in

gar nichts an sein eigenes Jungsein erinnerte. Nur seine reife Meisterschaft und der aus ihr gekelterte Gleichmut ließen ihn diesen Schüler
ertragen und ihm Anerkennung zollen. Es ist, sagt Emil Ludwig mit
Recht, hauptsächlich Haydn zuzuschreiben, daß es in den sechzehn Jahren, die sie nebeneinander in Wien verbrachten, zu keinem offenen
Zerwürfnis kam.

Wie verschieden waren sie äußerlich, dieser Lehrer und dieser Schüler (ganz so verschieden wie ihre Musik und wie das, was sie vom
Leben wollten)! »Ich erinnere mich noch sehr genau«, schrieb später
ein Freund, »wie einmal Haydn und Salieri zusammen auf einem Sofa
saßen, im Musiksalon des Fürsten Lichnowsky; beide altväterisch,
peinlich genau nach höfischer Manier gekleidet, mit Haarnetz, niedrigen Schuhen, Seidenstrümpfen, während Beethoven daneben mit seinen rheinisch-freien Manieren und seiner Kleidung fast unpassend
wirkte...«

Dieser Unterricht, der keiner war, dauerte trotzdem ein ganzes Jahr!
Beethoven fand sich regelmäßig ein, und sie zogen wohl auch zusammen in der Umgebung Wiens umher, wie Beethovens Tagebuch erweist: »Zwölf Kreuzer für Schokolade für Haydn und mich. Sechs
Kreuzer für Kaffee für Haydn und mich.« Was uns wundert, ist, daß
Beethoven diese kleinen Dinge für Haydn bezahlte. Haydn war der
viel Reichere. Wir müssen aber trotzdem hier nicht an den »geizigen
Bauern« denken, der mit seinem Kleingeld haushält, sondern eher an
den Schüler, der stolz ist, den Lehrer einzuladen. Der Onkel des Kaisers hatte versprochen, für Beethovens Studien aufzukommen — doch
seit die Franzosen am Rhein standen, hielt er sein Versprechen nicht.
Dadurch kam offenbar auch Haydn um das Geld für den Unterricht —
um so lieber mochte Beethoven auf Ausflügen den Gastgeber spielen.

Daß er Haydn auch sonst Geld schuldig war — nicht nur Stunden-
geld, sondern sogar in bar geborgtes! — wissen wir erst seit kurzer
Zeit. Ein Brief ist jüngst bekannt geworden, den der Meister am
23. November 1793 an den Kurfürsten diktiert hat. Dieser Brief, ein
Muster an Weltklugheit, Festigkeit und Herzensgüte, beschäftigt sich
mit zwei Dingen. Erstens mit Beethovens Genie, von dem »Kenner und
Nichtkenner unparteiisch eingestehen müssen, daß er mit der Zeit die
Stelle eines der größten Tonkünstler in Europa vertreten werde«, und
zweitens mit Beethovens Finanzumständen. Haydn glaubte nämlich
nicht, daß der Onkel des Kaisers nicht zahlen könne, und so sprach er
ihm ins Gewissen. Auf eine ebenso höfliche wie energische Art: »Weil
nun einmal von Beethoven die Rede ist, so erlauben Eure Churfürst-

Von Geld ist die Rede, von wem noch?

«An diesem Tage . . .

... componierte ich das erste Mal für Geld. Nämlich eine Cantate.» Das notierte ein 19 Jahre junger Mann in sein Tagebuch. Er war zu dieser Zeit Hilfslehrer an der Schule, wo auch sein Vater lehrte, und er bekam ganze 40 Gulden Gehalt – im Jahr! Für seine Cantate aber erhielt er 100 Gulden, soviel, wie er als Lehrer in 30 Monaten verdiente. Und da er den Schulmeisterberuf ohnehin nur ergriffen hatte, um dem Zorn des Vaters sowie dem Militärdienst zu entgehen, drückte er sich ums weitere Lehramt. Er lebte fortan bis zum frühen Lebensende in einer Weise, die man als Bohème bezeichnen könnte: In möblierten Zimmern, bei Freunden, in Cafés, in Weinlokalen. Mit seinen Kompositionen verdiente er gerade so viel, daß er nicht Hunger und Durst leiden mußte. Auf Kleidung legte er ohnehin keinen Wert. Arm freilich, wie es manche Biographen später wissen wollten, war er nie. Er hatte fast stets ausreichend Geld, um seinen Freunden nicht auf der Tasche zu liegen, aber übrig hatte er nie etwas.

Künstlerischen Ruhm erwarb er zu Lebzeiten nicht, und gesellschaftliche Erfolge kannte der schüchterne Mann von einfacher Herkunft (seine Mutter war vor der Heirat Dienstmagd und Köchin gewesen) sowieso nicht.

In seinem 31. Lebensjahr fuhr er nach Eisenstadt, zum Grab Haydns. Es wurde seine letzte Reise. Im November desselben Jahres starb er. Die Zeitungen seiner Heimatstadt Wien nahmen keine Notiz vom Tod des «Tonkünstlers und Compositeurs» (wie es in der Traueranzeige der Familie hieß). Ein paar Freunde, unter ihnen Moritz von Schwind, trauerten um ihn. Erst die Nachwelt reihte den Musiker unter die Großen der Romantik ein. Von wem war die Rede?

(Alphabetische Lösung: 19-3-8-21-2-5-18-20)

liche Durchlaucht, daß ich auch ein paar Worte von seinen ökonomischen Angelegenheiten sagen darf. Für das verflossene Jahr waren ihm 100 Dukaten angewiesen. Daß diese Summe nicht hinreichend war, auch nur um bloß zu leben, daran sind Eure Churfürstliche Durchlaucht wohl selbst überzeugt; indessen mögen Höchstdieselben Ihre guten Ursachen gehabt haben, ihn mit einer so geringen Summe in die große Welt zu schicken. In dieser Voraussetzung, und um ihn nicht unter die Hände der Wucherer fallen zu lassen, habe ich teils für ihn Bürgschaft geleistet, teils an Barem ihm so viel vorgestreckt, daß er mir 500 Gulden« (!) »schuldig ist, woran kein Kreuzer ohne Notwendigkeit verwendet worden ist; die ich ihm hier anzuweisen bitte; und da auf Borg arbeiten lassen die Prozente immer vermehret, und überdies für einen Künstler wie Beethoven sehr lästig ist, so glaube ich, daß, wenn Eure Churfürstliche Durchlaucht ihm für das künftige Jahr 1000 Gulden anwiesen, Höchstdieselben die Gnade gegen ihn vollkommen machten und ihn zugleich außer aller Not setzten... Für die Verschwendung, die bei einem jungen Manne, der in die große Welt kommet, zu befürchten ist, glaube ich Eurer Churfürstlichen Durchlaucht gutstehen zu können; denn ich habe aus hundert Ursachen immer das Resultat bestätigt gefunden, daß Beethoven seiner Kunst alles ohne Zwang aufzuopfern imstande ist; was in Absicht« (gemeint ist: im Hinblick auf) »der höchsten Gnaden Eurer Churfürstlichen Durchlaucht alle Sicherheit gibt, daß Höchstdieselben Ihre Gnaden mit Wucher an Beethoven verschwenden. In der Hoffnung, daß Eure Churfürstliche Durchlaucht diese meine Bitte« (ergänzt muß werden: erfüllen werden und) »meinem lieben Schüler zu dessen fernerer Unterstützung« (das Geld) »mögen gnädigst zukommen lassen, bin ich mit tiefster Ehrfurcht Eurer Churfürstlichen Gnaden unterthänigst gehorsamster Haydn.«

Kurfürst Maximilian Franz beging daraufhin die Schäbigkeit, eine Antwort an Haydn entwerfen zu lassen, worin er darauf hinwies, daß die ihm eingesandten Beethoven-Stücke, ein Quintett, ein Oboenkonzert und anderes, »bereits in Bonn geschrieben seien und deshalb für ihn keinen Beweis für Beethovens Fleiß in Wien darstellten«. So weigerte er sich denn, zu zahlen — was einem glatten Wortbruch gleichkam. Das hat zweifellos mit dazu beigetragen, Beethovens schlechte Meinung von den Aristokraten zu bilden.

Was hätte nun Beethoven tun sollen? Obgleich er sich völlig klar darüber war, daß die Stunden, die er bei dem zerstreuten, geistig abwesenden Haydn nahm, ihn nicht voranbringen konnten, nahm er

diese Stunden weiter — und das setzt nun *seine* Diplomatie nachgerade
in hellstes Licht. In späterer Zeit hätte er seinem Lehrer wahrscheinlich die unkorrigierten Übungshefte ins Gesicht geworfen. Jetzt verfiel
er auf einen Ausweg, wie er Haydn täuschen und anderswo etwas lernen könne, ohne mit einem Lehrer zu brechen, dem er viel Dank und
Respekt schuldete. Durch einen Geistlichen lernte er damals den Komponisten des »Dorfbarbier« kennen, Johann Baptist Schenk, einen gutmütigen, alten Pedanten, der als Lehrer des Kontrapunkts bekannt war.
Zu ihm — der dafür nicht einmal Geld nahm! — trug Beethoven täglich die Studien, die er für Haydn angefertigt, mit allen Fehlern, die
der Meister darin hatte stehen lassen. Statt Haydn korrigierte jetzt
Schenk, und Beethoven übertrug nun wieder die verbesserten Arbeiten
in seine eigene Handschrift, damit Haydn nichts Fremdes darin bemerkte! Beethoven und Schenk verpflichteten sich ehrenwörtlich, diesen
edlen Handel untereinander geheimzuhalten. Es kam auch tatsächlich
nicht heraus, bis ein paar Jahre später jener Geistliche, Gelimek, der
die beiden bekannt gemacht, in Gesellschaft davon zu sprechen begann.
Auf diese Weise erfuhr es dann Haydn, der errötete, aber lächelte.

Er hätte auch niemals böse sein dürfen. Denn er allein war der
Schuldige. Es ist viel darüber geschrieben worden, wie die seltsame
Haltung Haydns gegen Beethoven zu erklären sei. Dabei liegt die
Wahrheit so nahe. Ludwig Nohl hat wohl kaum zur Hälfte recht, wenn
er glaubt, Haydn habe das Interesse an diesem Schüler deshalb verloren, weil der Bonner Kurfürst nicht mehr zahlte. Noch unmöglicher
ist der Verdacht, daß der Alte auf den Jüngeren eifersüchtig gewesen
sei und ihn deshalb musikalisch gleichsam »fehlbehandelt« habe. Das
wäre nicht nur menschlich ehrlos gewesen, sondern hätte zugleich auch
gegen die Regeln des Berufs verstoßen. Daß Haydn Beethoven gefürchtet habe, dafür liegt außerdem nicht der allergeringste Beweis
vor. In seiner engeren Umgebung sprach Haydn von Beethoven mit
einem gewissen Humor. Er verspottete sein Selbstbewußtsein mit einem
gutmütigen Nebenton und nannte ihn den »Großmogul«. In einem
Briefe, der im Januar 1793 aus Bonn an Charlotte von Schiller ging,
schrieb der Professor Fischenich, der tief von Beethovens Genie überzeugt war: »Haydn hat hierher berichtet, er würde ihm große Opern
aufgeben, und bald aufhören müssen zu komponieren.« Professor
Fischenich war naiv, wenn er solch einer Äußerung Haydns traute! Sie
war durch und durch ironisch. Nicht einmal die Erscheinung Mozarts —
des Freundes, den Haydn für einen Gott hielt — würde Haydn dazu
vermocht haben, »mit der Komposition aufzuhören«. Und gerade auf

Beethoven hätte der alte Meister so reagieren sollen? Gewiß, er schätzte ihn, doch in diese Schätzung war ein gutes Stück Humor eingeflochten. Als sich Meister Haydn in London vor dem Schüler Pleyel gefürchtet hatte, war ihm nicht zum Scherzen gewesen. Denn man hatte Pleyel herbeigerufen, öffentlich mit ihm zu kämpfen. Vor Beethoven fürchtete er sich nicht, denn niemand erwartete einen Zweikampf.

Nein, er unterrichtete den jungen Beethoven deshalb so schlecht, weil sein Sinn ganz woanders war. Er hätte damals jeden anderen Schüler ebenfalls schlecht unterrichtet. Bereitete er doch seit dem Frühjahr 1793 eine zweite Reise nach London vor. Das wußte jedermann in Wien — auch Beethoven wußte es.

Hier liegt einer der Hauptgründe, weshalb Beethoven artig und ruhig blieb. Nicht nur, weil ihm die Wiener Gesellschaft etwas anderes nie verziehen hätte; auch nicht, weil er den alten Meister trotz des wertlosen Unterrichts als Komponisten so hoch schätzte wie keinen lebenden Zeitgenossen. Entscheidend war der dritte Grund: Beethoven glaubte ernstlich, Haydn werde ihn als Famulus auf die englische Reise mitnehmen!

Er verrechnete sich in Haydns Instinkt. Begleitete ihn jemand nach London, so konnte es kein Famulus sein, überhaupt kein schaffender Künstler, sondern höchstens ein Diener wie Elßler, der sich um die Pflege des alten Herrn zu kümmern hatte. Ein gesellschaftliches Zusammenleben zwischen Haydn und Beethoven war allenfalls in Wien möglich, wo die zahlreichen Spannungen von der Umgebung aufgefangen wurden, nicht aber in London, in der Fremde, wo diese Gegensätze sofort zu einer Explosion geführt hätten, einer Explosion, die für Haydns Gesundheit sehr bedrohlich hätte werden können.

Denn auf dem Grunde von Beethovens Seele lauerte etwas Gefährliches. Es war ein Mißtrauen gegen die Umwelt, das Verschwörungen witterte — auch dort, wo sie keineswegs bestanden. Beethoven widmete pflichtgemäß seine Klaviersonate Opus 2 Haydn — aber beinahe im selben Atem verbat er es sich mit blindem Zorn, daß man ihn Haydns Schüler nenne. Bei einer späteren Gelegenheit stieß er ärgerlich hervor: »Ich habe von Haydn nichts gelernt!«, womit er gerechterweise freilich nur den Unterricht meinen konnte. Noch früher, bei einem Zusammentreffen bei Lichnowsky, als Beethoven seine erste Klaviersonate spielte, lobte Haydn mit trockener Freundlichkeit die ersten beiden Sätze des Werks. »Aber den dritten«, sagte er, »sollten Sie so nicht veröffentlichen!« Beethoven war verletzt. Er argwöhnte Eifersucht — also etwas, was völlig außerhalb Haydns Natur lag. In Wirklichkeit war Haydn der Meinung, daß das dritte Trio zu schwierig sei, um beim Publikum Anklang zu finden, und er hatte diese Meinung geäußert — aber Beethoven glaubte nicht an die Reinheit von Haydns Motiv. Er warf ihm einen Löwenblick zu und konnte sich lange nicht beruhigen.

Das war die Zeit, da Beethoven mit kleinen, kurzen Erobererschritten durch die Salons zu gehen begann, die Hände hinterm Rücken verschränkt wie der Artilleriehauptmann und spätere Kaiser Bonaparte.

DIE ENGLISCHE REPRISE

Und doch wäre Haydn vielleicht nicht gereist, wenn nicht ein plötzlicher Donnerschlag sein Leben in Wien erschüttert hätte. Am 26. Januar 1793, nur sechs Monate nach seiner Rückkehr, stirbt Marianna Sabina von Genzinger, Mutter von sechs blühenden Kindern, achtunddreißig Jahre alt (also nur drei Jahre älter als Mozart). Wir wissen nicht, an welcher Krankheit. Der vielbeschäftigte »Damendoktor« Peter Leopold von Genzinger — in so viele Tätigkeiten verstrickt, Rektor der Universität Wien, der seine Visiten vormittags auf einem Reitpferd zu machen pflegte — hat seine Frau nicht retten können. Dieser Tod ist für Haydn ein furchtbarer Schlag. Nicht nur, daß er die einzige Freundin einbüßt, die ihm als Künstler und Menschen entspricht: er beginnt auch zu fühlen, was es heißt, jüngere Menschen zu überleben. Nach seinem Wolfgang Amadeus verliert er also seine Marianne; es wird ihm noch öfter widerfahren, auch sein »Stiefsohn« Pietro Polzelli, ein begabter neunzehnjähriger Jüngling, wird sich vor ihm ins Grab legen.

So flüchtet er sich denn in die Arbeit. Das Gerücht, das die Zeitungen über ihn bringen, daß er an einem zweiten Teil von Mozarts »Zauberflöte« arbeitet, ist natürlich Erfindung und Unsinn; doch die geistige Gemeinschaft mit Mozart prägt sich noch stärker als bisher in seinen Orchesterarbeiten aus. Nicht vor dem Sommer dieses Jahres 1793 sendet Salomon den neuen Vertrag, der Meister Haydn abermals verpflichtet, sechs Symphonien für London zu schreiben. Aber diesmal ist er klüger: er schreibt den größten Teil schon in Wien — nicht erst drüben, wo das anstrengende Leben ihm genug zumuten wird.

Er schont sich bereits für die englische Reise. Er geht weniger als sonst in Gesellschaft. Der Mann, der am meisten um ihn ist, ist der junge Pietro Polzelli, Luigias Sohn, dessen Mutter seit kurzem wieder in Italien weilt. Anna Aloysia Haydn erlaubt sogar, daß der Sohn der Verhaßten mit den Haydns zusammen wohnt — was sowohl für ein Friedlicherwerden ihres eigenen Charakters spricht als auch für die Brauchbarkeit dieses liebenswürdigen Hausgenossen.

Mehrere Sommermonate verbrachte Haydn in Eisenstadt. Musikalisch war dort nichts zu leisten. Es war ein reiner Höflichkeitsakt gegen Fürst Anton Esterhazy, von dem er ja sein Gehalt bezog. Auch hatte er den Fürsten langsam auf seine zweite englische Reise vorzubereiten. Und wie die erste wurde auch diese nicht gerne gesehen.

Für die Mitte des Januar 1794 ist diese Reise festgesetzt. Ein paar Wochen zuvor hat Haydn noch ein ehrendes Erlebnis durch einen anderen Aristokraten. Ein Erlebnis, das ihn aufs tiefste berührt, weil es ihn an den Ausgangspunkt des Seins, an die Schwelle der Kindheit zurückführt. Ein Nachkomme des Grafen Harrach, dessen Dienstmann sein Vater gewesen ist, lädt ihn ein, der Enthüllung eines Denksteins — für ihn selber! — beizuwohnen. Ein Monument noch bei Lebzeiten! Und in Rohrau! Es packt ihn tief, die Stätte der Kindheit wiederzusehen, wo er als Knabe »Kuh gespielt« hat. Er möchte am liebsten gleich hinfahren; doch diesmal kommt es nicht dazu, weil er ja vor der englischen Reise keinen freien Tag mehr hat.

Doch nach der Rückkehr, da wird er es tun! Und die Gänse werden herumgehen wie damals, den Hals gereckt, mit saugendem Schritt, und werden von barfüßigen Kindern mit einem Stecken angetrieben. Solch ein Kind ist er selbst gewesen. Scheu blicken die Kinder auf den Herrn, der in der vornehmen Karosse soeben aus Wien gekommen ist. Im Schloß von Rohrau findet ein Fest statt, es werden Reden gehalten, der Fremde liest die Inschrift auf dem Denkstein: »Dem Andenken Joseph Haydns, des unsterblichen Meisters der Tonkunst, dem Ohr und Herz wetteifernd huldigen, gewidmet von Karl Leonhard Graf von Harrach. Im Jahre 1793.« »Das ist zu viel!« stottert der Fremde. Bald darauf sieht man ihn ins Dorf gehen und an einer strohgedeckten Hütte betend niederknien. Es ist das Häuschen, in dem er geboren wurde.

Weniges ist geheimnisvoller als das Phänomen der »Rückkehr«. Es ist immer Rückkehr an einen Ort; in die Zeit kann ja niemand zurückkehren. Die Zeit ist verrauscht, der Ort aber steht. Diesem Vorgang des gewöhnlichen Lebens entspricht in der Musik die Phase der »Rekapitulation«, der »Reprise«. »Was wiederholt wird«, schreibt Kierkegaard, »ist schon gewesen, sonst könnte es nicht wiederholt werden; aber daß das Wiederholte schon gewesen ist, eben das macht die Wie-

derholung zu etwas Neuem.« In der Rekapitulation prägt sich, wie
Günther Anders sagt, die dialektische Tatsache aus, daß die Musik
imstande ist, zugleich vorwärtszugehen und zurückzukehren. Jedes
Dacapo und jede Variation sind der Versuch, etwas festzuhalten, was
nicht festgehalten werden kann. Doch es reizt die Unmöglichkeit dieses Haltens. In der Rekapitulation lebt der Wille, »die Zeit zu besiegen und durch die Musik die Ewigkeit des Gelebten zu statuieren«.

Hinter Haydns zweiter Reise nach England stehen manche halb-
bewußten Dinge: der Ruhm, der ihm so süß geschmeckt hat und den
er drüben vermehren möchte; das Geld, das wichtiger ist als je, seit
dem warnenden Sterben Mozarts. »Auch der Künstler soll ein Vermögen haben.« Aber das dritte ist stärker als alles: es ist der »Geist
der Wiederholung«. Es ist etwas Musikalisches, etwas Kompositions-
technisches, das ihn wieder nach England treibt. Wir sehen, der Meister steht seinem Leben nicht anders gegenüber als dem Durchführungs-
teil seiner Symphonien. *Ein Thema muß wiederholt werden!*

Die Londoner Reprise beginnt mit ein paar Buffo-Takten. Zunächst
auf der Reise jenes Erlebnis, daß Haydn und Elßler an der Grenze
für zwei Töpfer gehalten werden, weil sie ja beide »Ton«-Künstler
sind. Zweiter Auftakt: Haydn hört in Wiesbaden abends im Hotel
das cc-ee-gg-e, ff-dd-hh-g aus der »Symphonie mit dem Paukenschlag«,
in einem entfernten Raum gespielt. Er geht dem Klang nach und findet
dort eine Gruppe von preußischen Offizieren um das Klavier. Er stellt
sich vor, aber niemand will ihm glauben, daß er, der schon bejahrte
Mann, der Komponist dieser kindlich-kräftigen Weise ist. Um seine
Identität zu beweisen, nimmt Haydn schließlich aus einem Koffer einen
Brief König Friedrich Wilhelms II. und zeigt einen Diamantring vor,
der diesen Brief begleitet hat. Jetzt glauben ihm die preußischen Herren
und bestellen Sekt zu seinen Ehren.

In den nächsten Takten tritt das alte englische Hauptthema sogleich
in vollem Glanze auf. Phänomenaler Empfang in London: Salomons
geöffnete Arme — und wie damals muß auch diesmal das erste Konzert verschoben werden. Die alten Freunde umringen ihn: der Böhme
Dussek, die Sängerin Mara, der vortreffliche Komponist William Shield,
der Schiffsbaumeister werden wollte, aber dann doch zur Musik wechselte. (Im Gegensatz zu Beethoven bekannte Shield, er habe noch nie
von jemand so viel gelernt wie von Haydn.) Nein, nicht alle Freunde
sind da. Von Mrs. Schroeter erfahren wir nichts. Der Chirurg John
Hunter ist gestorben und Anne Hunter Witwe geworden. Aber neue
Freunde treten hinzu wie der berühmte Kontrabassist Domenico Dra-

gonetti (italienisch »der kleine Drache«), ein verrückter Sonderling, der sich sein Zimmer, wohin er auch reist, mit mitgebrachten Puppen vollstellt — und Haydn liebt Originale.

Vollkommene Rekapitulation: dieselben Späße des Orchesters über sein Nicht-Englisch-Können. »Practical jokes«, deren Opfer er wird, ohne mit der Wimper zu zucken. Teuer bezahlter Privatunterricht, den er Mitgliedern des Adels und der besseren Gesellschaft erteilt.

»Practical jokes« macht er bereits selbst. Dieses typisch englische Vergnügen, daß man andere auf Bergtouren schickt, aber selbst im Lehnstuhl sitzenbleibt — er kennt sich vorzüglich darin aus. Da ist zum Beispiel Therese Jansen, die deutsch spricht, eine Klaviervirtuosin; er hat ihr drei schöne Sonaten gewidmet, Werke voll dramatischer Kraft. In ihrer Gesellschaft trifft Haydn jetzt öfters einen Violinisten an, der sich rühmt, daß ihm kein Stück zu schwer sei. Darauf schreibt Haydn eine Sonate für Klavier und Violine, betitelt das leichte Stück »Jakobs Traum« und sendet es anonym der Miß Jansen. Dann kommt er »zufällig« dazu, als die Sonate erstmalig geprobt wird. Als die Melodie in die dritte Lage steigt, bemerkt der Geiger: »Ausgezeichnet! Der Mann weiß, was das Instrument hergibt.« Als aber noch immer kein Abstieg erfolgt, vielmehr die Melodie zur fünften, sechsten und siebenten Position klimmt, bekommt der Arme einen Krampf in seinen zusammengedrückten Fingern und den Angstschweiß auf die Stirn. »Aber das ist ja unerhört! Dieser Dilettant versteht nichts! Das soll Violinmusik sein?« Haydn sitzt ungerührt daneben. Erst sechs Monate später kommt alles heraus. Und nun erst wird den Beteiligten klar, was der Titel »Jakobs Traum« bedeutet. Es ist die »Himmelsleiter« gewesen, auf der Haydn den Geiger emporgeschickt hat...

Ja, alles ist ganz so wie damals, die Späße, die Erfolge, das Geld. Auch der laute, nicht endende Beifall in den Konzerten und das Wiederholenmüssen der langsamen Teile der Symphonien. Und natürlich ist nichts wie damals. Das feine Ohr und die feine Seele des Meisters merken die Unterschiede. Die Welt ist zwei Jahre älter geworden, die französische Revolution ist noch nicht zum Stillstand gekommen, sie ist ein Wirbel, der alles ansaugt. Die Welt kann nicht bleiben, wie sie ist, ein ungeheures Bangen ist in der Luft, sogar in England, das hochmütig und sicher gegürtet inmitten seiner Wasser liegt.

Es geschehen die seltsamsten Dinge. Haydn notiert in sein Tagebuch (er führt jetzt wieder ein Tagebuch, in Wien hätte er nicht daran gedacht, irgend etwas aufzuschreiben außer Wäschezettel und Rechnungen): »Im Monath 7ten Sptbr. 794 wolte man an dem könig einen

Meuchelmord begehen. die Haupt Mörderer waren sehr jung. Einer ein Uhrmacher, der andere ein Chymist. man machte eine Arth von Blas Rohr aus welchen ein vergifter kleiner Pfeil den König im Theater tödten sollte. die Verabredung war, gerade unter des Königs loge einen Zank anzufangen, unter welcher die Rohr jeder mit seinem Stock in die höhe haltend, einer den andern zu prügeln drohte, wehrend dem der Erzspitzbub seinen Pfeil an den König abzuschießen willens war. man hat noch zwey andere entdeckt. einer davon ist ein buchhändler. der Uhrmacher heißt la Maitre, vermuthlich ein Franzos, der Chymist Higgins. der Buchhändler nennt sich John Smith, der 4. Upton. der uhrmacher invertirte das Mordgewehr!« (Gemeint ist natürlich: inventierte.)

Das ist keine der Hogarth-Szenen, die sich in London manchmal abspielen — das ist ein Teil des politischen Chaos, in das die Welt abzugleiten droht. Und natürlich stecken Franzosen dahinter! Überall gibt es Jakobiner. Seitdem im Januar 1793 die liebenswürdige Königin und zuvor noch ihr unglücklicher Mann geköpft sind, ist Königsmord ein Exportartikel, den die blutdürstigen Franzosen in die ganze Welt bringen möchten. Anders als sein Schüler Beethoven, haßt Haydn, der alte Konservative, die Revolution von ganzem Herzen.

Was soll nun werden? Als ob sie nicht schon genug Feinde hätten, haben am 1. Februar 1793 die Franzosen England den Krieg erklärt. Es ist nicht viel mehr als ein Seekrieg. Was aber, wenn Österreich und Preußen den Pariser Drachen nicht bändigen können? Dann wird England ein Landheer ausheben und auf dem Kontinent kämpfen müssen — ach, wie ungern wird England das tun! Die Stärke der Franzosen ist furchtbar. Obwohl sie sich selber auffressen und obwohl die gestrigen Freunde einander heut auf die Guillotine schicken, wachsen immer neue Häupter des Schreckens nach. England und London sind von Flüchtlingen überströmt, deren Erzählungen das Blut in den Adern gefrieren machen. Was soll nur werden? Eine tragische Unsicherheit, ein Frösteln befällt alle Herzen und Dinge. Vor allem spüren es Kunst und Künstler.

Nie hatten Haydns Werke einen so wehen und so ernsten Ton wie seine vorahnend schon in Wien geschriebenen letzten sechs englischen Symphonien. Sie sind anders als die ersten sechs; als Kunstwerke viel vollendeter, unterscheiden sie sich von jenen durch ihre feine Traurigkeit — eine transparente Traurigkeit, die ihren oft geisterhaft schnellen Rhythmen angehaucht ist. Abschieds-Stimmung! Abschied wovon? Bestimmt kein Abschied vom eigenen Leben, denn Haydns Kraft ist ungebrochen. Es sind noch oft genug die alten, übermütigen Rhythmen, die der Meister ins Publikum schleudert: er erfindet Orchestrationswitze wie zum Beispiel in Nr. 102 B-dur, wo er — höchst originell! — einer seiner Primadonnen, nämlich der ersten Violine, einen solchen Stoß versetzt, daß sie in der Partitur buchstäblich zu stottern beginnt. Sie versucht das Hauptthema zu wiederholen, aber sie bringt es immer nur zu den ersten stammelnden Noten.

Nachdem sich Haydn doch mit allen Instrumenten Späße erlaubt hatte, war dieser Witz schon ein halbes Jahrhundert fällig, doch das Parodistische wird in seinen letzten sechs Symphonien immer seltener. Der Spaß macht fühlbar einem fröstelnden Ernst Platz; der aber liegt nicht in den Themen, sondern eher in der Orchestration und vor allem in einer neuen Harmonik. Es ist die Harmonik der Romantik, die Haydn hier vorausfühlt.

Die romantische Harmonik verdankte — wenigstens zum Teil! — ihre Geburt dem wehmütigen Gefühl einer großen Unsicherheit: »Das, was wir für gesichert hielten, wird nicht von dauerndem Bestand sein!« Solch ein Gefühl war gerade dem 18. Jahrhundert ganz fremd. Es war ein sicheres Jahrhundert; mochte diese Sicherheit dem Erlebnis der »Vernunft« entspringen, dem »Glauben an die Menschlichkeit«, an den Fortschritt wie bei Josef II., an ein positives Christentum wie bei Johann Sebastian Bach, an Gottes Güte wie bei Gellert. So sprachen auch Haydns Harmonien immer ein großes »Ja und Amen!«, niemals ein Nein und niemals Zweifel. Das wird jetzt anders. Ehe der ganz alte Haydn in den Oratorien »Die Schöpfung« und »Die Jahreszeiten« wieder zum Positivismus zurückfindet, schreibt er diese merkwürdigen »Symphonien des Übergangs«, Nr. 99 bis 104, die letzten seiner Symphonien. Ihre Themen sind freilich nicht angekränkelt, auch sie sind lebenskräftigster Haydn; aber das wehe Irisieren ihrer Harmonik straft sie Lügen — und das macht sie so unglaublich modern.

»Unglaublich modern« ist der richtige Ausdruck. Wenn man zum Beispiel auf einer Platte den langsamen Satz der Symphonie Nr. 103 (Mit dem Paukenwirbel) spielt, kann man Unerfahrene staunen machen: »Ist das von Brahms, ist es Mendelssohn oder ein unbekannter Mahler?« Denn diese Synthese von einem Volkslied und einem gedämpft hinstelzenden Marsch, mit ihrer sich selbst aufhebenden Plumpheit, ist von so fremdartiger Harmonik und neuer Instrumentierung durchtränkt, daß sie wie spätromantische oder neuromantische Musik klingt. Der ganze Satzbau ist verdunkelt von jener merkwürdigen Scham, mit der moderne Tonsetzer — der sogenannte »Brahms-Effekt«! — sich wohlbekannten Volksliedern nähern. Wirklich, niemand kann annehmen, ein Sohn des 18. Jahrhunderts habe diese Musik geschrieben — bis eine leicht pedantische Geste, vielleicht ein zu langes Festhalten am Thema, die erstaunliche Wahrheit enthüllt, daß auch dieses Meisterwerk von Joseph Haydn geschaffen wurde, dem Vater der modernen Musik.

Als 1869 Richard Wagner den »Siegfried« schrieb, befand er sich in schwerer Krise. Cosima Bülow war bei ihm, sie lebten in der Schweiz und warteten mit tiefer Angst, ob sich der Gatte, Hans von Bülow, von ihr scheiden lassen würde... Der berufliche und seelische Kampf ging fast über die Kräfte der beiden. »Raten Sie«, schrieb damals Cosima an eine Freundin in der Ferne, »wie der Meister und ich die letzten Abende verbracht haben! Wir haben Haydns Symphonien vierhändig gespielt, und zwar — wollen Sie es glauben! — mit außerordentlichem Eifer. Wir wählten die englischen Symphonien, die Haydn nach Mozarts Tod geschrieben; ihr musikalischer Aufbau ist von wunderbarer Sorgfalt und Feinheit.«

Von wunderbarer Sorgfalt und Feinheit! Wo war nun der »fürstliche Bediente, dessen Friede bis ins Alter nicht getrübt worden war« — der Mann, an dessen Andenken Wagner mit Worten gefrevelt hatte? In diesen Schicksalsmomenten Wagners enthüllte Haydn sich als Tröster. Aber auch als Bahnbrecher! Ein neuer Fund bleibt ja immer ein Fund: Das romantische Hornfinale, das von den Trompeten abgelöst wird, das fast schamlose Strömen der Blasinstrumente in Haydns »Symphonie mit dem Paukenwirbel« mußte Wagner sympathisch berühren. Und Haydns Pianissimo! War Haydn nicht eigentlich der Erfinder dieser atemlosen Stille, die Wagner später meisterte? Die dynamischen Gegensätze — Gegensätze ist viel zu wenig: denn »leise« und »laut« sind verschiedene Welten! — wo treten sie vor Beethoven und Wagner noch mit so »intimer Intensität« auf wie in Haydns Londoner Symphonien? Da ist dieser scheinbar einfache, in Wirklichkeit unerhörte Einfall im Vivace der Symphonie »Die Uhr« (Nr. 101), wo zwei Themen in doppeltem Kontrapunkt vierzig Pianissimo-Takte lang nebeneinander dahinjagen:

bevor sie, nach einem rapiden Crescendo, auf den Glanz des vollen
Orchesters treffen, das sie mit rauschendem Enthusiasmus auf seine
starken Schultern lädt. Aber dann: eine bestürzte Stille. Einen Herz-
schlag lang. Noch einmal versucht das Hauptthema in der Tonika sich
aufs Pedal zu schwingen. Es gelingt. Rasch noch ein aufheiterndes
Tutti — doch die Heiterkeit ist nicht mehr ganz echt —, und dann ist
jäh alles vorbei.

Das Klavier konnte diese Wunderfarben, diese Lichtwechsel, diese
Unruhe des Orchesters nicht völlig enthüllen — trotzdem zeigte es den
beiden genug! Es ist klar, daß Cosima und Wagner die Wartezeit, in
der es um ihr Schicksal ging, mit nichts Spielerisch-Unwürdigem ver-
kürzen konnten, sondern nur mit höchster Kunst. Zweifellos war auch
gerade Haydn, wie die spätere Grabinschrift ihn rühmte, ein »*Mulcendi
Pectora Primus*«, ein »Erster Besänftiger unserer Brust«. Aber daß
Richard und Cosima nicht die früheren Symphonien mit ihrem heite-
ren Ja zur Welt spielten, das hatte seinen Grund sicher darin, daß
Haydns letzte Symphonien unter ihrer scheinbaren Ruhe von einer tiefen Unruhe sind: Die richtige Dosis für Nervöse.

Auffallend an ihnen ist sein Wissen um die Wirkung der Perkus-
sionsinstrumente. Da ist Symphonie Nr. 103, beginnend mit jenem bei-
spiellos kühnen, ungedeckt einsetzenden Paukenwirbel, der dem Werk
seinen Namen gab (Symphonie mit dem Paukenwirbel). Dem Paukenwirbel folgt sehr leise ein geheimnisvolles Unisono der Fagotte, Celli
und Kontrabässe... Generalpausen setzen ein, die etwas von »tönen-
dem Schweigen« haben und die bereits so mysteriös sind wie etwa die
Generalpause zu Beginn der Ouvertüre von Wagners »Fliegendem
Holländer«... »Beethovens Zeitgenossen«, schreibt Tovey (und meint
die romantischen Verehrer wie Schumann und Hector Berlioz), »muß
die Dunkelheit von Haydns Einleitungsthema entgangen sein:

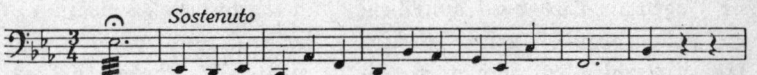

wenn sie Beethovens Genius mehr Exzentrizität zuschrieben als dem
genialen Anfangssatz von Haydns Symphonie Nr. 103.« In der Tat,
wo war hier der Humorist, der liebenswürdige Plauderer? »Die Hand
des Schicksals am Wägebalken« mag man diese Einleitung nennen.
Wirklich, das Schicksal des Menschen ist aus dem Zentrum des Herzens

weggerückt und aus der Sphäre privaten Erlebens: es ist der Politik anvertraut, den Armeen, dem »Zeitalter der Trommel«.

Bekanntlich ist die Pauke kein grobes, sondern im Gegenteil ein sehr empfindlich-nervöses Instrument. Es gibt nichts Geisterhafteres als die leisen Paukenschläge in Haydns »Missa in tempore belli«, der sogenannten Pauken-Messe, die er 1797 schrieb, als die französischen Armeen sich auf die Steiermark zu bewegten. Das Wesen des Trommelklangs besteht darin, daß er sowohl Mut wie Angst ausdrückt: Mut derer, für die getrommelt wird, und die Angst derer, die sich bedroht fühlen. Auf dieser Doppeldeutigkeit, die schon den wilden Völkern bekannt war, beruht die schicksalhafte Wirkung aller Perkussions-Musik.

Der Gipfel neuartiger Orchestration und nervöser Schicksalswirkung wird in der Symphonie erreicht, die die bedeutungsvolle Ziffer 100 führt, der »Militär-Symphonie«. Sie hat teilweise »türkische Besetzung« (wenn auch niemals Alla-Turca-Melismen wie Mozarts bekannter »Türkischer Marsch«): Die große Trommel wird hier abwechselnd mit großem und kleinem Schlegel gespielt. Der große gibt die Grundakzente, während der kleine einen trottenden Rhythmus beisteuert. Die Zimbeln fallen mit dem Takt der großen Schlegellaute zusammen, das Triangel macht sich teils selbständig, teils ordnet es sich dem trottenden Rhythmus, dem Klopflaut des kleinen Schlegels ein. (Noch viele Jahrzehnte später bewunderte Sir George Smart, der Freund Webers und Mendelssohns, Haydns Kenntnis der Schlagzeugmusik.) Merkwürdig: die Militär-Symphonie enthält keinen Marsch, wie ihn Beethoven etwa in den Schlußsatz seiner 7. Symphonie hineinschrieb. Zwischen Haydns Militärsymphonie und den Beethovenschen Geschwindmärschen steht das Beethovensche Erlebnis der französischen Revolutionsmusik, deren Anhänger er war: des »élan terrible« der Komponisten Gossec, Méhul und Catel. Haydns Militärsymphonie ist im Gegensatz dazu nicht hinreißend, nicht anstürmend, sondern von irisierender und oft geisterhaft-kühler Zartheit. Auch mit dem mittäglich strahlenden, berühmten Militärmarsch von Schubert hat das Haydnsche Werk nichts gemein. Nur wo Schubert im Trio traurig wird, erinnert er sich für ein paar Takte der Melancholie des älteren Meisters.

Das Allegro beginnt mit einem Thema, das so typisch haydnisch ist, daß wir vergessen könnten, wie Tovey sagt, »daß in der gesamten klassischen Musik kein erster Symphoniesatz mit einer derartigen Originalität beginnt«:

Das Militärische liegt nicht im Rhythmus, sondern in der Instrumentation, wenn eine Flöte und zwei Oboen das unbegleitete Thema einführen. Auch wo das Allegro sehr heiter wird, ist die Fröhlichkeit nicht ganz echt; sie hat etwas Unwirkliches, etwas Surrealistisches, als meine der Komponist etwas anderes... Im Allegretto treten nunmehr Triangel, Zimbeln, Kesselpauke und scharfe Klarinette hinzu, doch noch immer kommt es zu keinem Marsch! Die Melodie des Hauptthemas hat eher das Wesen einer Erzählung:

Das Thema ist ein alter Bekannter, Haydn hat oft mit ihm geliebäugelt und es bereits beträchtlich früher in einem Leier-Konzert gebraucht. Vor allem in jener Symphonie Nr. 85, die, »La Reine« betitelt, von Marie Antoinette geliebt wurde. »La gentille et jeune Lisette«: es ist eine jener Romanzen, wie Soldaten sie gerne singen. Die meisten Allegretti sind »munter«, und Soldaten sind es erst recht. Wie aber kommt es, daß die Melodie — weniger durch Variationen als durch Harmonik und Orchestration — jede Munterkeit verliert und immer ernster, zögernder wird? Ein bitterer, herbstlicher Geruch steigt über der Musiklandschaft auf. Eben ist es noch Sommer gewesen — da, fast ohne jeden Übergang, stürzt die Welt der Romanze ein: ein siebentaktiges Trompetensignal — zehn Jahre später wird sich Beethoven in der Leonoren-Ouvertüre an dieses Trompetensignal erinnern! — setzt ein, nackt, ohne jede Begleitung, dem anschwellend vom Pianissimo bis zum Fortissimo ein Wirbel der Kesselpauken folgt. Es gibt noch heute nichts Einfacheres und dabei Wirkungsvolleres. Das wirklich Geniale ist nun der Schluß: Das gesamte Orchester stürzt sich in dieses Fortissimo hinein und nimmt damit — fünfundzwanzig Jahre vor

Weber — den Haupteffekt der Freischütz-Ouvertüre vorweg. Der
frühere Haydn wäre jetzt fröhlich zu den positiven Anfangstakten seiner Romanze zurückgekehrt. Aber der ältere Haydn weiß: Das Ver-
gangene ist unwiederbringlich, von dem schönen 18. Jahrhundert muß
geschieden werden. So gleicht er einem Manne, der bedauernd und
fröstelnd die Kulissen von der Bühne trägt:

Die diskrete Schicksalswehmut dieser Takte ist unüberbietbar. Denn
ein neues Stück soll gespielt werden. Ein Weltspektakel, dessen Re-
gisseur Bonaparte heißen wird.

Die Uraufführung der Militärsymphonie fand am 4. Mai 1795 statt.
Salomon dirigierte, wie meistens, und Haydn begleitete am Klavier.
Auch diesmal wurde die Symphonie barbarisch in zwei Teile zerrissen.
Der erste Satz wurde allein gespielt. Ihm folgte zunächst Gesang, dann
ein Oboe-Konzert von Ferlendis, dann Haydns Symphonie Nr. 104 —
und nach der großen Pause erst der Rest der Militärsymphonie. Haydn
hatte sich schon an diese Barbareien gewöhnt. Er notierte recht weltlich in sein Diarium: »Die ganze Gesellschaft war äußerst vergnügt
und auch ich. Ich nahm diesen Abend 4000 Gulden ein. So etwas kann
man nur in England machen.« Er wußte, als er dies schrieb, noch nicht,
daß ihm die Wiener Uraufführung der »Schöpfung« die Riesensumme
von 9000 Gulden einbringen würde.

Unter der auserlesenen Gesellschaft dieses Haydnschen Benefizkon-
zerts befand sich auch der Prinz von Wales. Noch viel stärker als vor
drei Jahren schloß er sich Haydn an. Eine Zeitlang sah er ihn fast
täglich. Eine seltsame Kumpanei; um hier nicht auszugleiten, mußte
man wohl ein Auge zudrücken oder auch — was Haydn war — ein
gelernter Hofmann sein. Denn es gab keine verschiedeneren Menschen.

DIE »WIRTSCHAFT ZUM LUSTIGEN PRINZEN«

Der spätere Georg IV. war, wie Thackeray erzählt, ein Geck, der
»100 000 Pfund Sterling pro Jahr für die Röcke auf seinem Rücken

ausgab« und seinen Eintritt in die Gesellschaft damit vollzogen hatte, »daß er eine neue Schuhschnalle erfand. Einen Zoll lang und fünf Zoll breit, die Innenseite des Schuhs bedeckend und drüber hinaus bis zum Fußboden reichend. Eine prächtige Erfindung! So liebenswürdig und nützlich für England wie der Prinz, an dessen Fuß sie glänzte.« Seine Schulden, sein Trinken und sein Spielen waren das tägliche Gespräch in der englischen Gesellschaft. »Prinney«, wie er genannt wurde, hatte zwei wirkliche Leidenschaften: die für seine heimlich getraute katholische Gattin Maria Fitzherbert, deren Bild, in Diamanten gefaßt, er an seinem Halse trug, mit der er sich aber niemals in der Öffentlichkeit zeigen durfte — oder er wäre des Throns verlustig gegangen — und die Leidenschaft für die Musik. Als Cellospieler trat er häufig in Gesellschaftskonzerten auf. Aber wie er seiner Frau nicht treu war, so war er auch der Musik nicht treu. Er vergaß, daß die Musiker Menschen waren, die, um zu singen, auch leben mußten. So blieb er ihnen den Lohn schuldig. Nicht weniger als sechsundzwanzig Konzerte dirigierte Haydn in der Wohnung des Prinzen, in Carlton-House. Ihn dafür zu entschädigen, war der Kronerbe zu »vergeßlich«. Oder glaubte er, daß Essen, Trinken und gesellschaftlicher Verkehr die Konzerte abgegolten habe? Haydn hatte später aus Wien eine Rechnung einzusenden — nicht mehr als dreihundert Guineen. Die wurden denn auch prompt bezahlt.

Der Prinz hätte diese Bettelsumme auch schon früher zahlen können. Wie das englische Parlament feststellte, betrug die Gesamtschuld des Thronerben ganze 642 890 Pfund! Der Skandal über die Art und Weise, wie der Prinz seine Schulden zahlte, war aber größer als sie selbst. Es ging nur so, daß er, der heimlich Verheiratete, eine reiche offizielle Ehe mit einer Fürstentochter einging. Wie der Volkswitz es ausdrückte:

Der König sprach zu seinem Sohn:
»Ihr seid in tiefen Schulden, Herr!
Heiratet Ihr nicht bald und reich,
Leiht keiner Euch 'nen Gulden mehr!
Drum auf nach Deutschland! Rasch gefreit
'ne guldenschwere Fürstenmaid...«

Diese unglückliche Braut und Kusine war Caroline, die Braunschweigerin. Ohne eine Ahnung von den Verhältnissen in London zu haben, kam sie an den englischen Hof. Leider hatte »Prinney« sich die Braut nicht selbst drüben ausgesucht; so sah er sie drei Tage vor der Heirat zum erstenmal. Es war fast Nacht. Doch das schwache Kerzenlicht genügte, um den Prinzen erkennen zu lassen, daß seine Erwählte häßlich war. Er lehnte sich an einen Pfeiler. Er stöhnte: »Harris, mir ist nicht wohl! Bitte bring' mir ein Glas Brandy!«

Ja, Brandy. Es wurde zu viel getrunken. Vom Prinzen sowohl wie von seiner Umgebung. Es gab kaum eine Gelegenheit, bei welcher nicht getrunken wurde. Dieser »erste Gentleman Europas« war Chef des fashionabelsten Reiterregiments der Erde: der Zehnten Husaren. Obwohl er zu Pferde bereits keine gute Figur mehr machte (»Ich finde ihn wirklich etwas fett«, hatte Caroline gemurmelt, als sie ihn das erstemal sah), liebte er es doch, mit den Zehnten Husaren persönlich von London nach Brighton zu reiten, wo er sein »Feldlager« besaß, das im Volksmund aber nur die »Wirtschaft zum Lustigen Prinzen« hieß. Der Rückweg fiel ihm dann allerdings schwer. Denn in Brighton trank er noch mehr als in London. Er hatte dort der Maria Fitzherbert einen Liebessitz gebaut mit vier unterirdischen Kellern, einem »Ale- und Bierkeller, Weinfässer- und Flaschenkeller«. Dort feierte er seine Trinkfeste mit Lord Edward Somerset, mit den Söhnen des Herzogs von Rutland und Beau Brummel, dem jungen Elegant, dessen Röcke, Hüte, Snobismen noch berühmter werden sollten als die des »ersten Gentleman«.

Die Regimentskapelle der Zehnten Husaren gab den Grundstock der Musikkapelle ab, die der Prinz privat unterhielt. Sie bestand aus vierunddreißig Spielern: aus acht Klarinetten, zwei Oboen, drei Flöten, vier Fagotten, drei Feldschlangen, vier Posaunen, vier Hörnern, vier Trompeten und zwei Pauken. Es gab viele deutsche Namen dabei. Adam Carse, der die Geschichte dieser Kapelle geschrieben hat, erwähnt Griesbach, Albrecht, Schneider und Waetzig, Behrens, Spellenberg, Michel und Krone. Vielleicht war das ein Grund, weshalb Haydn mit dieser Kapelle gern konzertierte. Er hat zwei Märsche für sie geschrieben, die erhalten sind. Die Zehnten Husaren machten zuweilen auch Katzenmusik. Wie uns Connely erzählt hat, »pflegten ältere Damen die Stadt zu verlassen, wenn der Prinz und seine Leute ankamen«.

Manchmal kamen lockere Damen aus London zu diesen Festen mit, was eine Zeitung veranlaßte, das Brightoner Leben des Kronerben mit der französischen Überschrift »Vivent l'Amour et Bacchus!« zu versehen. Natürlich konnte nicht ohne weiteres jede ordinäre Trompeterkehle an solchen Gelagen teilnehmen. Haydn aber war gern gesehen. Die Karten rührte er zwar nicht an, wie er Michael Prinster später erzählt hat, doch als Burgenländer vermochte er einen guten Zug zu tun. Das Bowlenrezept des Prinzen von Wales hatte er sich vorher schon in seiner köstlichen Orthographie abgeschrieben. Nun wurde es ihm zum Erlebnis: »1 Buttl Champagner 1 Buttl Borgogne 1 Buttl Rum 10 Citronen 2 Pomeranc. 1½ Pf. Zucker.« Es schmeckte gut. Lärmend feierte der im stillen verzweifelte Hausherr — der für Haydn, wie immer, Prinz Wallis hieß — seinen Abschied vom Junggesellenleben. Kaum eine Flasche blieb unzertrümmert.

Um den Übergang schmerzloser zu gestalten, nahm der Prinz rasch noch eine neue Geliebte. »Jersey ist der Nahme der neuen Maitresse des Prince of wallis so sagt man relata refero«, notiert Haydn in sein Tagebuch, und gleich daneben noch vergnügt die neueste Cochonnerie, wie man in London den Zustand beurteilt: »Die Einfahrt zur Jersey oder die Ehescheidung nach der Mode...«

Am Mittwoch, dem 8. April 1795, wurde Caroline von Braunschweig denn also mit dem Prinzen getraut. Schon ein paar Monate vorher hatten drei Komponisten gestritten, wer im Königspalast von St. James die Zeremonien leiten solle: Samuel Arnold, Thomas Dupuis oder Dr. William Parsons. Haydn gab einen weisen Rat, der zunächst alle ärgerte, der aber dann befolgt wurde. Bei der Trauung wurde nur Händel gespielt. Aber zu einem neuen Text, der

> Happy, happy, happy,
> Happy shalt thou be
>
> (Glücklich, glücklich, glücklich,
> Glücklich sollst du sein)

lautete. Caroline, hinter vier Hofdamen, kam am Arm des Herzogs von Clarence herein, ganz in Silber, mit einem Purpurmantel. Der Prinz hingegen sah fürchterlich aus. Als er sich erheben wollte, vermochte er es nicht. Die Herzöge von Roxburghe und Bedford mußten ihn stützen. Der König half nach. Fest und bestimmt sprach Caroline das verhängnisvolle Jawort aus, der Prinz das seine aber so leise, daß nicht einmal der Erzbischof von Canterbury ihn hören konnte: er sah ihm fragend ins Gesicht. Da mischte sich der Himmel ein. Unter Blitz und Donnerkrach und einem wahnwitzigen Wolkenbruch ging die Zeremonie zu Ende. Draußen tobte das Wetter, drinnen rasten Händels Akkorde. Betäubt von diesem bösen Omen kamen die Neuvermählten nach Hause.

Zwei Abende später weilte Haydn im Covent-Garden-Theater, wo man zur Feier der prinzlichen Hochzeit ein Spektakelstück aufführte, »Windsor Castle«. Wer war der Verfasser? Salomon. Und wer schrieb die Ouvertüre? Haydn.

Wieder einen Tag später, am 11. April, gab die Prinzessin die erste Gesellschaft: Haydn war dabei Ehrengast. Auch Salomon war mitgekommen. »Es wurde eine alte Sinfonie von mir gegeben«, notiert der Meister, »welche ich am Klavier akkompagnierte, nachher ein Quartett; hierauf mußte ich deutsche und englische« (!) »Lieder singen. Die Prinzessin sang auch mit mir; sie spielte ein Konzert auf dem Pianoforte ziemlich gut.« Haydn verschweigt, daß auch der Prinz sang. Nach George Crolys Aufzeichnungen hatte er eine gute Baßstimme. Doch sie war damals schon durch das Trinken verdorben. Während der ganzen Festlichkeit zeichnete die Prinzessin Haydn ganz besonders aus. Vielleicht flüchtete sie zu ihm, weil sie ein schreckliches Englisch sprach. Vielleicht war sie von ihm so bezaubert wie ihre Schwägerin aus Berlin, die Herzogin Fridericia von York. Denn wo Haydn war, da war Ruhe. Väterlich strahlend, im roten Rock, sah sein Bild von der Wand herab, das John Hoppner gemalt hatte. Die Gäste verließen denn auch das Fest mit einem trügerisch guten Gefühl. Einstweilen schien Friede in Carlton-House. Der große Krieg zwischen den Ehegatten begann erst nach Haydns Abreise, als eine Bande betrunkener Freunde mit kotigen Reitstiefeln nachts die Sofas des Prinzen zu verunzieren begann. Die arme Prinzessin glaubte, sich in einem Wirtshaus zu befinden — und fünfundzwanzig Jahre später, als ihr Gatte zum König gekrönt wurde, mußte sie, verlacht und verhöhnt, erkennen, daß ihr nicht einmal dieses Wirtshaus gehört hatte!

DIE UNTERBROCHENE KANTATE

Weit häufiger als vor drei Jahren wurde Haydn jetzt in den Häusern des britischen Hochadels eingeladen. Dabei kamen Dinge zu seinen Ohren, die gar nicht für ihn bestimmt waren. Charles Barrister traf unsern Meister einmal bei Lord Abingdon, wie dieser ihm den Unterschied zwischen »Krone« und »König« klarmachen wollte: »Allegiance is due to the Crown and only through the Crown to the King« (Wir Engländer schulden der Krone Treue, und erst jenseits von ihr der Person des Königs). Als Haydn das nicht gleich verstand, habe der Lord eine wegwerfende Handbewegung daran geknüpft, die aber nicht Haydn gegolten habe.

Seit wann jedoch interessierte sich Haydn für solche staatsrechtlichen Fragen, und wer war Lord Abingdon? Die Handbücher der Musikgeschichte erwähnen ihn entweder gar nicht oder als vornehmen Dilettanten, der in London die Flöte spielte und Haupt einer Konzertgesellschaft war. Das stimmt. Und im ersten Tagebuch macht Haydn, der ihn »Avington« schreibt, sich ein wenig über ihn lustig. Aber in seinem Hauptberuf war der Lord doch eine andere Figur.

Bertie Willoughby, Lord Norreys, der vierte Earl of Abingdon, war Mitglied des englischen Hochadels, sehr reich, ein Politiker, der begonnen hatte, die Lage Englands mit sorgenvollem Blick zu betrachten. Die französische Drohung wuchs ständig. Der Hof lebte in den Tag hinein. Wenigstens hatte man nicht das Gefühl, daß dort, wo seit einigen Generationen eine deutsche Familie herrschte, die sich immer wieder aus Deutschland ergänzte, stets sehr britisch gedacht werde. Die etwas wegwerfende Handbewegung, von der Charles Barrister berichtet, konnte möglicherweise bedeuten: »Unser König hat es gut. Er kann ja auch als deutscher Reichsfürst und Kurfürst in Hannover leben. Wir Engländer haben es weniger gut...«

Der Graf von Abingdon hatte seinen Stammsitz in der Nähe von Oxford. Dort lag eine uralte Abtei, deren berühmtester Bewohner der heilige Edmund gewesen war (1170–1240). Als zweitberühmtesten Abingdoner bezeichnete der Graf gern sich selbst. Er hatte in dem anliegenden Städtchen das ziemlich wesenlose Amt des »High Steward of the Borough« inne, auf das er sich viel zugute tat. Doch vor allem hatte er in diesem Jahr 1794 ein Regiment auf die Beine gestellt, die »Abingdon Independent Cavallery«, das die Franzosen, wenn es darauf ankam, schon ins Wasser werfen würde.

Nun, Haydn war kein Kavallerist, und seit dem Jünglingsabenteuer als Morzinscher Kapellmeister hatte er kein Pferd mehr bestiegen. Doch war er ein großer Komponist; und die Zustände in Frankreich bedenkend, wo alle Komponisten von Rang in die Linie der Revolution eingeschwenkt waren, beschloß jetzt der Lord, Haydn »für die englische Sache zu gewinnen«.

Ob er ihn auf seinen Landsitz mitnahm, wissen wir nicht. Überliefert ist, daß er ihm mehrfach vorstellte, es sei jetzt hohe Zeit für ihn, ein »politisches Oratorium« zu schreiben. Das Gerücht in Londoner Zirkeln, »Haydn werde jetzt Engländer werden«, — natürlich ein falsches Gerücht — hängt mit dieser Geschichte zusammen. Aus den Gesprächen mit dem Lord wurde schließlich ein fester Auftrag. Wie die Haydn-Biographik meint, habe es sich darum gehandelt, ein Buch von John Seldon zu komponieren: »Mare Clausum« (Das geschlossene Meer).

Nun, ein Dichter John Seldon hat nie gelebt. Gemeint ist vielmehr Joannes Selden, ein berühmter Staatsmann und Kronjurist der spätelisabethanischen Zeit. Sein Buch war also keine Dichtung, es war ein politischer Traktat, eine Art von »State Paper«, das die englische Regierung als Gegenschrift gegen das »Mare Liberum« (Das freie Meer) des Holländers Hugo Grotius bestellt hatte.

Der Holländer hatte behauptet, was eigentlich jeder vernünftige Mensch, wenn er nicht gerade Engländer war, auch ohne jede Beweisführung glaubte: daß das Meer allen Völkern gehöre. Selden aber bewies der Bibel, daß sich das nicht so verhalte. Wenn der Mensch zum Beispiel die Herrschaft über das Reich der Fische besitze, so besäße er damit zwar auch die Herrschaft über das Wasser. Die größte Fischerflotte aber — und nach Sidon, der biblischen Stadt, besaß England zufällig die größte — habe mehr Recht am Meer als die kleinen Staaten und ihre Fischer.

Haydn mochte staunend zuhören, was der hochmögende Earl ihm sagte. Noch erstaunter wird er gehört haben, was Joannes Selden im zweiten Buch seines Werks schrieb. Es sei irrig, hatte Selden gesagt, daß nur gerade die »feste« Erde fähig sei, »besessen zu werden«, und daß das Meer ungeeignet zum Besitz sei. Denn es gebe doch überhaupt nichts Festes! Alles fließe — wie jeder bereits beim menschlichen Körper bemerken könne: »Nemo est mane qui fuit pridie. Corpora nostra rapiuntur fluminum more.« (Keiner ist heut, was er gestern war, und der Körper des Menschen verändert sich jäh nach der Art alles Fließenden.) Für Latein hatte Haydn aus seiner Sängerknabenzeit eine Schwäche — und solch ein Beweis ex negativo mochte ihm sogar einleuchten.

Aber es war ja kein Buch vorhanden, das er hätte komponieren können! Denn das Seldensche »Mare Clausum« war ein politischer Traktat — und Richard Strauß noch nicht geboren, der später die Worte gesprochen haben soll: »Der Tag ist nicht mehr fern, da man das Eßbesteck auf dem Tisch wird komponieren können, und zwar so deutlich, daß man das Messer von der Gabel getrennt hören wird.« (Natürlich hat er das nie gesagt.)

Da der Graf also nicht verlangen konnte, daß Haydn Seldens Traktat komponiere, gab er ihm — ja, was gab er ihm? Die poetische Vorrede, die »jüngst ein zeitgenössischer Dichter M. Needham zu Seldens

Werk geschrieben hatte«. Unglücklicherweise aber hat auch dieser
M. Needham nie existiert. Es handelt sich um Marchmont Nedham,
einen Juristen und Philosophen, der noch zu Seldens Lebzeiten das
»Mare Clausum« aus dem Latein ins Englische übersetzt hatte. Aus
Nedhams Vorrede in Versen sollte Haydn eine Kantate machen — oder
ein kleines Oratorium —, zunächst einmal achtundvierzig Zeilen, denen
dann aber der Schluß des Traktats, ebenfalls vierundzwanzig Verse,
hätte angefügt werden sollen.

Die Arbeit, die ihm vorgelegt wurde, hieß »Neptune to the Com-
monwealth of England« oder »Neptun fleht das englische Reich an«
(also nicht, wie immer falsch zitiert wird: »Die Anrufung Neptuns
durch England«). Es war ein Stück sprachlich schweren Barocks, an das
Haydn da geriet. Die Worte waren weiträumig, das heißt, ein jedes
war geladen mit Bildkraft und geistiger Bedeutung. Das brauchte ihn
an sich nicht zu schrecken. Denn selbstverständlich war Haydn von der
katholischen Messe her gewohnt, auch Abstraktes zu komponieren.

Die erste Strophe lautete:

> Of thee, Great State, the God of Waves
> In equal wrongs, assistance craves:
> Defend thyself and me!
> For if o'er seas there be no sway
> My Godhead clean is tane away
> The sceptre plucked from thee!,

was man ihm so verdeutscht haben mag:

> Erhabner Staat! Ich Wogengeist
> Fleh dich um Hilfe an: verwaist,
> Verloren ohne dich!
> Führst du das Szepter nicht im Haus,
> Mit meiner Gottheit wär' es aus —
> Errette dich und mich!

Diese Strophe überschlug Haydn, um sie später zu komponieren, und
machte sich gleich an die zweite: »Nor can I think my suit is vain«
(Nicht glaub' ich, daß mein Anspruch eitel ist), um eine würdige Baß-
Arie zu schreiben. Auch die dritte komponierte er: »Thy great endea-
vours to increase« (Dein Handeln stammt aus großem Plan) für Solo,
Chor und großes Orchester. Dann aber mußte er abbrechen, denn der

Text verlor sich völlig an politische Terminologie. Wie sollte man Begriffe und Worte wie »Souveränität« komponieren, »See-Dominium«, »Flottenmacht«, »nordwestliche Entdeckungen«, das Verhältnis Englands zu Spanien und die politische Lage Venedigs in adäquaten Tönen ausdrücken?

So gab denn Haydn die Arbeit auf, die ihm bereits bezahlt worden war, und der Graf war vermutlich sehr böse und schalt ihn einen Undankbaren. Aber was hätte er tun sollen? In einer Sprache zu komponieren, die er nicht durchgängig verstand, hätte ihm nichts ausgemacht; sein Instinkt für Lautwerte war so stark, daß er in den schottisch-walisischen Liedern fast stets das Rechte getroffen hatte. Er liebte England. Er war tief dankbar für alles, was man hier auf ihn ausgoß: Gold, Ehren, Freiheit — was ihm Wien in solchem Maß nie gegeben hatte. Obendrein war er bezaubert von der zivilisierten Schönheit der englischen Landschaft, wo alles so nah beieinander liegt. Doch mit dieser politischen Kantate zu Ehren Englands ging es nicht. Hätte er ein Jahrhundert später gelebt und wäre auf Kiplings »Sussex« gestoßen:

> Mit faltigem Kamm die Dünenwand
> lugt über ein bleigraues Meer.
> Hier kam der Römer uns zum Strand.
> Heut springt nur der Südwest ans Land,
> von Salz sind seine Schwingen schwer.
>
> Durch tausend Jahre, unverwandt,
> Seenebel plätschert, spinnt, schleppt, garnt —
> Schafsglocke schellt, Schiffsglocke warnt:
> Setz mild den Fuß auf unsern Sand...

— er hätte es wundervoll komponiert. Aber die Neptuns-Kantate enthielt leider solche Verse nicht.

Es ist anzunehmen, daß Haydn beim Aufgeben der Neptuns-Kantate einem weiblichen Rate folgte. Und zwar dem von Anne Hunter. Mit ihr hatte er bereits vor drei Jahren an den schottischen Volksliedern gearbeitet. Sie war seine Beraterin und Führerin im Englischen. Diese Dame aus großer Familie, eine Schwester des Sir Everard Bartlett, war selbst eine Dichterin von Rang und damit auch die geistige Mitschöpferin von Haydns »Zwölf englischen Canzonetten«. Man nimmt an, daß deren erste Hälfte 1792 entstand, die zweite Hälfte aber dann bei Haydns zweitem Aufenthalt 1794.

Die Gedichte der Anne Hunter bewegen sich, wie es sich für Lied-texte schickt, im Kreise menschlicher Ur-Situationen. Abschied und Sehnsucht spielen hinein, Sagen der Hirten und der Jäger; die dörf-liche Spinnstube, die Meermaid, die, wie in Goethes frühem Gedicht, den Fischer in ihre Arme zieht. Alle Texte Anne Hunters sind in ger-manischem Englisch geschrieben; im Gegensatz zum »Mare Clausum« enthalten sie fast überhaupt keine lateinischen Lehnworte.

Diese Gesänge sind Strophenlieder. Doch Haydn behandelte sie genial und in einer eher neuartigen Weise. Mochte er auch vom Schu-bertschen Durchkomponieren noch nichts wissen — jenem Durchkompo-nieren, das Goethe verwarf, weil dabei »der allgemeine lyrische Cha-rakter eines Liedes ganz aufgehoben und eine falsche Teilnahme am Einzelnen gefordert werde« —, so haben doch Haydns Canzonetten ein ganz anderes Aussehen als etwa die Strophenlieder Zelters. Eine wirklich neutrale Melodik, die sich durch mangelnde Charakteristik den verschiedenen Strophen des Gedichts gleichmäßig reibungslos an-paßte, konnte seine Sache nicht sein. Man betrachte »The Mermaid's Song«. Vom Trügerisch-Flimmernden des Wassers in den Triolen des Beginns bis zur dramatisch gestuften Aufforderung:

> Fürchte keiner Ebbe Trug!
> Stürme drohn nicht unserm Zug!
> Lang hinab mit starkem Griff
> zu des Grunds Korallenriff!

gleichen die Strophen einander fast gar nicht. Und noch stärker er-scheint die Selbständigkeit der einzelnen Teile gegeneinander in dem berühmten »A Pastoral Song«, der noch heute in der angelsächsischen Welt überall gesungen wird. Hier hatte Haydn auf Annes Wunsch zu-nächst mit der in Achtelnoten chromatisch absteigenden Frage der Mutter begonnen:

> Warum, sag an, so still, so bang
> bei Tanz und Spiel im Mai?

worauf die Tochter zu antworten hatte:

> O laß, mir frommt nicht Tanz, nicht Sang:
> Lubin ist nicht dabei!

Aber Haydn (so wenig kundig der Sprache!) sah doch sofort, daß das
Gedicht mit den berühmt gewordenen Worten »My mother bids me
bind my hair« beginnen müsse, um zu wirken:

> Die Mutter sagt: ein Rosenband
> bringt schön dein Haar zur Schau.
> Mit Litzen schürz den Ärmelrand
> und schmück dein Mieder blau!

Anne Hunter mag staunend willfahrt haben; denn jetzt erst schnitt der
trauernde Kehrreim »When Lubin is away!« aufs schmerzlichste in die
Musik ein. Noch größer und noch englischer ist das novemberliche Lied
»Fidelity« (in Karl Wolfskehls Nachdichtung):

> Wenn hohl ertönt des Winds Gekrach
> bei Regens schwerem Schlag

mit seinem tief-innigen Andante:

> Wohin auch mein Geschick mich ruft,
> mein Los fiel lange mir:
> denn in der Welt und in der Gruft
> gehört mein Herz nur dir.

Da ist der »Irrende« (The Rover), ganz über einer verminderten Sep-
timenfolge angelegt und in seiner schaurigen Kühnheit eher dem
Weberschen »Freischütz« gleichend als anderen Haydnschen Gesängen.
Dann steht hier noch »The Sailor's Song«, mit der frohen Aufregung
an Deck, den Zurufen (»Hurly-Burly!«), dem Meer. Und schließlich
das beste aller Lieder, die Haydn schrieb: »Despair« (Verzweiflung).
Das kraftvoll unabhängige Vorspiel:

zeigte klar die Linie, der Schubert zwanzig Jahre später folgen würde. Die dramatischen Gesänge dieser englischen Canzonetten, die so gar nichts mit dem Stil der Berliner Liedertafel oder den Wiener Rokokoliedern der Steffan und Hofmann zu tun haben, sind eigentlich das »fehlende Glied« zwischen den spielerischen Liedern aus Haydns mittlerer Wiener Zeit und den späteren Tonwundern der »Schöpfung« und der »Jahreszeiten«.

Man hat darüber nachgedacht, welchen Grund Anne Hunter hatte, unserem Meister soviel Zeit zu widmen. Dabei lag die Ursache nahe. Beim ersten Londoner Aufenthalt war Haydn eher in sie verliebt als sie in ihn. Ihr Mann lebte noch, der berühmte, weithin geschätzte Chirurg. Jetzt aber war ihr Gatte gestorben. Sie war Witwe mit zwei Kindern und brauchte Haydn als Tröster. Und wenn wir von Rebecca Schroeter beim zweiten Londoner Aufenthalt des Meisters überhaupt nichts hören, so erklärt sich das zwanglos damit, daß sie eben in Anne Hunter ihre Nachfolgerin gefunden hatte.

Wer daran zweifelt, den belehrt zumindest jenes Abschiedsgedicht, das Anne an Haydn richtete, als er England zum zweitenmal verließ. »O tuneful voice, I still deplore«:

O Stimme, die mir nicht mehr tönt,
die mich gestreichelt und verwöhnt —
wie traurt um dich mein Herz!

In Echos Grotte möcht' ich ruhn
und lauschen — kann nicht von mir tun
Lebwohl und Abschiedsschmerz!

Ihr hellen Augen! Könnt ich doch
beschirmen euer Feuer noch,
vestalisch, mit Geduld —

daß ewig euer Licht der Welt
fortscheine: Licht, das mich erhellt
und mich gespeist mit Huld!

Daß sie von sich als »Vestalin« spricht, die nur ein keusches Feuer hegt, mochte den Sinn der Mitwelt täuschen. Wir denken heute anders darüber.

Haydn war dieses Gedicht sehr teuer. Er hat, ganz im Sinne der

Dichterin, diese Abschiedsverse so ernst genommen, daß er sie später
im Stil einer tragischen Opernarie vertonte. Daraus darf man aber nicht
schließen, daß er selbst den Umgang mit Anne Hunter als Liebeserleb-
nis empfand. Er war diesmal viel zu rastlos, um sich (wie hatte er sich
verändert!) an einen einzigen Menschen zu verschwenden. Beim zweiten Londoner Aufenthalt — und fast scheint er um zehn Jahre verjüngt! — stürzt er sich derartig in den Strudel gesellschaftlicher Ereignisse, daß man für die physische Kraft des Vierundsechzigjährigen
bangt. Er ist täglich und an manchen Tagen zweimal eingeladen, nicht
nur bei der Musik und dem Adel. Unablässig besucht er Oper und
Schauspiel. Obwohl er doch viel zu arbeiten hat, speist er auswärts, bei
den verschiedensten Leuten. Da ist zum Beispiel der Zahnarzt March,
der auch Wagenbauer und Weinhändler ist (was Haydn besonders im-
poniert). Der Meister bekommt es tatsächlich fertig, den Beruf des
Wagenbauers im Tagebuch »Carrosseur« zu nennen — was hätte Matthias Haydn in Rohrau zu solcher Standeserhebung gesagt? »Als Zahnarzt gewinnt er jährlich 2000 Pfund, jeder Wagen bringt 500, als Weinhändler verdient er wohl weniger. Schleppt sich an zwei hölzernen
Krücken fort...« Welch ein Bild der Lebensfreude! Von der jüngeren
Sängergeneration hat es ihm John Abraham angetan (1774—1856).
Dieser ausgezeichnete Tenor, der sich später Braham nannte, sang
Haydns »Englische Canzonetten«. Von den älteren Musikern steht
William Shield seinem Herzen am nächsten. Dieser englische Komponist hatte schon 1792 Haydn menschlich so sehr gefallen, daß dieser
den Landaufenthalt bei Sir Patrick Blake vorzeitig abgebrochen hatte
und hundert Meilen zurückgereist war, um ein Operchen von Shield
zu hören. Jetzt macht Shield zusammen mit unserem Meister eine mehr-
tägige Reise nach Taplow. In der Einleitung zu seinen Büchern »Harmonik« (1809) und »Grundzüge des Generalbasses« (1819) ist der Einfluß Haydns deutlich zu spüren.

  Noch immer ist Haydn so sehr Ohrenmensch, daß er sogar die Namen
von Freunden, die er aus Mitteleuropa kennt, in seinem Londoner
Tagebuch so aufschreibt, wie die Engländer sie sprechen. So begegnet
uns in seinen Notizen der Name »Geniewish« als Dirigent. Und wer
ist dieser geniale Russe? Sehr wahrscheinlich Haydns Freund Felix Yaniewicz, dessen Namen er ohne weiteres so schreibt, wie er ihn in London hört. Mit dem Englischen quält er sich nicht mehr ab. Er spricht in
der Gesellschaft nur deutsch. Und als bei einem großen Empfang des
Londoner Pferdeauktionators Richard Tattersall (1724—95) der Musiker John Stafford Smith so tut, als ob er ihn nicht verstehe, spricht

Haydn ihn gravitätisch an: »Sir, können Sie mit mir denn nicht in der Sprache Ihres Königs reden?«

Denn inzwischen war Haydn ein geschätzter Mann bei Hofe geworden. Genauer gesagt: im Schlosse von Windsor, wo nicht der leichtfertige Prinz, sondern der königliche Vater regierte.

DER KÖNIG UND DIE ENGLISCHE CODA

Bei seinem ersten Besuch in England hatte Haydn den Vater des Prinzen nicht kennengelernt: den »Herrn der Welt«, der, Zoll um Zoll, seinem Sohn so unähnlich war. König Georg III. von England war ein unauffälliger Mann, zähen Willens, sehr bürgerlich, der mit dem »sprichwörtlichen Geiz eines deutschen Potentaten England wie seinen Haushalt regierte«. In demselben Jahr 1760, in dem Haydn zu Esterhazy gekommen, hatte Georg den Thron bestiegen.

Er war ein Monarch, aber kein Tyrann. Wie es in Bolingbrokes Lehrbuch »Der patriotische König« hieß, nach dem er erzogen worden war: »Gott ist zwar ein Monarch, aber kein willkürlicher oder unbegrenzter. Begrenzt ist er durch die Beschränkungen, die die Allweisheit der Allmacht setzt. Wenn Regellosigkeit und Willkür die Attribute der Gottesherrschaft *nicht* sind, so ist es erst recht lächerlich, sie zum Grundstein der Königsherrschaft zu machen.« So regierte Georg konstitutionell — aus religiös-philosophischen Gründen. Die Prärogativen aber, die die englische Verfassung ihm ließ, bewahrte er zäh. Wenn er es wollte, konnte er sehr harthörig scheinen.

Seine Jugend war ihm durch die Frauenherrschaft seiner Mutter verdorben worden. Aus großen, vorgewölbten Kalbsaugen, die mit den Jahren nicht alterten, betrachtete er die Welt um sich. Sein sinnlicher, nicht sehr energischer Mund liebte das laute Befehlen nicht. Dennoch geschah sein Wille in England. Anstatt Hanna Lightfoot zu heiraten, an der sein Herz hing, hatte er Charlotte von Mecklenburg-Strelitz geehelicht — und nichts schien ihm natürlicher, als daß sein abscheulich verschuldeter Sohn ebenfalls eine Vernunftehe einging. Warum sollte solch eine Ehe nicht später zum Besten des Reiches ausschlagen? Vielleicht wurde sein Nachfolger noch ein vorbildlicher Ehemann, wie er selbst es geworden war.

Dieser Chef des Hauses Hannover sollte mehr als sechzig Jahre regieren. Es war zu seiner Zeit, daß England die amerikanischen Kolonien verlor, daß es unter dem Vulkanausbruch der französischen Revolution erbebte. Es war unter seiner Königsherrschaft, daß das Reich mit Napoleon um sein Leben zu kämpfen hatte und nach diesem entsetzlichen Kampf mühselig Atem schöpfen mußte. Die Dampfkraft sollte erfunden werden — wie uns Thackeray erinnert —, Könige sollten geköpft, verbannt und wiedereingesetzt werden: aber Georg III. lebte durch all diese zahllosen Wechsel hin. Allerdings nur noch sein Körper; denn zuletzt wurde er wahnsinnig, nachdem er zuvor noch blind geworden war. Erschütternd, wie sich dieses Wrack bis zum Schluß Händel vorspielen läßt. Es ist *seine* Musik, wenn Händels »Samson«, der blinde Gigant, die Philister tötet. Als habe Händel sie für ihn geschrieben, jauchzt und weint der alte Mann bei der ewigen Musik seines Lieblings...

Man hatte Haydn oft erzählt, daß sich der König nicht für die Musik seiner Zeitgenossen interessiere. »Ich wünsche keine neuen Stile!« hatte er einmal schroff erklärt — und so war es kein Wunder, daß Haydn ihm noch nicht vorgestellt war. Aber gerade in diesem Punkt ging die »Londoner Reprise« über das Thema der ersten Reise hinaus: Haydn lernte den König kennen. Bei einem Konzert, das der Herzog von York gab, trat der etwas scheue Monarch auf den Komponisten zu und sagte in deutscher Sprache zu ihm: »Doktor Haydn, Sie haben viel geschrieben.« »Jawohl, Majestät«, erwiderte Haydn bescheiden und zugleich mit der glücklichen Art, die ihm oft zu Gebote stand, »und ich denke, ein bißchen mehr als gut ist.« Freundlich erwiderte der König: »Nein — die Welt ist ganz anderer Ansicht!« Weiter fragte ihn der König, ob es wahr sei, daß er hübsch singen könne. »Gott bewahre«, erwiderte Haydn, »meine Stimme ist nur noch so groß wie —« und er hob die Spitze des kleinen Fingers. Dann begann er aber das Lied »Ich bin der Verliebteste« zu singen.

Dem König gefielen der Mensch und die Geste. Er stellte ihn seiner Königin vor, die ja ebenfalls eine Deutsche war. Charlotte, die Mecklenburgerin, lud ihn für mehrere Soireen nach Buckingham-House und auch privat ein. Er begann bei ihr aus und ein zu gehen und sich um ihr Kammerquartett zu kümmern, dem so ausgezeichnete Künstler wie Simpson, Nicolai, Karl Friedrich Abel angehörten. Bachs jüngster Sohn, Johann Christian, ihr besonderer Favorit, war damals schon nicht mehr in London.

Eines Tages fragte die Königin Haydn, warum er nicht ständig in England bleibe. »Ich räume Ihnen des Sommers eine Wohnung im

Schloß von Windsor ein — und dann«, lächelte sie gegen den König, »machen wir tête-à-tête Musik.«

»Auf Haydn bin ich nicht eifersüchtig«, versetzte Georg III., der italienische Lehrer nicht leiden mochte, »der ist ein guter, ehrlicher Deutscher!«

»Und diesen Ruf zu bewahren, ist mein größter Stolz«, sagte Haydn rasch.

»Wie ist es also mit Ihrem Bleiben?« fragte der König das nächstemal. Haydn machte Ausflüchte. Ob Seine Majestät vielleicht nicht wisse, daß er verheiratet sei? »Das macht doch nichts!« meinte König Georg. »Wir lassen die Frau einfach nachkommen!« »Die fährt nicht einmal über die Donau — wie sollte sie über das Meer fahren?« erwiderte Haydn voll Überzeugung. Der König wurde merkwürdig still und verließ nach einer Viertelstunde den Raum. Haydn hatte sofort das Gefühl, eine Dummheit begangen zu haben — und hat das später auch Griesinger, seinem Biographen, erzählt.

Nun darf man aber daraus nicht schließen, daß er, um dieser Kleinigkeit willen, beim Hof in Ungnade gefallen sei. Wenn tatsächlich wenige Wochen später sein Name nicht mehr in den Zeitungen oder in der Einladungsliste auftaucht, so hat das einen ganz anderen Grund: er begann im Lande umherzureisen und war nur vorübergehend in London. Der Hauptbeweis dafür, daß man ihn in England weiterhin überaus liebte und schätzte, ist nicht nur, daß die »Schöpfung« und die »Jahreszeiten« mit Jubel aufgenommen wurden — er kann auch darin gesehen werden, daß Haydn niemals aufhörte, Wien und den Wienern seine Liebe zu England durch die Kunst zu beweisen.

Schon im folgenden Jahr war eine Gelegenheit dazu. Haydn hatte im Königsschloß viel von Alexander Bicknells Schauspiel »Alfred and Elvida« gehört. Es war ein unglaublich schlechtes Stück, das von Englands mythischem Gründer, Alfred dem Großen, handelte und von seinem Sieg über die Dänen. Sie waren übers Meer gekommen und hatten die Königin geraubt. Bicknell wußte selbst, daß sein Stück schlecht war, und hatte sich damit entschuldigt, daß »das Schauspiel geschrieben wurde, als England von einer Invasion bedroht war«. Die Flucht König Alfreds in Sturm und Regen — eine sehr schlechte Kopie der großen Heideszene im »Lear« — und später dann, im vierten Akt, die nachgeäffte Geisterbeschwörung des Prospero aus Shakespeares »Sturm« wurden Haydn zur Vertonung gegeben. Aber England, wie gesagt, zitterte damals vor den Franzosen. Und so hatte der »Dichter« am Schluß zu versichern:

> This little isle with all her sons but true
> tho' the whole world assailed her, might defy
> their utmost force, and scoff at their invasions.

> (Dies kleine England und sein treuer Stamm,
> im Angriff einer ganzen Welt, schlägt nieder
> die Übermacht und lacht der Invasionen.)

Das war doch von Shakespeare Dutzende Male und sehr viel besser gesagt worden?

Gleichviel. Emanuel Schikaneder, erfolgreicher Theaterdirektor, erwarb — vielleicht durch Haydns Vermittlung — das Stück und führte es in Wien auf. Es hieß »Alfred, der patriotische König«. Jedenfalls zeigte es den Wienern, daß das mächtige England keine Furcht vor den revolutionären Franzosen hatte — und damit erfüllte es seinen Zweck. Von Haydns Musik sind noch erhalten: ein dreiteiliger Dänen-Chor für Sopran, Tenor und Baß; ein Rezitativ und eine Arie für den »Wächter-Engel« des Königs; und schließlich noch ein Duett, in dem der geprüfte, aber tapfere Monarch sang. Es war Haydns letzte Bühnenarbeit.

Warum blieb er wirklich nicht in England? An Geld und Ehren war er hier reicher als irgendwo auf der Welt. Er konnte auch in Kreisen verkehren, wo die Umgangssprache Deutsch war, wie in der Königsfamilie, oder in der Musikerwelt, wo man so viel italienisch sprach. Wenn er trotzdem nicht daran dachte, sich in England niederzulassen, so hängt das wieder mit dem »Zwang zur Rekapitulation« zusammen. der jetzt mächtig über ihn kommt. Er »hat ein Thema nicht beendet« und muß zu diesem Thema zurück: seltsamerweise heißt das Thema diesmal Eisenstadt. Es ist merkwürdig: nach nur vierjähriger Regierung ist dort Fürst Anton plötzlich gestorben, sein Nachfolger heißt Nikolaus. Wieder Nikolaus? So trägt er denn den Namen des Großvaters — und der Geist des Großvaters, der Geist Nikolaus' des Prächtigen, ist über den jungen Mann gekommen, als er Haydn auffordert, wieder in Eisenstadt Wohnung zu nehmen. Er werde die Esterhazysche Kapelle wieder von neuem aufbauen!

Wieder eine eigene Kapelle? Haydn fühlt sich elektrisiert und um vierzig Jahre verjüngt. Das alte Thema kehrt zurück. Er wird die ihm verbleibende Zeit (und er wird noch sehr lange leben!) zwischen Wien und Eisenstadt teilen. Mitten in London ist London vergessen.

Wie weise hat sein Instinkt gehandelt! Trotz seiner großen Freundlichkeit hätte König Georg III. ihn nie zum Hofkomponisten gemacht. War doch Haydn Katholik — und zu den Lebensformen, die der stille König wirklich haßte, gehörte der Katholizismus. Der erbitterte Feind des Papsttums, der »defensor fidei«, der keinen katholischen Soldaten in der englischen Armee duldete, hätte nie einen Nichtprotestanten mit offiziellem Amt begabt. Das hätte Händels Schatten erzürnt. Und umgekehrt war Haydn auch katholischer als er selber wußte. Es tönt wie ein Ausbruch aus tiefstem Innern, was er nach einem Besuch der Abtei von Waverley in sein Buch notiert. Nachdem er einen ganzen Tag mit seinem Begleiter, Sir Charles Rich, in den Klosterruinen umhergegangen, muß er gestehen, »daß, sooft ich diese schöne Wildnis betrachte, mein Herz beklemmt wird in dem Gedanken, daß alles Dieses einmal unter meiner heiligen Religion stand!« Er war Österreicher und Katholik — und es ist gewiß, daß Haydn weder in England noch in Preußen dauernd hätte leben können.

Das hindert nicht, daß er als Weltkind in vollen Zügen England genießt. Wie vor drei Jahren reist er herum. Nach Bath führt ihn diesmal sein Freund Burney. Und was interessiert ihn dort — abgesehen von der Musik, die man macht, und von einer Mrs. Brown, zufällig »eine sehr schöne Frau«? Der Stein, aus dem die Häuser gebaut sind. Denn Haydn ist eines Handwerkers Sohn; und so ist es wichtig, diesen Stein von allen Seiten zu beklopfen. Er ist »aus den herumliegenden Bergen gebrochen. Sie« (die Steine) »sind sehr weich, so zwar daß man sie sehr leichter Mühe in alle Formen schneiden kann. Sie sind sehr weiß und wie länger sie aus der Erde seyen, desto härter werden sie.« Gleichnis für die eigene Kunst. Haydn war als junger Mann weich und folgte vielen Vorbildern. Später härtete sich die Erkenntnis von der Einmaligkeit der eigenen Form.

Es ist unglaublich, was dieser Mensch, der noch immer nichts mit Literatur oder mit bloß »Gedachtem« zu tun hat, alles in sein Tagebuch schreibt und wofür er sich interessiert. Da schildert er höchst aufmerksam seinen Besuch in der Bank von England, und wie diese Bank eingerichtet ist. »Um die Hauptkassa zu sehn, erfordert es drei von den Herrn Direktoren, wovon Jeder einen besonderen Schlüssel hat.« Ihm imponieren die verborgenen Gewölbe, »welche im Fall einer Rebellion sehr dienlich sein müssen«. Er schreibt erschauernd, wieviel Gold sich in diesen Gewölben befindet, und ist überhaupt ganz Engländer. Das ist er auch, wenn er in Portsmouth das französische Kriegsschiff besteigt — den »St. Just« mit seinen achtzig Kanonen, den die Engländer erobert haben; noch in seinem Nachlaß wird man einen Plan der

Schlacht von Trafalgar finden, in den er die Stellung der englischen Schiffe mit eigener Hand eingezeichnet hat. Jawohl, er liebt die Engländer — und er kann es Julius Cäsar nachfühlen, daß dieser beim Anblick der Insel Wight die bewundernden Worte gesprochen hat: »Dieses ist der Götter Gau.«

Es ist eine lange »Coda«, die er diesmal dem englischen Aufenthalt gibt: im Finale rekapituliert er noch einmal all seine Lieblingsthemen... Auch das Erlebnis mit William Herschel kehrt wieder, freilich als Variation: nicht auf einem Observatorium, sondern in einer Bibliothek. Als er, bedrückt von den vielen Büchern, seufzt: »Was soll man komponieren? Ein Stoff ist so viel wert wie der andere — aber keiner hat Ewigkeit!«, da nimmt der Geiger Barthélémon, der mit Haydn befreundet ist, eine Bibel vom nächsten Bord. Er schlägt Genesis, Kapitel Eins, auf: »Da! Nimm das! Beginn' beim Anfang!« Und wieder fühlt der Meister die Kälte des Weltraums auf sich eindringen, wie damals bei dem zögernden Blick durch Herschels Riesenteleskop. Kann man die Ewigkeit komponieren —?

Dann aber, satt bis ans Herz hinan, sagt er den Engländern Lebewohl und fährt auf den Kontinent zurück, wo alles kriegerisch-ungewiß ist. Aber es ist doch seine Heimat — und wenn er einmal sterben wird, will er zu Hause begraben werden. Vorläufig denkt er gar nicht ans Sterben, er ist innerlich froh, er steckt voller Pläne, und seine Taschen sind voller Geld. Zwölfhundert englische Pfund hat er auf dieser Reise verdient! Mit dem treuen Elßler war er ausgezogen. Doch als sie nach Wien zurückkamen, waren sie nicht mehr zwei, sondern drei. Auf Elßlers Schulter saß ein grüner Papagei mit rotem Brustfleck und gelben Schwanzfedern, ein Geschenk von Haydns englischen Freunden. »Come Haydn Papa!« rief der Vogel. Im Leben unseres Meisters ging es nicht ohne Rekapitulationen und also auch nicht ohne Tierstimmen ab.

FÜNFTES BUCH

DER PURPURNE ABEND

*Seit beinahe fünfzig Jahren hat mir das eigene Ausüben
und Anhören von Haydns Werken eine wiederholte
Totalempfindung mitgeteilt, indem ich dabei die unwill-
kürliche Neigung empfand, etwas zu tun, das mir als
gut und gottgefällig erscheinen möchte. Das Gefühl war
unabhängig von Reflexion und ohne Leidenschaft. — Auf
den Vorwurf aber, den man hat Haydn machen wollen:
seine Musik ermangle der Leidenschaft, erwidere ich folgendes: Das Leidenschaftliche in der Musik wie in allen
Künsten ist leichter als man denkt, schon weil es leichter
nachempfunden wird; es ist nicht ursprünglich, die Gelegenheit bringt es hervor, und nach dem Begriffe der
Alten verdeckt es die reine Natur und entstellt das
Schöne.*

Goethe

DIE ENTTÄUSCHUNG daheim war nicht gering.

Er fand in Eisenstadt viel zu tun — kurz vorher war eine neue Kapelle engagiert worden —, dazu ein allgemeines Vertrauen auf den neuen Herrn, Nikolaus II.: das war nun der vierte Fürst Esterhazy, dem der ergraute Meister diente. Er sei »nicht geizig«, hieß es von ihm; der Enkel ahmte den Großvater nach und bemühte sich, »splendid« zu sein. Er strich, zu Haydns besonderer Freude, das zu weit entfernte Schloß Esterhaz aus der fürstlichen Repräsentation, konzentrierte sich ganz auf Eisenstadt, das er im Sommer und Herbst bewohnte, und vor allem auf sein Wiener Palais, wo er im Winter und Frühling Hof hielt.

Aber dieser Nikolaus, der etwas von Malerei verstand und vielleicht noch mehr von Skulptur (er protegierte den Bildhauer Canova), hatte eine Eigenschaft, die man nicht bei ihm vermutet hätte: er war im Tiefsten unmusikalisch. Da er das nicht eingestehen wollte, gab er bei jeder Gelegenheit krause und hastige Urteile von sich. Je mehr es ihm an Geschmack mangelte, mit desto größerer Sicherheit pflegte er Dinge zu behaupten, die, vielleicht nicht verletzend gemeint, doch die Künstler verletzen mußten. Diese herabsetzenden Äußerungen des Fürsten waren »mechanischer Tadel«, den er anwenden zu müssen glaubte, um sich das Air eines Kenners zu geben. Hätte er gelobt, so würde er gefürchtet haben, für einen Dilettanten zu gelten!

Fast vierzehn Jahre sollte Haydn im Dienste dieses Fürsten verleben. Daß er darunter gelitten habe, wie die meisten Biographen behaupten, ist aber ziemlich unwahrscheinlich. Sein natürliches Selbstbewußtsein bewahrte ihn davor. Einmal, als Nikolaus bei einer Probe besondere Torheiten äußerte, brach Haydn aus: »Eure Fürstliche Hoheit! Hierüber habe *ich* zu entscheiden...«, worauf der fürstliche Prinzipal sprachlos aus dem Raume verschwand...

Es war sein musikalisches Selbst, das sich hier in Haydn empörte; keineswegs das bürgerliche Ich oder das Pochen auf den »Respekt«, der seiner Person seit England gebührte. Haydn unterschied ziemlich scharf, ob ihm in der Geisteswelt oder der Körperwelt ein Unrecht zugefügt wurde. Die Körperwelt interessierte ihn wenig. Erstaunlich genug, daß Haydn, der Mensch, zur Zeit des französischen Umsturzes lebte, der lehrte, daß Freiheit und Ehre des Geistes ohne Körperfreiheit nicht möglich seien. Haydn machte es nicht viel aus, ob er »Dominus« oder »Servus« war. Schubert dagegen war außer sich, als man ihn in einer Grafenfamilie durch leichte Anzeichen fühlen ließ, er verrichte Hauslehrerdienste! Doch der nach der Revolution geborene Schubert gehörte bereits mit voller Bewußtheit dem emanzipierten Bürgertum an.

Gewiß wollte auch der berühmte Haydn nicht verletzend behandelt werden. Er achtete zum Beispiel darauf, daß man ihn im Dienst nicht mehr wie einen Lakaien mit »Er« ansprach (»Er hat dies oder jenes zu tun!«), sondern artig mit »Herr Doktor!«; denn schließlich war er ja Doktor von Oxford. Im übrigen besaß der Meister ein »dickes Fell«. Er war eine Natur mit lauter Höfen und Vorhöfen, die in gottgefälliger Art voneinander geschieden waren. Die großen Londoner Ehrungen (Ehrungen, wie sie zu Lebzeiten weder Goethe noch Beethoven erfuhr!) hatten seinen Sinn nicht verändert. Er hatte das Nebelmeer des Weihrauchs hauptsächlich auch deshalb angenommen, weil es nicht ihm galt, sondern dem *Pneuma,* dem musikalischen Hauch, der von Gott kam. Hörten die irdischen Ehrungen auf, so tat das der Musik keinen Abbruch. In London trug die Familie Shaw ein perlenfarbenes Band um den Hals, worauf der Name Haydn stand, und Herr Shaw trug diesen Namen an beiden Enden seines Rockkragens in feinsten Stahlperlen gestickt. Der heimgekehrte Haydn trug wieder den Rock der Familie Esterhazy, während der englische Verehrer die Livree Joseph Haydns getragen hatte — und im Tiefsten war beides doch gleichgültig. Man versteht Haydns Charakter nicht, seine Mischung von Stoizismus und christlicher Demut, wenn man glaubt, er habe viel Wesens von Zwischenfällen mit Nikolaus, dem Enkel, gemacht.

Mehr: es liegt hier eine Verwechslung mit dem Verhalten Beethovens vor! Als Haydn zwei Jahre vor seinem Tod (krank und unfähig, Wien zu verlassen) die gewohnte Messe zum Namenstag der Fürstin nicht mehr unternehmen konnte, fiel dieser Auftrag Beethoven zu. (Wahrscheinlich durch Vermittlung Hummels, der mit beiden Meistern befreundet war.) Beethoven nahm den Auftrag an und schrieb dabei jenen Brief an den Fürsten, der ein so merkwürdiges Dokument ist, weil er zeigt, was der große Neuerer, der Komponist der »Eroica« und der Schöpfer des »Fidelio«, damals noch immer von Haydn dachte. »Darf ich noch sagen«, schrieb Beethoven am 9. August 1807, »daß ich Ihnen mit viel Furcht die Messe übergeben werde, da Sie doch, mein Fürst, gewohnt sind, die unnachahmlichen Meisterwerke des großen Haydn sich vortragen zu lassen.« (Das war Beethovens Ernst, es ist ihm hier keine Höflichkeitsphrase in die Feder geströmt.)

Als dann die Messe gespielt wurde — Beethoven war eigens hingereist —, empfing ihn nach der Aufführung Nikolaus II. im Schloß mit der näselnden »stultitia« eines dilettierenden Aristokraten (etwas mußte er doch tadeln!): »Aber mein lieber Beethoven, was haben Sie denn da wieder gemacht?« Johann Nepomuk Hummel, der dabeistand, war darüber so erschrocken, daß er — aus Verlegenheit selbstverständlich! — zu lachen begann. Wollte er den Fürsten decken, wollte er durch sein Lachen zeigen, daß der Tadel nicht ernst zu nehmen sei? In einer fürchterlichen Wut drehte sich Ludwig van Beethoven um und verließ für immer das Schloß.

Hier scheiden sich die Charaktere. Haydn drehte sich nicht um; er ließ statt dessen den *andern* hinausgehen. Er war gewohnt, für seine Kunst aus allem das Beste herauszuschlagen. War der Fürst unmusikalisch, so bot das auch große Vorteile: es wurde wenig und schließlich immer weniger von Haydn verlangt. Der ganze Dienst konzentrierte sich einmal im Jahr auf das Schreiben von Messen: da der Meister für eine Messe nicht mehr als drei Monate Zeit brauchte, konnte er neun Monate stets völlig frei für sich verwenden. Ohne diesen glücklichen Zufall besäßen wir Haydns Hauptwerke gar nicht, »Die Schöpfung« und »Die Jahreszeiten«, die ja nicht von Nikolaus bestellt, sondern als »free enterprise« von Haydn unternommen waren! Und trotzdem bekam es der Meister fertig, mit all seiner Zähigkeit und Schlauheit Nikolaus II. mehr Geld abzunehmen als seinen Vorgängern: Haydns ohnehin nicht kleines Gehalt wurde noch um ein Drittel erhöht!

Eine Frau hatte ihre Hand im Spiel. Es war Marie-Hermenegildis, die Gemahlin des Fürsten Esterhazy, die ihn bei ihrem Mann protegierte. Je älter Haydn wird, desto mehr Glück hat er mit edlen Frauen. Vierzehn Jahre lang, bis zu seinem Tod, ist die Fürstin sein guter Engel gewesen. Als sein jüngster Bruder starb, Johann Evangelist, ein Mitglied der Esterhazy-Kapelle, da war sie es, die die Reise von Eisenstadt nach Wien nicht scheute, um schonend die Nachricht zu überbringen. Vor allem verdanken wir ihr die sechs großen Messen Haydns, die alle zu ihrem Namenstag, dem 8. September, geschrieben wurden. (Ein wenig spielte allerdings wohl auch Haydns brüderlicher Ehrgeiz mit, Michael Haydn zu überflügeln, der als Kirchenkomponist hochgeachtet in Salzburg lebte.)

Die erste dieser Messen war die sogenannte »Paukenmesse«, die am 13. September 1796 in Eisenstadt uraufgeführt wurde. Haydn schrieb sie in banger Zeit. Der Krieg, den Kaiser Franz II. gegen die Franzosen führte, begann eine schlimme Wendung zu nehmen. Während der Bruder des Kaisers, Erzherzog Karl, sich im Norden gegen Moreau und Jourdan behauptete, fuhr der siebenundzwanzigjährige General Napoleon Bonaparte mit unbegreiflicher Schnelligkeit durch die nord-

italienische Ebene und bedrohte Mantua, die starke österreichische
Festung. Er nahm es nach kurzer Belagerung ein und drang siegreich
durch Tirol und Kärnten gegen das Herz der Steiermark vor. Am
10. April 1797 rückten die Franzosen in Graz ein.

Unbeschreiblicher Schrecken herrschte in Wien. Als vor einem halben
Jahrhundert das Haus Habsburg seine Kriege gegen Friedrich von
Preußen verlor, hatte man in Wien getanzt. Jene Art von dynastischen
Kriegen, so blutig sie waren, nahm man nicht ernst — und mochte
man auch noch so loyal gegen Maria Theresia fühlen. Die Preußen
waren und blieben sehr weit ... und überdies waren sie schließlich
Menschen. Die Franzosen schienen Teufel und Tiere. Hier war ein
ganzes Volk auf dem Marsche, um mit einer neuen Idee die alte Weltordnung zu überrennen. Wo die Franzosen auftraten, blieb buchstäblich kein Stein auf dem andern: sie kehrten das Unterste zu
oberst, und jeder Dynast verlor seine Krone ... Im Herbst 1796 begann der Wiener Hof, das Volk darauf aufmerksam zu machen, daß
dies kein Krieg der Armeen mehr sei, sondern einer der Völker, in
dem alle, Mann, Weib und Kind, zum äußersten Einsatz verpflichtet
seien! Ein Flugblatt erschien: »Die Gefahren der Zeit«, verfaßt von
Johannes von Müller in Wien, das als Motto die Worte des Paulus
trug: »Ihr habt noch nicht bis aufs Blut widerstanden!« Und weiter
bedrohte das Flugblatt jeden: »Wer angegeben wird, von Frieden« (!)
»gesprochen zu haben, solang' der Feind noch in unseren Grenzen steht,
wer eine Maßregel getadelt« (!) »hat, die von hoher Seite erlassen wurde,
der wird öffentlich gerichtet werden, und wenn er schuldig gesprochen
wird, wird er als Feind des Vaterlandes — sei er immer, wer er sei! —
dem Volke preisgegeben werden!«

Es war also Spitzel- und Lynchjustiz, die »Verrätern« und »Sym-
pathisierern mit der Sache der Revolution« hier angedroht wurde — so
weit waren Kopflosigkeit und Hysterie schon in der kaiserlichen Ver-
waltung gediehen. Andererseits zogen Freiwillige aus, eine begeisterte,
mutige Jugend — die Werbungen hatten großen Erfolg —, um den
furchtbaren Bonaparte zu schlagen. In diesen tief erregten Tagen schuf
Haydn ein religiöses Kunstwerk, das ganz und gar neuartig wirkte,
weil es fühlbar auf den Augenblick abgestimmt war. Seine »Pauken-
messe« folgte, wie jede Messe, der uralten Liturgie, die kein Abwei-
chen und keine Neuerung duldet. Doch in die Instrumentation sieht die
Angst der Stunde hinein; sie ist von unheimlicher Nervosität.

Wir erinnern uns, daß der Londoner Haydn ein »neues Instrument«
erfand: das »ängstlich schlagende Menschenherz«, als Pianissimo-Pauke

verkleidet. Jetzt wendet er es in der Messe an: Mitten ins Heiligste
hinein schreibt er die ganz irdische Angst der fast vergehenden Kreatur...
Der Legationsrat Griesinger, der in Haydns letzten Jahren viel Authen-
tisches von ihm selbst erfuhr, schreibt darüber: »1796, als die Franzosen
in Steiermark standen« (in Wirklichkeit näherten sie sich erst), »setzte
Haydn eine Messe, welcher er den Titel *Missa in tempore belli* gab.
In dieser Messe sind die Worte *Agnus dei, qui tollis peccata mundi*
auf eigene Art mit Begleitung der Pauken vorgetragen, *als hörte man
den Feind schon in der Ferne kommen.* Bei den darauf folgenden Worten *Dona nobis pacem* läßt er auf einmal alle Stimmen und Instrumente rührend einfallen...«

Es war tatsächlich der englische Haydn, der Haydn der Salomon-
Symphonien, der sich hier wieder meldete. Er bedachte sich keinen Augenblick, die bis dahin verpönte Pauke in die Kirche einzuführen! Nach
der rührend-stillen Melodie, vom Chor und den Streichern vorgetragen:

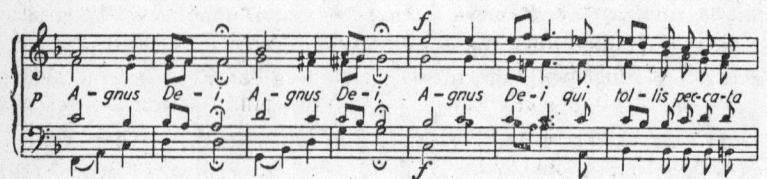

erscheinen nun in der Partitur eine Anzahl von Paukentakten:

Der gedämpfte Rhythmus, den hier die Pauke zu den beklommenen
Synkopen der ersten Violine gibt und zu der langgezogenen Klage der
Oboe (später wird dieser Rhythmus noch von den andern Blasinstru-
menten, Fagott, Klarinette und Horn, aufgenommen), ist von überwältigender Wirkung! Jawohl, es ist das Herz, das pocht — zugleich aber
(hier hat Griesinger recht) sind es bereits die französischen Trommeln,
die, gedämpft durch das Alpengebirge, aus den Südprovinzen zu hören
sind. Daß es wirklich Rhythmus und Schlagart der *französischen* Trom-

mel ist, ist merkwürdig. Haydn konnte den französischen Trommel-
rhythmus kaum kennen, der tatsächlich anapästisch ist:

sondern nur die schwerfälligen englischen Trommelsignale aus London,
die eine daktylische Grundlage haben:

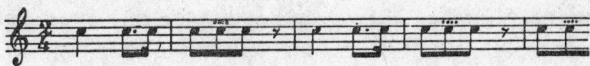

Trotzdem koordinierte Haydn Österreichs ängstlich schlagendes Herz
mit dem Rhythmus der französischen Trommel — ein Beweis, daß er
die Gabe hatte, Wirkliches nicht bloß zu schildern, sondern es sogar zu
erfinden.

Das kühne Werk verwickelte Haydn in schwere Streitigkeiten mit
den Hütern der »reinen Kirchenmusik«; wir werden davon noch sehr
viel hören. Vorläufig fand sein Gebet Erhörung. Die Worte *»Dona
nobis pacem«*, in der »Paukenmesse« von ihm mit besonderer Innigkeit
gesetzt (um einen »Sieg« hatte er gar nicht gebeten!), mündeten in den
Waffenstillstand vom April 1797. Im Herbst des Jahres wurde der
Friede von Campo Formio unterzeichnet, der Österreich vorläufig ret-
tete. Freilich war es ein vulkanischer Friede, die Erde glühte innerlich
weiter. Eine Stimmung hielt die Menschen umfangen, jener gleich, die
Hölderlin in unsterbliche Zeilen prägte. In dem Entwurf »Auf den
Frieden von Campo Formio« schildert er den Unerbittlichen, den furchtbaren Sohn der Natur, den alten Geist der Unruhe:

> Er reget sich
> wie Feuer, das im Herzen der Erde gärt,
> das wie den reifen Obstbaum die alten Städte schüttelt,
> das die Berge zerreißt
> und die Eichen hinabschlingt und die Felsen...

Gemeint ist Napoleon Bonaparte als Dämon des Krieges; so sahen ihn
viele.

Noch ein zweitesmal griff Haydn in die Tagesereignisse ein, um ein
Stück Ewigkeit daraus zu formen. Noch bevor im April 1797 der
Waffenstillstand geschlossen war, schuf er seine Kaiserhymne. Es war

ihm in England aufgefallen, welch eine einigende Kraft das »God save the King« ausströmte. Die Londoner waren ziemlich respektlos; doch wo diese Hymne Henry Careys erklang, da verstummte alle Kritik an den Handlungen des Hauses Hannover. Es war damals nicht selbstverständlich, sondern eher eine neue Erfahrung, daß es Nationalhymnen gab, denen eine Kraft innewohnte wie sonst nur religiösen Gesängen. Eine solche »Hymne des Trostes« wollte Haydn in schwerer Zeit auch für die deutsche Nation schreiben. Er wandte sich durch seinen Freund, den Baron Gottfried van Swieten, an das Innenministerium. Der Innenminister Graf Saurau bestimmte einen »Dichter«, Leopold Haschka (einen unsympathischen Gesellen und halben Polizeispitzel), zum Textverfasser. Noch wußte niemand, daß der mäßige Text den direkten Vorwand für etwas Ewiges abgeben werde. Denn die Haydn-Hymne wird noch dauern, wenn ihr unmittelbarer Anlaß — die Person des Kaisers Franz — von der Geschichte vergessen sein wird.

Text und Musik der Hymne sind in Haydns Niederschrift erhalten:

Gott! er = hal = te Franz den Kai = ser, un = sern gu = ten Kai = ser Franz! Lan = ge le = be Franz der Kai = ser in des Glückes hell = stem Glanz! Jhm er = blü = hen Lor = ber = Rei = ser, wo Er geht, zum Eh = ren = Kranz! Gott! er = hal = te Franz den Kai = ser, un = sern gu = ten Kai = ser Franz!

Weder war der Kaiser gut — er war ein kleinlicher Aktenmensch, von unausrottbarem Mißtrauen gegen »Verschwörungen« erfüllt —, noch wandelte er in »des Glückes Glanz«. »Lorbeeren« erblühten ihm erst sehr spät (und nicht vor Napoleons Niederlage). Zwanzig Jahre konnte man eher das Gegenteil von ihm behaupten! 1806 mußte er das tausendjährige deutsche Reich, das Reich Karls des Großen, auflösen. Er blieb »Kaiser von Österreich« — ein ganz neuer staatsrechtlicher Titel — und nannte sich von da an Franz I.

Seiner von politischem Unglück umwitterten Gestalt gab Haydn — und dies ist nun wieder das Rührende! — die Volkshymne, welche in jedem Takt fromme Sicherheit ausatmet. Ein gewisser bürgerlicher Zug — man mag sagen: kleinbürgerlicher Zug —, den der Kaiser im Privatleben zeigte, gefiel Haydn. Manche glauben auch, es blieb auf den Meister nicht ohne Einfluß, daß dieser Habsburger der erste war, der Verständnis für seine Musik hatte. Des Kaisers Großmutter, Maria Theresia, erfreute sich an Haydns Musik nur soweit »sie italienisch war«. (»Für's Theater, muß ich bekennen«, schrieb sie noch 1772, »ziehe ich einen noch so mittelmäßigen Italiener allen unseren Komponisten vor!«) Ihr Sohn Josef liebte, wie wir wissen, den ganzen Haydnschen »Instrumental-Lärm« und seine »Art zu scherzen« nicht; der Kammerdiener Kilian Strack, der Majordomus der Hauskonzerte, hatte deshalb mit Erfolg die Kompositionen Meister Haydns Kaiser Josef ferngehalten. Kaiser Franz aber spielte Haydns Quartette; und er spielte sie, wie es heißt, sehr gern. Was nun immer Haydn bewog: noch niemals hat ein Kaiser ein fürstlicheres Geschenk von einem seiner Untertanen empfangen!

Man betrachte den dreischiffigen Bau der Hymne. Mit den Wiederholungen, die das erste und dritte Schiff teilen, sind es fünf Räume, durch welche hier die ruhige Melodie dahinströmt. Der moderne Persönlichkeitsbegriff, der auf Wille, Leidenschaft und Durchsetzung gerichtet ist, kann an dieses Lied nicht heran. Zunächst hat Haydn die Interpunktion der ersten Zeile entscheidend geändert, indem er das Ausrufungszeichen zwar stehenließ, aber eigentlich nicht mitkomponierte. Damit entschwindet der Vokativ. Diese Art der Anrufung Gottes wäre ihm zu gewaltsam erschienen. Der Text, wie Haydn ihn komponierte — der, ohne Gott direkt anzusprechen, nur die Bitte ausdrückt, den Kaiser zu schützen —, sättigt zunächst auch die Stimmführung mit einer fast familiären Ruhe. Das Wunderbare besteht nun darin, wie dieses Traute, Pathoslose, ja, Private der Haydnschen Schreibart nicht hindert, daß wenige Takte später, durch den Mitteltrakt des Liedes, uns der Baldachin der Kaisermacht in ehrfurchtgebietender Symbolik entgegengetragen wird. Es ist die höchste Erdengewalt; doch äußert sie sich als »freundliche Huld«. Welch ein österreichischer Zug in Haydn: dieser Glaube, daß sich Herrschergewalt und Milde keineswegs ausschließen.

Man sehe sich diese Hymne an, man betrachte ihre ruhevoll geatmeten Intervalle, ihre Hebungen und Senkungen. Da wird man finden, daß, trotz ihres familiären Lächelns, an ihr doch alles Herablassung ist. Die Melodie nämlich läßt sich herab; nicht anders als der Hermelin sich an Kaisers Gliedern herabläßt. Wie der Mantel von der Schulter mit verhüllender Schwere die Hüfte erreicht, von der Hüfte das Knie, und wie seine Säume hinzeigen zur kaiserlichen Ferse: so ist diese Melodie. Sie hat auch des Kaisers ausgestreckten Unterarm in sich, die flache Hand, auf der, darbringend und haltend, das Symbol des Reichsapfels ruht. Nur eines — das Heldische! — hat sie nicht. Wir wissen: alles Heroische kommt ursprünglich aus dem Dämonischen. Dem Undämon Haydns glückte es, diese Kaiserpfalz aufzuführen, ohne (im Gegensatz zum Text) einen kriegerischen Gedanken oder eine militärische Herme in einer Nische der Melodie anzubringen. Wenn man an andere Hymnen denkt, etwa an Rouget de l'Isles »*Marseillaise*«, wo in den ersten Takten schon die Melodie ihr marschierendes Knie bis zur Quarte, Quinte, Oktave hebt (welch ein Aufbruch übrigens!), oder an jenes »*God save the King*« mit seinem kurzatmig-unruhigen Verweilen auf einem viermaligen Staccato-Ton, empfindet man, wie die Töne Haydns in aller ihrer Erhabenheit eigentlich völlig leidenschaftslos sind. An ihnen wirkt nicht der Wille mit; sie sind *donum Dei*, Gottes Geschenk.

Über den Geburtstag der Hymne sind wir sehr genau unterrichtet. Es war auch der Geburtstag des Kaisers: der 12. Februar 1797. Um die Wiener in bessere Stimmung zu bringen, spielte abends das Hoftheater eine beliebte Komische Oper, ein Werk von Haydns Jugendfreund Dittersdorf, »Doktor und Apotheker«. In frischen und wohlgesetzten Rhythmen entwickelte sich hier ein lustiger Streit zwischen den beiden Professionen. Die Schicksale von Liebespaaren waren auch hineingebettet, und ein Drachen von Schwiegermutter beherrschte, Ohrfeigen austeilend, die Szene. Wenn die Wiener im Liede hörten, was eine bürgerliche Braut an Aussteuer mitzubekommen habe:

> Fürs erste ist zu wissen,
> daß sie ganz nagelneu
> von Kopf bis zu den Füßen
> zweimal gekleidet sei...

und wenn das »zweimal« hochbedeutsam zwei ganze Takte ausfüllte (sechs Bettjacken und Nachthäubchen mußte die Braut ebenfalls besitzen!), dann wußten die Theatergeher, worüber sie zu lachen hatten. Denn so großartig ging es den Wienern gar nicht, daß das Bürgertum seine Bräute derartig ausstaffieren konnte. (Ein Engländer, der am nächsten Tag, aus Bewunderung für den österreichischen Alliierten gegen Frankreich, vierundzwanzig arme Brautpaare in der Stefanskirche trauen ließ und mit einer Aussteuer und einem Hochzeitsessen be-

schenkte, erregte geradezu Furore!) Noch vor Beginn der Operette
hatte man den Haschkaschen Text auf Flugblättern im Theater verteilt,
um die Hymne singen zu lassen, sobald der Kaiser die Loge betrat. Er
hatte aber — und dies ist nun wieder das Sympathische an Franz! —
eine starke Abneigung, sich in der Öffentlichkeit feiern zu lassen. So
kam er voller Absicht zu spät. Das nützte ihm allerdings nichts; der
Direktor des Hoftheaters hatte bereits die Absingung des »Gott erhalte« bis zur ersten Pause verschoben. Nach einmaligem Spielen der
Hymne erhob sich plötzlich das ganze Theater und sang dem Monarchen, der in gerührter Verlegenheit dastand, die Textworte zu. Die Begeisterung schwoll über alle Dämme. Dittersdorfs hübsches, doch alber-
nes Stück konnte lange nicht fortgesetzt werden...

Wie nichts anderes hat diese Hymne Österreich zusammengehalten —
noch weit über ein Jahrhundert hinaus. Viele Schriftsteller haben ihre
einigende Kraft gefeiert. Keiner schöner als Grillparzer, als er, ein
alter Mann gleich Haydn, diese Verse dichtete:

> Da ich noch ein Knabe war
> rein und ohne Falte,
> klang das Lied mir wunderbar:
> jenes »Gott erhalte!«

> Selbst in Stunden der Gefahr
> von Getös' umrungen,
> hört ich's weit entfernt, doch klar
> wie von Engelszungen.

> Und nun müd und wegeskrank,
> alt, doch auch der Alte,
> sprech' ich Hoffnung aus und Dank
> durch das »Gott erhalte!«

Zwischendurch nahm die ganze deutsche Nation, zu den Worten Hoffmann von Fallerslebens »Deutschland, Deutschland über alles«, den
Österreichern die Hymne weg. Sie ließen sie sich aber nicht nehmen
und sangen weiter ihr »Gott erhalte« über den ersten Weltkrieg hinüber und in die Republik hinein, mit abermals verändertem Text...

Das alles ist gar nicht wunderbar. Denn große Musik hat große
Schicksale. Viel wunderbarer ist, daß das Lied auch eine Vorgeschichte
hat — eine Geschichte noch vor seiner Geburt! — die selbst für das

18. Jahrhundert, wo viele es nicht allzu genau mit der Frage des »geistigen Eigentums« nahmen, etwas Unerhörtes darstellt. Man kann nicht mehr von »Anlehnung« sprechen, wo es sich um »Entlehnung« handelt: die melodischen Grundlagen der »Kaiserhymne« sind nicht von Haydn. 1868 meldete sich zunächst Franz Kuhač, der kroatische Nationalist, und wies nach, daß die ersten Takte (also die Grundzelle der Melodie) einem kroatischen Volkslied entstammten:

Vju - tro ra - no se ja sta —nem Ma - lo pred zo - rom;

Doch der Engländer Hadow, der sonst so gern den Behauptungen Kuhačs folgt, mußte zugeben, wie schwach der vierte Takt des kroatischen Volksliedes endete. »Es kommt oft vor«, schrieb W. H. Hadow, »daß eine serbisch-kroatische Weise mit einer feinen Phrase beginnt und dann ins Unbedeutende abfällt, entweder den Blick auf die Möglichkeit ihrer eigenen Tonalität verliert oder rhythmisch schwach wird und rasch verkümmert.« Nun war wirklich der vierte Takt des Volksliedes zu kurz, um die zweite Linie von Haschkas Hymnentext zu schreiben. So bog Haydn seine Kadenz empor und schrieb:

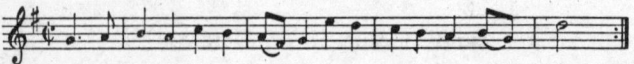

Das war nichts als eine »kleine Änderung«: wenn aber wirklich das unfeierliche Wiesenliedchen der Kroaten die Keimzelle seiner Volkshymne war, so hat gerade diese kleine Änderung die Melodie grenzenlos veredelt!

Doch vielleicht kannte Haydn das Liedchen gar nicht. Es ist wahrscheinlicher — nach Kuhač hat Friedländer, der Berliner Gelehrte, diese Möglichkeit aufgegriffen —, daß sowohl das kroatische Liedchen wie das Haydnsche »Kaiserlied« auf eine Vorform der Melodie bei Georg Ph. Telemann zurückgehen, dem großen norddeutschen Barockmeister (1676—1738). Telemann hatte diese Weise in Hamburg 1728 veröffentlicht. Der junge Haydn besaß unter seinen wenigen Büchern eine Reihe von Hamburger Werken, die ihn zeitlebens beeinflußten. Ob auch Telemanns »Getreuer Musikmeister« darunter war, wissen wir nicht; doch die Ähnlichkeit der Melodien ist außerordentlich merkwürdig.

Aber was noch viel merkwürdiger ist, sogar der »Niederstieg der

Huld«, die berühmte »Herablassung« im Schlußteil des Liedes, war
längst vorhanden, bevor Haydn seine Hymne schrieb. Nicht weniger
als elf Frühformen zählte der Berliner Gelehrte Wilhelm Tappert von
diesem Teil auf. Kurioserweise waren Haydn zwei davon bestimmt bekannt, nämlich Mozarts und seine eigene. Seine eigene stammt aus
den »Sieben Worten«:

Bei Mozart taucht sie ganz identisch in der Violin-Sonate F-dur auf:

Die Erkenntnis dieser und ähnlicher Dinge erregte Wilhelm Tappert
so stark, daß er (1868) eine ganz neue Theorie von der »Wandernden
Melodie« gründete. Er fragte, ob nicht Darwins Grundsatz, daß »alle
Tier- und Pflanzenformen von wenigen Organismen abstammen und
sich im Laufe der Zeit auf natürlichem Wege entwickelt haben«, auch
auf das Reich der Musik zutreffe, in dem man so viele »Plagiate« finde,
die gar keine Plagiate seien, sondern weit eher »Transmutationen«
im entwicklungsgeschichtlichen Sinne. (Ähnlich spricht die modernste
Musikphilosophie, die von Ernst Kurth, von der Melodie als »biologi-
schem Wesen«, das über ein Eigenleben verfüge!) Nach Tappert hat
jede »noch so ausgeführte und ausgebildete Melodie eine einfache
Grundlage«. Sie ist es, die zum Volke spricht. Diese einfache Grundlage tönt aus dem Konzert in die Werkstätten, auf die Landstraßen,
aller Grenzen spottend. Hier hört das Ohr eines anderen Künstlers
die herrenlose Melodie, schluckt sie auf und verändert sie — oder vielmehr: sie selbst wird verändert, ohne daß ihr Knochengerüst aber mit-
verändert wird. Ähnliches dachte einst J. G. Herder, der sich aber
nicht um Musik, sondern um Texte kümmerte. So gefährlich diese
Theorie scheint, so sicher hätte sie Haydn gefallen, für den Musik
etwas ganz anderes war als nur »Ausdruck der Persönlichkeit«.

Zum Thema dieser Persönlichkeit: Wußte Haydn, was seine Hymne
musikalisch bedeutete? Zweifellos. Sonst hätte er sie nicht in sein
»Kaiser-Quartett« eingebaut (Opus 76, Nr. 3). Hier erscheint im zweiten Satz, poco adagio cantabile, die berühmte Melodie als ein »Thema
mit Variationen«. Mit ruhiger Ehrfurcht wird sie behandelt. Im Wech-

sel jedem Instrument anvertraut, wird sie zunächst von der ersten
Violine verkündet und gleichsam auf einem Kissen von Harmonien
hereingetragen. In der ersten Variation trägt die zweite Violine sie,
geschmückt mit lieblichen Sechzehntelnoten, ihrer Nachbarin, der ersten
Geige, vor. In der zweiten Variation besitzt das Cello die Melodie,
in der dritten die Viola, als wirkten Goldschmiede an einem Kleinod.
Die vierte Variation ist vielleicht der Gipfel dieses ganzen Quartetts
(und von Haydns Quartettschreiben überhaupt): in den ersten acht
Takten harmonisch, ein Gewebe aus feinstem Stoff; dann immer poly-
phonischer werdend, die Melodie langsam emporfluten und ebenso
zart wieder absteigen lassend. Getränkt, umgeben und durchspielt von
allen Farben des Regenbogens, entwickelt sich hier eine Passage von
magischer, nie übertroffener Schönheit:

So wußte Haydn, der in seine Quartette immer nur das Würdigste
aufnahm, also recht wohl, was die Hymne wert war. Und doch wußte
er es anscheinend wieder nicht. Denn es ist ein fast serviler Brief, den
er schreibt, als ihm der Kaiser eine goldene Porträt-Dose für sein Lied
hat überreichen lassen. Er schreibt dem Innenminister Graf Saurau:
»Exzellenz! Eine solche Überraschung, und so viel Gnade, besonders
über das Bild meines guten Monarchen hab' ich in Betracht meines
kleinen Talents noch nie überlebt« (er meint natürlich: erlebt). »Ich
danke Euer Exzellenz von Herzen und bin erbietig in allen Fällen
Euer Exzellenz zu dienen. Bis 11 Uhr werd' ich den Abdruck des Lieds
überbringen. Bin in tiefster Ehrfurcht untertänigster, gehorsamster
Diener Joseph Haydn.« Und das schrieb Beethovens einstiger Lehrer
nicht einmal an den Kaiser selbst, sondern an einen kleinen Minister —
der Lehrer jenes Beethoven, der fast den Verkehr mit Goethe ab-
brach, als dieser beim Spaziergang in Teplitz die kaiserliche Familie
durch Beiseitetreten und Verneigung grüßte!

Doch es lag in Haydns Natur, daß er sich durch solche Exzesse der
Demut keineswegs herabsetzte. Als er sein Lied geschrieben hatte —
im Februar 1797 —, wandte er sich sogleich anderen Personen als der
seines »guten Monarchen« zu. Der Baron van Swieten mußte ihm bereits wichtiger erscheinen. Und zwar aus einem sehr naheliegenden

Grunde. War van Swieten doch der einzige, der ihm dabei helfen konnte, den Zweikampf mit Händels Schatten zu wagen.

DER ZWEIKAMPF MIT HÄNDELS SCHATTEN

Der Mann, der vom Schicksal dazu ausersehen war, der Textdichter der »Schöpfung« zu werden, war der Sohn des berühmten Leibarztes der Maria Theresia, Guérardus van Swieten. Der junge Gottfried war als elfjähriger Knabe 1745 mit seinen Eltern nach Wien gekommen, wo die Gunst der Kaiserin ihm nach sorgfältiger Erziehung den diplomatischen Dienst erschloß. Bald sieht man Gottfried als Gesandten an den wichtigsten politischen Zentren Europas, in Brüssel, in Paris und Warschau. Und vor allem in Berlin, wo er schon fünf Jahre nach dem Hubertusburger Frieden den Posten als Vertreter Österreichs bei Friedrich dem Großen innehat. Drei Kriege hat Österreich verloren. Trotz des »Dauerfriedens« ist das Verhältnis zwischen den Höfen noch immer sehr schlecht. Ein gefährlicher Intrigenkomplex zwischen Österreich, Preußen und Rußland bereitet sich vor: die Teilung Polens. Die vielhundertseitigen Berichte, die van Swieten eigenhändig über seine Verhandlungen mit dem genialen und launischen Preußenkönig nach Wien sendet, sind erhalten. Sie zeigen den Autor als einen guten Psychologen, Künstler und Anordner von Stoff. Gute politische Schriftstellerei hat auch mit der Orchestration zu tun. Welches Instrument wird jetzt die leitende Melodie aufnehmen?

Ein politischer Musiker von Rang war ja der alte König selbst. Da er sehr wohl merkte, daß van Swieten noch etwas anderes als Diplomat war, glitt die Unterhaltung mit ihm immer mehr ins Künstlerische ab. Die Flöte, die der gichtische König allerdings nur noch selten aus dem Etui nahm, mag ihre Rolle dabei gespielt haben. Eines Tages sang Friedrich der Große höchstselbst dem österreichischen Gesandten eine Fuge »von einem gewissen Bach« vor und vermittelte damit dem Herrn aus Wien zum erstenmal die Bekanntschaft mit der großen norddeutschen Schule der protestantischen Musik. Nun war der Katholik van Swieten kein geborener Österreicher, sondern ein in Wien eingewanderter Holländer, der solchen niederdeutschen Kultureinflüssen nicht unzugänglich bleiben konnte. Als er im darauffolgenden Jahr, 1776, den diplomatischen Dienst quittierte, um Direktor der

Hofbibliothek zu werden, brachte er eine große musikalische Bücherei nach Wien mit, hauptsächlich aus Bach und Händel bestehend.

Die Eroberung Wiens durch »gelehrte Musik« — als solche empfand man Bachs Kontrapunktik — war natürlich ausgeschlossen. Obwohl van Swieten fast ein Vierteljahrhundert mit viel Geduld, Pedanterie und schulmeisterlichem Zorn darauf drang, daß die vornehme Welt der Kaiserstadt Musik hören sollte, »die übereinander und nicht hintereinander geschrieben sei«, hatte er keinen Herzenserfolg.

> Zur Liebe kann ich dich nicht zwingen —
> doch geb' ich dir die Freiheit nicht!

heißt es in der »Zauberflöte«. Diese Verse passen in der Tat. Denn der gestrenge Herr van Swieten gab den Wienern, die soviel lieber welsche Musik gemacht hätten, die Freiheit nicht, daheimzubleiben, wenn er, teils in seinem Hause, teils in den Räumen der Hofbibliothek, Händelsche Oratorien aufführte. »Bringen Sie Ihre Schlafhaube mit!« schrieb er einmal hochfahrend an eine Persönlichkeit von Stand, die bei ihm angefragt hatte, wie lange solch eine Aufführung dauern würde. Das böszüngige Wien erzählte sogar, er habe gelegentlich bei Konzerten die Türen von außen versperren lassen! Nach einer Mitteilung Konstantin Wurzbachs nannten ihn die Zeitgenossen »den musikalischen Oberpriester Wiens«, wahrscheinlich weil seine Veranstaltungen etwas von »Opfer« an sich hatten.

Wie Sonnenfels in der Literatur mit einer Art von heilsamem Terror den Wienern immer wieder die Kenntnis des Fremdlings Lessing aufzwang, so versuchte van Swieten es in der Musik. Aber er wirbt nicht nur geistig für seine Schützlinge oder Götzen: er bringt für diese Kulturaufgabe auch geldlich den hohen Adel zusammen, die Dietrichstein, Lobkowitz, Schwarzenberg, Lichnowsky, Apponyi und Batthyanyi, die die Gagen für die Sänger und das Orchester bezahlen müssen (denn die Vorführungen sind nicht öffentlich). Als Kapellmeister beschäftigt er eine Zeitlang Wolfgang Amadeus Mozart, der sich mit viel Respekt zwingen läßt, Bachs polyphonen Stil zu studieren. Sogar Händelsche Oratorien mußte der Arme ihm einrichten — den »Messias« und das »Alexanderfest« —, wozu er sich (Romain Rolland hat das sehr schön auseinandergesetzt) im tiefsten Kern nicht eignete, eben weil er Mozart war... Aber einem Gottfried van Swieten konnte man eben nicht nein sagen. Er war es, durch den der junge Beethoven, der soeben nach Wien gekommen war, Homer und Shakespeare kennenlernte — und es war mehr als nur Höflichkeit, daß ihm Beethoven darauf seine erste Symphonie widmete. Daß van Swieten mit einer Art von naiver Eitelkeit über solche Ehrungen wachte, unterscheidet ihn in keiner Weise von anderen Männern der Epoche.

Vor allem aber war es Haydn, der das Glück hatte, in van Swieten einen geistigen Förderer zu erhalten. Für Haydn war die Frage, wen er als Textdichter haben dürfe, ein noch größeres Problem als für andere Komponisten. Sein »Bildungsmangel«, der selbst Freunden wie Griesinger als schädlich auffiel, ließ es sehr geraten erscheinen, bei jemand »Belehrung und Schutz« zu suchen, der ihm zwar keineswegs als Künstler, doch als Gelehrter und Humanist geistig übergeordnet war. Daß dieser Schutz zuweilen mit einer gewissen Tyrannis gewährt wurde, lag in dem Selbstgefühl van Swietens, der ja allerlei Ämter innehatte, die fast zum Größenwahn einluden. War er doch zum Beispiel Präsident der »Offiziellen Zensurkommission«, die über das Wohl und Wehe jedes Buches in Österreich entschied! (Er mißbrauchte sein Amt nicht nur nicht, sondern hat viele österreichische Dichter durch eine staatliche Anstellung vor dem Hungertode gerettet.)

Gottfried van Swieten war selbstverständlich ein besonderer Liebhaber von Büchern. Nun hatte Haydn von der zweiten englischen Reise ein kleines Buch mitgebracht, das Salomon ihm gegeben hatte. »Das hier«, hatte der alte Freund und Manager ganz beiläufig gesagt, »hat Händel zur Komposition vorgelegen, er hat es aber nicht machen wollen.« Es war, in Wechselreden, etwas wie die Schöpfungsgeschichte aus dem ersten Buch der Bibel. Ein gewisser Lindley hatte es in edler, poetischer Sprache verfaßt, anscheinend angelehnt an Miltons »Verlorenes Paradies«.

Werken der Literatur gegenüber (und gar solchen in einer fremden Sprache) war Haydn oft furchtsam. Rein instinktmäßig ängstigte ihn stets wieder aufs neue, was über seine Dimension, die Schaffung reiner Musik, hinausging. Doch wenn es zutraf, was Salomon sagte, dann war diese Dichtung eigens für den mythischen Händel verfaßt worden, der nun schon vierzig Jahre tot war. Und diese Tatsache reizte Haydn. Sie erregte seinen Ehrgeiz, sie rührte das Fieber des »Wettkampfs« auf, das, in allen großen Naturen vorhanden, gar nichts mit leerer Ruhmsucht zu tun hat.

Wie oft hatte Burney Haydn in London die Legende des Händelschen Lebens erzählt! Und zwar mit einer solchen Plastik, daß Haydn sich der Gegensätze, die zwischen ihm selbst und Händel klafften, in jedem Augenblick bewußt war. Gegensätze des Körpers, der Seele,

des Kunststrebens und der Weltauffassung. Händel war der »Löwe
von Juda im Bereich der Musik«. Er war riesenhaft breit, mit großen
Händen und Füßen, ungeheuren Armen und Schenkeln. Auf krummen
Beinen — so schilderte ihn Burney — kam er wiegend daher wie ein
großer Bär, eine Spur beriechend, gesenkten Kopfes. Erhob er dann
aufwachend das Haupt, so gewahrte man ein Antlitz von wahrhafter
Majestät. Zu fett allerdings: er glich einem Stier, dem man eine weiße
Perücke aufgesetzt hatte; mit doppelten Wangen und dreifachem
Kinn, mit schwarzen Brauen und blitzenden Augen. Nur der Mund
war merkwürdig spöttisch und fein. »Seine Finger«, erzählte Burney,
»waren so gebogen und dicht aneinander, wenn er spielte, daß man
keine Bewegung und kaum die Finger selbst wahrnehmen konnte.«

Die Natur hatte keine Gewalt über ihn. Er komponierte Tag und
Nacht. In den wenigen Stunden, da er nicht schuf oder schlief, frönte
er der tollsten Eßsucht. Er konnte in einem Londoner Restaurant drei
Menüs bestellen und auf die Fragen des Kellners, ob er auf die übrige
Gesellschaft warten solle, schroff erwidern: »Die Gesellschaft bin ich!«
Dieser Mann von großer Geistesbildung vergnügte sich auf seinen
Proben damit, vier Sprachen durcheinander zu sprechen. Die Angst
der Künstler vor seinem Gebrüll war unbeschreiblich; die Musiker
fühlten sich ihres Lebens nicht sicher. Als bei einer Londoner Probe
die italienische Primadonna Cuzzoni sich weigerte, eine Arie so zu singen, wie Händel wollte, ergriff er sie um die Taille und schleppte sie
gegen das offene Fenster zu: »Oh, Madame, je sais bien que vous êtes
une véritable Diablesse; mais je vous ferais savoir, moi, que je suis
Beelzebub en personne, le chef des diables...« — und trotz dieser
humoristischen Worte hätte er sie hinuntergeworfen, wenn sie nicht
um Gnade gefleht hätte!

Zyklopisch wie der ganze Mann war auch seine Musik. Ihr Grunderlebnis: *der Zorn.* Alle Menschen Händels rasen. Die Brandfackel
ihres Gefühls in Händen, stürmen sie dahin durch seine Opern und
Oratorien: bereit, die ganze Welt anzuzünden oder selbst an der eigenen Raserei zu verbrennen. Dieser Hitzegrad der Leidenschaft ist nur
noch bei gewissen Charakteren des Äschylos, des Shakespeare und
des Alten Testaments anzutreffen. Das Erstaunlichste ist nur, daß dabei die Musik nicht selbst verbrennt. Das tut sie nicht: Händels Kunstverstand schließt seine loderndsten Charaktere in eine kristallene
Kälte ein, die Shakepeares Iamben vergleichbar ist. Der unübertroffene Schilderer der Hysterie und des Größenwahns zeigt selber keine
Spur davon, wenn er all diesen Kolossalgestalten wie Judas Makka-

bäus, Alexander, Julius Cäsar, Tamerlan, Saul, Herakles, Samson, Belsazar, Josua, Jephta das Tonkleid des Psychologisch-Wahren und des Realistischen umhängt. Sie sind keineswegs pathetische Monstren, die etwa unaufhörlich »berserkern«. Wie äußerlich sind oft Wagners Kraftmenschen! Bei Händel, dem Zeitgenossen Bachs, kam die Kraft von innen.

Wie jeden Jähzornigen quälte ihn aber die eigene Kraft. Und das ist das zweite Grunderlebnis, das Haydn bei Händel erschütterte, daß keines Musikers Musik die Seelenruhe, die Stille, den Frieden des Gemüts so anbetete wie diejenige Händels. Kein Komponist hat so viele Largos und Larghettos komponiert. All sein Sehnen stand nach »Gelassenheit«. *La calma del alma, la calma del cor:* die meisten seiner Figuren suchen sie — und gerade diese Spannungsweite, die den ganzen Meridian der menschlichen Seele umfassen möchte, macht Händels Musik so unsäglich ergreifend. Welcher Schlaflose hat nicht geweint, wenn die überirdische Klage der Semele: »Oh, Schlaf, warum fliehst du mich?«, blau wie eine Sternennacht ihn umfing? In dieser Arie ist Händels Geheimnis: die Dissonanz, die zur Konsonanz wird, und die Qual, die zur Ruhe wird. Wie mußte die Kunst dieses Gequälten Haydn erschüttern, für den es solche Spannung eigentlich gar nicht gab, der das Katholisch-Idyllische doch schon von Natur im Blut hatte und dessen Kunst sich nicht, wie die Händels, »durch Krieg den Frieden erobern mußte«!

Nicht zufällig war Händel Protestant. Seine Musik war von Luthertum angefüllt wie die Politik Cromwells. Cromwell war als Engländer geboren, Händel als Engländer gestorben. Beide waren Eroberer, Nationalheilige, National*gläubige*. Kampf, Widerstand, äußerste Mannheit tönten aus Cromwells Edikten und Händels Musik. Ergebung, übernationale Weite und Katholizität erschallen aus Haydn. Was konnte ihn nur anwandeln, daß er sich mit jenem messen wollte?

Trotz allen liebevollen Hörens hatte er wohl schon in London bemerkt, daß die Zeit an Händels Werken nagte. Es konnte Haydn nicht entgehen — ihm, der die Hochblüte des Rokoko und die weicheren Einflüsse des französischen Stils erlebt hatte —, daß ein milder gewordenes Ohr der Welt des Barocken in Händels Musik überdrüssig zu werden begann. Haydn hat es nicht gesagt, aber vielleicht klangen auch ihm bereits manche Händelschen Arien, als ob ein »Wütender in einen Schraubstock gepreßt wird«. Sicher fand auch er bereits, daß sich die Melodie bei Händel »in zu heftig stoßenden Koloraturen vorwärts bewegt«. Die Italiener benutzten die Koloratur zum Ausdruck

des Lieblichen; Händel benutzte sie, um bei seinen Rache- und Zorn-
Arien die Leidenschaften noch gräßlicher erscheinen zu lassen. Das
stieß die Rokokomenschen ab. Und man begann mit Kompromissen,
strich, änderte an der Dynamik, »milderte« den furchtbaren Riesen.
In Wahrheit bewegte das 18. Jahrhundert sich von Händel fort, und
erst im 19. Jahrhundert begegnet uns wie ein erratischer Block Beethoven mit seiner Verehrung Händels, die aber bestimmt nicht nur
eine Verehrung des Musikalischen war. Hier vergötterte der Titan
den Titanen. Als Händels Name vor ihm genannt wurde, soll Beethoven das Knie gebeugt haben. Auf die Frage, wer der größte Komponist aller Zeiten gewesen sei, sagte er: »ER!«

Dasselbe hatte Haydn damals in Westminster Abbey geäußert. Und
mochte der *Mensch* ihm fremd bleiben, mit seinen Gewalttaten und
Bankerotten, den Kämpfen mit der Hofgesellschaft und den Maitressen
des Adels, welche Händel nie den Hohn vergaben, den er Frauen
überhaupt erwies: mochte all das für Haydn abstoßend sein. Wer so
gestorben war wie Händel, dessen Leben war noch nachträglich zu lieben. Welch ein Schicksal: der Gigant wurde blind! Gleich dem augen-
losen Samson (so hatte Burney es Haydn erzählt) wurde Händel, der
erlöschende Greis, von einem Knaben zur Orgel geführt. Keine Kerzen brannten auf der Empore, der Organist bedurfte ja keiner Noten
mehr. Als es aber zu den Sangesworten kam:

> Tiefdunkle Nacht! Kein Tag, kein Licht,
> nur dunkle Nacht umhüllt mein Angesicht!

da rann ein Schauder durch die Kirche. Bald danach unterbrach der
Greis sein Spiel, in lauten Selbstgesprächen saß er lange vor dem Instrument, bald mit sich selbst, bald mit Gott hadernd... Gott aber —
diese Legende wußte jedes Kind in England — hatte ein Einsehen
mit seinem Knecht. Er rief am Karfreitag den Todesengel und befahl
ihm, »diesen Mann Händel« sofort vor sein Angesicht zu bringen. Der
Todesengel aber sprach: »Laß ihn doch erst am Karsamstag sterben,
so hat er's näher bis zum Auferstehungssonntag.« Und so geschah es,
am Karsamstag 1759 hatte Händel die Augen geschlossen. Immer
sprach Haydn, der Komponist der »Sieben Worte am Kreuz«, nur tief
erschüttert von dieser Osterlegende.

Und solch einen Mann sollte er beerben! Das Textbüchlein, das er
nach Wien mitgenommen hatte, lag monatelang in seiner Schublade.
Er wußte, daß es da war, und mied es. Jenes Spiel von Anziehung

und Abstoßung begann, das wir so oft aus der Geschichte großer Kunst kennen. Eines Tages aber gab Haydn das Buch seinem Freunde, dem Hofbibliothekar Gottfried van Swieten, in die Hand. Er fragte ihn, was er davon halte — und im gleichen Augenblick hatte auch schon das Schicksal gesprochen. Ein geistesgeschichtlicher Augenblick, wie er nicht wiederkehren wird: die Zusammenarbeit zweier Menschen an der »Schöpfung« hatte begonnen.

Es lag etwas Seltsames in der Beziehung Haydns zu Gottfried van Swieten. Sicher wäre dieses Verhältnis ohne weiteres ein ganz natürliches geworden, hätte Haydn, weniger respektvoll, den buchgelehrten Herrn Baron als den »Mitarbeiter« angesehen, der er war. Aber er kam gar nicht auf diese Idee, überschrieb seine Briefe an ihn devot mit »Eure Exzellenz« und unterfertigte sie mit »zutiefst ergebener Diener«.

Das mutet manchmal wie eine Reprise von Haydns Londoner Verkehr mit dem Earl of Abingdon an. Und doch war da ein Unterschied. In dem respektlosen London trat Haydn sehr viel selbstbewußter auf als daheim auf österreichischem Boden, wo uralte Blutgebundenheit ihn sozial unterwürfiger machte: ein Aristokrat blieb ein Aristokrat!

Die Zusammenarbeit Haydn—van Swieten begann jedoch nicht erst mit der »Schöpfung«! Bekanntlich hatte Haydn ursprünglich »Die Sieben Worte des Erlösers« als reines Orchesterstück komponiert. Als er dann auf der Reise nach London zufällig den Passauer Dom betrat, hörte er, wie der Kapellmeister Frieberth eine neue Fassung des Werkes probierte: er hatte die »Sieben Worte« mit einem Oberbau von Singstimmen versehen und das Werk in eine Kantate verwandelt. Diese Möglichkeit frappierte Haydn; er beschloß, die Passauer Anregung aufzugreifen und, nach der Rückkehr von London, die Komposition zu ergänzen — wo aber sollte er den stark erweiterten Text hernehmen, der dazu benötigt wurde? Er bat van Swieten um diese Arbeit, die außerordentlich schwierig war, weil der kurze Bibeltext nicht durch sentimentalischen Schwulst entstellt werden durfte.

So war es klar, daß für eine deutsche Umdichtung des Lindleyschen Textes überhaupt nur van Swieten in Betracht kam. Er sah nicht nur die Schwierigkeiten (der künstlerische Geschmack hatte sich in den letzten fünfzig Jahren gewandelt, die Zeit war pathosfeindlich geworden und ein eigentliches Barock-Oratorium im Aufklärungszeitalter kaum noch möglich), er umschiffte sie auch klug. Der Verehrer Händels mutete Haydn nichts zu, was er als Haydn nicht leisten konnte. Er tat weit mehr, als daß er ihm nur eine gute Dichtung schenkte: er führte den Komponisten geistig in wahrhaft diplomatischer Weise. Als die Leipziger Allgemeine Musikalische Zeitung 1799 van Swieten nach seinem Anteil an der Einrichtung des englischen Buches fragte, äußerte er sich taktisch-bescheiden, »er sei der Hauptanlage des Originals zwar im ganzen getreulich gefolgt, im einzelnen aber so oft abgewichen, als musikalischer Gang und Ausdruck es ihm zu fordern geschienen habe«. Hier ist jedes Wort eine Untertreibung! Die Eisenstädter Archive haben inzwischen nämlich durch ihre Handschriften erwiesen, daß van Swieten weit über die deutsche Textfassung hinaus dem Komponisten eine ausführliche Anweisung gab, worauf er beim Schaffen zu achten habe. Nach der Tenor-Arie »Nun schwanden vor dem heiligen Strahle des schwarzen Dunkels greuliche Schatten« schreibt van Swieten zum Beispiel vor: »Bei der Komposition des Chores könnte die Finsternis nach und nach schwinden; doch so, daß von dem Dunkel genug übrigbleibt, um den augenblicklichen Übergang zum Licht recht stark empfinden zu machen. Die Worte ‚Es werde Licht‘ dürfen nur *einmal* gesagt werden!« Sich vorzustellen, Haydn hätte statt dieses Holländers etwa einen Italiener als Mitverfasser der »Schöpfung« gehabt! Dann wären die Worte »Es werde Licht« — nach dem Prinzip: Häufung ist Steigerung! — viermal wiederholt worden...

Und so geht es seitenweise fort. Keine der van Swietenschen Anweisungen hat Haydn außer acht gelassen, nicht einmal diejenige, daß »die Bewegung der Fische schnell sein solle«. Es muß also nicht, wie Pohl behauptet, »bedauert werden, daß Haydn unter der Fuchtel eines so selbstbewußten, von seiner poetischen Begabung ebenso wie von seiner gesellschaftlichen Wichtigkeit überzeugten Herrn stand« — nein, ohne diesen Mitarbeiter besäßen wir das unsterbliche Werk nicht. Er war es, der Haydn den Mut eingab, den Zweikampf mit Händels Riesenschatten zu wagen.

»VOLLENDET IST DAS GROSSE WERK...«

Nach dem biblischen Bericht hatte Gott sein Werk in sechs Tagen vollendet. Als Haydn nach van Swietens Text die Komposition der »Schöpfung« begann, war er sich über folgendes klar: Wenn er das Werk des Herrn in zwei oder drei Stunden nacherzählen wollte, so mußte er das Kunstmittel der *Verkürzung* anwenden. Verblüffend einfache Tatsache. Ihm aber sehr neu. Und sehr schwer! Warum?

Sein ganzes Leben lang hatte Haydn für sein Komponieren »Zeit« — besser gesagt: Raum — gehabt. Zuviel Raum. Von der Mitwelt bewundert, hatte er jeden Einfall mit aller Gemächlichkeit ausschöpfen dürfen, Variationen um Variationen ersonnen, keine Seitenansicht eines Themas ausgelassen, den Hörer und sich selbst mit endlosen Reprisen erfreut: aus dem Reich der absoluten Musik, in dem er ja unumschränkt gebot... Nichts hatte ihn von außen gedrängt, kein Theater, »er möge fertig werden« (Mozart), keine »Plötzlichkeit von innen« (Beethoven), wo Leidenschaft und Schicksal an die Pforte klopfen: »Sei kürzer! Sei charakteristischer!« Sieht man ab von den »Sieben Worten«, so trifft den Fünfundsechzigjährigen jetzt zum erstenmal im Leben der geistig knappe Befehl eines Themas. Als er sich vor die »Schöpfung« setzte, konnte Haydn nicht mehr machen, »was die Musik in ihm verlangte«, sondern nur, was der »Stoff« wollte.

Ein Riesenstoff: Gott erschafft die Welt. Er schafft sie wie ein Handwerker. Nacheinander. In endlosen Einzelheiten. In unzählbaren Figuren, die scharf voneinander geschieden sind. Das alles muß Haydn auch. Folge: die Figuren, obwohl klar unterscheidbar, müssen klein sein. Musikalisch gesehen: *kurz*. Kurze Orchestersätze. Kurze Gesangspartien. Kurze Massenchöre. Und trotzdem muß alles gewaltig klingen, erhaben, voll unnachahmlicher Würde und Pracht. Das wird schwer sein. Nie war etwas schwerer.

Warum hat Händel eigentlich die »Schöpfung« nicht komponiert? Vielleicht, weil er es nicht gekonnt hätte? Flexibilität, Standpunktwechsel, das rasche »Wiederaufhörenkönnen«, das der Stoff immer wieder von seinem Komponisten verlangt, die jähe Neueinstellung auf ein neues Tonbild: vielleicht war das nichts für Händel, der, wenn er den Strahl eines Instruments auf ein bestimmtes Objekt richtete, ebensowenig aufhören mochte wie Wagner... Verführend, das zu glauben — doch gerade damit muß man vorsichtig sein. In »Israel in Ägypten« war Händel Haydns direkter Vorgänger im Entwerfen von Kurzbildern. Bei der Schilderung der ägyptischen Plagen hat er sogar Tierstimmen verwandt (klirrendes Aneinanderreiben von Heuschreckenflügeln und Froschquaken). Der Grund, weshalb Händel die »Schöpfung« verwarf, war zweifellos ein andrer; wir werden ihn noch kennenlernen.

Die Schwierigkeiten für Haydn also lagen in den Verkürzungen. Er wurde der Schwierigkeiten Herr — aber er hat darum kämpfen müssen! Seine Agilität, seine Raschheit, sein »unmittelbares Zugreifen« in der »Schöpfung« sind eine Täuschung.

Diese Verkürzungen! Jede Schöpfung muß natürlich mit einem
»Chaos« beginnen. Wieviel Takte billigt Haydn ihm zu? Hundert?
Es wäre nicht zuviel, dem »Noch-nicht«, der »Wüste und Leere« einige
hundert Takte zu widmen. Aber er hat nicht genügend Zeit. In einer
Welt, in der Gott, der Herr, Fische und Vögel bilden wird, widmet
Haydn dem Nichts besser hundert Takte. Wenn er das kann! Doch er
kann noch mehr. In kaum fünfzig Takten malt er das Nichts *vor* Gottes
Eingriff. Doch diese Takte werfen die Musik der Zeit um und schaffen
ihr einen neuen Ausdrucksstil.

»Die Krone auf einem königlichen Haupt« nannte Goethes Intimus,
Zelter, diese Anfangstakte der »Schöpfung«. Sie beginnen nicht mit
einer Dissonanz — dazu ist Haydn wahrlich zu klug, denn dann gäbe
es keine Steigerung mehr. Sie beginnen, forte, mit einem einzigen
schaurig leeren Oktaventon,

der weder Chaos noch Kosmos ist, sondern das *Universum* selbst, das
sich entweder mit Formlosem oder mit Form erfüllen wird. Erst im
zweiten Takt beginnt, piano, das wirklich Formlose, das Schleichen
und Drängen der Materie, die durch das Leere hinflutet.

In seinem Roman »Zwei auf einem Turm« sagt Thomas Hardy,
daß das Gefühl beim Betrachten astronomischer Fakten sehr bald
einen Punkt erreicht, wo Erhabenheit aufhört und Schrecken beginnt.
Diesen Punkt erreicht Haydn hier, ohne auch nur einen Augenblick
(selbstverständlich!) ins Atonale zu geraten. Er bleibt durchaus auf
festem Boden, während er wie mit Herschels Fernrohr das Weltall
schärfer und schärfer durchdringt. Wo Herschel selbst zu Resultaten
wie der Bewegung des Sonnensystems im Raum kommt, da, sagt
Tovey, etabliert Haydn seinen Kosmos fest in der Umgegend von
c-moll. Fest? Ein paar kühne Mehrdeutigkeiten der Tonalität lassen

sehen, wie sehr er um das Paradoxon weiß, daß der Mensch »sich das Nichts überhaupt vorstellen soll«. Denn bevor wir so etwas können, müssen wir schließlich im »Stadium des Etwas«, das heißt in einer Art »Ordnung« leben. Das tut Haydn. Obwohl die Ansaugung des Chaos mächtig an ihm zerrt, bleibt er auf geordnetem Grund. So kehrt das Gefühl des Erhabenen zurück und wird des Grauens allmählich Herr.

Zwar: es ist noch immer kein Licht da! Ins Akustische übersetzt: es ist noch keine Harmonie da. Noch herrscht das Tonbild der Öde vor. Ein in trauernden Halbstufen herniedersteigendes Motiv — doch, ist der Urgrund des Nichts erreicht, steigt die Seele in Halbtönen wieder aufwärts. Frohe Gewißheit durchschlägt den Hörer: Der Allmächtige wird eingreifen! Des-dur, die Tonart des »Lebenswunders«, naht, wir sind schon mitten im Des-dur — *Gott wird schaffen!* Bald wird alles um uns C-dur sein. »Und Gott sprach: Es werde Licht!« UND ES WARD LICHT!

Hugo Leichtentritt, Händels Biograph, meint, daß Haydns Licht-schöpfung eine Erinnerung an Händel sei, an den dreifach gestaffel-ten Lichtchor des »Samson«:

> O erstgeschaffener Strahl, und du, o Wort:
> Es werde Licht — und Licht ward überall!

Doch Haydn hat »Samson« nie gehört. Er gab Händel gewiß jede Ehre. Aber für die Lichtschöpfung war er einem Größeren pflichtig. »Nein! Nicht von mir — es kam von oben!« hat er 1808 bekannt.

Sicherlich kam es von oben — aber wie hat er darum gerungen! Die Wiener und die Berliner Staatsbibliothek bewahren sein Skizzen-material zur »Schöpfung«. Er, der ein halbes Jahrhundert lang mit »tagwandlerischer Sicherheit« komponiert hat, ohne zu skizzieren, schreibt plötzlich Einfälle auf: ändert, zaudert, streicht, verbessert, komprimiert. Er muß — und wie heilsam ist dieses Müssen!

Er hat (die Skizzen erweisen es) ursprünglich seine Chaosmusik der ersten Violine, dem Horn und der Klarinette anvertraut. Diese Instrumente setzen sich sehr gut gegeneinander ab, sie werden deutlich zu hören sein... Plötzlich aber fällt ihm ein, daß das Urgrau der noch ungeschaffenen Welt mit solchen Instrumentalfarben nicht wiedergegeben werden kann. Der Ton der Klarinette ist glatt, fettig-süß, näselnd, »leicht betrunken« — fort! Er ersetzt die Klarinette und das zu starke, zu bestimmte Horn durch Fagott und Bratsche: nun ist das Gedrückte, Farblose da, das ihm vorschwebte, aber im Anfang nicht glückte.

So mag es ihm an vielen Stellen der »Schöpfung« ergangen sein. Doch man merkt es nicht — weil im Endeffekt alles so wunderbar »leicht« dasteht. Dabei war schon die »Formenwahl« schwierig, die, mit der fortschreitenden Handlung, immer wieder neu vollzogen werden mußte. Welch erstaunlicher Reichtum an Formen! Bald erstrahlt auf der Szene ein deutsches Lied (jedoch nur der Anfang eines Liedes), bald beginnt im Orchester ein süßes Geigensolo (aus dem das 19. Jahrhundert ein ganzes Konzert gemacht hätte), bald werden die Trümmer einer Opernarie mit Koloraturen vorübergetragen, bald ertönt ein majestätisches Tutti, das von einem Sekko-Rezitativ abgelöst wird — man kommt aus dem Staunen nicht mehr heraus: über die Schnelle und Wendigkeit, mit der Haydn ein symphonisches Sätzchen heranzieht, einen kleinen Choral bildet, über den Kunstverstand, mit dem er alles wieder verläßt, wenn die schöpferische Sekunde es will. Mit einer Jugendkraft ohnegleichen scheint das alles hingesetzt »feucht, eben gezeugt« — unbegreiflich bei einem fünfundsechzigjährigen Mann.

Unbegreiflicher als alles aber ist das Wissen um das Drama. Denn die »Schöpfung« ist ein *dramatisches* Werk, voller Handlung und höchster Spannung. Mögen die drei Erzengel, Raphael, Uriel, Gabriel, auch alles erzählen, was geschieht: hier ist trotzdem keine Epik mehr. Wir sind einbezogen, wir dürfen sogar ein wenig zittern, ob dem Schöpfer alles gelingen wird. Die Materie hat einen Gegenwillen, das Chaos gibt sich nicht gleich besiegt, und die Fledermäuse der Urnacht zucken noch einmal auf, ehe sie stürzen.

Er - starrt ent - flieht der Höl - len - gei - ster Schar

Dann fügt sich doch alles in Gottes Hand. Als Diener treten die Reiniger der Schöpfung auf, majestätisch auch sie. Ganz große Herren. Die Winde, die, fortissimo, die Wolken »gleich Spreu« zusammenkehren:

Wie Spreu vor dem Win - de, so flo - gen die Wol - ken;

der Blitz; der hoch hinrollende Donner; der Dampf der Fluten, der Regen wird; des Hagels allverheerender Schauer, der uns in Pizzicato-Figuren und Achtelpausen ins Gesicht schlägt; und am Schluß noch, geheimnisvoll stumm, der weiße Freund, den unser Meister aus dem Burgenland so gut kannte:

der leichte, flok - ki - ge Schnee.

Alles stürmt dramatischen Gipfeln zu, auf denen die großen Chöre hausen. Diese Chöre bestätigen Gottes Einzelwerke; doch nicht, indem sie sie wiederholen. Sie verdoppeln sie eher durch Spiegelung. Und wenn der Schlußchor des ersten Teils losbricht:

Die Him - mel er - zäh - len die Eh - - re ___ Got - - tes, und sei - ner Hän - de

Werk, und sei - ner Hän - de Werk zeigt an das Fir - ma - ment.

dann weiß man, woher Beethoven die Kraft zu seinem Choral nehmen wird: »Die Himmel rühmen des Ewigen Ehre«. Aber der Seitensatz dieses Schlußchors ist eigentlich noch großartiger. Jedes Wort und jede Note sind hier mit Jahrtausendbedeutung geladen, wenn es heißt, daß die Sprache des Schöpfers von allen Wesen verstanden wird — daß sie »keiner Zunge fremd ist«:

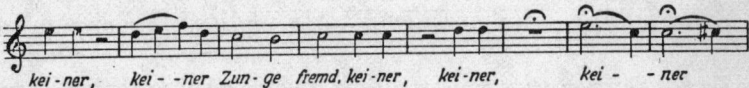

kei - ner, kei - - ner Zun - ge fremd, kei - ner, kei - ner, kei - - ner

Die vor Ehrfurcht schaudernden Fermaten auf dem Worte KEINER überbieten alles Vorherige!

Überglänzt von Sonne, in Grün und Blau, in Silber, Purpur und Honigfarbe steht die Welt da: Berge, Wiesen und Bäche, Ströme,

Meere — daß sich die Engel des Himmels an ihr nicht sattsehen können. Doch wo sind die Tiere? Der zweite Teil bringt ihre Erschaffung.
Diese Tonbilder, von Millionen geliebt, werden oft falsch eingeschätzt.
Weder sind sie Schopfungen des »bekannten Tierstimmen-Imitators«,
noch sind sie »Kabinettstücke, wie man sie auf Dosen malt«; sie sind
auch keineswegs »Schäferszenen auf dem Wandschirm des 18. Jahrhunderts« — sie sind etwas ganz anderes. Sie sind das Ur-Erlebnis
des Tieres, sie sind das Tier zum erstenmal: Hier ist Haydn kein
Idylliker, er ist nicht einmal mehr Naturalist, er ist weit eher Expres-
sionist, wenn er — sechzig Jahre vor Wagner — fast jedem Tier ein
eigenes Motiv findet.

Vor Freude brüllend steht der Löwe da:

Der schnelle Hirsch erhebt sein zackig Haupt:

Der Adler, der seine Flügelspitze immer höher in den Himmel schreibt:

Später der fürchterliche Leviathan, einen Augenblick auftauchend und
sich im nächsten mit peitschendem Schlag wieder zur Tiefe herabwer-
fend:

Und die Turteltaube! Wenn das ständige Suchen nach »Imitationen«
bei Haydn überhaupt sinnlos ist, so hier. Nie haben in der Natur
Tauben schließlich so gegurrt:

Doch man erwartet von jetzt an die Tauben so oder ähnlich singen
zu hören. Das ist die stilisierende Gewalt, die von großer Kunst ausgeht. Dabei ist die Verbindung Auge-Ohr bei Haydn eigentlich nicht
neu. Der prismatische Farbenglanz, der von den die Luft durchtollen-
den Vögeln oder von den Flossen der Fische ausgeht, die in endlosen

Zügen das Weltmeer durchschwärmen, ist eher mit den bekannten alten »italienischen Mitteln« erreicht. Aber bei den Italienern war diese Art von Lyrik oft Selbstzweck. Bei Haydn ist sie mit einer unerreichten Kürze ins dramatische Geschehen eingeordnet. Nur elf Takte braucht er für das Schimmern, Schwärmen, Summen der Insekten, für das Kriechen und Schleichen der Würmer — doch es ist, als ob der Mensch all dem zum ersten Male begegnet. Das Gottesgebot der Fruchtbarkeit ist nie zwingender ausgedrückt worden als in Raphaels Rezitativ:

> Seid fruchtbar alle und mehret euch!
> Bewohner der Luft, vermehret euch
> und singt auf jedem Aste!
> Mehret euch, ihr Flutenbewohner,
> und füllet jede Tiefe!

In Amerika hat es sich eingebürgert, daß in den großen Kirchenkonzerten dieses ganze Rezitativ als Wagnerscher Sprechgesang gebracht wird. Dadurch erhält der Befehl »Multiply!« eine akzentuierte Gewalt, die Haydn selbst vorgeschwebt haben mag.

Dann, als Krone der Schöpfung, schafft Gott den Menschen, »ein Geschöpf«, fürwahr, »das ihm gleich sei«. Weil es so ist, hat sein Mensch nichts von Demut — merkwürdiges Credo bei einem Haydn und gewiß nicht denkbar ohne van Swieten. Wohl ist auch dieses Wesen dankbar, vor allem aber ist es stolz. Sieht man von der »Zauberflöte« ab, so ist des 18. Jahrhunderts Stolz, »ein Mensch zu sein«, nie erhabener ausgedrückt worden als hier:

Und Gott sah jedes Ding, das er machte, und sah, daß es gut war.
Und der himmlische Chor schloß brausend den sechsten Schöpfungs-
tag. »Vollendet ist das große Werk«:

Der dritte Teil der »Schöpfung« — das Leben der Ureltern im Paradies — hat seit einiger Zeit so viele Gegner, daß man häufig empfoh-
len hat, ihn wegzulassen, und es sogar hin und wieder auch getan hat.
Nun hat schon Händel aus besten Gründen seine Oratorien nicht zwei-
teilig, sondern dreiteilig gebaut. Wo ein Schauspiel ist, muß ein dritter
Akt sein! Ist etwa »Adam und Eva« ein Idyll, das nicht mehr zur
Schöpfung gehört? Sollte nicht vielleicht nach Haydns Meinung die
Gattenliebe die wahre Krone der Schöpfung sein? Ein Brief der Fürstin Eleonore Liechtenstein berichtet, daß bei der Uraufführung, als
Adam und Eva ihre Häupter zueinander wandten und sich mit »Hol-
der Gatte! Holde Gattin!« ansangen, ein Schauer von Tränen durch
das Theater gegangen sei. »Jeder Augenblick ist Wonne!« Ist das
nicht merkwürdig? Haydn, unglücklich verheiratet, schrieb für Menschen, denen die Ehe das höchste Glück bedeutete, die Mozarts Glauben im Herzen trugen und Taminos und Paminas Gesang:

> Mann und Weib und Weib und Mann
> reichen an die Gottheit an.

Eine Idylle? Gewiß, die Spannung des Dramatischen ist vorüber; doch
nun blitzt es im Paradiese von Tau. Drei Flöten, zwei Hörner, die
Pizzicati von Streichern schweben mit einem Thema empor, das har-
moniegewordener Morgenwind ist. Für solch eine Musik wurde später
der Norweger Edvard Grieg berühmt, als er in seine Peer-Gynt-
Suite eine ähnliche Gartenstimmung aufnahm. Und es ist eine Vorahnung des Lohengrin-Vorspiels zum dritten Akt, wenn Haydn in
reinen E-dur-Farben den Uriel beginnen läßt:

Im zweiten Teil der »Schöpfung« haben die Engel über die Welt gestaunt. Und wir haben mitgestaunt, wenn der »Vater der Orchestration«, um seine Verehrung über das Mysterium der Fruchtbarkeit auszudrücken, den Pauken ein sechzehntaktiges Pianissimo anbefiehlt; oder wenn er unter den Worten »Dich beten Erd' und Himmel an« die Streicher achtundvierzig Takte lang tremolieren läßt. Im dritten Teil staunen die ersten Menschen. So viel hier Gott gepriesen wird, er wird in stets neuen Formen gepriesen, seiner eigenen Mannigfaltigkeit gemäß; und so wenig endet das Lob, wie der Schöpfungsakt selbst endet. Denn »Die Sonne, des Tags Erhellerin, des Weltalls Seel' und Aug'«, siehe, sie erscheint täglich! Der Mond hört nicht auf, in zauberhaft geschwungenem Bogen den Himmel zu befahren, und die mächtigen Elemente, sie alle preisen Gott. Und bündelnd ihren Preis zu einem riesigen Dankopfer, erscheint zum Schluß ein Andante in E-dur, majestätisch aufgebaut über einer Händelschen Doppelfuge. Ein tief herabsteigendes Baß-Solo, begleitet von Holzbläsern und Streichern, kämpft gegen die Ströme des Chors an und scheint Amen rufen zu wollen. Aber es ist noch nicht der Schluß:

Auf einem As-dur-Akkord explodiert die Harmonie mit großartiger Wirkung und wendet sich nach G-dur, ehe das Werk in den endgültigen Frieden, nach B-dur, und in sein Amen eingeht.

Die öffentliche Uraufführung der »Schöpfung«, ein Kulturereignis,

fand am 30. April 1798 im Palast des Fürsten von Schwarzenberg
statt. Die Vorreklame des Barons van Swieten, eines der Hauptver-
anstalter, hatte die Wiener wochenlang in Atem gehalten. Am Abend
des Ereignisses belagerten Tausende Ausgeschlossener die Eingänge
zum Palais des Fürsten. Ein halbes Hundert Polizisten zu Pferd und
zu Fuß — nie dagewesen! — mußte die Zufahrt freihalten. Die Mehl-
und Gemüsehändler am Neuen Markt erlitten durch das Gedränge
einen Schaden, den ihnen der Fürst vergüten mußte.

Haydn selber dirigierte, Salieri saß am Flügel, die drei Erzengel
Gabriel, Uriel und Raphael wurden von der Sopranistin Christine
Gerhardi, dem Tenor Matthias Rathmayer und dem Bassisten Ignaz
Saal gesungen. Der Beifall, der sich zuerst, wahrscheinlich aus religiö-
ser Scheu, gar nicht recht hervorwagen wollte, erreichte schließlich rauschende Höhen. Alle Zeitungsberichte, auch die der auswärtigen Kor-
respondenten, waren enthusiastisch. Es war aber nicht nur der Enthusiasmus der »Kenner«, der Hosiannah rief: es war fast augenblicklich das Volk, das sich angerührt fühlte. Ein vielgelesenes Volksjour-
nal der damaligen Zeit, die im Wiener Dialekt geschriebenen »Eipel-
dauer Briefe«, berichtete über die Erstaufführung: »Bevor d' Cantati
angangen is, is a Gschra und a Lärm gwesen, daß man sein eignes
Wort net ghört hat. Da hat das ane gschrien: au weh! Mein Arm!
Mein Fuß! Mein Haubn ... und da sind's einander fast über die Köpf
weg gstiegen, und da habn d' Fürtücher und d' Schall und die Röck
krik krak gmacht. A kleins Kind wär bald erdruckt worden, wenns
net ein vornehmer, geistlicher Herr in sein Loschi hinauf zogn hätt ...
Endli is d' Musik angangen, und da is auf einmal so still worden, daß der Herr Vetter ein Mäuserl hätt' können laufen hörn ...
Ich werd' in meinem Leben keine so schöne Musik mehr hören, und
wenn ich noch ein drey Stund länger hätt sitzen solln und 's Schwitz-
bad noch größer gwesen wär, so hätts mi net greut.

I hätts mei Lebtag net glaubt, daß der menschliche Blasbalg und
d' Schafdarm solche Wunder machn könnten. Da hat bloße Musik den
Donner und Blitz ausdruckt ... und da habn d' Vögel wirkli gsungen
und der Löw hat brüllt, und da hat man sogar hören können wie d'
Würmer auf der Erden fortkriechen. Kurz, i bin noch nie so vergnügt
aus an Theater fortgangen und hab auch die ganze Nacht von der Erschaffung der Welt tramt.«

Selbst bis in diese verehrungsvolle Kritik hinein verfolgte Haydn
die Feststellung, daß er Tierstimmen nachahme! Beim Publikum und
bei den Sängern hat es ihm aber niemals geschadet. Im Gegenteil:

mehr als hundert Jahre haben gerade diese volkstümlichen Dinge der »Schöpfung« volle Säle gebracht. Wie Shakespeare das niedere Volk durch Clownerien, das höhere durch Philosophie und Drama gefangennahm, so erging es Haydn mit der »Schöpfung«. Allen bot sie ein Hörerglück ohnegleichen. 1830 berichtet Zelter von einer Aufführung in Berlin unter Gasparo Spontini und beschreibt sie als ein Ereignis, zu dem von allen Seiten die Dirigenten herbeigeeilt seien — obwohl man das Werk in Berlin doch schon oft genug gehört hatte. Auch Verdi hat später seine Dirigentenlaufbahn mit der Haydnschen »Schöpfung« begonnen.

Nur manche der großen Ästhetiker verziehen der Musik wieder einmal ihre Buffo-Wirkungen nicht. An ihrer Spitze stand Schiller, den die realistische Fülle der Einzelheiten an der »Schöpfung« abstieß: »Sie ist ein charakterloses Mischmasch!« schrieb er. »Haydn ist ein geschickter« (!) »Künstler, dem es aber an Begeisterung« (!) »fehlt.« Schiller hatte kein Empfinden für das in einem herrlichen Sinne *Einfältige* dieses Oratoriums: Haydns Musik erlaubte, sich hier über jede Schöpfungstat Gottes in gleich ungehinderter Weise zu freuen — über den Löwen wie über den Zeisig. Das entsprach nicht dem ästhetischen Aristokratismus Schillers. David Friedrich Strauß erklärt das: »Wie aber nachher bald das Taubenpaar girrte, bald die Nachtigall flötete, dort der gelenkige Tiger emporschoß, hier der Hirsch sein gewaltiges Geweih erhob — diese kleinen Arche-Noah-Bilderchen, woran wir anderen Kinder eine so große Freude haben, waren für Schillers Ernst zuviel.« Auch Beethoven, sogar Beethoven, der die Chaosmusik wie kein zweiter verstand, hat über die Tiererschaffungen in einer ungünstigen Weise gesprochen. Schiller und er waren tragische Menschen. Wenn der Tiger den Hirsch zerrissen hätte, wenn sie hätten Blut sehen dürfen, wäre ihnen das Ganze naturwahrer erschienen. Gute Bibelleser waren sie nicht. Denn unter den Tieren der Schöpfung herrscht im Paradiese Gottesfriede.

Obwohl Schiller in Jena hörbar schalt, konnte er es doch nicht verhindern, daß Haydn, um ein Wort Diltheys zu brauchen, »aus Wien ein Weimar gemacht hatte. Zusammennehmend alles, was seit Bach geschehen, die Kunst der Fuge, die Macht des Chors von Händel, Mozarts Zusammenklingen verschiedener Stimmen, alle Süßigkeit seiner dramatischen Melodien, schafft Haydn ein Oratorium, das der neuen *weltfreudigen Religiosität* zum ersten Male einen schöpferischen Ausdruck gibt, ebenso wie ihn vorher die christliche Religiosität in der Musik gefunden hatte.«

Weltfreudige Religiosität? Das mußte nach Goethes Herzen sein —
und in seiner Rede, die er später in Gemeinschaft mit Zelter (lange
nach Haydns Tod) verfaßt hat — wahrscheinlich einer Logenrede —,
rühmte er das Weltlich-Fromme in Haydns Musik und glaubte gern,
daß Haydn seinem Biographen Carpani erzählt habe: »Der Sonnenaufgang gelang mir so gut, weil ich mir dabei den Vater des Lichts
vorstellte, mit Stahl und Stein in Händen; als da die beiden Härten
aneinander gerieten, so war der Funke da, aus welchem das prächtige
Licht hervorstrahlte ...«

Weimar! Der uralte Wieland schickte seinen Freund, den Musikdirektor Forkel, mit Huldigungsversen auf Haydn nach Wien. Diese
Huldigung galt dem Schöpfer der »Schöpfung«:

> Wie strömt dein wogender Gesang
> In unsre Herzen ein — Wir sehen
> Der Schöpfung mächt'gen Gang,
> Den Hauch des Herrn auf dem Gewässer wehen,
> Jetzt durch ein blitzend Wort das erste Licht entstehen,
> Und die Gestirne sich durch ihre Bahnen drehen;
> Wie Baum und Pflanze wird, wie sich der Berg erhebt,
> Und froh des Lebens sich die jungen Tiere regen.
> Der Donner rollet uns entgegen;
> Der Regen säuselt: jedes Wesen strebt
> Ins Daseyn; und bestimmt, des Schöpfers Werk zu krönen,
> Sehn wir das erste Paar geführt von deinen Tönen.
> O, jedes Hochgefühl, das in den Herzen schlief,
> Ist wach! Wer rufet nicht: wie schön ist diese Erde,
> Und schöner, nun ihr Herr auch Dich ins Daseyn rief,
> Auf daß sein Werk vollendet werde.

Wie Goethe war Wieland Protestant. Und beide waren sie Freimaurer.
Noch als fast siebzigjähriger Mann trat Wieland der Weimarer Loge
bei. Waren es maurerische Züge, die den Meister des Aufklärungs-
romans aus der Haydnschen »Schöpfung« ansprachen? War es nicht
eigentlich auffällig, wieviel Beifall Haydn gerade aus nichtkatholi-
schen Ländern erhielt, aus England, Mitteldeutschland und Preußen?

Das brachte eine Rückwirkung hervor, die ihm selbst nicht lieb sein
konnte. Kirchliche Kreise begannen ihn und seine Kunst zu katechi-
sieren. Es wäre auch ohne die »Schöpfung« geschehen. Es war eigent-

lich schon lange fällig — um der Weltlichkeit seiner Messen willen, doch die »Schöpfung« beschleunigte diesen Prozeß.

EINE KETTE VON MISSVERSTÄNDNISSEN

Haydn war ein sehr frommer Mann. »Und«, hat er Griesinger erzählt, »ich war nie so fromm, als während der Zeit, da ich an der ‚Schöpfung' arbeitete. Täglich fiel ich auf meine Kniee nieder und bat Gott, daß er mir Kraft zur glücklichen Ausführung dieses Werkes verleihen möchte.« Diese Äußerung ist sehr charakteristisch. Nicht etwa nur für Haydns Verhältnis zur Religiosität überhaupt, sondern beinahe mehr noch für sein Verhältnis zur Kunst: Wenn er fromm ist, so scheint er es vor allem zum Besten seiner Musik zu sein.

Man kann als Musiker gewiß auch in einer anderen Art fromm sein. Palestrina und Bach waren anders fromm als Haydn in seiner ziemlich naiven und vielleicht etwas egoistischen Weise. Der liebe Gott war Haydns Freund, der ihm, einem kreuzbraven Mann, gerne beim Komponieren half und sein Leben idyllisch gestaltete.

Haydns Frömmigkeit war eben nicht von der düsteren, quälenden Art, die sich vor Gottes Zorn zusammenduckt, die Strafe voraussieht und im ganzen mehr an die Hölle denkt als an den Himmel. Mit einer solchen Frömmigkeit begabt, hätte gerade Haydn nicht komponieren können. Wenn der Feuerbrand eines Bußpredigers in ihm gewütet hätte, wäre Haydn nicht Haydn geworden.

Seine Frömmigkeit war nicht nur gemüts-, sie war auch standesbedingt. Die Handwerker, von denen er abstammte, die Bauern, mit denen er Umgang hatte, können einerseits keine Freigeisterei brauchen; sie sind alle mit der Religion verheiratet, das »Marienjahr« regiert ihre Schritte. Andererseits darf aber die Religion über solche Menschen auch nicht »den Pantoffel schwingen«. Der Gedanke an das Jenseitige soll die Arbeit fördern, würzen — aber nie hindern. Grübelei, Qual, Unzufriedenheit und Zerknirschung, kurz, die Geschenke der vulkanischen Tiefe, mit der die Religion die Geistesarbeiter zuweilen heimsucht, sind für Handarbeiter unmöglich. Also auch für einen Haydn, der trotz höchsten sozialen Aufstiegs den Gefühlskreis eines Handarbeiters nie ganz verlassen hat.

Außerdem aber war Haydns etwas weltliche Frömmigkeit auch zeitbedingt: er war hierin ein treuer Sohn des 18. Jahrhunderts. Wir wun-

dern uns heute mit Recht darüber, daß das 19. Jahrhundert Haydn
und Mozart die »Äußerlichkeit« zum Vorwurf machte, mit der sie
Gott dienten, daß die Weltlichkeit ihrer Messen von Zeloten ange-
prangert und das Jauchzen nicht verstanden wurde, das, von niemandem überhörbar, zum Beispiel durch Haydns *Cäcilienmesse* hinflutet.
Wie da in den 123 Takten des »Resurrexit« die Auferstehung gefeiert wird, denen nun noch 108 Allegro-Takte einer jubelnden Fuge
folgen, wo die tremolierenden Geigen fortwährend Lichtbündel aus-
senden und die Trompeten den Himmel stürmen — welches Sieges-
getümmel in einer Kirche!

Doch gerade das war dem Beginn des 19. Jahrhunderts zuviel. Es
hatte soeben die Gotik entdeckt, die magere Strenge und die Zerknirschung eines wahren christlichen Lebens: auch dessen Stille und
Innerlichkeit. Was sollte ihm da der Haydnsche Lärm, der instrumen-
tale Überschwang und ein Amen wie das der Cäcilienmesse, das mit
der. Virtuosität eines Opernfinales dahinrauscht?

»Die gingen ja wohl in Hemdsärmeln zur Kirche!« konstatierte
achselzuckend das spirituell gewordene 19. Jahrhundert. Es hörte die
Laute der Kegelbahn und des Theaters aus Haydn und Mozart. Ein
berühmter Jurist in Heidelberg, Thibaut, der 1819 ein Buch über die
»Reinheit der Tonkunst« schrieb, wagte darin gar anzudeuten, daß
Mozart seine Messen überhaupt nicht komponiert haben würde, wenn
nicht ein paar hundert Gulden gewinkt hätten...

Die Wahrheit ist, daß Haydn und Mozart ihre Sakralmusik eben
nicht für das gotische Kathedralendunkel des Mittelalters schrieben,
noch gar für die Mönchsklause eines Heiligen Antonius, der die Ver-
suchungen der Welt abwehrt. Sie komponierten für die sonnendurch-
flossenen Kirchen ihrer eigenen Zeit, des Rokoko. Diese Kirchen Österreichs, Süddeutschlands, Bayerns waren Töchter des italienischen Barock, sie atmeten allenthalben eine festliche Freude aus. Menschen
strömten hinein, die den Ernst ihres Alltags vergessen wollten und für
die vor allem der Sonntag eine Verbindung von Feierlichkeit und
Scherz war. (Neben der Kirche erwartete schon der dörfliche Jahrmarkt
mit Bolzenschießen und Karussell die ungeduldige Menge.) In den
meisten dieser Kirchen waltete die heiterste aller Architekturen vor,
die Spiralsäule des Römers Bernini. Welche Farben im Innern! Wenn
es Bauernkirchen waren, die um den Tegernsee, Attersee, Chiemsee
und Wolfgangsee herumlagen, so strahlten sie von Weiß, Blau und
Gold. Hölzerne, angestrichene Engel mit posaunierenden Backen und
windbewegten Gewändern standen neben dem Chor. Wenn es städtische

Kirchen waren, schimmerten die Altäre von Purpur und Gold, und auf den jubelnden Deckengemälden war die Heilige Dreieinigkeit umschart von lachenden Heiligen. Für eine solche Umgebung schrieben Mozart und Haydn ihre Messen.

Und doch: Schon die Zeitgenossen, nicht erst die Späteren, sahen in der konstanten Fröhlichkeit der Haydnschen Sakralkomposition eine Art von Exzeß. Hätten sie es nicht getan, so hätte es Haydn nicht nötig gehabt, sich eines Tages zu entschuldigen: »Da mir Gott ein fröhlich' Herz gegeben hat, so wird er mir schon verzeihn, wenn ich ihm fröhlich diene.« Diesem wundervollen Wort — oder doch einem ähnlichen — verdanken wir eine besonders schöne Geistesminute im Leben Goethes. Goethe lag einmal krank zu Bett und war sehr niedergeschlagen, als Zelter, um ihn zu erheitern, erzählte, er habe aus Haydns Mund die Worte gehört: »Ich muß immer lachen, wenn ich an den lieben Gott denke! Da hüpft mir vor Freude das Herz im Leib!« Als Goethe das hörte, weinte er — und von Stund' an war er gesund.

Nun hat aber jedes Zeitalter »recht«. Wenn zu Anfang des 19. Jahrhunderts die freigeistigen Abbés des 18. abgewirtschaftet hatten — jene Mozartschen Abbés, die Religion und Boudoir miteinander zu koordinieren wußten — oder der »Bauernkatholizismus« Haydns mit seinem oft derben Frohsinn nicht mehr zeitgemäß erschien, so mußte das seine Gründe haben. Der Hauptgrund unter diesen Gründen war, daß die »Gott abschaffende« Französische Revolution das Christentum in Gefahr gebracht hatte wie nie eine Ketzerei zuvor. Um seinen Feinden zu begegnen, mußte der Katholizismus sich zunächst einmal auf sich selbst besinnen, seine wahren Wurzeln wiederentdecken, seine Reserven sammeln und seine falschen Freunde, die »Lauen«, abstoßen.

»Vertiefte Einsicht in Leben und Tod« forderte die wiedererstarkte Religion jetzt von den Österreichern. »Reinigung von Weltsucht und Sünde; bedingungslosen ernsten Gehorsam und dogmatische Unterwerfung auch auf dem Gebiet der Schönen Künste...« Es war der Redemptoristenpater Clemens Maria Hoffbauer, der zuerst diese Worte äußerte. »Besser einsam sein«, dachte er, »als von falschen Freunden umgeben.« In solcher Gefahrenzeit hieß es schließlich: »Wer nicht für mich ist, der ist wider mich.« Auch nach dem Tode Josefs II. gab es noch zahllose »Josefiner«, die der Kirche feindlich gesinnt waren, in österreichischen Amtsstellen. In Frankreich waren die Priester geächtet — wenn sie nicht gar ermordet waren! — und König Georg III. von England, obwohl Verbündeter im Kampf gegen die Greuel der Revolution, machte kein Hehl aus seinem Haß gegen die katholische Kirche...

Seit den Glaubenskämpfen der Renaissance war die Popularität und das Ansehen der Kirche nicht tiefer gesunken. Gerade hier setzte das Reformwerk Hoffbauers und seiner Freunde ein; im benachbarten Bayern entsprach ihm die Bemühung des Predigers Sailer.

Haydn war kein Verbündeter. Was man Haydn übelnahm, war, daß das Ton- und Instrumentalbild seiner Musik einen grundsätzlichen Unterschied zwischen »geistlich« und »weltlich« überhaupt nicht anerkannte. Seine und Mozarts Sakralmusik war nur »Konzertieren aus frommem Anlaß«. Gerade das schien den Frommen bedenklich! Nicht ohne Schadenfreude erzählte man kurz darauf im frommen Wien eine Anekdote, die sich im »gottlosen Berlin« zugetragen hatte: den Fall der Sängerin Betty Marcuse.

Betty Marcuse war ein Mitglied jener protestantisch-jüdischen Bourgeoisie, die das Kunstleben Berlins in jenen Jahrzehnten entscheidend beherrschte. (Etwa ein Vierteljahrhundert später kulminierte diese Epoche in der glänzenden Gestalt Felix Mendelssohn-Bartholdys.) Jenes Fräulein Betty Marcuse war eine begabte Sängerin. Eines Tages hatte sie in der Berliner katholischen Kirche (es gab in der protestantischen Stadt nur eine einzige, die von St. Hedwig) eine Messe von Haydn mitgesungen. Als eben das »Sanctus« einsetzte, ging sie fort, um in einer anderen Kirche noch eine Kantate mitzusingen und am selben Vormittag noch ein paar Duette zu probieren. Denn Betty war gerade in Mode gekommen. Es konnte kein »ästhetischer Tee« in Berlin getrunken werden, ohne daß diese Sängerin eine italienische Canzonetta oder ein Pariser Chanson sang. An allen Aufführungen war sie beteiligt; ihre Eitelkeit, so verständlich sie war, drohte ihr großes Talent zu zersplittern... Da sieht ein »Unbekannter«, ein Fremder, sie aus der Hedwigskirche fortgehen. »Wissen Sie denn nicht, mein Fräulein«, warnt er, »daß es sündlich ist, daß es nicht straflos bleiben kann, wenn man während eines ‚Sanctus‘ eine katholische Kirche verläßt? — Sie werden hier so bald nicht mehr singen!« Der Sprecher hat laut seine Stimme erhoben. Betty erschrickt — und vom Moment an hat sie die ihrige verloren. Die berühmtesten Ärzte können nicht helfen, ihre Laufbahn als Sängerin ist vorbei.

Diese wahre Geschichte, aus der E. Th. A. Hoffmann später, 1816, die Novelle »Das Sanctus« machte, hat eine Pointe, die scheinbar prohaydnisch ist. Eine Messe von Haydn ist ein Ereignis, aus dem man eben nicht wie aus einer Jahrmarktsbude davonlaufen darf. Aber Haydns Gegner konnten auch sagen, daß gerade seine Musik die Lauen *nicht* an die Kirche fesselte. Aus einer Messe von Palestrina hätte man gar nicht davonlaufen *können*. Doch in Haydns Kirchenmusik, argumentierte man, war zuviel »Welt«; der Unterschied zwischen ihr und dem übrigen »Berliner Konzertbetrieb« war illusorisch.

Als sich diese Geschichte zutrug, war Haydn bereits ein paar Jahre tot. Sie hätte ihn nachdenklich gestimmt. Denn er war eine vorsichtige Natur — und wollte keinen Anstoß erregen. Dennoch hatte gerade er die Gabe, durch seine Musik Leute zu ärgern, die er gar nicht ärgern wollte. Als er einen ernsten Kanon über die »Zehn Gebote« schrieb — einen sehr akademischen Kanon in der strengen Form eines »Krebsgangs« —, ritt ihn doch wieder der Übermut, für das Siebente Gebot »Du sollst nicht stehlen!« eine allgemein bekannte fremde Melodie zu benutzen! Die Menschen konnten nicht verstehen, warum eine so grundernste Sache wie die Zehn Gebote, auf denen alle Sittlichkeit basiert, zu solch einem Spaß Veranlassung gebe. Aber Haydn ging noch weiter. Er führte Dinge aus, die uns auch heute ziemlich unbegreiflich erscheinen — und nicht nur den Eiferern unter uns.

Einst schrieb er einen Kanon nieder, ein Liedchen, das so recht das Gefühl zeigt, das dieser »verheiratete Junggeselle« im Alter gegen die Frauen hegte. Der Text: »Gott im Herzen, ein gut Weibchen im Arm — jenes macht selig, dieses g'wiß warm«, hätte in seiner kräftigen Art auch bei Luther oder Goethe stehen können. Anstößig war er eigentlich nicht — doch ebenso gewiß nicht katholisch.

Wer aber beschreibt nun die Gefühle der Zeitgenossen, als sie gerade diesen Kanon klar erkennbar in einer Messe — der »Heiligmesse« — wiederfanden, die zur Feier der Seligsprechung eines Kapuzinermönchs Bernhard von Offida gesetzt war? Der Meister hatte sorglos die Weise dem Text der Liturgie angepaßt:

In ein wunderbares Tonkleid gewebt, zwischen Violinen, Bratschen, B-Klarinetten und Cello sang nun also die Altstimme pianissimo die Worte:

Et incarnatus est de spiritu sancto
ex Maria, Maria virgine

(Und wurde Fleisch vom Heiligen Geiste
in Maria, der Jungfrau Maria)

zur Weise des kompromittierenden Kanons. War das nicht wirklich
ein Sakrileg?

Es ist wohl überflüssig zu sagen, daß Haydn kein Sakrileg vorhatte.
Es war ein »Ausrutschen«, das ihm passiert war — etwas, was mit
seiner Fehleinschätzung der Melodie zusammenhing. Es geschah ihm
nicht zum erstenmal: er handelte hier so bedenkenlos wie in der
»Mariazeller Messe«, wo er für das »Benedictus qui venit« eine Melodie
aus seiner komischen Oper »Il Mondo della Luna« benutzt hatte. Das
war das Italienische an diesem sonst urdeutschen Meister, daß er
glaubte, eine Melodie »sei eben eine Melodie«: hierin hätten Wagner
und Brahms ihn eines Besseren belehren können. Haydn sah in der
Melodie ein Allheilmittel, eine Panacäe — jede Melodie erschien ihm
für jede Situation gleich gut, wenn man sie nur mit genügender In-
strumentalkunst applizierte! Er trieb es fast so weit wie Rossini, der,
verlegen um einen Trauermarsch (und weil ihm gerade nichts anderes
einfiel), in seine »Semiramis«-Ouvertüre das bekannte Schweizer Lied
»Freut euch des Lebens!« einwebte... für umflorte Posaunen und
Bässe gesetzt. Gerade diese großen »Verehrer der Melodie« wie Rossini, Haydn, Donizetti und Verdi vergaßen aber, daß jede wirkliche
Melodie einen *einmaligen Eigenwert* hat, den man nicht straflos verletzen kann, indem man sie anderswo verwendet.

Das seien aber doch Kleinigkeiten — wird man einwenden —, die
der Schönheit, Größe, Kühnheit, der Frömmigkeit und dem gemüts-
starken Ernst der Haydnschen Messen keinen wirklichen Abbruch tun
können. Mit diesen Messen, mehr als ein Dutzend — darunter solche
Geniewerke wie die Mariazeller Messe (1782), Heiligmesse und Paukenmesse (1796), die Nelsonmesse (1798), die der neuen Kaiserin ge-
widmete Theresienmesse (1799), Schöpfungsmesse (1801) und Har-
moniemesse (1802) —, sei Haydn doch unzweifelhaft einer der größten
Sakralkomponisten der neueren Zeit. Gewiß. Doch die politische Stimmung in Wien — die kämpferischen Bestrebungen der sich in Not-
wehr befindenden Kirche — stand der Anerkennung von Haydns
kirchlichen Kompositionen entgegen. Der damalige Erzbischof von
Wien, Sigismund von Hohenwarth, soll allen Ernstes das Verbot der
Haydnschen Sakralmusik im Stefansdom erwogen haben; das Verbot

selbst wurde nicht erlassen, doch der Gebrauch der Trompeten und Pauken bei der Heiligen Wandlung wurde gerügt, und die Frauenstimmen im Chor wurden beschränkt. Man sprach damals, 1806, davon, daß Frauenstimmen in der Kirche überhaupt verboten werden sollten — Gott sei Dank kam es nicht dazu, es hätte dem Kastratenunwesen wieder Tür und Tor geöffnet! Jedenfalls aber wurde Haydn zu allerlei Änderungen gezwungen — die möglicherweise größer waren, als wir heute annehmen. Jede Erinnerung an die »Komische Oper« und die »unverschämten Rhythmen des Tanzsaals« wurde in der Kirche verpönt, und es ist ziemlich vielsagend, daß Kaiserin Marie-Thérèse, die fromme Napolitanerin, die Franz II. geheiratet hatte (sie darf nicht mit dessen Großmutter Maria Theresia verwechselt werden!), die Drucklegung einer Messe von Haydn — der »Schöpfungsmesse« — erst erlaubte, als der Meister sich bereit fand, eine Stelle zu revidieren, die in provokativer Weise an die Paradiesesfreuden des gleichnamigen Oratoriums erinnerte.

Wie Haydn seinen Biographen Albert Dies und Griesinger selbst erzählt hat, war er plötzlich beim Komponieren der Worte *Agnus Dei, qui tollis peccata mundi* (O Lamm Gottes, das du die Sünde der Welt aufhebst!) von einer »unbezwinglichen Freudigkeit« ergriffen worden. »Höchst befremdlich!« mußte die Kaiserin denken. Wie kann im Augenblick tiefster Zerknirschung jemand von einer »unbezwinglichen Freudigkeit« ergriffen werden? Das Lamm nimmt die Sünden der Welt auf sich — und der Komponist findet frohe Rhythmen?

Als die Kaiserin ihn zur Verantwortung zog, erklärte Haydn nicht ohne Kühnheit, daß doch »die schwachen Sterblichen ohnehin meist nur gegen die Gebote der Keuschheit und Mäßigkeit sündigten«. Das, fügte er bauernschlau hinzu, seien wohl nicht solche Todsünden. Übrigens habe er, fuhr er fort, bei der Komposition mehr an *tollis* als an *peccata* gedacht, mehr an die »Aufhebung« als an die »Sünde«. Als die Kaiserin, immer noch nicht zufrieden, ihren Kopf bedenklich schüttelte, schloß er seine Verteidigung, in unschuldigster Haydn-Art — seiner unwiderstehlichen Art! — mit der Versicherung: daß doch gerade die *Gewißheit der Gnade Gottes* ihn so fröhlich gemacht habe, daß er unter die Worte des »Agnus« eine fröhliche Melodie habe setzen müssen. Damit sprach er die Wahrheit, und die Kaiserin hatte Mühe, ihr Lächeln vor ihm zu verbergen. Es war wirklich dieselbe Melodie, die im dritten Teil der »Schöpfung« Adam, der Mensch, seiner Eva zusingt: »Der tauende Morgen, o wie ermuntert er!«:

»Und doch, Haydn, kann das *so* nicht bleiben!«

Da gab er um ein weniges nach: Er strich zwar nicht die Melodie, doch um die Ähnlichkeit zu verwischen, veränderte er die Intervalle der Solo-Baßstimme und der Hörner. Die Kaiserin revanchierte sich, indem sie im Familienkreise die Sopran-Partie der Messe sang. Sie sang außerdem (wie wir aus Griesingers Korrespondenz mit Haydns Verleger Breitkopf wissen) am 24. und 25. Mai 1801 im privaten Zirkel Haydnsche Arien aus den »Jahreszeiten« und der »Schöpfung«, also an zwei Abenden hintereinander, was ihrer »angenehmen, aber schwachen Stimme« wohl nicht leicht gefallen sein mag...

EIN ORATORIUM DER WELTFRÖMMIGKEIT

Kaiserin Marie-Thérèse war die Tochter jenes Königs Ferdinand von Neapel-Sizilien, der vor einem Jahrzehnt Meister Haydn als Hofkomponisten und Kapellmeister nach Italien hatte mitnehmen wollen. Haydn aber hatte damals die folgenschwere Entscheidung getroffen, nach England und nicht nach Italien zu gehen... Wenn jetzt die Gemahlin Franz' II. im Familienkreise die »Schöpfung« sang, so unterschied sie sich in nichts von zahlreichen deutschen Hausfrauen in Leipzig, Berlin, Hamburg und Frankfurt. Auch in Wien wurde die »Schöpfung« geliebt. Doch ihr Erfolg war in Norddeutschland seltsamerweise größer, tiefer und dauernder als in Haydns Heimat.

Die Arien der »Schöpfung« wurden sofort ein »Bestandteil der deutschen Hausmusik«. In der Hausmusik hatte Haydn schon lange mit Quartetten und Symphonien geherrscht — nicht aber mit seinen spärlichen Liedern, die man als unbedeutend empfand. Das deutsche Bürgertum zog die Lieder von Haydns Verehrer J. F. Reichardt den Haydnschen bei weitem vor. Haydns englische Liedmusik war in Deutschland unbekannt und seine italienischen Opern über die Hofhaltung Esterhazys nur sehr selten hinausgedrungen. Abgesehen von den »Sieben Worten«, die einen tiefen Eindruck in Gesamtdeutschland hervorgebracht hatten, geschah es beinahe zum erstenmal, daß der fast Siebzigjährige sich mit einer Vokalkomposition ins Herz des ganzen Volkes hineinsang.

Einen derartigen Herzenserfolg wie die Gesangspartien der »Schöpfung« hatten später vielleicht nur noch Webers »Freischütz« und gewisse Opern Wagners (keineswegs der ganze Wagner). Allerdings, das muß wiederholt werden, eher im protestantischen Norden als im katholischen Süddeutschland.

Die große Beliebtheit, die die »Schöpfung« vor allem in Berlin genoß — sie war über hundert Jahre lang das meistgespielte Chorwerk in Preußen —, hatte verschiedene Ursachen. Zunächst gab es in den ersten Jahrzehnten, die der Komposition der »Schöpfung« folgten, also etwa von 1800 bis 1830, keine protestantische Kirchenmusik, die man in Berlin hätte vorziehen können. Die Oratorien von Graun (»Der Tod Jesu«) oder Philipp Emanuel Bach waren abgespielt, und die großen Passionsmusiken Meister Johann Sebastian Bachs waren seltsamerweise unbekannt. Mehr, was ganz unbegreiflich ist: sie waren vielleicht bekannt gewesen, doch in Vergessenheit geraten. Ein Werk wie die Matthäus-Passion mußte 1829 durch den jungen Mendelssohn in des Wortes eigentlicher Bedeutung »neu entdeckt« werden! Händel wieder, der Engländer, war zu früh aus Deutschland ausgewandert, um sich noch irgendeiner Erinnerung beim Publikum erfreuen zu können. Natürlich kannte man seinen Namen, doch man verband nichts Bestimmtes damit; und die Mehrzahl seiner Oratorien war damals nicht einmal übersetzt. Das waren Umstände, die dem Erfolg der »Schöpfung« Vorschub leisten mußten.

Der eigentliche Gründer des Berliner Musiklebens, der Direktor der »Singakademie«, war der schwere, fast quadratische, brave Karl Friedrich Zelter (1758—1832). Er war ein großer Verehrer Haydns und in mancher Beziehung diesem ähnlich: er entstammte kleinen Kreisen, war einst Steinmetzmeister gewesen und hatte sich emporgearbeitet. Die Musikgeschichte hat ihm verdacht, daß es sein Einfluß war, der Goethe viele Jahre von Beethoven fernhielt; aber Haydn hatte es gut bei Zelter. Haydns Solidität, seine Rolle als »Komponist des deutschen Hauses«, hatte kaum einen größeren Beschützer als Musikmeister Zelter in Berlin.

Drittens war es ein Glück für die »Schöpfung«, daß gerade die alttestamentarische Stoffwahl eine so starke Affinität zu den geistigen Grundlagen des Berliner Judentums hatte. Das Judentum begann gerade damals eine der stärksten Stützen des Musiklebens zu werden, woran sich bis zum Beginn der Hitlerpest nichts ändern sollte. Was Haydn diesen Kreisen galt, zeigt sich so recht in einem Brief, den der

Vater Felix Mendelssohns schrieb. Er sprach von den neuen Entwicklungen des Orchesterstils und fuhr fort: »Reichtum ist nur dann ein Übel, wenn wir\ihn nicht zu nützen wissen. Wie also soll orchestraler Reichtum angewandt werden?... Ein Gegenstand muß gefunden werden, der durch seine inbrünstige Kraft und genügendes Allgemeininteresse fähig ist, den Platz einzunehmen, den sonst die Gefühle der Frommen einnahmen. Gerade von diesem Gesichtspunkt aus sind beide Oratorien Haydns sehr bedeutende Phänomene...« In glücklichster Weise hätten sie den alten positiven Glauben, die metaphysische Religion durch den Glauben an die Natur ersetzt, an die sichtbare Emanation der Gottheit und die tausendfältigen Einzelheiten, die Ehrfurcht in jedem Herzen erwecken... Die »Schöpfung« und die »Jahreszeiten« versahen also die Zeitgenossen Abraham Mendelssohns, die neuerdings emanzipierten Juden, mit den geistigen Werkzeugen, die es ihnen ermöglichten, die Errungenschaften der Aufklärung mit dem Alten Testament zu verschmelzen. Die Juden von Berlin, Frankfurt, Hamburg verehrten schon darum Haydn wie keinen andern Tonmeister sonst. Als im Jahre 1807 der Maler Isidor Neugaß ihn malte, gab er seinem Konterfei eine verborgene Symbolik mit: Haydn gleicht hier fast einem Rabbi, der eine heilige Rolle öffnet, auf der die Worte der »Schöpfung« stehn: »Nun schwanden vor dem heiligen Strahle des schwarzen Dunkels greuliche Schatten...«

Viertens — und dies war das Entscheidende! — war das völlig unnaive Berlin entzückt von der Naivität, mit der ein alternder Meister hier die Kapitel der Genesis angepackt hatte. Entzückt von der kindlich-anmutigen Freude, mit der er die Taten seines Gottes geradezu »ausgeplaudert« hatte, Feierlichstes mit Heiterem mischend. Schiller hatte das zwar getadelt, aber das norddeutsche Publikum war mit Recht anderer Ansicht als er. Man war entzückt von dem Optimismus und der Weltlichkeit des Werkes.

Vor allem: von der *Weltlichkeit*. Sie war es, die in Haydns Heimat sogleich Bedenken erregt hatte. Es war diesmal nicht die gewohnte Kritik an Haydns »Sorglosigkeiten«, wie ein kleiner, doch einflußreicher Kreis sie gegen seine Messen erhob. Es ging tiefer. Der Katholizismus sah mit Recht in diesem Werk ein geistesgeschichtliches Ereignis — wenn auch mit weniger Recht ein Tendenzwerk, das den Hörer von der Kirche wegführte. In Wirklichkeit war Haydns »Schöpfung« ein überkonfessionelles Werk, dazu angetan, mit größtem Genuß von allen denen gehört zu werden, deren Sittlichkeit auf der Bibel basierte: Katholiken, Protestanten und Juden. Aber gerade das Über-

konfessionelle war in Wien keine besondere Empfehlung. Der Wiener
Erzbischof Migazzi, ein Gegner Kaiser Josefs II. und seiner inneren
Reformen, der eigentliche Urheber der »katholischen Widerstands-
bewegung«, hatte schon vor zwanzig Jahren mit scharfen Worten dagegen gesprochen, daß »Laienkreise in Österreich mit der Bibelüber-
setzung des Protestanten Luther lebten«. Die Bibel sei lateinisch geschrieben und nicht deutsch. Das traf nachträglich auch die »Schöpfung«, wo in einer allen verständlichen Form die Mysterien des biblischen Berichts zu Gehör gebracht wurden. Manches in van Swietens
Text wurde in Wien nicht nur als fremd, sondern als anstößig empfunden. Es handelte sich da vor allem um jenes Attribut des Schöpfers,
das ihn als den »Werkmann« zeigte.

Was zeigte denn Haydn in seinem Werk? Nichts anderes, als was
schon vor dreihundert Jahren der englische Kanzler Thomas Morus in
seiner »Utopia« gelehrt hatte: »Einem irdischen Werkmeister gleich
setzt der Schöpfer seine Weltmaschine den Blicken des Menschen aus,
weil dieser das einzige Wesen ist, welches diese schöne Unermeßlich-
keit begreifen kann. Gott sieht mit Liebe auf den herab, der dieses
große Uhrwerk bewundert und das Getriebe und die Gesetze zu entdecken sucht; mitleidig betrachtet er den, der diesem bewunderungs-
würdigen Schauspiel gegenüber sich wie ein vernunftloses Tier verhält.« Ebenso blickten die Väter der Aufklärung, die Boyle, Hume,
Berkeley und Leibniz auf die Welt als auf ein großartiges Maschinen-
werk, vergleichbar einem, das menschliche Hände geschaffen hatten.
Und gerade von hier aus begreifen wir, warum Händel den Text nicht
komponierte, den Lindley für ihn geschrieben hatte. Denn nach Händels Geistesart konnte Gott nur ein Held sein, nicht aber ein Gott der
Aufklärung oder ein Arbeitsmann.

In Haydns »Schöpfung« wird nun tatsächlich — Eugen Diesel hat
das nachgewiesen — Gott wie bei den Griechen als »Tekton«, als
Weltzimmermann, oder ganz alttestamentarisch als Ingenieur gesehen.
Werner Sombart entdeckt im Schöpfungsmythos des Alten Testaments, wie van Swieten und Haydn ihn übernahmen, den Hand-
werkertypus des Weltschöpfers. »Im Anfang *schuf* Gott Himmel und
Erde; und die Erde war ohne Form und leer... und Gott sprach: Es
werde Licht, und es *ward* Licht (es ist fast das Gefühl, wie man es
beim Anlassen einer Dynamo-Maschine hat). Und Gott *machte* das
Firmament (so schmückt ein Stukkateur und Künstler eine Kirchen-
kuppel aus). Er *machte* die Sterne; und die Sonne ist in Haydns Text
gar ein Riese, stolz und froh, zu rennen seine Bahn — ganz zweifellos

Empfindungen (meint Sombart), die der Konstrukteur eines Renn-
wagens oder Ozeandampfers teilen mag, wenn er beglückt sein Werk
betrachtet. Am Schluß noch schafft Gott sich den Menschen als bewun-
derndes Auditorium und als technischen Fortsetzer!«

Wer die Dinge so denunziatorisch übertreibt, der kommt freilich
auf ein Gebiet, wo das Christentum schwer mitkann. Ist doch die
Weltschöpfung des Christentums — nach dem Evangelium Johannis —
nicht so sehr aus der Handarbeit Gottes, sondern aus dem *Wort* hervorgegangen. Nun hieße es aber van Swieten verleumden, wenn irgendeiner behaupten wollte, daß er das nicht gewußt habe. Im Gegenteil:
im Text seines Werkes erscheint die »schöpferische Hand« stets aufs
feinste abgewogen mit dem »schöpferischen Wort«. Dennoch, man war
empfindlich geworden. War nicht der Text aus England gekommen?
Wer den Text des Haydnwerkes nach Ärgernissen durchstöbern wollte,
der hatte es nicht allzu schwer, sie in einem »materialistischen Deismus
englischer Prägung« zu finden. Ehe wir uns über diese Empfindlichkeit
wundern, müssen wir bedenken, daß der Klerus in Österreich eben
erst einen siegreichen, aber schweren Kampf mit einer Ketzerei bestanden hatte, »die ebenfalls aus England stammte«. Es war der
Kampf mit dem Freimaurerorden — bei dem übrigens der Freimaurerorden der Angreifer gewesen war.

Kaiser Josef II., jener Monarch, der nicht gewollt hatte, daß seine
österreichischen Untertanen »Geld für Messen ins Ausland schickten«,
war zwar selbst nicht Freimaurer, aber ein naher Freund des Wiener
Großmeisters Ignaz von Born. Wo Kaiser Josef kulturpolitisch nicht
offen gegen den Papst vorgehen wollte, stützte er sich auf den »in-
offiziellen« Freimaurerorden, der riesigen Zulauf aus dem Lager aller
Gebildeten hatte. Indem die Regierung Josefs II. dem Orden »vollkommenen Schutz« zusagte und versprach, »in das Innere der Logen
niemals eindringen und sich alles vorwitzigen Erkundigens und Aus-
forschens enthalten zu wollen«, machte sie den Orden zugleich sicher
vor polizeilichen Zugriffen — ein im polizeilich regierten Österreich
sehr seltenes Faktum.

Man kann nicht zweifeln, daß Haydn, als er acht Jahre nach Kaiser
Josefs Tod sein geistesgeschichtlich bedeutsamstes Werk schrieb, sich
der freimaurerischen Anspielungen in van Swietens Text bewußt war.
Andererseits war er doch sehr fromm — konnte er naiv genug sein,
nichts von dem offenen Kriegszustand zwischen Freimaurertum und
Kirche zu wissen? Wie konnte er als Komponist an maurerischer Symbolik mitschaffen, wenn der Papst und Rom sie verwarfen? Doch viel-

leicht durfte er um so harmloser sein, als — trotz des päpstlichen Verbots! — während der achtziger Jahre in Wien Hunderte von katholischen Priestern den Freimaurern nahegestanden hatten. (Ein uns heute unbegreifliches Faktum, das nur dadurch erklärt werden kann, daß im 18. Jahrhundert »totalitäre Ansprüche« sich eben noch nicht voll durchsetzen konnten und daß es Brücken zwischen den einzelnen Weltanschauungen gab.) Einer dieser Geistlichen, Karl Joseph Michaeler, Kustos an der Wiener Universitätsbibliothek, antwortete dem Papst sogar in einer Schrift, in der er nachwies, man könne Freimaurer und gleichzeitig ein guter Christ sein!

Aber so sehr die österreichischen Freimaurer darauf hinweisen konnten, daß sie an der blutigen Verfolgung der Priester durch die Französische Revolution nicht den geringsten Anteil hatten, die Ungnade Roms blieb ihnen erhalten. Inzwischen hatte sich auch der Staat gegen die Freimaurer gewandt, und als die Haydnsche »Schöpfung« herauskam, waren die Logen in Österreich bereits seit mehr als fünf Jahren verboten. Franz II., der jetzige Kaiser, haßte den Orden, der ihm schon darum als etwas Staatsgefährliches erschien, weil er geheime Statuten hatte. Alle Historiker sind sich klar, daß er trotzdem weiterbestand; daß eine »Krypto-Freimaurerei« in Österreich weiterexistierte (um so mehr, als das kaiserliche Verbot sich nicht auf das übrige Deutschland erstreckte). Ebenso sicher ist es aber, daß Haydn keiner Geheimloge angehörte. Dazu war er viel zu loyal und dem Kaiser ergeben. (Bei van Swieten sind wir nicht ganz so sicher.)

Als 1798 die »Schöpfung« uraufgeführt wurde — zunächst im Schwarzenbergschen Palais —, fühlten die Gebildeten sofort die Nebenbeziehungen mit, die das Werk an so vielen Stellen aufwies. Eine Verwandte des fürstlichen Hausherrn, Prinzessin Eleonore, bewunderte in einem Brief die »Taten des mächtigen Werkmannes«: sie gab also Gott jenes Attribut, das man in kirchlichen Kreisen nicht gern sah. Dazu kam, daß van Swietens Umdichtung des englischen Originaltextes etwas weiter ging, als nötig war. Der ahnungslos-arglose Haydn, der nicht Beethovens kritische Denkschärfe hatte, vertonte tatsächlich eine Stelle, die da lautete:

> Mit Staunen sieht das Wunderwerk
> der Himmelsbürger frohe Schar,

während es im Englischen ganz unverdächtig geheißen hatte:

> The marv'lous work behold amaz'd
> the glorious hierarchy of Heaven.

Das Haydnsche Oratorium spricht in einem revolutionären und beinahe französischen Sinne von den Engeln als Himmelsbürgern, als den »citoyens du ciel«, als seien sie Angehörige des Bürgerstandes, auf deren Beifall und Verständnis Gott bei der Weltschöpfung Rücksicht zu nehmen gehabt habe!

Daß die Kirche hier einzuschreiten versuchte, kann man sich leicht vorstellen. Sie versuchte es um so mehr, als eine Einflüsterung bei Hofe, der Text der »Schöpfung« sei »freimaurerisch«, das Ohr eines Kaisers erreichen mußte, der eine beinahe krankhafte Angst vor dem Wirken »geheimer Gesellschaften« hatte. Die Wiener Polizei, die von Josef angewiesen worden war, »nicht in die Logen einzudringen«, hatte das unter Franz getan und eine Denkschrift über das »Verschwörungswesen der Freimaurer« veröffentlicht. Mozarts »Zauberflöte« war in Acht und Bann getan worden und durfte auf der Hofbühne nicht mehr gegeben werden, weil der ängstliche Kaiser in ihr eine Verherrlichung der Revolution sah. Tamino, der »Mensch-Prinz«, der zum Licht strebt, galt dem Volksgefühl als Kaiser Josef. In der »Königin der Nacht«, der Vertreterin des Aberglaubens und der Finsternis, sah man die verstorbene Kaiserin Maria Theresia; in der entführten und später erlösten Pamina das österreichische Volk und in dem Oberpriester Sarastro den Freimaurer-Großmeister Ignaz von Born. Diese Beziehungen genügten, die »Zauberflöte« zu verbannen. Das traf aber nur dies Werk — nicht den Künstler Mozart und seine sonstigen Werke geistlicher und weltlicher Art: ein neuer Beweis, wie menschlich sich damals, trotz Ängstlichkeit und Kleinlichkeit, die spirituellen Gewalten verhielten. Auch Joseph Haydn, der eben erst durch sein »Gott erhalte Franz den Kaiser« sich allen teuer gemacht hatte, wurde selbstverständlich als Mensch und als Künstler in Ruhe gelassen. Nur sein herrlichstes Werk »Die Schöpfung« wurde mit einer Art Bann belegt. Es wurde das Verbot ausgesprochen, es in einer katholischen Kirche aufzuführen.

Diese Verbannung seines Werkes in weltliche Konzertsäle traf Haydn tief. Ein Städtchen in Böhmen, das Plan hieß, hatte dem Verbot des Prager Konsistoriums getrotzt und Haydns Oratorium in der Kirche aufgeführt. Am Sonntag darauf predigte ein Priester, der wohl niemals den Namen Haydn vernommen hatte, noch nachträglich dagegen, daß man in christlichen Kirchen Oratorien von »Heiden« aufführe. Die Sache zog weitere Kreise und hätte den Schulrektor Ockl, der die Aufführung veranstaltet hatte, leicht die Stellung kosten können. In einem kräftigen Brief voll gerechter Empörung versicherte nun Haydn den

Schulrektor seines Schutzes und machte gegen die Mächte mobil, die sein Werk verleumdeten. Halb Europa habe sein Werk als unübertroffene Leistung begrüßt. (Ungewöhnliche Worte für einen Mann, der sonst über sich so bescheiden sprach, aber hier war Bescheidenheit nicht mehr am Platze.) »Seit jeher«, schrieb der beleidigte Meister, »wurde Gottes Schöpfung als das erhabenste, Ehrfurcht einflößendste Bild für den Menschen angesehn. Dieses große Werk mit einer ihm angemessenen Musik zu begleiten, konnte sicher keine anderen Wirkungen zur Folge haben, als diese ehrfürchtigen Gefühle im Herzen des Menschen zu erhöhn und ihn in eine empfindsame Lage für die Güte und Allmacht des Schöpfers hinzustimmen. *Und diese Erregung heiliger Gefühle sollte Entweihung der Kirche sein?*« Er sei überzeugt, schloß Haydn, daß die Menschen mit weit gerührteren Herzen aus seinem Oratorium *als aus gewissen Predigten* herausgehen dürften und daß keine Kirche jemals durch eine Aufführung seiner »Schöpfung« entheiligt werden könne. Wenn diese Hetze gegen sein Werk nicht aufhöre, werde er sich an Kaiser Franz und dessen Gemahlin wenden, die »dieses Oratorium mit wahrster Rührung angehört und ganz von dem Werte dieses heiligen Werkes überzeugt seien...«

Wäre Haydn ein Denker gewesen — im Sinne Beethovens oder Goethes —, so hätte er die Frömmigkeit seines Werks noch anders beweisen können. Etwa mit den Worten, mit denen der Philosoph Friedrich Dessauer in seiner »Philosophie der Technik« (1927) den »bauenden und bewundernden Menschen« als Fortsetzer des Schöpfungsakts feiert. »So durch tausend Kanäle in die sichtbare Welt einströmend, vollzieht sich die Schöpfung noch immer und täglich. Die Schöpfung ist überhaupt nichts Vergangenes. Wir schauen zu, wie die Erdoberfläche sich täglich mit neuen Gestalten bereichert und wie sie alter Gestalten beraubt wird. Wir sind inmitten des Schöpfungstages... Noch immer spielt sich der göttliche Akt ab — und es ist unser ungeheures Schicksal, daß wir dabei Zeuge sind, und mehr: daß wir tätig beteiligt sind!«

In diesem Sinne ist Haydns Werk — er hat es nur so nicht ausdrücken können! — eine »wahrhaft heilige Musik«. Wie die sprachliche Fassung des Briefes verrät, mag er (wie solche Schreiben meistens) schwerlich von Haydn allein stammen. Man kann auf van Swietens Feder schließen, doch die Empörung ist Haydns eigene. Er, der große Komponist der »Sieben Worte«, der keine Arbeit ohne die Worte »Laus Deo« begann oder ohne »Soli Deo Gloria« auf die Schlußseite zu schreiben — er ein Entweiher der Kirche! Seiner festen Haltung und auch der mächtigen Protektion, die er in Hofkreisen genoß, war es zuzuschreiben, daß die von Eiferern erzeugte Stimmung gegen die »Schöpfung« sich beruhigte.

Inzwischen war übrigens etwas geschehen, was Haydns stolzer Äußerung vom »europäischen Ruhme« des Werks in ungeahnter Weise recht gab. Große Musik hat große Schicksale. Diesmal griff die Haydnsche in die Welthistorie ein: es war ein Ereignis in Paris, das die politische Entwicklung der nächsten Jahrzehnte stark mitbestimmte. Daß es sich, was Haydn betraf, um ein Mißverständnis handelte — denn ebensowenig wie die »Schöpfung« etwa ein antikatholisches Werk war, war sie andererseits ein Ausdruck konservativen Ordnungswillens —, tut nichts zur Sache. Große Musik hat ihre großen Schicksale. Der Komponist setzt sein Werk in die Welt: nun rollt es seine eigene Bahn.

NAPOLEON UND DIE »SCHÖPFUNG«

Ein dunstiger Weihnachtsabend senkte sich auf Paris.

Man schrieb 1800. Ein rundes Jahr. Und das erste Weihnachten nach einer Jahrhundertwende. Welch ein Säkulum war zu Ende gegangen! Das achtzehnte, das der Humanität, in Konvulsionen ging es zugrunde: furchtbare Aderlässe hatten den Körper Europas und Frankreichs verheert. Jetzt schien freilich — vorläufig! — Ruhe. Vor nicht viel mehr als einem Jahr war der berühmte Bonaparte aus Ägypten zurückgekehrt und hatte die Diktatur errichtet, die man das Konsulat nannte. Bedeutete es bereits den Frieden? Die gequälte Welt begann es zu hoffen. Seit der Schlacht von Marengo und den Verhandlungen, die diesem Sieg der Franzosen folgten, hörte man aus Paris keine Märsche, kein Üben der Regimenter mehr. Statt dessen saßen goldgestickte Beamte über Gesetzbüchern, zimmerte Le Premier Consul im grünen Rock die »Neue Ordnung«. Die Devise des neuen Staates sollte Ruhe und Bürgerfleiß sein, Industrie, Wohlstand für alle, keine Klassenherrschaft mehr, keine Jakobinergreuel, wohl aber Pressefreiheit, schöne Künste — selbstverständlich ein starkes Heer, doch vor allem der europäische Friede.

Auch Religion? Ach, mit der Religion steht der von Bonaparte geleitete französische Staat noch immer auf keinem guten Fuß. Religion — das bedeutet Rom und den Papst. Das bedeutet geistige Diktatur, die dem Königtum, den Bourbonen verwandt ist. Rom hat noch immer nicht vergessen, daß man in Paris König Ludwig, dem frommen, den

Kopf abgeschlagen hat ... und die Altäre mit Blut befleckt, an denen das Volk gebetet hat. Freilich, man wird sich eines Tages auch mit dem Papst versöhnen müssen: mit Pius, dem Siebenten seines Namens. Man denke, was man will, vom Papst: schließlich ist er ein Mann der Ordnung — und ein »Mann der Ordnung« möchte man selbst sein, wenn man Bonaparte heißt.

Und heute ist der Weihnachtsabend dieses runden Jahres 1800. Vor achtzehnhundert Jahren ist der Gott der Christen geboren worden, hat in Bethlehems Krippe gelegen, angebetet von den Hirten und behaucht von Esel und Öchslein. Das unfaßbare Mirakel! Die französische Regierung, die ja nicht mehr aus Revolutionsmännern, Heiden und puren Vernünftlern besteht, hat einige Gründe, es auch zu feiern — sollte man meinen. Wie wäre es zum Beispiel, wenn sie sich zur Mitternachtsmesse in die Kathedrale begäbe, in die ehrwürdige Notre-Dame, und wenn sie daran teilnähme, wie der Erzbischof unter Knienden die heilige Handlung zelebriert? Aber vielleicht ginge das zu weit? Frankreich ist doch eben noch das Land Voltaires und der Aufklärung gewesen: noch immer kann jedermann darin nach seiner eigenen Façon selig werden. Politik ist ein Spiel von »Gib und nimm!« — und so sehr hat der Papst noch nicht gewonnen, daß das offizielle Frankreich schon die Kathedralen besucht.

Bonaparte denkt nicht daran, eine Messe in Notre-Dame zu besuchen, obwohl seine fromme Frau, Joséphine, das vielleicht nicht ungern sähe. Er könnte wohl auch zu Hause bleiben und im Familienkreis Fische essen. Statt dessen wählt er einen Mittelweg. Er begibt sich dorthin, wo sich an diesem Abend zwar nicht das fromme, doch das gebildete Paris versammelt. Wo die Blüte der Geister weilt, die erlauchtesten Köpfe der Kunst vereint sind: er begibt sich ins »Théâtre des Arts« zur Erstaufführung von Haydns »Schöpfung«.

Das haben die Bewunderer dieses Herrn Haydn durchgesetzt, die Herren Pleyel und Cherubini, daß man dieses Werk aufführt. Monsieur Haydn ist kein ganz Unbekannter. Schon vor zwanzig Jahren hat man in den »Concerts Spirituels« seine Musik in Paris aufgeführt, so manche seiner Symphonien; unter ihnen »La Reine«, »La Poule«; »L'Ours« vor allem, die Symphonie, in der ein Bär gefangen lag und zum kroatischen Dudelsack tanzte. Die Gebildeten vergöttern Haydn; freilich nur die Gebildeten. Der Mann auf der Straße beschäftigt sich lieber mit Chansons, die von Louison oder Marion handeln ... Man hat eine Weile davon gesprochen, daß Haydn selbst nach Paris kommen werde, um sein Werk zu dirigieren. Er soll dann krank geworden sein ... Eine politische Krankheit vielleicht? So kurz nach der Schlacht von Marengo fährt ein guter Österreicher nicht nach Paris, in die Hauptstadt des siegreichen Gegners. Nun, so wird ein anderer, Daniel Steibelt, das Werk dirigieren. Es soll ein instrumental und gesanglich außerordentlich kühnes Werk sein. Viele, die den Klavierauszug in Steibelts Hand gesehen haben, versichern, es habe nicht seinesgleichen. Ein Oeuvre, erhaben und dabei naiv, feurig und nichtsdestoweniger von einer strahlenden Heiterkeit, wie es der protestantischen Kirchenmusik nie gelungen ist. »Man muß schon Katholik sein, um so etwas vollbringen zu können!« hat man Bonaparte versichert. Andererseits sind die wirklich frommen Katholiken gar nicht entzückt. Das Werk hat freimaurerische Züge. Man kann seine Frömmigkeit nicht leugnen — doch mit Geburt und Passion des Heilands hat die »Schöpfung« gar nichts zu tun. Sie besingt einen Vatergott, der nichts davon weiß, daß er jemals einen Sohn haben wird. Ein kosmischer Werkmeister hat die Welt aus dem Chaos geschaffen und den Menschen als seinen Stellvertreter und sein Ebenbild hineingesetzt. Nichts von Golgatha, nichts von Erlösung — ja, nicht einmal etwas vom Sündenfall, den Adam und Eva begangen hätten. Diese Welt ist überhaupt so schön, daß sie gar keiner Erlösung bedarf ...

Und so etwas spielt man am Weihnachtsabend? Und im Staatlichen Theater? Nein, das kann kein Zufall sein. Vielleicht hat man die kirchlichen Kreise eher ärgern als erfreuen wollen? Den Herren Cherubini und Pleyel, verantwortlich für diese Aufführung, lagen solche Ideen wohl völlig fern — aber daß sich die Regierung an diesem Abend korporativ in die Staatliche Oper begibt, an der Spitze der Erste Konsul selbst, das ist kein Zufall, das hat seine Gründe.

Was denkt der Diktator, während er in die Oper fährt? Wahrscheinlich, daß er sich furchtbar langweilen wird. Er ist genau so musikalisch wie die meisten Italiener, und er hat sogar eine philosophisch festgegründete Ansicht über Wesen und Zweck der Musik. Die Musik, erklärt er jedem, der es hören will, ist eine Dienerin der *bellezza*. Die Musik will die Entzückung der Seele. So gibt es denn nur eine einzige: die italienische Musik. Reine, wolkenlose Formen. *Limpidezza*. Durchsichtigkeit.

Gerade darum weiß er genau: Heute abend wird es fürchterlich werden! Man mag ihm erzählen, was man will, von Haydns paradiesischer und überwältigender Musik — in Wirklichkeit ist er bestimmt nichts anderes als ein wolkiger und schwerer Deutscher. Sonst würde ihn Cherubini nicht lieben! Der Konsul verachtet die Franzosen in der Musik, weil sie sich immer mehr vom italienischen Vorbild abwenden. Deutsch, hat man ihm gesagt, sind sie auch nicht! Die französische Schule nimmt eine Zwischenstellung ein und arbeitet ganz unabhängig. Leider, leider tut sie das. Sie ist zu konstruktiv, zu lärmend, sie brütet unruhig über Plänen, sie ist voller Machtdünkel, sie ist pathetisch-theatralisch, kalt und experimentell. So kann man eigentlich nicht komponieren wie Cherubini und seine Freunde.

»Unter allen Umständen, mein Herr«, herrscht Napoleon ihn eines Tages an, »gebärdet sich Ihre Musik zu laut!«

»Je comprends«, sagt der Meister, der ihn durchschaut, »vous préférez une musique qui ne vous empêche pas de songer aux affaires de l'Etat!« (Ich verstehe, Sie ziehen eine Musik vor, bei der Sie weiter ungestört an die Staatsgeschäfte denken können!)

Man hat natürlich den Text der »Schöpfung« ins Französische übersetzt — dadurch wird das Ganze nicht schöner werden. Was diese deutschen Meister mit den Stimmen treiben, das kann ein lateinisches Ohr nicht ertragen. Dieses ewige schlechte Wetter in der deutschen Musik! Diese schwere und traurige Feuchtigkeit! Es wird ganz unmöglich sein, sich am nächsten Tage an etwas Hübsches und Brauchbares zu erinnern. Ein natürlich empfindender Mensch pfeift beim Rasieren. Aber könnte man wohl etwas Deutsches pfeifen?

Wenigstens scheint dieser Haydn selbst ein zuverlässiger Freund Frankreichs zu sein. Wäre er es nicht, würde man ihn doch in Paris nicht aufführen und gar diese Aufführung noch durch einen Regierungsbesuch beehren: der Polizeiminister Fouché würde das selbstverständlich nicht dulden. Aber weiß Fouché wirklich alles? Nein, weder Fouché noch Bonaparte wissen alles, was diesen Haydn betrifft! Der ist so gründlich englisch gesinnt, daß er auf dem Schloß Eisenstadt ganze Tage mit Lord Nelson verbracht hat, mit dem weltberühmten Sieger in der Seeschlacht von Abukir. »Lines from the Battle of the Nile« hat Haydn seine Kantate genannt, in der er Nelson feierte; sie haben gar Geschenke gewechselt, der Komponist hat dem Admiral seine Schreibfeder verehrt. Besonders die Freundin des Engländers, Lady Hamilton, die berühmt leichtfertige Dame, ist nicht von Haydns Rockschößen gewichen... Das alles weiß man nicht in Paris? Da ist noch mehr, was man nicht weiß: als die Kunde vom Seesieg bei Abukir, da der englische Admiral die französische Flotte zerschmetterte und Bonapartes Ruhm in Ägypten begrub, nach Wien gelangte, da hat Haydn jubelnden Mutes — kaum zwei Jahre ist das jetzt her! — eine »Nelson-Messe« geschrieben. Wenn Bonaparte wüßte, wie der öster-

reichische Meister Trompeten und Pauken in das »Benedictus qui venit«
(Gesegnet, der im Namen des Herrn kommt!) hineinfanfaren und donnern ließ — unerhört! und noch dazu bei einer Kirchenkomposition! —
er würde die »Création du Monde« nicht mit seinem Besuch beehren.
Oh, wenn Bonaparte wüßte, was Fouché auch sonst alles *nicht* weiß, er
führe so ruhig nicht in die Oper...

Jetzt geht es durch die enge Rue Nicaise. Der Erste Konsul im Wagen voran. Allein. Seine Frau, das Gefolge in Gala, die Minister fahren hinter ihm. Ein Lastwagen versperrt rücksichtslos die Durchfahrt.
Er ist vollgepackt, aber ohne Pferde, und ein Kutscher ist auch nicht
da... Bonapartes eigener Kutscher muß von der Staatskarosse absprin-
gen und, vereint mit ein paar Passanten, den Lastwagen aus dem Weg
schieben. Er hat es getan, er sitzt wieder auf. Er ist ein ehrgeiziger
Mann, wenn er auch manchmal über den Durst trinkt. Er weiß: der
Konsul muß pünktlich sein. »Man muß die Minuten hereinbringen!«
denkt er und schnalzt seinen Pferden zu... Da! Ein furchtbarer Donnerschlag! Ein Donnerschlag, der nicht aufhören will! Ein Hagel ge-
hackten Bleis spritzt umher. Der Lastwagen ist explodiert — die
Höllenmaschine, die auf ihm versteckt war. Der Himmel über der
Straße ist rot. Er ist geborsten: Feuer und Schreie! Todesschreie! Die
Pferde des Konsuls stehen einen Moment kerzengerade, die Vorder-
hufe in der Luft — dann rasen sie los. Sie sind unverletzt. Bonaparte
ist unverletzt. Der Kutscher, der ein Meister ist, gewinnt drei Straßen
weiter die Herrschaft über das Gespann zurück. Mit knapp zehn Minuten Verspätung kommen sie vor der Oper an, der Diktator, die wei-
nende Gemahlin und das schreckensbleiche Gefolge.

»Combien des morts? Wie viele sind tot?« fragt er aus dem Mund-
winkel, während er die Treppe heraufsteigt.

Das Gefolge, das nach ihm gekommen ist, erwidert ihm, man rechne
mit zwanzig. »Das bedeutet zweihundert Verwundete!« sagt er mecha-
nisch vor sich hin. Die Straße war eng und nicht sehr belebt. Immerhin
müssen sogar Menschen in den Häusern getroffen sein, durch die Fenster hindurch. Die Explosion war gewaltig. Von Bombenwesen und
Artillerie versteht der Erste Konsul etwas.

Sein Gesicht ist weiß, als er in die Loge tritt.

»Die Kerle haben mich in die Luft sprengen wollen! Was spielt
man? Fangen Sie endlich an! Geben Sie mir doch das Textbuch...«

Man beginnt. Es wird dunkel. Geigen und Celli malen das Chaos.
Er hört es nicht. In seinem Gehör steht riesengroß die Explosion...
Seine Gedanken jagen im Kreis. Wer sind sie denn eigentlich, diese

»Kerle«? Er meint zu wissen, wer sie sind! Er wollte Frankreich den Frieden bringen, Glück, Bürgerfleiß. Wer ist dagegen? Dieser Rest von Schreckensmännern, diese verfluchten Jakobiner, die ihn hassen... jetzt scheuen sie nicht einmal vor einem Mord zurück! Oh, er wird alle umbringen, die dieses Attentat geplant oder damit sympathisiert haben!

Sein Ohr ist taub. Doch die Töne kriechen wie blindes Gewürm. Der Chorus singt: »Es werde Licht — und es ward Licht!« Er hört es nicht. Er spürt auch nicht den verehrenden Schauer, der durch das Theater hinflutet. Er ist schon wieder bei den »Verbrechern«. Wie heißen ihre Helfershelfer? Wenn Fouché nicht binnen zwölf Stunden... Er wird Fouché verantwortlich machen! Er wird... Er wird... Auf einmal öffnet sich Bonapartes Ohr, und er hört zum erstenmal die Botschaft des Oratoriums an ihn. Es wird da von der bösen Rotte gesungen, von der Rotte des Dunkels, und daß sie weicht vor des Herren Wort! Und es fährt ihm der Chor-Klang in die Seele:

Jubelnd erhebt sich seine Seele. Ist das nicht für ihn gesagt? Und hat es nicht wunderbar geklungen:

Ordnung! Ordnung? Das ist es ja, was Napoleon den Franzosen bringt. Eine neue Ordnung der Dinge! Die neue Ordnung: sie ist die Devise, die er Tag und Nacht im Mund führt. Dieser Haydn muß ein Genius sein. Die Musik zu Haydns »Schöpfung«, hat sie ihm nicht das Leben gerettet? Der Kutscher wollte pünktlich sein — und die Töne warteten.

Sonst hat er von der Musik verlangt, daß sie ihn zerstreuen möge. Jetzt — und vielleicht zum erstenmal! — hat er eine Musik gehört, die sein Ich gesammelt hat. Oh, er kann sich am nächsten Tag noch genau daran erinnern, an den Gesang der rächenden Ordnung... an den Sturz der Höllengeister. Der nächste Tag gilt dem Wegräumen des Chaos, des revolutionären Schutts. Er ist der Weltmeister, der bildet! Er fühlt sich dem Meister des Kosmos verwandt, den Haydns Töne besungen haben. Zuerst einmal wendet sich sein Zorn gegen den unfähigen Fouché:

»Wer ist es gewesen?«

»Ich weiß es nicht!«

»Sie schonen Ihre ehemaligen Freunde! Waren Sie nicht einmal selbst Jakobiner?«

Der Polizeiminister erblaßt unter der Beleidigung, die innerlich etwas Wahres enthält. Er murmelt: »Ich bin überzeugt, es sind Royalisten gewesen. Feinde von rechts und nicht von links. Englisches Geld...«

»Beweisen Sie das!« tobt Bonaparte. Fouché wird ein paar Tage brauchen, vielleicht eine Woche, ehe er beweist, daß ein gewisser Georges Cadoudal, Royalist, der Schuldige ist. Inzwischen wendet Napoleons Zorn sich gegen die ohnmächtige Linke, gegen die Reste der Schreckensmänner, die in Pariser Caféhäusern gegen ihn gesprochen haben. Bonaparte möchte am liebsten zweihundert Menschen hinrichten lassen — genau so viel, wie es Verwundete in der Rue Nicaise gab. Daran kann man ihn noch hindern; aber mit einer Reihe von Menschen macht Fouchés Polizei geschwinden Prozeß. Ein paar verdächtige Anarchisten wie Topino und Arena werden nach Guyana verschickt, nach Französisch-Amerika, in die Hölle der Fieberkolonie, wo sie gewiß bald sterben werden. Die Versammlungsfreiheit wird aufgehoben und vor allem die Pressefreiheit. Achtundvierzig Stunden nach dem Attentat in der Rue Nicaise werden von siebzig Zeitungen dreiundsechzig eingestellt. Genügt denn nicht eine einzige Zeitung, um Nachrichten zu veröffentlichen? Es ist auch weder nötig noch gut, daß man politische Dinge glossiert...

Rätselhaft sind die Wutausbrüche, die den Ersten Konsul erschüttern. Alles zittert. Den Direktor der Oper setzt er ab, als es ihm zu Ohren kommt, der Unglückliche habe nachts nach der »Schöpfung« ein Bankett veranstaltet, in den Räumen des Theaters! Monsieur Devismes könnte ihm erwidern, es seien dort Toaste ausgebracht worden, um Bonapartes Errettung zu feiern! Napoleon würde das nicht glauben. Jedenfalls setzt er Devismes ab »wegen Nichtbeachtung der Beleuchtungsvorschriften« — und Paris greift sich an den Kopf.

Unter den vielen Korporationen, die den Ersten Konsul am nächsten Tage beglückwünschen, befindet sich auch eine Abordnung des Pariser Konservatoriums. »Wo ist Ihr Herr Cherubini?« donnert der Gewaltige. »Je ne vois pas Monsieur Cherubini!«

Weshalb dieser Ausbruch? Kein Mensch versteht ihn. Im nächsten Augenblick tritt der Gerufene vor, »croisant froidement et calmement«, wie die Quellen sagen, »son regard avec le regard de Bonaparte« — und plötzlich begreifen wir, daß der gereizte Übermensch anscheinend wirklich geglaubt hat, die französischen Musiker hätten sich darüber gefreut, wäre er in die Luft gesprengt worden! Wie er sie haßt, diese Professoren und Komponisten des »Conservatoire«! Haben nicht all diese Herrschaften vor ein paar Jahren noch skrupellos für die Jakobiner gearbeitet und mit ihren Kompositionen das Regiment des Schreckens verherrlicht? ... Haben sie nicht Massenhymnen für die Revolution geschrieben, die das Volk unter offenem Himmel gegrölt hat? ... Haben sich nicht einige so weit erniedrigt, Jubelkantaten auf die Hinrichtung Ludwigs XVI. zu schreiben ... Gossec ... Méhul ... Cherubini ...? Vor allem ist Cherubini sein Feind! Als der aufgefordert wurde, einen Marsch zu komponieren, der Bonapartes Siege in Italien verherrlichen sollte, hatte er lieber eine Kantate auf Bonapartes Nebenbuhler, den gefallenen General der Rheinarmee, Lazare Hoche, geschrieben! Der Diktator läßt seine Augen schweifen, doch er findet nur ergebene Gesichter. Da berührt er in kurzen Worten die Aufführung der »Schöpfung«:

»Der Triumph der Ordnung war gewaltig!«

Das ist ein sehr doppelsinniges Wort. Sehr bald nachdem es gefallen ist, verläßt Bonaparte den Audienzsaal.

Der gefährliche Augenblick ist vorbei. Die Musiker sind wieder allein, und sie wischen sich den Nacken. »Meine Herren!« sagt Cherubini (oder ist es der Orchesterchef Rey, der spricht?). »Jetzt dürfte es Zeit sein, an Haydn zu schreiben.« ... der mit der Geschichte der neuesten Zeit verknüpft ist, will er vielleicht noch sagen — aber das ist schon nicht mehr nötig, weil jeder es ohnehin fühlt. Ein anderer fragt, ob man nicht zuvor eine Medaille schlagen lassen solle, zur Erinnerung an den gestrigen Tag. Ob Bonaparte das billigen würde?

»Eine Medaille für Bonaparte?«

»Nein, eine Medaille für Haydn!«

Und auf einmal scheint es dasselbe. Die Medaille wird von Gatteaux entworfen, und die Musiker der Oper verfassen einen Brief an Haydn:

»Les artistes français réunis au Théâtre des Arts pour exécuter l'immortel ouvrage de la ‚Création du Monde', composé par le célèbre Haydn, pénétrés d'une juste admiration, le supplient de recevoir ici l'hommage du respect, de l'enthousiasme, qu'il leur a inspiré et la médaille qu'ils ont frappée de son honneur ...« (Die französischen Künstler, die sich zur Aufführung der unsterblichen ‚Schöpfung' im Théâtre des Arts zusammentaten, begrüßen den berühmten Haydn: durchdrungen von Bewunderung, bitten sie ihn hiermit, den Ausdruck ihrer Hochachtung entgegenzunehmen, ihrer Begeisterung, mit der seine Musik sie erfüllt hat, sowie die Medaille, die sie zu seinen Ehren haben schlagen lassen ...)

Es ist eine Eloge ganz großer Art, antik und napoleonisch zugleich. Man weiß kaum, ob diese französischen Künstler noch zu Haydn oder bereits zum Sonnengott sprechen, wenn sie fortfahren: »Die erschütternde Konzeption der ‚Schöpfung' übertrifft — wenn das noch möglich war! — alles, was der geniale Komponist dem erstaunten Europa zu bieten hatte. Indem der Meister in diesem Werk die Feuer der Sonne nachahmt, hat er ein Selbstporträt« (!) »geliefert und uns zu Zeugen dafür angerufen, daß sein Name glänzen wird *‚aussi longtemps que l'astre dont il semble avoir emprunté les rayons ...'«* (so lange wie das Himmelsgestirn, dem er seine Strahlen entliehen hat).

Der Orchesterchef Rey unterschreibt den Brief als erster. An dreißig Unterschriften hat man ungefähr gedacht, aber plötzlich sind es hundertundvierzig — weil alles sich hinzudrängt, was in Paris mit Kunst zu tun hat. Die Medaille von Gatteaux, die man Napoleon vorgelegt hat, zeigt auf der Vorderseite Haydns Kopf, auf der Rückseite eine Leier mit einer Sternenkrone darüber. Da jetzt, 1801, der Friede endlich ratifiziert wird, hat man auch schon wieder einen österreichischen Gesandten in Paris. Es ist der Freiherr von Cobenzl; er schickt die Medaille persönlich nach Wien.

Auf einmal ist der Bann gebrochen, der bisher über Haydns Musik lag. Sie war in Frankreich bisher nur einer Elite von »Fortschrittlichen«, von Avantgardisten, zugänglich. Jetzt wird Haydn über Nacht Favoritkomponist einer Schar von Menschen, die sonst eigentlich, wie Napoleon, »das Dunkle und das Deutsche« nicht lieben. Von hundert

Menschen in Paris haben bisher siebzig geglaubt, daß Musik dasselbe ist wie Belcanto — und im allgemeinen mußten die armen Deutschen die Zeche bezahlen. Sie bezahlen sie auch weiter. Mozart? Der ist leider ein »Proteus« — und es ist durchaus tadelnd gemeint, wenn der Musikkritiker des »Journal de Paris« 1805 gelegentlich der Erstaufführung des »Don Juan« die Mozartsche Kunst mit dem unangenehmen Äußern des Homerischen Meergreises vergleicht, »den man nirgends fassen kann«. Und noch sechs Jahre später wird Beethoven »den Franzosen bizarr und barock wie ein Krokodil erscheinen«.

Haydn aber, Haydn, der »Verherrlicher der Ordnung«, ist ausgenommen von diesem Bann. Ob es nun richtig ist oder falsch: ihn findet man plötzlich ganz gut französisch, ja, stark dem italienischen Schönheitskanon angenähert: die Ausgewogenheit von Form und Idee, die wohlgezeichneten Proportionen, die Anordnung des Dynamischen und die Sangbarkeit seiner Melodien. Das Verständnis, das man Mozart verweigert und Beethoven lange verweigern wird, häuft man verschwenderisch auf ihn. Ein nicht abreißender Strom von Gunst und Ehrenbezeugungen fließt neun Jahre lang, bis zu Haydns Tod, nach Wien. Niemand möchte zurückstehen: Die Gesellschaft der »Concerts de la Loge Olympique« stellt seine Büste auf, krönt sie mit Lorbeer; Ignace Pleyel druckt in Paris eine Taschenausgabe von Haydns Quartetten, die im Nu vergriffen ist; andere Verehrer schicken Geld und die Desmoiselles Erard einen Konzertflügel ihrer Fabrik, der nach Eisenstadt expediert wird. Von überall erneuern sich die glühenden Bitten an den Meister, nach Paris zu kommen, in Frankreich zu leben! Genau ein Jahr nach dem Attentat in der Rue Nicaise, am Weihnachtstag 1801, wird eine neue Medaille auf Haydn geschlagen (diesmal von Dumarest), auf der der Meister zusammen mit dem Kopf der Französischen Republik erscheint. Unter Billigung des Ersten Konsuls hat gleichzeitig das »Institut de France« ihn zum auswärtigen Mitglied ernannt — die höchste geistige Ehrung, die der französische Staat zu vergeben hat. Diese Ehrung wird bürgerliche Folgen für den von ihr Betroffenen haben: Wie das antike Rom gewisse auswärtige Könige zu »Freunden des römischen Volkes« ernannt hat, so besitzt jetzt Haydn offiziell eine Art »Gesandtschaftsposten des französischen Geistes in Wien«. Manche seltsamen Vorkommnisse vor seinem Tod und bei seinem Begräbnis, über die wir noch staunen werden, werden in diesem Lichte begreiflich.

Und wie ertrug er selbst, der Gefeierte — dieser unfranzösischste aller Menschen! — diese Mißverständnisse? Die meisten Mißverständnisse im Leben eines großen Künstlers sind unangenehm und unschöpferisch. »Die wenigsten Menschen«, äußerte sich Goethe Riemer gegenüber einmal verärgert, »lieben an dem andern das, was er ist, nur das, was sie ihm leihen. Sich, ihre Vorstellungen lieben sie, und so hol' sie der Teufel!« Gewiß, das stimmte. Hier aber war ein schöpferisches Mißverständnis, das Haydn wahrscheinlich nicht ungern ertrug. Trotzdem war er um diese Zeit teils mürrisch und teils weinerlich. Nach der ungeheuren Anstrengung der »Jahreszeiten«-Komposition fühlte er sich kränklich und alt. Von der Errettung Bonapartes und der Pariser »Schöpfungs«-Première nahm er zunächst nicht einmal Notiz. Gerade an jenem Weihnachtstag dirigierte er in einer Wiener Kirche die »Sieben Worte des Erlösers«, das tiefempfundene, herrliche Werk ... Was ging ihn das Leben eines Diktators, was gingen ihn Höllenmaschinen an, die auf Wunsch von Jakobinern oder englischen Geheimagenten in Pariser Straßen explodierten?

Als dann allerdings der von Rey und Cherubini verfaßte Brief und die Gatteaux-Medaille ankamen, weinte er vor Ergriffenheit. Er schrieb einen demütigen Dankbrief: Die Pariser Herren hätten »an einem einzigen Tage die Arbeit von 60 Jahren belohnt, seine grauen Haare gekrönt und den Rand seines Grabes mit Blumen bestreut«. Das ist eine merkwürdige Ausdrucksweise für einen Mann, der im allgemeinen zu trocken ist, um der Sentimentalität mehr als den zeitüblichen Tribut zu bezahlen.

Was ist mit Haydn geschehen? Er ist krank. Er weint viel. Er fühlt sich dem Tode nahe.

»DIE JAHRESZEITEN«: DER KAMPF MIT DEM TEXT

Haydn war nie ernstlich krank gewesen.

Ein regelmäßiger Arbeitstag, Zurückhaltung von allen Ausschweifungen und die starke Rasse der Vorfahren hatten ihn gesund erhalten bis fast in sein siebzigstes Lebensjahr. Kurz vor der ersten Londoner Reise entschuldigt er sich bei dem Prinzen Ernst Kraft von Oetingen-Wallerstein, daß ihn ein Augenübel hindere, eine bestellte Musik abzuliefern; manchmal quält ihn der Nasenpolyp, und in England bekommt er Rheumatismus; aber 1801 ist es die erste schwere Grippe, die ihn für Monate ins Bett zwingt. Dauernde Kopfschmerzen treten auf. (Wahrscheinlich war es gar keine Grippe, sondern das Ganze ein ge-

fährliches Symptom von Überarbeitung.) Zugleich ändert sich sein
Aussehen, über Nacht wird er zum alten Mann. Er selbst gibt den
»Jahreszeiten« die Schuld, an denen er zwei volle Jahre bis zur Er-
schöpfung gearbeitet hat (1799—1801). »Die Jahreszeiten«, erklärt er
Freunden, »haben mir das Rückgrat gebrochen.«

Das Buch hat einen enormen Umfang; die 1802 bei Breitkopf und
Härtel erschienene Partitur weist 497 Seiten auf. Welch ungeheure
Notenfülle! Sie war im Grunde nicht nötig — von der Komposition
der »Schöpfung« hätten der musikalische Autor und sein Textdichter
wissen können, wie man komprimiert, um zu wirken.

Aber die Länge der Partitur ist nicht die einzige Erklärung für den
körperlichen Zusammenbruch. Die Erklärung liegt eher darin, daß
Haydn nicht an das Buch glaubte. Mehr: daß es ihm unsympathisch
war. Daß er sich zwingen mußte zur Arbeit, und sich dann wieder
zwingen mußte, »diesen Zwang vergessen zu machen«. (Was ihm auch
durchaus gelang; die Musik zeigt alle Spuren der Haydnschen »Mühe-
losigkeit«.) Doch der Preis, den er zahlte, war zu hoch: ein dauernder
körperlicher Ruin. In den ihm verbleibenden acht Jahren hat Haydn
sich nie wieder erholt.

Wie kam er zu den »Jahreszeiten«? Der große Erfolg der »Schöpfung« hatte den Baron van Swieten nicht ruhen lassen. Die »Schöpfung« kann man nicht zweimal schreiben. So mußte denn etwas geschaffen werden, was in der Anlage vielleicht ähnlich, in der Praxis
völlig anders geartet war. Die »Schöpfung« war, wir erinnern uns,
theologischen Schwierigkeiten begegnet. Aber hatte Haydns Musik es
nötig, Streitigkeiten zu erregen? Es wohnte ihr doch die Kraft inne,
die Menschen glücklicher zu machen. Van Swieten war selbst Musiker,
und er kannte seinen Haydn. Nur fort mit aller Theologie! Voller
Geschmeidigkeit ließ der Baron dem »himmlischen Oratorium« jetzt
ein »irdisches« folgen, die »Jahreszeiten«: ein Thema, das niemand
verletzen konnte.

Für die Wahl des Stoffes war er allein verantwortlich — viel stärker noch als im Falle der »Schöpfung«. Der geistig unselbständige
Haydn war zunächst sicher sehr erfreut, daß es wieder ein englisches
Epos sein sollte, das er zu komponieren habe — dann wurde er langsam anderer Ansicht. Der Dichter des Epos war James Thomson (1700
bis 1748); seine »Seasons«, erstmalig erschienen 1726, waren ein Werk
der Aufklärungszeit, sehr englisch und zugleich sehr moralisch. Sie
schilderten, höchst objektiv, die Reize und Schrecken der Jahreszeiten,
wortreich, mit antiker Ungerührtheit; hier erwies sich Thomson als

Schüler Vergils. Es ist der »Einfluß der Natur auf das Landleben«, den wir kennenlernen, und zugleich die »moralische Reflexion, die die Natur im Landmann erweckt«. Wenn man Thomsons Sprache milderte, konnte Haydn eigentlich nichts besser liegen als dieses Thema.

Und dabei hatte sein Freund van Swieten nicht einmal volle dreißig Zeilen wörtlich von Thomson übernommen. Philosophische Betrachtungen, naturwissenschaftliche Belehrungen, religionsgeschichtliche Ausführungen waren gestrichen. Die Erwähnung fremder Völker und Zonen blieb weg. Sogar die Merkwürdigkeiten, die Haydn vielleicht interessiert, aber künstlerisch abgelenkt hätten, hatte der Textdichter ausgeschieden: so zum Beispiel das rhetorische Staunen über die Menge der Vögel in Schottland... Es ist vielmehr Rohrau, die Kindheitslandschaft, die in den »Jahreszeiten« erscheint, oder die Hügel um Eisenstadt. Nur ganz selten taucht eine Einzelheit auf, die Haydn nicht durch Erlebnis kannte, wie der Wasserfall, der »gestockt und stumm in Sturz vom türmenden Felsen hängt«. (Mit einer kleinen Ausnahme — jener Jünglingsfahrt nach Mariazell — war Haydn nie in den Alpen gewesen.) Fast immer nahm van Swieten nur das, worin Haydn sich heimisch fühlen konnte — und normalerweise hätte der Komponist dankbar dafür sein müssen. Woher also kam seine Abneigung gegen einen Text, der fast wie ein Bett für ihn gemacht war? War das nur eine Altersschrulle — oder gab es tiefere Gründe?

Im Jahre 1800 — dem Jahr der Hauptarbeit an den »Jahreszeiten« — gab es für einen Künstler zwei Wege, an die Natur heranzukommen, und zwar zwei völlig verschiedene: Idealismus und Realismus. Der erste, der idealistische Weg, war 1795 von Schiller ebenso befremdlich wie großartig beschrieben worden: »Das Wohlgefallen an der Natur... hat weniger eine ästhetische als eine moralische Ursache; denn es wird durch eine Idee vermittelt, nicht unmittelbar durch Betrachtung erzeugt« (!); »auch richtet es sich ganz und gar nicht nach der Schönheit der Form. Was hätte auch eine unscheinbare Blume, eine Quelle, ein bemooster Stein, das Gezwitscher der Vögel, das Summen der Bienen für sich selbst so Gefälliges für uns? *Was könnte ihm da einen Anspruch auf unsere Liebe geben?* Es sind nicht diese Gegenstände, es ist eine durch sie dargestellte Idee, was wir in ihnen lieben. Wir lieben in ihnen... das ruhige Wirken aus sich selbst, das Dasein nach eigenen Gesetzen, die innere Notwendigkeit, die ewige Einheit mit sich selbst. Sie sind, was wir waren; sie sind, was wir wieder werden sollen. Wir waren Natur wie sie, und unsere Kultur soll uns zur Natur zurückführen.«

In diametralem Gegensatz zu Schiller, den die Natur in Verlegenheit brachte und der sie eigentlich nur »zuließ«, sobald sie eine Idee ausdrückte, steht die naive Annäherung der großen niederländischen Maler, jener großen Realisten, die ihre musikalische Fortsetzung in Haydn fanden. In seiner mittleren Periode schreckte Haydns Realismus vor keiner Aufgabe zurück. Sobald er nicht am glänzenden Hof von Eisenstadt und Esterhaz in den Schnallenschuhen des Rokoko ging, verfaßte er die wüstesten Kanons über Szenen aus dem Landleben, Kanons, von denen die Biographen behaupten, »man könne sie nicht drucken«. In diesem Punkt sind wir anderer Ansicht. Historiker haben nicht zu erröten: 1765 komponierte Haydn für einen Freund das bemerkenswerte »Capriccio, wie man einen Eber kastriert«. Das Stück, bisher nur handschriftlich vorhanden (aber von Anton van Hoboken für sein Wiener Archiv photographiert), lautet wörtlich auf niederösterreichisch:

> Eahna ochte müassen's sän
> Wann s' an Saubärn wollen schnädn,
> Zwoa vurn, zwoa hinten,
> Zwoa schnädn, zwoa bindn.
> Eahna ochte müassen's sän,
> Wann s' an Saubärn wollen schnädn.

> (Acht Männer müssen Helfer sein,
> Will man kastriern ein Eberschwein.
> Zwei müssen vorn stehn und zwei hinten,
> Zwei müssen schneiden, zwei müssen binden.
> Acht Männer müssen Helfer sein,
> Will man kastriern ein Eberschwein.)

Das ist der Rabelais'sche Zug, den Bourguès und Dénéréaz in ihrem Buch »La Musique et la Vie Intérieure« dem Genius Haydns zuschreiben.

Für »Szenen aus dem Landleben« gab es in Niederösterreich eine höchst realistische Tradition. Die folgenden Verse sind nicht von Ludwig Thoma — sie sind um zwei Jahrhunderte älter:

> Obwohl, obschon, obgleich und sintemalen
> der leidige, krachdürre Tod
> mit seinem Pfeil
> in schneller Eil'

> unsern Richter, den Thomas Böckh
> (den alten Geck),
> in einem Hui hat 'troffen,
> daß wie ein Maulwurf er glei' in die Erd' is g'schloffen
> — so war uns doch zum Trost
> sein honigsüßer Most
> zu einem Labesal
> auf seinem Totenmahl.

Haydn kannte diese Verse. Aber nicht er hat sie komponiert, sondern sein Vorgänger bei Hofe, der Kapellmeister Gregorius Werner in seiner komischen Kantate von der »Bauernrichterwahl«. Auch Haydns Vater war Bauernrichter. Derb, wie sie hier gepinselt wurden, derb wie in jenem »Capriccio, wie man einen Eber kastriert« waren die Bauern wirklich. Mochten Rokoko und Hofstil das Rabelais'sche Vergnügen an derlei in Haydns Seele verschüttet haben: die Fähigkeit dazu blieb erhalten, und van Swieten kannte sie.

Es fordert Bewunderung heraus (»Jeder heutige Textdichter«, schreibt Max Friedländer, »könnte davon lernen«), wie van Swieten in seiner Arbeit die genaue Mitte fand zwischen dem Idealismus Schillers und dem Realismus des frühen Haydn. Der Text ist weder gedankenblaß noch etwa roh: er ist genau das, was den siebzigjährigen Haydn zu einem Meisterwerk reizen mußte. Und dennoch hat er täglich geseufzt; geseufzt vor Abneigung gegen sein Werk und sich bei anderen bitter beklagt, daß »er so etwas komponieren müsse«. Das ist ein psychologisches Rätsel. Doch Rätsel sind da, um gelöst zu werden.

Van Swietens Urmanuskript war lange verschollen. Schließlich fand es Max Friedländer zu Beginn des 20. Jahrhunderts in einem Berliner Nachlaß auf. Der Text, erstaunte der Gelehrte, war begleitet von einer Menge »im Befehlston gehaltener Anweisungen«! Diese Anweisungen gaben Haydn an, wie er zu komponieren habe! Wir wissen, daß van Swieten sich schon bei der »Schöpfung« nicht damit begnügt hatte, den ausgezeichneten Text zu verfassen; er hatte sich entscheidend in Haydns Arbeit eingemischt. Diesmal aber ging er viel weiter. Er schrieb in vielen Einzelfällen die Art der Instrumentierung vor, ja, suggerierte die Themenwahl. Nun darf man freilich nicht vergessen, daß der Baron selbst Musiker war. Er hatte zwölf Symphonien geschrieben, die — einer Seitenbemerkung zufolge, die Haydn einmal gemacht hatte — »so steif wie ihr Komponist waren«. Immerhin, der Baron van Swieten war der Mitarbeiter in Haydns Werkstatt. Er kannte ihn wie kaum ein anderer. Nur der »Ton seiner Vorschriften« ging selbst für einen Haydn zu weit.

Das meiste, was der andere vorschlug, war glänzend: Haydn konnte nichts tun als das Verlangte erfüllen. Da das Thomsonsche Gedicht episch war, baute van Swieten eine Scheindramatik hinein. Im Vordergrund stehen jetzt drei Charaktere: der Bauer Lukas (Tenor), die Pächterstochter Hanne (Sopran) und der Pächter Simon (Baß). Es ist ungefähr dasselbe Terzett wie das in der »Schöpfung« erprobte, wo die drei Erzengel Uriel, Gabriel, Raphael singen und scheindramatisch handeln. Noch kunstreicher und persönlicher sind in den »Jahreszeiten« die Chöre behandelt: der Halb- und Ganzchor der Landleute muß ja charakteristischer klingen als der Lobchor der Engel in der »Schöpfung«. Die Abwechslungstechnik ist noch größer. Vielleicht wußte van Swieten auch, daß das Landleben »langweilig« ist. Darum löste er den Text geschickt in Soli, Duette, Terzette, Rezitative und Arien auf, kurz, er schuf fast ein Bühnenwerk. Als die Partitur erschien, sahen die Zeitgenossen, daß auf dem Titelblatt die Bezeichnung »Oratorium« fortgelassen war. »Orare« heißt Beten — und, in der Tat, es wurde hier nicht gebetet.

In solcher Gliederung des Textes lag noch keine Bevormundung. Diese empfand der Komponist erst, als ihm der Baron genau vorschrieb, wo er etwa »fugiert« schreiben solle, wo er ein »Kontrasubjekt« bringen müsse, wo ein Rezitativ »secco« oder »accompagnato« zu setzen sei. »In der übrigen Instrumentalbegleitung möchte ich das Rieseln des Bachs und das Summen der fliegenden Insekten hören!« verlangte er an einer bestimmten Stelle. Es ist beinahe, als nähme er Haydn die Notenfeder aus der Hand, wenn er in der Einleitung zum »Sommer« einen »Klageton der Eulen« verfügt, dem Haydn nachkommt, indem er Seufzer in die Violinen legt und später in die Klarinetten. Beim Gewitter heischt van Swieten, der Kenner der Londoner Symphonien, eine Reihe »gedämpfter Paukenwirbel«. Für die Arie, welche Hanne während des Gewitters singt, verlangt er, daß sie »nach Art eines Rezitativs von kurz abgestoßenen oder pizzikierten Noten begleitet werde, um die Bogeninstrumente für den Blitz bei der Hand zu haben«. Hier wurde Haydn ungehorsam. Getreu der Technik, die er vor fast einem halben Jahrhundert in den »Tageszeiten« entwickelt hatte (Le Matin, Le Midi, Le Soir), drückte er den Blitz nicht durch Streicher, sondern durch Zickzackgänge der Flöte aus.

So geht es fast bis zum Schluß des Werkes, bis zu Seite 497. Moch-

ten die Anweisungen seines Partners zumeist auch ausgezeichnet sein:
die Kompagnonschaft selbst wurde unerträglich. Es drohte ein Bruch
zwischen beiden Menschen, von denen der eine so verträglich und der
andere so hochfahrend war. Seit mehr als sechzig Jahren lebte nun
dieser geborene Holländer in der Kaiserstadt und beherrschte noch
immer das »Wiener Lächeln« nicht. Er war und blieb der Präzeptor.
»Bei den Konzerten der Hofbibliothek«, schreibt der Amerikaner John
Burk in seiner Beethoven-Biographie, »saß van Swieten stets in der
ersten Reihe. Beim ersten Anzeichen eines Wisperns erhob er sich,
stand mächtig da, mit der ganzen Autorität seines Doppelkinns und
seiner Perücke, starrte lang und scharf zu den Störern hinüber und
setzte sich dann langsam nieder.«

Noch ganz anderes verdachten die Wiener van Swieten. Trug er
nicht die Hauptschuld daran, daß die Leiche Mozarts verlorenging, in
einem Armengrabe bestattet und nie mehr aufgefunden wurde?! Haydn,
der Erfolgreiche, hatte allerdings mit dem Baron andere Erfahrungen
gemacht: hatte doch der als geizig Verschriene ihm seine eigene Kutsche
geborgt, damit er bei der zweiten Reise nach England durch halb
Europa fahren konnte!

Jetzt aber schien es zum Bruche zu kommen. Da Haydn keine Möglichkeit sah, van Swieten in seine Schranken zu weisen, griff er den
Text als solchen an — und zwar bei ganz falschen Gelegenheiten. Der
Textdichter hatte, vollkommen richtig, für ein Werk, das unter Landleuten spielte, eine Reihe von »Tierstimmen« verlangt, in deren Behandlung der Komponist ja bekanntlich Meister war. Unbegreiflicherweise erklärte Haydn sich plötzlich gegen Tierstimmen; solche Wirkungen seien seiner nicht würdig, und vielleicht hat er sogar gesagt,
daß er für Menschen komponiere und nicht für Tiere. Höchst befremdlich! Hatte er sich noch nachträglich der Schillerschen Zensur unter-
worfen — oder den paar anderen Stimmen, die sich über die »Tierporträts« in der »Schöpfung« entrüstet hatten? Aber die »Jahreszeiten« waren in diesem Sinn gar kein Oratorium, und Tiere gehörten
gewiß aufs Land! Doch: »Ich komponiere kein Frosch-Quaken!« entschied Haydn hartnäckig. »Das ist gemeiner französischer Quark!«
Französischer Quark? Der erstaunte Baron (der nicht merkte, daß sich
die Abneigung Haydns gegen seine Person richtete, weit mehr jedenfalls als gegen das Textbuch) verlangte Aufklärung. »Das gibt es bei
Grétry!« knurrte der erboste Meister. Nun hätte van Swieten erwidern können, daß Grétry ein großer Komponist sei, der der Kunst
niemals Unehre gemacht habe. (Derselbe Grétry hatte übrigens schon

1786 erklärt, daß eine Haydnsche Symphonie jede französische Oper schlüge!) Statt dessen ging er schweigend zum Schrank, schlug »Israel in Ägypten« auf und zeigte Haydn das Beispiel Händels, wo die Frösche als Gottesplage das Land des Pharao überfallen:

»Sie springen!« konnte Haydn darauf erwidern. »Aber sie quaken nicht!« Das war richtig. Doch hatte er vergessen, daß er selbst 1789 für Friedrich Wilhelm II. von Preußen ein Quartett komponiert hatte (Opus 50, Nr. 6), wo er quakende Geräusche probierte, indem er dieselbe Note abwechselnd auf zwei Nachbarsaiten spielen ließ? Von diesem komischen Effekt her nannte jedermann es das »Froschquartett«.

Von der Froschgeschichte sprang der Streit auf die anderen »Tierporträts« über. Haydn wurde hitziger. Verfolgte ihn nicht seit Jahrzehnten der Vorwurf, daß er »Tierstimmen-Imitator« sei? Hatte man doch sogar in England ein Pamphlet gegen ihn gedruckt, wo der Unterschied zwischen der feinen — der italienischen! — Musik und seiner eigenen, gröberen, deutschen, im Bilde ausgedrückt worden war, indem man Ochsen und anderes Getier den Symbolen der deutschen Musik beigesellte! Nun also, jetzt hatte er es satt! Der grillenhafte alte Herr hätte vielleicht am liebsten noch seinen gloriosen Hahnenschrei aus den »Jahreszeiten« gestrichen:

Doch da fiel ihm van Swieten in den Arm. Er war der Überlegene, der historisch Gebildete. Er konnte ihn damit beruhigen, daß es in der ernsten Musik viele Hähne gab.

Ein schlimmerer Streit entbrannte dort, wo es sich nicht um die

realistischen, sondern um die idealistischen Züge der »Jahreszeiten«
handelte. Hier weigerte Haydn sich ganz entschieden, das »Lob des
Fleißes« zu komponieren:

> So lohnet die Natur dem Fleiß.
> Ihn ruft, ihn lacht sie an;
> ihn muntert sie durch Hoffnung auf,
> ihm wirket sie mit voller Kraft,
> ihm steht sie willig bei.
> Von dir, o Fleiß, kommt alles Heil:
> die Hütte, die uns schirmt,
> die Wolle, die uns deckt,
> die Speise, die uns nährt,
> ist deine Gab', ist dein Geschenk.
> O Fleiß, o edler Fleiß,
> von dir kommt alles Heil.
> Du flößest Tugend ein,
> und rohe Sitten milderst du.
> Du stärkest Mut und Sinn.
> O Fleiß, o edler Fleiß,
> von dir kommt alles Heil!

Jetzt hätte Haydn eigentlich dem Baron van Swieten klarmachen
müssen, daß und warum das ein schlechter Text sei. Als Sohn des
Landlebens wußte er, daß die Natur nicht »stets freundlich« war und
daß sie leider keineswegs immer »Schweiß« auf »Preis« reimte. Außerdem liebte kein Bauer die Arbeit — der Stadtmensch van Swieten war
lächerlich, wenn er glaubte, ein bäurischer Chor würde jemals ein be-
geistertes Lob des Fleißes als »Schöpfer von Tugenden« singen. Aber
Haydn war anscheinend nicht der Mann, das alles ins richtige Licht zu
stellen. Anstatt den Baron zu überzeugen, begnügte er sich damit, vor
sich hinzubrummen: »Ich war mein ganzes Leben lang fleißig — aber
ich habe nie daran gedacht, ein ‚Lob des Fleißes' zu komponieren!«
Das war die Wahrheit: er hatte sogar ein reizendes Gedicht von Lessing »Lob der Faulheit« komponiert. Doch in einem höheren Sinne
hatte er trotzdem wieder unrecht; denn sein eigenes Lebenswerk war
weit mehr ein Geschöpf des Fleißes als ein bloßes Geschenk des Genies.
Schließlich war er kein Mozart, und sogar diese Prise Philistertum
und Tanzbären-Zartheit, die der Hörer in den »Fleiß-Chor« hinein-

hören würde — sogar das würde haydnisch sein. Van Swieten übte all seine Macht aus, und so hatte der Alte sich hinzusetzen und ein »Lob des Fleißes« zu komponieren.

Haydn machte seiner Qual Luft, indem er Dritten davon erzählte und an dem Baron kein gutes Haar ließ. Das kam nun wieder van Swieten zu Ohren, der gewaltig darüber erzürnt war. Ihre Beziehungen drohten zu reißen — und es war höchste Zeit, daß die »Jahreszeiten« 1801 fertig wurden. Sehr bald bewies ihr Riesenerfolg, daß van Swieten mit allem recht gehabt hatte: gerade die bedeutende Mischung realistischer und moralischer Züge gefiel den Menschen an Haydns Musik.

Und doch! Wenn wir den Streit der beiden aus historischer Ferne betrachten, siegt Haydns Standpunkt nachträglich. Man darf keinen Meister in seinen Stil, nicht einmal in seine Manier einzäunen. Er will frei sein! Gegen dieses Gesetz hat van Swieten zweifellos gesündigt. Er sagte zu Haydn: »Sie sind Haydn — und nun betragen Sie sich wie Haydn!« Gerade das war unerträglich. Vielleicht wollte Haydn gar nicht mehr Haydn sein? Vielleicht wollte er etwas anderes und Neues? Schließlich haben wir das Beispiel Verdis, des großen Achtzigjährigen, der es am Ende seines Lebens satt hatte, wie Verdi zu schreiben, und der im »Falstaff« und »Othello« Klangkombinationen fand, die er früher nie benutzt hatte.

Was den Haydn der »Jahreszeiten« betraf, so war James Gibbons Huneker (1860—1921), der große amerikanische Ästhetiker, derselben Ansicht. Haydn, der Klassiker der Idylle, fühlte, meint Huneker, instinktiv die Romantik »um die Ecke biegen«. Bei Thomson und van Swieten ist die Natur objektiv geschildert. Für die Romantiker aber war die Natur ein Teil des »Unendlichen« — und nur mit dem äußersten Subjektivismus war das Unendliche auszudrücken! Nur das »Gefühl des einzelnen« konnte die Natur erfassen. Das wußten Goethe und Beethoven, die großen Individualisten — und viel mehr noch als beide wußte es Schubert!

»Vielleicht«, sagte J. G. Huneker kurz vor seinem Tode zu einem gemeinsamen Freund in Paris, »wollte Haydn komponieren wie Schubert — und van Swieten hinderte ihn daran!«

»Im Jahr 1801?« lachte mein Freund. »In jenem Jahr war Schubert genau vier Jahre alt!«

»Was macht das aus?« sagte Huneker bissig. »Er hätte ein Schubert *vor* Schubert sein können!«

Wirklich: was hätte Schubert getan, hätten ihm vier solcher Kantaten wie »Frühling«, »Sommer«, »Herbst« und »Winter« zur Komposition vorgelegen — und warum tat Haydn nicht just dasselbe? Es ist nicht müßig, das zu fragen. Wie nirgends sonst scheiden sich hier die Begriffe »romantisch« und »klassisch«.

Schubert, daran kann kein Zweifel sein, hätte in die Mitte der »Jahreszeiten« die individuelle Person eines Wanderers gestellt. Den Wanderer um des Wanderns willen; den Mann, der sich selbst entfliehen will. Wanderlust und Wanderers Schmerz, Wandererphantasie, Wanderers Sturmlied: das sind Titel und Empfindungen, die es vor Schubert gar nicht gab. Denn das beruflich-soziale Wandern — die »Gesellenreise« zum Beispiel, die Haydns Vater nach Frankfurt machte — hat mit dem Schubertschen Wanderer nichts zu tun.

Der Mittelpunkt eines Liederkreises — wie der »Schönen Müllerin« oder mehr noch der »Winterreise« — ist immer der romantische Schmerz des Abgewiesenen, Heimatlosen. Genau um dieselbe Zeit führte Byron den romantischen Wanderer in die englische Literatur ein. Man darf sich dadurch nicht täuschen lassen, daß der reiche, noble Lord und der österreichische Schullehrer äußerlich wenig gemeinsam hatten. Sie hatten sehr viel miteinander gemeinsam. Wenn Byron durch Italien, die Schweiz, Albanien und Griechenland wilderte, stach ihn das bittere Gefühl, daß er »nirgends zuhause sei«. Und wenn Schubert sein Wiener Häuschen verließ, um ein wenig vor die Stadt zu gehen, empfand er dieselbe Traurigkeit. Ein paar Dörfer weiter schon war er ein Fremder, falsch verstanden und ungeliebt. Beide waren sie überall fremd.

Schubert, auf seiner Wanderschaft, würde allerlei Volk treffen — nicht erdfeste Bauern natürlich! — nein, Fremdlinge, wie er selbst einer war. Den »Leiermann«, einen grauen Alten mit einem mißtönenden Leierkasten. Der Leierkasten klingt so arm, weil auch das Leben mißtönend ist — und diese Wahrheiten zusammenschmelzend, gelingt Schubert ein unsterbliches Lied, ein wahrhaft herzzerreißendes Lied, wie es so nie wieder geschrieben wurde. Oder er denkt über den Postwagen nach, der von der Landstraße trompetet (»Von der Straße her ein Posthorn klingt«), und gleich bringt er sein klopfendes Herz mit der jubelnden Frage in Einklang: »Was hat es, daß es so hoch aufspringt?« Aber ein paar Takte später wird er wie von einer Keule von der schrecklichen Gewißheit getroffen: »Die Post bringt keinen Brief für mich...« Nichts, nichts davon könnte bei Haydn stehen.

Seht Haydn an! Mit jedem Schritt, den er auf das Land hinaus tut, nähert er sich seinem eigenen Bereich. Wie weiß er Bescheid! Wie ist er zuhause! Da ist der Nußbaum: er blickt hinauf und kann taxieren, was die Ernte in diesem Jahr abwerfen wird. Da sind die Kühe, der Ziehbrunnen, die Schober, die Bauern. In ihren verschlossenen Gesichtern versteht er ausgezeichnet zu lesen. Da kommt der Jäger mit seinem Hund. Da tauchen die Weinberge auf... Kein Hagelschlag? Keine Rebläuse diesmal?... Die Sorgen und die Freuden des Jahres machen die »Symphonie des Jahres« — das ist's, was Haydn interessiert, den klassischen Idylliker.

Nun soll das nicht heißen, daß Meister Schubert nichts von Meister Haydn gelernt hat. Er hat genug an Rhythmik, Melodik, sogar an Harmonik bei Haydn gefunden. Die Haydnsche e-moll-Sonate Nr. 34 (1778) versorgt Schubert gleich mit zwei Melodien. Die erste, aus dem Einleitungssatz:

gleicht in ihrer Entschlossenheit, ihrem raschen Emporfahren und ihren stakkatierten Arpeggiofiguren der ersten Zeile von »Stürmischer Morgen«. Die andere Melodie erinnert an das zornige Ächzen der »Wetterfahne« in Schuberts gleichnamigem Lied:

Aber da ist der Unterschied: bei Haydn ist es nicht die »Winterreise« eines verzweifelten Wanderers. Bei ihm ist es Kammermusik für Ken-

ner, anvertraut dem Pianoforte. »Sturm und Drang« als Klaviersonate. Ein Gang aufs Land hinaus wäre für einen Mann wie Haydn
ein zu ernsthaftes Unternehmen, um etwas so Zweifelhaftes wie ein
»wehes Herz« spazierenzuführen. Auf den Feldern wird schließlich
gearbeitet — das ist es, um was es Haydn geht. Er weiß: auf dem
Lande ist nichts zwecklos. Mehr: es gibt keine Schönheit, die nicht
gleichzeitig einen wirtschaftlichen Sinn hätte. Dieser Zug der »Jahreszeiten« brachte Goethe gegen van Swieten auf, so daß er am 27. Februar 1811 in einem Briefe an Knebel schrieb: »Wenn nur das Ganze
des Textes nicht so unendlich absurd wäre!« Er fand zuviel »Nützlich-
keit« darin — und natürlich auch zuviel Beschreibung. (Man erinnere
sich, daß selbst Beethoven in einer Art Regiebemerkung zu seiner
»Pastoralsymphonie« sich ausdrücklich dagegen verwahrt, daß er etwas
»beschreiben« wolle.)

Nun beschreiben aber die »Jahreszeiten« die Natur nicht nur: sie
entdecken auch. Das ist ein großer Unterschied! Sie rangieren geistig
dort, wo die naturwissenschaftlichen Schriften Goethes und Humboldts
stehen. Ein Werk wie die »Jahreszeiten« vibriert von neuen Beobachtungen. Goethe, der Naturwissenschaftler, sprach einmal mit seinem
Musikberater Zelter »über die Erhöhung der Stimmen bei steigendem,
über ihr Sinken bei fallendem Barometerdruck«. Man könne also, entschieden beide, »möglicherweise aus den Singstimmen das kommende
Wetter herauslesen«. Schumann, Hector Berlioz und die übrigen Romantiker hätten über diese Bemerkung gelacht, wenn sie sie gekannt
hätten (so hoffnungslos philiströs erschien sie). Haydn hätte darüber
gejauchzt: war er doch auch zeitlebens in seiner Musik ein »Beobachter
des Klimas« gewesen.

Niemals mehr als in den »Jahreszeiten«! In der »Schöpfung« ist
Gott Handlungsträger. Diesmal aber ist es das Jahr in seinem wört-
lichsten Sinn. Seine vier Klimate regieren alle Handlungen und Gedanken des Menschen. Die großartige und einseitige Wucht, mit der
der alte Haydn sich auf die Auswertung dieser Beobachtung stürzt,
hinterläßt einen unbeschreiblichen Eindruck.

Da ist zunächst der »Frühling«, der sich in ein paar orchestralen
Takten vom Winter loszulösen scheint:

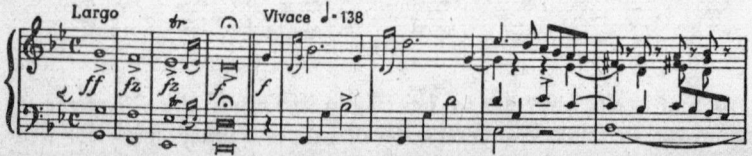

Doch sofort kommt es zum Wetterumschlag. Die Winterstürme kehren zurück, und mit einer solchen Wut, daß man die Hoffnung völlig aufgibt, es würde jemals Frühling werden: — schon ist der Frühling hinterrücks wieder da. »Er kam und weilte länger nicht.« Der Ackersmann geht aufs Feld hinaus — und was fällt ihm beim Arbeiten ein? Merkwürdigerweise ein Motiv aus Haydns englischen Symphonien: »Schon eilet froh der Ackersmann zur Arbeit auf das Feld«:

Das ist nichts anderes als das Andante der »Symphonie mit dem Paukenschlag«. In den nächsten Arien erwachen die Geräusche des Landes. Haydns Ohr unterscheidet, wie immer, zwischen dem Blöken eines Lämmchens und dem Laut eines Mutterschafs. Dankbarkeit — ähnlich wie in der »Schöpfung« — wird zum Schöpfer emporgesungen. Und nun kann der Sommer Einzug halten.

Der »Sommer«, konzentriertester Teil der langen »Jahreszeiten«, ist das Epos der Hitze. Der schleichenden, entnervenden, schließlich aber mit Tigerklauen auf alles Lebende schlagenden Hitze — und diese Hitze kommt von der Sonne. Zunächst einmal muß Meister Haydn

also den Sonnenball selbst porträtieren, als Moloch, als glühende Ofen-
tür, als den kosmischen Ursächer der Hitze.

Der Däne Jens Baggesen (1764—1826) schrieb einmal, daß der
Künstler jedweden erhabenen Vorgang nur ein einziges Mal behandeln dürfe. Sonst setze er ihn herab... Das mag für einen Künstler
gelten, dessen Werkumfang schmal ist, gleich Keats — doch nicht für
einen der fruchtbarsten, Haydn. Freigebiger als Baggesen, läßt die
Natur ihre Sonne dreihundertfünfundsechzigmal im Jahr aufgehen.
Bei Haydn geht sie zweimal auf, einmal in der »Schöpfung«, das andere Mal in den »Jahreszeiten« — und siehe, es ist nicht dieselbe
Sonne. Einst kam sie als Licht, jetzt kommt sie als Hitze. Aus milchi-
ger Dämmerung steigt sie empor (die Ungewißheit der Szene erinnert
an die große Ungewißheit zwischen Abzug des Winters und Einzug
des Frühlings), dann moduliert das Tagesgestirn sich chromatisch aufwärts, die Situation, die als Keimzelle nur ein paar Takte umfaßt,
explodiert plötzlich über den ganzen Himmel der Solostimmen und
des Chors: Glorreiche Sonne, Heil! Du flammendes Gestirn!

Nun ist die Hitze wirklich da, ein orientalischer Despot: »Ob den gesenkten Flächen schwebt in niederm Qualm ein blendend Meer von
Licht und Widerschein.« Noten geschmolzenen Metalls, rot-gelb-flüssig,
bringt Haydn hier zur Begleitung des Rezitativs. Nur noch im Epos
»Mireiò« des französischen Dichters François Mistral ist die Hitze mit
solcher Wut ausgedrückt.

Zahllose Gewitter sind durch das Œuvre Haydns gezogen, seit er
Nikolaus dem Prächtigen mit »Le Midi« entgegentrat, wo die Flöten
Zickzackblitze warfen... Doch diesmal rafft er sich zum größten und
letzten seiner Stürme auf. In »Hört, wie vom Tal ein dumpf Gebrüll«
ist plötzlich eine biblische Schwärze über den Himmel ausgegossen, daß
alle Kreatur erzittert. Weder die Menschen noch die Tiere können sich
daran erinnern, daß sie solch Wetter erlebt haben: in einer lamentie-
renden Fuge,

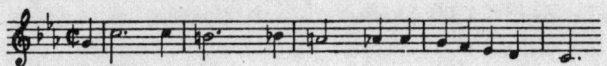

deren Thema bald chromatisch, bald diatonisch abwärts steigt, versuchen sie dem Gericht zu entfliehen. Doch die Pfeile des Regens, das Heulen des Sturms brechen plötzlich ab, wie sie gekommen: nun ist ein großartiger Abend da, mit Milde, Kühle, das nasse Vieh kehrt muhend in die Ställe zurück, auf den vom Regen dampfenden Wiesen beginnen die Grillen ihr schwaches Konzert, die ersten Nachtvögel sprechen herein, die Wachtel ruft nach ihrem Gefährten, von ferne zittert die Abendglocke ihren Dankton herüber. Auch die Frösche zeigen, daß sie da sind — und dann schließt der Sommertag in Frieden, grünlichen Scheins blinkt der Abendstern, und gähnend sinkt das Landvolk aufs Kissen.

Frühling und Sommer sind ein Block, dem wieder als geschlossener Block Herbst und Winter entgegenstehen. Die Vierzahl, in ihrer Redlichkeit so symbolisch für Haydns Handwerkerart, wird hier also in der Mitte gebrochen. Denn nach dem Sommer kommt die Pause.

Mit dem September beginnen jene Längen der »Jahreszeiten«, die die Aufführung zu einem Problem machen. Haydns Kenntnis des Landlebens tritt im Herbst über alle Ufer, sie wird zum bilderreichen Strom. Was soll man zu einem Jagdhund sagen (»Seht, wie der Hund im Grase streift! Am Boden suchet er die Spur und geht ihr unablässig nach«), der sich folgendermaßen benimmt:

Das ist natürlich nicht allein neapolitanische Koloratur. Das ist wirklich das Entlangführen einer Hundenase am Boden. Doch es wäre kürzer zu machen gewesen. Haydns Wollust an der Jagd, seine Freude am Hörner-Satz, die Flucht, das gebrochene Auge des Hirsches, die Reihe der hingestreckten Hasen, in deren Flaum der Oktoberwind spielt: es ist genial und es ist zu viel.

Aber warum soll man die »Jahreszeiten« nicht (wie dies in Schottland mehrfach geschehen ist) an zwei Abenden aufführen? Ist es doch ein antikes Werk — die antiken Ackerbau-Religionen, die der Ceres und des Bacchus, feierten den Jahresbeginn etwa am 20. September:

das ist die Zeit, da das Samenkorn aufs neue in die Erde geht und der Wein gekeltert wird. Mit der Jagd und dem Bacchanal des Weins könnte man den zweiten Abend der »Jahreszeiten« ganz wohl eröffnen. Haydns Bauern sind zwar Christen. Doch der Überschwang, der im Herbst alle Schleusen öffnet, schließt das Werk unseres burgenländischen Meisters an die Vasenmalerei der antiken Keramik an. Wir sehen, wie der Alkohol in die Pfeifen, Fiedeln und Trommeln hineinläuft. Trunkene Polyphonie regiert. Unten sorgt eine feste Fuge dafür, daß die Dinge vertikal bleiben — oben liegt das Winzervolk bereits horizontal über seinen Stühlen. Nichts hat Haydn mehr gehaßt als dieses geniale Bacchanal. Es schien ihm unwürdig seiner Feder; einen Text wie »Juhe! Juh! Es lebe der Wein!« komponierte er nur, weil ihn van Swieten mit eisernem Griff am Ärmel hielt. Haydn hatte anscheinend vergessen, wieviel »musikalische Trunkenheit« er in jüngeren Jahren geschrieben, wie zum Beispiel die feuchte Kantate »Die Erwählung eines Kapellmeisters« oder das alkoholisierte Finale seiner Symphonie Nr. 102, wo nach dem kroatischen Hochzeitsmarsch:

die völlig betrunkenen Instrumente viermal falsch starten, ehe sie wieder zu Verstand kommen.

Doch nun wird es Winter — und nun wird es schlimm. Wäre es nur der wirkliche Winter, der tötende, der kosmische Winter, der die Reisenden in einem Blizzard, einem blindmachenden Schneesturm, begräbt (eine großartige Arie schildert einen solchen Sturm)! Aber Haydn, der klassische Realist und mehr noch der Idylliker, wird gezähmt durch das eigene Wissen, daß »kein Landmann im Winter arbeitet«. Er muß also seine Freiluftszenen in zu viele »Interieurs« umwandeln — und diese Szenen des »Hausglücks« sind von so neckischer Langweile, daß man eher auf Dittersdorf schließen möchte als auf Haydn. »Der Sieg von Landmädchen, die sich nicht schminken, über die Lippenstift-Damen der Stadt: viel mehr kommt dabei nicht heraus«, meint Tovey. Von hier aus führt eine direkte Linie zum Philiströs-Sentimentalen, zur Bürgeroper Albert Lortzings (1801—1850).

Natürlich steht auch in Haydns »Winter« eine Fülle herrlicher Musik. Jeder Musikgelehrte weiß, daß die »Spinnstubenszene« der »Jahreszeiten« die Urzelle aller späteren ist. Ohne Haydns Räder-Rhythmus, der ihm aus der Werkstätte des wagenbauenden Vaters vertraut war:

würde es Schuberts »Gretchen am Spinnrad« schwerlich geben. Vielleicht auch nicht Wagners großartigen »Spinnstuben-Chor«, der im »Fliegenden Holländer« von 1841 steht. Aber Wagner schlägt den alten Haydn, den Haydn von 1801! Der Genius der Oper weiß sehr genau, daß der Wechsel vom Thema »Meer« zu einem kleinlichen Interieur den dramatischen Effekt stören würde. Drum bringt er das Meer in die Stube hinein: er hängt das Porträt des Holländers, »des Haus- und Lieblosen, des Verfluchten«, in die Mitte der Spinnstube — und gerade durch diesen Kontrast zwingt er Sentas grandiose Ballade vom »rastlosen Wanderer der Meere« hervor!

Doch Wagner war durch die Romantik gegangen. Haydn konnte noch nicht wissen, wie man eine »häusliche Szene« mitten ins Elementarische stellt. Immerhin, wenn er seine Landleute mit Gebet und Amen schließen ließ, so verdiente dieser Dankchor, in der »Schöpfung« zu stehen. So erhaben ist er!

Haydn haßte es bekanntlich, beide Werke verglichen zu hören. Als bei der Erstaufführung der »Jahreszeiten« am 24. April 1801 ein Bewunderer auf ihn zutrat: »Das ist noch größer als die Schöpfung!«, da gab er ärgerlich zurück: »Ist Ihnen noch nicht aufgefallen, daß in dem einen Werk Engel singen, in dem andern nur Landleute?« Doch diese ungerechte Bemerkung muß uns heute nichts mehr angehen.

Um die »Jahreszeiten« zutiefst zu erleben, muß man vielleicht einmal in der Landschaft von Haydns Vätern gewesen sein. Im Jahre 1790 kaufte ein Mann namens Leopold Wolf die Weinberge um Eisenstadt. Dessen Nachkomme, Sandor Wolf, Haydn-Verehrer und großer Sammler (bevor ihn Hitler aus dem Land trieb), führte mich 1928 durch seine und durch Haydns Welt.

Es war ein herrlicher Oktobertag. Mit großen, phantastisch gebuchteten Blättern loderten die Weinberge in den dunkelblauen Himmel hinauf. Rostrot, kupfern, hellgelb und grün stand die Heerschau der tragenden Stöcke... Ein Startschuß: und mit Messer und Bütte stürzten sich Winzer und Winzerinnen zur Ernte... Eine Wolke von Staren hätte gern mitgeerntet, doch der Böllerschuß hatte sie vertrieben. Braune Hände griffen nach den Trauben. Sie erinnerten an die Hände, die im Stall an das Euter der Kühe griffen. Hob man die Trauben empor, so fuhr die Achse des Sonnenstrahls quer durch ihr bereiftes Dunkel: sie leuchteten auf wie Edelsteine.

Zielbewußt lief eine kleine Spinne durch die Rankenwirrnis hin. Sie spürte nicht das Rauschen der Menschen. Sie lebte in einem anderen Raum — noch, als die darübergreifende Hand der Winzerin sie in die Bütte stieß. Der Tod als Winzer? Aber schon griff etwas um die Beere herum wie Jupiter um die Erdkugel. Die Spinne war es! Auf langen Beinen stand sie zitternd, dann warf sie sich aus der Bütte heraus.

Nun führte mich der Besitzer zum Preßhaus: zum wahren Schlachthause der Trauben. Violette Treberberge, voll inbrünstigen Geruchs, lagerten da den Hühnern zum Spiel. Der Wein aber wurde so gekeltert, wie man es seit tausend Jahren tat: mit Steinplatten und mit Preßbäumen. Es war wie im Märchen: oben schüttete man die Trauben hinein, unten plätscherte Tag und Nacht der rote Brunnen... Dicht dabei begann das unterirdische Eisenstadt mit gewaltigen Katakomben des Weins. Die Wolf-Kellereien durchhöhlten die Stadt wie die Gänge eines Bergwerks. Stundenlang konnte man mit der Laterne, in der rechten Hand das Glas, durch ein dunstiges Labyrinth gehen. Hier lagerten die Riesenfässer, aus denen noch Haydn getrunken hat: von diesem alten Blaufränkischen mochte er gekostet haben, vom Mörbischer und Oggauer. Hier lagerten die Edelweine von Rust, die am Ufer des Steppensees nicht von der Sonne gesüßt waren, sondern vom reflektierten Strahl; und der weiße Muskateller, der Furmint. Licht fiel von droben auf eine Zahl: »Dieses Faß hält 100 000 Liter.« Welch Ungeheuer von einem Faß! Ich dachte an das Wort der »Schöpfung«: »Vom tiefsten Meergrund wälzte sich Leviathan...« und fühlte, wie ein Geist des Faulens, der Gärung, der Hefe nach mir griff. Wären jetzt Zement und Holz geborsten, hätte es kein Entkommen vor der Weinflut gegeben!

Später sah ich vom Dachfenster des Wolfschen Gästehauses ins Land. Mit großen Atemzügen flügelte mir die Sternennacht entgegen. Blinzelnd standen ein paar Bauerngehöfte, bis auch ihnen ihr schlafmüdes Lid über das rötliche Auge sank. Rechts schleierte ein Bach im Nebel, links sah man den milchigen Widerschein vom Steinbruch des Fürsten Esterhazy. Alles roch naß und herb und braun... Doch auf einmal schärfte sich das Ohr. Irgendwo mußte eine Musik sein: über oder unter dem Boden. Sie kreuzte das Herz, floß fort und kam wieder... Da standen die Büsche plötzlich wie Takte, da schwankten die verzauberten Bäume mit süßer Traurigkeit heran, und langsam liefen die Weinberge in Wellenzügen von Melodie mit starkem Legato zum Horizont... Eine Kastanie klopfte den Boden wie ein vereinzelter Paukenschlag. Ein Nachtvogel quäkte fagottierend im Garten. Dann löschte die Luft beide Intermezzi, und es blieb nur das cellobraune Tal als Grundmelodie zurück... Es war nur das Eisenstädter Tal. Aber durch Haydns Federkiel war es inzwischen zur Musik einer ganzen Erde geworden: als hätten Gottes Jahreszeiten sich hier ihre Gleichnisse geholt.

»Juhe! Juh! Es lebe der Wein!« Ein geisterhafter Thyrsusstab hatte fernher diese Worte taktiert. Eine Traube lag auf dem Fensterbrett; für das Einschlafen noch, ein Geschenk des Wirts. Als ich sie zum Munde führte, schmeckte sie weise und kühl wie Musik.

SECHSTES BUCH

DIE WOLKIGE NACHT

NON MORIAR SED VIVAM
ET NARRABO OPERA DOMINI

STERBEN WERD' ICH NICHT, SONDERN LEBEN
UND ERZÄHLEN DIE WERKE DES HERRN

Von der Inschrift auf Haydns Grab

HAYDNS LEBENSARBEIT ist getan. Jetzt könnte man auf der Türschwelle sitzen und ein wenig den purpurnen Abend betrachten. Im Jahre 1805 sind die Sonnenuntergänge (so ist es überliefert) röter als sonst. Deutet das wieder einmal auf Krieg? Man hat viele Kriege überlebt, wenn man so alt ist wie Vater Haydn. Man wird auch den nächsten überleben.

Vorher will man noch ein wenig schwatzen. Am liebsten täte man's mit den Verwandten. Doch die haben Angst, nach Wien zu kommen und das Stadthaus zu besuchen, wo ihr berühmter Onkel wohnt: bald schon Großonkel und Urgroßonkel. Wie soll man mit solch einem Weltwunder sprechen? Wenn sie wüßten, daß die Viehpreise, der Wein und ein gut gemachter Schuh ihn noch immer mehr interessieren als alles Gedruckte, dann täten sie's. Manchmal fährt er sogar zu ihnen hinaus, in einem Mietswagen, nach Bruck an der Leitha, wo er sie in einem Gasthaus versammelt und ihre kleinen Kinder beschenkt. Der Italiener Giuseppe Carpani hat daraus einen »Haydnschen Familientag« gemacht, der alljährlich stattgefunden habe. *»Haydn, rinnovando fra i rustici sinceri abracci l'invito per l'anno susseguente, chiamava questo suo famigliare simposio, il ‚giorno delle sue grandezze' e ne andava lieto fastoso«* (Haydn, mit den Landleuten Küsse und Umarmungen tauschend, lud sie für das nächste Jahr ein; er bezeichnete dieses Familienmahl als den ‚Tag seiner wahren Größe' und verließ es mit freudigen Gefühlen). Dem feierlichen Italiener gefiel natürlich diese Szene. Sie dürfte stark übertrieben sein. Seit der altersschwache Haydn im Jahre 1803 die fürstliche Kapellmeisterstelle in Eisenstadt hatte aufgeben müssen (er trat sie an J. N. Hummel ab), konnte er sich auf Abenteuer wie das einer jährlichen Wagenreise von Wien nach Bruck nicht mehr einlassen.

Alt! »Senectus ipse morbus«: das Alter selbst ist schon eine Krankheit, die in viele Unterkrankheiten zerfällt. Er hätte eben pausieren müssen nach der ungeheuren Anstrengung der »Schöpfung«, bevor er die »Jahreszeiten« begann — und er hat es auch gewußt, als er im Sommer 1799 an seinen Verleger Breitkopf schrieb: Die Welt erweise ihm viele Ehren um der Glut seiner letzten Werke willen — »aber keiner will mir die Mühe glauben, die es mich kostet, sie zu schaffen«. Sein Gedächtnis, schreibt er, sei ruiniert! Er könne kaum noch komponieren; und doch muß er komponieren — denn wenn er es nicht tut, verfällt er in die tiefste Melancholie.

Aber nach 1803 kann er wirklich nicht mehr komponieren. Noch will er nicht glauben, daß er es nicht kann: es sind die Nerven, die ihn plagen. Es ist auch nicht so, daß ihm nichts einfällt — im Gegenteil, es fällt ihm zuviel ein. Er kann nicht mehr aufhören, er kann nicht schlafen, die Musik verfolgt ihn in den Traum — schließlich entscheidet der Arzt, daß der Flügel (der Pariser Flügel, den ihm die Damen Erard geschickt haben) aus dem Wohnzimmer weggenommen wird. So ist es für immer vorbei mit dem Schaffen? Manche Leute wollen das nicht glauben. Zu ihnen gehört auch die Kaiserin, die Gemahlin Franz' II., die ihre Leute zu Haydn schickt. Man spielt bei Hof mit dem Gedanken, er möge noch ein drittes Oratorium komponieren: »Das Jüngste Gericht«. Das ist ein Stoff, der der Kaiserin zusagt. Ein sehr ernster und strenger Stoff, von der Auferstehung der Toten handelnd, von der Hölle und vom Himmel. Wenn Haydn diesen Stoff komponiert (das ist der Gedanke, der die fromme Kaiserin mitbestimmt), wird er manches von dem »wiedergutmachen«, was er in der »Schöpfung« durch zu große Freiheit gesündigt hat. Haydn vergißt denn auch seine Schwäche und zeigt sich von dem Gedanken begeistert. Wer aber soll den Text schreiben? Aus der Umgebung der Kaiserin kommt die Nachricht, daß dieser Text eigentlich schon existiere: Christian Kuffners »Letztes Gericht« oder J. J. Scheigers »Jüngstes Gericht«. Aber beides ist ihm zu klopstockisch. Zuviel Pathos und Tuba-Getön.

Da müßte doch wohl van Swieten her? Doch mit Gottfried van Swieten ist Haydn böse. Nicht einmal der »Jahreszeiten«-Erfolg hat die alten Herren versöhnen können; so nennt Haydn einen anderen Greis, der noch älter ist als er und van Swieten. Es ist Wieland, der oft so frivole Wieland — und hier zeigt sich wieder einmal die komplette Ahnungslosigkeit unseres Meisters in literarischen Dingen. Wieland hätte niemals die Schrecken eines »Jüngsten Gerichts« malen können und hätte es auch nie gewollt; aber er hatte nun einmal Haydn als den »Schöpfer der Schöpfung« gefeiert. Warum also kein »Jüngstes Gericht«?

Obwohl Haydn seinen Schüler, den Weimarer Kapellmeister Kranz (1754—1807), persönlich zu Wieland hinschickte, verlief die Sache natürlich im Sande. Und das war schließlich gut für Haydn. Denn schwerlich hätte er die Arbeit an einem dritten Oratorium überlebt.

Doch ganz müßig konnte er nicht sein. Was tut ein sauberer Handwerksmann, der Sohn eines Wagnermeisters, am Abend? Er räumt die Werkstatt auf, ehe er schlafen geht. Die Geräte kommen an ihren Platz. Die Geräte? Das ist gar nicht so leicht, es ist schon wieder eine

Arbeit. Hat man doch in fast sechzig Jahren mit so vielen Dingen hantiert und auf so viele Kompositionen den Namen Haydn geschrieben. Ist das wirklich alles von ihm? »*Sunt mala mixta bonis,* es sind wohl und übel geratene Kinder, und hie und da hat sich ein Wechselbalg eingeschlichen«, sagt er eines Tages zu Griesinger. Und so diktiert er, um Ordnung zu schaffen, dem Elßler 1805 das *Verzeychnis aller derjenigen Compositionen, welche ich mich beyläufig erinnere von meinem 18ten bis in das 73ste Jahr verfertiget zu haben.*

»Welche ich mich beyläufig erinnere«... Vorsichtiger konnte man es nicht sagen. Das kostbare Dokument von hundertdreiundzwanzig Seiten fängt in Elßlers reinlicher Schrift den Ozean von Titeln ein, oft mit Notenanfängen daneben (das Original liegt in Budapest, die Library of Congress in Washington besitzt eine Abschrift). Es sind: 118 Symphonien, 83 Streichquartette, 19 Opern, 5 Oratorien, 24 Trios, 163 Baryton-Stücke, 44 Klaviersonaten, 15 Messen, 10 kleinere Kirchenwerke, 24 Instrumental-Konzerte, 42 deutsche und italienische Gesänge, 39 Kanons, 365 schottische und walisische Lieder, zahlreiche Capriccios und Divertimenti... immer mehr und immer mehr!

Einige von diesen Zahlen klingen seltsam. Seit Eusebius Mandyczewski (1857—1929), der Archivdirektor der »Gesellschaft der Musikfreunde« in Wien, Haydns Gesamtausgabe begann — sie gedieh nur bis zu wenigen Bänden! —, nehmen wir 104 Symphonien, und nicht mehr, als kanonisch an. Wo sind die übrigen 14 geblieben, die Elßler mitkatalogisiert hat?

Einfache Erklärung: der alte Meister rechnete Ouvertüren hinzu, oder er irrte sich nachträglich, indem er Kompositionen von andern (die von gewissenlosen Verlegern unter seinem Namen veröffentlicht waren, weil dieser Name Geld einbrachte) am Ende sich selbst zuschrieb. Der Irrtum bei der Opernzahl ist wohl auch dadurch zu erklären, daß er illustrierende Bühnenmusiken, die er für Esterhaz geschrieben, als volle Opern registrierte.

Ein lustiger deutscher Kabarett-Sketch, der die Überheblichkeit der Goethe-Philologie verhöhnt, zeigt den wiedergekehrten Goethe, wie er in einem Examen durchfällt, weil er seine Lebensdaten nicht kennt. In der Haydn-Philologie ist es anders. Bei einem Streit zwischen Haydns Gedächtnis und den Methoden der Philologie siegt heute jedenfalls die zweite. »Mandy hat immer recht!« pflegten Mandyczewskis Freunde zu sagen. Als er 1909 104 Symphonien als echt erklärte, ließ er sich nicht dadurch beirren, daß im Jahr 1906 der Berliner Musikgelehrte Leopold Schmidt die Zahl zu 144 hatte aufschwellen lassen. Drei Jahre nach Mandyczewskis Tod überraschte dann Adolf Sandberger die Musikwelt mit der Kunde, Haydn habe nicht 104, sondern 182 Symphonien geschrieben! Aber der größte Haydn-Gelehrte unserer Zeit, Jens Peter Larsen in Kopenhagen, ist weiter der Ansicht, daß »Mandy wesentlich recht gehabt habe«.

Das Volumen der Haydnschen Symphonien gleicht also einer Harmonika, die je nach Kenntnis und gutem Gewissen der Gelehrten expandiert oder zusammengedrückt werden kann. Wie — fragt der Leser — ist so etwas möglich? Drei Erklärungen sind erlaubt. Die erste ist die schon erwähnte Gewissenlosigkeit der Verleger. Mit dem Namen Haydn war Geld zu verdienen. Genoß doch der Meister bei Lebzeiten schon einen legendären Ruhm: wie erstaunt mußte Adalbert Gyrowetz sein, als er 1789 in Paris seine G-dur-Symphonie unter Joseph Haydns Namen gedruckt fand! Die zweite Erklärung ist die, daß Fälschungen von Haydns eigenem Orchester ausgingen. Man darf nicht vergessen: es wurde damals besonders viel und auch gut komponiert. Irgendein Geiger oder Hornist hatte ein eigenes Werk; er wußte, daß, wie hungrige Hunde, Verleger in vielleicht sieben Sprachen ständig nach einem »Stückchen Haydn« um Eisenstadt und Wien kreisten (hundert Jahre später war es das gleiche mit der Musik von Johann Strauß). So verkaufte denn dieser Geiger seine eigene Arbeit vielleicht als ein echtes Werk des Meisters; und oft war sogar sein Gewissen beruhigt, weil Haydn, gefällig wie er war, daran herumkorrigiert hatte — ohne die Absicht des andern zu kennen. Es sind auch nicht alle Bilder von Rubens, die diesem zugeschrieben werden. Es gab vielleicht ohne Wissen Haydns ein »Haydn-Atelier«, wie es ein Rubens-Atelier gab.

Die dritte Erklärung schlägt alle andern: Es gab ja noch einen anderen Haydn. Das war der »kleine Michael«, des Meisters Lieblingsbruder (1737—1806), der als Kirchenkomponist von Rang seit Jahrzehnten in Salzburg wirkte. Seine Messen und Kanons — hochgeschätzt von Meistern wie Mozart — waren bekannt; nicht gleichermaßen sein weltliches Werk. Wenn nun einer der Haydn-Forscher, Wotquenne in Brüssel, Hadow in London, Schmidt in Berlin oder Sandberger in München, auf ein ungedrucktes symphonisches Werk stieß, das den Namen »Haydn« trug, schrieben sie es Joseph zu, obwohl es von Michael sein konnte. Der Umstand, daß diese Werke nicht in Elßlers Katalog figurierten, störte nicht. Man sagte dann wohl: »Im Jahre 1805 war Joseph Haydn viel zu alt, um sich noch richtig zu erinnern«, vergaß aber, daß die Spanne zwischen 118 und 182 Symphonien etwas

zu groß war, um durch ein »Nachlassen des Gedächtnisses« erklärt
werden zu können. Da mußte noch anderes vorliegen... Um die Verwirrung voll zu machen, brachte dann noch Sir Donald Tovey die
katastrophale Kunde von einem englischen Komponisten George Hay-
don, der in der ersten Hälfte des 18. Jahrhunderts lebte. Er war Organist in Bermondsey und hatte sogar Quartette geschrieben. Wer
weiß, ob nicht manches im Werke George Haydons von Joseph ist und
umgekehrt!

   All das wird sich vielleicht nie klären lassen. Mehr: es würde Haydn
vielleicht an einer Klärung nicht allzuviel liegen. Der Persönlichkeits-
und Eigentumsbegriff des modernen Künstlers war ihm fremd (weshalb ihn auch Wagner nicht verstand). Für Haydn — das darf uns
nachdenklich stimmen! — war Musik trotz all ihrer Geisteskraft ein
Gebrauchsgegenstand des täglichen Lebens, wie ein Stuhl oder ein
schöner Tisch, den man bei einem Handwerker bestellt und gegen Bezahlung abholen mag. »Gutes Handwerk aber bleibt anonym«, wie
sein Zeitgenosse Herder lehrte.

   Die »Aufräumung der Werkstatt« also ist dem Meister nicht voll
gelungen. Ebenso erging es ihm mit der Ordnung seiner irdischen
Güter. Seine Testamente hat er mehrere Male umgeschrieben. Anna
Aloysia Haydn starb im Frühjahr 1800, nachdem sie ein paar Jahre
lang wegen eines rheumatischen Leidens ein Schwefelbad hatte auf-
suchen müssen. Ein halbes Jahrhundert verfehlter Ehe fand damit seinen späten Abschluß — obgleich rechtens gesagt werden muß, daß die
letzten zehn Jahre das Temperament Anna Haydns besänftigt hatten.
Im übrigen war dieser Tod für den alten Haydn weniger wichtig als
für Luigia Polzelli. Würde er sie nun heiraten? Doch der alte Junggeselle, für den jetzt sein treuer Diener Elßler und die Köchin Anna
Kremnitzer sorgten, dachte gar nicht an so etwas. Halb freiwillig und
halb gezwungen unterzeichnete er jedenfalls am 23. Mai 1800 ein Dokument, in dem er versprach, falls er wieder heiraten werde, keine
andere zur Frau zu nehmen als die besagte Luigia Polzelli. »Und falls
ich ein Witwer bleiben sollte, verspreche ich der besagten Polzelli nach
meinem Tod eine Pension von 300 Gulden zu hinterlassen, solange sie
lebt.« Luigia selbst versprach überhaupt nichts. Mit Haydns Versprechen in der Tasche heiratete sie den Sänger Franchi und ging mit ihm
nach Italien. Haydn war keineswegs eifersüchtig — ärgerte sich aber
schließlich doch und kürzte Luigias Anteil im Testament. (Mit ihr zugleich fiel Luigias Sohn, das heißt: vielleicht sein eigener Sohn, bei dem
alten Meister in Ungnade...)

Wer sollte nun also Haupterbe werden? Selbstverständlich Michael! Die Brüder liebten einander zärtlich, obwohl sie sich oft viele Jahre nicht sahen. Im Jahre 1800 wurden Michael und seine Frau, eine Sängerin, beim Einfall der Franzosen in Salzburg so gründlich geplündert, daß sie kaum ein Hemd auf dem Leib behielten. Daraufhin schickte Bruder Joseph eine goldene Uhr und Geld. 1801 war der »Kleine« zum Besuch des älteren Bruders in Wien. Ein Geistlicher, Werigand Rettensteiner, erzählte später, daß er beobachtet habe, wie die beiden alten Herren sich beim Mittagessen überboten hätten in Zärtlichkeit. Joseph hatte an der Wand seine Kanons aufgehängt, unter Glas, um sich stets zu erinnern, »wie man in strengen Formen schreibt«. (»Ich war nicht reich genug, um mir schöne Gemälde zu kaufen«, sagte er später zu Griesinger. »So machte ich mir selbst eine Tapete, die nicht jedermann haben kann.«) Der bewundernde Michael bat sich ein paar Kanons zum Geschenk aus. »Du schreibst doch selber bessere!« sagte Joseph in vollem Ernst.

Michael aber starb vor Joseph (am 10. August 1806) und ebenso Johann Evangelist (16. Mai 1805), genannt »Hansl Haydn«, der Tenor, der ein paar Jahrzehnte lang bei Esterhazy beschäftigt war. (Er soll ziemlich schlecht gesungen haben, berichtet Salieri von ihm.) Auch Haydns Schwester Anna Maria, die den Schmied Fröhlich geheiratet hatte, starb am 27. August 1802. So wurde deren Sohn Matthias Haupterbe; und viele Legate gingen an Verwandte zweiten und dritten Grades. Es war nicht wenig, denn Haydn hatte seit Jahrzehnten viel verdient und war für sich selbst ungeheuer sparsam. Es ist rührend, bemerkt Geiringer, »daß der letzte Wille dieses weltberühmten Komponisten überhaupt nur kleine Leute bedachte«. Schwerarbeitende Schuhmacher, Schmiede, ein Silberhandwerker und ein Schneider, die Witwe eines Sattlers, vier Fabrikarbeiter, zwei Spitzenklöppler figurieren unter Haydns Erben.

DIE DREI BIOGRAPHEN

Unter den Beschenkten befand sich natürlich auch der Diener Elßler. Auch seine Treue ist übrigens der Verleumdung nicht entgangen: er habe selbstkopierte Noten als Haydns eigene Handschrift verkauft. Das ist um so weniger wahrscheinlich, als er zu seinem geliebten »Papa« in fast religiösem Verhältnis stand. Manchmal sah man Elßler noch nachts, wenn Haydn sein Lager längst aufgesucht hatte, mit einer Kerze andächtig vor dem Porträt seines Meisters stehen, »als wolle er ihm in Gedanken räuchern«.

Nie ist Geld besser verwandt worden als das dem Elßler hinterlassene. Der Diener hat es dazu benutzt, seinen Töchtern eine Erziehung zu geben. Die Älteste, Therese, geboren 1808 (Haydns Blick hatte also noch auf dem Kinde geruht), wurde für das Ballett ausgebildet; sie heiratete nach Abgang von der Bühne den Prinzen Adalbert von Preußen zur linken Hand. Ihre jüngere Schwester beschämte noch Theresens Glück. Fanny Elßler war, wie Heine schrieb, die »Tänzerin zweier Hemisphären«. Sie schwang ihren blauen Seidentanzschuh triumphierend über die ganze Welt hin. »Sie war der größte Tanz-Intellekt, den ich je erlebt habe«, berichtete der Engländer Charles Kemble von ihr. An der Pariser Oper bezog sie ein Jahresgehalt von beinahe 50 000 Franken. Als sie in den Jahren 1840—42 in Amerika war, sprach man bewundernd von der »Austrian suaveness«, die, trotz aller Geistigkeit, diese Tänzerin umwehte. Vielleicht war es nichts anderes als der »Lavendelduft der Wiener Seele«, den auch Haydn mitbrachte, als er nach England kam...

Zur »Bestellung der Werkstatt« gehörte ferner — solange es das Gedächtnis noch zuließ —, daß Haydn die Fakten seines gelebten Lebens ordnete. Er hatte das Glück, schon bei Lebzeiten seine drei Biographen zu finden, denen er sein Leben erzählte: den sächsischen Legationsrat in Wien Georg August Griesinger (gestorben 1828), den Maler Albert C. Dies aus Hannover (1755—1832) und den Schriftsteller Giuseppe Carpani aus Villalbese bei Como (1752—1822). Die drei konnten nicht verschiedener sein, und so ergänzten sie einander vortrefflich.

Griesinger war Diplomat und damit wohl berufsmäßig Menschenkenner. Freilich, er hätte nach Staatsmännerart im Bereich der Akten bleiben können; statt dessen begab er sich ins Volk, wo geschaffen, gelebt und geliebt wurde. Haydn war für diesen Sachsen so recht der »liebenswerte Genius des österreichischen Nachbarvolkes«. Wohl kennt er Haydns kleine Schliche dem täglichen Leben gegenüber, die »grenzenlose Bescheidenheit«, der ein Quantum österreichischer Schlauheit ungemein hilfreich beigemischt ist. Die selbstverkleinernde Art des Wieners (wie sie neben Haydn auch Schubert und der große Volksdichter Raimund hatten) war überall in der Welt beliebt, während der Gegenpol, das übertriebene Selbstbewußtsein, die »preußische Krankheit des Jahrhunderts«, ihre Träger reichlich verhaßt machte.

Als Beweis für Haydns »Bescheidenheit« zitiert Griesinger, daß der
Meister, als er 1790 zu den Krönungsfeierlichkeiten für Leopold, den
neuen Kaiser, zusammen mit Mozart nach Prag fahren sollte, diese
Einladung abgelehnt habe: »Wo Mozart ist, kann sich Haydn nicht
zeigen!« (Nicht geraten war es natürlich, daß ein Dritter solche Worte
gebrauchte. Das weiß Griesinger freilich auch.)

Griesinger verdanken wir die hauptsächlichsten Mitteilungen über
Haydns englischen Aufenthalt. Natürlich bleibt auch dieser Freund in
seinem Bildungsgrad befangen, wenn er unsinnigerweise sagt: »Das
wenigste aus Haydns Londoner Tagebüchern würde die Leser interessieren.« (Ebenso töricht äußert Dies: »Die mir von Haydn mitge-
teilten kleinen Taschenbücher enthalten wenig brauchbares Material«!)
Uns heute, ganz im Gegenteil, interessiert und rührt gerade das, was
der Notizenschreiber Haydn in seiner unorthographischen Schrift zu
Papier brachte — auch wo er nicht von Musik sprach.

Es ist hauptsächlich der alte Haydn — also der, den er selbst in
zehnjährigem Umgang erlebte —, der den warmherzigen Mann interessiert. Von den Zeugnissen abnehmender Lebenskraft, die dieser
Biograph berichtet, kann man nicht ohne Bewegung lesen. Das stille
Gleiten der Abendsonne ist in seinem Buch eingefangen — den menschlichen Gipfel erreicht es dort, wo Griesinger schweigend den im Stuhle
vor ihm sitzenden Haydn betrachtet und dabei die Worte Homers
denkt, die Agamemnon zu Nestor sagt:

Schwer drückt dich des Alters gemeinsame Last. O ihr Götter!
Daß sie ein anderer trüg' und du ein Jüngling einhergingst...

Eine völlig andere Erscheinung war der fünfzigjährige Maler Dies.
Als sich dieser Hannoveraner, versehen mit einem Empfehlungsschrei-
ben des Fürsten Nikolaus Esterhazy, bei Haydn melden ließ, um »sein
Leben zu beschreiben«, wollte ihn dieser zunächst abweisen, da »sein
Leben nicht interessant gewesen sei«. Der Maler empfand nicht, daß
diese Bemerkung (wie so viele Bemerkungen Haydns) etwas Doppel-
bödiges hatte. Natürlich war sie zunächst völlig ehrlich; auf der anderen Seite war diese Bescheidenheit darauf angelegt, den Protest des
Gastes zu erregen. Jedenfalls bewies dann Haydn durch besondere
Lebhaftigkeit immer wieder dem Besucher, »wie interessant sein Leben gewesen war«.

Ganz konzentriert, nach Malerart, verliefen die dreißig Besuche
des Dies — man könnte auch sagen »Sitzungen« — vom 15. April 1805

bis zum 8. August 1808. Über jeden Besuch hat er Buch geführt; sehr
wertvoll ist jeweils die Beschreibung von Haydns Aussehen und Gesundheit — und wie er ihn stets verändert findet: bald ist es der Einfluß der Witterung, die Mattheit nach einer Regennacht, bald sind es
andere Imponderabilien, die Ebbe und Flut im Gespräch diktieren.
Gut sind auch die Beobachtungen, wie Erfolge und Briefe aus dem
Ausland Haydns Lebenskraft »elektrisieren«. Manchmal wird das Gespräch zu abstrakt, selbstverständlich durch Dies' Schuld. Man konnte
mit Haydn eher chinesisch reden als über die »Theorie der Kunst«.
Dann »wurde er müde und brach ab«. Aber das geschah nur selten.
Da der Maler Dies ganz Augenmensch war, gab er unübertrefflich
wieder, was er mit seinen Augen sah. Wie ihm Haydn entgegenging,
trotz seiner geschwollenen Füße mit Schuhen und beinahe kokett gekleidet. Dieser Herr aus dem Rokoko, fühlte der Maler, gehörte bereits einem anderen Zeitalter an — und so ließ er sich (anders als
Griesinger) besonders von Haydns Jugend erzählen. Mit geschlossenen
Augen trank der Hörer Haydns Jugendlandschaften ein — Rohrau,
Hainburg, Wien, Eisenstadt. Wenn er die Augen wieder aufschlug
und sein Buch zu schreiben begann, wurden es gleichsam erzählte Bilder. Sogar die Musik weiß er sichtbar zu machen: die Art, wie der
Kapellmeister Reutter den kleinen Haydn das Trillern lehrt (man
sieht die Bildung der Töne im Mund — und man sieht zugleich daneben das Rot der begehrten Kirschenschüssel), ist ein schriftstelleri-
sches Meisterstück.

Übrigens setzte sich A. C. Dies auch für Haydns Sakralmusik ein —
was ihm, dem norddeutschen Protestanten, nicht allzu schwer gefallen
sein mag. Als er sieht, wie Haydns Messen von den Wienern zer-
stichelt werden, teilt er der Nachwelt Zelters Brief mit: den Brief,
den Haydn mit Freude und Stolz aus dem Schubfach genommen hat.
Es ist jener denkwürdige Brief vom 16. März 1804, in dem Zelter,
der Direktor der Berliner Singakademie, Haydn einlädt, Wien zu
verlassen und nach Berlin, in die *Haydn-Stadt*, zu kommen. Denn soeben hat Zelter zwei Lieder Haydns »Abendlied« und »Danklied zu
Gott« für Massenchöre arrangiert: »O könnte ich Ihnen die Freude
gewähren, Ihre Chöre bei uns zu hören und sich an der Ruhe, An-
dacht, Reinheit und Heiligkeit zu erbauen, womit sie hier gesungen
werden! Die schönste und beste Jugend von Berlin steht hier mit Vätern und Müttern wie in einem Himmel voller Engel zusammen, feiert
in Lob und Freude die Ehre des höchsten Gottes und übt sich an den
Werken der größten Kunstmeister, die die Welt gesehn hat. O kom-

men Sie zu uns, kommen Sie! *Sie sollen wie ein Gott unter Menschen empfangen werden;* wir wollen Ihnen ein Gloria singen, daß Ihr graues, ehrwürdiges Haar sich erheben und zum Lorbeer werden soll...« (Wäre dieser Brief doch nur zwanzig Jahre früher gekommen, als die Berliner Kritiker Haydn »noch klaftertief in die Erde schlugen«! Als er Zelters Brief erhielt, konnte Haydn nicht mehr verreisen.)

Der begabteste der Biographen war der Italiener Giuseppe Carpani. Er war wirklich ein Schriftsteller — und zwar einer von römischem Kaliber. Wenn es ihm Vergnügen macht, kann er wie Cäsar und Tacitus schreiben. »Wie Minerva aus dem Haupt des Zeus, so entsprang die Instrumentalmusik, schön und bereits vollkommen fertig, dem Gehirn eines einzigen Menschen.« In diesem Satz ist fast alles falsch — aber klingt er nicht wunderbar? Der Autor dieser und ähnlicher Sätze schrieb im Stile der »Großen Elogen«, mit einer antiken Eloquenz, die der Sachse und der Hannoveraner allerdings nicht haben konnten. Carpanis Charakteristiken wirken oft wie getriebenes Erz. Er sagt von Haydns Vorfahren: *»Nacquerò, visserò e morirono: eccovi la loro biographia«* (Sie wurden geboren, lebten, starben: da habt ihr ihre Biographie). Bündiger kann man es nicht sagen; und ein Kapitelbeginn wie dieser ist überhaupt nicht nachzuahmen: *»Col Händel in capo, e di molte ghinee de la borsa, usci Haydn dalla fumosa Londra«* (Mit Händel im Kopf und vielen Guineen in seiner Börse tauchte Haydn aus dem Londoner Nebel hervor).

Unter allen drei Biographen war Carpani der musikalischste. Und mochte er, als Italiener, vom »Gesang« ausgehen: er verstand, daß auch Haydns Orchester »sang«. Seine Beziehung zu Haydns Musik ist von unleugbarer Erlebnistiefe: so berichtet er das erstaunliche Faktum, daß 1799, als er hochfiebernd in seinem Bett lag, er dennoch aufgestanden sei, um eine Haydnsche Messe zu hören — da habe die Haydnsche Musik eine Kontraktion seiner Muskeln bewirkt, ein heftiger Schweiß sei ausgebrochen und er sei auf der Stelle gesund geworden. (Hier begegnen sich Carpani und van Swieten, der, als Arztsohn, eine Doktorarbeit über »Musik und Heilkunst« geschrieben hat — sogar der trockene Holländer war den verborgenen Heilkräften der Musik nicht unzugänglich.) Im übrigen weiß der Stilkenner Carpani auch um die Gefahren seines Buches: da es zu pathetisch ist, stattet er seinen »Giuseppe Haydn« mit mancherlei Bizarrerien aus, mit komischen Zügen: einmal nennt er ihn gar eine *natura di buffone*.

Wenn nur der Biograph Carpani zuverlässiger gewesen wäre! Daß es seine Erinnerungen waren, die, wie Mendel und Reißmann berichten, lange Zeit als Hauptquelle für Haydns Leben gegolten haben: das ist schade. Die beiden andern Autoren sind zuverlässiger. Eines Tages will Carpani Haydn haben sagen hören: »Ich kann überhaupt nicht komponieren, wenn ich nicht den Ring Friedrich Wilhelms von Preußen an meinem Finger spüre! Vergess' ich am Morgen den anzustecken, läßt meine ganze Verve nach, und die Gedanken verflüchtigen sich...« Mit wem — um Gottes willen — verwechselt Carpani Haydn da eigentlich?

Nach einer anderen Richtung hin wäre Haydn freilich sehr glücklich gewesen, Carpanis Erinnerungen zu lesen. (Sie erschienen drei Jahre nach seinem Tod.) Carpani spricht über ihn ganz so, als ob Haydn Italiener wäre. Daß er im Norden geboren ist, scheint nur ein bedeutungsloser Zufall; alles, was Carpani erzählt, ist in die Farben Italiens getaucht. Sein Held ist ein »italienischer Meister«. (Die enge Verwandtschaft mit Boccherini und die Schülerschaft zu Sammartini hätte Haydn in Abrede gestellt; doch sonst wäre er zufrieden gewesen.) Auch Carpanis merkwürdige Sucht, die großen Meister der Musik mit den großen Malern zusammenzustellen, hätte Haydn interessiert. Ist diese Sucht doch echt italienisch: für den Schriftsteller Carpani ist Händel der Michelangelo, Hasse ist ihm ein anderer Rubens, Gluck ist sein Caravaggio, Salieri sein Annibale Caracci. Mozart vergleicht er mit Giulio Romano und Haydn gar mit Tintoretto. Richtig oder falsch — es ist interessant.

Nicht weniger interessant, doch gefährlich ist Carpanis Behauptung: »Wenn Haydn komponieren wollte, setzte er sich ans Klavier und erdachte eine Romanze oder ein Programm, an dem er seine musikalischen Einfälle aufhängte...«

Carpani verwechselte hier zwei Dinge: Haydn war ein »Erzähler«, der musikalische »Einfälle« mit innerer Logik entwickelte — hatte aber keineswegs ein »vorgestelltes Programm«, das er von A bis Z »mit illustrierenden Einfällen behängte«. Er haßte diese Art von Musik. So sehr er Daniel Steibelt schätzte (1765—1826), den Pariser Dirigenten der »Schöpfung«, so gründlich verachtete er dessen sogenannte »Tongemälde« mit ihren Flußüberquerungen und Generalquartiers-Sitzungen, wie die pro-französische »Schlacht bei Neerwinden« oder gar den »Brand von Ulm«. »Der arme Mensch hat so viel Schulden, daß er solches Zeug schmieren muß«, sagte Haydn zu einem Besucher. Was hätte er erst dazu gesagt, hätte er noch miterlebt, daß Steibelt zu den Russen ging und im Sold Kaiser Alexanders »Die Zerstörung von Moskau« und die »Taufe der Newa« komponierte!

Haydn schrieb keine Programmusik, wie der Edinburger Professor Friedrich Niecks mit Recht ausgeführt hat. Was Haydn trieb, war »Geräuschnachahmung« — und das war etwas völlig anderes. Geräuschnachahmung ist alt wie die Welt. Die Engländer des Mittelalters ließen den Kuckuck gewaltig schreien, Couperin schrieb ein »Windmühlenstück«, das von Holzflegeln knatterte, und in Charpentiers »Louise« tritt das Straßengeschrei von Paris auf. Alle diese Effekte kennt Haydn — in »La Chasse«, in der »Uhr«, in den »Vögeln«, in der »Bären«-Symphonie und in zahllosen anderen Werken freut er sich dieser Charakteristiken —; aber um ihre Gefahren wissend, billigt er ihnen zwanzig Takte, kaum je aber vierzig zu. Da hier kein Programm vorwaltet (im Sinne von Liszt oder Richard Strauß), sind die Namen dieser Stücke auch weit eher Spitznamen. Das »Rasiermesser-Quartett« hat nichts mit dem Schleifen von Messern zu tun, sondern, wie wir gesehen haben, mit dem Umstand, daß Haydn dieses Quartett für ein Rasiermesser eintauschte.

Dutzende von anderen Titeln enthalten Widmungen, wie zum Beispiel die Maria-Theresien-Symphonie oder die für Paris geschriebene »La Reine«. »*Que Haydn en composant eut pensé à une poule ou une impératrice*«, sagt Michael Brenet-Bobillier in seiner »Geschichte der Symphonie«, »*l'ouvrage ne laissait pas apercevoir.*« Wirkliche Programmusik hat der Meister nur einmal geschrieben. Zu einem höchst feierlichen Anlaß, als er 1785 für die Kathedrale von Cadiz seine berühmte Karfreitagsmusik, jene »Sieben Worte am Kreuz«, schuf. »Der erste Satz wurde auf der Kanzel in erhöhter Prosa gesprochen: ‚Vater, vergib ihnen; denn sie wissen nicht, was sie tun.‘ Drauf stieg der Domherr herab und warf sich vor dem lebensgroßen Bilde des Gekreuzigten nieder. Jetzt fiel Haydns erstes Adagio ein, welches (wie alle übrigen) nur zehn Minuten dauern durfte. So ging es fort bis zum vorletzten Satz ‚Mein Gott, mein Gott, warum hast du mich verlassen?‘ und zum erhabenen ‚Es ist vollbracht!‘« — Das ist die Geschichte der »Sieben Worte«, wie Haydn sie dem Maler Dies später authentisch mitgeteilt hat.

Carpani aber hat für die Nachwelt diesen klaren Tatbestand verwirrt. Nach ihm illustrierte Haydn dauernd ganze Erzählungen und Romane, und seine Behauptung hat Schule gemacht. Als Toscanini 1928 in Wien die 101. Symphonie aufführte, beschwerte sich im Künst-

lerzimmer einer der Hörer, er habe die »Uhr« nicht ticken hören,
oder doch nur im langsamen Satz:

Er hatte erwartet, ein Tongemälde wie Strauß' »Heldenleben« zu
hören oder wie »Till Eulenspiegel«, mit einem durchgehenden Thema:
etwa eine »Geschichte der Uhr«, und fühlte sich sehr enttäuscht. Tosca-
ninis Ärger war unbeschreiblich. Er ärgerte sich für Haydn mit!

Obwohl Carpani genug erfand, mangelte es diesem Schriftsteller
doch merkwürdigerweise an Stoff. So kam er auf ganz unsinnige Dinge.
Er verglich zum Beispiel Haydn mit dem österreichischen Feldmarschall Laudon, mit dem er gar nichts gemeinsam hatte. (Außer daß
Haydn, wie jeder wußte, dem berühmten alten Soldaten eine Symphonie gewidmet hatte; was so wenig bedeutete wie Beethovens Widmung einer Sonate an Sonnenfels: einen Höflichkeitsakt.) Carpani
merkt den Unsinn natürlich und liefert sich selbst ein Rückzugsgefecht,
das ebenso amüsant wie frech ist. Als er gar nicht mehr weiter kann,
schreibt er: »Haydn war die personifizierte Musik, Laudon der personifizierte Krieg. Im übrigen besaßen beide dem sonstigen Leben
gegenüber eine profunde Ignoranz. Nehmt sie aus ihrem Beruf heraus, und ihr könnt sie — ohne daß ihr damit ihrer wirklichen Größe
zu nahe tretet — *zwei berühmte Idioten nennen* ...«

So weit Carpani. Und was tat Haydn? Dieser »profunde Ignorant«,
aber große Menschenkenner, machte sich in seiner Weise schon vorher
über Carpani lustig. Obwohl Carpani korrekt berichtet: »Haydn erfand allerlei Geschichten, um sie Leichtgläubigen aufzubinden; waren
sie ihm hereingefallen, so lachte er im intimen Kreis«, kam er gar
nicht auf die Idee, wie leichtgläubig er selber war. Für ihn nämlich
und nur für ihn — nicht für Dies oder Griesinger! — hat Haydn sich
ans Klavier gesetzt, um ihm mit vielen Notenbeispielen jene köstliche
Geschichte von der »Amerika-Symphonie« aufzubinden — jenem Stück
Programmusik, das er niemals geschrieben hat:

»Eines Tages stellte ich mir einen Freund vor, reich an Kindern,
an Gütern arm, der ins ferne Amerika fährt, um seine Umstände zu
verbessern; der Erfolg hat und gesund zurückkehrt ...«

»Ausgezeichnet!« rief Carpani. »Und wie haben Sie das gemacht?«
»Nun, das fiel mir nicht allzu schwer«, sagte Haydn am Klavier
und breitete die Motive aus, die das »große Unternehmen« für das
Ohr erläuterten. Die Symphonie hatte ein Programm, das noch das
schmalste Detail beschrieb: Die Einschiffung des Abenteurers; die Ab-
fahrt des Schiffes mit gutem Wind, unter dem Wehklagen der Familie
und den Segenswünschen der Freunde. Die glückliche Reise übers Meer;
Ankunft in einem fremden Land zu den barbarischen Tönen, Tänzen
und Stimmen der Amerikaner. (An dieser Stelle ungefähr war die
Mitte der Symphonie erreicht.) Nach vorteilhaftem Warenaustausch
(A-dur mit Ausflügen nach D) wird die Heimreise wieder angetreten;
wieder einmal blasen günstige Winde (was selbstverständlich eine
Reprise des Anfangsthemas zur Folge hat). Dann kommt jählings ein
schrecklicher Sturm (ausgedrückt durch eine Konfusion von losgerisse-
nen Tonleitern). Soll man die Rettungsboote benutzen? (Ganz kurze
C-dur-Figuren der Hoffnung.) Nein, die Seile sind zu kurz. (Die Kadenz reißt plötzlich ab.) Angstschreie der Reisenden: ein Leck? (Schreckliche Explosion in fis-moll.) Donnern der See in Quarten und Quinten.
Die Passagiere beginnen an Gott zu denken: vom Chromatischen
wechselt die Melodie in pathetischere Gefilde. Doch gräßlich kehrt die
Furcht zurück und ertränkt die Ansätze des Chorals in verminderten
Septimen und Halbton-Modulierungen. Dann, ebenso plötzlich, wie
der Sturm losbrach, beruhigen sich die Elemente. Das Heimatufer
kommt in Sicht. Freudig empfangen Familie und Freunde den erfolgreich Zurückgekehrten... Allgemeines Glück regiert!

Es ist unglaublich, daß Carpani das Zwinkern in Haydns Auge
nicht merkte, als sie, länger als eine Stunde, gemeinsam am Klavier
saßen und der Meister, Motiv um Motiv, die Symphonie erläuterte.
Als dann später der Italiener von seinen Freunden beglückwünscht
wurde, solch einen »Fund« gemacht zu haben, und alle Welt die
Opusnummer der Symphonie zu erfahren wünschte, zeigte sich, daß
der »vergeßliche« Meister die Ziffer nicht angegeben hatte. Man stürzte
sich auf die Symphonien und durchsuchte sie kreuz und quer nach solch
einem Programm-Material — doch nichts entfernt Ähnliches wurde
gefunden.

Und es konnte auch nichts gefunden werden: denn Haydns »Amerika-Symphonie« hat selbstverständlich nie existiert.

Noch war Haydn in sein »Verzeychnis« vertieft, da rückten — am 13. November 1805 — die Franzosen in Wien ein. Niemals war ein Krieg schneller begonnen, niemals schneller verloren worden.

Im Oktober ergab sich ein großer Teil der österreichischen Armee in Ulm. Am 2. Dezember zerschmetterte Napoleon den Rest der Österreicher und die zu Hilfe geeilten Russen durch den Sieg von Austerlitz. In der Zwischenzeit erklärte Franz, nach Ungarn fliehend, seine Hauptstadt zur »offenen Stadt«. Wenn Haydn aus dem Fenster blickte, sah er fremde Dragoner, Husaren, Infanterie, Artillerie und Sappeurs an seinem Häuschen vorbeiziehen.

Das seit neun Jahren Gefürchtete geschah; allerdings nicht in den gefürchteten Formen. Keine revolutionäre Armee kam — die Reste der Jakobiner waren ja von Napoleon längst ausgetilgt —, sondern eine kaiserliche, äußerlich wohldisziplinierte Truppe. Sie zeigte den Österreichern, was Napoleons »neue Ordnung« bedeutete. Niemand hatte für Leib und Leben zu fürchten: mit Ausnahme der Wiener Geheimpolizei, dieses Schreckens anständiger Bürger. Nachdem sie neun Jahre lang alles Fortschrittliche, alles »Josefinische«, vom Universitätsprofessor bis zum kleinen Handwerksmann, schikaniert, ruiniert und verhaftet hatte, floh sie jetzt, soweit sie nicht etwa (war doch das Bespitzeln ihr Beruf!) mit den Franzosen gemeinsame Sache machte.

Niemand konnte sich jetzt erinnern, die Franzosen gehaßt zu haben. Die Zensur wurde abgeschafft (oder durch eine neue ersetzt), die Theater spielten, was sie wollten, fremde Zeitungen strömten von draußen herein, die Freimaurerlogen wurden eröffnet.

Kaum waren die Franzosen in Wien, als Haydn Staatsbesuch empfing. Es waren die Spitzen der napoleonischen Militärbürokratie, die ihn in seinem Häuschen aufsuchten, und zwei sehr berühmte Leute. Der erste war Charles Jean-de-Dieu Soult (1769—1859), Marschall von Frankreich; ein paar Jahre später wurde er »Herzog von Dalmatien«. Der zweite war Maret (1763—1839), der spätere »Herzog von Bassano«, Advokat, Politiker, Gesandter und rechte Hand Napoleons. (Ohne Marets Mitwirkung ging kein Schlachtenbulletin des Franzosenkaisers in die Welt.) Was konnten die beiden von Haydn wollen?

Soult, der »Sieger von Austerlitz«, damals sechsunddreißigjährig, war der Typ des Troupiers, der völlig unmusikalisch ist; er konnte wahrscheinlich eine Flöte kaum von einem Horn unterscheiden. (Nur von Gemälden verstand er etwas. Als nach seinem Tode seine Galerie versteigert wurde, brachte ein Murillo allein es auf mehr als eine halbe Million Franken.)

Ein anderer Mann war H. B. Maret. Er hatte einmal geschworen, »jeden Österreicher, den er fange, an den Füßen aufzuhängen«. Sein Haß war begreiflich: 1793 war er als Gesandter auf dem neutralen Boden der Schweiz von österreichischen Agenten gekidnappt und mit einer Kette gefesselt nach Österreich verschleppt worden. Jahrelang hatte man ihn dort in malariaverseuchten Kerkern gehalten. Alle, die an diesem Bruch des Völkerrechts mitgeholfen hatten, waren vom »guten Kaiser Franz« mit Gold und Ehren belohnt worden... Als nun Maret als Sieger nach Österreich kam, zeigte sich, daß er früh gealtert und eher melancholisch war. Er tat niemand ein Leides. Obendrein war er sehr musikalisch, schrieb Gedichte und Theaterstücke. Man kann sich denken, mit welchen Gefühlen er Haydn gegenübersaß, dem Haydn der »Schöpfung«, dessen Musik so viel dazu beigetragen hatte, »das Leben der neuen Ordnung zu retten«.

Um die fremden Gewaltigen zu empfangen, hatte Haydn sein »großes Empfangskleid« angelegt: einen Rock von kaffeebraunem Tuch, gestickte Weste, gestickte Manschetten und weiße Halsbinde mit goldener Schnalle. Dazu trug er schwarzseidene Beinkleider, weiße Strümpfe und schwarze Schuhe mit großen, gebogenen silbernen Schnallen. Er saß im Lehnstuhl (ohne Hilfe konnte er nicht aufstehen) und wendete den Besuchern aufmerksam den Kopf zu, der durch eine weiße, die Stirn halb verdeckende, altmodische Perücke geziert war. Auf einem zur Seite stehenden Tischchen lagen sein Hut und die weißledernen Handschuhe, ohne die ein Anzug nicht vollständig war...

Was konnten die Herren von ihm wollen? Wir wissen das um so weniger, als Hugo Botstiber, der Ergänzer von Pohls großer Biographie, Maret mit Marat verwechselt, dem Schreckensmann der Revolution. Nun konnte 1805 Marat schon deshalb Haydn gar nicht besuchen, weil er seit zwölf Jahren tot war (1793 in der Badewanne ermordet von der Patriotin Charlotte Corday). Da Botstiber bereits beim Verwechseln war, nannte er weiter als Besucher »einen musikliebenden Offizier namens Soulte« — dabei hätte er bei Griesinger die richtigen Namen lesen können. Der Legationsrat Griesinger, den dieser Besuch natürlich schon aus diplomatischen Gründen interessierte, fand die korrekte Eintragung der beiden in Haydns Fremdenbuch: es waren wirklich Maret und Soult.

Was wollten die Herren von Haydn? Vielleicht kamen sie, um ihm
mitzuteilen, daß er als Mitglied der Pariser Akademie Anspruch auf
bewaffneten Schutz habe. Vielleicht wollten sie sich auch nur »nach
seinem Befinden erkundigen« und feststellen, ob er »wirklich noch
lebe«. Dieses letztere schien nicht so sicher. Im Februar 1805 war, von
London ausgehend, das Gerücht nach Paris gelangt, daß Vater Haydn
gestorben sei, und war sofort geglaubt worden. (Sogar in Wien wurde
es geglaubt, wo man es doch nicht schwer gehabt hätte, den wirklichen
Tatbestand zu erforschen; wo man hätte wissen müssen, daß Johann
Evangelist, der eben verstorbene »Hansl Haydn«, nicht derselbe war
wie sein großer Bruder.) In Paris war der Eindruck tief. Luigi Che-
rubini, in Tränen, setzte sich hin, um dem »padre della musica« eine
Trauerkantate zu schreiben. Es gelang ihm ein schönes Werk, das
Haydns selber würdig war. Düstere Klagemotive der Hörner und
Holzbläser eröffneten es:

Aber dann bringt eine Frauenstimme in einem schönen C-dur-Maestoso
die Gewißheit der Unsterblichkeit:

>»Non, ce feu créateur, cette vive étincelle
>
> N'a pu rester captive au sein des monuments!
>
> Comme son nom fameux son âme est immortelle:
>
> L'un et l'autre est vainqueur de la mort et du temps!«

(Dies Schöpferfeuer, dieser Funke
Kann kein Gefangener des Marmors sein!
Wie der berühmte Name ist auch die Seele unsterblich —
Beide besiegen den Tod und die Zeit!)

wozu Haydn wahrscheinlich selbst melancholisch genickt hätte. Auch
Rodolphe Kreutzer, der große Geiger (bekannt durch Beethovens
Kreutzer-Sonate), schrieb damals sofort eine Trauersonate. Es wurde
bereits in Notre-Dame die Gedächtnisfeier vorbereitet, der Erzbischof
sollte die Messe lesen — da traf die willkommene Nachricht ein, daß
Haydn lebe und gesund sei.

Das erste stimmte, das zweite nicht. Er hatte seit mehr als einem
Jahr sein Häuschen nicht verlassen können (außer zu seltenen Wagen-
fahrten), und über seine zunehmende Schwäche konnte Maret dem
Kaiser berichten; denn der hatte ihn natürlich geschickt. (Napoleon
selbst betrat Wien nur selten; er residierte in Schönbrunn.) Vielleicht
war die Krankheit Haydns Glück. Er wäre sonst wohl noch ein Opfer
der gewalttätigen Musikpolitik des Kaisers geworden.

Musik hängt nicht im leeren Raum! Doch: »Wenn man die Musik-
lexika ansieht, so hat man die Empfindung, als würde das Musikleben der Welt ganz allein von den Komponisten, Virtuosen, Dirigenten und Musikgelehrten gemacht.« Mit diesen Worten begann Oskar
Fleischer im Jahre 1902 seinen umwälzenden Aufsatz über »Napoleon
Bonapartes Musikpolitik«. Als hätten nicht Chinas Philosophen und
die Pythagoräer der Griechen die Musik als den Zusammenhalt aller
staatlichen Ordnung erklärt! »Musik«, entnahm Fleischer der Geschichte,
»war die geheimnisvolle Macht, die alle bewegten Dinge, auch die
Menschen, in einem befriedigenden, gegenseitige Störung ausschlie-
ßenden Verhältnisse erhielt, ohne ihre Bewegungsfreiheit aufzuheben.«
Es war also klar, daß die Musik schon immer ein Hilfsmittel der Politik war und daß kein politisches System, sobald es wirklich eines
war und nicht ein bloßes Laissez-aller, einer bestimmten Musik ent-
raten konnte! Im Altertum und Mittelalter war das völlig selbstverständlich. In der Neuzeit aber war Bonaparte der erste, der die Notwendigkeit einsah, die ihm unterworfenen Menschen auch mit Mitteln
der Musik zu regieren. Von 1800 bis 1813 war er mit der größten Kon-
zentration bemüht, *seine* Musik zu finden, das heißt: den Mann, der
sie schreiben konnte. Hätte er ihn endgültig gefunden, er hätte ihm ein
Amt anvertraut, das vielleicht dem des Innenministers wenig nach-
gestanden hätte!

Was für eine Musik suchte Napoleon? Er suchte die Musik des
»Empire«. Er suchte die heroische Oper, die zugleich eine »Oper der
Ordnung« war. Ludwig XIV. hatte noch mit dem höfischen Drama
auskommen können. Im 19. Jahrhundert aber — wo die emotionalen
zugleich mit den materiellen Kräften der Menschheit sich potenziert
hatten! — mußte die Oper das Schauspiel ersetzen. (Glaubt man nicht
Wagner sprechen zu hören? Doch es waren Gedanken Napoleons!)
Seitdem er die »Schöpfung« gehört hatte, war Napoleon nicht mehr
der Mann, der die Musik hauptsächlich brauchte, »um beim Rasieren
pfeifen zu können«. Er bedurfte ihrer, um zu *regieren*. Musik war zugleich eine kosmische und politische Angelegenheit. Und Napoleon
mußte zugreifen, um sich der Musik zu versichern. Denn wenn *er* es
nicht tat, taten es die Gegner: der ungeheure Erfolg von Grétrys
Oper »Guillaume Tell«, der Oper des Tyrannenmordes, bewies, daß
noch immer die Ideen der Republikaner die Herzen der Pariser beherrschten.

Wie kam nun Napoleon zu seiner Musik? Die Sache mußte daran
scheitern, daß er, wie die meisten Gewaltmenschen, im tiefsten doch
unmusikalisch war! Es liegt im Wesen der Musik, daß man sich ihrer
weder durch Raub noch durch Bestechung bemächtigen kann; selbst
wenn man die Musikanten raubt, sie in geschlossenen Wagen entführt
oder mit Ehrenstellen kirrt. Hätte der Diktator auch nur das geringste
von Haydns Musik verstanden, von ihrem frommen und epischen
Frieden, er hätte nicht in den Wochen nach jenem Attentat sich ernsthaft mit dem Gedanken getragen, Haydn nach Paris zu bringen. Einer
der Hauptgründe, daß er es nicht tat, war, daß der verhaßte Cherubini, der ein wirklicher Republikaner war, Haydn protegierte.

So wurde der Neapolitaner Paisiello zunächst Napoleons Favorit.
Er wurde 1802 mit dem unerhörten Gehalt von 80 000 Franken von
Napoleon nach Paris engagiert. Der Diktator besprach ohne Hemmung,
was er für seine Pläne brauchte: eine Art »Kirchenmusik, die dem
katholischen Ritus genüge und zugleich national-französisch sei«, und
dann das für ihn Wichtigste: ein Tedeum zur künftigen Kaiserkrönung
für zwei Chöre und zwei Orchester! Doch die alten Republikaner vom
»Conservatoire« wußten sich zu rächen, daß man sie übergangen hatte.
Die Intrigen seiner Feinde wurden zuviel für Paisiello; der einund-
sechzigjährige Mann legte sein Amt nieder.

Der bloße Umstand, daß ein Professor namens Jean-François Lesueur sich mit den übrigen Professoren des »Conservatoire« überwor-
fen hatte, genügte, um Napoleon günstig zu stimmen. Er ließ die

Akten einfordern, studierte sie und machte Lesueur sofort zum Musik-
herrscher. Er bestimmte, daß man diesem »homme de génie allein
für das Notenpapier, das er brauche, jährlich 2500 Franken zahle«,
denn sein eigentliches Gehalt solle Lesueur für sich selbst verwenden.
Aber es nützte nichts. Die heroische Oper »Die Barden« (1804), in der
der gelehrte Lesueur so etwas wie der vorwagnersche Erfinder des
Wagnerschen »Leitmotivs« wurde, war für die Pariser zu ernst. Das
Theater blieb »leer wie der Mond« — und Lesueur fiel in Ungnade.

Nein, Musik mußte hinreißen, sonst taugte sie nicht. Wo aber solche
Musik finden? 1806 hörte Napoleon in Dresden die Oper »Achille«
des jungen Ferdinando Paer, Kapellmeisters am Sächsischen Hof. War
das nicht die Heldenoper, von der er seit vielen Jahren träumte? Hier
war der Held, der sich bezwingt — Frauenliebe ist unwichtig, ist nur
»Episode zwischen den Schlachten«: nur der Ruhm des Achill ist wichtig und seine Rache für Patroklus! Das war es, was der Kaiser suchte.
Ungestüm trat er nach der Vorstellung auf den Komponisten und seine
Frau zu (sie sang die weibliche Hauptrolle): »Folgen Sie mir sofort
nach Warschau und dann weiter nach Paris! Sie erhalten 50 000 Franken und eine Anstellung auf Lebzeiten!« Zitternd gehorchte das Ehepaar. Doch auch Paers Musik gefiel in Paris nicht. Wieder hatte Napoleon geirrt — und mußte weiter suchen.

Schon spielte Geld keine Rolle mehr. Die Privatkapelle des Kaisers
kostete jährlich nicht weniger als 350 000 Franken, die natürlich der
Staat bezahlte. Die Kunde von den Riesengehältern, die Paris zu vergeben hatte, durchflog Europa und erweckte in den Kreisen der Musiker Zittern und Begehrlichkeit. Da hörte man, daß der Kaiser endlich jenen Mann gefunden habe, nach dem er so viele Jahre suchte.
Es war — Gott sei Dank — nicht Beethoven, dessen Namen der Kaiser
nicht kannte... und den sein Republikanertum (verbunden mit der
Geschichte, wie er das Widmungsblatt der »Eroica« zerriß, als Napoleon Kaiser wurde!) ins Gefängnis gebracht haben würde.

Nein, dieser Mann war Gasparo Spontini (1774—1851), und hier
fiel der Instinkt des Kaisers mit der Schätzung der Mitwelt zusammen: er traf eine glänzende Opernbegabung. Dabei war Spontini kein
Lärmmacher, der »ordres de bataille« illustrierte, sondern ein Cha-
rakteristiker voll moderner, nervöser Kraft. Der Kaiser sah Spontinis
»Vestalin« und war von dem antiken Subjekt und seiner modernen
Fassung entzückt. Und doch! Die geheimen Kräfte der Wahrheit, die
in jeder großen Musik liegen, lassen sich nicht zur Lüge mißbrauchen.
Als Napoleon 1808 zum Feldzug nach Spanien rüstete, war die öffent-

liche Meinung Frankreichs gegen diesen Krieg. So gab denn der Kaiser — um Paris für den Sieg zu entflammen — Spontini den Auftrag, ein »spanisches Sujet« zu behandeln. Er nannte als Thema: Ferdinand Cortez. Doch das Thema kehrte sich gegen ihn. Die Musik wurde nämlich so wunderbar, daß die kriegsmüden Pariser den Spaniern der Bühne zujubelten... Tagelange Kundgebungen! Nationaler Verrat in der Großen Oper! Spontini wurde abgesetzt und entging mit Mühe der Bestrafung.

Je weniger die Musikpolitik Napoleons Erfolg hatte, desto wahlloser wurden ihre Mittel. Zingarelli, der Direktor der Vatikanischen Kapelle, wurde in einen Wagen geworfen und aus Rom nach Paris entführt — und selbstverständlich befand sich auch Haydn in einer nicht geringen Gefahr, als Ende 1805 die Spitzen der napoleonischen Militärbürokratie überraschend in seinem Hause erschienen. So wie man die Museen und Bibliotheken Europas für Paris plünderte, wurden jetzt auch die Musiker mit Gewalt fortgebracht. Gleich nach der Schlacht von Austerlitz nahm Napoleon den Gesanglehrer der Kaiserin Marie-Thérèse, Girolamo Crescentini, fest; der ängstliche Mann, der vergessen hatte, aus Wien zu flüchten, erlaubte sich, an Österreichs Armut und Sparsamkeit denkend, von Napoleon ein Jahresgehalt von 6000 Franken zu erbitten — worauf der Kaiser ihn anfuhr und ihm bei der Ankunft in Paris 24 000 auszahlte. Und das für einen Gesangslehrer! Was wäre da Haydn wert gewesen? Nur daß Haydn viel zu alt war, den Wünschen des Kaisers zu genügen, hat — wie wir wohl annehmen dürfen — den Meister vor dem Schicksal bewahrt, in einer »goldenen Fremde« zu sterben.

ABSCHIED VON DER WELT

Nach dem Abzug der Franzosen und dem bösen Frieden von Preßburg im Jahre 1806 verschlechterte sich die Gesundheit des Meisters. Der Nasenpolyp bereitete Schmerzen. Zur Operation war es jetzt zu spät (»Ich werde den Feind mit ins Grab nehmen!« klagte er), und zu allem andern kam nun das lästige Fußleiden. Die Beine waren ständig geschwollen. 1807 und 1808 ließ er sich am Feste des heiligen Peregrinus, des Patrons der Fußleidenden, ins Serviten-Kloster tragen. Die Menge der am Stock wankenden, laut betenden Menschen erschütterte ihn, ohne daß das Bewußtsein gemeinsamen Leidens ihm

Linderung hätte schaffen können. Betrübt kehrte er in sein Häuschen zurück. Er ließ damals für seine Freunde eine Visitenkarte stechen mit den beiden Anfangszeilen seines Liedes »Der Greis«. Sie lauten: *Molto Adagio — Hin ist alle meine Kraft — alt und schwach bin ich — Joseph Haydn.* Und dennoch! Wenn Besucher kamen, fanden sie ihn fast immer in präsentabler Toilette vor und »wie zum Ausfahren gekleidet«.

Es kamen viele Besucher. Europäische Berühmtheiten, Musikliebhaber und Virtuosen gaben bei ihm ihre Karten ab. Franzosen wie Marie Bigot und der Violinist Baillot, der den Meister so ungestüm an sich zog, daß er ihm fast die Zähne eindrückte. Es kamen Pleyel und Cherubini. Den ersteren hatte Meister Haydn seit den Londoner Tagen nicht wiedergesehen; denn die österreichische Polizei hatte Pleyel nicht ins Land gelassen, als er im Sommer 1800 hatte Haydn nach Paris holen wollen. Und was Cherubini betraf, so sah Haydn ihn zum erstenmal: er konnte nicht aufhören sich zu wundern, was doch der französische Meister »für ein hübscher kleiner Mann sei«. Es gab Cherubini-Wochen in Wien, die besonders Beethoven begeisterten. Haydn dagegen konnte leider die Opernaufführungen des Franzosen nicht mitmachen: »Lodoiska«, »Faniska«, »Der Wasserträger«: das wäre zu anstrengend für ihn gewesen. Ihm eine dieser Opern zu widmen, lehnte Cherubini ab: derlei würde er nicht wagen — er, der sich bescheiden Haydns »Sohn« nannte. Haydn lächelte und schenkte ihm das Original seiner »Symphonie mit dem Paukenwirbel« (Nr. 103) und bezeichnete sich selbst darauf als den *»Padre del celebre Cherubini«.*

Es kamen auch Russen, Holländer, Schweden. Seit die »Kunglike Akademieen« in Stockholm ihn zum Ehrenmitglied gemacht hatte, war Haydn einer der meistgespielten Komponisten in Schweden geworden: sogar die Provinzen führten ihn auf, wie die damals zu Schweden gehörige deutschsprachige Ostseeinsel Rügen. Der schwedische Autor Silverstolpe hat noch ein halbes Jahrhundert später von dem Interesse Haydns für die ihm ferne Welt des Nordens berichtet. Silverstolpe berichtete auch, wie er dabei gewesen sei, als der uralte Haydn väterlich einen jungen Komponisten beriet. *»Pauser äro af allt det svåraste att skrifva«* (Pausen sind natürlich am schwersten zu schreiben!), soll er scherzend gesagt haben. Dann fuhr er ernst fort: »Aber ich sehe da einen Gedanken, der nur zur Hälfte gegeben ist — man sollte ihn nicht so bald verlassen!« Es war das Gegenteil der Ästhetik und der Kompositionstechnik, die der dreißigjährige Beethoven lehrte. Bei ihm mußte jeder Gedanke kurz sein, dynamisch, wie ein Blitz einschlagen!

Die meisten Besucher stammten aus Deutschland. Seit Breitkopf und Härtel in Leipzig Haydns Hauptwerke verlegte und seit der Ästhetiker Friedrich Rochlitz in der »Allgemeinen Musikalischen Zeitung« als ihr bester Kommentator schrieb, war Leipzig die »Hauptstadt Haydns«. Aus Norddeutschland kam auch J. F. Reichardt, beliebter Liederkomponist und begabter Memoirenschreiber, der leider Haydn nachsagte, daß er geizig geworden sei (er war nicht geizig, sondern nur sparsam); dann der große Theaterdirektor Iffland; die Tante Felix Mendelssohns, Sara Levi, die aus Berlin mit einem Briefe Zelters erschien und das Original der »Heiligmesse« von Haydn zum Geschenk erhielt; ein andrer verehrungsvoller Besucher war der sechzehnjährige Musikstudent Carl Maria von Weber.

Diese Besuche verliefen fast alle gleich. Etwa eine halbe Stunde plauderte Haydn sehr angeregt, dann wurde er schwermütig. Eine Kleinigkeit — die Erwähnung Mozarts — ließ ihn in Tränen ausbrechen. Oder er pflegte aufzuweinen, wenn er, um sie Besuchern zu zeigen, mit dem Kästchen seiner Medaillen spielte (jüngst waren noch die Wiener Salvator-Medaille und eine aus Holland hinzugekommen). Schon eine unvorsichtige Frage konnte ihm Tränenströme entlocken. So fragte einst Wenzel Tomaschek, ein tschechischer Komponist, harmlos, wen die Büste im Vorzimmer darstelle. »Meinen besten Freund, den Bildhauer Fischer!« jammerte Haydn. »Der ist nun tot — Allmächtiger Gott, warum nimmst du mich nicht zu dir?« Doch manchmal hatten diese Tränen einen edleren Grund als das Selbstmitleid. Als Iffland ihm berichtete, eine Wohltätigkeitsaufführung der »Schöpfung« in Berlin habe 2000 Taler eingebracht, rief Haydn weinend: »Elßler! Hörst du? 2000 Taler für die Armen! 2000 Taler — meine ,Schöpfung'!« Oft ließ er sich von solchen Besuchern beim Abschied die Hand küssen — und schmollte sogar, wenn man es nicht gleich tat. Dies war ein greisenhafter Zug: es war, als verwechsle er sich selbst mit einer fürstlichen Person. Auch sonst verwechselte er Personen: sprach man vom Fürsten Esterhazy, so war er nicht gleich darüber klar, wen man meinte — vielleicht Paul Anton, seinen ersten Prinzipal, Nikolaus den Prächtigen, dessen Sohn Anton oder jetzt den Enkel Nikolaus II.?

Die Wiener Künstler, die ihn besuchten, sind natürlich nicht zu zählen. Immer wieder muß man sich fragen, ob nicht auch Beethoven dabei war. Aber er war nicht unter ihnen; wenn Beethoven Haydn besucht hätte, würden wir es unbedingt wissen: sie hatten gemein-

same Bekannte wie Zmeskall von Domanovecz, den Komponisten
Weigl und andere, die darüber nicht geschwiegen hätten.

Wohl war es zu keinem Bruch gekommen; doch die beiden Meister
waren sich fremd geworden, seit Beethoven die »Schöpfung« gehört
und, trotz aller Bewunderung, negative Bemerkungen über die »Tierporträts« gemacht hatte. Wahrscheinlich verübelte Haydn das dem
jungen Meister, der in seiner ersten und zweiten Symphonie noch
deutlich den Bann und die Formensprache der älteren Haydnschen
Kunst zeigte. Als Haydn dann 1801 bei einer Gesellschaft auf Beethoven stieß, fragte ihn dieser: »Papa! Haben Sie mein Ballett ‚Die
Geschöpfe des Prometheus‘ gehört?« Und verlegen fügte er hinzu:
»Eine Schöpfung ist es nicht gerade geworden!«, worauf Haydn mit
ungewohnter Schroffheit erwiderte: »Das hat niemand erwartet!«

Der alte Meister war also verletzt. Sonst wäre ihm nicht beigefallen,
ein derartig wegwerfendes Urteil über »Prometheus« auszusprechen,
der, obwohl er ein Ballett ist — das einzige, das Beethoven schrieb! —
solche Hauptgedanken enthält wie die später von der »Eroica« auf-
genommene unsterbliche Stelle:

Vielleicht war Haydn auch verwundert, daß sich dieser Mann, der
sein Enkel hätte sein können, gleich nach dem Riesenerfolg der »Schöpfung« an einem Oratorium versuchte. Es hieß »Christus auf dem
Ölberg«. Abgesehen davon, daß viele Fromme eine Herausforderung
darin sahen, daß Jesus Christus persönlich auftrat, verstanden, nicht
einmal die Kenner die Neuheit und die Bedeutung des Werks: ein
Mann wie Rochlitz wagte es, den C-dur-Chor der Jünger »komisch«
zu finden! Geheimnisvoll hatte Beethoven hier in die Angst des betenden Christus seine eigene steigende Angst vor dem Taubwerden hin-
einkomponiert. Es war im Jahr 1801, daß er sich zum ersten Male
über sein Schicksal klar wurde — über das Schicksal, dem er »kämp-
fend in den Rachen zu greifen« beschloß. (»Ganz niederbeugen soll es
mich nicht!«) Er hatte nichts als seine Musik, um sie dem Schicksal
entgegenzustemmen, — diese Musik, die — entsetzlich genug! — in sich
selbst schon gefährdet war: denn seit dem Sommer 1802 hörte Beethoven hohe Töne nicht mehr! Schon begann er die Menschen zu meiden, um sein Leiden zu verbergen — wenn er Haydn nicht besuchte,
so spielte auch diese Tatsache mit. Außerdem hatten sich die beiden

nicht nur künstlerisch auseinandergelebt: ihre Charaktere waren noch verschiedener geworden seit der Zeit ihrer Lehrer- und Schülerschaft. Der Mann, der an einen Jünger schrieb, die Moral der Menschen, die sich über die anderen erhöben, sei *Kraft*, und so sei sie denn auch die *seine* — der konnte nichts mehr gemeinsam haben mit einem Mann, der das Greisenalter so trug wie Haydn: mit Seufzen und Klagen.

Und doch! Wie schwand das alles hin, als jener »Tag des Abschieds« kam, jener 27. März des Jahres 1808! Wie sehen wir da Beethoven, den großen, verehrenkönnenden Schöpfer, sich beugen vor einem machtlosen Greis!

Man fürchtete damals für Haydns Leben. Um ihn noch einmal zu erfreuen, ihm noch einmal die »Liebe der Menschen« zu zeigen, bildete sich ein Komitee aus Damen der großen Gesellschaft, bestehend aus der Fürstin Marie-Hermenegildis Esterhazy, der Klavierspielerin Magdalena von Kurzböck, der Baronin Spielmann und der Gattin des Barons Pereira, des bekannten jüdischen Förderers der Künste und der Wissenschaften. Es galt, in der Aula der Universität noch einmal die »Schöpfung« aufzuführen, und zwar in italienischer Sprache; es war eine Art von Uraufführung: »La Creazione del Mondo« hieß das Werk jetzt in Carpanis Übersetzung. Alles, was Rang und Namen in der Wiener Kunstwelt hatte, war von den Damen aufgeboten worden. Viele hundert Menschen füllten den Saal. (Ein Bild, das die Fürstin Esterhazy von Balthasar Wiegand malen ließ, um es auf einem Dosendeckel dem greisen Meister zu verehren, zeigt mehr als 200 Porträtköpfe!) Haydn war die Veranstaltung bis zum letzten Moment verschwiegen worden, um ihn nicht unnötig zu erregen. Dann wurde er in einer Karosse der Fürstin Esterhazy geholt. Vor dem Tor der Universität fand er deren Rektor vor und eine Anzahl von Musikern, unter ihnen auch Beethoven.

Haydn, der geisterhaft bleich erschien, wurde in eine Sänfte gesetzt und in den Saal hineingetragen. Er erschrak furchtbar vor dem Lärm, den Vivatrufen, dem Händeklatschen, dem gellenden Tusch der Instrumente. Es war ihm wie dem achtjährigen Kind, als das er in Wien eingezogen war; und später, als sechzigjährigen Mann, hatte ihn London so erschreckt. Er zitterte am ganzen Leib und hätte gern wie damals sein Gesicht mit den Händen verdeckt. Was waren das für fremde Menschen? Und doch kannte er sie so gut! War das dort vor ihm nicht van Swieten? Nein, der war ja seit fünf Jahren tot — dann war es also Sonnenfels, der ebenso alt war wie er selbst... der konnte überhaupt nicht sterben. Und die wunderschöne Dame mit dem weißen

Haar, ach ja: das war Marianne Martinez, der er vor sechzig Jahren Klavierstunden gegeben hatte... Aber wie kamen die Londoner Freunde, die Gyrowetz und Clément, hierher? Die Guten! Wenn sie nur nicht so lärmen wollten!

Endlich beruhigte man sich. Man hatte Haydn hingesetzt, in die erste Reihe, vor das Orchester. Eine Art Bangnis befiel den Saal: Der Meister war noch nicht achtzig Jahre, doch erschien er wie ein Hundertjähriger! Dieser Mann mit dem wächsern blassen Gesicht war das 18. Jahrhundert, seine Flöten, sein silbernes Kerzenlicht, seine elegante Diplomatie, die man in dieser Zeit nicht mehr so kannte. Als er geboren worden war, hatte noch Karl VI. gelebt, der fast sagenhafte Kaiser des Hochbarock, an dessen österreichischem Hof man spanisch gesprochen hatte. Dann war Maria Theresia gekommen und hatte den Krieg gegen Preußen verloren, aber das Herz der Welt erobert. Ihre Tochter Marie-Antoinette war an den Dauphin verheiratet worden, hatte den Pariser Thron und den Kopf dazu verloren. Auch Josef II. war gestorben, der Kaiser der Humanität und Vernunft, Kämpfer mit Klöstern, Papst, Leibeigenschaft. Auch Leopold II. war tot — und nun regierte seit sechzehn Jahren der gute Kaiser Franz. Das alles hatte die mystische Lebenskraft Haydns überdauert. War er nicht wirklich hundert Jahre alt?

Endlich begann die Aufführung. Sie wurde von Salieri geleitet. Konradin Kreutzer saß am Flügel, ein Orchester von fünfzig Musikern spielte, die Solopartien wurden von drei Künstlern des Hoftheaters, Fischer, Weinmüller, Radichi, gesungen. Als bei der Stelle »Es werde Licht!« das Publikum nach gewohnter Weise mit lautem Beifall unterbrach, deutete Haydn zitternd nach oben: »Nein, nicht von mir, von dort kommt alles!« Mit Mühe konnte man fortfahren, die Unruhe im Saal war zu groß. Als nach dem Schluß des ersten Teils sich die Umstehenden näherten, um dem Meister Glück zu wünschen, zeigte es sich, daß er ohnmächtig geworden war. Hummel und Gyrowetz eilten hinaus, um Wasser zu holen. Andere berichteten, es war Wein, den man an Haydns Lippen führte. Er erholte sich sofort und begann mit schwacher Stimme zu sprechen. »Sehen Sie denn nicht, daß er friert?« rief der französische Gesandte. Es rührte ihn, daß der alte Mann als einzige Auszeichnung die Medaille der französischen Akademie trug. »Sie sollten alle Medaillen der Welt besitzen!« sagte er, ihm die Hand streichelnd. Auf den Ruf, daß der Meister friere, nahmen die umstehenden Damen ihre Shawls und Pelze ab und bedeckten seine Füße.

Die Pause näherte sich dem Ende. Man wollte den zweiten Teil beginnen; doch Cappelliani, ein italienischer Arzt, der mit Carpani befreundet war, riet ganz entschieden, Haydn nicht länger im Saal zu lassen. So hoben seine Träger ihn auf, um ihn fortzubringen. Das aber war schwer. Denn jetzt erhob sich jener »Tumult der Liebe«, den der Dichter Heinrich von Collin in vielen Versen beschrieben hat. Man wollte Haydn nicht fortlassen und kämpfte darum, ihn dazubehalten. Beethoven wand sich durch das Gedränge. Außer sich kniete er neben der Sänfte Haydns nieder und bedeckte die kraftlose Hand mit Küssen.

Welch ein Augenblick! Dem Mann, der da kniete, hatte der Greis nichts mehr zu geben. Es knieten aber mit Beethoven drei Leonoren-Ouvertüren, »Fidelio«, die Oper der Befreiung, die vierte und fünfte Symphonie, die Waldstein-Sonate und »Coriolan« — diese wahren Prometheus-Geschöpfe, in denen nichts mehr von Haydns Blut floß. Gezeugt waren sie von Beethoven in einer mystischen Hochzeit mit dem »élan terrible« der Revolution... Und doch kniete er vor Haydn nieder, wie man nur vor seinen Vätern kniet oder Abschied nimmt von der eigenen Jugend.

Genug! Die Sänftenträger hatten sich endlich den Weg zum Ausgang gebahnt. »Lebe wohl, Vater! Gott segne dich!« erscholl es von allen Seiten. Sie wußten: es war das letzte Mal, daß er in ihrer Mitte weilte, und es war ihnen, als ob mit ihm »Österreichs guter Geist« sie verlasse. Als die Sänfte die Tür erreicht hatte, wandte er sich noch einmal um und hob mit schmerzlicher Gebärde die Hand segnend gegen den Saal.

TOD

Nun blieb nichts mehr übrig, als zu sterben. Doch er lebte noch vierzehn Monate! Das zähe Stück Erde, das er war, wehrte sich gegen die Auflösung. Haydn konnte nicht anders sterben als in einem neuen Krieg.

Dieser Krieg von 1809 glich dem Aufstand eines Amputierten gegen einen gesunden Kämpfer, der die Hilfe der ganzen Welt besitzt. Weil Österreich gehört hatte, daß Napoleon in Spanien kämpfe, erhob es sich; es erhoben sich diesmal Bürger, Bauern und Studenten und vereinten sich mit der Armee. Es wurde ein Heldenkampf ohnegleichen, der in Tirol, in den Westprovinzen und vor den Toren Wiens gekämpft wurde. Das ganze Volk wehrte sich verzweifelt — um am

Schluß eine schlimmere Niederlage zu erleben als jene vor vier Jahren.

Diesmal gab es keinen friedlichen Einzug. Straßenkämpfe standen bevor, als sich die Franzosen blutend, verschwitzt und in rasender Erbitterung durch die Vorstädte heranwälzten. Hier, nahe der Gumpendorfer Kirche, lag Haydns Häuschen. Die Nachbarhäuser brannten schon, Wiener Bürgerschützen eilten mit Gewehren durch den Garten.

Standhaft hatte der Greis sich geweigert, den gefährdeten Platz zu verlassen und in die Wiener Stadtwohnung des Fräulein von Kurzböck zu übersiedeln. Sein Sinn für Ordnung und Reinlichkeit wehrte sich gegen diesen Umzug: war er doch jetzt völlig hilflos und mußte morgens von Diener und Köchin aus dem Bett gehoben werden. Sollte er sein Alterselend noch fremden Damen vor Augen führen? Sein Schüler Neukomm, der sich im Winter um ihn gekümmert hatte, mußte ihn verlassen, als der Krieg ausbrach: Neukomm war Franzose. Seit Wochen pflegte Haydn nur noch J. C. Rosenbaum zu sehen, den Schwiegersohn eines alten Freundes, des verstorbenen Komponisten Gaßmann, und den Leibarzt des Fürsten Esterhazy, einen Doktor von Hohenholtz. Herzzerreißend war Haydns Abschied von G. A. Griesinger gewesen. Griesinger, sächsischer Legationsrat, hatte Wien verlassen müssen: kämpfte doch der König von Sachsen an der Seite Napoleons! Krieg zwischen Sachsen und Österreich, den bewährten alten Freunden! Sollte da nicht die Welt untergehen? Haydn weinte, als Griesinger schied. So wurde auch Leipzig Feindesgebiet? Aus Leipzig, der Stadt des Verlegers Breitkopf, würde jetzt also kein Geld mehr kommen. Schon bekam der alte Haydn Angst, er werde verhungern müssen; obwohl er sein Geld bei Fries und Co. und anderen Banken gut angelegt hatte, schickte er Johann Elßler ins Leihhaus, um Ringe und Uhren zu versetzen.

Am 10. Mai nahmen die Franzosen Schönbrunn. Am 11. Mai, abends neun Uhr, begann das Bombardement von Wien. Die ganze Nacht hindurch schleuderte man Feuer und Eisen gegen die Stadt. Ein Kartätschenschuß ging am nächsten Morgen in Haydns Garten nieder. »Eben als wir beschäftigt waren, den guten Papa aus dem Bett zu bringen«, schrieb Elßler später an Griesinger. »Von dem Luftdruck der Explosion sprang die Tür zum Schlafzimmer auf, und alle Fenster schüttelten sich. Über dieses erschrak unser guter Papa, aber er schrie mit voller Stimme: ,Kinder, fürchtet euch nicht, denn wo Haydn ist, da kann nichts geschehn!'« Dabei betrog die Todesfurcht seine Worte, er zitterte heftig... Als Wien am nächsten Tag kapitulierte, war Haydn sehr schwach; doch Elßler wußte stärkende Mittel zu beschaffen, die ihn wieder ein wenig kräftigten. So schwach er war, er ließ sich doch dreimal täglich von seinen Hausleuten an das kleine Klavier im Wohnzimmer tragen, um das »Kaiserlied« zu spielen. Er seufzte dazu mit schwimmenden Augen: »Gott! Schütze meinen Kaiser Franz!« Zum letztenmal spielte er das Lied am 26. Mai, ein Uhr mittags, gleich drei Male hintereinander und mit unvergeßlichem Ausdruck. »So habe ich das Lied schon lange nicht gespielt«, sagte er und schien erstaunt. Eine Fröhlichkeit lag in seinen Augen.

An diesem Tage widerfuhr dem Hause um zwei Uhr mittags ein großer Schreck. Ein französischer Offizier kam draußen in schlankem Trabe an, band sein Pferd am Türpfosten fest und schlug mit dem Degenknauf ans Tor. Elßlers Kind, das zu Besuch war, begann zu weinen, der Papagei, Haydns englischer Papagei, schrie markerschütternd, vom wachsenden Lärm wurde Haydn aus seinem Mittagsschläfchen geweckt. Elßler und Anna Kremnitzer, die Köchin, beschlossen, nicht zu öffnen. Der Reiter mochte ein Räuber sein — und im oberen Stock lagen Uhren und Ringe. Doch der fremde Offizier pochte immer zorniger. Schließlich öffnete der Diener zitternd. Ein großer, schöner Mann stand vor ihm, mit dunkelbraunem Gesicht und gewelltem kastanienfarbenen Haar, in grüner und roter Uniform, die von metallenem Zierat blitzte. »Warum öffneten Sie nicht früher?« fragte der Franzose. »Wir sprechen doch nicht Französisch«, konnte Elßler gerade noch murmeln — da schlugen die Worte an sein Ohr: »*Sono amico!*« Ob hier nicht *il celeberrimo Haydn* wohne?

Himmelsklang der italienischen Sprache! Schon war der fremde Bewunderer an dem Diener vorübergelaufen und auf Haydns Türe zu. »Ich will ja nur«, sprach er beruhigend, »einen Blick durch das Schlüsselloch werfen!« »Kommt herein!« rief Haydn auf italienisch. Er hatte die Worte verstanden. Der Fremde öffnete die Tür, stellte sich als Soulémy vor, *Capitaine des Hussards,* Clément Soulémy, Sänger und Musikliebhaber. Nein, er sei kein Italiener, doch Südfranzose aus einer Gegend, wo man viel italienisch sprach. Er bat sich als Gnade aus, vor dem Meister die Arie der »Schöpfung« singen zu dürfen: »Mit Würd' und Hoheit angetan«. Ob der Meister ihn begleiten wolle? Haydn, entflammt, willigte ein. Er ließ sich aus dem Bett heben und mit nackten Knien ins Nebenzimmer an das kleine Klavier tragen. Mit prachtvoller Stimme begann der Fremde:

> Mit Würd' und Hoheit angetan,
> mit Schönheit, Stärk' und Mut begabt,

gen Himmel aufgerichtet steht der Mensch,
ein Mann und König der Natur.

Aber, ach, dann ging es weiter:

und aus dem hellen Blicke strahlt
der Geist, des Schöpfers Hauch und Ebenbild...

Bei dieser Erniedrigung der Seele — daß der zum Herrschen geschaffene Mensch seine Herrschaft nur mißbraucht, um im Kriege seinesgleichen zu töten! — brachen die Männer in Tränen aus. Sie umarmten und küßten einander. Dann eilte Clément Soulémy fort, um (wie die Quellen mitteilen) in der Schlacht von Wagram zu fallen...

Dies war Haydns letzte Freude. Was hinterher kommt, ist legendär. So soll ihn, zwei Tage vor seinem Tode, der junge Friedrich Staps besucht haben, jener norddeutsche Predigersohn, der ein Attentat auf Napoleon plante. Er soll sich Haydn eröffnet haben: der verlöschende Greis warnte ihn davor, den Gedanken der nationalen Befreiung mit einem Morde zu beflecken, und er soll ihm die Geschichte der »Schöpfung« in Paris erzählt haben: selbst der Dämon des Bösen sei unantastbar, solange Gott nicht die Zeit seines Untergangs bestimme! Darauf habe Staps von seinen Plänen abgelassen. Diese Geschichte ist nicht wahr. Denn als Friedrich Staps ein halbes Jahr später im Schloßhof von Schönbrunn sein Attentat wirklich unternahm, war im Prozeß nicht von Haydn die Rede. Haydn hat Staps niemals gesehen, aber die Phantasie der Menschen gefällt sich in Wiederholungen. Obwohl der Grieche Heraklit sagt: »Kein Augenblick ist wiederholbar«, lechzt das symphonische Weltgeschehen nach der »Wiederkehr der Themen« — und so mußte, im Glauben der Zeitgenossen, Haydn noch ein zweites Mal Napoleon das Leben retten.

In der Nacht vom 30. zum 31. Mai, ein Uhr, schlief Haydn ohne Todeskampf ein. Die Köchin Anna hielt seine Hand. Zwei Ärzte, Hohenholtz und Böhm, hatten ihn noch am Tage vorher sehr schwach, doch nicht gefährdet befunden. Am Morgen ging Elßler zur Polizei, um den Todesfall anzuzeigen. Diese meldete ihn sofort der französischen Okkupationsbehörde. Augenblicklich wurde Maret, der Herzog von Bassano, verständigt, und von ihm erfuhr es Napoleon.

Napoleon war an diesem Tag sehr niedergedrückt. Ein paar Stunden nach Haydn war des Kaisers alter Waffengefährte, Marschall Lannes, den schrecklichen Wunden erlegen, die er vierzehn Tage zuvor in der Schlacht bei Wien empfangen hatte ... So nickte der Kaiser nur stumm vor sich hin und verfügte durch einen Meldereiter die Besetzung des Haydn-Hauses.

Die meisten Biographen erwähnen, daß Napoleon schon vorher — aus abergläubischer Liebe zu Haydn — diesem eine Ehrenwache vors Haus gestellt habe. Das ist nicht wahrscheinlich. Wenn er es aber nach Haydns Tod tat, so schützte er vernünftigerweise jetzt Haydns Wertsachen und Manuskripte.

Als Elßler die Wache ankommen sah — schnurrbärtige Grenadiere der Garde mit ihren hohen Bärenmützen —, erfaßte ihn eine Panik. Bis dahin war er verständig gewesen, hatte die Leiche schön hingebettet, auch einen Bildhauer geholt, der die Totenmaske abnahm (oder diesen Dienst selbst besorgt). Doch jetzt versagten seine Nerven. Er, der einzige Mann im Haus, ließ die Köchin, die Dienstmagd und eine Nichte Haydns zurück und verschwand auf drei Tage. Erst dann fand ihn Andreas Streicher, ein Altersfreund Haydns, der mit Mühe aus ihm herausbringen konnte, was geschehen war.

Inzwischen war Haydn auf dem Hundsthurmer Friedhof begraben worden, ohne daß Wien eigentlich von seinem Tod wußte. Der verwirrte Johann saß bei seiner Frau; er hatte niemand benachrichtigt. Die fremden Soldaten schreckten die Nachbarn; so kam es, daß nur eine Handvoll Leute dem Sarge Haydns nachfolgten. Wir wissen nicht einmal den Namen des Priesters, der die Einsegnung vornahm. Von Haydns näheren Freunden war nur der unvermeidliche Rosenbaum da und notierte in sein Diarium: »Nicht ein Kapellmeister Wiens folgte der Leiche.« Nachträglich würden wir Rosenbaum ganz woanders hinwünschen als in Haydns Leichengefolge. (Man wird bald erfahren, warum.)

Was Wien noch nicht wußte, wußte Paris. Dort brachte der »Moniteur« die Nachricht, daß *Josèphe Haydn* gestorben sei, *le célèbre compositeur, Membre de l'Institut Français.* Wie Maret das so schwarz auf weiß sah, empfand er wohl, daß die Besatzungsbehörden eigentlich eine Trauerfeier veranstalten müßten. Doch er hatte andere Dinge im Kopf, hochpolitische, schwierige, und so übertrug er das Arrangement einer anderen Persönlichkeit, dem Baron Vivant Denon.

Vivant Denon (1747—1825), *littérateur fameux* und noch berühmterer *»homme à femmes«*, war von Haus aus Maler und Kupferstecher. 1797 hatte er sich der ägyptischen Expedition Bonapartes angeschlossen und die Funde der Franzosen im Niltal katalogisiert. Von der Archäologie kam er zur Politik. 1804 wurde er Generaldirektor der französischen Museen; als solcher wurde er auf allen Feldzügen des Kaisers Begleiter. Als gefürchteter »Bilderräuber« plünderte er, wohin er kam, für den Louvre die Kunstschätze Europas. (Auch seine Anwesenheit in Wien konnte kaum etwas Gutes bedeuten.)

Denon tat etwas Vernünftiges. Er berief die »Tonkünstlersozietät«, deren Mitglied Haydn gewesen war, und trug ihr auf, mit ihm gemeinsam die Trauerfeier vorzubereiten. So kam es, daß viele Wiener Bürger gedruckte Billetts ins Haus bekamen mit der Aufforderung, sich zur Gedächtnisfeier für Haydn am 15. Juni, zehn Uhr morgens, in der Schottenkirche einzufinden.

Die Kirche war schwarz ausgeschlagen und mit Kerzenglanz erfüllt. In der Mitte hatte der Künstler Denon ein Kenotaph aufstellen lassen, einen leeren Ehrensarg, auf dem nichts weiter lag als Lorbeerkränze und acht von Haydns Ehrenmedaillen: die französischen, russischen, österreichischen, holländischen. Aus England war nichts weiter da als ein kleines Stück Elfenbein, das der Meister sehr geliebt hatte: es hatte ihm als Passe-partout für die Londoner Konzerte gedient... Vierseitig rings um den Katafalk stand, wie eine Mauer aus Erz, die französische Garde, als wolle sie Haydn vor den Wienern schützen, und präsentierte ihr Bajonett. Zögernd hatte Denon eingewilligt, daß auch die Wiener Stadtmiliz wenigstens die Eingänge besetzte. So starrte die Kirche schließlich von Waffen.

Man wartete auf Napoleon, der aber nicht kam: er hatte am Morgen Depeschen zu erledigen, denn am Vortage hatte sein Stiefsohn Eugen eine Schlacht in West-Ungarn gewonnen und zehntausend Österreicher gefangengenommen. Statt seiner kamen Marmont und Davoust und ein Dutzend anderer Generäle mit starren Halskragen, Backenbärten, majestätischen Augenbrauen, den Zweispitz unter dem Arm. Das dumpfe Degengerassel fiel den armen Wienern auf die Nerven. Schon hatte die Niederlage von Raab sich in der Kirche herumgesprochen. Obwohl man Mozarts »Requiem« spielte, ein Werk, das wie wenig andere zur Einkehr und zum Frieden einlud, war alles nervös und zerstreut. In einem meisterlichen Brief beschrieb

der Klavierbauer Streicher die Stimmung: »Wir haben seit dem 9. Mai,
seit dem Beginn der Schlacht um Wien, Töne gehört, die so tief, so
eindringend lauteten, daß die gewöhnlichen der Musik kaum noch
einigen Eindruck machten. Noch schwerer ist es für mich, an einen
Einzelnen zu denken — obwohl es der große Haydn ist; da wir gegen-
wärtig nicht im Parterre oder in entfernten Logen, sondern *auf dem
Theater selbst stehen* und mitfigurieren müssen, wo über das Schicksal
von zwanzig Millionen Menschen entschieden wird!«

Der verhaßteste Mann in der Kirche war Napoleons »eiserner Daru«,
Graf Pierre-Antoine Daru, der Chef der französischen Intendantur.
Hinter ihm stand ein blasser Mann in Uniform mit träumerischen
Augen. Dieser junge Intendanturbeamte, in der fernen Stadt Gre-
noble geboren, hatte die unangenehme Aufgabe, für das leibliche Wohl
der Armee zu sorgen. Das hieß, den wütenden Bauern Brot abzuzwin-
gen und Hafer für die Kavalleriepferde. Zuweilen hatte auch ein La-
zarett für die eine Division und ein Artilleriepark für die andere aus
dem Boden gestampft zu werden. Manchmal schlief unser junger Mann
drei Tage nicht. Schließlich sank er dann unter den Tisch einer österreichischen Wirtschaft, schnarchend, auf ein Bündel Stroh. Und wurde
nicht gewahr, daß vielleicht ein Toter blutig auf der Türschwelle mit-
schlief, nur drei Schritte von ihm entfernt...

Sonderbar; doch ein müder Mensch ist oft erlebnisfähiger als ein
wacher. Im inneren Auge hatte dieser junge Mann noch »den ganzen
Schlamm des Krieges«, die blutigen Überbleibsel der Schlacht, Helme,
Schuhe, zerbrochene Wagen, in alle Windrichtungen verstreut. Am
3. Mai hatte er noch von Wels, in Oberösterreich, geschrieben: »Ich
fühlte wahrhaftig den Drang zu erbrechen, als ich gestern durch Ebers-
berg fuhr. Das Schlachtfeld war noch nicht aufgeräumt — und ich sah
meine Wagenräder die Eingeweide eines ganzen französischen Chas-
seur-Regiments, halbverbrannt, in die Luft wirbeln.« Welch ein Bild!
Welches Grauen! Welcher Gestank! Und hier stand dieser Mann fünf
Wochen später, gebadet in die Klänge Mozarts, und starrte auf Haydns
Katafalk. Auf das Ehrenmal eines Demütigen, der nicht in diese Zeit
gepaßt hatte: eines großen Künstlers, großen Christen und großen
Versöhners aller Menschheit. »Ruhm!« murmelte der junge Fremde —
und mit tiefem Schauer empfand er: Haydns Ruhm war nicht dasselbe wie die »gloire Napoléenne«. Und dann ging er und beschloß,
ein Buch über Joseph Haydn zu schreiben.

Er hatte noch nie ein Buch geschrieben. Und wie schrieb man ein
Buch über Haydn? Gewiß, er war ein Musikliebhaber, aber ganz und

gar ungelehrt; von Theorie verstand er überhaupt nichts. Indessen, das tat seinem Wunsche keinen Abbruch. Ein paar Jahre lang quälte ihn das Verlangen — und es wurde nun schon zur fixen Idee! —, ein Buch über einen Mann zu verfassen, den er nie gesehen hatte. Über seine Musik, seinen Tageslauf, seine Freunde, seine Gewohnheiten, seine Launen. Aber wie war ein so wahnwitziger Vorsatz je auszuführen?

Im Jahre 1812 erschien in Mailand Carpanis Werk: *Le Haydine. Lettere sulla Vita e Morte di Giuseppe Haydn.* Der junge Mann konnte Italienisch so gut wie er Französisch konnte. Er nahm das Buch, das ihm wohlgefiel, und benutzte es nicht etwa, um ein eigenes zu schreiben — nein, er stahl es mit Haut und Haaren, veröffentlichte es in französischer Sprache und setzte seinen Namen darauf: Louis-Auguste-César Bombet... (Ludwig, Cäsar, Augustus: es waren gleich drei Eroberernamen in einem.) So etwas war noch nicht dagewesen! War dieser Mann ein Irrsinniger? Konnten Liebe zum Gegenstand und der Ehrgeiz, ganz mit ihm zu verschmelzen, einen Menschen zum geistigen Räuber machen? Oder handelte der Jüngling gar vom napoleonischen Beutestandpunkt, den er in der Armee gelernt? Und doch hatte er eben noch den Kaiser gerade deswegen getadelt und seinen Untergang prophezeit: Napoleons Stern war im Verblassen, als der Kaiser die Armee verdarb, »indem er jede Art von Raub offiziell ermutigte...«.

So wenig sind sich die Menschen über ihre eigene Handlungsweise klar — selbst wenn sie, wie dieser junge Bombet, im Nebenberuf Psychologen sind. Carpani schrie Zeter und Mordio und nannte Bombet eine schmutzige Ratte. Doch Carpanis Zorn ist heute vergessen, denn Bombet war nur ein Pseudonym, der Name eines Schattens, der niemals existiert hatte. Der wirkliche Name des Mannes, der ein »Plagiator aus Liebe« wurde, war Henri Beyle. Aber auch das war nur sein bürgerlicher Name. Sein unsterblicher Name war Stendhal.

Mit diesem verachtungswürdigen Akt sprang Stendhal in die Literatur. Aber sollen wir nicht vergeben, was für Haydns Glorie geschah? Wirklich, um mitgenommen zu werden, lagen damals noch andere Dinge am Wege als Reichtümer oder Bücher oder literarischer Ruhm. In den Tagen, da Haydn starb, erlebte das fürstliche Haus Esterhazy seine welthistorische Stunde. Von Schönbrunn aus, wo er regierte, bot Napoleon Nikolaus II. die Königskrone Ungarns an!

Noch wütete der Krieg. Kaiser Franz hatte bereits Tirol, Ober-Italien, Galizien verloren. Die west- und mitteldeutschen Staaten — Bayern, Württemberg, Baden, Sachsen — trugen die Sklavenketten des Feindes und kämpften im Solde Napoleons. Frankreich stand im Zenit seiner

Macht. Löste sich jetzt noch Ungarn vom Kaiser Franz, so bröckelte der letzte Stein — und, was 1918 historische Wirklichkeit werden sollte, die Auflösung der Habsburger-Macht, geschah dann schon 1809.

Einst hatte Ludwig XIV., der diese Habsburger-Macht bekämpfte, einem Ungarn erwidern müssen: »Frankreich ist leider zu weit entfernt, um einen ungarischen Aufstand zu unterstützen.« Das war vorbei, die Franzosen standen in Wien und vor Preßburg — noch ein paar Tagemärsche, und Marschall Davoust konnte in Budapest einziehen. Gleichzeitig mit dem lockenden Angebot an Esterhazy veröffentlichte Napoleon seine große Proklamation an die Ungarn: »Ungarn! Der Augenblick ist da. Ihr könnt Eure angestammte Unabhängigkeit zurückgewinnen! Nehmt den Frieden an, den ich Euch biete... Euer Land und Eure Verfassung sollen unangetastet bleiben. Nichts andres wünsche ich von Euch, als daß Ihr ein freies Volk werdet!« Sind das nicht die betörenden Klänge eines Meisterpsychologen? »Die Union mit Österreich ist der Hauptgrund Eures Unglücks. Für Österreich habt Ihr Euer Blut in fernen Ländern verspritzen müssen. Was war Euer Lohn? Daß Euer Interesse dem anderer Länder geopfert ward! Euer Land war der schönste Teil des Reiches — und dennoch wurdet Ihr durch Prinzipien regiert, die Euch immer fremd waren. Ihr habt Euren nationalen Charakter und Eure nationale Sprache. Erfüllt jetzt Euer Wesen ganz: wählt Euch einen nationalen König, der in Eurer Mitte wohne... Ungarn! Das ist es, was Europa fordert... Versammelt Euch nach dem Brauche Eurer Ahnen auf dem Felde von Rakos — und teilt mir Eure Beschlüsse mit!«

Auf dem Felde von Rakos pflegten die Ungarn ihre Könige zu wählen, bevor die Nation von den Wiener Kaisern regiert wurde. Auf dem Felde von Rakos sollte diesmal Nikolaus II. Esterhazy von Napoleons Agenten zum König vorgeschlagen werden, ein konservativer großer Herr, nicht zu klug, nicht zu ambitiös — man glaubte, daß er Napoleon 100 000 Mann hätte zuführen können. Aber wichtiger als jedes Hilfskorps wäre der niederschmetternde Eindruck auf ganz Ost-Europa gewesen. Denn jetzt waren die Habsburger verloren! Doch so meisterhaft Napoleon an diesem Plane gearbeitet hatte, er scheiterte in letzter Minute an etwas Unvorhergesehenem: am Charakter Nikolaus Esterhazys. Dieser Mann war nicht nur Ungar, er führte auch den Titel eines österreichischen Feldmarschalls. Nahm er die ungarische Krone dem Kaiser fort — und sei es durch Volkswahl! —, so beging er Hochverrat, ein todeswürdiges Verbrechen. Der Mann, in dessen Diensten Haydn das »Gott erhalte...« geschrieben hatte, sagte also Napoleon »Nein« und tat auf seine Weise alles, daß »Gott Franz den Kaiser beschützte«. Damit erwies sich Nikolaus als vorausschauender Politiker: denn bereits vier Jahre später brach der französische Thron zusammen, und schon 1815 war der große Usurpator auf dem Wege nach St. Helena...

Nie vergaßen später die Siegermächte den Esterhazys ihre Treue, in welthistorischer Stunde erwiesen. Ein paar Jahre schwiegen schon die Waffen, man schrieb 1820, da bereiste Adolphus Frederick, Herzog von Cambridge, den Kontinent, ein Bruder des englischen Monarchen. Als er im Schlosse von Eisenstadt den Toast auf Nikolaus ausbrachte, feierte er seine Treue, und er feierte auch Haydn, den Unsterblichen, den nicht nur Österreich, sondern auch England den Seinen zuzähle. Und galant schloß er gegen Nikolaus: »Glücklich der Mann, der einen Haydn im Leben besaß — und der nun noch den Leib des Verewigten besitzt!«

Nikolaus spitzte das Ohr. Was war das? Sein kulturelles Gewissen erwachte. Seit elf Jahren stand im Wiener Palais der Esterhazys ein eiserner Sarg, der bestimmt gewesen war, Haydns Leiche nach Eisenstadt zu bringen. In den Kriegsläuften aber war die Sache vergessen worden. Noch immer lag Haydn vor den Toren Wiens, auf dem Hundsthurmer Friedhof. Das Grab war kenntlich, weil Sigismund Neukomm — im diplomatischen Dienst der Franzosen inzwischen nach Wien zurückgekommen — mit der Pietät des Schülers über dem Grabe eine bescheidene Tafel hatte anbringen lassen. Als jetzt der englische Prinz den Fürsten an sein »Besitztum« erinnerte, beschloß Esterhazy sofort, den Leichnam vom Hundsthurmer Friedhof wegzuführen und nach Eisenstadt zu bringen.

Mit Bewilligung der Wiener Behörden machten sich Esterhazys Leute ans Exhumieren. Der Fürst war anwesend. Als die Überreste Haydns das Sonnenlicht erreichten, sah man, daß sie aus Knochen, Kleidern und des Meisters bekannter Perücke bestanden — *der Kopf aber fehlte!* Wo war der Kopf? Der Fürst, beschämt und erzürnt über eine Blamage, die, wie er glaubte, ihm angetan sei, verließ den Friedhof und übergab die Sache der Kriminalpolizei.

Diese ermittelte folgendes: In der dem Begräbnis folgenden Nacht hatten Leichenräuber das Grab geöffnet, mit einem scharfen Instrument dem Toten die Halswirbel durchschnitten (sie hatten ihn also guillotiniert!) und waren mit dem Kopf entwichen. Wer waren diese Unmenschen gewesen? Es waren schreckliche Zeiten damals, der Krieg verrohte alle Sitten. Doch es waren nicht die heidnischen Franzosen, an die man zunächst gedacht hatte: es war J. C. Rosenbaum, sonst ein frommer katholischer Christ, Haydns Freund und Bewunderer, der den Totengräber bestochen hatte, diese scheußliche Tat zu begehen. Woher kannte er den Totengräber? Wahrscheinlich durch Johann Nepomuk Peter, einen Gefängnisaufseher, der auch in die Sache verwickelt war. Im allgemeinen verkehrt der Bürger nicht gern mit Gefängnisaufsehern, die ihr Gehalt vom Staat beziehen, weil sie Unglückliche oder Verbrecher bewachen (was zuweilen dasselbe ist). Doch Peter und Rosenbaum waren befreundet. Auch zwei Wiener Steuerbeamte, Ullmann und Jungmann, schienen beteiligt.

Um ihre Motive befragt, sagten alle, »sie hätten aus Pietät gehandelt«.

Es ergab sich, daß Rosenbaum und Peter Anhänger der Phrenologie waren, der neuen Wissenschaft, die Franz Joseph Gall (1758—1828) in Paris begründet hatte. Auf dem Fehlschluß aufgebaut, daß die äußere Schädelform genau der Lagerung des Gehirns, also dem Schädelinhalt entspräche, behauptete die Gallsche Lehre, daß die Form der Schädelknochen die intellektuelle Begabung jedes Menschen anzeige. Jahrzehntelang wurde herumgeheimnist, wo das Organ der Sprache liege, der Musik, der Mathematik, des Gedächtnisses, des Raumsinns, des Farbensinns, des Erinnerungsvermögens — erst die moderne Gehirnforschung mußte kommen, um das Brauchbare vom Unbrauchbaren, die Keime des Richtigen vom Falschen zu trennen. Peter und Rosenbaum glaubten im Ernst, daß, wenn sie Haydns Schädel bewahrten, sie damit »einen Palast der Tonkunst vor der Zerstörung retteten«. Absonderlicher Materialismus, gemischt mit Zügen von Idealismus und Liebeswahn! Der Vorhang war über Haydn gefallen, aber das Stück war immer noch nicht zu Ende: wie Stendhal seine Biographie stahl, so stahlen zwei andere seinen Schädel!

Die beiden hatten ein schwarzpoliertes, hölzernes Gehäuse gebaut, in der Form eines kleinen Sarkophags, geziert mit einer goldenen Lyra: in seinem Innern ruhte der Kopf auf einem weißen Seidenkissen... Als die Wiener Öffentlichkeit durch den Aufruhr, den Nikolaus jetzt machte, davon erfuhr, schlug sie sich mit bemerkenswerter Instinktlosigkeit auf die Seite der Räuber. Es schien »smart«, daß Peter und Rosenbaum »zunächst die Würmer getäuscht hatten« — und noch smarter, daß sie jetzt Esterhazy die Herausgabe des Schädels verweigerten. Gesetzlich war ihnen nichts anzuhaben; der Friedhof, auf dem der Raub geschehen war, lag nicht mehr auf Wiener Stadtgebiet — und die Wiener Lokalbehörde konnte keine Klage erheben. Sie konnte nur durch die Polizei den Schädel konfiszieren lassen und ihn an Esterhazy geben. Doch das war leichter gesagt als getan. Erst erklärte jeder, daß der andere den Schädel habe; dann war der Schädel verlorengegangen; Haussuchungen förderten nichts zutage. (Einmal lag die Reliquie tatsächlich im Bett von Rosenbaums Frau, der Sängerin Therese Gaßmann, und entging so den Augen der Polizei.) Die Wiener hatten völlig vergessen, daß es schließlich Haydn selbst war, der ein Recht auf seinen Schädel hatte; so sehr freuten sie sich darüber, daß Esterhazy ihn nicht bekam, der ein Ungar war und kein Wiener, der hochmütige Magnat, dem der alte Vater Haydn so manches Jahr hatte aufwarten müssen!

Warum sollten, meinte man in Wien, Peter und Rosenbaum ihren Haydn nicht in ihrer Weise verehren? Die Anbetung von Knochen war den Frommen doch nicht ganz fremd — und zu dieser Zeit war der Verstorbene legendär wie ein Heiliger geworden. Bei der Versteigerung seiner Sachen im Jahre 1810, die — in heutiger Valuta — den Erben die phantastische Summe von 120 000 Mark einbrachte, hatte sich das gemeine Volk um die Leibwäsche Haydns gerissen wie um kostbare Reliquien. Der Prinz Johannes von Liechtenstein hatte den lebenden Papagei, den der Meister aus England gebracht, um 1500 Gulden ersteigert — ein damals unvorstellbarer Preis; der Schmied Fröhlich, der Haupterbe, hätte, wie Carpani berichtet, »gerne noch am Tage vorher den anscheinend nutzlosen Vogel mit einem steirischen Kapaun, den man essen konnte, vertauscht« ...

Als weder der gute Kaiser Franz noch Polizeiminister Graf Sedlnitzki dem Fürsten Esterhazy halfen, den Kopf nach Eisenstadt zu bringen, wo jetzt der restliche Körper lag, tat Esterhazy etwas Dummes: er schickte seinen Leibarzt zu Peter, um den Kopf von ihm zu kaufen. Peter tat jetzt genau das, was man hätte erwarten müssen: er schickte einen falschen Schädel. Trotzdem wurde dieser Kopf ins Eisenstädter Grab zu den Resten Haydns gelegt. Der richtige Kopf ist heute in Wien, in einer Glasvitrine der »Gesellschaft der Musikfreunde«, der ihn Rosenbaum auf dem Totenbett als Reliquie vermacht hatte. Daß es wirklich der richtige Schädel ist, hat der Wiener Anatom Professor Julius Tandler bezeugt: seine genauen Messungen lassen keinen Zweifel aufkommen.

Da Haydn sein ganzes Leben zwischen Wien und Eisenstadt geteilt hat, mag nun jedes ein Stück von ihm haben — vielleicht ist die Teilung nicht gar so wichtig. Es ist nur alles so merkwürdig, was diesen stillen Mann betrifft! Wie merkwürdig auch, daß der Fürst Esterhazy zu zerstreut und zu hochfahrend war, um Haydn, als er ihn heimge-

holt hatte, ein Grab für sich allein zu geben. — Wie? Haydn hätte
kein eigenes Grab? Nein, er schläft in der Bergkirche zusammen mit
sechs anderen Dienern. Die armen Leute, die hinterrücks durch ihn in
die Unsterblichkeit hineingerissen wurden, heißen: Theresia Schmidt,
Ehepaar Pawlowsky, Johann Szentgaly, Magdalena Juhaszs und Johann Fuchs. Dienstleute wie er, vielleicht Beschließer an der fürstlichen
Silberkammer, Mundschenken und Aufseher der Gespanne.

Es macht nichts. Während diese Zeilen geschrieben werden, wogt
über der Kirchentreppe ein Kastanienbaum ins Blau und schüttet Lasten
von Gold herab. Herbstblätter fluten über die Schwelle, zu Ehren
Haydns. Wir sehen es ... mit geschlossenen Augen sehen wir bis ins
ferne Mittel-Europa ... Wir sehen auch, nicht ganz am Grab, doch in
der Nähe des Dienergrabs, eine Tafel mit Titeln und Eigenschaften,
die der Meister vor allem liebte. *Doctor Oxoniensis* steht dort: Doktor
von Oxford. *Vir pius, probus, mansuetus:* ein gerechter, frommer und
milder Mann. *Fugandi curas artifex, mulcendi pectora primus:* kunst-
fertiger Vertreiber von Sorgen und Erster Besänftiger unserer Brust.
Wer diese Worte des Steinmetzen liest, den durchschauert es. Denn
hier ist erschlossen, was uns lange verloren ist: der Asklepios-Sinn der
Musik, der heilende. Heute heilt sie nicht mehr ...

Stolzer als alles aber greift nach unserem Herzen ein Psalmenwort,
das ebenfalls auf der Steinplatte steht. Es kündet den Pakt, den der
Künstler Haydn mit dem Allmächtigen geschlossen — den Pakt, den
beide gehalten haben:

STERBEN WERD' ICH NICHT, SONDERN LEBEN
UND ERZÄHLEN DIE WERKE DES HERRN

»Sterben werd' ich nicht«? — — Zwei Jahrzehnte nach seinem Tod ist Haydn, der *Instrumentalkomponist*, zunächst einmal ein Vergessener. Nicht etwa von größeren Meistern erledigt, sondern vom dümmsten aller Naturgesetze, dem »Kampf der Söhne gegen die Väter«. Die Natur im Menschen scheint zu verlangen, daß jede Generation zunächst alles noch einmal von vorne beginnt — daß die Väter entthront werden — bis dann allerdings die Enkel es wieder den Söhnen heimzahlen... Dieses Rondo der Generationen, das die Musik nun also zwang, gegen Haydn Stellung zu nehmen, war Natur und Widernatur zugleich: ohne das von *diesem* Vater Erreichte hätten ja eigentlich die Söhne gar nicht buchstabieren können.

Wenn um 1835 Robert Schumann schreiben durfte, man könne nichts Neues von Haydn lernen, er sei nichts als ein gewohnter Hausfreund, den man zwar respektvoll begrüße, der aber völlig aufgehört habe, ein spezielles Interesse zu erregen, so *beschönigte* er einen Zustand. Den neuen schöpferischen Kräften hatte Haydn so wenig zu sagen, daß der junge Berlioz in Paris ein Konzert verließ, das Haydnsche Quartette versprach: er hatte soeben Beethoven gehört.

Woher diese Haydn-Müdigkeit, die der Wagner-Müdigkeit bei den schaffenden Musikern der Jahrzehnte nach 1900 gleicht? »The whole atmosphere was permeated with Haydn« (Das Zeitalter war durchtränkt von Haydn), schreibt H. E. Krebiehl. Seine Musik war überall. Wo überhaupt Zivilisation war, da gab es auch Haydn. Schon seit 1780, also lange vor der englischen Reise, hatte Haydns Popularität die erstaunlichsten Formen angenommen. Das hing natürlich auch damit zusammen, daß er eine Gebrauchsmusik schrieb, die alle Gattungen umfaßte. Um im Bilde jener Zeit zu bleiben: er »sandte seine Arbeiten aus wie Wedgewood oder wie Meißener Porzellan« (Charles W. Hughes).

Wenn der spanische Vizekönig in Lima, der Hauptstadt von Peru, von den Bürgern gefeiert wird, spielt eine halbindianische Kapelle ihm natürlich Haydnsche Tänze vor. Wenn Voltaire in den Freimaurerorden eintritt, erklingt in der Pariser Loge eine Haydnsche Symphonie. Der Wiener Dichter Blumauer, in seiner travestierten »Äneis«, läßt im Olymp die heilige Cäcilie ein Konzert von Haydn spielen... Als dann die romantische Generation der Schumann, Berlioz, Wagner auftrat, fand sie »den Tisch so vollgestellt mit Haydn-Schüsseln«, daß sie zunächst einmal ans Zerbrechen dachte.

Die älteren Gründer der Romantik hatten allerdings anders empfunden. Denen war Haydn immer noch Vorbild. Schuberts »indebtedness to Haydn« (wie Kathryn Dale es genannt hat), seine Verschuldung bei dem *Symphoniker* war so groß, daß er noch in den mittleren Symphonien niemals ein Thema verlassen hätte, bevor es völlig ausgeschöpft war. »Das Forellenquintett, das Gleiten und Wenden des Fisches in der strömenden Melodie, verlangt gar nicht nach so viel Variationen, wie Schubert sie ihm gegeben hat«, schreibt Merton Denver, »aber Haydn sah dabei Schubert über die Schulter...« Noch merkwürdiger ist die Haydn-Treue des jungen Carl Maria von Weber. Denn Weber war Opernkomponist und, da ihn Symphonisches nicht interessierte, den Arbeiten Haydns wenig verpflichtet. Doch von des Sechzehnjährigen Werk »Peter Schmoll und seine Nachbarn«, dessen Ouvertürenanfang ein vierzeiliges Haydn-Motiv orchestriert, führt eine dauernd verfolgbare Linie zum parodistischen »Abu Hassan«, bis in Webers Meisterjahrzehnt und zu den Bauernszenen des »Freischütz«.

Erst den Erfüllern der Romantik wurde Haydn unerträglich. Sein »überalterter Humor«, die »langweilige Regelmäßigkeit« (William Sterndale Bennett), die »sich selbst immer wiedergebärenden Themen«, die unbeethovensche Versicherung, daß alles hier auf Erden gut sei, und vor allem die endlosen Herden der Tiere, die in seiner Musik auftauchen: zu all dem sagte die Mitte des 19. Jahrhunderts ein kräftiges Nein. Kindisch und greisenhaft zugleich schien diese Kunst — und selbst ein Dichter vom Rang Mörikes, dem die Welt die Meisternovelle »Mozart auf der Reise nach Prag« verdankt, wußte nichts Besseres von Haydn zu sagen als das wenig kennzeichnende Distichon:

> Manchmal ist sein Humor altfränkisch, ein zierliches Zöpflein,
> das, wie der Zauberer spielt, schalkhaft im Nacken ihm tanzt.

Wenigstens war dies wohlwollender als Johann Caspar Lavaters nicht eben freundlicher Scherenschnitt:

> Etwas mehr als Gemeines erblick ich im Aug' und der Nase,
> auch die Stirne ist gut — im Munde was vom Philister.

Lavater starb schon 1801. Dreißig Jahre später ist das Haydn-Bild endgültig verschüttet unter der Haydn-Anekdote.

Das Rokoko, sagt Egon Friedell, ist der Geburtstag der Anekdote. Nicht nur der Künstler-Anekdote. Und, fügt Susan Brandwyner (»Anecdote and Short Story in the 18th Century«) hinzu, »über keine Figur des Zeitalters, weder über Friedrich den Großen noch Voltaire oder Benjamin Franklin waren so viel Anekdoten verbreitet wie über Haydn«. All diese Geschichten folgten einem bestimmten Schema. Wie es heute Witze gibt, die vom »Geiz der Schotten« oder der »Steifheit der Engländer« handeln, so gab es damals Haydn-Geschichtlein, die immer den Meister als Exponenten eines kleinbürgerlichen Rokoko zeigten. Was uns heute reizend dünkt — denn wir sind Enkel und Urenkel —, ging den Romantikern auf die Nerven. Richard Wagner und seinen Leuten, die während eines halben Jahrhunderts den Kampf, den Durchbruch und den Sieg einer mythischen deutschen Oper erlebten, war die übliche Sentimentalität der Haydn-Anekdote zuwider. Die Haydn-Anekdote färbt auf den Instrumentalkomponisten zurück, der den Stürmern von 1850 nichts als ein Rokokoporträt zeigt: die »Kindlichkeit des geborenen Greises« (Wagner). Haydns »Mangel an Leidenschaft«, den Goethe rühmt, wurde nicht mehr verstanden als das, was er in Wirklichkeit war: als die wunderbare Kunst des Maßes und der Überlegung. Wagner sah in dem ganzen Haydn nur ein ängstliches Zurückweichen vom Flammenabgrund der Leidenschaften wie in Goldonis klassischem Ausspruch: »*La gelosia e passione troppo ordinaria e antica.*« Wenn die Eifersucht nicht mehr würdig war, als Antreiberin von Menschenherzen auf die Bühne gestellt zu werden, wo blieb dann Wagners Musikdrama?

Nur eine einzige Anekdote, die im 19. Jahrhundert entstand, hatte etwas Heldisches: die, daß Haydn bei einem Meersturm die »Schöpfung« komponiert habe. Gerade sie aber ist erfunden — sie ist ein deutlicher Ableger von Horace Vernets berühmtem Bild, wo der Maler sich selbst an den Mastbaum bindet, um, den Zeichenblock in der Hand, einem Meersturm trotzen zu können. (Und beides wieder stammt aus Homer und den Abenteuern des Odysseus.) In den *echten* Haydn-Anekdoten dagegen waltet rührende Albernheit vor. Eine Offizierstochter in Koburg schrieb Haydn um 1780, sie besitze einen »so schlauen Pudel«, daß sie das Tier durch seine Musik unsterblich zu machen wünsche. Der Pudel habe nicht nur einen Taler, der unter einem Strauch versteckt war, richtig wieder aufgespürt, sondern sogar die Hosen des Diebes, der den Taler mitgenommen habe, am nächsten Tage apportiert... Die Dame schrieb, sie sei leider arm und könne für die Komposition nicht mehr als einen Dukaten aussetzen, den sie beilege. Haydn schickte den Dukaten sofort zurück, schrieb auf ihren Text das Lied »Der schlaue und dienstfertige Pudel« und sandte es ihr mit dem Bedeuten, daß sie »zur Strafe für ihre üble Meinung von

ihm«, als ob er sein Talent nicht auch einmal umsonst anwenden würde,
ihm ein Paar Strumpfbänder sticken möge. Die Bänder, aus roter und
weißer Seide, mit blaugemalten Vergißmeinnicht, kamen pünktlich aus
Koburg an, und Haydn bewahrte sie sorgfältig inmitten seiner Juwelen
auf.

Noch unmöglicher für den Wagner-Geschmack des heroisch-romanti-
schen Zeitalters war jene andere wahre Geschichte von der Schoko-
ladentorte, die von der Westküste Spaniens, von Cadiz, bis nach Esterhaz reiste: das Domkapitel sandte sie Haydn, um ihm für die »Sieben
Worte des Erlösers am Kreuz« zu danken. Was für einen Ruf an Ver-
naschtheit und kleinlichem Epikuräertum mußte ein Künstler doch besitzen, daß der Auftraggeber so etwas wagte! Doch diese Anekdote
hatte ein Ende, das man unterschlug: Als die Torte in Ungarn ankam, war Haydn derartig aufgebracht, daß er mit einem Messer hinein-
stieß — aber nicht, um sie zu essen. Da fand er, daß eine schwere
Menge von Dukaten, spanischen Golddublonen, in sie hineingebacken
war. Das Rokoko war hier nur eben »Glasur« — und die Leute in
Spanien wußten, wie man Genies zu entlohnen habe...

Um 1850 also gibt es in Deutschland so etwas wie »zwei Haydn«.
Den Mann der Quartette und Symphonien, die niemand etwas zu sagen
haben, weil sie reaktionär erscheinen, und um dessen Andenken man
putzige Anekdoten schlingt. Und allerdings den Vokalkomponisten,
den Mann der großen Oratorien, der keinen Nachfolger gefunden hat.
Unentthront beherrschen sie den Konzertsaal. Die bürgerlich-länd-
lichen »Jahreszeiten« sogar noch etwas mehr als die »Schöpfung«. Beide
sind völlig positive und das Leben lobpreisende Werke. Die »Jahreszeiten« sind obendrein mit einem Begriff von »Kultur« verbunden, der
an ein Wort von Fritz Strich denken läßt: »Die Kultur hat mit der
Natur dies gemeinsam, daß alles hier wie dort gewachsen, ganz orga-
nisch, innerlich notwendig ist. Aber der Wille zum Leben ist nun Wille
zum *schönsten Leben* geworden.«

Aber nicht nur im deutschen Konzertsaal regieren die Haydnschen
Oratorien. Das Musikleben der Schweiz organisiert sich an diesen Werken. Chorvereinigungen entstehen überall, wo man deutsch spricht: in
den Ostseeprovinzen, in Rumänien, unter den ungarischen Schwaben,
im Banat, in Polen, im Elsaß. Der englische Haydn wiederum geht
mit der englischen Sprache mit. Etwas Merkwürdiges geschieht: Da in
den angelsächsischen Ländern niemand den Namen van Swietens
kennt, die Texte der Oratorien demnach Originale von Milton und
Thomson scheinen, läßt man auch Haydn (nicht anders als Händel)

dem Orbis Anglosaxonicus, dem englischen Erdkreis, angehören. Der durchschnittliche Konzertbesucher in Südafrika oder Neuseeland weiß nichts mehr von Haydns Geburtspapieren. Und so recht Alfred Schnerich hatte, wenn er einmal darauf hinwies, daß in den »Jahreszeiten« zum erstenmal die niederösterreichische Landschaft und die deutsche Häuslichkeit in der Musik ausgedrückt worden seien, so »recht« hatte auch die kleine Solistin in jener amerikanischen Stadt, der ich nach ihrem Part in den »Seasons« zu dem Verständnis gratulierte, das sie »Haydn, the Austrian« erwiesen. Sie erwiderte mit verwunderter Braue: »But you must be mistaken, Sir. Haydn was an *Australian* ...« (Aber Sie sind im Irrtum, Herr. Haydn war ein Australier!)

Was Amerika betrifft, so waren Haydnsche Symphonien wohl 1782 in New York erstmalig aufgeführt worden. Vier Jahre später folgte dann der Österreicher Reinagle, der Musiklehrer von George Washingtons Stieftochter Nelly. 1793 brachten zwei Musiker, Hewitt und Bergman, soeben aus London herübergekommen, Haydnsche Symphonien mit, die sie ein Jahr zuvor in den englischen Salomon-Konzerten Haydn selbst hatten dirigieren hören. Damit war Amerika an die lebendige Haydn-Tradition Europas unmittelbar angeschlossen — eine Tradition, zu der Eigenes hinzugesteuert wurde, als im Jahr 1811 der Chor und die Instrumentalisten der »Mährischen Brüder« in Bethlehem, Pennsylvania, zum erstenmal in Amerika die unverkürzte »Schöpfung« aufführten.

Doch all das ward in den Schatten gestellt durch die Gründung der »Händel and Haydn Society« (1815) in Boston, einer Chorvereinigung, die weit über hundert Jahre hinaus Amerika in der Tradition dieser beiden Meister festhalten sollte. Wenn der Historiker dieser Gesellschaft, Charles C. Perkins, entschuldigend schreibt: »Sie sprang nicht über Nacht ins Leben wie der mythische Olivenzweig auf das Geheiß der Göttin Athene«, so zeigte er sich zu bescheiden. Die Gründung einer solchen Gesellschaft war etwas Beispielgebendes: Vielleicht hätte sie in Europa gar nicht so erfolgen können, da die Verschiedenheit der Religionen dort ein überkonfessionelles Zusammenstellen von Händel und Haydn unmöglich gemacht hätte. In Amerika aber gebieten sowohl die Sitte wie das Gesetz den interkonfessionellen Frieden — der gemeinsam bekämpfte Feind ist vielmehr der Atheismus. Händel, der Protestant, »das Schwert Gottes«, und neben ihm Haydn, der milde und universalistische Katholik: zwischen diesen beiden Säulen zogen mehr als ein Jahrhundert Hunderttausende von Sängern in »The House of Sacred Song«.

Der Haydn der Südamerikaner kam natürlich über Spanien. Der Hof Karls III. in Madrid pflegte Haydn, seitdem Boccherini, der in Italien geborene königliche Kapellmeister, alles Erreichbare von Haydn, vor allem seine Symphonien, aufs Programm setzte. Er selbst ahmte ihn so sklavisch nach, daß die scharfzüngigen Madrilenen ihn »la mujer de Haydn« (Haydns Frau) nannten. Von Cadiz, Madrid und Barcelona kamen dann die »Sieben Worte« und wurden zur meistgespielten Kirchenmusik in den Hauptstädten der spanischen Kolonialländer. Für Portugiesisch-Amerika, also für Brasilien, steuerten Lissabon und sein Hof viel zur Haydnpflege bei. Es wurden in Rio de Janeiro Quartette und Symphonien gespielt. Und all das noch zu Lebzeiten Haydns. Die »Schöpfung« freilich zum erstenmal, als einer seiner dankbarsten Schüler 1816 nach Brasilien kam. Es war Sigismund Neukomm, der, im diplomatischen Dienst der Franzosen und auf Betreiben Talleyrands geadelt, als Chevalier de Neukomm in Rio de Janeiro ein Haydn-Fest veranstaltete. Bei diesem Fest fragte ein Brasilianer den Chevalier, warum er nicht auch Haydns anderes Oratorium »Abramo ed Isacco« aufführe. »,Abraham und Isaak'?« erwiderte Neukomm erstaunt. »Aber das ist von Mislivecek — und Sie müssen überhaupt nicht glauben, daß jedes Oratorium mit einem alttestamentarischen Stoff gleich von Meister Haydn stammt!« Damit sprach er die Wahrheit. Denn seit der von ihm vergötterten »Schöpfung« hatte er selbst Oratorien geschrieben wie »David«, den »Berg Sinai« und »Das Gesetz des Alten Bundes«.

Doch Nord- und Südamerika vergaßen während des 19. Jahrhunderts den Symphoniker Haydn fast ganz. Hierin sehr ähnlich den Deutschen, denen die »Schöpfung« und die »Jahreszeiten« zwar so vertraut geworden waren, daß man gelegentlich vergaß, den Namen des Komponisten auf dem Programmzettel mitzudrucken, die aber vom Symphoniker und Quartettkomponisten Haydn nichts mehr wußten. Das wurde erst langsam, langsam anders, als ein Mann, der bereits »Enkel« war, Brahms (1833—97), in seinem eigenen Lebenswerk die Verschmelzung von Romantik und Klassik unternahm und dabei den großen Thematiker und Orchestrator wiederentdeckte. In der Zeit der äußersten Haydn-Ferne — als 1868 Gervinus in seinem »Händel und Shakespeare« schreiben konnte: »Die Musik kann nicht lachen machen wollen, ohne selbst lächerlich zu werden« — entdeckte Brahms den Gemüts- und Formenschatz der Haydnschen Instrumentalsprache und mit ihr das »Jenseits von Scherz und Ernst«, von dem Paul Bekker und Thomas Mann sprechen. Von Brahms und seinem Freund Joachim, dem großen Geiger, geht die moderne, die *zeitlose* Wertung Haydns aus. Eine Wertung, der man übrigens auch bei einem Gegner von Brahms begegnet, dem großen Liedmeister Hugo Wolf (1860—1903). Das Avantgardistische in Wolf begriff das Einmalig-Ewige der Chaos-Musik. Dieser Meister, der später wahnsinnig wurde, schrieb eine Rezension dazu, in der er die Sonne, seltsam genug, als »Verlierer« auftreten läßt. »Horch! Was waren das für Stimmen? ... Sie verschlingen sich, zerfließen, verstummen — eine andere Erscheinung, in magischer Schönheit strahlend, taucht aus dem Dunkel auf.« Ist es die Sonne? Es ist ein »Phantom«. Es schwebt aufwärts... es schwankt, es fällt! Da: »ein Blitz aus schwarzem Schlunde« bringt das Chaos wieder zurück. Wesenlose Nebelmeere hüllen das Geschaffene ein ... Das ist nicht ganz nach Haydns Konzept; doch die große innere Einsamkeit der Wolfschen Schilderung ist erschütternd.

Dennoch: die Ehrfurcht der Brahms-Gemeinde vor Haydns Quartetten und Symphonien blieb noch manches Jahr ohne Nachfolge, bis Gustav Mahler (1860—1911), vom Österreichischen und besonders vom Parodistischen her, in seiner ersten und vierten Symphonie sich dem Phänomen Haydns näherte. Schon vorher hatte der junge Richard Strauß (1864—1951) vom Realismus der Haydnschen Tierporträts gesprochen, »bei denen ihm das Herz im Leibe lache«. Was den kraftvoll-sinnlichen Bayern an der »Schöpfung« besonders packte, war die niederländische Kraft der Meertiere. »Das riecht wie auf einem Austernmarkt!« Wenn dann der reifer gewordene Strauß in seinem »Bürger als Edelmann« (also im Vorspiel zur »Ariadne«) 1912 zugleich mit Noten von Couperin den Effekt der Haydnschen »Uhr« erneute, mochte das historische Spielerei sein — weil es ja wirklich kaum möglich ist, ein Interieur aus dem 18. Jahrhundert zu gestalten, ohne dabei Haydns zu gedenken. In Wirklichkeit war es die Entfernung vom Romantisch-Subjektiven, die den Künstlern des 20. Jahrhunderts Haydn immer näher brachte: die Rückkehr zur strenger gebundenen Form. Der Wiener Musikästhetiker Schenker ging 1925 so weit, zu behaupten, »daß man erst jetzt die Größe Haydns (wie der Klassiker überhaupt) richtig verstehe«. Erst jetzt, da die »oft törichte Zustimmung der Zeitgenossen ebenso verrauscht sei wie die törichte Ablehnung der nächstfolgenden Generationen«. Dieser Ansicht pflichtete Tovey für die englisch sprechende Welt bei, wenn er betonte: Haydn sei eine Urerscheinung, die mit freundlichen oder feindlichen Moden im Grunde so wenig zu tun habe wie Michelangelo oder Shakespeare.

Noch vorher war in der katholischen Kirche ein Streit siegreich entschieden worden, dessen bloßes Vorhandensein Haydn sehr geschadet hatte. Der »Streit um die Weltlichkeit seiner Messen« hatte nach dem Tode des Meisters in kirchlichen Kreisen nicht abgenommen, sondern sich auf das ärgste verschärft. Die Gründung des »Deutschen Cäcilienvereins«, 1867, war ein posthumer Schlag gegen Haydn — weit mehr noch als gegen Beethoven, Mozart, Schubert oder Bruckner. Der Gründer des Cäcilienvereins, der Priester Franz Xaver Witt (1834—88), hatte sich mit dem intransigenten Schlachtruf »Zurück zu Palestrina!« auf die Haydnschen Messen gestürzt, mit dem Ziel, sie aus dem Gottesdienst in Deutschland und Österreich zu verdrängen. Er erreichte sein Ziel zunächst fast ganz. Nachdem er die Große Orgelmesse von 1776 als Sakrileg abgekanzelt hatte, die sich zur reinen Kirchenmusik verhalte »wie die Hure zur Königin oder wie ein Walzer zum Tode Christi«, nahm er 1876 die Mariazeller Messe aufs Korn: »Fällt sie der Vergessenheit anheim, so ist sie am besten aufgehoben!«

Den Deutschen durfte Witt das vorsetzen. Aber er übernahm sich selbst, als er auf einen Kirchenbann Haydns in der ganzen Welt drang. Er wagte dem Papst einen Brief zu schreiben, in dem er ihn vor die Frage stellte, ob der Heilige Stuhl die »fürs Wirtshaus passende Lustigkeit Haydns« weiter in Schutz zu nehmen gedenke. »Zum Ernst der kirchlichen Funktionen und zum Opfer am Kreuze passen nicht die militärischen und bacchantischen Rhythmen... Entweder — oder! Es gibt keinen Sinn, und *Rom wird von allen Verständigen ausgelacht*, wenn es Feuer und Schnee in ein Gefäß tun will, Choral und Polka zugleich empfiehlt!«

Aber Leo XIII., dieser wahrhaft große Papst, schirmte den Meister. Er wies Witt zurück (der daran starb) — und gab Haydn seinen Platz innerhalb der Kirche wieder: Haydns Messen gelten jetzt als »konzertante Gottesverehrung«. Jener römische Entscheid von 1886 macht sie in jedem Gotteshaus auf dem katholischen Erdenrund spielbar.

Wenn an Haydns 100. Todestag, im Jahre 1909, Männer wie Adler und Mandyczewski von einer »Haydn-Renaissance« sprachen, so waren sie nicht von Festfreude verführt und meinten auch nicht bloß Gesamtausgaben. Es war das gleiche Jahr, da Claude Debussy, der Pointillist und Impressionist, seine »Hommage à Haydn« fürs Klavier schrieb. Debussy, über dessen Kompositionen lange das Wort Dante Gabriel Rossettis geschwebt hatte: »Ich male Wesen, die auf Erden *nicht* vorhanden sind«, stand, als er 1918 starb, an der Wiege eines gesunden Neu-Klassizismus. Und während Mozarts Kantilene, weil sie allzu vollkommen ist, noch immer so etwas wie das Schreckbild des modernen Expressionismus darstellt, kehrt der muskulösere Haydn-Ton mit seiner unvergleichlichen Mischung von Zartheit und Derbheit auf vielen Wegen in die heutige Musik zurück. In Paul Hindemiths späteren Werken hört man ihn; wie in so mancher Drolerie der neuen Franzosen. Seit 1908 der Dichter Jean Cocteau den Ruf erschallen ließ, die Musik Frankreichs müsse »une fille robuste, saine, franche« sein, lugt bei Darius Milhaud, Arthur Honegger und François Poulenc (alle in den neunziger Jahren des vorigen Jahrhunderts geboren) oft ein altbekanntes Gesicht aus den Kompositionen heraus (aber gar nicht alt und ganz ohne Zopf!). Haydn erscheint wieder einmal als Schöpfer einer festen Sonatenstruktur und als Führer zu einer Kunst, die ihre »Wurzeln in der Natur« hat. Die modernste Haydn-Komposition entstand in Rom, nicht in Paris: Ottorino Respighis (1879—1936) Orchestersuite »Die Vögel«. Nicht nur ist sie komponiert auf »eine des Tieres würdige Weise«. Man fühlt: so würde Haydn selbst, der Positivist und Realist, schreiben, wenn er die experimentelle Erfahrung des heutigen Orchesterstils hätte.

Doch das Hauptstück der Haydn-Renaissance galt natürlich dem Symphoniker selbst. Bis zu Haydns 200. Geburtstag, 1932, hatten die Zauberer des Taktstocks ihn mehr mit der linken Hand dirigiert. Das änderte sich sechs Jahre später, als Österreichs mißratenster Sohn den Namen des alten Staates ausstrich und ihn durch den Namen »Ostmark« ersetzte. Was als eine Art Todesstreich gegen die tausendjährige österreichische Kultur gedacht war, schlug für Haydn zum Segen aus: Er wurde mehr gespielt als je. Die Flüchtlinge, und nicht nur sie, brachten Haydn ins Ausland mit; und zwar in Mengen, von denen Europa selbst sich nichts träumen ließ. Im New-Yorker Radio trat Haydn an die achte Stelle — und in den symphonischen Konzerten rangiert er seither, wie sich's gehört, in der Nachbarschaft Mozarts und Beethovens.

Und in welcher Ausführung! Wer von einem der großen Dirigenten und von den Orchestervereinigungen der verschiedenen amerikanischen Städte Haydnsche Symphonien gehört hat — von Toscanini etwa die 98. mit ihrem mozartesken Adagio, von Koussevitzky die »Surprise« —, der kann sagen, er habe sie wirklich gehört. Aber es ist ungerecht, überhaupt einzelne Namen zu nennen. Seit dem Ende des Zweiten Weltkrieges hat die Haydn-Begeisterung der amerikanischen Öffentlichkeit auf Mitteleuropa zurückgeschlagen. Es gibt dort kaum einen Dirigenten, der Haydn nur »nebenbei« dirigiert. Jeder macht seine »Entdeckungen« — wie zum Beispiel Hermann Scherchen, der bei seiner Wiedergabe der Kindersymphonie uns eigentlich zum erstenmal an Haydns Experiment teilnehmen läßt »wie kurz der Atem der Kinder ist«.

Das Ermutigendste aber ist das neuerliche Zusammenwirken von Amerika und Europa in der Bostoner »Haydn Society«. Die Idee zu dieser neuen Gründung (die mit der Händel-und-Haydn-Gesellschaft älteren Stils aber nichts zu tun hat) entstand 1939, als ein Bostoner Schulknabe sehr erstaunt darüber war, daß er die Noten zu Haydns Symphonie Nr. 58 nicht kaufen konnte. Man sagte ihm, daß vor langer Zeit Breitkopf und Härtel begonnen hätten, Haydns Gesamtwerke zu drucken, aber es bis heute nur zu ein paar Bänden gebracht hätten. Der Knabe, der Robbins Landon hieß, entschied, daß das anders werden müsse, und brachte dann zehn Jahre später, 1949, die »Haydn Society« zusammen, unter Führung von Jens Peter Larsen. Mit nicht mehr als 17 000 Dollars fuhr Landon nach Österreich, Deutschland, Ungarn, ließ die besten Orchester und Solosänger Haydn aufführen, nahm ihre Arbeit auf Schallplatten auf und fotografierte ungedruckte Haydn-Manuskripte auf Mikrofilme. Jedem, der es hören wollte, sagte er, daß das der Beginn einer Haydn-Gesamtausgabe sei. Einer Ausgabe in siebzig Bänden, die den ganzen Kontinent der Symphonien, Messen und Oratorien und das zahllose Inselgewirr der Nebenwerke umfassen solle. Als man ihn erstaunt fragte, wer das eigentlich finanzieren solle, erwiderte er voller Optimismus: »Selbstverständlich die Plattenkäufer — for ours is the age of the spinning disc...«

Unser Zeitalter ist das des Musikdiskus, der sich drehenden Platte? Ja, gewiß — und wir haben oft darüber klagen hören. Verliert nicht gleichzeitig unsere Ära an vertiefter Musikkenntnis? Einen Knopf drehen und im nächsten Moment im Besitz der höchsten Klangwunder sein: ist das nicht entmutigend für den, der selbst ein Instrument lernen will? Aber die Frage ist falsch gestellt. Wenn die Vorzüglichkeit des Gehörten die Dilettanten abschreckt, so ist das zu begrüßen. Berufene werden nicht abgeschreckt. Was vollends die *Weite der Klangwelt* betrifft, in die der Laie heut eindringen darf, so hat sich die neue, langlaufende Schallplatte als ein wahrer Kolumbus erwiesen.

Eine Haydn-Gesamtausgabe durch Plattenverkauf zu finanzieren! Es wäre das Übliche gewesen, man hätte, um dieses Ziel zu erreichen, den allerbekanntesten Haydn gewählt. Doch die Kunstpolitik der Gesellschaft schlägt den entgegengesetzten Weg ein: gerade der unbekannte Haydn soll für den Gesamt-Haydn werben. Die Neugier des Hörers wird eingesetzt. Haydns »Vierundzwanzig Tänze für den

Wiener Redoutensaal« sind Ländler, die kein Mensch gekannt hat;
das von Anton Heiller neu aufgefundene »Melker Violinkonzert« oder
die wunderbaren »Notturni für den König von Neapel« sind im historischen Bewußtsein der Gelehrten nur gerade als Namen mitgereist,
ohne je zu Gehör zu kommen. »Le Matin«, »Le Midi«, »Le Soir«,
Arbeiten des ganz jungen Haydn, treten durch die Schallplatte jetzt
erst aus der Geschichte ins Leben. Auch die mittleren Symphonien,
bisher nur Titel und Opuszahlen, wie jene noch vor »La Chasse« ent-
standene, früheste Haydnsche Jagdsymphonie »Auf dem Anstand —
mit dem Hornsignal« (Nr. 31) oder die »Weihnachtssymphonie« (Nr. 22),
sind plötzlich in all ihrer Fülle da und müssen keinem Ohre mehr
fremd sein. Das Allerseltsamste aber geschah für Haydns Messen.
Anderthalb Jahrhunderte lang waren sie nur den Frommen zugänglich — und auch ihnen nicht immer, um der »Weltlichkeit« ihres Stils
willen. Die »Welt« nun wieder kümmerte sich erst recht nicht um
diese Sakralmusik, sie hatte ja den großen Haydn der Oratorien,
Quartette und Symphonien. So blieben die Messen — auch nachdem
sich die Kirche für sie erklärt hatte — eine »terra incognita« für Millionen weltlicher Hörer. Seit wenigen Jahren ist das anders. Menschen,
die nie in die Kirche gehen, hören daheim die »Konzertmessen«
Haydns. Die Wirkung ist überwältigend; und Haydn selbst würde
dankbar lächeln, wäre er Zeuge, wie diese Kunstform, der man lange
nachgesagt hat, sie ließe den Alltag in die Kirche, ganz im Gegenteil
jetzt den Alltag mit Heilig-Erhabenem überflutet. Der Hafen der
Kirche hat sich geöffnet: wie barocke Fregatten, beladen mit Schätzen
und strahlend von gottgefälligen Farben, rauschen jetzt die »Nelson-
messe«, die »Cäcilien-«, die »Mariazeller Messe« aufs Meer des Laien-
tums hinaus. Nicht zu kultischen Zwecken; der Nichtkatholik hört den
liturgischen Text nur mit; aber er sieht den offenen Himmel und die
ungeheure Glorie, die in dieser Musik wohnen. In ihr ist das Irdische
nicht mehr bloß irdisch und das Himmlische auch nicht nur himmlisch.
Die Frage nach den »topoi«, den Orten, wo wir selbst sind oder wo
Gott ist, verschwimmt vor der reinen Glückseligkeit, die diese Messen
ausatmen.

»Wo Haydn ist, da kann nichts geschehen!« In einer Welt, die
angstgequält einem dritten Weltkrieg entgegenbangt, hat Haydn eine
Botschaft der Hoffnung. Eine neue Art Haydn-Anekdote ist da, die
etwas ernster ist als die neckischen Haydn-Geschichten des Rokoko und
des Biedermeier. Eine dieser Anekdoten habe ich vor zwei Jahren er-

lebt — und indem ich sie hier erzähle, widme ich ihren tröstenden Klang dem Menschenfreunde Albert Schweitzer:

Bei einer New-Yorker Aufführung der »Schöpfung« sah ich einen alten Neger weinen. Die Nachbarinnen wurden verlegen. Das Unvermeidliche befürchtend — daß eine von ihnen sagen würde: »Cheer up, Pop. Haydn was cheerful, too« (Sei fröhlich, Vater! Haydn war's auch) —, bat ich ihn flüsternd, mir zu sagen, was ihn bewege. Der alte Mann zeigte stumm auf eine Textstelle, die er rot angestrichen hatte. Es war die »Erschaffung der Nachtigall«:

> Noch drückte Gram nicht ihre Brust.
> Noch war zur Klage nicht gestimmt ihr reizender Gesang.

Und ich verstand ihn. Oh, dieses *Noch-Nicht*! Dieser Gottesfriede im Paradies — vor dem Sündenfall, dem Streit des Fleisches, dem Fluch der Arbeit, dem Rassenhaß, dem Klassenhaß, den Ausrottungsmitteln, die heute die geschaffene Welt an das Ungeschaffene zurückgeben wollen... Und ich dachte an Herschels Verse, die er Haydn überreicht hat. Er hatte darin einen »Stern« gefragt, ob er Chaos sei oder Kosmos:

> Art thou some crude chaotic world
> of atoms, in confusion thrown?

Und wieder schien mir alles gefährdet. Wenn alles vergebens gewesen war und uns der Rückfall ins Chaos bevorstand? Quem patronum rogaturus? Welchen Schutzgeist sollte man anrufen?

Da neigte sich der Neger mir zu. »Haydn will pray for us — don't you think?« (Haydn wird für uns bitten, nicht wahr?) — — Sein kindliches Gesicht leuchtete.

FINIS LIBRI

QUELLENANGABEN

Abert, Hermann: Joseph Haydns Klavierwerke (Zeitschrift für Musikwissenschaft, Bd. II-III), 1920-21

Abert, Hermann, und Jahn, Otto: Mozart, Berlin 1920

Abingdon, Willoughby Bertie, Earl of: Dedication to the Collective Body of the People of England, Oxford 1780

Adler, Guido: Festrede über Joseph Haydn, Wien 1909

Adler, Guido: Die Wiener klassische Schule (Handbuch der Musikgeschichte), Leipzig 1920

Altenburg, W.: Versuch einer Anleitung zur heroisch-musikalischen Trompeter- und Paukenkunst, Leipzig 1795

Altmann, Wilhelm: Handbuch für Streichquartettspieler, Berlin 1928

Amoroso, Ferruccio: Haydn, Torino 1933

Anders, Guenther: Philosophische Untersuchungen über musikalische Situationen, Berlin 1929. (Ungedruckte Doktorarbeit)

Antos, E.: Ungarische Magnatenhäuser, Pesth 1886

D'Arblay, Mme. Frances: Memoirs of Dr. Burney, London 1832

Arnold, Ignaz Th. F. C.: Joseph Haydn, Erfurt 1810

Artaria, F.: Verzeichnis der musikalischen Autographen von Joseph Haydn, Wien 1893

Artaria und Botstiber: Joseph Haydn und das Verlagshaus Artaria, Wien 1909

Audrey et Bellegarde: Napoléon Ier et la musique, Paris 1889

Barone, Jole Maria: La lirica musicale di Pietro Metastasio (Rivista musicale Vol. XII), Torino 1905

Beau, Albin: Das Verhältnis Stendhals zur Musik, Doktorarbeit, Hamburg 1930

Bekker, Paul: The Story of the Orchestra, New York 1936

Benz, Richard: Die Welt der Dichter und die Musik, Düsseldorf 1949

Bernet Kempers, K. Ph.: Haydn en het strijkkwartet (Muziek Vol. VI), Amsterdam 1931-32

Bertuch, Carl: Bemerkungen auf einer Reise aus Thüringen nach Wien, Weimar 1808

Bie, Oskar: Die Oper, Berlin 1913

Blechschmidt, Karl: Goethe in seinen Beziehungen zur Oper, Düren 1937

Blume, F.: Haydns Persönlichkeit in seinen Streichquartetten (Jahrbuch Peters, XXXVII), Leipzig 1931

Bobillier, Marguerite: siehe Brenet, Michael

Bombet, César-Auguste-Louis: siehe Stendhal

Botstiber, Hugo: Geschichte der Ouvertüre, Leipzig 1913

Brand, Carl Maria: Die Messen von Joseph Haydn, Würzburg 1941

Brenet, Michael: Haydn, Paris 1909

Brenet, Michael: Histoire de la Sinfonie, Paris 1913

Bücken, Ernst: Der heroische Stil in der Oper, Leipzig 1924

Bücken, Ernst: Die Musik der Nationen, Leipzig 1937

Bücken, Ernst: Die Musik des Rokokos und der Klassik, Potsdam 1928

Buerkli, Johann Georg: Biographie von Joseph Haydn, Zürich 1830-31

Burney, Charles: General History of Music, Vol. I-IV, London 1776-89

Burney, Charles: Memoir of the Life and Writings of Metastasio, London 1796

406 QUELLENANGABEN

Carpani, Giuseppe: Le Haydine, ovvero lettere su la vita e le opere del celebre
maestro Giuseppe Haydn, Milano 1812
Carse, Adam: The History of Orchestration, London 1925
Cartwright, John: A letter to the Earl of Abingdon, London 1778
Cherbuliez, Antoine E.: Joseph Haydn, Zürich 1932
Chrysander, Friedrich: G. F. Händel, Leipzig 1919
Conrat, H.: Joseph Haydn und das kroatische Volkslied (Die Musik, Bd. XIV),
Leipzig 1904-05
Cowen, Sir Frederic: Haydn, New York 1912
Coxe, Howard: Stranger in the House (A Life of Caroline of Brunswick),
New York 1940
Cramer, Carl Friedrich: Magazin der Musik, Kopenhagen 1789
Crankshaw, Geoffrey: Haydn's Masses (Monthly Musical Record), London 1950
Csatkai, André: Aus dem Haydnzimmer der Sammlung Wolf, Eisenstadt 1932
Daffner, Hugo: Haydn und Shakespeare (Shakespeare-Jahrbuch), 1908
Dale, Kathryn: Schubert's Indebtedness to Haydn (Music and Letters), 1921
Dankert, W.: Mozarts Menuettypen, Leipzig 1932
Dent, Edward I.: Mozart's Operas, London 1913
Deutsch, Otto Erich: Franz Schubert, München 1913-14
Deutsch, Otto Erich: Mozart und die Wiener Freimaurerlogen, Wien 1932
Diemand, A.: Joseph Haydn und der Oetingen-Wallersteinsche Hof, Augs-
burg 1922
Dies, August Christoph: Biographische Nachrichten über Joseph Haydn, Wien 1810
Dilthey, Wilhelm: Von deutscher Dichtung und Musik, Leipzig 1933
Dittersdorf, Karl Ditters von: Lebensbeschreibung, seinem Sohn in die Feder
diktiert (Neuausgabe), Leipzig, ohne Jahr
Eichborn, Hermann: Die Trompete in alter und neuer Zeit, Leipzig 1881
Einstein, Alfred: Gluck, London 1936
Einstein, Alfred: Mozart, His Character, his Work, New York 1945
Engel, H.: Über den Begriff der Klangfarbe, Berlin 1886
Engl, Johann Evangelist: Haydns handschriftliches Tagebuch aus der Zeit
seines zweiten Aufenthaltes in London, Leipzig 1909
Fétis, E.: Biographie universelle des musiciens, Brüssel 1839
Fisch, Samuel: Goethe und die Musik, Frauenfeld 1949
Fischer, Wilhelm: Zur Entwicklungsgeschichte des Wiener klassischen Stils
(Studien zur Musikwissenschaft, Bd. III), 1915
Fischer, Wilhelm: Instrumentalmusik von 1750-1828 (Adlers Handbuch der
Musikgeschichte), Berlin 1929
Fleischer, Oskar: Napoleon Bonapartes Musikpolitik (Zeitschrift der Inter-
nationalen Musikgesellschaft, Bd. III), Leipzig 1901-02
Fletcher, Eric: John Selden and his contribution to international law (Grotius
Society), London 1934
Flueler, Max: Die norddeutsche Symphonie zur Zeit Friedrichs des Großen
und die Werke Philipp Emanuel Bachs, Doktorarbeit, Berlin 1908
Fox, Douglas Gerard Arthur: Joseph Haydn, London 1929
Framery, N.: Notice de Joseph Haydn, Paris 1910
Friedländer, Max: Das deutsche Lied im 18. Jahrhundert, Berlin 1902
Friedländer, Max: Van Swieten und das Textbuch zu Haydns »Jahreszeiten«
(Jahrbuch Peters), Leipzig 1909

Froehlich, J.: Joseph Haydn (Neudruck), Regensburg 1936

Gal, Hans: Die Stileigentümlichkeiten des jungen Beethoven (Studien zur Musikwissenschaft, Bd. IV)

Galli: Estetica della Musica, Torino 1900

Geiringer, Karl: Joseph Haydn, Potsdam 1932

Geiringer, Karl: Haydn's Sketches for »The Creation« (Musical Quarterly, Vol. XVIII), New York 1932

Geiringer, Karl: Haydn, a Creative Life in Music, New York 1946

Geiringer, Karl: Haydn and the folksong of the British Isles (Musical Quarterly), New York 1949

Gerber, Ernst Karl: Neues Lexikon der Tonkunst, Leipzig 1790-92

Goethe und Zelter: Briefwechsel in den Jahren 1796-1832, Berlin 1833-34

Graf, Max: Legend of a musical city, New York 1945

Graf, Max: Composer and Critic, New York 1946

Greilsamer, L.: Le Baryton du Prince Esterhazy (Sammelband der internationalen Musikgesellschaft, Bd. VI), Leipzig 1910

Griesinger, Georg August von: Biographische Notizen über Joseph Haydn, Leipzig 1810

Gyrowetz, Albert: Biographie (Neuausgabe von Alfred Einstein), Leipzig 1915

Haas, Robert: Die Musik in der Wiener Stegreifkomödie (Studien zur Musikwissenschaft), 1925

Hadden, I. C.: George Thomson, His Life and Correspondence, London 1898

Hadden, I. C.: Haydn, London 1934

Hadow, Sir William Henry: A Creation Composer, London 1897

Harich, Walter: E. Th. A. Hoffmann, Berlin 1921

Hase, H. von: Joseph Haydn und Breitkopf und Härtel, Leipzig 1909

Herschel, Caroline: Memoir and Correspondence, London 1879

Heuß, Alfred: Die Kaiserhymne (Zeitschrift für Musikwissenschaft, Bd. I), Leipzig 1918

Heuß, Alfred: Die Dynamik der Mannheimer Schule (Zeitschrift für Musikwissenschaft, Bd. III), Leipzig 1919-20

Hinderberger, Adolf: Die Motivik in Haydns Streichquartetten, Doktorarbeit, Bern 1933

Hohenemser, R.: Joseph Haydn als Instrumentalkomponist (Die Musik, Bd. VIII), Berlin 1909

Hug, Ferdinand: Goethes Musikverständnis, Leipzig 1935

Hughes, Charles W.: The human side of music, New York 1948

Hughes, R. S. M.: Dr. Burney's Championship of Haydn (Musical Quarterly, Vol. XXVII), London 1941

Jacob, H. E.: Die Weinlese an Haydns Grab (Berliner Tageblatt), Berlin 1928

Jacob, H. E.: Die Größe Haydns (Die Neue Rundschau), Berlin 1932

Jacob, H. E.: Johann Strauß, Father and Son, New York 1940

Johnson, George William: Memoirs of Joannes Selden, London 1832

Josephson, Mathew: Stendhal, New York 1947

Jullien, Adolphe: Goethe et la musique, Paris 1880

Karajan, Theodor von: Joseph Haydn in London, Wien 1861

Klafsky: Michael Haydn als Kirchenkomponist (Studien zur Musikwissenschaft, Bd. III)

Kobald, Karl: Joseph Haydn, Wien 1932

Kolb, Annette: Mozart, Wien 1937

Krebiehl, H. E.: Music and Manners in the classical Period, New York 1896

Kretschmar, Hermann: Führer durch den Konzertsaal, Leipzig 1887—1921

Kretschmar, Hermann: Haydns Jugendsymphonien (Jahrbuch Peters, Bd. XV), Leipzig 1908

Kruse, Georg Richard: Zelter, Leipzig 1930

Kuhač, F.: Josip Haydn i Hrvatske Narodne Popievke, Zagreb 1880

Kurth, Ernst: Musikpsychologie, Berlin 1931

Lambkin, John: Haydn (Dublin Review), London 1932

Lang, Paul Henry: Haydn and the Opera (Musical Quarterly, Vol. XVIII), New York 1932

Lang, Paul Henry: Music in Western Civilization, New York 1941

Larsen, Jens Peter: Die Haydn-Überlieferung, Kopenhagen 1938

Larsen, Jens Peter: Drei Haydn-Kataloge in Faksimile, Kopenhagen 1941

Le Breton, Joachim: Notice historique sur la vie et les ouvrages de Joseph Haydn, Paris 1810

Lewis, L.: Geschichte der Freimaurerei in Österreich, Wien 1861

Lorenz, F.: Haydns, Mozarts und Beethovens Kirchenmusik, Breslau 1866

Lubbock, Constance: The Herschel Chronicle: The Life story of William Herschel and his sister Caroline, Cambridge 1933

Ludwig, Emil: Beethoven, New York 1943

Mayer, Anton: Geschichte der Musik, Hamburg 1933

Mencik, Ferdinand: Einige Beiträge zu Haydns Biographie (Musikbuch aus Österreich), Wien 1909

Mitrofanow, Paul von: Josef der Zweite, Wien 1910

Mohl, Adolf: A Horvatok bevándorlása 1533 — ban (Die kroatische Wanderung von 1533), Budapest 1915

Moore, Douglas: From Madrigal to Modern Music, New York 1942

Müller, Robert F.: Joseph Haydns letztes Testament (Die Musik, Bd. XXIV), Berlin 1932

Nettl, Paul: Das Wiener Lied im Zeitalter des Barock, Wien 1946

Neukomm, S.: Dix-huit mois de la vie de Haydn (Revue et Gazette musicale de Paris, Vol. XXI), Paris 1854

Niemann, Walter: Brahms, New York 1945

Nohl, Ludwig: Haydn, Leipzig 1931

Norton, Mary D. Herter: Haydn in America until 1820 (Musical Quarterly, Vol. XVIII), New York 1932

Nottebohm, Gustav: Beethovens Unterricht bei J. Haydn, Albrechtsberger und Salieri, Leipzig 1873

Ochs, Siegfried: Der deutsche Gesangverein für gemischten Chor, Berlin 1923-28

Orel, Alfred: Katholische Kirchenmusik (in: Adlers Handbuch der Musikgeschichte), Berlin 1929

Pannain, Guido: Haydn e la »Creazione« (Rassegna Musicale), Roma 1948

Parke, W. T.: Musical Memoirs, London 1830

Paumgartner, Bernhard: Mozart, Zürich 1945

Photiadès, Constantine: En l'honneur de Joseph Haydn (Revue de Paris), [Paris 1932

Pirker, Max: Rund um die Zauberflöte, Wien 1920

Pleijel, Bengt: Haydn redivivus (Musikrevy), Stockholm 1951
Pohl, Carl Ferdinand: Mozart und Haydn in London, Wien 1867
Pohl, Carl Ferdinand: Joseph Haydn, Berlin 1875 und 1882 (dritter Band
  vollendet und herausgegeben von Hugo Botstiber, Leipzig 1927)
Pourtalès, Guy de: Richard Wagner, Berlin 1933
Radcliffe, Philip: The piano Sonatas of Joseph Haydn (Musical Review),
  Cambridge 1946
Redlich, H. F.: The new Haydn edition (Music and Letters), London 1950
Reich, Willi: Joseph Haydn; Leben, Briefe, Schaffen. Luzern 1946
Reichardt, Johann Friedrich: Vertraute Briefe von einer Reise, Amsterdam 1810
Reißmann, A.: Joseph Haydn, Berlin 1880
Riehl, Wilhelm Heinrich: Haydn (in: Musikalische Charakterköpfe), Stuttgart 1862
Riemann, Heinrich: Handbuch der Musikgeschichte, Leipzig 1922
Roberts, Cecil: And so to Bath, London 1940
Rochlitz, Johann Friedrich: Für Freunde der Tonkunst, Leipzig 1824-32
Rolland, Romain: Goethe et Beethoven, Paris 1930
Rosenbaum, I. C.: Unveröffentlichte Tagebücher, 1797-1822 (Handschriften-
  sammlung der Wiener Nationalbibliothek)
Rutz, Hans: Joseph Haydn in our time (Musical Review), Cambridge 1950
Rywosch, Bernhard: Beiträge zur Entwicklung in Joseph Haydns Symphonik,
  1759-80, Doktorarbeit, Zürich 1934
Sandberger, Adolf: Zur Geschichte des Haydnschen Streichquartetts (in: Ge-
  sammelte Aufsätze), München 1921
Sandberger, Adolf: Zur Entwicklungsgeschichte von Haydns »Sieben Worten«
  (in: Gesammelte Aufsätze), München 1921
Schemann, Ludwig: Cherubini, Stuttgart 1925
Schenker, Heinrich: Die Chaos-Musik der »Schöpfung« (in: Das Meisterwerk
  in der Musik, Bd. II), München 1925-30
Schering, Arnold: Geschichte des Oratoriums, Leipzig 1911
Schering, Arnold: Bemerkungen zu Joseph Haydns Programmsymphonien
  (Jahrbuch Peters), Leipzig 1940
Schiedermair, Ludwig: Der junge Beethoven, Weimar 1939
Schmid, Ernst Fritz: Joseph Haydn. Ein Buch von Vorfahren und Heimat des
  Meisters, Kassel 1934
Schmid, Ernst Fritz: Joseph Haydn in Eisenstadt (Burgenländische Heimat-
  blätter), 1932
Schmid, Ernst Fritz: Carl Philipp Emanuel Bach und seine Kammermusik,
  Kassel 1931
Schmidt, Leopold: Haydn, Berlin 1907
Schnerich, Alfred: Joseph Haydn und seine Sendung, Wien 1926
Schnerich, Alfred: Der Messe-Typus von Haydn bis Schubert, Wien 1893
Scholes, Percy Alfred: The great Dr. Burney, London 1949
Schrade, Leo: Beethoven in France, New Haven 1942
Schrade, Leo: Das Haydn-Bild in den ältesten Biographien, Königsberg 1932
Schünemann, Georg: Carl Friedrich Zelter, der Begründer der preußischen
  Musikpflege, Berlin 1932
Scott, Marion M.: Haydn in England (Musical Quarterly, Vol. XVIII)

Scott, Marion M.: Haydn Relics and Reminiscences in England (Music and Letters, Vol. XIII), London 1932

Seeburg, Fr. von: Joseph Haydn, Regensburg 1912

Seldeni, Joannis: Mare Clausum, London 1636

Stendhal: Lettres écrites de Vienne en Autriche sur le célèbre compositeur Joseph Haydn, Paris 1814

Stollbrock, Ludwig: Karl Georg Reutter (Vierteljahrsschrift für Musikwissenschaft, Bd. VIII), Berlin 1892

Strich, Fritz: Klassik und Romantik, München 1922

Strunk, O. W.: Haydn's Divertimenti for Baryton, Viola and Bass (Musical Quarterly, Vol. XVIII), New York 1932

Svensson, Sven Erik Emanuel: Joseph Haydns Stråkkvartetter, Stockholm 1948

Tandler, Julius: Über den Schädel Haydns (Mitteilungen der Anthropologischen Gesellschaft), Wien 1909

Tappert, Wilhelm: Wandernde Melodien, Berlin 1889

Tenschert, Roland: Joseph Haydn, Berlin 1932

Tenschert, Roland: Frauen um Haydn, Wien 1946

Thackeray, William M.: The Four George, Boston 1883

Thayer, A. W.: The Life of Beethoven, New York 1921

Therstappen, Hans Joachim: Joseph Haydns symphonisches Vermächtnis, Wolfenbüttel 1941

Thysse, W. H.: Jozef Haydn, Harlem 1948

Tietze, Hans: Wien, Wien 1933

Tolnai, Gabriel: La Maison Esterhazy (Revue de Hongrie), Budapest 1933

Torrefranca, Fausto: Le origini della sinfonia (Rivista Musicale Italiana), 1913

Tovey, Sir Donald Francis: Haydn's String Quartets (in: Cobbett's Cyclopedic Survey of Chamber Music), London 1929

Tovey, Sir Donald Francis: Haydn's »Creation« and »Seasons« (in: Essays in Musical Analysis), London 1935-44

Tovey, Sir Donald Francis: Beethoven (unvollendet), London 1945

Townsend, James: A History of Abingdon, London 1910

Townsend, Pauline D.: Joseph Haydn, New York 1884

Tschuppik, Karl: Maria Theresia, Wien 1934

Valentin, Berthold: Napoleon, Berlin 1913

Waldkirch, Fr.: Die Konzertanten Symphonien der Mannheimer im 18. Jahrhundert, Heidelberg 1921

Weczercza, Walter: Das koloristisch-instrumentale Moment in Haydns Symphonien (ungedruckte Doktordissertation), Wien 1923

Wendschuh, L.: Über Haydns Opern, Rostock 1895

Wirth, Helmut: Joseph Haydn als Dramatiker, Wolfenbüttel 1941

Wirth, Helmut: Analytical notes to Haydn's »L'Anima del Filosofo«, Boston 1951

Wurzbach, C.: Joseph Haydn und sein Bruder Michael, Wien 1862

Wyzewa, Theodore: A propos du centénaire de Haydn (Revue des deux Mondes), Paris 1909

Wyzewa, T., et Saint-Foix, G. de: Mozart, Paris 1912

Zarek, Otto: Geschichte Ungarns, Zürich 1938

Zelter, Karl Friedrich: Darstellung seines Lebens (Schriften der Goethegesellschaft), Weimar 1931

NAMEN- UND SACHREGISTER

INHALTSVERZEICHNIS

rowohlts monographien

in Selbstzeugnissen
und Bilddokumenten
Herausgegeben von
Kurt Kusenberg

Betrifft: Musik

rowohlts mono graphien

IN SELBSTZEUGNISSEN
UND BILDDOKUMENTEN
HERAUSGEGEBEN
VON KURT KUSENBERG

LITERATUR

PHILOSOPHIE

Weitere Monographien historischer Persönlichkeiten aus den Gebieten Pädagogik, Naturwissenschaften und Musik finden Sie in unserem Taschenbuch-Gesamtverzeichnis.

rowohlts deutsche enzyklopädie
Das Wissen des 20. Jhs. im Taschenbuch
mit enzyklopädischem Stichwort

Herausgegeben von Ernesto Grassi

Philosophie

Louis Althusser, Lenin und die Philosophie. Über die Beziehungen von Marx zu Hegel. Lenins Hegellektüre [371]

Louis Althusser / Etienne Balibar, Das Kapital lesen I u. II [336 + 337]

Albert Camus (Nobelpreisträger), Der Mythos von Sisyphos. Ein Versuch über das Absurde [90]

Johann Eduard Erdmann, Philosophie der Neuzeit. Der deutsche Idealismus. Geschichte der Philosophie VI. Mit Quellentexten [364] – Der deutsche Idealismus. Geschichte der Philosophie VII. Mit Quellentexten [365]

Gajo Petrović, Philosophie und Revolution. Modelle für eine Marx-Interpretation. Mit Quellentexten [363]

Jean-Paul Sartre, Marxismus und Existentialismus. Versuch einer Methodik [196]

Günther Schiwy, Der französische Strukturalismus. Mode – Methode – Ideologie. Mit einem Textanhang [310]

Karl Vorländer, Geschichte der Philosophie. Mit Quellentexten – I: Philosophie des Altertums [183] – II: Philosophie des Mittelalters [193] – III: Philosophie der Renaissance [242] – IV: Philosophie der Neuzeit. Descartes, Hobbes, Spinoza, Leibniz [261] – V: Philosophie der Neuzeit. Die Aufklärung [281]

Medizin

Thure von Uexküll, Grundfragen der psychosomatischen Medizin [179]

Psychologie

Gustav Bally, Einführung in die Psychoanalyse Sigmund Freuds. Mit Originaltexten Sigmund Freuds [131]

F. J. J. Buytendijk, Mensch und Tier. Ein Beitrag zur vergleichenden Psychologie [74]

Beatrice Caesar, Autorität in der Familie. Ein Beiträg zum Problem schichtenspezifischer Sozialisation [366]

Peter R. Hofstätter, Gruppendynamik. Kritik der Massenpsychologie. Durchgesehene und erweiterte Neuauflage [38]

Physik, Naturwissenschaft und Technik

Werner Heisenberg (Nobelpreisträger), Das Naturbild der heutigen Physik [8]

Mortimer Taube, Der Mythos der Denkmaschine. Kritische Betrachtungen zur Kybernetik [245]

Norbert Wiener, Kybernetik. Regelung und Nachrichtenübertragung in Lebewesen und Maschine. Mit 11 Abb. [294]

Religionswissenschaft und Religionsgeschichte

Johannes Haller: Das Papsttum. Idee und Wirklichkeit. I: Grundlagen [221] – II: Der Aufbau [223] – III: Die Vollendung [225] – IV: Die Krönung [227]

Robert von Ranke-Graves, Griechische Mythologie I und II. Quellen und Deutung [113 + 115]

Leo Trepp, Das Judentum. Geschichte und lebendige Gegenwart [325]

Soziologie

Arnold Gehlen, Die Seele im technischen Zeitalter. Sozialpsychologische Probleme in der industriellen Gesellschaft (53)

Alvin W. Gouldner, Die westliche Soziologie in der Krise. Bd. 1 [360] – Bd. 2 [361]

Günther Hillmann, Die Befreiung der Arbeit. Die Entwicklung kooperativer Selbstorganisation und die Auflösung bürokratisch-hierarchischer Herrschaft [342]

Joachim Israel, Der Begriff Entfremdung. Makrosoziologische Untersuchung von Marx bis zur Soziologie der Gegenwart [359]

Friedrich Jonas, Geschichte der Soziologie. Mit Quellentexten. I: Aufklärung – Liberalismus – Idealismus [302]

H. J. Krysmanski, Soziologie des Konflikts. Materialien und Modelle [362]

Renate Mayntz, Soziologie der Organisation [166]

Elisabeth Noelle, Umfragen in der Massengesellschaft. Einführung in die Methode der Demoskopie. Mit 28 Abb. und 50 Tabellen [177]

José Ortega y Gasset, Der Aufstand der Massen [10]

Walter Hess, Dokumente zum Verständnis der modernen Malerei. Mit 16 Abb. [19]

Gustav René Hocke, Die Welt als Labyrinth. Manier und Manie in der europäischen Kunst. Beiträge zur Ikonographie und Formgeschichte der europäischen Kunst von 1520 bis 1650 und der Gegenwart. Mit 254 Abb. [50]

Literaturwissenschaft und Sprachwissenschaft

Rosario Assunto, Theorie der Literatur bei Schriftstellern des 20. Jahrhunderts [372]

Hans Eggers, Deutsche Sprachgeschichte I: Das Althochdeutsche [185] – II: Das Mittelhochdeutsche [191] – III: Das Frühneuhochdeutsche [270]

Hugo Friedrich, Die Struktur der modernen Lyrik. Im Anhang: Gedichte des 20. Jahrhunderts (zweisprachig). Erweiterte Neuausgabe [25]

Werner Krauss, Grundprobleme der Literaturwissenschaft. Zur Interpretation literarischer Werke. Mit einem Textanhang [290]

Georg Lukács, Ausgewählte Schriften. II: Faust und Faustus. Vom Drama der Menschengattung zur Tragödie der modernen Kunst [285] – III: Russische Literatur – Russische Revolution. Puschkin, Tolstoj, Dostojewskij, Fadejew, Makarenko, Scholochow, Solschenizyn [314]

Rudolf Pfeiffer, Geschichte der klassischen Philologie. Von den Anfängen bis zum Ende des Hellenismus [344]

Jean-Paul Sartre, Was ist Literatur? [65]

Günther Schiwy, Der französische Strukturalismus. Mode – Methode – Ideologie [310]

Marion Wandruszka, Der Geist der französischen Sprache [85]

Friedrich-Wilhelm u. Erika Wentzlaff-Eggebert, Deutsche Literatur im späten Mittelalter (1250 bis 1450). Band I: Rittertum – Bürgertum. Mit Lesestücken [350] – Band II: Kirche. Mit Lesestücken [353] – Band III: Neue Sprache aus neuer Welterfahrung. Mit Lesestücken [356]

Benjamin Lee Whorf, Sprache – Denken – Wirklichkeit. Beiträge zur Metalinguistik und Sprachphilosophie [174]

Gerda Zeltner-Neukomm, Das Wagnis des französischen Gegenwartsromans. Die neue Welterfahrung in der Literatur. Butor, Robbe-Grillet, Sarraute, Beckett, Queneau, Camus, Malraux, Sartre [109]

Theaterwissenschaft und Musik

Martin Esslin, Das Theater des Absurden [234]

Rowohlt Taschenbuch Verlag GmbH, Reinbek bei Hamburg